【第3版】

DICTIONARY OF SPECIAL 特殊教育辞典 EDUCATION

主编／朴永馨　副主编／顾定倩　邓猛

图书在版编目（CIP）数据

特殊教育辞典 / 朴永馨主编. —3 版. —北京：华夏出版社，2014.10（2023.1 重印）
 ISBN 978-7-5080-8202-8

Ⅰ．①特⋯　Ⅱ．①朴⋯　Ⅲ．①特殊教育－词典　Ⅳ．①G76-61

中国版本图书馆 CIP 数据核字(2014)第 197592 号

©华夏出版社　未经许可，不得以任何方式使用本书全部及任何部分内容，违者必究。

特殊教育辞典（第三版）

主　编	朴永馨
责任编辑	刘　娲
出版发行	华夏出版社有限公司
经　销	新华书店
印　刷	三河市万龙印务有限公司
装　订	三河市万龙印务有限公司
版　次	2014 年 10 月北京第 1 版 2023 年 1 月北京第 5 次印刷
开　本	880×1230　1/32 开
印　张	20
字　数	760 千字
定　价	59.00 元

华夏出版社有限公司　地址：北京市东直门外香河园北里 4 号
　　　　　　　　　　　邮编：100028　网址：www.hxph.com.cn
　　　　　　　　　　　电话：（010）64663331（转）
若发现本版图书有印装质量问题，请与我社营销中心联系调换。

第一版编写人员

主　　编　朴永馨

编　　委　朴永馨　银春铭　汤盛钦　李胜利　肖　非　沈家英
　　　　　陈帼眉　张宁生　周国芳　顾定倩　哈平安　孙　静

分 主 编　特殊教育基本概念　　　　顾定倩
　　　　　天才儿童教育　　　　　　陈帼眉
　　　　　智力残疾儿童教育　　　　银春铭
　　　　　学习障碍儿童教育　　　　肖　非
　　　　　听力残疾儿童教育　　　　张宁生
　　　　　视力残疾儿童教育　　　　沈家英
　　　　　言语和语言残疾儿童教育　哈平安
　　　　　情绪和行为障碍儿童教育　汤盛钦
　　　　　肢体残疾儿童教育　　　　李胜利
　　　　　多重残疾儿童教育　　　　孙　静

撰 稿 人　（按姓氏笔画排列）
　　　　　于兑生　于素红　卫冬洁　王　雁　王　静　韦有华
　　　　　刘艳虹　冯定香　田　鸿　冯　蒸　朴永馨　汤盛钦
　　　　　孙　静　许华泓　仰　颐　李胜利　李彩云　沈家英
　　　　　肖　非　吴冬曼　陈帼眉　陈海平　陈　彪　罗　琪
　　　　　张宁生　张军卫　宓忠祥　顾定倩　昝　飞　哈平安
　　　　　钱志亮　银春铭　陶慎为　袁　曦　惠　颖　崔寿昌
　　　　　董颖苓　曾凡林　彭霞光　焦　青　简栋梁

常务编委　肖　非　顾定倩　周国芳

第二版编写人员

主　编　朴永馨

副主编　顾定倩

参与增选、修改和撰写条目人员　（按姓氏笔画排列）

卫冬洁　于素红　王　涛　王　莹　王　雁　王　梅
王　辉　王晨光　邓　猛　冬　雪　刘艳虹　刘全礼
刘　颂　许家成　兰继军　付传彩　朴永馨　李彩云
李闻戈　肖　非　肖　艳　宋　戈　张宁生　张树东
顾定倩　昝　飞　钟经华　赵向东　钱志亮　梁敏仪
银春铭　焦　青　曾凡林　黄丽娇　黄晶晶

第三版编写人员

主　编　朴永馨
副主编　顾定倩　邓　猛
工作人员：（按姓氏笔画排列）

于素红	王　梅	王　雁	王　辉	左秋芳	申仁洪
兰继军	冯　超	冯雅静	邓　猛	朴永馨	曲园园
朱　楠	庄晓丽	刘全礼	刘春玲	刘胜林	刘艳虹
刘　颖	刘潇女	齐保莉	江小英	许家成	杜昇如
李艳艳	李晓娟	李媛媛	李　静	连福鑫	肖　非
吴春艳	汪海萍	汪斯斯	张文杰	张树东	陆　莎
庞亚楠	国家亮	官春兰	孟　幻	孟繁玲	赵丽婷
胡晓毅	贺荟中	袁　茵	贾　玲	顾定倩	钱志亮
殷俊益	黄　可	戚克敏	葛新斌	程　黎	曾雅茹
雷江华					

第三版前言

《特殊教育辞典(修订版)》自2006年出版后受到广大特殊教育工作者的欢迎,两次印刷后已基本售罄。有的读者仍要购买,华夏出版社的同志建议重印前是否根据特殊教育的发展和读者的需要做些修订或出第三版。这是一个好建议,符合特殊教育事业和学科发展的需要。这对于我们虽有困难,但我们仍然欣然接受。我们认识到时代在前进、学科在发展,反映事业和学科的工具书也要与时俱进,及时修订和补充,以适应读者的需要和反映事业和学科的进展。

继党的十七大提出"关心特殊教育"后,党的十八大报告中进一步提出"支持特殊教育",这是党在办好人民满意的教育的宏伟任务中的一个方面,是落实"教育是民族振兴和社会进步的基石"的与时俱进的一个体现。

自改革开放以来,特别是党的十七大以来,党和政府出台了一系列促进和加快各级各类特殊教育发展的文件、决议、意见和政策。从各类有特殊教育需要的残疾人的学前教育、基础教育、职业教育到高等特殊教育的事业和学科都得到了空前的发展。2013年全国各类基础教育特殊教育学校发展到1 933所,受教育学生36.81万人(视力残疾4.01万人,听力残疾8.92万人,智力残疾18.5万人,其他残疾5.07万人),其中在特殊教育学校 17.73 万人,在普通学校特教班和随班就读 19.08 万人,教职员 4.57 万人(参见《2013 年全国教育事业统计公报》)。有近一半的特殊教育学校举办了学前班;在普通学校附设特殊教育班 2 800 多个;特殊教育学校设高中的有 186 所(盲高中 22 所,聋高中 121 所,其他特殊高中 43 所),在校生 7 943 人;中等起职业学校 152 所(其中教育部门办 115 所),在校生 10 442 人;全国有 20 个专门为残疾人办的高等特殊教育学院,2012 年全国有 8 363 名残疾青年被各类高等学校录取(高等特殊院校 1 134 人,普通高等院校 7 229 人)(参看中国统计出版社《2013 中国残疾人事业统计年鉴》)。培养特殊教育教师的师范院校(系、科)由个别省的几所发展到大多数省份的各级师范院校;科学研究机构、学术著作和刊物的出版也有很大发展,与境外和国际的交流也不断加强。国家还出台了《中国残疾人事业"十二五"发展纲要》、《关于进一步加快特殊教育事业发展的意见》、《国家中长期教育改革和发展规划纲要(2010—2020 年)》以及教育经费要占到国民收入的 4%和《推进中西部地区特殊教育学校建设》(改扩建、新建 1 160 所特殊教育学校等),教育部等七个部委发布了《特殊教育提升计划(2014—2016 年)》,这些决定和计划、纲要等为我国特殊教育事业带来了新的发展契机和条件,是特殊教育发展的又一个春天。我们的辞典应该对这些有所体现。

由于这次时间紧,原参加编写辞典的人员变动和各有自己的工作,所以很多工作采用现代化的网络联系、讨论、交流,但仍然遵循了原先规定的材料新、力求准确、客观、科学、全面、简明,使读者能读懂、用得上,体现特殊教育事业和学科发展有中国特色等原则。从开始选词、确定词汇、撰写词条释文到审查定稿,我们组织了全国各地的各专业的专家、学者和一部分特殊教育专业的研究生参加,很多专家和青年学者积极热心,暂时放弃手中的其他工作首先来完成委托的工作。共有北京、上海、武汉、西安、广州、重庆、成都、郑州、大连、泉州、天津、乌鲁木齐、潍坊等地15所院校的五十多位老师和研究生参加了从选词到撰写释文的各项工作。北京师范大学特殊教育专业博士生吴春艳、冯雅静参与了辞典的修订全过程，做了大量技术和组织工作。北京师范大学特殊教育系邓猛教授主持了英文目录的译校工作，国家手语和盲文研究中心执行主任顾定倩教授对全书进行了统稿。境内外各地还有很多朋友用不同方式支持和帮助了修订工作。有《特殊教育辞典》前两版几十位参与者（其中一些朋友已离开我们，如汤盛钦、周国芳、赵永平等）的辛勤劳动打下的基础，再加上这次几十位朋友的努力才有了今天献给诸位的第三版《特殊教育辞典》。我衷心地感谢上述专家、学者、同事和朋友各种方式的参与、支持、帮助和鼓励。还要感谢华夏出版社的刘娲同志，她是第三版的积极倡议人和坚定支持者，她对辞典内容和撰写提出了很多宝贵意见，现在的辞典也有她的智慧和劳动。在此也要深深感谢她。

在本辞典修订期间有两部重要的教育名词工具书出版，其中均有特殊教育词汇，诸位读者可在使用本辞典同时，参考《中国教育大百科全书》（顾明远主编，上海教育出版社2012年12月第一版）和《教育学名词（2013）》（全国科学技术名词审定委员会，高等教育出版社出版，2013年8月）。

我已是耄耋之年，体衰而力不从心，本无条件担任此项工作，但在这项工作中能得到这么多人的参与、帮助和支持，使我增加信心，深受教育，十分感动和欣慰。由衷感激之情无以言表，只有尽最后余力为有中国特色的特殊教育事业和学科发展再做一点力所能及的工作，以回报国家和人民的培养，回报诸位朋友的关心和帮助。

本次修订新增词条的建议有三百多条，还有建议删除、更正、调整、重名、更改名称等的条目两百多条。最后确定新增近两百个词条,删去了少量不常用的词汇和一个附录,更正了一些过去不准确的内容,补充了一些词汇的外文,增加了特殊教育的一些网址以适应读者和时代的需求。虽然诸位参与者积极努力,多方搜集材料、精心撰写和校对审查,但限于我个人的水平,最后定稿的文本中仍难免有错漏不当之处,恳请诸位读者指出,以便今后更正补充。期盼各位读者的真知灼见,这里预先向提出意见的各位朋友致以衷心的谢意。

来信或意见请寄:

北京师范大学教育学部朴永馨(100875)

或电子邮件 piaoyongxin2002@aliyun.com。

朴永馨

2012年11月17日初稿

2014年8月定稿

第 二 版 前 言

《特殊教育辞典》1996年出版至今已经十年。十年来,我国和世界的特殊教育事业和学科有了很大发展和变化:发生了新的事件,制定了新的法律法规,产生了新的观念,出现了新的科研成果和名词术语……因此,《特殊教育辞典》亟须修订,以适应特殊教育的新形势和特殊教育工作者的新需求。

在华夏出版社领导的支持下,《特殊教育辞典》原主编单位——北京师范大学特殊教育研究中心组织进行全面修订,历时两年。本次修订在坚持原书科学性、知识性、检索性等原则基础上,努力做到"新、多、简、用"。即:修订原有词条和新增词条的释文采用最新的材料;补充古今中外特殊教育领域的重要条目,使内容更为全面;释文力求准确、客观、全面、简明,使具有中等以上文化水平和专业知识的读者能读得懂,用得上。力求使新版《特殊教育辞典》成为博采众长,具有中国特色,反映中国特殊教育学术水平的工具书。

此次修订,增加了620条词目,并对原书八分之一的条目进行了内容或文字上的补充或订正。新版《特殊教育辞典》共有2252条词目。

原编委中除少数同志由于各种原因未能参加外,大部分编写人员参加了本次修订工作。此外,我国近些年新成长起来的一批特殊教育或康复领域的教授、研究员,特殊教育博士生、硕士生也参加了修订工作。华夏出版社曾令真、周国芳、李凤珍、刘娲同志对修订工作给予了具体指导和大力支持。北京师范大学教育学院特殊教育系研究生付传彩、肖艳、张春兰、祝娜、骆维维做了很多工作,刘宇洁主持了英文目录的译校工作。全书最后由朴永馨、顾定倩统稿。

参加修订的全体人员深知修订辞典是一项艰苦细致的工作,虽然大家都很努力认真,但限于水平和精力,在选择条目、搜集资料、撰写释文等方面仍有很多不足之处。欢迎广大读者提出宝贵意见和批评,使之在今后进一步完善,更好地服务于中国特殊教育的事业和学科建设。来信请寄:100875 北京新外大街19号北京师范大学特殊教育研究中心。

修订者

2006年8月

第一版前言

本书是为适应特殊教育事业发展的需要，在特殊教育界专家、学者的通力合作下，历时三年完成的。读者对象主要包括：各级各类特殊教育机构的教学人员、特殊教育科研人员、特殊教育机构、民政、残联的行政管理人员、大专院校特殊教育专业和特殊教育师范学校的学生以及所有热心特殊教育的人士。在选词和撰写释文时，认真考虑了上述读者对象的实际需要。

本书在编写过程中，坚持辩证唯物主义和历史唯物主义，尽量吸取和反映国内外特殊教育方面的新成果、新动态，力求较全、较新地反映当代的特殊教育，熔古今中外于一炉。辞典收词广泛，但又不全与普通教育学、心理学辞典重复；释文力求准确、通俗，注意科学性、客观性、知识性和检索性，尽可能多为读者提供有价值的信息。

本书的编写工作由北京师范大学特殊教育研究中心负责组织，邀请了华东师范大学、上海特教师资培训中心、辽宁师范大学；中国康复研究中心、中央教育科学研究所、首都儿科研究所等单位的同志共同参加编写工作。李仲汉、郭福荣、赵永平、徐白仑、邓元诚、马若飞、陈云英、汪文鋆等同志对本书的编写工作给予了关心和指导。华夏出版社的领导同志自始至终对本书进行了具体指导，给予了大力支持。在统稿过程中，钱志亮、袁曦等做了大量工作。为了使辞典精益求精，在最后校稿过程中，顾定倩等付出了艰辛劳动。我们谨向所有积极支持编纂此书的单位和付出辛勤劳动的同志,深表谢意。

　　本书实行主编、分主编负责制。主编负责全面工作,对全书负责;分主编对所承担部分工作负责。

　　编写一部反映特殊教育科学水平的辞典是一项很艰苦的工作。此书的编纂仅仅是一个初步的尝试。虽然各位作者在百忙之中精心收集资料、撰写释文、反复审校,但限于过去的基础工作较薄弱,加之我们的水平和时间有限,对辞典中的缺点、遗漏之处,恳请广大读者和各方面专家提出宝贵意见,以便再版时加以修正。来信请寄:邮政编码 100875　北京师范大学特殊教育研究中心。

朴永馨

1996 年 2 月

凡　　例

一、本辞典共收录与特殊教育学科和工作相关的词目2397条，涵盖中外特殊教育的各个领域，涉及教育、心理、医学、康复、法律、语言、历史等不同学科。其中，以反映中国特殊教育情况的词目为主。

二、词目按特殊教育的不同领域排列。与各领域都相关的词目排在第一部分"特殊教育基本概念"中，其他词目排在第二至第十部分相应的领域内。每一部分内的词目，再按照一般概念、病残原因、检测评估、教育教学、康复矫正、机构组织、法规文件、重要会议、著名人物、图书期刊等类别排列。

三、词目根据学科特点和约定俗成的原则来表述，既有词，如"损伤""残疾""融合"；也有词组，如"特殊需要儿童""发音训练""盲童嗅觉及味觉训练"。

四、为便于交流，一些词目附有外文译文。有的译文依据外文文献，有的为撰写者自行翻译。未查到外文文献或难以准确翻译的词目，只列中文。

五、词目释文后标"见'××'"，表示该词目无释文，需要直接查阅他条；词目释文后标"参见'××'"，表示可参阅本辞典内相关词条来帮助理解本词目；词目释文后标"详见'××'"，表示该词目释文简单，详细内容需要查阅他条。

六、本辞典"音序索引"参照《现代汉语词典（第6版）》的音序表，按照所有词目首字音序编排；"英文索引"仅列有英文翻译的词目，并按译文首个英文字母的顺序排列；"其他索引"列有以数字和西文字母开头的词目。

七、本辞典附录收录了少数机构、院校、组织、期刊的网络域名，以体现通过网络获取信息，进行学习的时代特点。读者可以通过搜索引擎查找更多特殊教育的相关信息。

总 目 录

分类词目表 ·· (1)
   一　特殊教育基本概念 ·· (1)
   二　视力残疾教育 ·· (153)
   三　听力残疾教育 ·· (201)
   四　言语和语言残疾教育 ·· (257)
   五　智力残疾教育 ·· (284)
   六　学习障碍教育 ·· (328)
   七　情绪和行为障碍教育 ·· (353)
   八　肢体残疾和病弱教育 ·· (423)
   九　多重残疾教育 ·· (468)
   十　超常教育 ·· (484)

音序索引 ·· (503)

英文索引 ·· (541)

其他索引 ·· (575)

附录 ·· (577)

分类词目表

1 特殊教育基本概念
Special Education Foundation

特殊儿童 …………………… (1)	国际功能、残疾和健康分类 …… (4)
残疾儿童 …………………… (1)	残疾人残疾分类和分级 ………… (4)
障碍儿童 …………………… (1)	《病残儿医学鉴定管理办法》 …… (5)
缺陷儿童 …………………… (1)	第一次全国残疾人抽样调查 …… (6)
异常儿童 …………………… (1)	2001年中国 0～6 岁残疾儿童抽样
偏常儿童 …………………… (1)	调查 …………………………… (6)
困境儿童 …………………… (1)	第二次全国残疾人抽样调查 …… (6)
特殊需要儿童 ……………… (2)	损伤 ……………………………… (7)
特殊教育需要儿童 ………… (2)	残疾 ……………………………… (7)
学校处境不利儿童 ………… (2)	障碍 ……………………………… (7)
特殊儿童发生率 …………… (2)	活动受限 ………………………… (8)
特殊儿童出现率 …………… (2)	参与限制 ………………………… (8)
特殊儿童分类 ……………… (2)	残废 ……………………………… (8)
特殊儿童鉴定 ……………… (3)	缺陷 ……………………………… (8)
特殊儿童筛查 ……………… (3)	代偿 ……………………………… (8)
新生儿筛查 ………………… (3)	修复 ……………………………… (8)
特殊儿童诊断 ……………… (4)	再生 ……………………………… (8)
国际疾病分类 ……………… (4)	缺陷补偿 ………………………… (9)

先天性残疾 …… (9)
后天性残疾 …… (9)
发育性障碍 …… (9)
疾病 …… (10)
病因 …… (10)
外部致病因素 …… (10)
内部致病因素 …… (10)
综合征 …… (10)
额叶综合征 …… (11)
特殊儿童综合征 …… (11)
萎缩 …… (11)
营养不良性萎缩 …… (11)
神经性萎缩 …… (11)
废用性萎缩 …… (11)
压迫性萎缩 …… (11)
变性 …… (12)
坏死 …… (12)
血脑屏障 …… (12)
胎盘屏障 …… (12)
传染病 …… (12)
传染病特点 …… (12)
传染病分类 …… (13)
手足口综合征 …… (13)
白喉 …… (14)
百日咳 …… (14)
破伤风 …… (14)
流行性脑脊膜炎 …… (14)
脑炎 …… (14)
流行性乙型脑炎 …… (15)
脑膜刺激征 …… (15)
流行性腮腺炎 …… (15)
先天性风疹综合征 …… (15)
过敏障碍 …… (15)
免疫 …… (15)

基础免疫 …… (16)
加强免疫 …… (16)
疫苗 …… (16)
预防接种 …… (16)
计划免疫 …… (16)
传染病疫情报告 …… (17)
遗传 …… (18)
基因 …… (18)
染色体 …… (18)
常染色体病 …… (19)
性染色体病 …… (19)
遗传咨询 …… (19)
产前诊断 …… (19)
绒毛取样法 …… (19)
羊膜穿刺术 …… (19)
胎儿镜检查 …… (19)
DNA探针 …… (20)
脐静脉穿刺 …… (20)
系谱 …… (20)
系谱分析 …… (20)
皮肤纹理分析 …… (20)
双生法 …… (20)
群体普查法 …… (20)
易患性 …… (21)
携带者 …… (21)
携带者筛查 …… (21)
发病阈值 …… (21)
遗传度 …… (21)
复发风险 …… (21)
染色体畸变 …… (21)
单基因遗传病 …… (21)
常染色体显性遗传病 …… (21)
常染色体隐性遗传病 …… (22)
肝豆状核变性 …… (22)

马凡氏综合征	(22)	生长发育	(29)
努南综合征	(22)	关键期	(29)
伴性遗传病	(22)	围产期	(30)
交叉遗传	(23)	胎儿期	(30)
X连锁显性遗传病	(23)	新生儿期	(30)
X连锁隐性遗传病	(23)	婴儿期	(31)
XYY综合征	(23)	先学前期	(31)
习惯性流产	(23)	学前期	(31)
血友病	(23)	幼儿期	(31)
葡萄糖-6-磷酸脱氢酶缺乏症	(24)	致畸敏感期	(32)
多基因遗传病	(24)	生长发育一般规律	(32)
无脑儿	(24)	儿童总需热能	(32)
先天性水俣病	(24)	营养素供给量	(33)
头部损伤	(24)	儿童保健	(33)
疾病感缺失	(24)	生长发育形态指标	(33)
嗅觉缺失	(24)	新生儿体格发育评价	(34)
氟中毒	(25)	新生儿行为神经测定	(34)
汞中毒	(25)	幼儿健康标志	(34)
铅中毒	(25)	腕骨年龄	(34)
烟中毒	(25)	骨骼年龄	(34)
白血病	(26)	儿童健康检查	(37)
儿童颅内肿瘤	(26)	五等级评价标准表	(37)
小脑星形细胞瘤	(26)	发育离差评价法	(37)
髓母细胞瘤	(26)	发育等级评价法	(37)
脑干胶质瘤	(27)	发育曲线图评价法	(37)
罕见病	(27)	环境因素	(38)
基因治疗	(27)	个人因素	(38)
优生学	(27)	分析器	(38)
早产儿	(27)	条件反射	(38)
过期产儿	(28)	非条件反射	(39)
婴儿死亡率	(28)	兴奋和抑制	(39)
新生儿低血糖症	(28)	外抑制	(39)
新生儿黄疸	(28)	内抑制	(39)
营养不良	(29)	保护性抑制	(40)

词条	页码	词条	页码
信号系统	(40)	混合教育	(49)
神经型	(40)	回归主流	(49)
大脑皮质神经过程的基本特征	(41)	融合	(50)
感觉异常	(41)	社会融合	(50)
感觉统合	(41)	社会排斥	(50)
迁移	(41)	瀑布式特殊教育服务体系	(50)
脑电图	(41)	最少受限制环境	(50)
脑电地形图	(42)	隔离式教育	(50)
布雷泽尔顿新生儿行为评价量表	(42)	全纳教育	(50)
高危	(42)	波特奇计划	(51)
高危登记	(42)	先行教育计划	(51)
高危险人群	(42)	早期干预	(51)
三早	(43)	家庭支持	(52)
心理	(43)	家庭生活质量	(52)
缺陷心理学	(43)	个体生活质量	(52)
特殊教育	(43)	特殊教育相关服务	(52)
特殊教育学	(44)	社会工作者	(52)
治疗教育学	(45)	转衔	(52)
矫正教育学	(45)	喘息服务	(52)
特殊教学论	(45)	特殊儿童早期教育	(53)
特殊教育目的	(46)	特殊幼儿教育	(53)
特殊教育目标	(46)	特殊儿童义务教育	(53)
特殊教育任务	(46)	高等特殊教育	(54)
特殊教学法	(47)	残疾成人教育	(54)
特殊教学原则	(47)	特殊艺术教育	(55)
特殊教育发展格局	(47)	特殊学校职业教育	(55)
特殊教育发展方针	(48)	特殊学校劳动技能教育	(56)
医学模式	(48)	特殊儿童校外教育	(56)
社会模式	(48)	特殊儿童学前班	(56)
零拒绝	(48)	特殊学校	(56)
零容忍	(48)	养护学校	(57)
去机构化	(48)	全纳学校	(57)
正常化	(49)	俄罗斯特殊学校	(57)
一体化	(49)	特殊班	(57)

孪生学校	(57)	康复医疗机构	(64)
交流教育	(57)	残疾儿童康复中心	(64)
试读	(58)	儿童福利院	(64)
民办特殊教育机构	(58)	SOS儿童村	(64)
随班就读	(58)	伤残儿童寄托所	(65)
特殊儿童超龄班	(58)	日间托护中心	(65)
同质编班	(59)	庇护工场	(65)
异质编班	(59)	劳动治疗车间	(65)
特殊儿童辅导中心	(59)	非保护性劳动环境	(65)
心理—医学—教育咨询站	(59)	特殊职业培训双元制	(66)
心理—教育和医疗—社会帮助中心	(59)	社会生活能力	(66)
		自我照料技能	(66)
特殊儿童就学指导	(60)	社会适应	(66)
多学科诊断小组	(60)	工作分析	(67)
综合干预	(60)	养护·训练	(67)
合作计划	(60)	胚胎医学	(67)
综合计划	(60)	运动医学	(67)
生活经验单元	(60)	社会医学	(67)
个别化教育计划	(61)	行为医学	(67)
个别化家庭服务计划	(61)	社会心理适应	(68)
送教上门	(61)	健康	(68)
处方教学法	(61)	康复	(68)
补救教学	(61)	医学康复	(68)
教育辅助人员	(62)	医教结合	(69)
辅导教学服务	(62)	康复医学	(69)
分组教学	(62)	教育康复	(69)
分类教学	(62)	职业康复	(69)
合作教学	(62)	社会康复	(69)
测验调整	(63)	社区康复	(70)
课程本位测量	(63)	康复对象	(70)
特殊儿童课堂管理	(63)	康复诊断	(70)
资源教室	(63)	康复程度	(70)
辅导教室	(63)	康复预防	(71)
康复中心	(63)	小肌肉群运动	(71)

大肌肉群运动 …………………… (71)
娱乐疗法 ………………………… (71)
劳动疗法 ………………………… (72)
教育疗法 ………………………… (72)
药物疗法 ………………………… (72)
心理咨询 ………………………… (72)
横向研究 ………………………… (72)
纵向研究 ………………………… (72)
跨文化研究 ……………………… (73)
《特殊学校义务教育课程设置方案》
　………………………………… (73)
特殊学校教学计划 ……………… (73)
特殊学校教材 …………………… (74)
特殊学校教学大纲 ……………… (74)
综合学习时间 …………………… (74)
特殊教学设备 …………………… (75)
特殊教育管理 …………………… (75)
特殊学校编制 …………………… (75)
特殊教育双语教学 ……………… (76)
特殊学校社会工作者 …………… (76)
特殊学校义务工作者 …………… (76)
特殊教育辅导教师 ……………… (76)
特殊教育咨询教师 ……………… (76)
特殊教育巡回教师 ……………… (76)
特殊教育需要协调员 …………… (77)
特殊教育师资培养 ……………… (77)
特殊教育师范学校(师资培训中心、部)
　………………………………… (77)
黑龙江肇东师范学校特殊教育系
　………………………………… (77)
北京师范大学特殊教育研究所(系)
　………………………………… (77)
华东师范大学学前教育与特殊教育
　学院 …………………………… (78)
长春大学特殊教育学院 ………… (78)
滨州医学院特殊教育学院 ……… (78)
南京特殊教育职业技术学院 …… (79)
北京联合大学特殊教育学院 …… (79)
天津理工大学聋人工学院 ……… (79)
中州大学特殊教育学院 ………… (80)
特殊教育选修课 ………………… (80)
《中等特殊教育师范学校教学计划
　(试行)》………………………… (80)
《中等特殊教育师范学校教学大纲
　(试行)》………………………… (80)
全国高师院校特殊教育专业课程
　方案研讨会 …………………… (80)
《高等师范院校特殊教育专业教学
　计划(草案)》…………………… (81)
特殊教育专业 …………………… (81)
特殊教育专业免费师范生 ……… (81)
高等教育自学考试特殊教育专业
　(专科) ………………………… (82)
内地留学制 ……………………… (82)
上海市特殊教育资格证书 ……… (82)
特殊教育工作者道德准则 ……… (82)
中美特殊教育师资培训合作项目
　(1988—1992年) ……………… (83)
特殊教育群英模范 ……………… (83)
全国助残先进集体、个人 ……… (83)
自强模范 ………………………… (83)
全国特殊教育先进县(市、区) … (83)
首届全国部分省市盲校、聋校学生
　艺术调演 ……………………… (84)
首届全国特殊教育学校(院)学生
　美术大赛 ……………………… (84)
中华人民共和国残疾人证 ……… (84)
国务院残疾人工作委员会 ……… (84)

特殊教育办公室……………………(85)
教育部特殊教育处…………………(85)
特殊教育督导检查…………………(85)
中国残疾人联合会…………………(85)
中国残疾人福利基金会……………(86)
中国残疾人康复协会………………(86)
中国残疾人体育协会………………(86)
北京师范大学特殊教育研究中心
　………………………………(87)
中国教育科学研究院心理与特殊
　教育研究中心………………………(87)
中国教育学会特殊教育分会………(87)
中国高等教育学会特殊教育研究
　分会………………………………(87)
中国康复研究中心…………………(87)
中国残疾人事业发展研究会………(88)
国家手语和盲文研究中心…………(88)
中国残疾儿童康复培训中心………(88)
中国残疾人奥林匹克运动管理中心
　………………………………………(88)
中国残疾人用品开发供应总站……(89)
国家康复器械质量监督检验中心　…(89)
残疾人用品用具国家标准…………(89)
中国残疾人艺术团…………………(89)
全国特殊教育工作会议……………(89)
1990年全国特殊教育工作会议……(90)
第三次全国特殊教育工作会议……(90)
第四次全国特殊教育工作会议……(90)
全国特殊教育学校信息技术教育
　工作经验交流会…………………(91)
全国随班就读工作经验交流会议……(91)
随班就读工作支持保障体系实验
　工作………………………………(91)
《资政新篇》…………………………(92)

《中华人民共和国宪法》……………(92)
《中华人民共和国残疾人保障法》
　………………………………………(92)
《中华人民共和国教育法》…………(93)
《中华人民共和国义务教育法》……(94)
《中华人民共和国高等教育法》……(94)
《中华人民共和国职业教育法》　…(94)
《中华人民共和国母婴保健法》……(95)
《残疾人教育条例》…………………(95)
《残疾人就业条例》…………………(95)
《无障碍环境建设条例》……………(96)
《关于改革学制的决定》……………(96)
《关于教育体制改革的决定》………(96)
《中国教育改革和发展纲要》………(96)
《中共中央国务院关于深化教育改革
　全面推进素质教育的决定》……(97)
《中共中央国务院关于促进残疾人
　事业发展的意见》………………(97)
《国家中长期教育改革和发展规划
　纲要（2010—2020年）》………(97)
《中国儿童发展纲要（2001—2010年）》
　………………………………………(98)
《关于基础教育改革与发展的决定》
　………………………………………(99)
《关于当前发展学前教育的若干意见》
　………………………………………(99)
《国务院关于加强教师队伍建设的意见》
　………………………………………(99)
《办好盲童学校、聋哑学校的几点
　指示》……………………………(99)
《关于在少年儿童中进行社会主义
　人道主义教育，培养理解、尊重、
　关心、帮助残疾人良好道德风尚
　的意见》…………………………(100)

《关于发展特殊教育的若干意见》……(100)
《中华人民共和国义务教育法实施细则》……(101)
《面向21世纪教育振兴行动计划》…(101)
《2003—2007年教育振兴行动计划》……(102)
《特殊教育提升计划(2014—2016年)》……(102)
《中国残疾人事业五年工作纲要(1988—1992年)》……(102)
《中国残疾人事业"八五"计划纲要(1991—1995年)》……(103)
《中国残疾人事业"九五"计划纲要(1996—2000年)》……(103)
《中国残疾人事业"十五"计划纲要(2001—2005年)》……(104)
《中国残疾人事业"十一五"发展纲要(2006—2010年)》……(105)
《中国残疾人事业"十二五"发展纲要(2006—2010年)》……(106)
《残疾人教育工作"十二五"实施方案》……(107)
《关于加快推进残疾人社会保障体系和服务体系建设的指导意见》…(107)
《关于"十五"期间进一步推进特殊教育改革和发展的意见》……(108)
《关于进一步加快特殊教育事业发展的意见》……(110)
《关于加强特殊教育教师队伍建设的意见》……(110)
《国家中长期语言文字事业改革和发展规划纲要(2012—2020年)》…(111)
《关于盲童学校、聋哑学校经费问题的通知》……(111)
《关于中等专业学校、盲聋哑学校班主任津贴试行办法》……(111)
《关于做好普通中等专业学校招收残疾青年考生工作的通知》…(112)
《关于做好高等学校招收残疾青年和分配工作的通知》……(112)
《关于进一步做好高等学校残疾人毕业生就业工作的通知》……(112)
《技工学校招生体检标准及执行细则的补充规定》……(112)
《普通高等学校招生体检工作指导意见》……(113)
《高等教育自学考试残疾人应考者奖励暂行办法》……(113)
《特殊学校教学仪器配备目录》…(113)
《关于开展残疾儿童、少年随班就读工作的试行办法》……(114)
《特殊教育学校建设标准》……(114)
《特殊教育学校暂行规程》……(114)
《中西部地区特殊教育学校建设规划(2008—2010年)》……(115)
特殊教育学校建设二期专项建设规划……(115)
《残疾人中等职业学校设置标准(试行)》……(116)
《关于"盲人读物"邮件实行免费寄递的通知》……(116)
《中小学生守则》……(116)
《小学生日常行为规范(修订)》…(116)
残疾人按比例就业……(116)
残疾人就业保障金……(117)
残疾人信息无障碍……(117)
《国家级福利院评定标准》……(117)
《家庭寄养管理暂行办法》……(118)
中国福利彩票……(118)

社会福利机构 …………………… (119)
特殊教育补助费 ………………… (119)
四免两补 ………………………… (119)
特殊学校助学金 ………………… (119)
扶残助学项目 …………………… (119)
中国社会福利有奖募捐 ………… (120)
中国残联专项彩票公益金助学
　项目 …………………………… (120)
希望工程 ………………………… (120)
春蕾计划 ………………………… (121)
通向明天——交通银行残疾青少年
　助学计划 ……………………… (121)
交通银行特教园丁奖 …………… (121)
红领巾助残 ……………………… (122)
"长江新里程"计划(2000—
　2005年) ……………………… (122)
残疾人自学成才奖金 …………… (122)
特殊教育津贴 …………………… (123)
优秀特殊教育工作者奖励基金 … (123)
台湾特殊教育 …………………… (123)
香港特殊教育 …………………… (124)
香港特殊教育资源中心 ………… (124)
香港特殊学校议会 ……………… (125)
澳门特殊教育 …………………… (125)
《残障福利法》 …………………… (125)
《台湾特殊教育法》 ……………… (125)
《台湾特殊教育法施行细则》 …… (126)
《台湾特殊教育教师登记及专业人员
　选用办法》 …………………… (126)
《台湾特殊教育设施设置标准》 … (127)
《香港康复白皮书》 ……………… (127)
《澳门特殊教育法令》 …………… (127)
《预防残疾及使残疾人康复及融入
　社会之制度纲要法》 ………… (128)
《沃诺克报告》 …………………… (128)
《特殊学校规范章程》 …………… (128)
《俄罗斯特殊教育法》 …………… (129)

《所有残疾儿童教育法》 ………… (129)
《美国残疾人法》 ………………… (129)
《1986年残疾人教育法修正案》 … (130)
《残疾人教育法修正案》 ………… (130)
《1997年残疾人教育法》 ……… (130)
《2004年残疾人教育促进法》 …… (130)
《不让一个儿童落后法案》 ……… (131)
《韩国教育法》 …………………… (131)
《学校教育法》 …………………… (131)
国际残疾工作委员会 …………… (132)
联合国儿童基金会 ……………… (132)
世界卫生组织 …………………… (132)
残疾人国际 ……………………… (133)
国际康复会 ……………………… (133)
国际狮子会 ……………………… (133)
残疾人共济会 …………………… (134)
美国特殊儿童委员会 …………… (134)
世界残疾人研究所 ……………… (134)
俄罗斯矫正教育学研究所 ……… (134)
日本国立特殊教育综合研究所 … (135)
中国狮子联会 …………………… (135)
香港复康联会 …………………… (135)
国际残疾人奥林匹克委员会 …… (135)
国际轮椅联合会 ………………… (136)
国际脑瘫人体育协会 …………… (136)
远东及南太平洋地区伤残人运动会
　联合会 ………………………… (136)
残疾人奥林匹克运动会 ………… (136)
远东及南太平洋地区伤残人运动会
　………………………………… (136)
全国残疾人运动会 ……………… (136)
《残疾者权利宣言》 ……………… (137)
《世界人权宣言》 ………………… (137)
《反对教育歧视公约》 …………… (137)
《消除一切形式种族歧视国际公约》
　………………………………… (138)

《经济、社会、文化权利国际公约》
………………………………… (138)
《关于残疾人的世界行动纲领》… (138)
《世界全民教育宣言：满足基本学习
　需要》………………………… (139)
《利兹堡宣言》…………………… (139)
《残疾人职业康复和就业公约》… (139)
《儿童权利公约》………………… (139)
《残疾人权利公约》……………… (140)
《儿童生存、保护和发展世界宣言》
………………………………… (141)
《关于亚太地区残疾人全面参与和
　平等的宣言》………………… (141)
《残疾人机会均等标准规则》…… (141)
《哈尔滨宣言》…………………… (141)
《萨拉曼卡宣言》………………… (141)
融合教育：未来之路……………… (142)
《琵琶湖千年行动纲要》………… (142)
国际残疾人年……………………… (142)
联合国残疾人十年………………… (143)
亚太地区残疾人十年(1993—2002年)
………………………………… (143)
世界防治结核病日………………… (143)
世界帕金森病日…………………… (143)
世界无烟日………………………… (144)
世界预防自杀日…………………… (144)
世界扫盲日………………………… (144)
世界心脏日………………………… (144)
世界精神卫生日…………………… (144)
世界糖尿病日……………………… (144)
世界慢性阻塞性肺疾病日………… (144)
世界艾滋病日……………………… (145)
国际残疾人日……………………… (145)
世界强化免疫日…………………… (145)
世界哮喘日………………………… (145)
世界罕见病日……………………… (145)

中国困境儿童关注日……………… (146)
全国儿童预防接种宣传日………… (146)
全国助残日………………………… (146)
中国学生营养日…………………… (146)
中国预防出生缺陷日……………… (146)
全国爱牙日………………………… (147)
北京国际特殊教育会议…………… (147)
联合国教科文组织亚太地区特殊
　教育研讨会……………………… (147)
华夏出版社………………………… (147)
《中国残疾人》…………………… (147)
《三月风》………………………… (148)
《华夏时报》……………………… (148)
《现代特殊教育》………………… (148)
《中国特殊教育》………………… (148)
《残疾人研究》…………………… (148)
《特殊教育经验、文件选编》…… (149)
《中国残疾人手册》……………… (149)
《中国残疾人事业年鉴(1949—
　1993年)》……………………… (149)
《中国残疾人事业年鉴(1994—
　2000年)》……………………… (149)
《教育大辞典》(第2卷)………… (149)
《特殊教育概论》………………… (150)
《特殊心理学》…………………… (150)
《人道主义的呼唤》……………… (150)
《特殊教育名词汇编》…………… (150)
《特殊教育学名词辞典》………… (150)
《缺陷教育学辞典》……………… (150)
《矫正教育学和特殊心理学辞典》
………………………………… (151)
《特殊教育百科全书》…………… (151)
《国际特殊教育》………………… (151)
《发展障碍》……………………… (151)
《特殊儿童教育》………………… (151)
《每一位特殊教育工作者必须知道

什么:有关特殊教育教师的准备和资格的国际标准》…………(152)
《每一位特殊教育工作者必须知道什么:道德、标准和指导方针》……………………………………(152)

2 视力残疾教育
Education for Visual Impairment

视觉系统 ……………………(153)	影像不等 ……………………(156)
眼 …………………………(153)	视物变形 ……………………(156)
视力 ………………………(153)	散光 …………………………(156)
视野 ………………………(153)	屈光参差 ……………………(157)
视觉功能 ……………………(154)	视疲劳 ………………………(157)
视觉敏锐度 …………………(154)	视力残疾分级 ………………(157)
立体视觉 ……………………(154)	心因性视力残疾 ……………(157)
双眼视觉 ……………………(154)	睑内翻 ………………………(158)
视觉动作技能 ………………(154)	睑外翻 ………………………(158)
裸眼视力 ……………………(154)	上眼睑下垂 …………………(158)
最佳矫正视力 ………………(154)	睑腺炎 ………………………(158)
视力残疾 ……………………(155)	泪囊炎 ………………………(158)
视觉缺陷 ……………………(155)	结膜炎 ………………………(159)
视觉障碍 ……………………(155)	急性细菌性结膜炎 …………(159)
视觉障碍出现率 ……………(155)	病毒性结膜炎 ………………(159)
盲 …………………………(155)	沙眼 …………………………(159)
先天盲 ………………………(155)	青光眼 ………………………(160)
法定盲 ………………………(155)	先天性青光眼 ………………(160)
教育盲 ………………………(155)	继发性青光眼 ………………(160)
职业盲 ………………………(156)	角膜病 ………………………(160)
低视力 ………………………(156)	角膜炎 ………………………(160)
管状视力 ……………………(156)	角膜软化症 …………………(160)
剩余视力 ……………………(156)	角膜移植术 …………………(161)
光感 …………………………(156)	视神经萎缩 …………………(161)

色素膜炎 …………………… (161)	色觉检查法 ………………… (169)
色素性视网膜炎 …………… (161)	眼底检查法 ………………… (169)
视网膜脱离 ………………… (162)	视觉电生理检查法 ………… (170)
弱视 ………………………… (162)	视力表 ……………………… (170)
斜视 ………………………… (162)	视觉效力表 ………………… (170)
白瞳症 ……………………… (163)	灯塔远视力表 ……………… (170)
先天性小眼球 ……………… (163)	图形视力表 ………………… (170)
白内障 ……………………… (163)	方格视野表 ………………… (170)
先天性白内障 ……………… (163)	国际标准视力表 …………… (171)
外伤性白内障 ……………… (163)	对数视力表 ………………… (171)
代谢性白内障 ……………… (164)	人工视觉 …………………… (171)
晶体后纤维增生症 ………… (164)	人工假眼 …………………… (172)
白化病 ……………………… (164)	白内障术后视力矫正 ……… (172)
眼球震颤 …………………… (164)	助视器 ……………………… (172)
视网膜母细胞瘤 …………… (164)	手持放大镜 ………………… (172)
夜盲 ………………………… (165)	立式放大镜 ………………… (172)
色盲 ………………………… (165)	眼镜助视器 ………………… (172)
人工晶体 …………………… (165)	闭路电视助视器 …………… (173)
眼库 ………………………… (165)	照明 ………………………… (173)
角膜接触镜 ………………… (165)	近用(或中距)望远镜 ……… (173)
视力检查 …………………… (166)	视觉技能 …………………… (173)
远视力检查 ………………… (166)	视觉训练 …………………… (173)
近视力检查 ………………… (166)	近用助视器训练 …………… (173)
对比敏感度 ………………… (166)	远用助视器训练 …………… (174)
指测 ………………………… (167)	视野增宽和扩大法 ………… (174)
眼压 ………………………… (167)	盲文 ………………………… (174)
小儿视力测试 ……………… (167)	点字 ………………………… (174)
乒乓球测试 ………………… (167)	方 …………………………… (174)
硬币试验 …………………… (167)	空方 ………………………… (174)
选择观看检查法 …………… (168)	跳方 ………………………… (174)
电视监视器检查法 ………… (168)	声点 ………………………… (175)
夜光表检查法 ……………… (168)	数字盲字符号 ……………… (175)
功能视力评估 ……………… (168)	康熙盲字 …………………… (175)
对照视野检查法 …………… (169)	瞽手通文 …………………… (175)

福州盲字 …… (175)	盲教育学 …… (180)
心目克明 …… (175)	视力残疾教育 …… (181)
五方元音 …… (175)	盲幼儿教育 …… (181)
新盲字 …… (175)	盲校教学计划 …… (181)
汉语双拼盲文 …… (175)	《盲校义务教育课程设置方案》… (181)
英语一级点字 …… (176)	《义务教育阶段盲校教学与医疗康复
英语二级点字 …… (176)	仪器设备配备标准》…… (182)
点字数理化符号 …… (176)	盲文教材 …… (182)
点字音乐符号 …… (176)	盲校教学原则 …… (182)
盲文书写 …… (176)	触觉教具选择原则 …… (183)
装纸 …… (176)	盲校教学方法 …… (183)
移板 …… (177)	盲校直观教具 …… (183)
盲笔 …… (177)	盲校特殊课程 …… (184)
写字板 …… (177)	盲校综合康复课程 …… (184)
分词连写 …… (177)	盲校信息技术课程 …… (184)
哑音定字法 …… (177)	盲校社会适应课程 …… (184)
摸读 …… (177)	盲校美工课 …… (184)
有声图书 …… (177)	定向行走课 …… (184)
点字图书馆 …… (178)	认识初步与生活指导 …… (184)
视觉障碍儿童 …… (178)	个别矫正作业 …… (185)
盲心理学 …… (178)	盲童触—动觉训练 …… (185)
盲人感觉补偿 …… (178)	盲童运动技能训练 …… (185)
盲童思维特点 …… (178)	盲童生活技能训练 …… (185)
盲童语言特点 …… (178)	舌尖穿针法 …… (185)
盲人听觉特点 …… (178)	盲童嗅觉及味觉训练 …… (185)
语意不合 …… (179)	盲人听觉训练 …… (186)
盲人障碍感觉 …… (179)	盲校制图教学 …… (186)
盲童记忆特点 …… (179)	大字课本 …… (186)
盲人触觉特点 …… (179)	盲人电子计算机 …… (186)
盲童智能发展特征 …… (179)	视触转换仪 …… (186)
盲人空间知觉 …… (180)	触觉阅读器 …… (187)
盲人时间知觉 …… (180)	盲人手机 …… (187)
盲童人格倾向 …… (180)	阳光软件 …… (187)
盲相 …… (180)	光声反应仪 …… (187)

读屏软件 (187)	声纳眼镜 (192)
触感屏 (187)	导盲手电 (192)
盲文记录器 (187)	盲人学校 (192)
朗读机 (187)	盲哑学校 (192)
滤光纸 (187)	启明学校 (193)
斜面桌 (187)	低视力儿童学校 (193)
盲人图画板 (188)	金钥匙视障教育研究中心 (193)
盲人计算器 (188)	北京市盲人学校 (193)
盲文活字插算算盘 (188)	上海市盲童学校 (194)
罗盘温度计 (188)	海德里盲人学校中国福州分校 (194)
盲人手表 (188)	
盲人门球 (188)	帕金斯盲校 (194)
盲人乒乓球 (188)	全国爱眼日 (195)
盲文邮票 (188)	香港嘉诺撒盲女院 (195)
盲文复印机 (189)	台南训盲院 (195)
盲文打字机 (189)	视觉第一中国行动 (195)
盲文刻印机 (189)	国际盲人节 (195)
定向行走 (189)	世界盲人联盟 (195)
盲人定向线索 (189)	国际盲人体育协会 (196)
心理地图 (189)	国际视力损伤者教育学会 (196)
触觉地图 (189)	美国盲人基金会 (196)
路标 (190)	美国盲人出版社 (196)
盲人交通信号 (190)	中国盲人协会 (196)
盲道 (190)	中国盲人按摩中心 (196)
人导法 (190)	中国盲文出版社 (197)
导盲犬 (190)	中国盲文图书馆 (197)
导盲机器人 (190)	黄乃 (197)
盲杖 (191)	狄德罗 (197)
激光手杖 (191)	阿羽伊 (198)
沿物行走 (191)	路易·布莱尔 (198)
蹭地行走法 (191)	威廉·穆恩 (198)
踩边行走法 (191)	约翰·傅兰雅 (198)
踢边行走法 (191)	金钥匙盲童教育计划 (198)
独行自我保护法 (191)	《盲童教育概论》 (199)

《在认识与劳动过程中盲缺陷的
　　补偿途径》 …………………… (199)
《中国触觉地图集》 ……………… (199)
《盲人月刊》 ……………………… (199)
《中国盲童文学》 ………………… (200)

3 听力残疾教育
Education for Hearing Impairment

听觉系统 …………………… (201)
外耳 ………………………… (201)
中耳 ………………………… (201)
内耳 ………………………… (201)
骨导 ………………………… (201)
气导 ………………………… (201)
听力 ………………………… (202)
听觉 ………………………… (202)
听知觉 ……………………… (202)
听觉阈限 …………………… (202)
听觉区域 …………………… (202)
听觉痛阈 …………………… (202)
言语感受阈 ………………… (202)
听觉的绝对阈限 …………… (202)
听觉的差别感受性 ………… (202)
听觉构成 …………………… (203)
听觉敏度 …………………… (203)
听觉反馈 …………………… (203)
听觉疲劳 …………………… (203)
频率 ………………………… (203)
语言频率 …………………… (203)
分贝 ………………………… (203)
声音的频率与音调 ………… (204)
声音的强度与响度 ………… (204)
听力学 ……………………… (204)
教育听力学 ………………… (204)
听觉语音学 ………………… (204)
听力学家 …………………… (204)
听觉障碍 …………………… (204)
听力残疾 …………………… (204)
听力损失 …………………… (205)
言语听力损伤 ……………… (205)
听力损失平均值 …………… (205)
听力残疾儿童的出现率 …… (205)
台湾听觉障碍分类 ………… (206)
中国大陆听力残疾分级标准 … (206)
聋 …………………………… (207)
全聋 ………………………… (207)
重听 ………………………… (207)
伪聋 ………………………… (207)
剩余听力 …………………… (207)
传导性耳聋 ………………… (208)
感音性耳聋 ………………… (208)
器质性耳聋 ………………… (208)
功能性耳聋 ………………… (208)
语言形成前聋 ……………… (208)

语言形成后聋 …………… (208)	耳声发射 ……………… (214)
噪声性耳聋 ……………… (208)	简易声音测听 …………… (214)
爆震性耳聋 ……………… (209)	莫尔反射 ………………… (214)
中枢性聋 ………………… (209)	眼睑反射 ………………… (214)
大脑皮质性聋 …………… (209)	觉醒反射 ………………… (215)
心因性聋 ………………… (209)	小床-O-图试验 ………… (215)
歇斯底里性聋 …………… (209)	音叉 ……………………… (215)
老年性聋 ………………… (209)	音叉试验 ………………… (215)
遗传性耳聋 ……………… (209)	任内试验 ………………… (215)
先天获得性耳聋 ………… (209)	韦伯试验 ………………… (215)
后天获得性耳聋 ………… (210)	纯音测听法 ……………… (215)
聋哑 ……………………… (210)	噪声掩蔽 ………………… (216)
十聋九哑 ………………… (210)	听阈测量 ………………… (216)
针灸治疗聋哑 …………… (210)	耳语测听 ………………… (216)
耳鸣 ……………………… (210)	语言测听法 ……………… (216)
耵聍 ……………………… (211)	游戏听力检查法 ………… (217)
先天性耳郭畸形 ………… (211)	配景测听法 ……………… (217)
小耳症 …………………… (211)	行为反应测听 …………… (217)
外耳道闭锁 ……………… (211)	哨声测听 ………………… (217)
鼓膜外伤性穿孔 ………… (211)	击掌测听 ………………… (218)
听骨链损伤 ……………… (211)	声场听力测验 …………… (218)
渗出性中耳炎 …………… (211)	电反应测听 ……………… (218)
化脓性中耳炎 …………… (211)	自动听性脑干反应 ……… (218)
耳毒性药物 ……………… (212)	声导抗测听 ……………… (218)
药物性耳聋 ……………… (212)	复聪 ……………………… (218)
感染性耳聋 ……………… (212)	人工耳郭 ………………… (219)
听力计 …………………… (212)	人工耳蜗 ………………… (219)
言语听力计 ……………… (213)	人工中耳 ………………… (219)
听力级 …………………… (213)	环境声感应器 …………… (219)
听力图 …………………… (213)	助听器 …………………… (219)
听力年龄 ………………… (213)	集体助听器 ……………… (220)
听觉辨别 ………………… (213)	盒式助听器 ……………… (220)
主观测听法 ……………… (214)	眼镜式助听器 …………… (220)
客观测听法 ……………… (214)	耳背式助听器 …………… (220)

耳内式助听器 ……………… (220)	手势汉语 ……………… (225)
数字式助听器 ……………… (220)	手势英语 ……………… (226)
无线调频式助听器 ………… (221)	美国手势语 …………… (226)
耳模 ………………………… (221)	混杂手势英语 ………… (226)
频宽 ………………………… (221)	发音镜 ………………… (226)
最大声增益 ………………… (221)	言语训练器 …………… (226)
最大声输出 ………………… (221)	可见言语装置 ………… (226)
频率响应 …………………… (221)	可见言语 ……………… (226)
噪声比 ……………………… (222)	读话 …………………… (227)
自动增益控制 ……………… (222)	唇读 …………………… (227)
聋人起床闹钟 ……………… (222)	视觉倾听 ……………… (227)
助聋犬 ……………………… (222)	触觉辅助 ……………… (227)
视觉语言学 ………………… (222)	听觉辅助 ……………… (227)
姿势 ………………………… (222)	视觉辅助 ……………… (227)
姿势交流 …………………… (222)	唇读认知机制 ………… (227)
非言语交流 ………………… (222)	言语康复 ……………… (227)
体态语言 …………………… (222)	听力语言康复 ………… (227)
符号系统 …………………… (223)	听觉语言训练原则 …… (228)
符号语言 …………………… (223)	听觉训练 ……………… (228)
手语 ………………………… (223)	说话训练 ……………… (228)
手势语 ……………………… (223)	口部操 ………………… (229)
自然手语 …………………… (223)	发音教学 ……………… (229)
文法手语 …………………… (223)	嗓音练习 ……………… (229)
手势文字 …………………… (223)	呼吸练习 ……………… (229)
手势交谈 …………………… (224)	聋心理学 ……………… (230)
手指语 ……………………… (224)	振动感觉 ……………… (230)
手指字母 …………………… (224)	言语动觉 ……………… (230)
指语术 ……………………… (224)	聋人口语 ……………… (230)
赖恩手势 …………………… (224)	聋童思维 ……………… (230)
赖恩氏手切 ………………… (225)	聋人个性 ……………… (231)
国语注音符号发音指式 …… (225)	希—内学习能力倾向测验 … (231)
汉语手指字母方案 ………… (225)	格雷口语阅读测验 …… (231)
汉语手指音节 ……………… (225)	聋教育学 ……………… (231)
手势代码系统 ……………… (225)	聋校 …………………… (231)
	启聪学校 ……………… (232)

重听儿童学校(班) ………… (232)
学龄前聋童班 ………………… (232)
听力残疾儿童随班就读 ……… (232)
聋校教学原则 ………………… (233)
《全日制聋哑学校教学计划》 … (233)
《全日制聋校课程计划(试行)》 … (233)
《聋校义务教育课程设置方案》 … (233)
《义务教育阶段聋校教学与医疗康复
　仪器设备配备标准》 ………… (233)
启哑初阶 ……………………… (234)
聋校教科书 …………………… (234)
律动课 ………………………… (235)
语文初步 ……………………… (235)
聋校教学组织形式 …………… (235)
手语教学班 …………………… (235)
口语教学班 …………………… (235)
医学聋与文化聋 ……………… (236)
聋人社会和聋人文化 ………… (236)
聋校的双语环境 ……………… (236)
双语双文化 …………………… (236)
手语教学 ……………………… (236)
口语教学 ……………………… (236)
看话教学 ……………………… (237)
母语 …………………………… (237)
"手口"之争 …………………… (237)
手语法 ………………………… (238)
口语法 ………………………… (238)
综合交际法 …………………… (238)
综合语言教学模式 …………… (239)
同时交谈法 …………………… (239)
手指书写法 …………………… (239)
暗示法 ………………………… (239)
罗彻斯特法 …………………… (239)
语调听觉法 …………………… (239)
视听法 ………………………… (240)
听视触并用法 ………………… (240)
整词法 ………………………… (240)
大字课文 ……………………… (240)
聋人教师 ……………………… (240)
聋校课桌 ……………………… (240)
聋人读物 ……………………… (240)
手语歌 ………………………… (241)
字幕电影 ……………………… (241)
哑剧 …………………………… (241)
聋人电话机 …………………… (241)
手语翻译 ……………………… (241)
《手语翻译员国家职业标准(试行)》
　……………………………… (241)
国际聋教育会议 ……………… (242)
米兰会议 ……………………… (242)
口语教学实验工作汇报会 …… (242)
聋儿听力语言康复中心 ……… (242)
中国聋儿康复研究中心 ……… (243)
社区言语和听力中心 ………… (243)
启喑学馆 ……………………… (243)
烟台市聋哑中心学校 ………… (244)
南京市立盲哑学校 …………… (244)
南通市聋哑学校 ……………… (244)
南京市聋哑学校 ……………… (244)
上海市聋哑青年技术学校 …… (244)
真铎学校 ……………………… (245)
克拉克聋人学校 ……………… (245)
加劳德特大学 ………………… (245)
罗彻斯特聋人技术学院 ……… (246)
世界聋人联合会 ……………… (246)
国际聋人体育联合会 ………… (246)
中国聋人协会 ………………… (246)
中国聋人体育协会 …………… (247)
听力残疾者体育竞赛分级 …… (247)
听力残疾者体育竞赛项目 …… (247)
国际聋人高等教育网络组织 …… (247)
亚历山大·格雷厄姆·贝尔聋和

重听者协会	(247)	吴燕生	(252)
爱耳日	(248)	洪雪立	(252)
国际聋人节	(248)	李石涵	(253)
卡尔丹诺	(248)	《聋教育常识》	(253)
庞塞	(248)	《聋哑教育通讯》	(253)
卡瑞恩	(248)	《中国听力语言康复科学》	(253)
波内特	(249)	《聋哑人通用手语草图》	(253)
约翰·瓦利斯	(249)	《聋哑人通用手语图》	(254)
阿曼	(249)	《中国手语》	(254)
莱佩	(249)	《中国手语》(续集)	(254)
托马斯·布雷沃	(250)	《中国手语》(修订版)	(254)
西卡尔	(250)	《中国手语教学辅导》	(255)
海尼克	(250)	《计算机专业手语》	(255)
托马斯·加劳德特	(250)	《体育专业手语》	(255)
亚历山大·格雷厄姆·贝尔	(251)	《理科专业手语》	(255)
安妮塔·米尔斯	(251)	《美术专业手语》	(255)
拉乌	(251)	《中国聋人》	(256)
川本宇之介	(251)	《学说话》	(256)
威廉·C.斯多基	(252)	《亚洲及南太平洋地区听力障碍通讯》	(256)
张謇	(252)		

言语和语言残疾教育
Education for Speech and Language Disabilities

言语	(257)	塞擦音	(258)
语言	(257)	鼻音	(258)
发音器官	(257)	塞音	(258)
音位	(257)	气息声	(259)
元音	(258)	嘶哑声	(259)
辅音	(258)	构音点	(259)
唇齿音	(258)	口腔内压	(259)

脑语言功能—侧化 …… (259)	鼻咽腔闭锁不全 …… (264)
大脑皮质语言区 …… (259)	构音检查 …… (264)
前语言区 …… (259)	介助呼吸训练 …… (264)
后语言区 …… (260)	共鸣训练 …… (264)
弓状束 …… (260)	韵律训练 …… (264)
言语环境 …… (260)	构音训练 …… (264)
言语残疾 …… (260)	辨音训练 …… (264)
语言残疾 …… (260)	推撑疗法 …… (264)
语言障碍 …… (261)	发音困难 …… (265)
言语障碍 …… (261)	发声障碍 …… (265)
语言缺损 …… (261)	努力性发声 …… (265)
言语损害 …… (261)	音高障碍 …… (265)
儿童语言发展迟缓 …… (261)	音强障碍 …… (265)
语迟分类 …… (262)	音色障碍 …… (266)
言语/语言交流障碍 …… (262)	假声 …… (266)
运动性言语障碍 …… (262)	鼻音缺失 …… (266)
构音障碍 …… (262)	失音症 …… (266)
省略音 …… (262)	发音诱导 …… (266)
增音 …… (262)	失语症检查 …… (266)
歪曲 …… (263)	失语症 …… (267)
构音不能 …… (263)	发音障碍 …… (267)
异常构音 …… (263)	皮质下失语 …… (268)
发音含糊 …… (263)	经皮质感觉性失语症 …… (268)
运动性构音障碍 …… (263)	经皮质运动性失语症 …… (268)
器质性构音障碍 …… (263)	混合性经皮质失语 …… (268)
功能性构音障碍 …… (263)	完全性失语症 …… (268)
鼻音化构音 …… (263)	传导性失语症 …… (268)
不送气化构音 …… (263)	韦尔尼克失语症 …… (268)
送气化构音 …… (263)	布洛卡失语症 …… (269)
边音化构音 …… (263)	失听症 …… (269)
舌根化构音 …… (263)	命名性失语症 …… (269)
舌尖化构音 …… (263)	语音认识性失语症 …… (269)
费力音 …… (264)	语音记忆性失语症 …… (269)
气息音 …… (264)	语义性失语症 …… (269)

传入性运动失语症	(270)	发育性口吃	(275)
传出性运动失语症	(270)	良性口吃	(275)
动力性失语症	(270)	慢性口吃	(275)
儿童失语症	(271)	显性口吃	(275)
反响语	(271)	隐性口吃	(275)
言语补充现象	(271)	癔病性口吃	(275)
模仿言语	(271)	起音困难	(275)
句子构成障碍	(271)	一贯性效果	(275)
新造语	(271)	适应性效果	(275)
"电报式"言语	(271)	波动	(275)
错语	(271)	情绪性反应	(275)
刻板语言	(271)	口吃伴随症状	(275)
交叉性失语	(272)	学龄前儿童口吃评定	(276)
重复言语	(272)	学生期的口吃评定	(276)
持续言语	(272)	解除反应	(276)
重言症	(272)	软起声	(276)
书面言语损害	(272)	言语失用症	(276)
失读症	(272)	单侧失写与失用症	(276)
错读症	(272)	失歌症	(276)
诵读困难	(273)	词聋	(277)
失写症	(273)	词盲	(277)
书写错乱	(273)	口失用	(277)
过写症	(273)	言语失用	(277)
完全性书写障碍	(273)	语法缺失	(277)
象形写字	(273)	杂乱语	(277)
镜像书写	(273)	言语急迫	(277)
构字障碍	(273)	词语拼凑	(277)
重复性书写	(273)	多语症	(277)
韵律缺失	(273)	组句不能	(277)
迟语症	(274)	组句困难	(277)
急语症	(274)	语词错乱	(277)
流畅性障碍	(274)	找词困难	(277)
口吃	(274)	累赘语	(277)
口吃阶段发展论	(274)	食管言语	(277)

人工喉 (277)	言语治疗 (281)
失认症 (278)	言语治疗师 (281)
软腭麻痹 (278)	言语治疗室 (281)
唇裂与腭裂 (278)	言语治疗作业 (282)
胼胝体分离综合征 (278)	语言矫正点 (282)
语言病理学 (278)	小组治疗 (282)
语言心理学 (278)	升级与降级 (282)
言语治疗学 (279)	语言辅助具 (282)
言语障碍评定标准 (279)	交流板 (282)
言语障碍检查 (279)	刺激—反应训练 (283)
S-S语言发育迟缓检查法 (280)	PACE 技术 (283)
日常生活交流能力测验 (280)	SCHUELL 刺激疗法 (283)
言语障碍儿童教育 (280)	国际口吃日 (283)
语言环境调整 (281)	国际口吃联合会 (283)

5 智力残疾教育
Education for Mental Retardation

智力 (284)	愚鲁儿童 (288)
适应性行为 (284)	可教育的智力落后者 (288)
智力落后 (285)	可训练的智力落后者 (288)
智力缺陷 (285)	需监护的智力落后者 (288)
智力残疾 (285)	先天愚型 (289)
弱智 (286)	临界智力落后 (289)
智力残疾分级 (286)	假性智力落后 (289)
智力落后分类 (287)	精神性智力落后 (289)
智力落后儿童 (287)	文化家族性智力落后 (289)
低常儿童 (288)	内源性智力落后 (289)
白痴儿童 (288)	外源性智力落后 (289)
痴愚儿童 (288)	患进行性大脑疾病的智力落后

儿童	(289)	正态分布	(296)
学习迟缓者	(290)	效度	(296)
白痴学者	(290)	信度	(296)
六小时落后儿童	(290)	文化公平测验	(297)
发育迟缓	(290)	能力测验	(297)
认知障碍	(290)	性向测验	(297)
精神发育迟滞	(290)	非文字测验	(297)
精神发育迟滞儿童类型	(291)	操作测验	(297)
智力落后发病率	(291)	筛选测验	(297)
智力落后出现率	(292)	比内—西蒙智力量表	(298)
智力落后预防	(292)	斯坦福—比内量表	(298)
智力落后儿童鉴定	(292)	韦氏智力量表	(298)
智力落后儿童行为评定	(292)	韦氏幼儿智力量表	(298)
智力落后儿童教育评定	(293)	韦氏儿童智力量表	(298)
智力落后儿童筛选	(293)	韦氏成人智力量表	(299)
心理测量学	(293)	瑞文推理测验	(299)
心理测验	(293)	绘人测验	(299)
标准化测验	(293)	考夫曼婴儿和学前量表	(300)
智力落后儿童测验	(293)	考夫曼儿童成套测验	(300)
智力测验	(294)	霍—里神经心理成套测验	(300)
智商	(294)	霍—里幼儿神经心理成套测验	
比率智商	(294)	中国修订本	(300)
离差智商	(294)	霍—里成人神经心理成套测验	
生理年龄	(294)	中国修订本	(300)
心理年龄	(294)	格塞尔发展测验	(301)
发展测试图	(295)	丹佛发展筛选测验	(301)
学业成绩测验	(295)	适应性行为评定	(301)
婴儿—初中生社会生活能力量表		文兰社会成熟量表	(301)
	(295)	AAMD 适应行为量表	(301)
社会成熟量表	(295)	智力落后原因	(302)
社会商数	(295)	组氨酸尿	(302)
测验偏向	(295)	Rh 因子不一致	(302)
常模	(296)	甲状腺功能减退	(303)
发展常模	(296)	苯丙酮尿症	(303)

克汀病 …………………………………（303）
脑积水 …………………………………（303）
家族黑蒙性白痴 ………………………（303）
泰—萨氏病 ……………………………（303）
癫痫 ……………………………………（303）
蛋白质缺少 ……………………………（304）
半乳糖血症 ……………………………（304）
21-三体综合征 ………………………（304）
脆(性)X综合征 ………………………（304）
猫叫综合征 ……………………………（305）
阿佩尔氏综合征 ………………………（305）
德兰吉氏综合征 ………………………（305）
劳—穆—比三氏综合征 ………………（305）
先天性新陈代谢失调 …………………（305）
皮脂腺腺瘤 ……………………………（305）
核黄疸 …………………………………（305）
胎儿酒精中毒综合征 …………………（305）
脑白质营养不良 ………………………（305）
梅毒 ……………………………………（305）
新生儿溶血症 …………………………（306）
大头畸形 ………………………………（306）
小头畸形 ………………………………（306）
头狭小 …………………………………（306）
血胆红素过多 …………………………（306）
夸希奥科 ………………………………（306）
环境剥夺 ………………………………（307）
感觉剥夺 ………………………………（307）
智力落后儿童心理学 …………………（307）
智力落后儿童高级神经活动特点
 …………………………………………（307）
意志缺陷说 ……………………………（308）
自我作用不完全说 ……………………（308）
注意缺陷说 ……………………………（308）
道德缺陷论 ……………………………（309）
发展到顶论 ……………………………（309）
智力落后操作条件反射说 ……………（309）
儿童学 …………………………………（309）
第一性缺陷和第二性缺陷 ……………（309）
智力落后儿童核心特征 ………………（310）
基本情感需要 …………………………（310）
智力落后儿童情绪 ……………………（310）
挫折和失败心理 ………………………（310）
社会孤立和拒绝 ………………………（311）
现实危机感 ……………………………（311）
人格价值危机感 ………………………（311）
始所未料危机感 ………………………（311）
对儿童的综合研究法 …………………（311）
感觉训练 ………………………………（312）
智力落后教育学 ………………………（312）
区别对待 ………………………………（313）
培智学校 ………………………………（313）
辅读学校 ………………………………（313）
辅助学校 ………………………………（313）
智力落后儿童随班就读 ………………（313）
智力落后儿童特殊班 …………………（314）
培智学校招生 …………………………（314）
《全日制弱智学校(班)教学计划
　　(征求意见稿)》 ……………………（314）
《全日制弱智学校(班)教学大纲
　　(征求意见稿)》 ……………………（315）
《中度智力残疾学生教育训练纲要》
　………………………………………（315）
《培智学校义务教育课程设置方案》
　………………………………………（315）
《义务教育阶段培智学校教学与医疗
　　康复仪器设备配备标准》 …………（315）
培智学校教学原则 ……………………（316）
全日制培智学校(班)教科书 ………（316）

智力落后儿童言语矫正 …… (316)	培智教育社区化 …………… (321)
培智学校卫生保健 ………… (316)	适应性体育 ………………… (321)
直观课 ……………………… (317)	全国碘缺乏病宣传日 ……… (321)
课内操 ……………………… (317)	智力工程——迎接 2000 年行动 …… (322)
跨年龄辅导 ………………… (317)	全国弱智教育经验交流会 … (322)
培智学校家长工作 ………… (317)	《智力落后者权利宣言》 …… (323)
休养护理 …………………… (318)	国际智残人工作者协会联盟 … (323)
社区生存技能 ……………… (318)	中国智力残疾人及亲友协会 … (323)
智力落后者聚居点 ………… (318)	美国智力与发展障碍协会 … (324)
活动中心 …………………… (318)	融合国际 …………………… (324)
小组家庭 …………………… (318)	国际特殊奥运会理事会 …… (324)
临床教学 …………………… (318)	世界特殊奥林匹克运动会 … (324)
任务分析法 ………………… (319)	中国弱智人体育协会 ……… (325)
提示 ………………………… (319)	中国特殊奥林匹克运动会 … (325)
智力矫正术 ………………… (319)	夸美纽斯 …………………… (325)
生理学方法 ………………… (319)	野孩维克多 ………………… (325)
多种感觉学习 ……………… (319)	伊塔尔 ……………………… (325)
智力落后儿童早期教育 …… (320)	塞甘 ………………………… (326)
蒙台梭利学校 ……………… (320)	蒙台梭利 …………………… (326)
蒙台梭利教学法 …………… (320)	维果茨基 …………………… (326)
蒙台梭利教具 ……………… (321)	鲁利亚 ……………………… (327)
蒙台梭利自动教育法 ……… (321)	《野孩子》 ………………… (327)

学习障碍教育
Education for Learning Disabilities

学习障碍 …………………… (328)	能力差异 …………………… (329)
学习障碍儿童 ……………… (328)	低成就者 …………………… (329)
特定学校技能发育障碍 …… (328)	心理发展迟缓儿童 ………… (329)

学业性学习障碍	(329)	写作障碍	(334)
发展性学习障碍	(329)	数学障碍	(335)
自我报告学习障碍	(330)	失算症	(335)
注意障碍	(330)	运算能力障碍	(335)
注意缺陷	(330)	健忘症	(335)
注意力缺陷多动障碍	(330)	图形—背景混乱	(335)
感觉辨别能力障碍	(330)	学业与潜能差异	(335)
非言语学习障碍	(330)	知觉过敏	(335)
心理神经性学习障碍	(331)	痛觉过敏	(335)
轻微脑功能失调	(331)	味觉异常	(335)
葛斯曼症状	(331)	感觉消退	(335)
李昂哈特症状	(331)	感觉间障碍	(336)
不知手指缺陷	(331)	习得性无助感	(336)
感觉颠倒	(331)	行为不稳定性	(336)
听觉性认知缺陷症	(332)	学校压力	(336)
视知觉再生作用缺陷	(332)	心理过程模式	(336)
句法构造缺陷	(332)	教育商	(336)
字盲	(332)	教育年龄	(336)
语音意识	(333)	一般认知能力	(336)
视觉压力	(333)	斯坦福诊断阅读测验	(337)
阅读中枢	(333)	伊利诺心理语言能力测验	(337)
阅读障碍	(333)	伍德库克阅读掌握测验	(337)
发展性阅读障碍	(333)	皮博迪个人成绩测验	(338)
获得性阅读障碍	(333)	皮博迪图片词汇测验	(338)
语音阅读障碍	(333)	文法构成能力测验	(338)
表层阅读障碍	(333)	视觉接收能力测验	(338)
深层阅读障碍	(333)	视觉构成能力测验	(338)
解码障碍	(334)	视—动联合能力测验	(339)
命名速度缺陷	(334)	听觉接收能力测验	(339)
阅读障碍成分模型	(334)	听觉构成能力测验	(339)
书写能力障碍	(334)	动作表达能力测验	(339)
拼写障碍	(334)	口语表达能力测验	(339)
书写倒错	(334)	听—说联合能力测验	(339)
书写障碍	(334)	字音构成能力测验	(339)

听觉序列记忆能力测验 ………… (339)	学习障碍矫正策略 …………… (346)
视觉序列记忆能力测验 ………… (340)	触觉训练 …………………… (346)
瓦列特基本学习能力发展调查 …… (340)	味觉训练 …………………… (346)
书面语言测验 ………………… (340)	嗅觉训练 …………………… (346)
拜瑞—布坦尼卡视觉—动作统整	温度觉训练 ………………… (346)
发展测验 …………………… (340)	板书训练 …………………… (346)
图片故事语言测验 …………… (341)	蒙眼教学法 ………………… (347)
书面拼写测验 ………………… (341)	蒙特瑞方法 ………………… (347)
基玛斯诊断算术测验 ………… (341)	颜色覆盖技术 ……………… (347)
德鲁尔阅读困难分析 ………… (341)	语音—书写—发音方法 ……… (347)
干预反应 …………………… (341)	动觉方法 …………………… (347)
学习障碍诊断问卷 …………… (342)	感觉统合训练法 …………… (348)
伍德库克—约翰逊第三版认知能力	知觉运动训练 ……………… (348)
测验 ……………………… (342)	无视觉的 AKT 法 …………… (349)
伍德库克—约翰逊第三版成就测验	多感官教学 ………………… (349)
………………………… (342)	唤醒理论 …………………… (349)
阅读障碍筛选工具 …………… (342)	猜字游戏 …………………… (349)
数学障碍筛选工具 …………… (342)	自我拥护 …………………… (349)
视知觉发展测验第二版 ……… (342)	《学习障碍法案》 …………… (349)
学习障碍研究 ………………… (342)	全美帮助学习障碍者计划 …… (349)
学习障碍儿童教育干预 ……… (343)	儿童服务示范中心 …………… (350)
学习障碍大学生 ……………… (344)	学习障碍儿童协会 …………… (350)
学习障碍咨询教师 …………… (344)	全美学习障碍联合委员会 …… (350)
四要点模式 ………………… (344)	学习障碍儿童基金会 ………… (350)
行为主义学习模式 …………… (344)	凯法特 ……………………… (350)
认知策略学习模式 …………… (345)	斯特劳斯 …………………… (351)
还原主义学习模式 …………… (345)	塞缪尔·亚历山大·柯克 …… (351)
整体主义学习模式 …………… (345)	《学业疗法》 ………………… (352)
盖特曼视动模型 ……………… (346)	《学习障碍教育设备年度指南》
能力—工作分析法 …………… (346)	………………………… (352)

情绪和行为障碍教育
Education for Emotional and Behavioral Disorders

精神残疾 …………………………（353）	儿童躁郁症 ………………………（359）
精神残疾分级 ……………………（353）	儿童强迫状态 ……………………（359）
精神疾病 …………………………（354）	精神创伤 …………………………（360）
中国精神疾病分类 ………………（354）	精神外科 …………………………（360）
神经心理学 ………………………（354）	儿童精神病学 ……………………（360）
临床心理学 ………………………（355）	儿童精神病 ………………………（360）
心理学临床 ………………………（355）	儿童期精神分裂症 ………………（360）
心理理论 …………………………（355）	精神发泄 …………………………（360）
错误信念任务 ……………………（355）	错觉 ………………………………（361）
心理防御机制 ……………………（355）	幻觉 ………………………………（361）
心身障碍 …………………………（355）	形体感觉障碍 ……………………（361）
情绪障碍儿童 ……………………（356）	时空感知障碍 ……………………（361）
情绪障碍的生物学基础 …………（356）	知觉失真 …………………………（361）
情感性障碍 ………………………（356）	知觉—运动困难 …………………（362）
混合情感障碍 ……………………（357）	意识混浊 …………………………（362）
情绪低落 …………………………（357）	梦样状态 …………………………（362）
情绪不稳 …………………………（357）	记忆障碍 …………………………（362）
情感淡漠 …………………………（357）	遗忘综合征 ………………………（363）
情感不协调 ………………………（357）	顺行性遗忘 ………………………（363）
自卑感 ……………………………（357）	逆行性遗忘 ………………………（363）
恐怖症和害怕 ……………………（358）	界限性遗忘 ………………………（363）
儿童恐怖症 ………………………（358）	错构 ………………………………（363）
学校恐怖症 ………………………（358）	面容失认 …………………………（363）
焦虑 ………………………………（358）	逻辑障碍综合征 …………………（363）
儿童焦虑症 ………………………（358）	思维障碍 …………………………（364）
分离性焦虑 ………………………（359）	妄想 ………………………………（364）
测验焦虑 …………………………（359）	强迫思维 …………………………（365）
隐匿性抑郁症 ……………………（359）	意志障碍 …………………………（365）

缄默症 …… (365)	行为障碍 …… (370)
选择性缄默症 …… (365)	协调性兴奋 …… (370)
孤独症 …… (365)	不协调性兴奋 …… (370)
自闭症 …… (366)	秽亵言语 …… (371)
广泛性发育障碍 …… (366)	抽动秽语综合征 …… (371)
未分类广泛性发育障碍 …… (366)	习得性失助 …… (371)
非典型性孤独症 …… (366)	进食障碍 …… (371)
Heller 综合征 …… (366)	神经性厌食 …… (371)
Retter 综合征 …… (366)	睡眠障碍 …… (372)
高功能孤独症 …… (366)	发作性睡眠 …… (372)
三元损伤 …… (366)	大便控制不能 …… (372)
刻板行为 …… (366)	遗尿症 …… (372)
共同注意 …… (367)	永不满足儿童综合征 …… (372)
破镜假说 …… (367)	自动性 …… (373)
同一性行为 …… (367)	木僵 …… (373)
阿斯伯格综合征 …… (367)	儿童退缩行为 …… (373)
苯异丙胺精神病 …… (367)	适应不良行为 …… (373)
药物依赖 …… (367)	交往障碍 …… (373)
物质滥用 …… (367)	神经学软体症 …… (373)
脱瘾综合征 …… (367)	刻板印象 …… (373)
迟发性运动障碍 …… (368)	行为缺陷 …… (374)
人格障碍 …… (368)	毛发癖 …… (374)
情感性人格障碍 …… (368)	冲动行为 …… (374)
分裂性人格障碍 …… (368)	自伤行为 …… (374)
反社会性人格障碍 …… (368)	破坏性行为 …… (374)
偏执性人格障碍 …… (369)	无意识行为表现 …… (374)
暴发性人格障碍 …… (369)	自我刺激行为 …… (374)
自恋性人格障碍 …… (369)	儿童不良习惯 …… (374)
逃避性人格障碍 …… (369)	吮指 …… (375)
边缘性人格障碍 …… (369)	残疾儿童性障碍 …… (375)
界限性人格障碍 …… (370)	儿童手淫 …… (375)
被动攻击性人格障碍 …… (370)	性变态 …… (375)
癔病人格 …… (370)	同性恋 …… (375)
缺陷人格 …… (370)	恋物癖 …… (375)

异性装扮癖 …… (376)
露阴癖 …… (376)
窥阴癖 …… (376)
易性别癖 …… (376)
性罪错 …… (376)
神经病 …… (377)
神经官能症 …… (377)
神经生理学的变态性 …… (377)
明尼苏达多相人格量表 …… (377)
心理状态检查 …… (378)
韦尔希图形偏好测验 …… (378)
罗夏墨迹测验 …… (378)
行为问题类型学 …… (378)
沃克问题行为鉴定表 …… (379)
行为问题表 …… (379)
生物发生模型 …… (379)
儿童显性焦虑量表 …… (379)
心理与教育评定量表 …… (379)
孤独症行为检核表 …… (379)
孤独症儿童评定量表 …… (380)
克氏(孤独症)行为量表 …… (380)
裂脑研究 …… (380)
大脑切除术 …… (380)
精神药物 …… (380)
内啡呔 …… (381)
致幻剂 …… (381)
多巴胺 …… (381)
苯妥英纳 …… (381)
苯巴比妥 …… (381)
抗惊厥剂 …… (381)
安定 …… (381)
安定药 …… (381)
氯丙嗪 …… (382)
乙酰胆碱 …… (382)

电抽搐治疗 …… (382)
园艺治疗 …… (382)
舞蹈疗法 …… (382)
音乐疗法 …… (382)
安慰治疗 …… (382)
游戏疗法 …… (383)
假装游戏 …… (383)
艺术疗法 …… (383)
多萨疗法 …… (383)
精神统合治疗 …… (384)
结构化教学法 …… (384)
人际关系发展干预 …… (384)
地板时光 …… (384)
图片交换系统 …… (384)
听觉统合训练 …… (384)
箱庭疗法 …… (385)
动物辅助治疗 …… (385)
社交故事 …… (385)
同伴干预 …… (385)
关键反应训练 …… (385)
拥抱机 …… (385)
现实疗法 …… (386)
虚拟现实技术 …… (386)
发展疗法 …… (386)
认知行为疗法 …… (386)
逐步松弛法 …… (386)
应用行为分析 …… (387)
回合教学法 …… (387)
扩大和替代性沟通 …… (387)
催眠 …… (387)
感觉消退技术 …… (387)
行为矫正 …… (387)
行为改变技术 …… (388)
良好行为 …… (388)

目标行为	(388)	连续记录法	(395)
适当行为	(388)	心理治疗	(395)
终点行为	(388)	行为治疗	(396)
基数	(388)	团体心理治疗	(396)
强化	(389)	动力—相互关系法	(396)
强化物	(389)	相互关系集体治疗	(396)
正面惩罚	(389)	短程心理治疗	(397)
负面惩罚	(389)	长程心理治疗	(397)
差别强化法	(389)	存在主义心理治疗	(397)
行为强化程序	(389)	就诊者中心疗法	(397)
榜样法	(390)	完形治疗	(397)
模仿	(390)	危机干预	(397)
模拟法	(390)	动力性家庭治疗	(398)
自控法	(390)	交流性和系统性家庭治疗	(398)
链锁法	(390)	行为性家庭治疗	(398)
提示法	(391)	情绪和行为障碍儿童教育	(398)
渐隐法	(391)	住院治疗儿童的特殊教育	(398)
厌恶治疗法	(391)	青春期教育	(399)
行为代价法	(391)	儿童指导诊所	(399)
代币制	(391)	社会沟通、情感协调和动态支持模式	(399)
合同法	(392)		
生物反馈	(392)	心理卫生	(399)
系统脱敏法	(392)	心理卫生运动	(399)
刺激辨别	(392)	儿科心理学家	(400)
刺激泛化	(392)	中国精神残疾人及亲友协会	(400)
刺激控制	(392)	北京市孤独症儿童康复协会	(400)
前提控制法	(393)	北京星星雨教育研究所	(400)
惩罚法	(393)	美国儿科心理学会	(401)
隔离法	(393)	美国孤独症研究学会	(401)
消退法	(394)	世界孤独症日	(401)
塑造法	(394)	不良行为	(401)
积极行为支持	(394)	行为问题	(401)
功能性行为评估	(394)	问题行为	(401)
时间取样法	(395)	问题儿童	(401)

辍学	(401)
厌学	(402)
网瘾	(402)
攻击性行为	(402)
直接攻击行为	(402)
间接攻击行为	(402)
敌意性攻击行为	(403)
工具性攻击行为	(403)
主动性攻击行为	(403)
反社会行为	(403)
不良社会交往	(403)
逆反心理	(404)
家庭暴力	(404)
教师暴力	(404)
问题家庭	(404)
儿童虐待	(404)
后进生	(404)
双差生	(404)
流失生	(404)
失足青少年	(405)
未成年人	(405)
违法行为	(405)
未成年人违法	(405)
犯罪	(405)
未成年人犯罪	(405)
青少年犯罪年龄	(406)
变态心理犯罪	(406)
感知障碍犯罪	(406)
学习障碍与青少年犯罪	(406)
残疾人犯罪处置	(406)
犯罪心理	(407)
犯罪心理恶性转化	(407)
不良行为心理良性转化	(407)
青少年违法犯罪预测	(407)
犯罪行为控制	(407)
收容教养	(407)
劳动教养	(408)
少年法庭	(408)
不公开审理	(409)
分管分押	(409)
高尔基工学团	(409)
少年违法者工学团	(409)
捷尔任斯基儿童劳动公社	(409)
工读学校	(410)
工读学校思想品德教育	(410)
工读学校文化科学知识教学	(411)
工读学校劳动教育	(411)
工读学校职业教育	(411)
工读学校教师	(411)
工读学校预备生	(412)
家教托管生	(412)
三层一体型工读教育体制	(412)
一校五部制办学形式	(412)
工读称谓负效应	(412)
北京市海淀区工读学校	(412)
《联合国少年司法最低限度标准规则》	(413)
《联合国预防少年犯罪准则》	(413)
《联合国保护被剥夺自由少年规则》	(414)
《中华人民共和国未成年人保护法》	(414)
《中华人民共和国预防未成年人犯罪法》	(415)
《关于进一步加强青少年教育,预防青少年违法犯罪的通知》	(415)
《关于办好工读学校的试行方案》	(415)
《关于办好工读学校的几点意见》	(416)

《上海市青少年保护条例》……… (416)
《关于办理少年刑事案件的若干
　规定(试行)》…………………… (416)
《关于审理未成年人刑事案件具体
　应用法律若干问题的解释》… (417)
香港处理青少年犯罪机构 ……… (418)
少年管教所 ……………………… (418)
轻微犯罪青少年学生教育国际
　研讨会 ………………………… (418)
全国第一次工读学校座谈会 …… (418)
工读学校办学方式改革研讨会 … (419)
中国青少年犯罪研究会 ………… (419)

工读教育研究会 ………………… (419)
S.弗洛伊德 ……………………… (419)
安娜·弗洛伊德 ………………… (419)
利奥·凯纳 ……………………… (420)
马卡连柯 ………………………… (420)
《教育诗》………………………… (420)
《塔上旗》………………………… (420)
《青少年犯罪研究》……………… (421)
《寻找回来的世界》……………… (421)
《雨人》…………………………… (421)
《精神疾病统计与诊断手册》…… (421)

8 肢体残疾和病弱教育
Education for Physical Disabilites and other Health Impairments

运动系统 ………………………… (423)
肢体残疾 ………………………… (423)
肢体障碍 ………………………… (424)
肢体残疾分级标准 ……………… (424)
肢体残疾儿童 …………………… (425)
病弱儿童 ………………………… (425)
儿童慢性病 ……………………… (425)
婴儿脑损伤 ……………………… (425)
烧伤 ……………………………… (425)
褥疮 ……………………………… (425)
脑性瘫痪 ………………………… (425)
脑瘫分类 ………………………… (426)
瘫痪 ……………………………… (426)
偏瘫 ……………………………… (426)

软瘫 ……………………………… (427)
痉挛型 …………………………… (427)
中枢性瘫痪 ……………………… (427)
周围性瘫痪 ……………………… (427)
小儿急性偏瘫 …………………… (427)
脑瘫病因 ………………………… (427)
脊髓损伤 ………………………… (428)
脑血栓 …………………………… (428)
脑瘫评价 ………………………… (428)
椎间盘脱出 ……………………… (428)
脊柱裂 …………………………… (428)
脊柱侧弯 ………………………… (429)
麻风病 …………………………… (429)
麻风残疾 ………………………… (429)

神经传导功能障碍 …………… (429)	肩关节功能障碍 …………… (434)
神经断裂 ……………………… (429)	肩手综合征 ………………… (434)
神经轴突断裂 ………………… (429)	成骨不全 …………………… (434)
神经性进行性肌萎缩 ………… (429)	脆骨病 ……………………… (434)
肌营养不良症 ………………… (429)	骨形成不全症 ……………… (434)
急性脊髓炎 …………………… (430)	先天性软骨发育异常 ……… (434)
化脓性骨髓炎 ………………… (430)	假性肥大 …………………… (435)
脊髓进行性肌萎缩症 ………… (430)	脱臼 ………………………… (435)
肌肉萎缩 ……………………… (430)	骨折 ………………………… (435)
重症肌无力 …………………… (430)	先天性髋关节脱臼 ………… (435)
Prader-Willi 综合征 …………… (430)	猿手 ………………………… (435)
Angelman 综合征 ……………… (430)	膝内翻 ……………………… (435)
侏儒症 ………………………… (430)	膝外翻 ……………………… (435)
佝偻病 ………………………… (431)	"O"形腿 …………………… (436)
肥胖症 ………………………… (431)	"X"形腿 …………………… (436)
脊髓灰质炎 …………………… (431)	外翻足 ……………………… (436)
脊髓灰质炎后遗症 …………… (431)	内翻足 ……………………… (436)
小儿麻痹症 …………………… (432)	先天性马蹄内翻足 ………… (436)
小儿麻痹后遗症矫治手术 …… (432)	高弓足 ……………………… (436)
风湿病 ………………………… (432)	扁平足 ……………………… (436)
类风湿性关节炎 ……………… (432)	跟行足畸形 ………………… (436)
锥体外系统障碍 ……………… (432)	肌力 ………………………… (436)
脊柱弯曲异常 ………………… (432)	肌力检查 …………………… (436)
抽搐 …………………………… (432)	肌张力 ……………………… (437)
痉挛 …………………………… (433)	肌张力检查 ………………… (437)
阵挛 …………………………… (433)	跟耳试验 …………………… (437)
关节挛缩 ……………………… (433)	反射 ………………………… (437)
先天性肌性斜颈 ……………… (433)	原始反射 …………………… (437)
震颤 …………………………… (433)	病理反射 …………………… (438)
偏身颤搐症 …………………… (433)	巴彬斯基征 ………………… (438)
手足搐搦 ……………………… (433)	浅反射 ……………………… (438)
骨与关节结核 ………………… (433)	深反射 ……………………… (438)
关节强硬 ……………………… (434)	腱反射 ……………………… (438)
骨关节损伤 …………………… (434)	紧张性颈反射 ……………… (438)

交叉伸展反应 (438)	拉力计 (446)
姿势反射 (439)	等速测力器 (446)
Vojta 姿势反射 (439)	整形术 (446)
踝阵挛 (439)	矫形外科学 (446)
随意运动 (439)	手指重建术 (446)
不随意运动 (439)	臼盖成形术 (447)
手足徐动症 (440)	关节制动术 (447)
失用症 (440)	关节固定术 (447)
共济失调 (440)	截肢 (447)
弗里德赖希共济失调 (440)	外器官假体 (447)
毛细血管扩张共济失调 (440)	人造器官 (447)
测距不准 (440)	假肢 (447)
步行失用 (441)	假肢工厂 (447)
舞蹈症 (441)	康复护理 (448)
异常步态 (441)	功能训练 (448)
步态矫正 (441)	职能训练 (448)
步态分析 (441)	床边训练 (448)
步态检查 (441)	床上指导 (448)
正常运动模式 (441)	徒手抵抗运动 (448)
运动障碍 (442)	徒手矫治 (448)
运动功能检查 (442)	运动强度 (448)
运动功能发育检查 (443)	医疗体育 (448)
粗大运动功能评定 (443)	牵伸体操 (449)
功能独立性评定 (443)	医疗体操 (449)
日常生活活动能力分级 (443)	呼吸体操 (449)
日常生活活动能力检查 (443)	矫正体操 (449)
神经肌肉功能检查 (444)	关节体操 (449)
关节活动度 (444)	矫正运动 (450)
关节活动度检查 (444)	有氧训练法 (450)
Berg 平衡量表 (445)	医疗步行 (450)
Carr-Shepherd 平衡评定 (445)	步行训练 (450)
残疾儿童综合功能评定法 (445)	放松练习 (450)
握力计 (446)	平衡练习 (450)
捏力计 (446)	抗阻练习 (451)

协调性练习	(451)
功能位	(451)
牵引疗法	(451)
助力运动	(451)
主动运动	(452)
被动运动	(452)
疗养学	(452)
物理疗法	(452)
水疗	(452)
水中运动	(453)
泥疗	(453)
温热疗法	(453)
石蜡疗法	(453)
空气负离子疗法	(454)
气候疗法	(454)
冷疗法	(454)
磁场疗法	(454)
电疗法	(454)
日光疗法	(455)
红外线疗法	(455)
紫外线疗法	(455)
激光疗法	(455)
超声波疗法	(455)
力学疗法	(456)
手法治疗	(456)
针刺疗法	(456)
按摩疗法	(456)
乘马疗法	(456)
作业疗法	(457)
神经发育法	(457)
Bobath 法	(457)
转移训练法	(458)
行为或社会法	(458)
功能治疗法	(458)
Peto 疗法	(458)
肌腱延长术	(458)
经络导平治疗	(458)
高压氧治疗	(459)
生物反馈疗法	(459)
肢体残疾儿童教育	(459)
病弱儿童教育	(460)
肢残学校	(460)
露天学校	(460)
森林疗养学校	(460)
床边教学	(461)
康复器械	(461)
自助具	(462)
磁性腕关节控制托	(462)
自动翻页器	(462)
漩涡浴	(462)
平行杠	(462)
固定自行车	(462)
支具	(463)
矫形器	(463)
转移辅助器	(463)
轮椅	(463)
功能训练器械	(463)
滚筒	(463)
助行器	(464)
训练球	(464)
减重步态训练器	(464)
行走训练器	(464)
肋木	(464)
物理治疗凳	(465)
关节训练器	(465)
空心球浴池	(465)
可调式头部指棍	(465)
阶梯升降机	(465)
无障碍五项最低标准	(465)
无障碍标志	(465)
《城市道路和建筑物无障碍设计规范》	(465)

中国肢残人协会 …………… (466)	世界骨质疏松日 …………… (466)
残疾人无障碍示范小区 ……… (466)	世界骨关节日 ……………… (467)

 **多重残疾教育**
Education for Multiple Disabilites

综合残疾 …………………… (468)	胆红素脑病 ………………… (474)
多重残疾 …………………… (468)	巨细胞病毒 ………………… (474)
多重障碍 …………………… (468)	新生儿单纯疱疹病毒感染 …… (474)
多重畸形 …………………… (469)	麻疹病毒 …………………… (474)
二重残疾 …………………… (469)	高热惊厥 …………………… (475)
三重残疾 …………………… (469)	弓形体病 …………………… (475)
四重残疾 …………………… (469)	神经纤维瘤病 ……………… (475)
五重残疾 …………………… (469)	三叉神经血管瘤病 ………… (475)
重度障碍 …………………… (469)	神经皮肤综合征 …………… (476)
重度情绪困扰 ……………… (470)	色素失调症 ………………… (476)
两种以上严重障碍 ………… (470)	功能性评价 ………………… (476)
盲聋障碍 …………………… (470)	生态评估 …………………… (476)
二重感觉障碍 ……………… (470)	发展性结构 ………………… (477)
多重障碍儿童早期评价 …… (470)	社会技能训练 ……………… (477)
多重障碍儿童早期教育计划 … (471)	信息交往增强系统 ………… (477)
多重残疾听力损伤者 ……… (471)	多重残疾儿童教育原则 …… (477)
粘多糖病 …………………… (472)	发展领域课程取向 ………… (477)
蜡样脂质褐质病 …………… (472)	功能性课程取向 …………… (478)
CM1 神经节苷脂贮积症 …… (472)	多重残疾儿童诊疗教学 …… (478)
尼曼—皮克氏病 …………… (473)	系统化教学方法 …………… (478)
家族性基底节钙化症 ……… (473)	功能性学业技能 …………… (478)
结节性硬化症 ……………… (473)	多重障碍儿童休闲活动技能 … (479)
颅脑损伤 …………………… (473)	多重障碍儿童动作技能 …… (479)
脑脓肿 ……………………… (473)	多重障碍儿童自我照顾技能 … (479)

多重障碍者的职前技能 …………(479)	亚利桑那基本评量与课程利用
多重障碍者生活安置 ……………(479)	系统 ……………………………(481)
辅助性服务 ………………………(480)	塞缪尔·格雷德利·豪 …………(482)
早期与连续干预 …………………(480)	海伦·凯勒 ………………………(482)
多重及重度障碍儿童教育安置 ……(480)	斯科罗霍多娃 ……………………(482)
盲聋教育 …………………………(480)	海伦·凯勒国际 …………………(483)
寄宿制教养院 ……………………(481)	美国援助重度和极重度残疾人教育
群集家庭 …………………………(481)	协会 ……………………………(483)
寄养家庭 …………………………(481)	《我生活的故事》 ………………(483)
社区本位方案 ……………………(481)	《我怎样理解和想象周围世界》…(483)

超常教育
Education for Gifted and Talented

天才 ………………………………(484)	超常女童 …………………………(486)
超常 ………………………………(484)	创造性天才 ………………………(486)
天赋 ………………………………(484)	缺陷天才 …………………………(486)
早熟 ………………………………(484)	动觉天才 …………………………(487)
神童 ………………………………(484)	低成就天才 ………………………(487)
"三环"天才概念说 ………………(484)	特殊领导才能 ……………………(487)
智力三重说理论 …………………(485)	特殊科学才能 ……………………(487)
多元智能理论 ……………………(485)	特殊文学才能 ……………………(487)
天才儿童 …………………………(485)	特殊音乐才能 ……………………(487)
超常儿童 …………………………(485)	特殊绘画才能 ……………………(487)
英才儿童 …………………………(486)	超常显露年龄 ……………………(487)
高天资儿童 ………………………(486)	超常儿童出现率 …………………(488)
资优儿童 …………………………(486)	超常儿童筛选 ……………………(488)
早慧儿童 …………………………(486)	超常儿童鉴别 ……………………(488)
高创造力儿童 ……………………(486)	超常儿童多指标鉴别 ……………(488)
学龄前超常儿童 …………………(486)	童子科 ……………………………(488)
学业性超常儿童 …………………(486)	超常儿童智商测试 ………………(488)

特殊才能鉴定 …………………… (488)	直觉 …………………………… (493)
超常儿童人格测验 ……………… (488)	独立判断 ……………………… (493)
创造力测验 ……………………… (489)	立体思维 ……………………… (493)
托伦斯创造性思维测验 ………… (489)	发散思维 ……………………… (493)
鉴别超常儿童认知能力测验 …… (489)	创造性想象 …………………… (493)
中国少年非智力个性特征问卷 … (489)	创造性思维 …………………… (493)
超常儿童早期发展 ……………… (489)	批判思维 ……………………… (494)
超常儿童家庭背景 ……………… (489)	脑力激荡 ……………………… (494)
超常儿童心理特征 ……………… (489)	超常儿童特殊需要 …………… (494)
超常儿童个别差异 ……………… (490)	超常教育 ……………………… (494)
超常儿童记忆力 ………………… (490)	超常儿童早期教育 …………… (494)
超常儿童观察力 ………………… (490)	超常儿童教育机构 …………… (494)
超常儿童自我意识 ……………… (490)	超常儿童幼儿园 ……………… (494)
超常儿童性别特点 ……………… (490)	小学超常儿童实验班 ………… (494)
超常儿童成就动机 ……………… (490)	中学超常教育实验班 ………… (495)
超常儿童情绪 …………………… (490)	大学少年班 …………………… (495)
超常儿童兴趣 …………………… (490)	超常儿童特殊学校 …………… (495)
超常儿童社会适应性 …………… (491)	超常儿童特殊学习中心 ……… (495)
超常儿童心理障碍 ……………… (491)	超常儿童资源教室 …………… (495)
超常儿童孤独 …………………… (491)	超常儿童教育模式 …………… (495)
超常儿童"平庸相" ……………… (491)	超常儿童回归主流 …………… (495)
超常儿童职业指导 ……………… (491)	超常儿童个别化教育计划 …… (496)
超常儿童成年后生活 …………… (491)	三合充实教育模式 …………… (496)
脑速 ……………………………… (491)	全校范围丰富教育模式 ……… (496)
脑效 ……………………………… (492)	提早入学 ……………………… (496)
元认知 …………………………… (492)	速进班级 ……………………… (496)
优势病症 ………………………… (492)	能力分组 ……………………… (497)
冒险 ……………………………… (492)	跳级 …………………………… (497)
创造力 …………………………… (492)	不分年级制 …………………… (497)
创造性人格 ……………………… (492)	荣誉课程 ……………………… (497)
创造性游戏 ……………………… (492)	自我指导学习模式 …………… (497)
创造性学习 ……………………… (493)	教学策略模式 ………………… (497)
创造技法 ………………………… (493)	多元才能发展方法 …………… (498)
创造性解决问题 ………………… (493)	思考与情感教学模式 ………… (498)

独立研究 …………………（498）	资优儿童夏令营 ……………（500）
超常儿童导师制 ………………（498）	数学早慧少年研究 ……………（500）
超常儿童咨询服务 ……………（499）	语言天才少年研究 ……………（500）
超常儿童校外辅导 ……………（499）	超常儿童研究协作组 …………（500）
超常儿童课外辅导 ……………（499）	超常研究中心 …………………（500）
超常儿童指导教师 ……………（499）	《美国天才儿童法案》…………（501）
天才发生研究 …………………（499）	世界天才儿童研究协会 ………（501）
家谱研究法 ……………………（499）	世界天才儿童会议 ……………（501）
个案追踪研究法 ………………（499）	高尔顿 …………………………（501）
动态比较研究法 ………………（500）	《天才儿童季刊》………………（501）

特殊教育基本概念
Special Education Foundation

特殊儿童（exceptional children） （1）广义的理解，是指与普通儿童在各方面有显著差异的各类儿童。这些差异可表现在智力、感官、情绪、肢体、行为或言语等方面，既包括发展上低于普通儿童，也包括高于正常发展的儿童以及有轻微违法犯罪的儿童。在《美国特殊教育百科全书》中分为天才、智力落后、身体和感官有缺陷（视觉障碍、听觉障碍）、肢体残疾及其他健康损害、言语障碍、行为异常、学习障碍等类型。（2）狭义的理解，专指残疾儿童，即身心发展上有各种缺陷的儿童。又称"缺陷儿童"、"障碍儿童"。包括智力残疾、听力残疾、视力残疾、肢体残疾、言语障碍、情绪和行为障碍、多重残疾等类型。各个国家规定的具体种类数量和名称不尽相同，例如美国的法令规定残疾儿童有13类，日本的法令规定有8类。可以在发现残疾后即进行教育和训练，使其达到最佳的康复水平，减少残疾的不良后果，从而得到全面发展，能够适应社会，成为社会平等的成员。

残疾儿童（children with disabilities） 对特殊儿童狭义的理解。台湾称"身心障碍儿童"。也可称为"有残疾的儿童"，以示儿童有某些残疾，而不是整体残疾。参见"特殊儿童"（2）。

障碍儿童（handicapped children） 对生理或智力发展有缺陷的儿童的一种称呼。详见"特殊儿童"。

缺陷儿童（defect children） 见"特殊儿童"。

异常儿童（abnormal children） 又译"偏常儿童"。在身心发展或心理活动、社会适应能力等方面明显偏离同龄组多数人，并出现障碍或不健康状态的儿童。参见"特殊儿童"。

偏常儿童 见"异常儿童"。

困境儿童 在出生、发育和成长过程中遇到特殊困难情况（含疾病、必要生活条件缺乏等)的儿童。

特殊需要儿童(children with special needs)　在身心发展或学习、生活中与普通儿童有明显差异,因而需要给予区别于一般帮助的特殊服务的儿童。包括高于正常的超常儿童,学习困难儿童,有视觉、听觉等各种残疾的儿童,在某一方面某个时期在发展或学习中需短期或长期的各种特殊服务的非残疾儿童。20世纪80年代起,欧美一些国家使用此词代替"特殊儿童"和"残疾儿童",目的是消除明确称呼某种残疾儿童对儿童、家长和周围人的不良影响。现已为很多国家学者所使用。

特殊教育需要儿童(children with special educational needs)　因个体差异而有各种不同的特殊教育要求的儿童。这些要求涉及心理发展、身体发展、学习、生活等各方面长期或一定时间高于或低于普通儿童的要求,不仅包括对某一发展中缺陷提出的要求,也包括对学习有影响的能力、社会因素等提出的要求。1978年在英国瓦诺克(Warnock)报告中首次提出此术语。报告认为:以往给残疾儿童分类实际给每个儿童贴上了有害的"标签";分类对医学有意义而对教育无意义;有的儿童有两种以上的缺陷,难以分到某一单独缺陷的种类;强调儿童都是平等的,不应把儿童分为残疾和无残疾两类。满足特殊教育需要可以通过:(1)改进教学技能,配备特别的设备及使用特殊的方法。(2)根据儿童特点进行适当调整或改变的教学课程。(3)创造适合儿童发展的教学环境和情感气氛。1981年在英国教育法中正式使用,取代了过去英国传统的残疾儿童分类的全部名称,并定义为:"如果一个儿童有学习困难而需要特殊教育服务,那么就说这个儿童有特殊教育需要。"现已在国际特殊教育领域广泛使用。

学校处境不利儿童(disadvantaged children in school)　智力发育正常但在学校中处于低下地位、学习成绩落后、行为不良等不能适应学校学习的儿童。因受不到教师、同学的重视和关心,实际上失掉了基本的学习权利和学习可能。需通过学校创造条件、教师与家长合力帮助,以及儿童本人自身努力,改变处境不利的状况。

特殊儿童发生率(incidence of special children)　一定时间内发现特殊儿童的频度。通常指某地区一年内新发现某类特殊儿童人数与该地区儿童总人数之比。如某地区儿童总人数为1 000 000人,一年内新发现聋童50人,则该地区聋童发生率为50/1 000 000,即百万分之五十或十万分之五。

特殊儿童出现率(prevalence of special children)　特殊儿童出现的频率。指在统计的当时,某地区各类特殊儿童总数或某一类特殊儿童总人数与该地区儿童总人数之比。如某地区儿童总人数为1 000人,各类特殊儿童总数为95人,则该地区特殊儿童出现率为95‰。

特殊儿童分类(classification of exceptional children)　为教育、训练或医疗等目的,对身心发展有显著差别的儿童所作的类别划分。不同国家或地区在不同时期从不同角度进行分类。从医学或心理诊断角度,可按异常或残疾的种类划分,如区分为天才儿童、智力落后儿童、聋童、盲童、行为障碍儿童等;从残疾程度的角度,可再对每一类儿童分为极重度、重度、中度、轻度或边缘;从致残时间的角度,可分为遗传性、先天性和后天性;还可以从致残原因、受教育方式等角度来划分。有些国家不对特殊儿童按残疾种类分类,仅称为有特殊教育需要儿童;也有的为了教育方便仅按程度而不考虑残疾种类划分,把轻度学习障碍、情绪障碍等残疾儿童划为一类进行教育。中国《残疾人保障法》将残疾人分为视力残疾、听力残疾、言语残疾、肢体残疾、智力残疾、精神残疾、多重残疾和其他残疾。2006年第二次全国残疾人抽样调查分别把视力残疾、听力残疾、言语残疾、智力残疾、肢体残疾、精神残疾各分为4级。

特殊儿童鉴定(assessment of special children) (1)由相应的机构或专业人员用一定的方法对疑似特殊儿童进行各种必要检查并做出结论的过程。实施特殊教育之前的必要步骤,一般由特殊教育学、特殊心理学、有关医学等各方面专家和教育行政部门代表、教师以及家长共同参加。可设立经常的或临时的鉴定委员会进行此项工作。采用规定的标准化的医学、心理、教育等方面的检测方法对儿童偏离正常的方面、性质、程度、受教育及发展的可能性做出判定,并提出对其最佳教育安置的建议。需遵循客观、科学、准确、有具体分析和个别进行的原则。一些国家对此有专门的法律规定。中国对盲、聋、智力落后、肢残等特殊儿童的鉴定标准、工具和方法作了统一规定。(2)一种对特殊儿童状况的总结性文件。除由专业人员做出的鉴定之外,通常还有学校班主任、教师对教学班上每个儿童在一定时间(如一学期、一学年或在校期间)内的学习、思想品德、纪律、身体等方面的行为表现做出的概括性结论,以供其他新任课教师、家长或毕业后就业单位招工时参考。高年级的特殊学生还可以有残疾儿童的自我鉴定或小组鉴定。

特殊儿童筛查(screening on special children) 在大量儿童中发现特殊儿童(主要是残疾儿童)的一种检测活动。一般由专业人员或受过一定训练的非专业人员进行。使用的测验量表或其他手段简便易操作,能较快速检查并粗线条地确定某种疑似的残疾儿童。如为测查儿童智力商数高低而使用的丹佛智能筛查法、画人测验法、简易儿童智力筛查法等。但筛查结果一般不能作为诊断的根据。对筛查出的特殊儿童应由专业人员做进一步诊断,并对该儿童的情况做出全面评价。

新生儿筛查(newborn screening) 对新生儿群体中某些遗传性代谢疾病及内分泌疾病的过筛性检查。预防先天性残疾的一种有效方法。采用快速、敏感的实验室方法,对筛查出的疑似对象进行症状性诊断,并及时开始有效的治疗,防止该病病损的出现。在我国,已普遍将苯丙酮尿症和先天性甲状腺功能低下纳入筛查项目,个别地区还包括半乳糖血症、组氨酸血症、先天性肾上腺皮质增生症及葡萄糖-6-磷酸脱氢酶缺乏症。

特殊儿童诊断（diagnosis of special children） 对筛查出的特殊儿童或怀疑为特殊的儿童进一步做全面细致的专业检查。评价残疾儿童测验工作的一个阶段，由受过训练并取得合格证书的专业人员进行，使用的测查工具更复杂，操作程序更严格和标准化。诊断结果应有书面结论，包括特殊儿童（主要是残疾儿童）的类型、性质、程度、诊断时间、地点、测查人员签名和测查单位盖章。还要结合对儿童发展特征、各方面病史的调查或检查，对儿童进行全面评价并提出特殊教育或康复的建议。

国际疾病分类（International Classification of Diseases, ICD） 世界卫生组织（WHO）制定的医疗卫生工作和疾病统计上运用的疾病统一分类方法。1891年，国际统计学会制定了一个国际死亡原因分类。1900年，第一次国际修订会议在巴黎举行，以后基本上每隔10年修订一次。自1985年起，世界卫生组织每年修订一次。1989年，ICD-10被国际疾病分类第十次国际修订会议批准通过，并自1993年1月1日起正式生效。有关内容常为有关医学、心理学和特殊教育文献引用。

国际功能、残疾和健康分类（International Classification of Function, Disability and Health, ICF） 世界卫生组织制定的关于健康与健康有关的状况的分类系统，取代1980年发布的《国际损伤、残疾和障碍分类》。2001年5月22日在第54届世界卫生大会上由包括中国在内的191个成员国签署，一致同意在国际上广泛采用，与《国际疾病分类》配套使用。制定目的是：为认识和研究健康和与健康有关的状况、结果以及它们的决定因素提供科学基础；为描述健康和与健康有关的状况而建立一种共同语言，以便改善诸如卫生保健工作者、研究人员、公共政策制定者以及公众，包括残疾人等不同使用者之间的交流；可以对不同国家、不同卫生保健学科领域、不同服务及不同时间的数据进行比较；为卫生信息系统提供一种系统的编码程序。范围分功能和残疾、背景性因素两大部分，功能和残疾部分中包括身体功能和结构、活动与参与两个因素；背景性因素包括环境与个人两个因素。因此，对一个人的评估要从四方面的因素进行，将一个人的功能和残疾视为健康状况（疾病、障碍、损伤、创伤等）与背景性因素之间动态交互作用的结果。将残疾作为对损伤、活动受限和参与局限性的一个概括性术语，表示在个体（有某种健康情况）和个体所处的情景性因素（环境和个人因素）之间发生交互作用的消极方面。

残疾人残疾分类和分级 中国首个关于残疾种类和等级划分的国家标准。2011年1月14日发布，同年5月1日起实施。由民政部、中国残联组织数十位专家在《第二次全国残疾人抽样调查残疾标准》基础上修订研制。在参考国际相关标准的同时，考虑我国国情和经济社会发展水平，特别是国家社会保障可承受力，将残疾人分为视力残疾、听力残疾、言语残疾、肢体残疾、智力残疾和精神残疾和多重残疾七类，每一类残疾都分为四个等级。规定了各类残疾人残疾分类和分级的术语和定义、残疾分类和分级及代码等,未把许多发达国家已明确列为残疾的内脏缺损、不可逆慢性疾病等可能带来社会适应性障碍的致残因素列入评残范围。与我国现有的工伤、交通事故、司法鉴定等涉及不同领域的伤、残评定标准,在适用范围、使用目的、评定方法、等级划分等方面存在差异。有其特定的适用范围和评定方法,既不等同也不能替代其他领域的评定标准。适用于与残疾人有关的信息、统计、管理以及对残疾人的服务、保障等方面。

《病残儿医学鉴定管理办法》 原国家计划生育委员会制定的一个行政规章。2002年1月18日起施行。制定目的是为加强病残儿医学鉴定管理工作,落实计划生育政策,提高出生人口素质。适用对象为:居住在中国境内的中国公民其生育的子女因各种原因致病、致残,要求再生育而申请病残儿医学鉴定的。规定:国家计划生育委员会负责全国病残儿医学鉴定管理工作。省、设区的市级计划生育行政部门负责辖区内病残儿医学鉴定的组织实施、管理和监督工作。省级和设区的市级计划生育行政部门建立病残儿医学鉴定专家库。专家库成员由计划生育行政部门聘请认真负责、秉公办事、技术水平高、临床经验丰富、热心计划生育事业,具有副高级以上医学专业技术职称的相关专业人员组成。每次鉴定前根据申请鉴定的数量和病种的分类,从专家库中抽取专家设若干鉴定组,每个鉴定组由5名以上专家组成。每个鉴定组设组长1名,副组长1~2名。鉴定组在计划生育行政部门领导下,履行以下职责:(1)审查申报病残儿医学鉴定的材料是否完备、真实可靠,提出需要补充的有关材料。(2)进行病残儿医学鉴定,现场实施体格检查并确定相关的辅助检查项目,提出疾病诊断(包括病名、病因、遗传方式)、病残程度、再生育子女出生缺陷再发风险分析,并根据指导原则,提出是否可以再生育及产前诊断的建议。(3)对暂时难以明确诊断和需要治疗观察的病例,提出处理意见和再次鉴定的时间。(4)为被鉴定者的父母、亲属做好医学咨询服务。(5)总结病残儿医学鉴定工作情况,提出改进鉴定工作的建议。(6)对本级计划生育行政部门委托的本次病残儿医学鉴定负责。病残儿医学鉴定专家在鉴定期间履行职责。非鉴定期间,任何机构和个人的意见不作为病残儿医学鉴定的依据。申请病残儿医学鉴定者原则上应向女方单位或女方户籍所在地的村(居)委会提出书面申请,并提交户口簿、有关病史资料及县级以上地方人民政府计划生育行政部门规定的其他资料。然后由单位或村(居)委会、女方户籍所在地的乡(镇、街道)计划生育管理部门、县级、设区的市级计划生育行政部门逐级对申请病残儿医学鉴定者的情况进行审核,出具书面意见。市级计划生育行政部门根据情况半年或一年组织一次鉴定。受当地医疗技术条件限制不能作出鉴定意见的,由市级鉴定组提出进行省级病残儿医学鉴定的书面意见,经同级计划生育行政部门核准后,申请省级鉴定。当事人对设区的市级鉴定组所作的鉴定意见有异议的,在接到鉴定意见通知书之日起1个月内,可向设区的市级计划生育行政部门申请省级鉴定。省级计划生育行政部门根据情况定期对申请再鉴定者组织鉴定。省级鉴定为终局鉴定。

第一次全国残疾人抽样调查(The First China National Sample Survey on Disability) 中国对全国范围内残疾人情况进行的专项调查。调查的标准时间是1987年4月1日零时。经国务院批准,由民政部、原国家教委、卫生部等10个部门负责组织。在29个省、市、自治区调查了1 579 314人,占全国总人口的1.5‰,查出视力、听力和语言、智力、肢体、精神病等5类残疾以及综合残疾77 434人,占调查总人数的4.9%。以此推算,全国有各类残疾人约5 164万。其中,听力语言残疾约1 770万人,智力残疾约1 017万人,肢体残疾约755万人,视力残疾约755万人,精神病残疾约194万人,综合残疾约673万人。5 164万残疾人中,0~14周岁的残疾儿童约有817万人,按数量多少排列依次为:智力残疾儿童539万人,听力语言残疾儿童116万人(其中听力残疾儿童86.6万人,单纯语言残疾儿童29.4万人),综合残疾儿童80.6万人,肢体残疾儿童62万人,视力残疾儿童18.1万人,精神病残疾儿童1.4万人。

2001年中国0~6岁残疾儿童抽样调查(The Sampling Survey on Disability in 0~6 Year-Old Children in China in 2001) 中国首次对0~6岁残疾儿童情况的专项抽样调查。由卫生部、公安部、中国残联和国家统计局组织实施,得到联合国儿童基金会的资助。2001年6月1日正式在天津、江苏、吉林、河南、贵州、甘肃六省(市)进行。共调查0~6岁儿童60 124人,其中确诊残疾儿童819人,残疾现患率为1.362%;0~6岁儿童年平均残疾发现率为1.946‰。根据2000年第五次中国人口普查人口数推算,中国约有0~6岁残疾儿童139.5万;每年新增0~6岁残疾儿童约19.9万。0~6岁残疾儿童现患率与1987年全国残疾人抽样调查的1.708%相比较,整体下降了0.346个百分点。分别比较的话,听力残疾和智力残疾的现患率有所下降,视力残疾、肢体残疾和精神残疾的现患率有不同程度的上升。

第二次全国残疾人抽样调查(The Second China National Sample Survey on Disability) 中国政府部门第二次组织进行的全国性残疾人情况的专项调查。2006年4月1日零时~5月31日零时在全国范围内同时展开。根据世界卫生组织及亚太经社会的要求,采用《国际功能、残疾和健康分类》标准。调查对象是视力残疾、智力残疾、听力残疾、言语残疾、精神残疾、肢体残疾,抽样样本260万人。目的是:掌握1987年第一次全国残疾人抽样调查以来我国残疾人数量、结构、地区分布、致残原因及生活状况的最新实际情况,并为制定残疾人事业发展规划及有关法规、政策提供依据。根据调查数据推算,全国各类残疾人的总数为8 296万人。按照国家统计局公布的2005年年末全国人口数,推算出本次调查时点的我国总人口数为130 948万人,据此得到2006年4月1日我国残疾人占全国总人口的比例为6.34%。各类残疾人的人数及各占残疾人总人数的比例分别是:视力残疾1 233万人,占14.86%;听力残疾2 004万人,占24.16%;言语残疾127万人,占1.53%;肢体残疾2 412万人,占29.07%;智力残疾554万人,占6.68%;精神残疾614万人,占7.40%;多重残疾1 352万人,占16.30%。全国残疾人口中,具有大学程度(指大专及以上)的残疾人为94万人,高中程度(含中专)的残疾人为406万人,初中程度的残疾人为1 248万人,小学程度的残疾人为1 642万人(以上各种受教育程度的人包括各类学校的毕业生、肄业生和在校生)。6~14岁学龄残疾儿童为246万人,占全部残疾人口的2.96%。其中视力残疾儿童13万人,听力残疾儿童11万人,言语残疾儿童17万人,肢体残疾儿童48万人,智力残疾儿童76万人,精神残疾儿童6万人,多重残疾儿童75万人。学龄残疾儿童中,63.19%正在普通教育或特殊教育学校接受义务教育,各类别残疾儿童的相应比例为:视力残疾儿童79.07%,听力残疾儿童85.05%,言语残疾儿童76.92%,肢体残疾儿童80.36%,智力残疾儿童64.86%,精神残疾儿童69.42%,多重残疾儿童40.99%。

损伤(impairment) 身体器官组织结构的缺损。1980年世界卫生组织制定的《国际损伤、残疾和障碍分类》中对疾病后果所作的一种分类。2001年世界卫生组织《国际功能、残疾和健康分类》中定义为:身体功能或结构出现的问题,如显著变异或缺失。除疾病外,也可由先天发育异常或后天外伤等因素导致。可表现在身体器官组织的各个部分,如先天性外耳道闭锁、先天性无眼球、骨骼缺损或畸形等,造成相关器官组织功能的降低或丧失,并影响到人的生活。可用医学诊断作出客观评价。通过手术治疗或器官移植,可部分或全部修复一些受损器官组织。表示生物器官系统水平上的残疾。

残疾(disability) 身体器官组织功能的失调。中国台湾称"残障",香港称"弱能"。1980年世界卫生组织制定的《国际损伤、残疾和障碍分类》中对疾病后果所作的一种分类。反映身体器官组织损伤给相关器官组织功能所造成的不良影响。如失去一条腿,造成人行走能力的降低;眼组织的损伤会导致视力下降并产生感知困难等。通过对器官组织缺损的临床治疗和康复训练,其功能可在一定程度上恢复或重建。2001年世界卫生组织《国际功能、残疾和健康分类》中改称为"活动受限"。指由于损伤使能力受限或缺乏,以致人不能按正常的方式和在正常的范围内进行活动。表示个体水平上的残疾。

障碍(handicap) 人的社会生活能力丧失或降低。1980年世界卫生组织制定的《国际损伤、残疾和障碍分类》中对疾病后果所作的一种分类。反映身体器官组织损伤及其功能失调对个人生活，乃至对家庭和社会造成的诸多不便。如失去一条腿会妨碍人进行正常的社会活动；耳聋造成言语交流上的困难等。所表现出的轻重程度，既受损伤和残疾程度的制约，也受个人对损伤和残疾的态度、对生活目标的认识和外界所提供条件的制约。2001年世界卫生组织《国际功能、残疾和健康分类》中改称为"参与限制"。指由于损伤和残疾而限制或阻碍一个人按其年龄、性别、社会、文化等因素正常地发挥社会作用。表示社会水平的残疾。

活动受限　个体在进行活动时可能遇到困难。2001年世界卫生组织《国际功能、残疾和健康分类》中评定人身体功能、残疾和健康状况和等级的一个术语。参见"残疾"。

参与限制　个体投入到一种生活情境中可能经历到的问题。2001年世界卫生组织《国际功能、残疾和健康分类》中评定人身体功能、残疾和健康状况和等级的一个术语。参见"障碍"。

残废（disability）　20世纪80年代中期以前中国大陆对残疾的一种具有歧视性的称呼。后多用"残疾"一词替代。仅在表示肢体或器官严重缺损或功能几乎完全丧失的少数情况下使用。

缺陷（deficiency）　器官和组织的损害导致生理或心理功能的异常。可用医学检查、心理测验或教育鉴别加以筛选、诊断和鉴定。按产生时间，可分为先天性和后天性；按对机体影响的范围和程度，可分为损伤、残疾和障碍；按损害的身体机能，可分为视觉、听觉、言语、肢体和智力缺陷等。同时患有两种或两种以上的缺陷称多重缺陷。有时与"残疾"、"障碍"等词通用。

代偿（compensation）　一种生理现象。结构的破坏导致功能失常时，机体通过调整有关器官（包括病变器官本身）的功能、结构以代替和补偿，使机体趋于新的平衡和协调。机体的这种能力通过积极的锻炼可以提高。如盲人失去视觉，经过训练或反复运用，其听觉、触觉可部分代替视觉功能。

修复（repair）　由周围健康组织再生来修补恢复缺损组织的过程。可以发生在各级水平上，如细胞内大分子断裂后可以接上；细胞器破坏后可以新生；一些完全断离的组织或肢体虽然不能长出新的组织或肢体，但可通过再植手术将断离的组织或肢体连接在原处。如果组织缺损过大或器官破坏非常严重，难以自行修复其结构恢复其功能时，可通过移植手术切取同体或同种异体的相同组织或器官来进行修补或替换，如角膜移植。除组织自身修复外，还可用人工的结构，如人工肾、人工关节、人工瓣膜、人工晶状体来修补或替换损伤的组织或器官，进行人工修复。

再生（regeneration）　组织损伤后细胞分裂增生以完成修复的过程。根据再生组织的结构与功能可分为：完全性再生和不完全性再生。前者再生的组织结构和功能与原来的组织完全相同；后者缺损的组织不能完全由结构和功能相同的组织来补，而是由肉芽组织来代替，最后形成疤痕，也叫疤痕修复。疤痕如果发生在重要部位则可带来严重的后果,如角膜上的疤痕可影响视力。组织能否完全再生主要取决于组织的再生能力及组织缺损的程度。一般来说,低等动物的再生能力比高等动物强;分化程度低的组织的再生能力比分化程度高的组织强;平常容易遭受损伤的组织以及在生理条件下经常更新的组织,有较强的再生能力。

缺陷补偿(deficiency compensation) 通过各种途径在不同程度和范围调动机体潜能弥补、代偿损伤组织和器官的功能。建立在机体自身的代偿基本条件之上,功能训练、心理治疗以及现代科学技术、康复器材的应用是重要的因素。如盲人的听觉和手的触觉显著增强,借助激光手杖和超声导盲器能帮助盲人定向行走;助听器可补偿重听者的听力损害等。同时有赖于个体的主观能动性的发挥。

先天性残疾(congenital disability) 与生俱来的缺陷。先天性疾病往往是致残的重要原因,有遗传与非遗传之分。遗传性疾病是由父母一方或双方将疾病传给下一代,子代表现出同亲代相似的疾病。出生时就有形态的异常或身体内潜在着构造及功能异常,在成长过程中发病。非遗传性疾病是胚胎发育过程中,受环境中致畸因素的影响,如孕期母体疾病、用药不慎、营养不良等导致胎儿发育障碍或分娩过程中产科损伤、缺氧等导致胎儿先天异常,虽属先天性但不遗传给后代。控制先天性残疾儿童的出生,提高人口素质,必须从预防着手。预防措施包括:婚前健康检查,避免近亲结婚,防止遗传病的蔓延;注意孕期保健,保护孕妇健康,使胎儿在母体内正常发育成长;加强围产期护理,保证胎儿在分娩过程中不受意外损害。

后天性残疾(acquired disability) 出生后才获得的缺陷。致残原因可分为以下几个方面:(1)营养不良,如全世界由于缺乏维生素 A 而致盲者每年至少有 200 万人。(2)各种致残性疾病,包括传染病、感染性疾病、地方病和慢性病等。根据1987年中国的统计资料,中国小儿麻痹后遗症患者有 183 万人,约占 755 万肢体残疾患者的 25%。(3)各种致残的毒性物质,包括药物、有害化学物质、放射性物质和农药等,如反应停药物曾在世界上造成了一次新生儿短肢畸形的灾难性流行,致残者多达万人。(4)精神性因素,精神创伤、环境压力、紧张的学习和复杂的人际关系,是导致青少年精神残疾不可忽视的影响因素。(5)意外伤害,包括交通事故、自然灾害、工伤等。在中国首次调查的五类残疾人中,除智力残疾先天性致残为主要原因外(占 52.92%),其余各类残疾均以后天性致残为主,其比例高达 88.5%~98.6%。通过平衡膳食,积极防治各种疾病,合理用药,职业劳动保护等许多措施可以加以控制。

发育性障碍(developmental disability) 身心机能某些方面的无能、软弱或缺少成效。表现在智力落后、大脑麻痹、癫痫和与智力落后密切相关的或需要类似的特殊护理及治疗的其他神经系统疾病患者中。多开始于婴幼儿时期,有继续发展的趋势,造成个体的实质性障碍。

疾病（disease） 机体在一定的病因作用下所发生的损伤与抗损伤的过程。当机体与损伤因子接触时，有关的细胞、组织、器官的形态结构、机能和代谢发生各种各样的损伤性变化，同时也激起机体发生一系列的抗损伤反应，如炎症、组织的修复、代偿、适应等。在进展期，损伤是突出表现；当消除了致病因素，修复等反应转化为矛盾的主要方面时，机体走向恢复。

病因（etiopathogenesis） 引起疾病发生的内外因素。发生作用有两大特征：(1)疾病发生不可缺少的因素。某些原因暂时不明的疾病往往冠以"原发性"或"特发性"表示，如原发性青光眼等。(2)决定疾病的特异性。如麻疹由麻疹病毒引起，流脑由脑膜炎双球菌引起。可分为外部因素和内部因素两大类。

外部致病因素 引起疾病发生的外部因素。主要包括：(1)生物性因素。各种病原性微生物（如病毒、衣原体、立克次体、细菌、螺旋体、真菌等）和寄生虫（如吸血虫、蛔虫、绦虫等），统称为病原体。这类致病因素侵入人体后可以继续繁殖，并能在人群之间传播，产生传染病和寄生虫病。(2)物理性因素。各种机械力（引起创伤、震荡、骨折、脱臼等）、烫伤、烧伤、冻伤、放射性损伤、触电、虫兽咬伤等。这类致病因素的特点是造成人体表面伤口或人体内部组织的损伤。(3)化学性因素。各种毒物中毒，如食物中毒、蛇毒、煤气中毒等。(4)过敏物质。某些非致病性的物质对于某些过敏体质的人也可以引起疾病。如虾、鱼、蛋、青霉素、空气中游离的花粉、气味等可引起支气管炎、荨麻疹、结膜炎、过敏性休克等。过敏与行为问题之间的关系越来越引起人们的重视。(5)自然环境因素。季节、气候、地理条件等在某些疾病的发生上起一定的作用。如白内障在北方的发病率较低，而在南方明显增多。

内部致病因素 引起疾病发生的内部因素。很多情况下，仅有外因的作用不一定能引起疾病，许多疾病是否发生与机体内部因素密切相关。主要包括：(1)防御机能。即机体对于致病因子的抵抗能力，包括非特异性免疫和特异性免疫。防御机能不足时容易发生感染性疾病。(2)精神因素。忧虑、悲伤、恐惧等不良情绪在某些疾病的发生中起到一定的作用。如身心疾病、某些精神病等。(3)遗传物质。遗传物质异常可直接引起遗传性疾病。(4)机体缺乏正常需要的物质。机体缺乏维持正常生命活动所必需的物质，如氧、水、维生素、矿物质、蛋白质、脂肪、糖等均可成为疾病的病因。(5)年龄与性别。小儿的解剖生理特点是防御机能不够完善，而老年人机体抵抗力降低，故小儿、老人容易患病。有些疾病与性别关系密切，如视网膜炎症等疾病多见于男性，而癔病、甲状腺功能亢进等疾病多见于女性。

综合征（syndrome） 又称"症状群"。同时或相继出现的有规律地结合的一群症状。代表一些相互关联的器官病变或功能障碍，不是一种独立的疾病，可出现于不同的疾病或由不同原因的疾病引起。如精神发育迟缓(弱智)、遗忘综合征。

额叶综合征(frontal lobe syndrome) 一组病理性症候群。额叶损害的患者行为呈抑制解除,情绪欢快,幼稚性兴奋,表现猥亵,愚蠢性诙谐;有的患者以相反的情感和意志活动同时并存,如欢快与情感淡漠同在,爱开玩笑与对周围漠不关心同在。额叶病变累及运动区皮质时,可出现对侧肢体紧张性轻瘫。额叶眶部损害可见同侧嗅觉丧失。优势半球额叶候补损害可产生运动性失语症和失写症。两侧额叶损害者,表现出情感淡漠,对周围缺乏兴趣,不注意仪表整洁,反应迟钝,想象力和思维能力减退,缺乏主动性,记忆和智力减退,行动缓慢,面部表情迷惘呆滞,社会道德性控制能力减弱。

特殊儿童综合征 某类特殊儿童所具有的一组身体及行为特征。如唐氏综合征、特纳氏综合征、克氏综合征、脆性X染色体综合征、猫叫综合征等。

萎缩(atrophy) 发育正常的器官、组织或细胞的体积缩小。发生时,功能降低。器官萎缩由组成该器官的主质细胞体积变小或数目减少所致。任何能引起细胞的合成代谢低于分解代谢的原因,便可引起细胞的萎缩。生理性萎缩与年龄有关,如青春期胸腺开始萎缩,老年人全身各器官均可萎缩等。常见的病理性萎缩有:营养不良性萎缩、神经性萎缩、废用性萎缩、压迫性萎缩等。一般是可逆的,只要消除了原因,萎缩的细胞可逐渐恢复原状;反之,萎缩细胞则逐渐消失。

营养不良性萎缩(malnutrition atrophy) 由于营养物质缺乏、分解代谢大于合成代谢所致的器官、组织或细胞的萎缩。缓慢发展的局部贫血可以引起局部营养不良性萎缩。全身性营养不良性萎缩见于慢性消化道疾病、慢性消耗性疾病患者及喂养不当的小儿。

神经性萎缩(neuralgic atrophy) 由于神经损伤、营养发生障碍所致的器官、组织或细胞的萎缩。神经对其所支配的组织发挥功能和营养性的作用:前者是借助于兴奋冲动传导抵达神经末梢时,突触前膜释放特殊的神经递质,通过突触间隙作用于突触后膜,从而改变所支配组织的功能活动;后者是神经还能通过其末梢经常释放某些物质,持续的调节被支配组织的内在代谢活动。神经损伤,组织、器官失去了神经的营养作用而引起萎缩。如脊髓灰质炎的患者,脊髓前角运动神经细胞损害,它所支配的肌肉麻痹,逐渐萎缩。

废用性萎缩(disuse atrophy) 肢体、器官组织长期不活动、功能减退所引起的萎缩。由于长期不活动,局部组织的血液供应和物质代谢降低所致。与不活动神经末梢的感受器受到的刺激减少,即神经的离心冲动的减少有关。如骨折后肢体长期固定,肢体肌肉及骨组织逐渐萎缩。

压迫性萎缩(pressure atrophy) 组织受到压迫而引起的萎缩。一方面由于局部血管受压造成局部贫血所致;另一方面,由于受压部分失去功能而长期废用所引起。如青光眼的发病机制是由于高眼压导致视乳头萎缩。

变性 细胞新陈代谢障碍引起的一类形态变化。表现为细胞或细胞间质内出现一些异常物质或正常物质的数量显著增多。变性的组织、细胞功能往往降低，只要病因除去，多数可恢复正常的形态和功能，但严重的可发展为坏死。

坏死（putrescence） 机体局部组织、细胞的死亡。局部组织、细胞新陈代谢停止后出现最严重的变化，原组织、细胞的功能完全丧失。在多数情况下由变性组织逐渐发展而来，只有在个别情况下因致病因素极为强烈才可很快发生。与死亡是两个不同的概念。

血脑屏障（blood-brain barrier） 脑组织的神经胶质细胞和毛细血管的内皮细胞所组成的构造。作用是阻挡病原微生物及其代谢产物从血液流进脑组织，从而保护中枢神经系统。因婴幼儿期尚未发育完善，所以容易发生脑膜炎、流行性乙性脑炎等感染。

胎盘屏障（placental barrier） 由母体子宫内膜的部分和胎儿的绒毛膜共同组成的结构。正常情况下，母体发生感染时，病原微生物及其毒性产物，一般不容易通过胎盘进入胎儿体内，对胎儿有着保护作用。妊娠3个月内，这种屏障机能尚未发育完善，若此期间母体发生感染，如风疹病毒等，病毒有可能通过胎盘进入胎儿体内，影响胎儿的正常发育，造成胎儿的畸形甚至死亡。

传染病（infectious disease） 人体被病原体传染或感染过程中的一种表现。在人类生活的外界环境中，有一些能侵袭人体并引起疾病的微生物称为病原微生物或病原体。人体同病原体相互作用、相互斗争的过程叫传染。构成传染过程必须具备三个因素：病原体、人体和环境因素。并不是所有的传染或感染后都会发病。病原体侵袭人体后，当人体具有较强的防御能力时，病原体被消灭或排除，不至于危害人体；当人体防御能力较弱时，病原体在人体内生长、繁殖，对人体造成损害，而人体对这些损害产生防御、适应、代偿等反应，表现为主观上的自觉症状和客观上可以被发觉的体征时，称为传染病的发作。在传染的过程中，起着决定性作用的是人体，病原体要通过人体而起作用，而环境因素不但改变病原体的生存条件，而且可以引起病原体遗传物质的变异，使其丧失或获得新的对人体的致病能力。

传染病特点（characteristic of infectious disease） 传染病所具有的共性特征。体现在以下几个方面：(1)有病原体。传染病的致病因素是有生命的病原体。如结核的病原体是结核杆菌；麻疹的病原体是麻疹病毒；肝炎的病原体是肝炎病毒等。(2)有传染性。所有的传染病都有一定的传染性。因为病原体可以排除体外，通过一定的途径进入其他人的机体，把病传给他人。每个个体在传染过程中的表现不一致，这与病原体的致病力以及人体的抵抗力有关。(3)有环境特征。许多传染病的发病率有一定的季节性、区域性、流行性。季节性主要与环境温度的高低以及昆虫媒介的生活史有关,如通过蚊虫叮咬传播的疾病主要在夏天发生;区域性主要与地理条件、气温条件、人们的生活习惯以及病原体传播过程中的中间宿主的存在有关;流行性按传染病流行过程的强度与广度,主要与人体对某种传染病的免疫力、病原体的致病力以及传播途径有关。(4)有免疫性。传染病痊愈后,机体对同一种传染病产生的不感受性,叫作传染病的免疫性。对不同的传染病,人体的免疫状态有所不同,有的传染病一次感染后可产生终身免疫,如麻疹、天花、水痘等;有的传染病在完全痊愈后免疫持续时间较短,如细菌性痢疾等;也有的传染病尚在进行中,同一种病原体再度侵袭而又重复感染,如血吸虫病等。(5)病程发展有规律性。每一种传染病从发生、发展直到恢复,大致要经过潜伏期、前驱期、症状明显期、恢复期和后遗症期共5个阶段。

传染病分类(classification of infectious disease) 国家依据危害程度对传染病等级的划分。2004年8月28日第十届全国人民代表大会常务委员会第十一次会议修订的《中华人民共和国传染病防治法》第三条规定:"传染病分为甲类、乙类和丙类。甲类传染病是指:鼠疫、霍乱。乙类传染病是指:传染性非典型肺炎、艾滋病、病毒性肝炎、脊髓灰质炎、人感染高致病性禽流感、麻疹、流行性出血热、狂犬病、流行性乙型脑炎、登革热、炭疽、细菌性和阿米巴性痢疾、肺结核、伤寒和副伤寒、流行性脑脊髓膜炎、百日咳、白喉、新生儿破伤风、猩红热、布鲁氏菌病、淋病、梅毒、钩端螺旋体病、血吸虫病、疟疾。丙类传染病是指:流行性感冒、流行性腮腺炎、风疹、急性出血性结膜炎、麻风病、流行性和地方性斑疹伤寒、黑热病、包虫病、丝虫病,除霍乱、细菌性和阿米巴性痢疾、伤寒和副伤寒以外的感染性腹泻病。上述规定以外的其他传染病,根据其暴发、流行情况和危害程度,需要列入乙类、丙类传染病的,由国务院卫生行政部门决定并予以公布。"第四条规定:"对乙类传染病中传染性非典型肺炎、炭疽中的肺炭疽和人感染高致病性禽流感,采取本法所称甲类传染病的预防、控制措施。其他乙类传染病和突发原因不明的传染病需要采取本法所称甲类传染病的预防、控制措施的,由国务院卫生行政部门及时报经国务院批准后予以公布、实施。"

手足口综合征(hand-foot-mouth syndrome) 又称"发疹性口腔炎"。一种由柯萨奇肠道病毒引起的,以手、足皮肤疱疹和口腔黏膜溃疡为主要临床特征的传染病。在夏秋季比较常见,主要发生在10岁以下的儿童,并有周期性流行的趋势。潜伏期通常3~4天。发病当天或第二天出现皮疹,1~2天后出齐,先是玫瑰色红斑或斑丘疹,1天后有部分皮疹形成水疱,主要见于手指背面和指甲周围及足跟边缘,有时在手掌、足底、臀部、大腿内侧及会阴部也可见到皮疹。1~2天后,在口腔黏膜、舌边缘、唇内及软腭等处也可见到红斑与小疱疹,疱疹破溃,出现浅表细小的溃疡面,此时患儿常因咀嚼疼痛而拒食。个别患儿出现精神不好、恶心、呕吐等症状。整个病程5~7天,多可自行恢复。病情较重者常并发脑膜炎、脑炎及脊髓灰质炎、心肌炎等。本病可经过多种途径传染,人与人接触是本病的主要传播方式,患者的唾液、疱疹液、粪便及污染的手、毛巾、水杯、牙刷、玩具等通过日常接触而传染健康人。家庭和托幼机构的传播是本病社会传播的主要机制。门诊交叉感染和口腔器械消毒不严格也可传播本病。

白喉(diphtheria) 一种由白喉杆菌引起的急性呼吸道传染病。白喉杆菌侵入人体后,在咽部或鼻腔黏膜繁殖,形成灰白色假膜,故称白喉。白喉杆菌在繁殖的过程中产生毒性很强的毒素,进入血液后作用于心肌、肝脏、肾脏和神经组织,造成心肌炎、中毒性肾病、中毒性脑炎和周围神经麻痹等严重损害,致人残疾甚至死亡。

百日咳(whooping-cough) 一种由百日咳杆菌引起的急性呼吸道传染病。多见于儿童。临床上以多发性痉挛性咳嗽、伴有间断性鸡鸣样吸气性吼声,病程可长达2~3个月,故称此病名。本病易并发肺炎、肺不张、肺气肿等,特别是百日咳脑炎可留下失明、偏瘫、弱智等后遗症。

破伤风(tetanus) 一种由破伤风杆菌经伤口感染引起的疾病。细菌在体内繁殖,产生毒素,导致患者惊厥、呼吸衰竭等,致死率很高。产妇分娩后,新生儿脐带残端未经严格消毒处理,破伤风杆菌乘机在其中繁殖,产生毒素侵入新生儿体内,从而导致新生儿破伤风。在未经治疗的情况下,新生儿破伤风几乎是百分之百的死亡。

流行性脑脊膜炎(epidemic cerebrospinal meningitis) 简称"流脑"。一种由脑膜炎双球菌感染人体后引起的急性呼吸道传染病。多见于儿童,常在冬春季引起发病及流行。病原菌从鼻咽部侵入血液循环,形成败血症,最后局限于脑膜和脊髓膜,形成化脓性脑脊髓膜炎。主要临床症状是突然高烧、头痛、呕吐、皮肤黏膜出血点和脑膜刺激征,病死率较高。常见的后遗症有耳聋、失明、眼肌麻痹、肢体瘫痪、智力减退、精神障碍等。

脑炎(encephalitis) 脑实质的病变。根据病因涉及范围不同有广义与狭义之分。广义指由任何有害因素引起的较广泛的脑实质病理变化。狭义指脑实质受病原微生物直接侵犯所引起的炎性改变。通常采用狭义概念。依病程分为急性、亚急性、慢性;依病原微生物分为细菌性、真菌性、病毒性等;依流行情况分为流行性与散发性。症状表现有以下几个特点:(1)起病大多急骤,少数可呈亚急性或慢性起病。(2)伴有一般感染症状如发热等。(3)伴有轻重不等的精神症状,如狂躁、木僵、谵妄、昏睡、昏迷等。(4)因病变侵犯部位及损害程度不同而有不同的躯体症状与体征,如单瘫、偏瘫、颅神经瘫痪、舞蹈动作、手足徐动、震颤、抽搐、眼球震颤、共济失调,甚至呼吸、循环衰竭等。(5)脑膜刺激症常为阳性,脑脊液白细胞大多增高。经及时治疗,大多数患者约在1～6个月后逐渐痊愈。少数超过6个月仍不能恢复者,可留下不同程度的后遗症,如瘫痪、失明、失语、耳聋、性格改变、痴呆等。

流行性乙型脑炎(epidemic encephalitis B) 简称"乙脑"。一种由乙脑病毒引起的以脑实质炎症为主要病变的急性传染病。经蚊虫传播,常在夏秋季流行,患病者多为10岁以下的儿童。病死率很高,重症病人即使幸免一死,也常常会留下严重的神经后遗症。

脑膜刺激征(meningeal irritation syndrome) 脑膜受到刺激时所出现的一组病理反射。脑膜病变时,脊髓膜受到刺激并影响到脊神经根,可引起相应肌群痉挛。这是一种防御性反应。临床上可见于脑膜炎或蛛网膜下腔出血时。主要表现为:(1)颈强直。患者仰卧,检查者用手轻轻托患者头部,被动使其前屈,正常者下颌可接触前胸。如下颌不能接近前胸,且有阻力时,则提示有颈强直。(2)克尼格氏征(屈膝直腿试验)阳性。患者仰卧,膝屈成直角,然后被动使小腿伸直,正常时不受限制,如不能伸直,出现阻力与疼痛时,则以膝关节形成的角度来判定,小于135度则为阳性。

流行性腮腺炎(mumps) 俗称"痄腮"。一种由腮腺炎病毒引起的急性传染病。5～15岁儿童发病最多。主要表现为腮腺处肿胀(耳垂为中心肿)先为一侧,2～3天后两侧都肿大、灼热、疼痛、张口吃东西时痛加剧,颔下淋巴结也肿大,全部消肿需要7～10天。导致单侧耳聋的最常见病因。耳聋可发生在腮腺炎初期、中期或后期,与腮腺炎病的严重程度无关。常并发脑膜炎、急性胰腺炎、性腺炎(卵巢炎或睾丸炎)等。

先天性风疹综合征(congenital rubella syndrome,CRS) 孕妇感染风疹病毒后导致胎儿发育异常的一组先天畸形。当胚胎器官处于发育阶段,风疹病毒可以通过胎盘直接侵染胎儿的组织细胞,使受染细胞的分裂速度变慢,并使某些染色体发生断裂,因而阻碍了组织器官的正常分化,造成胎儿器官畸形。感染后对胎儿器官发育的影响程度与感染时的胎龄有关,胎龄越小,受损越严重。据Kibrick等统计,妊娠第一个月感染风疹,发生率达50%,第二个月是30%,第三个月是20%,第四个月是5%。最常见的临床症状是白内障、耳聋、心血管系统缺损。因此也称为"CRS三联征"。

过敏障碍(allergic disorders) 机体对来自体外物质的不良反应。枯草热、某些类型的荨麻疹与哮喘是人类常见的变态反应病。患儿可导致无法在学校生活和学习问题,如哮喘病儿童常因缺课而影响学习。

免疫(immunization) 机体对异物的识别、排除和消灭的过程。人体的一种生理性保护性反应。分为:(1)非特异性免疫。机体在长期的种系发育与进化过程中,逐渐建立起来的一系列防护机能。对许多病原微生物都有防御作用,不需要任何一种特殊微生物的刺激影响,受遗传因素的控制,具有相对的稳定性,又称为先天免疫。具有种的差异,即人与动物对某些病原微生物及其产物可有天然的不感受性,如人对鸡霍乱不感受。(2)特异性免疫。个体在生活过程中与病原微生物等物质接触所产生的免疫。具有特异性,如患过麻疹或注射过麻疹病毒疫苗的人对麻疹产生免疫力,但对腮腺炎病毒无免疫性。不能遗传,为出生后形成的,又称后天获得性免疫。根据免疫的方式分为体液免疫与细胞免疫。这两种免疫反应必须有抗原(能刺激人体或动物中的免疫系统产生一系列免疫反应的物质)进入机体刺激免疫系统才能形成。

基础免疫(fundamental immunity) 通过预防接种使机体首次获得对某种疾病的免疫力的过程。通常根据需要选择几种传染病疫苗在一定的时间内对儿童进行预防接种,使儿童获得对这几种传染病的免疫力。由于疫苗的种类不同,接种后产生的免疫效果也不一样。一般活疫苗的免疫效果好,只需接种一次就可达到基础免疫的效果。死疫苗的效果较差,须接种几次才能达到效果。

加强免疫 通过定期重复接种疫苗来巩固免疫效果的过程。一次接种成功,并不意味着获得终生免疫。通过基础免疫获得的免疫力,经过一段时间后,免疫力逐渐下降。因此,常常在基础免疫后的一定时期重复接种一次(复种),使机体长久保持一定的免疫力。

疫苗(vaccine) 能够刺激机体产生特异性免疫反应的生物制品。广义上指由已灭活或减毒无致病性致病菌及其毒素制成的各种对人体无伤害力的免疫制剂;狭义上指由已灭活或减毒病毒制成的各种对人体无伤害力的免疫制剂。

预防接种(preventive inoculation) 提高人群对疾病抵抗力的一种措施。指人为将某些生物制品输入机体,使机体产生抵抗该病原微生物的免疫力,以达到控制直至消灭疾病的方法。依免疫的性质可分为自动免疫和被动免疫两大类。自动免疫是将减毒、灭活的病原微生物或其代谢产物或其亚单位成分制成生物制品(如白喉类毒素、卡介苗、麻疹疫苗等)注入人体,使机体主动产生免疫力,这种免疫持续时间长(多为 $1 \sim 5$ 年),但需在接种后 $2 \sim 3$ 周才能形成免疫。被动免疫是将含有抗体的血清或其制剂(如丙种球蛋白等)注入人体,使机体立即获得免疫力,这种免疫可迅速生效,但免疫持续时间短($1 \sim 4$ 周)。

计划免疫(planned immunization) 按规定时间和方法提高人群防病抗病能力的一种措施。根据国家对防疫工作的要求,结合某一时期或某一地区流行病学资料,进行有系统、有计划、有组织的预防接种。1991 年颁布的《中华人民共和国传染病防治法实施办法》第二章第十二条规定:"国家对儿童实行预防接种证制度。适龄儿童应当按照国家的有关规定,接受预防接种。适龄儿童的家长或者监护人应当及时向医疗保健机构申请办理预防接种证。托幼机构、学校在办理入托、入学手续时,应当检查预防接种证,未按规定接种的儿童应当补种。"2007 年 12 月 29 日卫生部颁布了《扩大国家免疫规划实施方案》(以下简称《方案》)。《方案》规定,在现行全国范围内使用的乙肝疫苗、卡介苗、脊灰疫苗、百白破疫苗、麻疹疫苗、白破疫苗等 6 种国家免疫规划疫苗基础上,将甲肝疫苗、流脑疫苗、乙脑疫苗、麻腮风疫苗纳入国家免疫规划,对适龄儿童进行常规接种。免疫程序是计划免疫的具体表现,通常按年龄阶段进行。我国儿童免疫程序见下表。

类别	免疫月(年)龄	疫苗
基础免疫	出生后 24 小时内	卡介苗;乙肝疫苗(1)
	1 足月	乙肝疫苗(2)
	2 足月	脊髓灰质炎疫苗(1)
	3 足月	脊髓灰质炎疫苗(2);百白破(1)
	4 足月	脊髓灰质炎疫苗(3);百白破(2)
	5 足月	百白破(3)
	6 足月	乙肝疫苗(3);A 群流脑疫苗
	8 足月	乙脑减毒活疫苗;麻风疫苗*
加强免疫	1 岁半至 2 岁	百白破类毒素制剂;A 群流脑疫苗;乙脑减毒活疫苗;甲肝减毒活疫苗;麻腮风疫苗**
	3 岁	A+C 群流脑疫苗
	4 岁	脊髓灰质炎疫苗;麻疹疫苗;乙肝疫苗
	6 岁	白破疫苗;A+C 群流脑疫苗

注:①关于麻腮风疫苗(麻风/麻腮/麻疹疫苗),目前,麻腮风疫苗供应不足,故使用含麻疹成分疫苗的过渡期免疫程序。8 月龄接种 1 剂次麻风疫苗,麻风疫苗不足部分继续使用麻疹疫苗。18—24 月龄接种 1 剂次麻腮风疫苗,麻腮风疫苗不足部分使用麻腮疫苗替代,麻腮疫苗不足部分继续使用高麻疹疫苗。②乙脑减毒活疫苗接种 2 剂次,儿童 8 月龄和 2 周岁各接种 1 剂次。乙脑灭活疫苗接种 4 剂次,儿童 8 月龄接种 2 剂次,2 周岁和 6 周岁各接种 1 剂次。③甲肝减毒活疫苗接种 1 剂次,儿童 18 月龄接种。甲肝灭活疫苗接种 2 剂次,儿童 18 月龄和 24~30 月龄各接种 1 剂次。

传染病疫情报告(report for infection diseases) 中国办理传染病的一项重要措施。2004 年 8 月 28 日第十届全国人民代表大会常务委员会第十一次会议修订的《中华人民共和国传染病防治法》第三十条规定:"疾病预防控制机构、医疗机构和采供血机构及其执行职务的人员发现本法规定的传染病疫情或者发现其他传染病暴发、流行以及突发原因不明的传染病时,应当遵循疫情报告属地管理原则,按照国务院规定的或者国务院卫生行政部门规定的内容、程序、方式和时限报告。"第三十一条规定:"任何单位和个人发现传染病病人或者疑似传染病病人时,应当及时向附近的疾病预防控制机构或者医疗机构报告。"1991 年 12 月 6 日卫生部发布施行的《中华人民共和国传染病防治法实施办法》规定:"执行职务的医疗保健人员、卫生防疫人员为责任疫情报告人。""责任疫情报告人发现甲类传染病和乙类传染病中的艾滋病、肺炭疽病的病人、病原携带者和疑似传染病病人时，城镇于6小时内，农村于12小时内，以最快的通信方式向发病地的卫生防疫机构报告，并同时报出传染病报告卡。责任疫情报告人发现乙类传染病病人、病原携带者和疑似传染病病人时，城镇于12小时内，农村于24小时内向发病地的卫生防疫机构报出传染病报告卡。责任疫情报告人在丙类传染病监测区内发现丙类传染病病人时，应当在24小时内向发病地的卫生防疫机构报出传染病报告卡。"报告内容要求全面、准确。

遗传（heredity） 亲代与子代之间在形态、结构、生理功能、行为本能等各方面相似的现象。即子代按照亲代所历经的同一过程和方式，把从环境中摄取的物质组织起来，产生类似其亲代复本的一种自身繁殖的过程。自然界从简单的原核生物像病素和细菌等到最高等的生物——人，借助于遗传，才能"物生其类"，保持物种的相对稳定。作为遗传物质的基因通过亲代的生殖细胞准确无误地传递到后代。在这些基因的严格控制下，后代不断从环境中吸取其需要的物质，通过一系列的代谢过程，后代才能表现出与亲代相似的性状。如果生殖细胞或受精卵的遗传物质在结构或功能上发生了改变，就有可能使发育成的新个体患遗传病，如某些智力低下患者就是由于遗传因素造成的。

基因（gene） 遗传的基本单位。位于染色体上，化学成分是脱氧核糖核酸（DNA）。人类的细胞有23对染色体，每条染色体由一个DNA双螺旋分子组成，而位于每条染色体上的基因有上千个，因此，一个基因相当于DNA分子的一个区段。有如下特征：(1)稳定性，能准确无误地复制自己。没有这种稳定性，生物的种系就不存在了。(2)能控制蛋白质的合成，影响遗传性状的形成，这是生命所必需的。(3)能够突变，影响遗传性状的表现。这种可变性是很重要的，否则，生命就永远是一个样子，也就没有进化和发展了。既有好的，也有不好的（如某些致病基因）。能否使良好的基因稳定遗传，使不好的基因得到"改造"和"摒弃"，从20世纪70年代崛起的基因工程，正逐步把这种愿望变成现实。利用这项高技术来替换人类有缺陷的基因或染色体，制造或将生物已有的优良基因转移到人类的受精卵中，从而有目的地控制人类自身的净化和发展，使某些遗传病得到根治。

染色体（chromosome） 细胞内的一种具有特殊结构、特殊个性及特殊功能性质的小体。由脱氧核糖核酸（DNA）和蛋白质两类物质组成。在细胞的生长、发育、分裂、分化的各阶段，始终存在于细胞中，能够通过细胞分裂而复制它们的理化结构，并能保持其形态和生理的性质。每条染色体含有纵向并列的两个染色单体，互称姐妹染色单体，在着丝粒的地方联系在一起。根据着丝粒的位置不同，把染色体分成大致相等或长短不等的两个臂。有的除着丝体外，还有一个次级缢痕连着远端染色体小段，叫作随体。人类的体细胞中有46条染色体,双双成对,其中一对是性染色体,女性为XX,男性为XY,其余的22对为常染色体。在成熟的精子和卵子中,由于减数分裂,染色体数目减半,只剩23条。在受精时,精子中的每条染色体与卵子中相应的染色体配对,成为合子。每一对染色体中,一条来自母方,另一条来自父方,这样又恢复了原来的数目。这就是生物经过无数世代后染色体的数目和形态仍始终保持相对稳定的原因。如果任一对中有变异,均可导致个体发育中的缺陷。

常染色体病(general chromosome disease) 1~22号常染色体发生畸变所引起的疾病。其中包括三体综合征、单体综合征、部分三体综合征、部分单体综合征及嵌合体等。共同的临床特征是:智力发育不全,生长发育迟缓,伴有五官、四肢、皮纹、内脏等方面的畸形。

性染色体病(sex chromosome disease) X或Y性染色体数目异常或结构畸变所引起的疾病。较常见的数目异常有单体型、三体型、多体型,以及性染色体的各种嵌合型。共同的临床特征是:性发育不全或两性畸形,其中有的患者仅表现为生殖力的下降,原发性闭经、智力稍差等特征。

遗传咨询(genetic counseling) 又称"遗传商谈""遗传指导"。医学遗传专门人员、医师或计划生育工作者从事的一种专业活动。内容包括:解答遗传病、先天畸形患者及其亲属提出的有关发病原因、遗传方式、诊断与防治及下一代的发病风险等问题,使其对该病患有全面概要的了解;提供并帮助实施恰当的选择对策,以获得良好的防治效果。

产前诊断(prenatal diagnosis) 又称"宫内诊断"。对宫内胎儿的性别及健康状况所进行的检测。目的是检测胎儿是否患有某些遗传疾病或存在先天畸形。

绒毛取样法(chorionic villi sampling) 产前诊断胎儿遗传病的一种方法。妊娠早期,在B超的指示下,吸取一定量胚囊周围的绒毛组织,获取胎儿的细胞,直接或经过培养进行类似羊水细胞的各项测定,可诊断染色体病、性连锁遗传病、基因病及先天性代谢病等。

羊膜穿刺术(amniocentesis) 一种从孕妇子宫抽出羊水的操作术。目的是为细胞遗传学和生物化学的研究提供材料。有多方面的临床意义,如做羊水细胞培养与染色体核型分析,可发现细胞染色体异常结构,为产前诊断先天愚型等多种畸形的主要方法。

胎儿镜检查(fetoscope) 产前诊断胎儿遗传病及先天畸形的一种方法。使用一种带有羊膜腔穿刺的双套管光导纤维内窥镜自宫口或腹壁插入羊膜腔,直接观察胎儿是否有形态上的畸形,如神经管畸形、面部畸形、肢体畸形、多发性畸形综合征等;并可获取胎儿血液、皮肤及其他组织活检标本以进行染色体、基因、酶的分析等。不仅扩大了宫内诊断范围,提高宫内诊断的水平,且能开展宫内治疗,及早纠正胎儿的病态,有助于改变以往宫内诊断只能采取终止妊娠的被动状态。

DNA 探针　一种产前诊断遗传性代谢病的方法。如果知道某种遗传病的基因序列，可以用限制性内切酶定点切下 DNA 片断，由于这种序列的突变可以使某一限制性内切酶在这一部位的切割点发生变化，因而切下的 DNA 碎片的长短与正常的不一样。将体外合成的互补 DNA 做放射性标记，把它作为探针与切割下来的 DNA 杂交，放射自显影后与正常的进行比较，即可进行诊断。已用于诊断 α - 地中海贫血、β - 地中海贫血、镰形细胞贫血、α - 胰蛋白酶缺乏症和苯丙酮尿症。

脐静脉穿刺　一种产前诊断的方法。一般在妊娠 18 周以后，在 B 超的引导下，穿刺脐静脉取 1～5 毫升血，用于做染色体检查等，以诊断血红蛋白病、先天宫内感染、胎儿宫内发育迟缓、Rh 血型不合、胎儿畸形等。脐静脉穿刺取血已逐渐取代了胎儿镜取血。

系谱（genealogy）　将家族内成员的发病情况按规定符号绘制成的图。当临床医师或遗传学家遇到"先证者"（家族中第一个来看病进行遗传咨询的人）以后，根据先证者主诉或实地调查，全面了解情况，然后绘制成图。

系谱分析（pedigree analysis）　研究遗传疾病的一种方法。对遗传病患者家族内各成员的发病情况进行调查，然后将调查结果按照规定的符号绘制成系谱图，并根据系谱图来分析和判断遗传病的遗传方式、特点，并作为诊断依据。

皮肤纹理分析　诊断染色体病的一种方法。皮肤纹理又称皮纹，包括人手、脚上的某些部分，如手指、脚趾、手掌和脚掌上出现的皮肤纹理图形。某些染色体病患者往往具有共同的皮肤纹理改变。

双生法　对比一卵双生（monozygotic twins, MZ）和二卵双生（dizygotic twins, DZ）疾病发病一致性（双生中一个患某种疾病，另一个也患同样疾病）的差异，估计出某种遗传病是否有遗传基础的方法。如果 MZ 的一致性远高于 DZ 的一致性，就表示这种病与遗传有关；如果二者差异不显著，则表示遗传对这种病的发病不起作用。MZ 是由一个受精卵分裂发育而来，由于这两个胚胎来自同一受精卵，所以他们的遗传基础是相同的，其特征也必然是相同的；DZ 是由两个卵子与两个精子受精后发育成的两个胚胎，他们的遗传基础像一般同胞那样相似，只是胚胎发育环境相同，其性别有 1/2 的可能性是相同的。

群体普查法　对某一人群某种疾病进行普查，以判断该病是否有遗传基础的方法。使用时特别注意该病发病的家族聚集性及是否有特定的发病年龄。如果发现一种疾病的患者亲属中的发病率高于一般人群，即一级亲属（父母、同胞、子女）的发病率＞二级亲属（祖父母、外祖母、叔、伯、姑、舅、姨、侄、甥）的发病率＞三级亲属（堂、表兄弟姐妹等）的发病率＞一般群体发病率，而且有特定的发病年龄，则表明该病有遗传基础。为了排除同一家族成员的共同生活环境对该病发病的影响，可与家族中非血亲的发病率进行比较。

易患性 个体患某种多基因遗传病的可能性。由遗传基础和环境因素的共同作用而决定。在一个群体中，某种多基因遗传病的易患性变异也是呈连续的正态分布曲线，大部分个体的易患性都是接近或比较接近其平均值，而易患性很低或很高的个体数都很少。在一个群体中发病的个数一般是少数，他们都是高易患性。

携带者（carrier） 表型正常或无明显临床症状，但携有致病基因或异常染色体的人。自身不发病，可将致病基因或异常染色体传给后代。

携带者筛查（carrier screening） 对某一群体有高发病率的遗传病进行的群体检查。一般采用经济实用、简便易行、准确可靠的方法进行。检出携带者后进行婚育指导，以达到预防该病在群体中发生的目的。

发病阈值 一个个体表现为某病的易患性超过的限度。群体易患性平均值与发病阈值越靠近，则群体的发病率越高。

遗传度 又称"遗传率"。遗传因素对于某种多基因遗传病发病所起作用的大小。一般用百分数表示，分值越高表明遗传因素对易患性的影响越大。

复发风险（recurrent risk） 又称"再现风险"。一个家族中发现一例某种遗传病之后，其余亲属再出现同种疾病的概率。与亲缘关系的远近、家庭中患者的人数、缺陷的严重程度等因素有关。

染色体畸变（chromosomal aberration） 遗传物质的缺失、重复或重排而造成的染色体异常。包括染色体数目的异常和染色体结构异常。这些异常可发生在常染色体或性染色体上。人类正常体细胞的染色体是46条，多于或少于46条都属于染色体数目异常。这其中有染色体数目成倍发生变化的，也有个别的染色体增加或减少一条或几条。发生原因往往是由于在配子发生过程中或受精卵的早期卵裂中，染色体的复制或行动异常。结构异常是指染色体结构上发生了变化。往往是由于染色体的断裂或变位重接形成的。一条染色体可在一个位置上发生断裂。染色体断裂后，可以在原位置上重新愈合，也可以不在原位置上愈合，这样就会造成有着丝粒阶段的染色体缺失一部分，无着丝粒的那一节段最终丢掉或倒位重接。在一个细胞内还可能同时有两条以上的染色体在一处或多处发生断裂，通过不同方式的相互连接，形成多种不同结构的衍生染色体，从而产生较严重的遗传效应。会引起先天愚症，身体及精神发育缓慢等各种先天性残疾。

单基因遗传病（monogenic genetic disease） 遗传病的一种类型。由人类体细胞中染色体上的某对基因所导致。包括常染色体显性遗传病、常染色体隐性遗传病、X连锁显性遗传病、X连锁隐性遗传病、Y连锁遗传病等。

常染色体显性遗传病（inherited disease of autosomal dominant） 遗传病的一种类

型。由位于第 1~22 号常染色体上的某种致病基因导致。该致病基因相对于正常等位基因是显性的,因此只要有一个异常的显性基因,个体就患病。已被认识的常染色体显性遗传病有 4000 多种,临床上较常见的病种如并指、马凡氏综合征、软骨发育不全、家族性高胆固醇血症等。

常染色体隐性遗传病(inherited disease of autosomal recessive) 遗传病的一种类型。由位于第 1~22 号常染色体上的某种致病基因导致。该致病基因相对于正常等位基因是隐性的,因此两个异常的隐性基因相遇时个体才患病,而只有一个异常的隐性基因时,个体不患病,却可将异常的隐性基因向后代传递。已被人类认识的常染色体隐性遗传病有 1700 多种,临床上较常见的病种如苯丙酮尿症、地中海贫血、白化病、半乳糖血症等。

肝豆状核变性(hepatolenticular degeneration) 又称"Wilson 氏病"。一种常染色体隐性遗传的铜代谢障碍所致的家族性疾病。起病多在儿童期,病变主要为肝硬化和豆状核变性。儿童早期以肝损害症状为主,如恶心、呕吐、黄疸、腹水等,严重者有昏迷、谵妄。神经症状表现为肌张力高,肢体震颤,说话口齿不清,随意运动减少而缓慢,出现摇头、吞咽困难,可有癫痫发作。精神症状表现为智力减退,记忆力减退,注意力不集中,学习成绩下降,逐渐出现性格的改变。骨骼改变表现为关节疼痛,鸡胸,脊柱畸形,自发性骨折,个子矮小。在角膜边缘出现绿褐色、金褐色、古铜色的宽 1~4 毫米的角膜色素环。用二巯基丙醇、青霉胺等螯合剂排铜是特效疗法。不要食用含铜高的食品,如肝、肾、血、贝类、螺类、蘑菇、海产品、花生米等,不要使用铜制器具装水或盛食物。

马凡氏综合征(Marfan syndrome) 又称蜘蛛指(趾)综合征。一种常染色体显性遗传病。常常是一家兄弟或父母均患此病,特点是指(趾)细长和全身长管状骨过长,常伴有肌肉发育不良,韧带松弛及脊柱侧弯。约 80% 病例有视力障碍,60%~80% 病例并发先天性心脏病。患儿生后即表现为身高而细,肌肉张力减弱,皮下脂肪少。脊柱后突、侧弯,并可有长头畸形,高颧弓、瘦长面形及肋骨畸形等。四肢显著增长,尤以手指、足趾细长如蜘蛛脚样,足部常有明显外翻。韧带和关节松弛,活动范围明显增大。常伴有先天性晶体异位、角膜大小异常及混浊、虹膜发育不全等视力障碍。

努南综合征(Noonan syndrome) 又称"先天性侏儒—痴呆综合征"。一种常染色体显性遗传病。该病的患病率为 1/1 000~1/2 500。患者出生时就表现为畸形:躯干短小,两眼距宽,眼睑下垂,突眼,耳位低,下颌小,上腭高,枕部发际低,有颈蹼。有的患者有先天性心脏病。智力低于同龄儿童。

伴性遗传病(sex-linked inheritable disease) 致病基因位于性染色体上的遗传病。其中,致病基因位于 X 染色体上的遗传病称为 X 连锁遗传病;致病基因位于 Y 染色体上的遗传病称为 Y 连锁遗传病。X连锁遗传病的致病基因在上下代之间随着X染色体而传递；Y连锁遗传病的致病基因将随Y染色体而传递，从男性传给男性，故又称为全男性遗传。已被人类认识的伴性遗传病有400多种。

交叉遗传（criss-cross inheritance） 一种X连锁遗传方式。在X连锁遗传中，基因的传递方式与常染色体上基因的传递方式不同，父亲X染色体上的基因不能传给儿子，只能而且一定传给他的女儿。因此，男性的X连锁基因只能从母系传来，将来只能传给他的女儿。

X连锁显性遗传病（X-linked dominant inheritance） 致病基因位于X染色体上，并以显性方式遗传的遗传病。因女性的两条X染色体上任何一条有致病基因都将发病，而男性只有一条X染色体，所以女性的发病率为男性的2倍。但由于女性多为杂合子发病，所以病情一般较男性轻。

X连锁隐性遗传病（X-linked recessive inheritance） 致病基因位于X染色体，并以隐性方式遗传的遗传病。因女性有两条X染色体，若只一条X染色体上带有隐性致病基因，另一条X染色体的等位基因为正常显性基因，则不发病，而成为携带者。女性必须在两条X染色体均有致病基因才会发病。因男性只有一条X染色体，而Y染色体上没有相应的等位基因，只要其X染色体上有致病基因，即使是隐性基因也要发病，因此这类疾病多见于男性。常见有红绿色盲、血友病甲、血友病乙、葡萄糖-6-磷酸脱氢酶缺乏症等。

XYY综合征（XYY syndrome） 又称"超雄或双Y综合征"。性染色体畸变导致的一类综合征。遗传型为XYY，比常人多一条显性染色体Y。此类患者较少见，均为男性。一般个子高，易感染，易骨折，多数有人格和行为异常，部分有智力及阅读和学习障碍。

习惯性流产（habitual abortion） 发生三次以上的自然流产。占自然流产的4%～8%。导致原因很多，其中胚胎染色体畸变是重要原因之一。流产胎儿有各种各样的染色体畸变，首先以常染色体三体型最为常见，其次是多倍体，再次是性染色体单体，最后是嵌合体和其他结构异常。经细胞遗传学检查发现，妊娠4周流产的胚胎染色体异常的发生率占75%，5～8周的为50%～60%，9～12周的5%～20%。在孕早期"淘汰"染色体异常的胎儿，是机体的一种自我保护机制和对环境适应的结果，有助于保证人类遗传素质的相对稳定。

血友病（hemophilia） 一组遗传性凝血障碍导致的出血性疾病，其遗传方式为X连锁隐性遗传。以血友病甲（抗血友病球蛋白缺乏症或第Ⅷ因子缺乏症）较为常见。血友病乙较少见，分别由于第Ⅷ因子缺乏即抗血友病球蛋白缺乏导致的凝血障碍，第Ⅳ因子缺乏即血浆凝血活酶缺乏而导致的凝血障碍。二者的临床表现一样，主要表现为凝血时间延长，患者终生具有轻微损伤后出血倾向，不出血时与正常人无异。其出血的特点是：缓慢地持续渗血；多发生在轻伤之后，如拔牙和各种割伤；大量出血罕见，但出血部位广泛，发生次数不等，自发性出血后也可有一段时期不出血。

葡萄糖-6-磷酸脱氢酶缺乏症（glucose-6-phosphatase dehydrogenase deficiency） 一种X连锁隐性遗传病。由于缺乏葡萄糖-6-磷酸脱氢酶，致使红细胞膜易破坏，进食蚕豆、蚕豆制品数小时至几天后，或服用一些药物后，可引起急性溶血。主要表现为急性血管内溶血，轻者仅有轻度溶血，不会出现黄疸及血红蛋白尿；重者在短期内出现溶血危象，表现为迅速贫血，伴有黄疸及血红蛋白尿。与此同时，机体出现的畏寒、发热、恶心、呕吐、腹痛、腰痛等症状，为红细胞大量溶解时的分解物作用于机体的结果。

多基因遗传病（polygenic inheritable disease） 一种基因控制的遗传病。具有一定的遗传基础，并有家族性倾向。但并非由一对基因决定，而是由多对基因共同作用的结果，且是否发病还受环境因素的影响。常见有唇裂、腭裂、神经管畸形、精神分裂症、原发性高血压等。

无脑儿（anencephalia） 又称"无脑畸形"。一种较为常见的神经管畸形。发病人群女性比男性多4倍。常分为两种情况：一是没有颅盖，在出生时脑是露在外面的变性组织，并且通连到一个颈部开放的脊髓，眼向前突出，没有颈部，脸面和胸部的表面处在一个平面上；二是脑组织停留在神经板阶段，脑未发育，脑颅缺如。正常情况下，胚胎发育的25～27天，前、后神经孔相继封闭，形成一个与外界不相通的管道，即神经管。此症因某种因素使神经管头侧没有封闭导致。

先天性水俣病 世界上第一个被确认因环境污染诱发的先天畸形。最早发现于日本。1950年日本水俣市氮肥公司将含甲基汞的废水排入水俣湾中污染了水质以及水中的鱼贝类，居民摄入了含甲基汞的食物引起中毒，初被命名为"水俣病"，两年后在新生儿中开始出现。由于母体孕期摄入了甲基汞，通过胎盘进入胎体而引起。婴儿多在出生3个月后开始出现各种症状，主要表现为精神迟钝，协调障碍，共济失调，步行困难，语言、咀嚼、吞咽困难，生长发育不良，肌肉萎缩，癫痫发作，斜视等。

头部损伤（head injury） 头部受剧烈外力作用后造成脑组织的损伤。损伤程度、范围与外力作用的方向、大小有关。损伤严重者有意识丧失和昏迷。昏迷的持续时间因损伤程度而异。清醒后有头痛、头昏、恶心、呕吐等症状，还会影响患者的智力、记忆、言语、思维、情绪等，并造成行为问题，如运动过度、违反纪律、嗜睡等。

疾病感缺失（anosognosia） 脑损伤的一种症状。患者完全不知道自己的疾病过程或具体的损害。例如，一个头部受伤病人可能有偏盲，但其并未意识到视野中的这种丧失。此症状可在病灶性或弥漫性脑损伤后发生。

嗅觉缺失（anosmia） 源于希腊语"an（没有）osme（味道）"。嗅觉障碍或缺失。一般分为传入性(与嗅神经的传导损害有关)、中枢性(与大脑病变有关)、阻塞性(与鼻凹阻塞有关)和外周性(与嗅觉的外周神经有关)四类。

氟中毒(fluorosis) 一种矿物质中毒。氟是人体必需的微量元素。低氟地区的儿童易患龋齿。高氟地区(水中含氟量超过1.0毫克/升)以及工厂排出的氟污染周围的空气、土壤、水体,使农作物的氟含量增高,长期摄入过量的氟可使人产生氟中毒。主要影响牙齿、骨骼和骨周围软组织钙化,症状有:(1)氟斑牙。牙釉质受损伤,形成黄色或棕褐色色素沉着,严重者牙齿脱落、碎裂、缺损。(2)氟骨症。早期表现为四肢、脊柱关节持续疼痛,无游走性,与天气变化无关。病情进一步发展为关节活动障碍,肢体麻木、变形、僵直甚至瘫痪、肌肉萎缩。X光可见骨密度增高,骨质增生和骨周围软组织钙化。

汞中毒(hydrargyrism) 一种重金属中毒。汞俗称水银,在常温下易蒸发,溶于脂类,故可通过消化道、呼吸道以及皮肤进入人体。初期表现为头昏、乏力、失眠、嗜睡、多梦、记忆力减退等。典型症状为:(1)中枢神经系统症状。或呈兴奋状态,如易激动、不安、失眠、烦躁、易发怒等;或呈抑郁状态,如胆小、害羞、忧虑、沉默等。(2)肌肉震颤。初期感觉全身无力,四肢肌肉痉挛或疼痛,逐渐出现眼睑、舌、手指以及四肢的震颤,写字、走路和进食均有困难。(3)口腔炎。口唇、颊黏膜、舌部、牙龈可发生肿胀与溃疡。牙齿松动、脱落。常见的汞污染来源为化工厂、氯碱厂、农药厂、冶炼厂、造纸厂、仪表厂等。

铅中毒(lead poisoning) 由于经常接触含铅物质致使人体组织内铅积蓄而引起的毒害效应。血液中含铅量超过60毫克/100毫升即可导致铅中毒。铅对各机体组织都有毒害作用,破坏血脑屏障,影响神经系统、造血系统和消化系统。儿童接触含铅物体、嚼食含铅物质,也会引起中毒。除了急性铅中毒脑病会导致严重的大脑损伤之外,铅摄入可影响儿童的精细动作,导致学习困难。儿童出生后2~3年中,神经系统发育迅速,大脑特别容易受到这类物质的损伤,并容易造成永久性的伤害,如失明、失聪、惊厥,昏迷甚至死亡。成人在需大量接触铅的环境中工作,如自来水管厂、石油业、印刷业、蓄电池制造厂、陶瓷业、冶炼工厂,也可发生铅中毒。治疗时,应让患者脱离与铅的接触,一般用支持疗法和对症治疗。

烟中毒 烟草中的有害物质对身体的损害。烟草中含有12 000多种有毒物质,如尼古丁、氢氰酸、一氧化碳、焦油等。吸烟可诱发肺癌、唇癌、舌癌、喉癌、膀胱癌等;还可诱发心脏病、脑血管意外(脑溢血、脑血栓形成),脑血管意外往往留下残疾的后遗症。研究表明:孕妇无论是主动吸烟,还是在吸烟的环境中被动吸烟,对胎儿都有害。有害毒素作用于孕妇的胎盘血管,使血管痉挛,血氧含量减少,导致流产或早产,同时引起新生儿体重低以及先天性畸形,如兔唇、腭裂、先天性心脏病、大脑发育不良等。父亲吸烟也可导致精子的损伤,造成胎儿畸形。一次吸烟过多可引起急性尼古丁中毒而死亡。

白血病(leukemia) 一种造血系统的恶性肿瘤。流行病学统计,中国白血病的自然发病率为3/10万人,每年约新增4万名白血病患者,其中50%是儿童,而且以2~7岁的儿童居多。具有恶性程度高,病情发展迅速,大多是急性;对化学药物治疗很敏感,癌细胞容易杀灭两个特点。家庭装修导致的室内环境污染,食品污染和水源污染被认为是导致城市患儿增多的主要原因,此外与遗传相关。患儿早期表现有:(1)发热。这是儿童最常见的首发症状。(2)出血。半数以上的患儿伴有不同程度的出血。主要表现为鼻黏膜、口腔、齿龈及皮肤出血,严重者内脏、颅内出血,也往往是造成患儿的死因。(3)贫血:为最常见的早期症状,并呈进行性加重,患者面色、皮肤黏膜苍白,软弱无力,食欲低下。(4)肝、脾、淋巴结肿大。(5)骨头关节疼痛及骨骼病变。(6)白血病细胞浸入中枢神经系统。患儿出现头痛、恶心、呕吐,甚至惊厥、昏迷。(7)血化验检查数据的异常改变。大多数患儿有白细胞增多,几万至几十万,骨髓白细胞呈显著增生,可高达95%以上。我国采用骨髓移植治疗。

儿童颅内肿瘤 儿童颅内原发性或继发性新生物的统称。原发性脑瘤可发生于脑组织、脑膜、脑神经、垂体、脑血管及胚胎残余组织等。身体其他部位的恶性肿瘤亦可转移至颅内形成继发性转移瘤。发病率占儿童期肿瘤的第二位,仅次于白血病。特征如下:(1)一般的发病高峰年龄为5~8岁。(2)多发生在小脑和脑干等脑中线附近部位。(3)男孩稍多于女孩,比例约为1.3:1。(4)最常见的三种儿童脑肿瘤是星形(胶质)细胞瘤、髓母细胞瘤以及室管膜瘤。星形细胞瘤几乎占儿童脑肿瘤的三分之二,可以发生在任何年龄的儿童。髓母细胞瘤在5~10岁的儿童中最为常见,而室管膜瘤在5岁以下的儿童中最为常见。(5)易被误诊为感冒,儿童颅内肿瘤误诊率高达50%。总的说治疗效果不佳,死亡率较高。

小脑星形细胞瘤(cerebellar astrocytoma) 一种儿童或青少年常见的良性神经上皮性肿瘤。男女之比为2:1。60%位于小脑蚓部和第四脑室,40%位于小脑半球。肿瘤位于小脑半球者表现患侧肢体共济失调,并有眼球震颤、肌张力降低、腱反射减弱等。肿瘤位于小脑蚓部者主要表现为身体平衡障碍,走路摇晃、站立不稳。可伴有构音障碍及暴发性语言,也可见颈项强硬及强迫头位。治疗以手术切除为主。

髓母细胞瘤(medulloblastoma) 一种中枢神经系统恶性程度最高的神经上皮性肿瘤。主要发生于小儿,是儿童第二位常见肿瘤,占儿童颅内肿瘤的15%~20%。可发生在脑组织的任何部位,但绝大多数发于小脑蚓部,男性发病多于女性。常见症状是头痛、呕吐、步态不稳和共济失调、复视和视力减退。体检可发现视乳头水肿、眼球震颤、轮替运动障碍、闭目难立、斜颈和外展神经麻痹。由于具有生长极为迅速,手术不易彻底切除,并有沿脑脊液产生播散性种植的倾向,使得本病的治疗比较困难,近年来随着综合疗法的进步,使病人的预后有了显著改善。

脑干胶质瘤 一种发生于脑干的神经胶质瘤。婴儿和成人都发病,但发病高峰在3~10岁。男女发病率相等。一般在脑干内弥散生长,不仅破坏脑干的颅神经核,也损伤来自大脑皮层的传导束,往往表现为口㖞眼斜,吞咽困难,多为肿瘤侧的颅神经麻痹和对侧肢体偏瘫。如若侵犯小脑可出现走路不稳、闭目难立、共济失调等。晚期肿瘤压迫使得脑脊液循环梗阻可出现颅内压升高的症状。部分患儿可出现精神症状,如智力减退、进行性呆滞、违拗等精神异常。放射治疗为首选,脑脊液循环梗阻者手术治疗。

罕见病(rare disease) 流行率很低、很少见的疾病。一般为慢性、严重性疾病。世界卫生组织定义为患病人数占总人口的 0.65%~1% 之间的疾病或病变。约80%由遗传缺陷引起,约50%在出生时或者儿童期发病,进展迅速,死亡率高。已被国际确认的有五六千种,约占人类疾病的 10%。我国已发现 30 余种,涉及 1000 万人。仅约 1% 有有效治疗药物。各国的认定标准存在一定差异。绝大部分医务人员缺乏治疗经验和研究,对患者束手无策;多数患者对自己的疾病也了解甚少,不知如何正确治疗。患病后长期在家,少能接受正常的学校教育,缺乏就业技能和独立生活的能力;部分患者家庭因病致贫,生活艰难。

基因治疗(gene therapy) 一种治疗遗传病的方法。生殖细胞或受精卵里面的遗传物质发生改变导致了遗传病。用人工的方法合成或分离出所需要的基因,在体外进行 DNA 重组,然后转移到人体内,对缺陷基因进行修正、替换或修补,从而产生所需要的蛋白质,以达到治疗疾病的目的。包括体细胞基因治疗和生殖细胞基因治疗两类。

优生学(eugenics) 研究在社会控制下改善或削弱后代体格和智力上的某些种族素质的力量的科学。包括消极优生学(又称负优生学或预防优生学)和积极优生学(又称正优生学)。消极优生学致力于减少或杜绝某些遗传性疾病或先天性缺陷儿的出生,并积极关注孕期、围产期和新生儿期的保健以及婴幼儿的早期教育,以达到提高出生人口素质的目的。积极优生学致力于使优质人口增加,使下一代的素质超过上一代。

早产儿(premature infant) 胎龄不满 37 周(少于 260 天)的新生儿。体重大多在 2500 克以下,身长不到 47 厘米。因胎龄短,出生后表现为体质弱,哭声轻,呼吸不规则。皮肤红嫩,皮下脂肪少,皮肤上胎毛较多,细软而长。头相对较大,有细软的头发,指(趾)甲软,足底纹路少,仅在蹬趾的基部有一两条。足跟光滑,四肢肌肉力量低下。内脏发育不成熟,不能保持体温。因此生命力差,难以抵抗病菌的袭击,需要进行特殊的护理。早产的原因很多,有的是因为母亲有病,如妊娠中毒症、产前出血、生殖器畸形及内分泌失调等；有的是因为母亲在妊娠期保健不当，如不节制性生活、吸烟、饮酒等；有的是因为胎儿本身的因素引起，如双胎、胎膜早破等，还有不少属于原因不明。通过产前定期检查及时发现早产的有害因素，积极加以预防。

过期产儿（postmature infant） 胎龄超过42周（或294天）的新生儿。发生原因不同，若母亲胎盘功能正常，只因为分娩发动较晚而过期，则胎儿在子宫内发育正常，并因过期而长得较大，除出生时容易发生难产外，尚无其他不良影响，这属于生理现象。但过期产常常由于胎盘老化，功能衰退，导致到达胎儿的营养物质和氧气的量减少。于是胎儿营养不良，皮下脂肪少，消瘦，皮肤皱褶，形体干瘪。有的因氧摄入不足，肛门括约肌松弛，排出胎粪，污染羊水，使之成为黄绿色，甚至将胎盘、脐带和胎儿的指（趾）甲染黄。如果在分娩时胎儿吸入混有胎粪的羊水，可并发窒息或肺炎。因此，预产期过了10天以上还未出生，就要请医生检查胎盘的功能是否减退。如发现有胎盘功能减退的症状，就要根据减退程度决定引产或剖腹产。

婴儿死亡率（infant death rate） 反映婴儿死亡频度的指标。指每年每千名活产不满周岁婴儿的死亡人数。据死亡登记的统计表明，年龄越小，死亡比例越大，婴儿死亡数约占整个儿童时期死亡总数的一半，儿童死亡率高于成年期。因此，婴儿死亡率高低对当地人口的平均寿命有很大的影响。国际上作为衡量一个国家或一个地区妇幼卫生状况和经济水平的指标。根据死因分析，在死亡率低的国家或地区，较难预防的或尚无法预防的死因（如先天性疾病）占主要地位，可以预防的疾病（如传染病）在死因构成中居次要地位。在死亡率高的国家或地区，可预防的疾病在死因构成中仍占首位。我国大城市的婴儿死因以先天畸形居首位，早产居第二位，肺炎第三位，窒息第四位，意外第五位。农村婴儿死亡率高于城区。

新生儿低血糖症（neonatal hypoglycemia） 一种新生儿常见的病理症状。在母体内营养差、早产儿、双胞胎、出生后进食少者，均容易发生低血糖症。母亲患糖尿病，小儿出生后可出现低血糖症状。多数小儿在出生后数小时内至一周内发病。表现为哭声低，多汗，面色苍白，阵发青紫，四肢颤动，眼球乱转。有时出现高声尖叫、惊厥等。小儿出生后0.5~1小时开始喂糖水10~15毫升，4~6小时开始喂奶。尤其是母亲患糖尿病的出生儿，更要及早喂糖水。出汗多时，应及时将湿衣服脱去，换上干燥衣服，避免受凉。出现呕吐时，注意小儿体位，侧卧或抱起，防呕吐物吸入气管引起窒息。出现惊厥时，立即刺激人中、合谷穴位，并及时送往医院治疗。

新生儿黄疸（neonatal jaundice） 新生儿出生后的一种生理或病理现象。胎儿在母体内处在低氧环境中，为适应代谢的需要制造出大量的红细胞来运输氧气。

新生儿出生后,自主呼吸建立,获得氧气增多,红细胞过剩,大量的红细胞被破坏,其代谢产生的胆红素也大量增加,再加上肝内摄取胆红素的Y蛋白较少,排泄胆红素的功能较差等特点造成新生儿体内胆红素过多。胆红素如同一种黄色的染料,过多时能将皮肤、巩膜等组织染黄,称为黄疸。一般新生儿在出生2～3天开始出现黄疸,4～5天时最为严重,7～10天逐渐消退,早产儿黄疸一般要到2～4周才消退。属于生理性黄疸,一般程度轻,多见于颜面、躯干和巩膜,并不伴有其他症状,不需要治疗。如果黄疸出现时间过早(生后24小时内),黄疸过重或持续时间过长或退后又出现,四肢及手心、足心都被染黄,属于病理性黄疸。最常见的原因是由于母子血型不合引起的新生儿溶血,除此之外,红细胞膜缺陷、红细胞酶的异常、感染等也可导致新生儿溶血。

营养不良(malnutrition) 慢性营养缺乏症。小儿生长发育迅速,需要足够的营养素为物质基础。长期摄食不足,食物调配不当,饮食习惯不良,偏食以及因某些疾病使摄入食物不能充分消化吸收或消耗过多,均可引起机体新陈代谢失常,免疫力低下。久之,生长发育停滞,体重不增甚至减轻。体重低于正常平均值15％～25％为Ⅰ度(轻度);低于25％～40％为Ⅱ度(重度);低于40％以上为Ⅲ度(极重度)。最早表现是皮下脂肪减少和消失,其顺序是腹、胸、背、腰、上下肢、臂、额、颈及面颊部。常伴有精神萎靡,脸色苍白,身材消瘦,牙齿损坏,疲倦,易生病,情绪不稳定(暴躁不安或过度紧张),极重度者体温偏低,反应低下,智力发育迟滞。国外有人比较营养不良婴儿与正常婴儿的大脑,发现1岁内营养不良婴儿脑重量、脑内蛋白质总含量均减少。如果营养不良持续8个月以上,不仅脑细胞数量减少,同时细胞的体积也减少,尤以蛋白质的缺乏对脑功能造成影响明显,智力发育迟缓。如果1岁内营养状况良好,以后发生了营养不良,则脑细胞数量正常,仅脑重量减轻,只要注意改善营养,智力仍可恢复正常。妇女妊娠期营养不良,使胎儿脑细胞数量减少,脑重量减轻,并影响生后脑功能。防治原则是:合理营养膳食(治疗可食用高热能、高蛋白、高维生素以及适当补充无机盐食品),科学的生活方式,积极防治疾病。

生长发育(growth) 从胎儿到青年期生长成熟的过程。包含机体质和量两方面发育过程的动态变化。生长指整个身体和器官可以用度量衡测量出来的变化;发育指细胞、组织、器官、系统功能的成熟。如大脑在增加重量的同时,皮层的记忆、思维、分析功能也在不断完善;随着胃容积的不断增加,消化道的功能也日趋完善等。整个过程从卵子受精开始;随着人体的逐渐成长,各器官的功能逐渐完善,到20岁左右达到成熟。其间要受内外多种因素的影响,其中遗传和环境因素是最基本的。如母亲的健康状况、先天遗传、后天的个人卫生、营养、环境卫生、锻炼、疾病及生活制度等。

关键期(critical period) 指儿童智

能发展的飞跃时期。最早由奥地利科学家洛伦兹提出。他在研究动物行为时，把动物幼仔发生印刻的时期称为关键期。后被借用到儿童早期发展的研究。在此期，儿童智能某个方面发展速度最快，可塑性最大。在智能发展的不同方面，出现的年龄不同。如学习口头语言在2~3岁，开始学习书面语言在4~5岁，对形状知觉是4岁左右，掌握词汇的能力在5~6岁等。在某个关键期内给儿童适宜的指导和教育，对智能的发展帮助很大。若错过，发展中的缺陷就需花更多的时间去弥补。

围产期（perinatal） 妇女从怀孕28周到分娩后7天的这段时间。小儿在此期经历了两个不同环境的生活：出生前为胎儿，是以寄生的方式生活在母体的子宫内，借助脐带从母体中汲取营养，同时又把代谢物送给母亲。出生后为初生儿，是以独立的个体生活在外界的环境中，其身体的呼吸、循环等系统开始工作，担负起维持自身生命的任务。刚出生，身体发育和适应环境的能力都还不完善，稍不注意就容易得病，甚至引起死亡。胎儿、新生儿死亡率高是这一时期的一大特点。引起原因主要有3个：一是孕妇的问题，如营养不足，生活不规律，患有急、慢性传染病等；二是产程异常或生产过程中感染；三是胎儿、新生儿的问题，如早产、新生儿疾病等。

胎儿期（prenatal period） 从受精卵在母体子宫内生长发育到胎儿降生的时期。共计280天（40周）。一般来说，卵子受精后72小时左右，分裂成16个卵裂球，形似桑葚。当胎儿0.9厘米长的时候，心脏开始具有机能。妊娠6周左右胎儿手足开始生长。2个月左右生殖器开始发生分化。2个月末，开始形成人的模样，全长2~3厘米，造血器官开始活动，肝脏有了机能，大脑开始出现脑波，肾脏也有了排尿功能。3个月时，已能确定性别，全长约9厘米。4个月时，脸部已形成，头发也已长出，头盖骨开始骨化，皮脂腺开始分泌胎脂，身上有纤细的胎毛，臀部开始有脂肪，孕妇已能感到胎动。5个月时，全长达25厘米，体格发育已趋向出生时形态。6个月时，全身逐步开始出现皮下脂肪。7个月时，皮下脂肪有所增加，但不丰满，若此期出生，成活率较低。8个月时，皮下脂肪明显增厚，身体变宽，皮肤有光泽，胎毛开始脱落，胎儿趋向成熟。9个月时，全长45~50厘米，体重3 000~3 500克，皮下脂肪丰满，皮肤呈现微红，已具有新生儿的外貌特征。俗称"十月怀胎"，是以28天为1个月计算的。在整个胎儿期，胎儿是在母体内寄生的独立体，生长发育与母亲的健康状况、生活方式、精神状态、营养情况有着密切的关系。母亲生活不规律、营养不足、劳累过度或者患有疾病，都会影响胎儿的生长发育，甚至引起早产、畸形、先天性疾病或智力低下。

新生儿期（neonatal period） 从新生儿出生至生后第28天。时间虽然短暂却很重要。因为新生儿面临着生活环境和生活方式的巨大变化。出生前，胎儿在子宫内环境温暖，温度恒定，不论氧气或营养均依赖母体由胎盘输入，代谢产物通过母体排出。出生后新生儿作为独立的个体，各系统必须开始工作，如靠自己的肺脏吸入氧气，排出二氧化碳；靠消化道汲取营养；靠血液循环运输物质；靠排泄器官排出体内的废物等。但由于各系统的机能不成熟，则体温随环境温度改变较大；呼吸浅而快；唾液少，消化酶的活力低；肾脏功能有限；肝脏酶活力不足等。这些生理特点决定了新生儿对外界的适应能力很低，抵抗力也很弱，如果照顾不周，很容易患病，而且病情变化快，死亡率较高。

婴儿期(infancy) 又称"乳儿期"。从新生儿满 28 天到 1 周岁。人的一生中生长发育最迅速的阶段。婴儿 1 周岁时体重是出生时的 3 倍，身长比出生时增长二分之一，头围增加 12 厘米，乳牙开始萌出，从吃奶过渡到吃饭。开始学语言，从只会用哭声来表达一切，变为初步能以语言与人对话，交流感情。随着神经、骨骼、肌肉的发育，逐步出现翻身、爬行、坐、立、行、走等行为，活动范围渐渐加大。身体的正常发育要有足够的营养，若营养不良，会使身、心发育出现障碍，如婴儿体内缺乏甲状腺素，则使神经系统发育迟缓，而且造成不可逆转的智力低下。此外，婴儿虽然在这一时期发育迅速，但身体的各项机能仍不成熟，抵御外界不良刺激的能力还很低，需要精心护理，科学喂养。

先学前期(early preschool period) 儿童 1～3 岁的时期。这一时期，身长、体重的增加变缓，1～2 岁时身长增加 10 厘米左右，体重增加 2.3～3.5 公斤；2～3 岁时，身长只增加 8 厘米左右，体重只增加 2 公斤左右。骨骼加速了强化过程，囟门一般在 1 岁半左右闭合，形成完整的颅骨。乳齿在 2 岁左右已全部长齐。中枢神经系统的发育也开始减慢。能控制大小便。随着肌肉的不断发育，儿童动作发展迅速，到 3 岁时，走、跑、跳运动自如，能单足站稳，单足跳跃。并且初步掌握了语言，言语的形成使儿童心理发生了重大变化。有研究表明，儿童的智力发展是与大脑皮层的发育有着密切关系的。出生后头 4 年的智力发展与 4～17 岁这个时期的智力发展是相等的。所以，在这个阶段要给予儿童大量的适当刺激，保证充足的营养，促使大脑健康地发展，这对儿童的未来具有重要意义。对残疾儿童的早期发现和早期干预也极为重要。

学前期(preschool period) 广义指儿童从出生至入小学的时期。狭义指儿童从 3 岁至六七岁的时期。同幼儿期。

幼儿期(early childhood) 儿童 3 岁至六七岁的时期。即学前期。此期儿童的生长发育比婴儿期相对变慢，但四肢增长较快，大脑在发展，脑重可达 1280 克，接近于成人。饮食内容也接近于成人。随着骨骼、肌肉的发育和与外界接触的增多，动作、语言能力逐步提高。能跳跃、登楼梯，与成人交往增多。能用语言和简单的文字进行交往和学习，对周围的事情特别感兴趣，求知欲和模仿性较强。如对不知道的事物常要问"为什么";对不了解的玩具常要拆开来看个究竟。在幼儿园或家里很活泼好动,行为的自觉性逐步提高。所以,此时期是儿童语言和行为发展的飞跃时期。与语言和行为发展密切相关的智力也迅速发展。游戏是学前儿童的主导活动,是促使其心理发展的最好活动形式之一。适时给予恰当的引导和教育,组织集体活动,有助于儿童良好行为习惯的形成和智力的开发,并为入小学奠定基础。

致畸敏感期(sensitive period of teratogenic agent) 胚胎发育过程中最易受先天环境中致畸因子影响而使器官成形有误的时期。一般在孕早期。人体的大多数器官,过了妊娠的头三个月,对致畸因素的敏感性就下降了,但大脑、小脑、泌尿生殖器官等直到孕晚期仍对致畸因素敏感。

生长发育一般规律(general rules of growth) 正常人体在生长发育过程中所呈现的必然趋势和本质联系。包括:(1)既有连续性又有阶段性。连续性表现在具有长达20年左右的连续生长发育过程。阶段性表现在不同的年龄阶段具有自身的特点,前一阶段与后一阶段彼此相互关联,若前一阶段的发育受到障碍,将会给后一阶段的发育造成不良影响。(2)生长发育的速度是波浪式的。有的阶段快些,有的阶段慢些。如在生长发育过程中,身高的发育出现两次生长高峰,第一次在出生前后的急骤发育时期,即在胎儿期至一岁。第二次在青春发育期。(3)身体各系统的发育是不均衡的,但又是统一协调的。如在胎儿期和出生后脑的发育一直是领先的,6岁时,脑重已相当于成人的90%。而生殖系统在童年阶段几乎没有什么发展。虽说身体各系统的发育时间和速度不相同,但机体是统一的有机整体,各系统的发育相互联系、相互影响、相互制约。(4)每个儿童的生长发育有其自身的特点。这是由于遗传以及先天、后天环境条件的差异,导致个体的发育不可能一致。

儿童总需热能(total quantity of heat needed by children) 儿童每天所需能量的总和。共分5个方面:(1)基础代谢,在清醒而安静状态下,维持人体基本生理功能的最低能量需要。1岁以内为230焦耳(55卡)/公斤/日;随年龄增长渐减,7岁为184焦耳(44卡)/公斤/日;12~13岁为105~126焦耳(25~30卡)/公斤/日(与成人相同)。(2)活动所需,肌肉活动所耗的能量。多动好哭小儿比安静者需要量高3~4倍。1岁以内为63~84焦耳(15~20卡)/公斤/日;随年龄增长而逐增,12~13岁为126焦耳(30卡)/公斤/日(与成人相同)。(3)生长需要,为小儿所特有,需要量与生长速率成正比。生后头几个月为126焦耳(30卡)/公斤/日,1岁末需21~63焦耳(5~15卡)/公斤/日,以后渐减,青春期又增高。(4)食物特殊动力作用,指进食后使肌体的产热量比进食前增加的这部分热量。在婴儿约占总热量的7%~8%,较大儿童一般不超过5%。(5)排泄的损失,指一部分食物未经消化吸收而排泄于体外。摄取混合食物的正常婴幼儿，通常不超过食物的10%。腹泻和其他消化功能紊乱时，热量丢失大增。总之，儿童总需热量随年龄增长而渐减。1岁以内婴儿平均数约为460焦耳(110卡)/公斤/日，以后每3岁减42焦耳(10卡)/公斤/日，消瘦儿童按体重计算要比肥胖小儿高。长期热量供给不足可使儿童消瘦、发育迟缓或停滞。供给热量过多可发生肥胖。

营养素供给量(nutrient supply) 供每人每日维持生命活动及劳动工作所需各种营养素的最低量。视年龄、性别、生理情况及劳动强度而定。以蛋白质为例，成年人主要用于维持健康；年幼者则还需供以生长，故每公斤体重的蛋白质需要量比成人多；孕妇及乳母需要量也比一般成年人多；年老者需求量可能减少，但因为消化、吸收能力较差，所以对质量的要求较高；大病初愈、手术、创伤、大量出血后因组织的修补需要量增多。根据不同的情况，可调整食谱的食物构成及比例和饮食习惯，以满足机体的需要。各国标准不同。中国营养学会1988年10月修订的每日膳食中营养素供给量推荐标准见第32、33页表。

儿童保健(children health care) 保护和增进儿童健康成长的系列措施的总称。各年龄组生理特点不同，重点有异，但有以下一些共同的基本原则：(1)建立良好的生活习惯及环境。合理安排一日生活的内容，培养良好的睡眠、清洁、饮食及排便习惯。衣着干净、柔软、大小适中。居室阳光充足，通风条件好。经常进行卫生大扫除，妥善处理粪便及垃圾。(2)科学的膳食管理。保证每日摄入足够的热量及蛋白质量。鼓励母乳喂养婴幼儿，并及时添加辅食。(3)坚持锻炼。通过"三浴"(空气浴、日光浴和水浴)或游戏的方式进行运动，以增强体质。出生后一个月就可开始锻炼，并随年龄循序渐进。(4)定时体检。对生长发育状况进行评价。重点在于早期发现体弱儿(营养不良、佝偻病、贫血、先天性心脏病等)以及肠道寄生虫病、沙眼、龋齿、皮肤病等，并及时治疗。(5)加强疾病防治工作。搞好计划免疫，严格执行疫情报告制度，对传染病患者迅速隔离并及时治疗，对污染过的物品、环境彻底消毒。(6)健全安全制度。管理好水、火、电、煤气、锐器、药品等，预防意外。(7)开展卫生宣传教育活动。普及卫生常识，搞好优生优育工作，健全并填写完整的各种记录表格。

生长发育形态指标(norm of body's growth and form) 身体及其各部分在形态上可测出的各种量度。包括长、宽、围度以及重量等指标。最重要和常用的形态指标为身高和体重。身高是生长长度的重要指标，也是正确估计身体发育特征和评价生长速度所不可缺少的依据。体重是人体的总重量，在一定程度上代表儿童的骨骼、肌肉、皮下脂肪和内脏重量及其增长的综合情况。从身高、体重可以推测儿童的营养状况。此外，代表长度的指标还有坐高、手长、足长、上肢长、下肢长，代表横径的指标有肩宽、骨盆宽、胸廓横径、胸廓前后径，代表周径的指标有头围、胸围、上臂围、大腿围、小腿围,代表营养状况的有皮褶厚度等。

新生儿体格发育评价 对新生儿体格发育状况进行的全面衡量。选择体重、身长、顶臀长、头围、胸围、上臂围六项指标,将这六项指标综合起来进行分析评价。当判断新生儿的发育指标是否正常时,应按不同的胎龄进行评价。

新生儿行为神经测定(neonatal behavioral neurological assessment) 对新生儿行为神经的一种评估。我国一般采用北京协和医院制定的中国新生儿20项行为神经评分法。该评分方法汲取了Brazelton的新生儿行为评估评分法及法国的Amiel-Tison的新生儿神经评估法的优点,并结合国内的经验制定。内容共包括5个部分:行为能力(6项)、被动肌张力(4项)、主动肌张力(4项)、原始反射(3项)和一般反应(3项)。每一项评分有3个等级,即0分、1分和2分,总共40分,37分以上者为正常,低于37分者需定期随访,不能恢复者为异常。有以下益处:可以作为正常新生儿行为神经评估的正常值,反映正常新生儿的行为能力水平;可判断新生儿智力水平,有利于优育和早期智力开发;可以早期发现新生儿的脑损伤,并充分利用神经系统可塑性的时机进行早期干预,加强训练促进康复;可作为围产高危因素对新生儿影响的检测手段。

幼儿健康标志(healthy sign of young children) 幼儿身心发育指标达到正常标准的状态。包括:幼儿的形态发育符合年龄标准,或处于高水平;身体各部分(皮肤、皮下脂肪、胸廓、脊柱、牙齿等)发育正常,功能健全;动作发育即头、颈、胸、背和四肢的发育和动作发展等均正常,如手指的细小动作发育良好,下肢能用一只脚站立或跳跃,能从台阶上跳下或能跳远,屈肌发育比伸肌发育早等;智力发育正常,如3～4岁幼儿表现出活泼敏捷,能胜任与年龄相称的各种动作,好发问,能讲故事、唱歌,会朗诵诗歌,会说出自己的名字等;对外界自然环境的变化,有较强的适应能力和抵抗力,不易生病。

腕骨年龄(carpale age) 表示儿童骨骼发育水平的一种方法。通过拍摄儿童手腕部X片,观察尺骨远端骨骺、桡骨远端骨骺、腕骨(8个)、掌骨(5个)、指骨(14个)共29个骨化中心的钙化情况与骨干闭合情况,与标准骨龄相比较,可反映其发育的一般情况。如一个儿童的腕骨生长情况同6岁儿童发育水平一样,不管实足年龄是多少,其腕骨年龄为6岁。克汀病儿童的腕骨年龄落后于生理年龄。

骨骼年龄(bone age) 简称"骨龄"。评价儿童青少年生长发育状态的一种指标。儿童生长发育有快有慢,骨骼发育也有提前或落后,但总的骨化过程(包括每一个骨的变化顺序)都遵循着相同的规律。利用X线摄片观察儿童身体某一部位(如手腕)骨骼的钙化情况,并与本地区标准骨龄进行比较,即可确定该儿童的骨龄。

推荐的每日膳食中营养素供给量

(中国营养学会 1988 年 10 月修订)

类别	年龄	体重(kg) 男 女	能量(kcal 或 MJ)			蛋白质(g)		脂肪(脂肪能量占总能量的百分比,%)	钙(mg)	铁(mg)		锌(mg)
			不分性别	男	女	男	女	不分性别	不分性别	不分性别		不分性别
婴儿	初生~6个月	6.7 6.2	120/kg 体重			2-4/kg 体重		45	400	10		3
	7~12个月	9.0 8.4	100/kg 体重					30~40	600	10		5
儿童	1岁~	9.9 9.2		1100(4.6)	1050(4.4)	35	35		600	10		10
	2岁~	12.2 11.7		1200(5.0)	1150(4.8)	40	40		600	10		10
	3岁~	14.0 13.4		1350(5.7)	1300(5.4)	45	45		800	10		10
	4岁~	15.6 15.2		1450(6.1)	1400(5.9)	50	45		800	10		10
	5岁~	17.4 16.8		1600(6.7)	1600(6.3)	55	50		800	10		10
	6岁~	19.8 19.1		1700(7.1)	1600(6.7)	55	55	→25~30	800	10		10
	7岁~	22.0 21.0		1800(7.5)	1700(7.1)	60	60		800	10		10
	8岁~	23.8 23.2		1900(8.0)	1800(7.5)	65	60		800	10		10
	9岁~	26.4 25.8		2000(8.4)	1900(8.0)	65	65		800	10		10
	10岁~	28.8 28.8		2100(8.8)	2000(8.4)	70	65		1000	12		10
	11岁~	32.1 32.7		2200(9.2)	2100(8.8)	70	70		1000	12		10
	12岁~	35.5 37.2		2300(9.6)	2200(9.2)	75	75		1000	12		10
少年										男 女		
	13岁~	42.0 42.4		2400(10.0)	2300(9.6)	80	80	→25~30	1200	15 20		15
	16岁~	54.2 48.3		2800(11.7)	2400(10.0)	90	80		1000	15 20		15

推荐的每日膳食中营养素供给量（续）

类别 年龄	硒 (μg)	碘 (μg)	视黄醇当量 (μg)	维生素D (μg)	维生素E (mg)	硫胺素 (mg)	核黄素 (mg)	烟酸 (mg)	抗坏血酸 (mg)
婴儿	不分性别	不分性别	不分性别	不分性别	不分性别	不分性别	不分性别	不分性别	不分性别
初生~6个月	15	40	200	10	3	0.4	0.4	4	30
7~12个月	15	50	200	10	4	0.4	0.4	4	30
儿童									
1岁~	20	70	300	10	4	0.6	0.6	6	30
2岁~	20	70	400	10	4	0.7	0.7	7	35
3岁~	20	70	500	10	4	0.8	0.8	8	40
4岁~	40	70	500	10	6	0.8	0.8	8	40
5岁~	40	70	750	10	6	0.9	0.9	9	45
6岁~	40	70	750	10	6	1.0	1.0	10	45
7岁~	50	120	750	10	7	1.0	1.0	10	45
8岁~	50	120	750	10	7	1.1	1.1	11	45
9岁~	50	120	750	10	7	1.1	1.1	11	45
10岁~	50	120	750	10	7	1.2	1.2	12	50
11岁~	50	120	750	10	8	1.3	1.3	13	50
12岁~	50	120	750	10	8	1.3	1.3	13	50
少年						男 女	男 女	男 女	
13岁~	50	150	800	10	10	1.6 1.5	1.6 1.5	16 15	60
16岁~	50	150	800	5	10	1.8 1.6	1.8 1.6	18 16	60

儿童健康检查(children health check) 对儿童生长发育状况定期或不定期检查。目的是观察儿童的身心发育和营养状况是否符合正常指标,儿童是否存在生理缺陷、疾病或情绪异常。发现体格发育异常时,可以及时查明原因,进行矫正或治疗;发现有行为缺陷时,可以及早帮助;发现智力缺陷,可及早查明原因,并给予适当的医疗和教育。各年龄段的儿童都有相应的健康检查重点,如1~3岁儿童检查的重点是:神经、精神发育是否正常,有无营养缺乏症,有无传染病接触史,测量身长、体重、头围、胸围,注意囟门是否闭合,以及何时闭合,注意乳牙的数目、有无龋齿,注意有无贫血的表现等。1岁以内的儿童,每3个月检查一次,1周岁时做一次健康评价。1~3岁,每半年检查一次,3岁做一次健康评价。3~7岁,每年检查一次,7岁做一次健康评价。

五等级评价标准表 一种评价儿童生长发育水平的指标系统。内容见下表:

等 级	标 准
上 等	$\bar{x}+2S$ 以上
中上等	$\bar{x}+2S$ 到 $\bar{x}+S$
中 等	$\bar{x}\pm S$
中下等	$\bar{x}-S$ 到 $\bar{x}-2S$
下 等	$\bar{x}-2S$ 以下

"$\bar{x}$"代表均值,"S"代表标准差。

发育离差评价法(growth variation assessment) 儿童发育评价方法之一。将个体儿童的发育数值与作为标准的各种指标的均值及标准差进行比较,以评价个体儿童的发育状况。标准是根据当地一定区域大数量横剖面调查(在某一较短时期内,在一定的地区范围,选择有代表性的对象对某几种项目进行一次大数量的测量)的资料,用统计方法按性别、年龄组计算出来的。常用方式有发育等级评价法、发育曲线评价法、体型图法和Fels综合评价法等。前两者还可评价集体儿童的发育情况。

发育等级评价法(growth rating methods) 最常用的发育离差评价法之一。将儿童个体的各项发育指标的实测数值(如身高、体重等)与当地发育标准中同年龄、同性别的相应指标的均值比较,并参照标准差进行校正,可准确反映儿童被评价时的生长发育情况。中国常用五等级评价标准。标准均值在±2个标准差范围以内(即中上等、中等、中下等)均可视为正常,可把大约95%的少年儿童包括在内。标准均值在±2个标准差以外的儿童也不能一概定为异常,需定期连续观察,并结合体检做出结论。如疾病引起机体的一系列变化,必然影响儿童的生长发育,有无及时、恰当的治疗和护理,决定发育是好转还是恶化。统计一个群体不同发育等级的人数及所占的百分比,可反映该群体儿童的营养水平、健康状况和发育水平。

发育曲线图评价法(growth curve assessment) 发育离差评价法之一。用于评价个体发育时,首先将一个地区不同性别、各年龄组某项发育指标的均值及均值±1个和±2个标准差,分别标在坐标纸上连成5条曲线(见下图),作为标准曲线图。然后将个体不同年龄时期的某项发育指标的实测值,标在同性别的标准曲线图上,依其所处的位置和根据五等级评价标准(参见"发育等级评价法")确定其发育等级。由于不同年龄时期所处的位置不同,可动态反映儿童生长发育水平、发育速度及发育趋势。用于评价一个群体儿童的发育情况时,先将该地区同年龄、同性别发育标准的均值在坐标纸上绘成标准曲线图;再将所要评价的群体儿童各年龄组单项指标的均值在标准图上一一标明,绘成曲线,并进行比较。

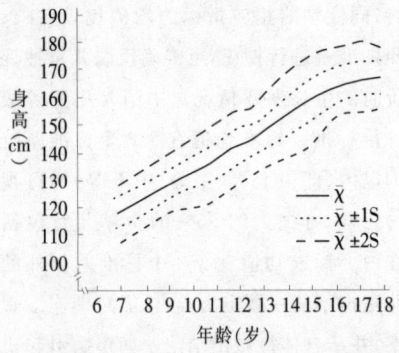

环境因素 构成人们生活和指导人们生活的自然、社会和态度环境。这些因素对个人而言是外在的,对作为社会成员的个体在活动结果、活动能力以及身体功能上会产生积极或消极的影响。2001年世界卫生组织在《国际功能、残疾和健康分类》中提出评定人身体功能、残疾和健康状况及等级的一个术语和必须考虑的因素。

个人因素 个体生活与生存的特殊背景,由不属于健康状况或健康状态的个人特征所构成。可能包括性别、种族、年龄、健康情况、生活方式、习惯、教养、应对方式、社会背景、教育、职业、过去和现在的经历、总的行为方式和性格类型、个人心理优势及其他特征等。所有这些因素或其中任何因素都可能在任何层次的残疾中发挥作用。2001年世界卫生组织在《国际功能、残疾和健康分类》中提出评定人身体功能、残疾和健康状况及等级的一个术语和必须考虑的因素。

分析器(analyzer) 对人和动物感受分析某种刺激的整个神经功能系统的称呼。当适宜的刺激作用于感受器时,感受器接受刺激并把刺激的能量转换成神经冲动,此神经冲动沿传入神经传到脊髓和脑干,一部分在此与各种传出系统形成反射性联系,一部分继续上传到大脑皮质。大脑皮质是神经系统最高级中枢,既对各种神经冲动形成感觉,又对各种刺激进行最高级、最精细的分析与综合。这种分析与综合一同决定有机体与外界环境间最高度的协调。包括各种外周感受器、中间神经中枢的传导和大脑皮质3部分。依据感受器的种类或刺激的种类,也可分为听(或声)分析器、视(或光)分析器、皮肤分析器、嗅分析器、味分析器、运动分析器等几类。

条件反射(conditioned reflex) 高等动物在后天生活过程中以非条件反射为基础建立起来的反射。俄国生理学家И. П. 巴甫洛夫(Иван Петрович Павлов,1849~1936)在20世纪初首先提出,并对之进行了系统深入的研究。人吃杏时引起非条件反射性的唾液分泌,由于吃这种食物前往往先看到它的颜色和形状（为食物的信号），这样在以后一看到杏时就可引起唾液分泌的条件反射。反射弧不很固定，可建立，也可消退。随着个人生活条件的不同，可建立数量较多（甚至是无限）的各种各样的条件反射。这类反射活动的中枢一般位于大脑皮质，属于一种高级的神经活动。因此，多给予婴幼儿适当的刺激，有助于形成更多的条件反射，促进脑功能的发展。

非条件反射（unconditioned reflex）只要有具体的刺激就发生，不需要特殊条件的反射。属本能反射，人生来就可发生。如新生儿嘴里含到奶头即有吸吮动作，为吸吮反射；角膜受异物刺激时引起眼睑的迅速闭合，为角膜反射；还有叩击髌腱引起的膝反射；食物进入口腔引起的唾液分泌反射等。反射弧较简单，且相对固定，只要遇到一定强度的相应刺激，就会规律地出现特定的反应。反射中枢大都位于中枢神经系统的较低级部位，因而是一种较为低级的神经活动。数目虽然有限，但也是完成身体基本功能活动所必要的。

兴奋和抑制（excitation and inhibition）人体组织接受刺激后发生反应的两种表现形式。由原来的相对静止状态变为显著的活动状态，或由较弱的活动状态变为较强的活动状态，称作兴奋。相反，由显著活动状态转变为相对静止状态，或由活动强烈变为活动微弱，就称作抑制。两者相互对立，但又可相互转化。如一个人平卧静息时，骨骼肌静止放松，处于抑制状态；当起床劳动后，神经冲动传给肌肉，使肌肉收缩，处在兴奋状态。人的大脑神经细胞也总是处在兴奋或抑制的交替中。当集中学习和思考时，主管学习和思考的神经细胞兴奋，而主管其他部位的神经细胞抑制；当进行体育运动时，主管肌肉的神经细胞兴奋，而主管学习和思考的神经细胞就抑制。中枢神经系统的复杂活动，包括人的心理活动的生理基础的高级神经活动，都是这两个基本神经活动及其相互作用的表现。

外抑制（external inhibition）在条件反射的建立过程中，内外环境出现了新的刺激，原有的条件反射就不出现的现象。不经过特殊训练就会产生，属于非条件抑制。产生原因是新刺激在大脑皮质引起一个兴奋灶，按照负诱导的规律，对条件反射的皮质兴奋灶产生了抑制。强弱程度取决于新刺激的强弱程度，新刺激越强，引起的外抑制就越强，反之则弱。如噼啪声能明显抑制唾液分泌条件反射，同时减弱运动条件反射；而强的刺激物——弱电流可同时抑制上述两个条件反射。新刺激初次出现即起作用，如果反复出现，则作用逐渐减弱以致消失或成无关刺激，但有时作用也较持久。一般刚建立的条件反射易受新刺激的影响而被抑制，而建立得很巩固的条件反射不易受新异动因的影响而被抑制。对于儿童来说，年龄越小，条件反射越容易被新异动因所抑制。

内抑制（internal inhibition）条件刺激重复出现而不伴随非条件刺激的强化作用，而使条件反射逐渐消退的现象。由兴奋过程转化而来,原来能引起大脑皮质产生兴奋过程的条件刺激转变成抑制性刺激,引起大脑皮质产生抑制过程,使反射不出现。既是后天获得,也是在一定条件下逐渐建立起来的。可分为消退抑制、分化抑制、延缓抑制等。形成速度与动物神经型、刺激的生理强度、中枢生理状态和既往经历等有关。反复的强化可使抑制消失。有使大脑皮质的信号化活动不断得到纠正,并逐步达到完善的作用。

保护性抑制(protective inhibition)又称"超限抑制"。本来能够引起神经细胞兴奋的某种刺激,当过强时不引起兴奋,反而引起抑制的现象。不需要事先特殊训练就会出现,这是因为神经细胞的兴奋有一定的极限,当受到强的、频繁的或长期的刺激作用,兴奋就被抑制所代替。这时神经细胞的机能活动就会暂时降低,表现出疲劳状态,以便使大脑皮质得以休息,避免损耗,并尽快消除疲劳。属于一种具有保护性作用的生理机制。如果被一些强烈的刺激粗暴地取消,神经细胞在疲劳的状态下继续工作,就会造成神经细胞衰竭,并给正常的活动造成严重的不良后果。

信号系统(signal system) 对信号发生反应的大脑皮质功能系统。包括第一信号系统和第二信号系统。第一信号是现实具体的信号,如光、声、嗅、味、触等感觉刺激,这种信号直接作用于眼、耳、鼻、舌、身等感受装置;第二信号(语词)是抽象的信号,它可以代替具体的信号(第一信号)引起条件反射反应,又称信号的信号。如受试者对红光形成了唾液分泌条件反射,当这个条件反射被巩固后,实验者对受试者说"红光"这个语词也能引起唾液分泌。因此,第二信号是第一信号的信号。人和动物都能以第一信号作为条件刺激,形成条件反射,共同具有第一信号系统,但人类还具有第二信号系统,这是人类区别于动物的主要特征之一。第二信号系统的发生与发展是人类社会的产物。人类由于社会性劳动和交往产生了语言,语词是现实的概括和抽象化;人类借助于语词来表达其思维,并进行抽象思维活动。

神经型(types of nervous systems)高级神经活动的类型。原苏联科学家И. П. 巴甫洛夫在1909~1910年间提出了神经型的问题,在1935年建立了完整的神经型学说。根据大脑皮质兴奋和抑制过程的强度、均衡性与灵活性,巴甫洛夫将动物的高级神经活动分为4种类型:(1)活泼型:动物具有活泼好动的特性。(2)兴奋型:动物具有易兴奋而不可抑制的特性。(3)安静型:动物具有安静有节制的特性。(4)抑制型:动物胆小畏缩,容易产生消极防御反应。此外,还有介于各型之间的中间类型。人的神经型的划分是一个困难而又复杂的问题。巴甫洛夫根据人所独具的两个信号系统的特点,将人的神经型分成3种:思想型、艺术型和中间型。思想型的人,抽象的语言思维占优势;艺术型的人,形象的情感活动占优势;中间型的人则处于两者之间。人的神经系统可塑性很大,人所生存的社会因素十分复杂。所处环境、所受的教育与训练等社会因素对人的个性的改变会起很大的作用。

大脑皮质神经过程的基本特征（nervous process characteristics of cerebral cortex）神经过程中表现出来的特有的属性。包括神经过程的强度、均衡性与灵活性。神经过程的强度（或力量）决定于大脑皮质细胞的工作能力。在一定限度内，强刺激引起强效果。如果一旦超过限度，则引起超限抑制。均衡性指兴奋过程的强度和抑制过程的强度之间的力量均衡关系。灵活性指兴奋过程与抑制过程互相转化的速度。相互转化快，表示神经过程的灵活性大；反之，则灵活性小或惰性大。巴甫洛夫根据这三个基本特性来划分动物的高级神经活动的类型。

感觉异常（abmodality） 机体的感受性下降或增高，对刺激的分辨能力下降的情况。如听力下降、痛觉丧失等。由感受器、传导通路以及感觉皮质中枢的病变引起。

感觉统合（sensory integration） 感觉信息在脑加工的过程。1969年，美国加州大学心理学家艾尔斯博士将儿童的脑神经发展与心理发展相结合，提出感觉统合的理论。认为个体的运动、感觉与认知功能的发展与大脑成熟过程是一致的。生活在母亲的子宫羊水环境内的胎儿，最早发展起来的是前庭平衡器官的功能。出生后，个体的视觉、听觉、触觉、嗅觉、味觉和本体觉等感觉逐步发展起来。由于各种感觉之间不断发生相互的影响，各种单纯的感觉逐步发展到脑干的初级感觉统合，如身体双侧的协调、眼手协调、注意力集中、情绪稳定等，进一步发展到大脑皮质的高级感觉统合，如组织能力、自我控制能力、概括推理能力、学习能力等，从而对事物产生全面、完整的认识，并对外界各种刺激作出适当的反应，这就是感觉—认知—运动的高级行为模式。

迁移（transfer） 学习过程中的一种心理现象。指已获得的知识、技能、学习方法或态度，对学习或掌握新的知识、技能和解决新的问题时所产生的积极或消极、促进或阻碍的作用。产生的积极、促进作用称为正迁移；产生的消极、阻碍作用称为负迁移或干扰。

脑电图（electroencephalogram） 通过脑电图仪记录出来的大脑皮质神经细胞复杂的生物电活动的图谱。正常人的脑电图根据电波的频率、振幅及生理特性可区分为4种基本波型：(1) α 波，频率 8～13次/秒，振幅 20～100 微伏，健康人闭眼、安静、无明显脑力活动的情况下所记录到的波形。(2) β 波，频率 14～30 次/秒，振幅 5～25 微伏，脑细胞兴奋时所记录到的波形。(3) θ 波，频率 4～7 次/秒，振幅 100～150 微伏，中枢神经系统抑制状态的一种表现。(4) δ 波，频率 0.5～3.5次/秒，振幅 20～200 微伏，深度睡眠时出现的稀疏大幅度的慢波，还见于幼儿、深度麻醉、缺氧或大脑有器质性病变时。由于脑电活动反映了脑的功能状态，所以某些脑部疾病可在脑电图上表现出来，并作为诊断一些疾病的根据。如12

岁以上的儿童、少年，在平常清醒状态下有δ波出现，为智力发育欠佳的征象。

脑电地形图（brain electrical activity mapping） 一种脑功能影像学技术。将已经通过脑电仪放大的自发脑电或诱发脑电信号，再次输入计算机进行二次处理，将脑电信号转换成一种能够定量和定位的脑电波图像。其定量的标志可用数字级别或不同彩色绘制或打印出自发脑电波的各个频率或诱发脑电波幅能量分布地形图。这种图像表现形式直观、醒目、定位准确，能客观地反映大脑各部位电位变化的空间分布状态，使大脑的功能变化与形态定位结合起来。

布雷泽尔顿新生儿行为评价量表（Brazelton Behavioral Assessment Scale for Neonate，BBAS） 测量出生后第一天到满月的新生儿行为发展状况的量表。美国儿科医生T.B.布雷泽尔顿于1974年编制。测量内容包括：新生儿对各种刺激的反应能力，如向眼睛照射光线，看滚动的球等；新生儿运动协调能力和控制运动活动的程度；新生儿对人微笑和发声的情况；新生儿从哭闹到安静过程中所表现出的自我安静能力等。测量方法比较简单，便于实施，能较好测出新生儿的行为障碍，对测出"处于危险状态"的新生儿，其父母可有意识地在孩子以后的生活中提供丰富的刺激并尽量使儿童处于舒适状态，以避免新生儿以后可能出现的心理问题。

高危（high risk） 围产期小儿存在某种影响生长发育或生存的危险性。常见现象有以下几种：(1)胎儿宫内生长迟缓（足月儿体重小于2500克）。(2)胎儿宫内窘迫（胎儿在宫内缺氧）。(3)新生儿窒息（胎儿娩出后仅有心跳而无呼吸或无规律呼吸的缺氧状态）。(4)新生儿溶血症（表现为黄疸、贫血、水肿、肝大、脾大、核黄疸等）。(5)新生儿产伤与致残（分娩过程中由于各种难产所造成的新生儿不同组织损伤，如骨折、颅内出血等）。

高危登记（high-risk registry） 一些发达国家和地区早期鉴别残疾婴儿的一项手续。应用于各产科医院或新生儿中心，并由专职机构管理。实施过程为：当婴儿一出生即存在某种有继续恶化危险的状况，如出生体重不足1500克，有细菌性或病毒性感染症状，如脑膜炎、风疹、疱疹、心率、呼吸、反射刺激等生理指标异常等，由医生填写高危登记卡，记录各种症状和检查数据。婴儿父母提供的有关婴儿发育的其他情况，作为暂时判断婴儿属危险者和在第6、9、12个月时对其追加检测评估的依据。若在以后的评估期间，婴儿未再表现出任何异常症状，即将其登记卡取消；如其异常症状继续存在或被确诊有某种残疾，则要求家长继续进行追加的检测评估项目和对孩子进行治疗。

高危险人群（high risk group） 在有害物质和病原体影响的环境中，比普通人更容易发病（发病较早、病情严重甚至死亡）的人群。突出特征是对致病因素具有高敏感性。导致因素有：(1)遗传因素。某些遗传缺陷者对某种物质异常敏感。如有的人用百余克链霉素安然无恙，有的人仅用1克链霉素就导致永久性耳聋。

(2)年龄。小儿的解剖生理特点是防御机能不够完善,而老年人机体抵抗力减低,故易患病。(3)性别。有些疾病与性别关系密切,如视网膜炎症等疾病多见于男性,而癔病、甲状腺功能亢进等疾病多见于女性。(4)营养。一方面机体缺乏维持正常生命活动所必需的物质,如氧、水、维生素、矿物质、蛋白质、脂肪、糖等均可导致疾病的发生;另一方面营养物质的缺乏可加强某些污染物的毒性作用。(5)健康。体弱多病者更容易受外界致病因素的影响而发病。(6)其他。某些职业、地理环境、个人嗜好等使人体接触某些致病因素的机会增多。

三早(EEE) 对残疾儿童早期发现(early discovery)、早期矫治(early reclification)、早期教育(early education)的简称。亦有人解释为早期发现、早期诊断、早期训练。总之是对儿童残疾早期干预(early intervention)的一系列措施。

心理(mind) 感觉、知觉、注意、记忆、动机、思维、情绪情感、意志、性格和意识倾向等心理现象的总称。动物进化到环节动物产生了动物的心理现象。随着生活环境的变化和神经系统的不断演进,动物心理不断地从简单到复杂,从低级到高级发展,最高阶段的产物便是人的心理。其物质基础是人的大脑。具有两大特性:(1)社会性,即人的心理是脑对客观世界的反映,人类的社会生活影响着人的心理的发展。(2)自觉能动性,表现为人有计划性、目的性、预见性和创造性;而且人还能控制自己,调节自己与周围现实的关系。

缺陷心理学(psychology of deficiency) 又称"特殊心理学"。研究有生理和心理缺陷者心理活动规律的科学。心理学的一个分支,通常以学前和学龄缺陷儿童为重点对象。研究内容涉及心理过程和个性心理等各个方面,旨在探索和总结异常心理活动的规律和特点,为缺陷儿童的鉴定、教育和行为矫治提供依据。按所研究的缺陷者类型,可分为盲人心理学、聋人心理学、智力落后者心理学等。不论采用何种研究方法,均将研究结果与健全人的同类心理研究结果相对照,或将不同类型缺陷者的同类心理研究结果相对照。

特殊教育(special education) 教育的一个组成部分。使用一般的或经过特别设计的课程、教材、教法和教学组织形式及教学设备,对有特殊需要的儿童进行的旨在达到一般和特殊培养目标的教育。因特殊儿童有广义与狭义之分,特殊教育也随之有广义与狭义之分。对广义特殊儿童进行的教育就是广义的特殊教育,包括对天才(超常)、品德不良(少年犯罪)、智力落后(低常)、视力残疾、听力残疾、肢体残疾、言语语言残疾、精神残疾、多重残疾、学习障碍者等的教育。对狭义特殊儿童进行的教育就是狭义特殊教育,曾称"缺陷教育"、"残障教育"、"治疗教育",指对有生理或心理发展有缺陷的儿童、少年的教育,不包括天才教育和品德不良儿童、少年的教育(在中国即工读教育)。18世纪下半叶,国外各类特殊儿童的教育机构相继产生。1770年法国人莱佩(Michel de L'Epée,1712~1789)在巴黎建立第一所聋校；1784年法国人阿羽依(Valentin Haüy,1745~1822)在巴黎建立第一所盲校；1837年法国精神科医生塞甘(Edouard Seguin,1812~1880)在巴黎创办最早的智力落后儿童学校。在中国，特殊教育思想萌芽于19世纪中叶。1859年，太平天国运动领袖之一洪仁玕在其《资政新篇》中提出"兴跛盲聋哑院。有财者自携资斧，无财者善人乐助，请长教以鼓乐书数杂技，不致为废人也"的主张。1874年第一所盲校、1887年第一所聋校分别在北京和山东开办。第二次世界大战后，特殊教育受到国际社会的普遍关注，发展速度加快，特别是20世纪80年代后，备受重视并呈现下列特点：(1)加强特殊教育立法工作，有关特殊儿童鉴别、诊断、教育、康复、人权保障等方面的法律日臻完备，依法实施特殊教育、依法管理特殊教育已成为当今各国特殊教育的普遍趋势和重要特征。(2)在普及学龄教育的同时，向早期教育和继续教育两个方向发展，形成从学前教育到成人教育的完整教育体系。(3)尽最大可能将残疾儿童安置在普通教育体系里，让残疾儿童在最少受限制的环境中接受教育。(4)与心理学、医学、语言学、电子学等学科结合得更为紧密，多学科参与、新技术的应用已成为当今世界特殊教育的趋势。(5)将职业技术教育作为重要内容，使特殊儿童有一技之长，为其更好地适应社会、平等参与社会生活奠定基础。(6)社会化倾向更加明显，强调特殊儿童、少年家庭和社会各界参与特殊教育的整个过程，实行多渠道、多层次办学。据2006年4月1日第二次全国残疾人抽样调查推算，中国约有残疾人5164万，其中0~14岁的残疾儿童即特殊教育的对象有387万。中国政府对特殊教育极为重视，从1951年起便将之纳入教育体系中，1986年公布的《中华人民共和国义务教育法》把学龄期各类特殊儿童的教育纳入义务教育轨道。1988年国家召开首次全国特殊教育工作会议，研究和部署中国特殊教育的发展问题，着重研究了特殊教育的指导方针、发展规划及需采取的各项政策和措施，对推动中国特殊教育事业的改革和发展起了积极的推动作用。至2011年，全国共有特殊教育学校767所；招收残疾学生64 086人；在校残疾学生398 736人。其中，视力残疾学生52 271人，听力残疾学生107 678人，智力残疾学生189 182人；其他残疾学生49 605人；在普通学校随班就读和附设特教班就读的残疾学生225 233人；残疾学生毕业人数44 194人。此外，学前特殊教育、特殊职业教育、高等特殊教育也有了较大发展。

特殊教育学(special education, special pedagogy) 教育学的一个分支。研究特殊教育现象及其规律的科学。特殊教育是教育的一个组成部分，是使用与普通教育共同的和经过特别设计的课程、教材、教法、教学组织或设备，对有特殊教育需要儿童进行的达到一般的和特殊的培养目标的教育。由于对特殊教育有广义和狭义两种理解，特殊教育学也可有两种理解。广义的指研究有各种特殊教育需要儿童教育的现象与规律的科学;狭义的多指研究各类残疾儿童教育现象与规律的科学,又称"残疾儿童教育学"、"缺陷儿童教育学"、"障碍儿童教育学"、"治疗教育学"等。世界各国多用狭义概念。按具体研究对象又可细分为盲教育学、聋教育学、智力落后教育学等。特殊教育学校产生于18世纪的欧洲,一些进步的教师和医生曾提出各种理论为特殊教育奠基,逐渐形成了聋教育学、盲教育学、智力落后教育学等。19世纪有的医生和(或兼)教师提出了治疗教育学理论。19世纪末心理学的发展使特殊儿童心理学产生,出现了"特殊教育学"。20世纪中期特殊教育概念有所扩大,研究对象从学龄残疾儿童大规模地扩展到学龄前残疾儿童的早期诊断与教育训练,同时特殊教育在较大的范围内延伸到残疾青年的中等和高等教育、职业教育。多种学科(教育学、心理学、医学、社会学、语言学、哲学、电子学、听力学等)在研究残疾儿童教育、心理和康复方面密切结合和交叉,使特殊教育学发展成为研究有特殊教育需要人的发展规律的一门跨学科的、边缘的、新兴的学科。研究内容包括:特殊教育与社会发展的关系,特殊教育对象的早期发现、早期鉴定与评估,特殊儿童的早期干预,特殊教育的目的任务,特殊教育的体系、组织形式、方法和内容、手段、设备和教具,各级各类特殊教育的管理,各级各类特殊教育教师的培训体系和方法,特殊教育与普通教育的共性与特殊性等。研究方法除一般教育学的方法可以使用外,更多采用正常儿童教育与特殊儿童教育比较研究的方法。

中国盲、聋特殊教育学校产生于19世纪末,但当时只有极少数个别热心人研究过特殊教育。20世纪50年代后中国的特殊教育有了很大发展,建立了特殊教育的研究和师资培训机构,广大特殊教育工作者已在研究、总结中国的实践经验,博采各国之长,建设中国特色的特殊教育学科体系。

治疗教育学(therapeutic pedagogy)又称"医疗教育学"。匈牙利等国对特殊教育学的另一种称法。19世纪特殊教育得到较大发展后,欧洲很多医生积极参与了残疾儿童的教育工作,在此基础于德国首先形成。其内容是把医学上的治疗和教育上的训练结合起来,帮助智力残疾以及盲、聋等儿童和青少年受到文化和劳动教育。日本等国除使用特殊教育一词外,在部分学者中也使用"教育疗法"、"治疗教育"或"疗育",以示特殊教育中的生理上的医疗内容,特别是强调对较重度残疾儿童教育中的治疗。参见"特殊教育学"。

矫正教育学(коррекционная педагогика) 俄罗斯在苏联解体后对特殊教育学科的称呼。研究对身心发展有缺陷儿童个体进行个别化教育教学和个体发展的实质、规律、过程、管理、趋势的一门学科。在俄罗斯曾用"缺陷学"、"缺陷儿童学"、"特殊教育学"等术语,20世纪90年代后通用的"缺陷学"改为"矫正教育学"、"特殊(矫正)教育学"。

特殊教学论(special didactics) 特殊教育学的一个重要组成部分。研究对有特殊教育需要学生,主要是各类残疾学生教学过程的一般规律及其应用的学科。具体内容包括：依据各类特殊儿童认识过程的特点和总的培养目标确定教学任务，教学过程的特点，一般教学原则的运用和特殊的教学原则；与普通教学内容、组织形式、方法的共性和特点；教学手段的特殊性；教学效果的评价和检查等。特殊教学工作要遵循普通教学论中有普遍意义的规律，但又要依据各类特殊教育需要儿童的心理活动特点，要把两者统一起来。例如，教学任务中要有与普通学校共同的思想教育、文化知识教学和能力培养、增强体质的任务，又要有满足各种特殊教育需要的缺陷补偿、发展某种才能的特殊任务；教学中加强个别辅导，班级中残疾学生人数要较少，增强直观教学等。

特殊教育目的 对有特殊教育需要人进行培养的总目标。为一切特殊教育活动的出发点和归宿。由社会的需要、人自身的发展特点和国家的总的教育目的来决定。各个国家根据自己的哲学观点、各自社会的需要和对人的发展的理解来确定特殊教育的目的。有的强调个人的发展，有的强调适应社会。马克思主义认为，要用辩证唯物主义的观点，把个体发展和社会发展统一起来，从社会需要和人的发展两个方面来确定教育目的。中国教育的总目的是使人的身心得到全面发展。20世纪50年代规定了"培养有社会主义觉悟的有文化的劳动者"的教育目的，80年代在《宪法》中又规定："国家培养青年、少年、儿童在品德、智力和体质等方面全面发展。"1994年《残疾人教育条例》规定："应贯彻国家的教育方针，并根据残疾人的身心特性和需要，全面提高其素质，为残疾人平等地参与社会生活创造条件。"特殊教育作为整个教育的一个组成部分，同样要以学生全面发展为自己的教育目的，但在具体任务上要从各类特殊教育对象的实际出发；有自己的特殊性的目的任务，也就是满足各种特殊教育需要的目的任务，如补偿缺陷、发展特殊才能等，以便有特殊教育需要的人也能与普通人一样全面发展，成为有理想、有道德、有文化、有纪律的国家建设人才。

特殊教育目标（objective of special education）（1）指对有特殊教育需要者培养的总目标。又称"特殊教育目的"。(2)指各级各类特殊教育机构的具体培养要求。又称"培养目标或任务"。根据国家的教育目的、特殊教育机构的性质、特殊教育对象的特点和当时社会的发展水平来确定。学前、初等、中等、职业、高等特殊教育的具体目标有共同点，但又因教育对象的年龄、水平而有所不同。各类特殊教育需要者(如盲、聋、智力落后、天才等)的具体目标也因其需要性质不同而有其特色。一般来讲，具体目标分别在德育、智育、体育几方面根据教育机构性质和受教育者年龄特点等提出要求，同时还包括满足特殊教育需要的一些任务，如补偿盲童的视觉缺陷，聋童的听觉言语缺陷等。中国教育部在颁布的各级各类特殊教育学校的教学计划或课程计划中均规定了相应的培养目标和要求。

特殊教育任务（task of special education） 见"特殊教育目的""特殊教育

目标"。

特殊教学法（special teaching methods）（1）指在特殊教育中所使用的全部教学方法的总称。包括特殊教育机构根据教学目的、任务、内容、教学对象的生理和心理特点所确定的教师和学生为完成教学任务所采取的教学方式和手段，即教师教的方法和学生学的方法。大部分与普通教育的方法相同，如讲授法、讨论法、实验法、作业练习法以及利用计算机辅助教学的方法等。这些方法需结合教育对象的特殊教育需要和特点来运用；另一部分是由某类特殊儿童的认识活动和交往特点所决定的特殊方法。如在聋校中除在聋生中使用口语外，还更多使用书面语、手指语、手势语等交往手段，使用视觉感受口语的看话，对重听学生使用助听器教学的方法；盲校中盲生使用的书面语是凸起的盲文点字，为低视力学生使用大字课本和助视器教学的方法；为肢残学生克服自卑心理使用的心理康复的方法，训练肢体运动的器械训练法及其他特殊训练法（水疗法、理疗法、体育疗法、职业疗法）。在课堂教学中还有一些特殊的方法，如教聋生发音的专门方法；教盲生用触觉代视觉做物理实验和画几何图形的方法；智力落后学生矫正言语缺陷的方法。有一些特殊的课程（如律动）也有自己特殊的方法。（2）专指特殊教育中与普通教育不同的特殊教学方法。例如，很多国家的特殊教育工作者和有关人员协同研究用现代科学技术帮助各种残疾学生补偿缺陷，促使其更好地学习的方法。

特殊教学原则（special teaching principle）（1）特殊教育遵循的全部教学原则的总称。包括根据特殊教育的目的、任务、教学过程的规律和学生认识活动特点而确定的一般和特殊教学活动所必须遵循的基本要求。既有与普通教育一致，并结合某类特殊教育需要学生特点而贯彻的思想性、科学性、系统性、直观性、理论联系实际、区别对待等原则，又有专门根据某类学生的教学经验总结出的特殊的原则，如对缺少视觉表象的盲校学生要贯彻具体、形象性的教学原则，对丧失听觉和言语的耳聋学生贯彻教学过程与形成、发展语言过程相统一的原则，对智力残疾学生贯彻游戏性、实践性、补偿性等原则。（2）专指特殊教育中与普通教育不同的特殊教学原则，如补偿性原则等。

特殊教育发展格局（special education structure and form）1988年全国特殊教育工作会议提出的适合中国具体情况的发展特殊教育的途径与模式。即改变过去只开办特殊教育学校的单一发展模式，逐步形成以一定数量的特殊学校为骨干，以大量设置在普通学校的特殊教育班和吸收能够跟班学习的残疾儿童随班就读为主体的残疾儿童少年教育的新格局。"九五"期间，国家文件在文字表述上发生变化，将"以随班就读和特殊班为主体"提到"以特殊学校为骨干"之前。通过多种形式办学，特殊儿童可以就近入学，投资少、见效快、效益大，有利于特殊教育与普通教育的相互促进和渗透，有利于残疾儿童与正常儿童的交往，有利于在普及义务教育时统一规划、统一领导、统一部署、统一检查残疾儿童教育与健全儿童的教育工作。

特殊教育发展方针（guiding principles for developing special education） 国家依据需要和可能条件规定的一定时期内特殊教育事业发展的方向和目标。1957年中国教育部规定盲童教育和聋哑教育的工作方针是"整顿巩固、逐步发展、改革教学、提高质量"。1989年5月国务院转发原国家教委等单位的《关于发展特殊教育的若干意见》中提出："发展特殊教育要贯彻普及和提高相结合，以普及为重点的原则。在当前和今后一个时期发展特殊教育事业的基本方针是：着重抓好初等教育和职业技术教育，积极开展学前教育，逐步发展中等教育和高等教育。"1990年12月通过的《中华人民共和国残疾人保障法》第20条阐述的方针是："实行普及与提高相结合，以普及为重点的方针，着重发展义务教育和职业技术教育，积极开展学前教育，逐步发展中等以上教育。"

医学模式（medical model） 从生物学角度研究宿主、环境和病因三者之间动态平衡的一种思维方法。在医学领域，主要关注病理学、病状以及病原学，侧重于以问题中心的方式处理特殊的病理问题。在残疾人社会学和特殊教育领域，认为损伤或残疾是个体的问题，这种问题会对个体的生活、学习带来不利影响。因此，应当着眼于残疾人本身的缺陷，着力通过医学康复的途径减轻损伤，或通过技术辅助帮助其更好地适应社会。

社会模式（social model） 从社会学的角度考虑阻碍残疾人融入社会活动的一种思维方法。认为人在社会中生存，会受到社会各种因素的影响。不良的社会环境、社会制度、社会态度是造成残疾人出现障碍的主要原因。身体、感官、智力的损伤会限制个体功能的正常发挥，但如果人们给予关心就不会造成他们的障碍。社会对残疾人提供的福利应不仅限于医疗康复，还应致力于通过消除环境障碍和提高残疾人生活能力、工作能力、社会参与能力以保证其平等权利的实现。

零拒绝（zero reject） 一种教育思想和政策，20世纪中叶在美国出现，认为所有残疾儿童都应接受免费的、适合他们需要的公立教育。各级公立学校都要为残疾儿童提供教育和有关服务，不应以任何理由拒绝他们入学。

零容忍（zero tolerance） 美国20世纪80年代提出的一种打击犯罪的战略。随后被引入学校，如对持有毒品和参与帮派活动的学生毫不留情地开除。在特殊教育中，指不能拒绝各种有特殊需要的学生入学。

去机构化（deinstitutionalization） 20世纪50年代国际特殊教育界提出的一个术语。指减少那些为残疾儿童和成年人提供住宿、教育、治疗或其他服务的机构。反对以往将残疾人集中安置在专门机构的做法。包含3个主要的程序目标：(1)减少进入专门机构的人数。(2)将已在专门机构的残疾人转移到非机构的环境中。
(3)改革或减少机构化环境中的机构化特征。

正常化(normalization) 第二次世界大战后在北欧国家倡导的一种特殊教育思想。旨在向隔离式教养院中的儿童提供正常的生活条件。主张改革原来教养院中隔离的封闭形式,将受教养者安置到正常社会环境中学习和生活,使其能够适应社会生活。对后来的"一体化"、"回归主流"等思想的形成产生了深刻的影响。

一体化(integration) 又译"混合教育""集中教育""融合"。英国等西、北欧国家特殊教育界常用的一种术语。含义与"回归主流"相似,为很多国家的学者使用。主张把残疾学生放在普通学生中进行教育,形式有多种,始于20世纪60~70年代。中国的随班就读和普小特教班与此相同。参见"回归主流"。

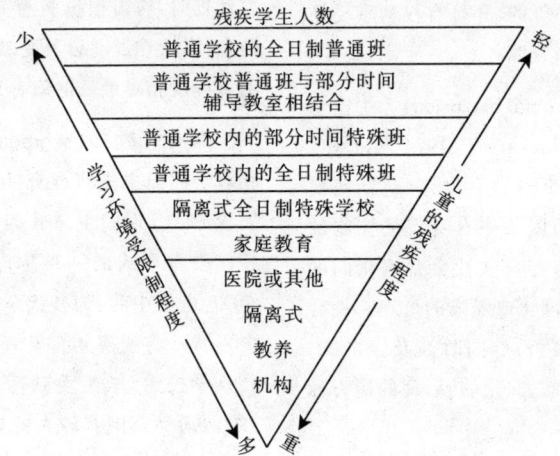

混合教育(integration) 又译"一体化""集中教育"。见"一体化"。

回归主流(mainstreaming) 英国称"融合""一体化"。实施特殊教育的一种思想体系。与"隔离式教育"相对。萌芽于北欧特殊教育界提出的"正常化"运动。20世纪70年代后,由于美国等发达国家特殊教育界的广泛倡导,而成为一种新的特殊教育体制的同义语,并在美国等一些国家受到法律承认,对其他国家和地区特殊教育的发展也产生了影响。核心内容是:让残疾儿童在最少受限制的环境中受教育,依据残疾程度的不同,设置各种类型的特殊教育形式,制订个别教育计划;主张使大多数残疾儿童尽可能在普通学校或普通班中与健全儿童一起学习和生活,改变以往主要将残疾儿童集中到特殊学校,将他们与健全儿童隔离开的传统教育方式,达到让特殊教育的"支流"回归到普通教育的"主流"中,特殊教育与普通教育融为一体的目的。但不完全取消特殊学校,特殊学校仍将发挥接收和教育残疾程度重、不适合在普通学校学习的残疾学生,向普通学校提供特殊教育咨询服务等作用。

融合 见"一体化""回归主流"。

社会融合(social inclusion) 处于危机状态和经历社会排斥的个人或群体能够获得必要的机会和资源,全面参与经济、社会、文化生活,享受正常生活以及社会福利的过程。既是目的,也是手段。包括政治融合、制度融合、经济融合、文化融合以及个体心理融合。基本理念是:每个社会成员都是平等的,并且有权利享受社会提供的每一项资源。

社会排斥(social exclusion) 法国学者勒努瓦(R. Lenoir)于1974年提出。指某些个人、家庭或社会群体(包括残疾人)虽有意愿,但因某些自身无法控制的原因缺乏机会参与一些社会普遍认同的社会活动,被边缘化或隔离的过程。社会排斥具有多维度特点,同时涉及经济的、政治的、社会性的、文化的、心理的诸方面的长期匮乏。

瀑布式特殊教育服务体系(cascade of special education services) 又译"服务串"(cascade of services)"服务连续体"(continuum of services)。美国实施特殊教育服务或残疾学生家长选择受教育形式的一种连贯体系。具有既分层次,又贯通连续的瀑布般特点。常用倒三角形表示,故又称"倒三角形体系"。20世纪70年代由美国人迪诺(Evelyn N. Deno)提出。以残疾儿童为服务对象,提供满足其不同程度需求的各级各类公立学校教育。共分7级。根据学生受教育后的情况变化,可向高一级或低一级的教育安置形式转移。

最少受限制环境(least restrictive environment, LRE) 美国《所有残疾儿童教育法》提出的安置残疾儿童教育的一项基本原则。核心是将限制残疾儿童接触健全学生与社会生活的环境因素减少到最低程度。因此,残疾儿童的教育要尽可能地安排在与健全学生在一起的环境中进行。确定教育安置形式和制订个别化教育计划时,均需根据教育对象的生理、心理条件,选择最适合其受教育并且与外界隔离程度相对最低的教育环境。

隔离式教育(segregated education) 相对于回归主流式教育的一种特殊教育安置形式。回归主流式教育支持者对原特殊教育形式的一种称呼。从18世纪至20世纪中叶,为残疾学生受教育的主要形式。将残疾儿童安置在专门建立的特殊学校中,学生受到适合其特点的照顾,但活动范围有较大的局限性,与健全学生以及社会的交往较少。20世纪90年代,在欧美等一些发达国家逐渐成为特殊教育的一种非主要形式,在另一些国家,特殊教育学校仍是主要的特殊教育形式。

全纳教育(inclusive education) 又译为"融合教育"。20世纪90年代初国际特殊教育领域出现的一种新思想和做法。1994年6月联合国教科文组织召开的"世界特殊教育大会"通过的《萨拉曼卡宣言》提出的主要内容是:教育要满足所有儿童的需要,为普通儿童设立的教育机构亦应接收所在地区的各类有特殊教育需要的儿童少年,并为其提供适应其需要的以儿童为中心的教育活动;在一切可能情况下,所有儿童应一起学习,而不论他们有无或有何种困难和差异。全纳学校要兼顾学生之间的不同需要,顺应不同的学习类型和学习速度,通过适宜的课程、学校组织、教学策略、资源利用及社区合作,确保面向全体学生的教育质量。旨在消除歧视、创造接纳残疾人的社区、建立全纳性社会和实现人人受教育的有效途径,同时提高整个教育体系的效益。不同学者有不同的定义:"保证所有残疾学生与其他学生共享学校所有方面活动的一种实践"(Smith,1995);"对所有残疾儿童提供一种正常化的教育体验"(Waldron,1996)。美国全国教育重构和包含(全纳)研究中心(NCERI)的定义是:"对所有学生,包括有重大残疾的学生提供得到有效的教育服务的平等机会,包括得到需要补充的工具和辅助性服务并安置到附近学校与其年龄相适应的班级,以达到使学生在社会中像所有成员一样富裕地生活。"美国特殊儿童委员会(CEC)赞同这种教育,但也有学者,如美国的利普曼博士(Dr. L. Lipman)等认为其并不普遍适用。在美国又出现了全部包容或包含(full inclusion)、全部融合(integration)的思想和做法。

波特奇计划(Portage Project) 又译"连续分步计划"。美国缺陷儿童早期教育计划之一。20 世纪 70 年代开始于威斯康星州的波特奇城,由美国联邦政府资助,在具体实施上,通过训练家庭访问者,教给家长如何在家庭中对儿童进行综合性教育。设计者认为,课堂教学无论从地理距离还是心理距离,对家长来说都太遥远,限制了他们直接参与教学。因此,教学最好在儿童和家长的自然环境——家庭中进行。该计划中,儿童是中心,家长是中介,家访教师的任务是帮助家长成为能够训练儿童的教师,也帮助需要帮助的儿童。特点是:具有完整的结构,可进行行为记录、评价,以家庭作为教育基地,课程内容由家长和家庭其他成员实施。现已被多国翻译并实施。在中国大陆和台湾地区都有中文版。1994 年 12 月由人民教育出版社出版的《波特奇早期教育方法》(适用于 0~6 岁儿童),由美国 S. 布卢玛等著,苗淑新等编译。每套包括《方法》、《使用手册》和《行为核对表》。

先行教育计划(Head Start Project) 美国政府为低收入家庭 3~5 岁儿童制订的一项教育计划。始于 20 世纪 60 年代。通过提供教育、医疗、营养、社会福利等方面的帮助,使家庭经济不好的儿童接受合适教育,发展智力潜能。

早期干预(early intervention) (1)美国 20 世纪 60 年代以来为改善经济、文化不利家庭儿童的受教育条件所采取的一种补偿教育。由联邦政府和地方政府资助,建立不同形式的托幼机构或服务系统,向这些儿童提供教育、保健、医疗、营养、心理咨询、社会性服务及家长育儿指导等综合性服务。(2)在特殊教育领域,主要指对学龄前缺陷儿童所提供的治疗和教育服务。通过帮助儿童在社会、情绪、身体和认知方面的充分发展,使其能进入正常的教育系统或尽可能少地接受特殊教育。

家庭支持(family supports) 针对残疾人或残疾儿童家庭提供的各种支持与服务。根据残疾个体的年龄特征提供支持与服务,主要有儿童早期干预服务、学龄期的家庭支持以及社区中向残疾成年人家庭提供的发展支持等。

家庭生活质量(family quality of life) 评量残疾人服务的指标,20世纪80年代之后由社会学者和特殊教育学者提出。包括残疾人家庭成员需求满足的程度;家庭成员一起共度时光,共享生活的程度;以及家庭成员能够从事对自身重要事情的程度。可反映残疾人个体对家庭生活各方面的综合评价。

个体生活质量(individual quality of life) 又称"生存质量""生命质量"。一个全面评价生活状态优劣的概念。有别于生活水平的概念。生活水平反映的是为满足物质、文化生活需要而消费的产品和劳务的多与少,生活质量反映的是生活得好不好。需以生活水平为基础,但内涵具有更大的复杂性和广泛性,更侧重于对人的精神文化等高级需求满足程度和环境状况的评价。近年来成为综合评价残疾人相关服务和支持工作质量的指标之一。

特殊教育相关服务(related services with special education) 为特殊儿童提供的发展性、矫正性和支持性服务的总称。包括听力学服务、言语语言病理学服务、翻译服务、心理服务、物理治疗、职业治疗、娱乐休闲服务(包括治疗性的娱乐)、学校社会工作服务、咨询服务(包括康复咨询)、定向与行走服务、医疗服务(仅指诊断性和评估性的医疗服务)、特殊儿童的早期发现与鉴别服务等。由相关专业人员提供。团队合作模式主要有多学科合作、学科间合作以及跨学科合作等。

社会工作者(social worker) 简称"社工"。具有一定社会工作专业知识和技能的专门人员。在社会福利、社会救助、慈善事业、社区建设、婚姻家庭、精神卫生、残障康复、教育辅导、就业援助、职工帮扶、犯罪预防、禁毒戒毒、矫治帮教、纠纷调解、应急处置等领域提供困难救助、矛盾调处、人文关怀、心理疏导、行为矫治、关系调适等服务。

转衔(transition) 又称"衔接"。从一个阶段到另一个阶段、一种安置到另一种安置的过渡。在特殊教育领域指主要发生在两个关键时段工作的衔接。一是早期干预过渡到入学后教育,实现个别化家庭服务方案(IFSP)与个别化教育计划(IEP)的衔接;二是从低学段学校生活过渡到高学段的学校生活,或从学校毕业进入社会就业工作,实现个别化教育计划(IEP)与个别化转衔计划(ITP)的衔接。

喘息服务(respite care) 个人或机构为残疾儿童及其家庭所提供的一种服务方式,能使残疾儿童的主要照料者,通常是父母,拥有休息的机会。在美国等发达国家,多由各州政府资助的代理机构提供。

特殊儿童早期教育（early childhood education for special children） 对特殊儿童（主要是残疾儿童）在早期发现、早期诊断之后尽早开始的教育和训练。早期干预的一个组成部分。现代特殊教育发展的趋势之一。已在发达国家普遍开展。对残疾儿童依其残疾类型、程度、原因等个体差异安排训练和教育的内容与方法，一般分为大运动、精细运动、认知、言语、社会交往、生活自理等方面，多通过游戏活动进行，采取个别或小组方式。0～3岁特殊儿童多由受过培训的家长或巡回教师来进行辅导或训练；4岁以后多由各种特殊教育机构或在混合机构中的特殊教师进行。通过教育使残疾儿童在学前时期能与普通儿童一样，得到体、智、德、美的全面发展和对特殊教育需要的满足。在中国为特殊教育体系的一个基础部分。在特殊教育发展方针中明确提出"积极开展学前教育"。超常儿童、耳聋幼儿、智力落后幼儿等的早期教育和康复在各省普遍开展。实施机构有专门的康复中心（站）、社区康复点、特殊学前班和幼儿机构以及普通幼儿园。

特殊幼儿教育（early education for special infant） 对7岁以前残疾幼儿实施学前教育和康复训练的工作。18世纪后期世界上首批特殊学校建立后，欧美地区又相继出现盲幼儿园（德国1861年，美国1887年）和聋幼儿园（美国1888年，俄国1900年）。在中国有为智力落后儿童、肢体残疾儿童、聋盲、盲童、孤独症儿童设立的康复中心、养育院、福利院、幼儿园（班）、学前班等多种机构，由国家、集体和个人举办。除进行一般性的品德教育、知识教育、生活习惯培养、游戏活动外，还根据不同类型残疾幼儿的特点，进行针对性的缺陷补偿和功能康复训练。如教育盲童定向行走技术，训练其触觉、听觉、嗅觉等感知觉功能；教聋童发音说话和看话的方法，培养其口语表达能力；对智力落后儿童进行感知觉、运动机能训练。20世纪70年代后，一些国家和地区出现将残疾幼儿收入普通幼儿园（班）的教育形式，让残疾幼儿尽早和更多地与普通幼儿相接触。中国法律也规定普通幼儿教育机构应当接收能适应其生活的残疾幼儿。

特殊儿童义务教育（compulsory education for special children） 根据国家法律规定对特殊儿童（主要是残疾儿童）所实施的一定学习年限或达到一定年龄的普及教育。一些国家称作强迫教育。特点是：有教育立法做保证；既是特殊儿童的权利，又是其父母的义务，有强制性质。免费是义务教育的特征之一。普及的年限随社会发展而逐步增加，一般是先实行初等义务教育，逐渐增加到不完全中等教育和完全中等教育；对不同类残疾儿童的义务教育亦是由易到难逐步扩大的。19世纪英、美的一些地方就有过对残疾儿童实施义务教育的法令。苏联1931年6月发布《关于对有生理缺陷、智力落后和言语障碍儿童、少年实行初等义务教育》的命令，后改为实行中等义务教育。日本1947年的《教育法》中有对6～14岁残疾儿童实行义务教育的条文,到1979年又通过了对各类残疾儿童均实行初中义务教育的法令。美国1975年通过了联邦94-142号公法《所有残疾儿童教育法》。中华人民共和国1986年4月通过的《义务教育法》中把学龄期盲、聋、智力落后等各类残疾儿童的教育纳入到九年义务教育的轨道。规定凡年满6(或7)周岁的儿童应当入学接受义务教育。1990年12月中国《残疾人保障法》中再次明确规定"国家、社会、学校和家庭对残疾儿童、少年实施义务教育","国家对接受义务教育的残疾学生免收学费"。

高等特殊教育(higher special education)(1)中等教育阶段以上的特殊教育。特殊教育体系的组成部分。除为少数天才少年开设的高等教育的专门班(如一些大学中的少年班)外,多指为有视、听、肢体等方面残疾青年举办的高等专业教育。实施残疾青年高等教育的形式有两种:一是专门为某类残疾青年设立的大学或专门的班,如1864年在美国华盛顿建立的专收聋人的加劳德特大学;1967年设在美国罗切斯特理工学院内的聋人学院;1975年在莫斯科大学建立的盲聋哑心理学专业班。另一种是残疾青年在普通大学内与普通大学生一起学习,利用适合该类残疾青年特点的学习方式或加以适当的辅导与帮助(如对聋人有手语翻译、请人记笔记;对盲人有专人帮助翻译或阅读普通文字教材等)。国家或社会团体对受高等教育的残疾人有一定的经济补助或照顾。1949年前中国有个别聋人、盲人进入普通高等学校学习,20世纪80年代后在中国特殊教育体系内有了特殊高等教育。在国家规定的特殊教育发展方针中提出"逐渐发展高级中等以上教育"。1987年在吉林省长春市建立了招收盲、聋、肢残青年的特殊教育学院;1988年在山东省滨州医学院设立了残疾人本科班;天津理工大学设立聋人工学院等。残疾青年还可参加高等教育自学考试与普通学生一起参加全国统一高考。1985年和1991年原国家教委、国家计委、劳动部、民政部等单位两次联合发出通知,要求做好高等学校招收残疾青年和毕业分配,明确指出"在全部考生德智条件相同的情况下,不应仅因残疾而不予录取"。2010年全国有7787名残疾人被各类高等院校录取。在一些高校亦有研究生层次的残疾学生。(2)高等教育中(包括高等师范教育)为残疾人事业培养专门人才的特殊教育及有关专业。

残疾成人教育(education for adults with disabilities) 为有各种残疾成年人所提供的教育。从内容分主要有两种:(1)扫盲教育,中国12岁以上残疾人中不识字或只识少量字、不会读写的人占残疾同龄人总数的68.1%(1987年统计),高于普通人中的文盲、半文盲比例。一般由政府有关部门或残疾人所在单位、社区积极采取多种办法,如扫盲班、文化补习班、夜校或分散自学、上门辅导、统一考核等办法,使达到农村成人能识1 500字、城市成人识2 000字的脱盲标准。盲人、聋人还要分别学会盲文和统一手语。(2)文化技术和职业培训,对象是全体在职残疾人及城乡残疾劳动者。使他们不断根据社会发展需要,提高文化技术素质,适应职业的新需要。可以由残疾人组织或社会举办的职业培训中心、业余学校、培训班及一般的成人教育机构进行。可以脱产,也可以在职;可以有学历,也可无学历招收或结业;可以有各种层次的学习。国家鼓励残疾人自学成才,并对此给予奖励。2004年全国省(自治区、直辖市)、地(市、州)、县(区)三级残疾人职业教育培训机构有1 078个,接受残疾人职业培训的普通机构有2 257个,57万残疾人接受了职业教育与培训;达到中等学历的职业教育机构有145个,在校生11 259人。

特殊艺术教育(special arts education) 对于残疾儿童进行美术、舞蹈、音乐等教育的总称。在各类残疾儿童的缺陷补偿和全面的身心发展中起着重要作用。通过各种形式的艺术实践活动使残疾儿童发展自己的感知觉、认识能力、运动能力等,享受儿童的平等权利,受到美的熏陶,学习表达自己的内心世界和与社会上的人们交往。受到各国的重视,例如:美国肯尼迪艺术中心有专门的特殊艺术组织,帮助美国和各国残疾儿童的艺术教育。中国在各类特殊教育中采取设课、开展兴趣活动等形式予以实施,发展学生某一方面的特殊才能,不少聋人从事美术,盲人从事音乐,肢残人从事声乐等工作。

特殊学校职业教育(vocational education of special school) 特殊学校的教学内容和课程之一。亦为特殊学校应完成的特殊任务之一。根据盲、聋、智力落后等各类教育对象的具体情况,特殊教育学校除完成一般的德、智、体全面发展的任务之外,应有补偿各种缺陷的特殊任务,其中之一就是对残疾学生进行职业技术教育或职业性劳动技术教育。由于多数残疾学生接受完义务教育或基础教育后要进入社会参加工作,因此,要在学校低、中年级进行劳动技术教育,高年级逐步进行职业性技术教育,增加职业性教育课时量,并成为重要课程之一,使学生掌握一技之长和受到适应社会劳动的训练。除讲授适当的职业技术理论知识外,要有较多的时间进行实践和生产单位的实习。在一些特殊学校还在义务教育之外增加一年或更多时间,采取办职业高中、职业班、职业技校等形式进行,使学生的职业技术更加提高,适应社会对不同层次技术人员的需要。教学内容依各地情况不同。除传统的教学内容,如聋生学习木工、美工、缝纫,盲生学习按摩,智力落后学生学习简单手工劳动外,一些地方依当地社会发展情况增加了电脑打字、钢琴调音、电器修理等内容。在义务教育阶段,特殊学校一般不进行专门的职业教育,而进行具有职业性的劳动教育。在某些地区或某些类型的特殊学校可进行职业教育,并可建立专门的职业教育机构和体系。1994年颁布的《残疾人教育条例》中规定:"实施义务教育的残疾儿童、少年特殊教育学校应当根据需要,在适当阶段对残疾学生进行劳动技能教育、职业教育和职业指导。""各级人民政府应当将残疾人职业教育纳入职业教育发展的总体规划,建立残疾人职业教育体系，统筹安排实施。""残疾人职业教育，应当重点发展初等和中等职业教育。"

特殊学校劳动技能教育（education of labor and technique in special school）在特殊教育中劳动技能教育和职业技术教育的总称。劳动技术为1981年中国教育部规定的中学教学计划中的一门学科，目的在于使学生全面发展，培养正确的劳动观念，热爱劳动和劳动人民的情感，养成良好的劳动习惯，初步掌握一些生产劳动的基本知识和技能，为毕业后就业或升学打下基础。内容包括工农业生产、服务性劳动和公益劳动等。特殊教育学校中的劳动教育在低年级一般称作手工劳作、手工、劳动、生活指导（盲校）、美工、劳动技能（智力落后学校），高年级称作职业技术课。特殊学校多数学生接受义务教育后不再升学而直接进入社会，所以从入学起就逐步学习自我服务劳动、社会公益劳动、生产性劳动和职业劳动，在校期间为适应社会各种劳动或进一步接受职业教育做好文化、心理和技能的准备。不同地区的不同类残疾学生要依当地个体情况安排劳动技术教育的内容。方法除上课传授基本知识外，多为实际操作训练，到生产单位（或用人单位）见习或实习。

特殊儿童校外教育（extra-school education for special children）由校外教育机构或社会团体组织的对特殊儿童的教育活动。旨在配合学校教育，丰富特殊儿童的业余生活，补偿其缺陷，促进其全面发展。形式和内容多种多样，如参观、旅游、夏（冬）令营活动、讲座、艺术或体育表演等。需本着自愿参加的原则进行。也包括由特殊学校举办在校外进行的社会性活动，如参观动物园、访问老红军、旅游、为社会或军烈属义务劳动等。

特殊儿童学前班（preschool class for special children）对特殊儿童实施学前教育和康复训练的一种形式。在中国一般设在特殊学校内，主要招收5~6岁的残疾幼儿。由受过特殊教育专业训练的教师对其进行初步的集体生活能力和学习习惯的培养，并进行针对性的缺陷补偿训练，为今后顺利接受初等特殊教育奠定基础。

特殊学校（special school）对特殊学生实施教育的形式之一。在中国特殊教育体系中起骨干作用。分寄宿制和非寄宿制两种。招收对象主要是身心发展有较严重缺陷的学生。在课程设置、教材、教具和学具、教学设备、校舍建筑等方面均有与普通学校不同之处。如盲校设施采用无障碍设计，以方便盲生定向行走，装备助视器材，供低视力学生使用；聋校有专门的听觉语言训练室，用于聋生听觉和语言康复训练等。按国家规定，任课教师须经过特殊教育专业训练，在初等义务教育阶段任教，须达到中等专业文化水平；在中等义务教育阶段任教，须达到高等专科文化水平。在国外，还配备专职辅导教师、心理咨询师、言语矫正师、行为矫正师、体疗师等专业人员。按照特殊学生的不同种类，分为盲校、低视力学校、聋校、重听学校、智力落后学校、肢体伤残学校、工读学校、言语障碍矫正学校等。中国已对各类特殊学校的建设标准做出规定。

养护学校 日本为智力落后、肢体伤残、病弱儿童、少年开设的特殊教育学校。实施幼儿园、小学、初中和高中阶段的教育，并教授可弥补学生身心缺陷的生活、劳动等方面的知识和技能。各阶段所授学科和内容，由教育部门参照同级普通教育机构的水平和残疾学生的接受能力来确定。中国台湾称肢体残疾学校为养护学校。

全纳学校（inclusive school） 见"全纳教育"。

俄罗斯特殊学校（специальные коррекционные образовательные учреждения, Ⅷ видов） 俄罗斯特殊教育机构分为八类。苏联解体后，1997 年俄罗斯将盲、聋、智力落后等特殊教育学校的称呼改变为编号的特殊（矫正）教育机构，即第Ⅰ类特殊（矫正）教育机构为失听儿童的教育教学机构（学校）；第Ⅱ类特殊教育（矫正）机构为弱听（部分失听和言语发展不足）和后聋（学前或学龄耳聋未保存独立语言）儿童的学校；第Ⅲ类为盲童（视力低于 0.04）特殊教育（矫正）机构；第Ⅳ类为低视力儿童（视力 0.05 到 0.4）特殊教育（矫正）机构；第Ⅴ类为严重言语障碍儿童特殊教育（矫正）机构；第Ⅵ类为支撑运动器官损害者的特殊教育（矫正）机构；第Ⅶ类为心理发展迟缓儿童的特殊教育（矫正）机构；第Ⅷ类为智力落后儿童特殊教育（矫正）机构。同年，俄罗斯教育部专门发布了 8 类特殊教育（矫正）机构活动特点的文件，规定了机构的目的、学生判定、教育阶段、班级人数、课程等。

特殊班（special class） 对特殊学生实施教育的形式之一。在中国特殊教育体系中起主体作用。一般附设在普通学校，也有的附设在医疗康复机构或某类特殊学校（如聋校附设盲生班）。有两种形式：(1) 全日制特殊班，亦称"自足式特殊班"、"包班制特殊班"。学生全天或大部分时间单独进行集体授课和活动，由受过特殊教育专门训练的教师负责几乎全部的教育教学工作。课程设置、教材、教学设备、教具学具、班级人数与特殊学校类似。(2) 部分时间制特殊班，学生一部分时间单独集体上课和活动，另一部分时间则与普通学生一起上课和活动。语文、数学课程一般由受过特殊教育专业训练的教师讲授，音乐、美术、体育等课程则多与普通学生合班上课。

孪生学校（twin school） 又称"双胞胎学校"。北欧国家中特殊教育学校的一种形式。一所普通学校和一所特殊教育学校共用一个学校设施，挂两块牌子，有两套独立系统。在丹麦、挪威等国家，有重度残疾儿童与普通学生在一个学校，或耳聋学生与普通学生在一个学校内分别进行教学的组织形式。既有一些活动和空间的融合，又有各自独立的教育教学。

交流教育 日本特殊教育学校与普通教育学校融合的一种形式。按照规定和教学计划，日本的盲校、聋校、弱智、肢残等养护学校均要与就近普通学校学生或社区人士定期或不定期举行共同的各种活动,如游戏、联欢、演出、运动会等,加强残疾学生与普通人士的接触,促进社会的融合和平等人权。

试读 观察、鉴定特殊学生的一种方式。在普通学校实施时,对象一般被怀疑有智力或情绪异常问题;在特殊学校实施时,对象被怀疑有多重残疾问题。由于入学时,难以一下对学生的问题做出准确判断,即先按没有问题或仅有单纯残疾对待,然后在教育教学活动中进行观察、分析。如被观察的学生能顺利参加学校的各项活动,跟上一般教学进度,则继续在原校或原班学习。如其异常问题在教育教学活动中日渐明显,并不能适应一般的教育教学活动,则要结合医学、心理、教育等方面的检查,确定其问题的性质和程度,重新安排适合其情况的教育方式,以保证残疾儿童不被错误安置而影响其发展。原国家教委对智力残疾学生的入学有试读的规定。

民办特殊教育机构 由非政府组织或个人举办的特殊教育机构。国际特殊教育发展史上最早的特殊教育机构多为宗教人士个人举办,例如世界上最早的聋校、盲校。在许多国家仍存在并起着作用。有些私立学校被国家接收改为公立学校。1949年以前的中国特殊教育学校多数为私立,新中国建立后陆续为政府接管改为公立。20世纪80年代以后,随着残疾人教育发展需要,国家出台对民办教育"积极鼓励,大力支持,正确引导,加强管理"的政策法规,此类特殊教育机构(或称社会力量办学)又普遍出现,成为特殊教育事业的组成部分。如:北京新运养育院、北京星星雨教育研究所、广州至灵学校等。

随班就读(learning in regular class) 在普通教育机构中对特殊学生实施教育的一种形式。在中国特殊教育体系中起主体作用。中国法律规定:普通小学、初级中等学校,必须招收能适应其学习生活的残疾儿童、少年入学;普通高级中等学校、中等专业学校、技工学校和高等院校,必须招收符合国家规定的录取标准的残疾考生入学,不得因其残疾而拒绝招收;拒绝招收的,当事人或者其亲属、监护人可以要求有关部门处理,有关部门应当责令该学校招收。在义务教育阶段,可使各类残疾学生就近入学,以较经济的办法和较快的速度普及残疾人义务教育。经过对盲、聋、智力落后学生随班就读的试点和研讨,中国已有了适合自己特点的随班就读途径。1994年原国家教委发布"关于开展残疾儿童少年随班就读工作的试行办法",共有7个方面36条,对随班就读做了全面规定。"十五"期间由教育部领导,进行建立随班就读支持保障体系的研究,在全国各类地区选择了100个县进行实验。与西方的一体化、回归主流在形式上有某些共同之处,但在出发点、指导思想、实施办法等方面有中国特色。参见"全国随班就读工作经验交流会议"。

特殊儿童超龄班(overage class for exceptional children) 特殊学校为超过入学年龄的残疾学生开设的教学班。学生学习年限相应缩短，一般为6年。进行初等特殊义务教育或扫盲教育，以及劳动技术和职业教育。随着义务教育的普及和残疾儿童的及时入学将逐渐减少。

同质编班（homogeneous grouping）班级教学体系中的一种分班形式。把水平和能力相近、个体差异较小的学生编在一个班学习，以利于教学的进行和学习质量的提高。如编天才儿童班、智力落后班、聋班等。通常称作按程度分班，但这不利于对本班和其他班学生的思想教育，学生易产生自卑、骄傲心理或隔离感。

异质编班（heterogeneous grouping）班级教学体系中不考虑学生程度的一种分班形式。分班时较少考虑个体差异，而多以某些随机因素作为分班的依据，如学生年龄相近，或在一个地区生活，或以报名时间相近。这种班级进行统一教学较为困难。但在某些情况下（如学生较少的偏僻地区），此种编班方法是必要的。教师常使用分组教学或复式教学的方法。

特殊儿童辅导中心（guide center for special children） 又称"诊疗处方教学中心"。国外为特殊儿童提供帮助的服务性机构。工作人员包括心理学家、特殊教育专家、医生、社会工作者、专职辅导人员等。主要职能是诊断、鉴别特殊儿童，向特殊教育机构推荐学生，就特殊儿童的教育问题向教师和家长提供咨询，对特殊儿童进行专项辅导。

心理—医学—教育咨询站（психолого-медико-педагогическая консультация） 俄罗斯发现和鉴定发展偏常儿童，并对家长进行帮助的机构。在苏联时期综合研究、帮助残疾儿童的医学—教育委员会基础上发展起来。苏联解体后，俄罗斯政府规定：在有12万18岁以下少年儿童的地区应建立一个这种跨部门的常设机构。1998年为这类机构颁布了专门的示范章程。规定：该站的目的是发现、统计、诊断发展偏常青少年儿童，并推荐到特殊教育机构或医疗机构；对家长（或监护人）给予咨询或帮助；对发展偏常儿童给予医疗、心理、教育的帮助。教育、卫生、社会保障等部门或家长可以在出示一系列证明条件下送儿童到咨询站。工作人员包括心理、特殊教育（包括语言障碍、智力残疾等）、医学（精神病、神经病、耳鼻喉科等）各类咨询专家，除有高等教育专业资历外，需要10年以上专业工龄；站长还应再具备5年以上咨询经验。所出具的结论只具建议性质，在家长同意前提下可作为把儿童送往特殊教育学校的依据。

心理—教育和医疗—社会帮助中心（центр психолого-педагогической и медико-социальной помощи） 20世纪90年代俄罗斯对发展、学习、社会适应有问题的儿童进行帮助的机构。1998年7月，俄罗斯政府颁布《对需要心理—教育和医疗—社会帮助儿童的教育机构示范章程》，共6章45条。包括总则、机构活动的组织、教育教学过程、教育过程的参加者、机构的管理和机构的物理环境。其中规定：中心任务是帮助3～18岁掌握普通教学大纲有困难的少年儿童完成普通教育和初等职业教育的大纲，对每个人实行个别化的、有针对性的教育、心理、社会、医学和法律的帮助,对有关普通教育机构提供特殊教育方面的帮助。

特殊儿童就学指导(learning guide for special children) 对特殊儿童及其家长就学习问题由专业人员提供的指导性咨询。主要内容为:根据特殊儿童具体情况,提出安置到何种教育机构的建议,以及就特殊儿童的学习内容、学习方法、家长的配合等解答家长的疑问。在发达国家和地区,有专门的常设机构或人员进行此项工作。在中国的一些地区,由医生和特殊教育工作者进行。

多学科诊断小组(multidisciplinary diagnosis team, MDT) 对特殊儿童实施教育诊断和鉴定的组织。在发达国家,参加人员一般有特殊教育教师、心理学家、言语语言治疗师、社会工作人员、物理治疗师、作业治疗师、儿童精神科医生以及学校卫生教师、行政管理人员、教辅人员以及父母等。一些国家或地区对于多学科小组的各学科的专业人员及其职责的规定是非常明确的。如特殊教育教师负责安排和协调一个特殊儿童所需要的多方面服务,包括编写和制订个别化教育计划;心理学家主要职责是确定学生的认知、学习、社会、情绪和心理功能,和特殊教育教师一起探讨改进学生学习和心理问题的策略;言语语言治疗师负责评估学生的言语语言和矫正语言障碍;社会工作人员为特殊儿童提供咨询等方面的服务;物理治疗师评估特殊儿童粗大动作技能以及提供干预服务;作业治疗师评估特殊儿童精细动作技能以及提供干预服务,等等。

综合干预(comprehensive intervention) 针对单一治疗方法的不足而采用的综合性系统干预方法。通过临床专业人员、特殊教育专业人员、心理学专业人员、教师、家长等共同参与,以某种或几种训练方法为主,辅以一种或几种训练方法,以解决障碍者认知、情绪、行为等方面问题。

合作计划(cooperative program) 又称"合作方案"。欧美国家特殊教育与普通教育融合的一种组织方式。特殊儿童的数学、语文等课在专门的特殊班级中由特殊教育教师讲授,而音乐、体育、美术、手工等与普通儿童合班学习。既可使普通教师与特殊教师合作培养有特殊教育需要的儿童(主要是残疾儿童),又可使残疾儿童与健全儿童有较多的共同学习机会。

综合计划(comprehensive program) 美国等国家实行的一种特殊教育方案。教育部门依据学生的居住情况综合安排教师和学生活动的一种计划。如教师在一个时间对特殊儿童相对集中的地区用集中辅导的方法,在另一个时间对分散的学生用巡回指导方法,两种形式不断轮换进行。常依学生情况的改变而及时调整计划和活动方式。

生活经验单元 特殊教育的一种教学方法和内容。主要运用于特殊儿童的学前教育、智力落后儿童学校教育、多重残疾儿童教育中。一般以生活中常碰到的知识或技能为单元课题，以学生感兴趣的活动方式（读、写、算、手工、图画等），在一定时间内进行的教学，如"春天""新年""蔬菜"等。特点是集中生活中的问题，为了生活而在生活中学习。日本也在智力落后教育中把生活列为一个学科，以单元形式进行教学。

个别化教育计划（individualized educational plan, IEP） 又译"个别化教育方案"。最先在美国特殊教育界提出和全面实施。美国《所有残疾儿童教育法》规定的一项内容。要求由地方教育部门的代表、医生、心理学和教育学方面的学者、教师、学校负责人、社会工作者、学生家长或监护人共同组成小组，为每个被鉴定有残疾的学生制订一份书面教育计划，作为帮、教该学生的工作依据。必须经家长或监护人同意方能实施。制订时亦听取学生本人的意见。主要内容包括：(1)该生受教育的现状。(2)该生应达到的短期阶段性目标和年终目标。(3)为该生提供的专门服务设施，该生可参与普通教育计划的程度说明。(4)实施本计划的预定日期和期限。(5)衡量本计划目标实现与否的标准和评估手段。根据学生的实际情况，可按周、月、学期、学年等不同期限制订。实施过程中亦可按制订程序予以修订。其基本思想和形式已为很多国家所采用，但各国在实施中从具体情况出发带有各自特色。

个别化家庭服务计划（individualized family service plan, IFSP） 个别化教育计划的发展及补充形式之一。为3岁以下儿童或其他儿童的家庭提供的1年服务计划。具有以下特点：(1)测量涉及多个领域，包含语言、认知、社会行为、生活自理等方面，并且订出最适当的服务方式。(2)多个领域专家共同制订服务计划，例如语言治疗师、职能治疗师、特殊教育教师、物理治疗师，而且须经家长或者监护人员的同意。(3)教学目标具体，以各个领域，例如语言，制定具体教学目标，明确指出对家庭及幼儿的预期成果。(4)时间明确，包括指出计划预定实施日期、开始时间与持续时间，以及回归主流的时间。(5)关注衔接期问题，指出由学前班到小学的衔接时期的注意事项。

送教上门 中国对重度残疾儿童少年实施教育的一种特殊方式。由普通学校或特殊学校派出教师到家中提供教学和相关康复训练服务。遵循家庭自愿、定时入户、免费实施的原则。其教育对象纳入学籍管理。

处方教学法（prescriptive teaching） 西方的一种个别化教学方法。由彼得（L. J. Peter）提出，因对有特殊教育需要儿童的教育过程近似医生依病开处方和按处方治病而得名。其教学模式是：发现和转介（即发现学生的学习问题并介绍给心理学工作者或有关专业人员）；诊断和报告（周密诊断学生问题并开出处方，即教学建议）；治疗和执行（按处方建议改变条件，采取帮助措施）；评估和修改处方（随时检查效果并补充或修改原建议，直至学生的学习困难得到减轻或克服）。

补救教学（remedial instruction） 帮助

学习上有困难人的一种教学方法。步骤为：(1)确定学习困难问题的来源和困难所在。(2)针对问题提出帮助的办法和方案。(3)执行帮助的措施，及时补上缺少的部分，使学习困难逐渐减少或克服。这种教学可减轻学习有困难儿童的困难，以免困难逐渐加大以致儿童丧失学习信心或学习产生更大障碍。

教育辅助人员（paraprofessionals in education） 经过训练的一种专业人员。可以包括家长，在特殊教育领域，充当课堂助手的角色，以援助教师进行课堂教学。

辅导教学服务（resource room services） 又称"资源教室服务"。一种教学方式。有广义与狭义之分。广义指由专门人员为各类学校或家庭教育提供的支持性服务。狭义指专为在普通学校学习的特殊儿童提供的专门的辅导教学，一般由辅导教师或巡回教师负责实施。

分组教学（group teaching） 班级课堂教学中的一种形式。在特殊教育实施中常有两种形式：(1)依学生的残疾程度和发展水平把特点相近的儿童编为一组，除在班中有一定的共同活动外，在各种科目的教学中均有不同的计划和要求，以利于每组儿童得到最大限度的收获，实现集体教学与区别对待相结合。(2)依教学的需要在一定时间内（如一节课或一个学期）按某一原则（如学生性别、体力、爱好等）把学生分成小组的教学。例如，为了教学方便或安全而在劳动、体育课以及化学、物理等实验课中分成的小组。

分类教学 (1)一种教学组织形式。按儿童残疾的种类不同而分开进行的教学，以适应不同儿童的特点。形式有单独的学校、单独班或小组以及个别人的教学。在特殊教育学校产生时就是按聋、盲等不同类残疾建立的，随着教育发展，又分化为盲、低视力、聋、重听等各类不同残疾儿童的学校（班）。20世纪后期，一些国家和地区又出现不再对残疾儿童进行分类教学的尝试，或者与正常儿童混合教学，或者完全个别教学。(2)20世纪90年代中国特殊教育改革中的一个措施。即在盲、聋、智力落后三类特殊学校（班）内，根据儿童不同残疾程度和发展水平，在集体教学中照顾各组儿童特点的教学。例如，在一个班内，或将盲和低视力儿童、或将聋和重听儿童、或将中度智力落后和轻度智力落后儿童区别对待，分别安排和进行教学。这是对以往不论残疾儿童不同情况均按一个统一计划、要求和进度进行班级教学的旧模式的改革，目的是使每个残疾儿童都能得到适合其特点的教育和帮助，最大限度地得到发展。

合作教学（cooperative teaching） 又称"协同教学""协作教学"。由两位或多位教师以及辅助教师组成教学小组共同实施的教学方式。需要共同备课，共同完成教学和评估活动。常见的模式有：(1)主辅式教学。合作团队的教师有主辅之分，主导教师承担主要的教学工作，辅助教师负责配合与辅导学生工作。(2)协同式教学，合作团队的各位教师责任、作用是平等的，教学中可以互换角色。

测验调整（assessment accommodation） 在不改变测验内容及评分标准的前提下,为特殊学生采取的测验方式。途径有:(1)调整测验方式,如使用大字或盲文试卷、读指导语、测验要求、试题等;(2)调整测验设备及材料,如提供放大设备、扩音设备、各种必要的辅助设备及器具等;(3)调整答题方式,例如使用电脑答题、使用盲文答题等;(4)调整测验时间与程序,如延长测验时间,安排适当的休息等;(5)调整测验场所,如单设考场、个别测试等。

课程本位测量（curriculum-based measurement） 一种直接观察和记录学生在本地课程表现的测量方法。并作为教师教学决定的依据。着重于评量熟练度,为一种标准化的系统,用来督导学生的学业成长,并改善教师的教学方案。包括三个步骤:(1)决定某位学生的年度课程目标;(2)先使用一种诊疗性的测量系统,采集课本,制成测验,再定期实施能代表一年课程的短测验;(3)使用此评量结果来督导学生进步。

特殊儿童课堂管理（classroom management of exceptional children） 特殊学校教学工作管理的一个组成部分。学校行政管理人员和班级教师对课堂实施的有计划的、为达到学校教育目的的系统工作。包括两个方面:(1)教导处对班级课堂教学工作的安排(如班级编制、教师的配备、课表制订、课程计划、作息时间等)和检查,教师责任制的确立、班级良好师生关系的建立。(2)日常教学中出勤的考核,良好学习环境和气氛的建立,学习情况的评价以及学生课堂良好行为的培养。常运用建立常规、表扬、积极引导等方法强化适宜的行为,减少不适当的行为等。

资源教室（resource room） 又译"辅导教室"。一些国家和地区在普通学校或特殊学校设立的一种专用教室。具有辅导教师特定、辅导时间特定、辅导对象特定、辅导内容特定4个特征。作用是:由具有任职资格的辅导教师配合被辅导学生所在班的任课教师,在课表规定时间或课后指定的时间内,对理解、掌握某方面学习内容有困难的特殊学生进行个别或小组帮助指导,使其逐步克服困难,跟上一般的教学进度。中国在一些有残疾儿童的学校内也设有,对有特殊教育需要的儿童进行个别或小组辅导。

辅导教室（resource room） 见"资源教室"。

康复中心（rehabilitation center） 对残疾人进行伤残诊断、康复治疗和康复训练的机构。将康复医疗、康复研究和康复培训相结合。多方面的专业人员以专业协作组的方式进行工作。专业人员包括康复医师(或受过康复医学专业训练的其他科的医师)、康复护士、物理治疗师、作业治疗师、言语治疗师、社会工作者、临床心理学工作者、职业咨询师、假肢师和矫形器师、劳动就业部门工作人员、特殊教育工作者、文体活动治疗师(音乐治疗师、舞蹈治疗师、园艺治疗师)、儿童生活指导专家、康复营养师等。一般设有门诊部、住院部、康复诊断科室(肌电图室、心肺功能实验室、运动实验室等)、康复治疗科室(理疗科、体疗科、作业治疗科、言语矫治科、心理治疗科、假肢支具科、康复工程科、职业康复科等)以及社会服务科和其他有关临床科。按规模和性质可分为综合性的和专科性的。前者规模较大(一般有 100~250 张病床或更多),各类残疾者均接受;后者以收治某一类残疾者为主,如脊髓损伤康复中心、脑瘫儿童康复中心、精神病康复中心、肢体伤残康复中心等。

康复医疗机构 专门提供康复医疗服务的场所。有以下几种:(1)康复医疗科。在综合医院内设置康复门诊和一定数量的康复病床,对康复对象进行康复诊断和康复治疗。这种机构在我国分布比较广泛,数量较多。(2)疗养院中建立康复机构。利用疗养院的自然环境,把疗养因素与康复手段结合起来,促进康复对象的康复。(3)康复医院。又称康复中心、康复研究所等,以康复诊断和康复治疗为其核心的部门。(4)其他。老年人看护院、残疾儿童康复机构、社区康复中心等。

残疾儿童康复中心(rehabilitation center for children with disabilities) 为残疾儿童提供康复服务的社会福利事业单位。收治对象多为先天性残疾儿童,如脑瘫、精神发育迟滞等。在中国受民政部门领导,有些是在原儿童福利院的基础上,通过培训康复医务人员,增加医疗设备逐步发展建立起来。主要任务是:根据养治结合,积极发展康复医疗的方针,为残疾儿童提供门诊和家庭咨询,开展医疗、教育、各种功能及职业培训等康复活动,为他们走向社会创造条件。

儿童福利院(child welfare institution) 收养无生活依靠的孤儿或残疾儿童的机构。在中国,属于民政部门在城镇举办的社会福利事业单位。历史上曾以养为主,从 20 世纪 70 年代末转为养教结合。设有实施教育和训练的班级以及康复设备。生活标准由地方民政部门制定,以不低于当地儿童的一般生活水准为原则。对健全儿童实行抚养与教育相结合,使他们在德、智、体诸方面都得到全面发展;对残疾儿童实行"供养、治疗、教育"相结合,在实施保育和文化知识教育的同时,帮助和指导残疾儿童进行缺陷补偿训练。年满 16 周岁,有劳动能力者由国家有关部门安置就业,无劳动能力者由民政部门或其他社会福利事业机构收养。至 2004 年,国家在城市投资兴办的各类儿童福利院 178 个,床位数 2.5 万张,收养儿童 2.2 万人;全国已建、在建 SOS 儿童村 8 所,收养健全孤儿 700 余名。

SOS 儿童村(SOS children's village) 一种儿童社会福利组织。国际 SOS 儿童村组织是国际性的民间慈善团体,总部设在奥地利的因斯布鲁克。创始人是奥地利科学院名誉院士赫尔曼·格迈纳尔医学博士。他提出了以家庭方式抚养、教育孤儿的伟大设想,并于 1949 年在奥地利的伊姆斯特创建了第一所。现已在全世界 131 个国家建立了 400 余所,附属设施共计 1 123 个,如:青年公寓、幼儿园、格迈纳尔学校及职业技术学校、医疗中心等。宗旨是通过为那些失去父母的孤儿提供一个有"妈妈"的家庭式的生活环境,使他们重新获得母爱并享受"家庭"温暖,使其身心得到健康的发展,将来能够自立于社会。建立要遵循以下4个原则:(1)SOS妈妈:即与孩子们生活在一起,对每个孩子进行抚养和照料。(2)SOS兄弟姐妹:数名不同性别、不同年龄的孩子和妈妈生活在一个家庭中。(3)SOS家庭:每一个家庭都有自己的住宅。(4)SOS村子:家庭是村子组成的一个部分,村子是与外界联系的桥梁。采用小家庭分养方式,每个家庭有6~8名不同年龄、不同性别的孤儿,他们之间以兄弟姐妹相称,由一个妇女充当家庭中妈妈的角色。该妇女要有献身精神,喜欢孩子,爱护孩子,并能教育孩子,使他们的身心健康成长。这位母亲角色的生活态度和行为方式与正常家庭中的母亲一样。每一个儿童村有15~20个家庭,每个家庭都有自己独立的住宅。进入就学年龄的孤儿,可就近上学,这些孤儿进入青年期后,迁至SOS青年宿舍居住,直到完全独立走向社会。世界上最大一所在越南西贡,有41户。我国民政部与国际SOS儿童村合作,1984年11月在烟台市、天津市同时建立,并于1986年10月开始收养孤儿。至2005年我国共有8所。

伤残儿童寄托所(institution for children with disabilities) 为残疾儿童服务的集体制福利机构。中国于1982年在上海静安区武定街街道首先建立。业务工作由民政部门给予指导。日常工作由街道办事处领导。任务是:对1~15周岁的残疾儿童进行喂养和护理,并实施一定的康复治疗、功能训练及特殊教育。其费用由残疾儿童家庭、父母双方所在单位和民政部门共同负担。

日间托护中心(day-care center) 为因残疾、年龄等原因不能上学者而设立的一种机构。按性质可分为两大类:(1)为不能在特殊教育机构学习的残疾人提供保护、教育、治疗与训练的场所,多附设在医院。目的在于发展其与人相处所需的基本能力,减轻家庭和社会负担。(2)为2个月~5岁健全儿童设立的幼儿教育机构,主要任务是照看孩子,培养儿童独立生活能力和与同伴交往能力。

庇护工场(sheltered workshop) 又称"福利工厂""保护性工厂"。专为不能通过一般途径就业的残疾人提供职业训练和就业机会的场所。主要在下列几方面提供帮助:(1)增强残疾人个人生活和社会交往能力。(2)使残疾人获得力所能及的职业技能。(3)为需要在保护性工作环境的残疾人提供就业的机会。经费来源除产品销售收入外,由政府部门、社会团体资助,并享受国家制定的减免税等优惠待遇。

劳动治疗车间(the workshop for labour therapy) 通过劳动途径对肢体、情感或智力障碍者进行康复训练的场所。劳动内容及设备因地制宜。可对训练者进行劳动能力的评估和职业劳动技能的重建。被训练者亦能取得劳动报酬。

非保护性劳动环境(nonsheltered work

environment) 美国安置残疾人劳动的一种形式。进入 20 世纪 80 年代以来得到提倡。理论基础是：在非保护性劳动环境中工作的残疾人,同在保护性工场中工作的残疾人相比,更有可能享有高质量的生活,能有许多后者无法得到的经历,如：(1)同非残疾人的相互接触。(2)正常的环境中有丰富的声音和色彩。(3)同非残疾人的友谊能超出劳动的时间和空间。(4)当残疾人看到工作的价值,认识到他若不去做,非残疾人就得完成时,就会感觉到自己的价值。(5)残疾人在非保护性环境中做出贡献时,能得到父母或保护人及非残疾人的尊敬。(6)残疾人被允许进行有计划的冒险和克服最初的障碍和挫折时,会产生有本事的感觉。(7)残疾人在帮助非残疾人时会感到骄傲。实施的历史尚短,但已获得令人鼓舞的结果。

特殊职业培训双元制 德国残疾人职业教育的一种主要方式。由工场和职业学校两个不同的培训机构分工合作,即双元制(dual system),在同一时期内培训残疾学员。学生一边在职业学校学习理论知识,一边在工场进行实际操作训练(类似半工半读)。

社会生活能力(social life abilities) 人们参与社会生活所具有的基本技能。基本内容有：(1)仪容仪表。包括与别人打招呼和应对的能力;保持社交生活中应有的仪表(恰当的服饰、整齐、清洁)的能力;表明礼貌的能力。(2)与别人交往的能力。包括意识到别人的身份和需要的能力;意识到自己身份和需要的能力;表达自己的反应和意愿的能力;理解别人的反应和对别人施加影响的能力。(3)适应能力。即对家庭、社区、人际关系、个人学习、生活、工作条件和环境的适应能力。(4)社会意识。包括意识到家庭对自己的期望,并能做出相应的反应;意识到社会对自己的期望,并能做出相应的反应;意识到自己对家庭负有责任,并能采取相应的行动;意识到自己对社会应负有的责任,并采取相应的行动。社会生活能力的测查,一般采取标准化的记分表。我国常用的测定表有：《社会功能缺陷筛选表》(WHO)、《社会交往测定表》、《社会能力评分表》、《儿童社会生活技能测定表》、《老人社交情况问卷表》等。

自我照料技能 个人维持生活和健康所必需的日常技能。诸如进食、穿衣、洗漱等技能。

社会适应(social adaption) 个体的观念、行为方式随社会环境变化而改变,以适应所处社会环境的过程。由于物质与精神需要都只有在社会适应的前提下才能得到较好的满足,因此能否适应社会,对个体的生存与发展具有重要意义。在遇到冲突和挫折时,人们通常能采取适当的策略,调整自身的心理和行为,以适应社会生活。人类可以通过语言、风俗、法律及社会制度等的控制使自己与社会相适应。其方式有适合、革新、形式主义、退缩和反抗 5 种类型。社会心理学研究认为,人们在社会生活中,当遇到冲突或挫折时,往往通过文饰作用、认同作用、代替作用、投射作用、压抑作用和反向作用等,使个人与社会取得良好的适应。长期社会适应不良的个体,由于其观念及行为不能为他人所接受,与社会相隔离,久而久之会产生精神病态。由于残障的存在或他人的社会偏见,特殊儿童往往会出现社会适应困难,导致社会适应能力的下降或缺陷。培养他们的社会适应能力是特殊教育的重要课题。

工作分析(job analysis) 又称"任务分析法"。见"任务分析法"。

养护·训练 又称"自立活动"。日本特殊教育学校设立的教育指导领域。1971年起日本为改善和克服特殊教育学校学生身心障碍而设的学科。主要针对每个身心障碍学生的具体情况,有计划地指导学生自立、主动地活动。内容有身体的健康、心理的适应、认知环境、身体活动、人际交流等5个指导领域和18个具体指导项目。在特殊教育幼儿园以自立活动为目标和内容。

胚胎医学(embryonate medicine) 一门新兴医学分支学科。对精子与卵子的选择、受精、胚胎形成、胚胎发育和胎儿的健康成长等各方面进行研究并加以人工干预和控制。发展很快,如人工授精、试管婴儿的成功为不育患者带来了福音,也为研究遗传病、开展优生优育、提高人口质量提供了可能。宫内胎儿手术的成功,为胎儿疾病的治疗开创了一条新路。

运动医学(sports medicine) 研究体育运动中医学问题的医学分支学科。医学和体育相结合的一门边缘学科。内容包括以下几个方面:(1)运动医务监督。研究运动时的生理规律、训练效应、病理变化以及运动性疾病的防治、病后训练的安排等。(2)运动创伤学。研究运动创伤的发生规律、防止措施和伤后康复等。(3)运动营养学。主要研究各专项运动员的合理营养。(4)医疗体育。利用人体肌肉各关节的运动预防和治疗疾病。

社会医学(social medicine) 研究各种社会因素与健康之间相互关系的医学分支学科。主要研究人们患病的社会根源及其规律,制定各项社会措施以保护和促进人类身心健康和社会适应能力。现代医学研究表明,人体疾病的形成是自然、社会、心理诸因素的综合作用。这是因为人具有意识、劳动、创造、社交等一般生物没有的特性,即社会性。这种特性在人们之间以物质、能量、信念三种形式进行交换。这种相互交换如果数量不足或方式不合适,都会给人们造成身体的病理状态。如在社会动乱或突然灾祸降临时,往往有某些疾病的流行;而一旦社会安定,灾祸消失,疾病也会停止流行。说明社会因素不但能致病,而且也能治病。随着医学科学的发展,许多传染病的发病率和死亡率已大大降低,而社会心理因素致病性逐步提高。其出现标志着人们对疾病的防治有了一个全面的科学认识,可以更有效地保护人群的身心健康。

行为医学(behavior medicine) 研究人的生活或方式、行为与疾病之间关系的医学分支学科。影响人类生存和健康的因素很多,其中不良的生活方式和行为是造成疾病发生的重要原因之一。研究表明:饮食过多、运动过少是导致儿童、青少年肥胖的主要原因,肥胖不仅直接给少年儿童带来极其严重的身心损害,而且给成年肥胖打下了基础,导致一些"成年疾病"年轻化,如糖尿病、高血压、脂肪肝、冠心病等。肥胖将成为21世纪青少年健康的第一杀手。不注意合理饮食可能致病,不良的心理行为对健康也有很大的影响。在儿童期双亲去世、父母离异或关系不和谐、家庭成员之间经常争吵、家人酗酒等,都可能造成儿童人格的畸形发展并导致儿童精神病的发生。工作紧张或心理遭受刺激与冠心病、溃疡病、高血压等有很大的关系。克服不良的生活方式、保持健康的心理状态是重点研究内容。

社会心理适应(psychosocial adjustment) 个人与周围环境其他人相处和相互作用中的社会和情感功能。特殊儿童教育和研究中常用的术语之一。心理学家认为,社会心理发展和家庭内部关系有问题的儿童可能在社会心理适应上存在困难。行为主义认为,环境刺激强化并保持一个人的社会技能。培养和发展社会心理适应技能是弱智等特殊儿童教育与训练的重要内容。如家长为儿童创造良好的家庭环境,积极有效地与他人交往;在学校或游戏中,强化发展儿童适当的社会行为,如与其他儿童接近、共同分享,并参与社会性游戏,帮助儿童形成并保持良好的人际关系。

健康(health) 人所具有和追求的一种良好状态。1946年世界卫生大会通过的《世界卫生组织宪章》定义为:健康乃是一种在身体上、心理上和社会生活的完美状态,而不仅仅是没有疾病或虚弱的状态。标志原来医疗"治病—救命"的二维观念更新为""治病—救命—功能"三维观念,原来医学的"生物学模式"改变为"生物—心理—社会模式"。1989年世界卫生组织又将定义修订为:健康不仅是没有疾病,而且包括身体健康、心理健康、社会适应良好和道德健康。

康复(rehabilitation) 对患者的疾病及疾病造成的后果进行综合性的矫治。世界卫生组织(WHO)1981年定义为:"应用各种有用的措施以减轻残疾的影响和使残疾人重返社会,康复不仅是指训练残疾人使其适应周围的环境,而且也指调整残疾人周围的环境和社会条件,以利于他们重返社会,在拟订有关康复服务的实施计划时,应有残疾者本人、他们的家属以及他们所在的社区的参与。"按领域可分为医学康复、教育康复、职业康复、社会康复,实现以上四个领域的康复就是全面康复;按对象可分为视力残疾康复、听力语言残疾康复、智力残疾康复、肢体残疾康复、精神残疾康复等;按实施的方式可分为医院康复、社区康复、家庭康复;按范围可分为大康复—全面康复、综合康复,小康复—医疗康复。

医学康复(medical rehabilitation) 全面康复的起点和一个组成部分。一门跨学科的应用科学,以运动学、神经生理学、生物力学为理论依据,通过临床诊疗、康复功能评估以及运用各种康复疗法为手段,使功能障碍者的生活自理能力得以最大限度地改善,潜在的功能得以充分发挥。

医教结合 医教结合是教育学和医学的广泛合作,共同致力于儿童发展的一种观念。在特殊教育领域,医教结合是以特殊教育为主,医疗康复服务为辅的多学科合作模式,其核心是依据特殊儿童身心发展规律和实际需求,实施有针对性的教育、康复和保健等服务。二十一世纪初,上海等地提出,将医教结合作为特殊教育改革的方向。

康复医学(rehabilitation medicine) 一门有关促进残疾人及其他康复对象康复的医学学科。在现代社会,具有以下特点:以残疾人、慢性病、老年病等有功能障碍者为主要康复对象,按照"功能训练、全面康复、重返社会"三项原则指导康复工作,大量使用功能方面的评估、训练、补偿、增强等技术和心理学、社会学等跨学科性的康复协作的方法对患者进行康复。鉴于其显著特点,学者将其作为预防医学和临床医学以外的另一医学体系。现代康复医学的创始人之一 H. A. Rusk 称之为"第三医学"。

教育康复(educational rehabilitation) 残疾儿童全面康复的基本途径。通过教育与训练的手段,提高残疾者的素质和能力。这些能力包括智力、日常生活的操作能力、职业技能以及适应社会的心理能力等方面。对象首先是残疾儿童。联合国教科文组织要求,残疾儿童与非残疾儿童应该接受同样的教育。我国不仅对残疾儿童实施九年义务教育制度,而且创造条件使残疾人能享受中等以上教育。形式上可有专门的特殊机构(学校、班级、中心等),也可在普通机构、社区、家庭内以集体或个别方式进行特殊教育。方法上可用一般教育方法的同时,结合受损机体的特殊性采用适当的特殊方法(如教聋童发音的方法、教盲童定向行走的方法,感知动作训练方法和行为矫正方法等)。动力来自残疾者本身、家庭、教师、社会。任务是最大限度地发挥个体的潜能和补偿能力,使受损害的机体功能达到最好的发展水平,尽其最大可能参与社会。

职业康复(vocational rehabilitation) 全面康复的一个组成部分。指通过一系列措施,稳定且合理地解决残疾人的就业问题。残疾人就业比健全人困难得多,需通过政策、法律的保障,有一整套科学的职业康复程序,包括就业前的咨询(对有关就业的医学、心理、经济、社会、教育、职业等方面进行广泛的了解),评价(包括心理和技能素质的评价,以评价残疾者的心态、行为、对职业的态度以及从事某种职业的可能性)、治疗(通过一个过程克服就业方面的某些不足之处)、训练(职业技能培训)、安置(根据具体情况选择恰当的职业)以及就业后的随访(就业后的跟踪以及了解就业后存在的问题并帮助加以解决)。

社会康复(social rehabilitation) 全面康复的一个组成部分。从社会学的角度推进残疾人的医疗、教育、职业康复和保障残疾人的合法权益。核心是维护残疾人的"人的尊严",消除社会上长久以来形成的种种偏见,保障残疾人的正当权利,建设一个健康与文明的社会环境。如宣传人道主义思想,扶弱助残;鼓励残疾人自尊、自强、自立;制定有关的法律和法规,确立残疾人在社会中的平等地位和待遇,以法律来保障残疾人的合法权益、人身安全和人的尊严不受侵犯;消除社会环境中的物理障碍,建立无障碍环境;为残疾人参与社会活动提供机会、创造条件等。

社区康复(community based rehabilitation) 依托社区开展的残疾人康复工作。1994年联合国教科文组织、世界卫生组织、世界劳工组织联合解释为:"是属于社区发展范畴内的一项战略性计划,其目的是促进所有残疾人得到康复服务,以实现机会均等、充分参与社会生活的目标。社区康复的实施,要依靠残疾人及其亲友、所在社区以及卫生、教育、劳动就业和社会保障等相关部门的共同努力。"在中国,将其纳入整个社区建设规划和相关部门工作范畴,调动社区一切资源,以街道、乡镇为平台为残疾人提供各类就近服务,包括教育服务。《残疾人保障法》中指出:"以康复机构为骨干,社区康复为基础,残疾人家庭为依托,以实用、易行、受益广的康复内容为重点,为残疾人提供有效的康复服务。"《中国残疾人事业"十二五"发展纲要》配套实施方案中将社区康复作为残疾人康复各项工作的落脚点,是实现2015年残疾人"人人享有康复服务"目标的重要手段和途径。

康复对象(rehabilitation object) 有康复需要的人群。主要包括4类人群:(1)残疾人。残疾人是康复的主要对象。(2)老年人。老年人体衰多病,越来越需要康复机构的帮助。(3)慢性病人。包括某些疾病急性期后形成迁延期或手术后进入恢复期的病人,康复有利于提高疗效。(4)其他。如抑郁症、神经症等患者。

康复诊断(rehabilitation diagnosis) 对康复的对象进行运动、感觉、知觉、言语、认知、社会生活、职业等方面的功能评估。分3个阶段进行:(1)初次评估。即在制订康复计划和开始康复治疗前进行的第一次评估。目的是了解功能状况、障碍程度、致残原因、康复潜力并估计康复预后,以此作为拟定康复目标和制订康复计划的依据。(2)中期评估。即在康复疗程的中期进行评估。目的是了解经过一段时间的康复治疗后功能的改变情况,并分析其原因,以此作为调整康复计划的依据。(3)结局评估。即在康复治疗结束时进行的评估。目的是估计总的功能状况,从而评价康复治疗的效果,提出今后重返社会或进一步康复处理的建议。

康复程度(rehabilitation degree) 对康复疗效的评价。分为3个水平:(1)低水平。指在身体功能或心理功能上有某些改善,但未能走出家门、重返社会,如幼儿未入园,儿童、青少年未入学,青年或成人未能就业,或本人自愿与社会隔离。(2)中等水平。身心功能有显著改善,生活能自理或基本自理,但在家庭和社会上仍遭到歧视,有不同程度的隔离、孤独、被遗弃或不幸感,如入园或入学不顺利,无工作或有工作但不适应,个人有自暴自弃或自卑的心理。(3)高水平。身心功能显著恢复,生活自理或基本自理,或虽有明显的残疾、生活未能完全自理,但可经常得到人力或辅助器具的帮助,残疾情况和健康情况基本稳定,不影响重返社会,享有与健全人同等的待遇和权利,自己能正确对待残疾,受到家人和社会应有的尊重,如儿童身心正常发展,年轻人能上学坚持学习并取得进步,成年人有合适的工作并自觉满意或基本满意,能发挥自己的能力和专长为社会服务。

康复预防(rehabilitation prevention) 防止残疾发生的综合性措施。由康复医学工作者配合其他学科的工作人员,进行残疾流行病学的研究,对残疾的原因、发生率、种类以及残疾者的年龄、性别、职业、地区的分布等进行统计分析,并提出预防计划,从医疗卫生、安全防护、社会管理、宣传教育等方面提出综合性预防措施。世界卫生组织针对"疾病—损害—残疾—障碍"的致残模式,发展了"三级预防"学说。一级预防,重点在预防能导致残疾的各种损伤、疾病、发育缺陷、精神创伤等的发生。为此,要注意安全、进行健康教育,实行计划免疫,倡导体育运动等。二级预防,重点在早期发现、早期恰当治疗已发生的损伤和疾病,从而防止或减轻功能上的残疾和遗留永久性的残疾。三级预防,重点在较轻度的缺陷或残疾发生后,积极进行矫治及其他康复处理,限制其发展,避免机体全面出现社会活动方面的障碍或严重的残障。其内涵简而言之是:无病防病,有病防残,有残防废。在不同学科领域强调的内容有所不同,例如,在学习障碍领域:初级预防面对整个人群,关注的是排除学习障碍的根源,减少学习障碍的发生;二级预防的主要目的是缩短学习障碍的持续时间和降低其强度,以防止以后发生更严重的障碍;三级预防则直接指向减少学习障碍个体出现更严重的问题的可能性,旨在减小学习障碍残存的影响。

小肌肉群运动(fine muscle activity) 小肌群的局部运动。如手指屈伸、指尖动作、眼手协调等。坚持进行,可增强动作的灵敏及协调性。作为康复的一种训练手段应用广泛而有效。如肢瘫、手足徐动及痉挛型患者,通过控制手足各关节活动的练习,可逐渐教会患者进食、个人卫生等各种自理活动。智力残疾儿童的小肌肉群运动亦常有困难,需及早加以训练以利于学习和生活。

大肌肉群运动(gross muscle activity) 躯干、四肢等大体积骨骼肌的运动。指走、跑、跳、攀登、投掷等全身运动。长期坚持可促进身体的生长发育,并增强体质,提高机体免疫力。残疾儿童须遵医嘱,以治疗疾病,防止并发症,促进人体代偿功能为目的。智力残疾儿童常伴有运动发展迟缓和不协调现象,对大肌肉群的训练要有计划进行。

娱乐疗法(recreation therapy) 康复疗法之一。通过参加文娱活动以达到身心兼治的系列方法总称。可分为耳听眼看的欣赏和身体力行的实践两大方式。治疗机制是放松精神、调畅情绪,改变整日忧愁状态,促进新陈代谢,增强体质,利于障碍功能的恢复。娱乐活动吸引力强,容易培养和提高人们的兴趣,易于坚持。经常使用的形式有:观赏风景、欣赏音乐、跳舞、栽花、养鸟、钓鱼、玩棋牌及书法等。常与作业疗法和体育疗法结合进行。

劳动疗法(labor therapy) 康复疗法之一。根据残疾人的年龄、兴趣爱好及接受能力,选择适当的劳动方式进行训练,并持之以恒,以矫正各类残疾个体的行为缺陷,发展其代偿机能,提高其日常生活自理能力及社会生活适应能力。

教育疗法(educational therapy) 又称"治疗教育学"。康复疗法之一。运用教育手段减轻或消除因缺陷而产生的不良行为的一种方法。有奖励法、惩罚法、示范法、暗示法、练习法、常规训练法等。具体措施因人因病而异。主要适应于学习障碍、人格发展障碍、日常生活适应障碍等。常与心理治疗等方法结合进行。

药物疗法(drug therapy) 用药物治疗疾病或改善障碍情况的一种方法。药物的选择要考虑病因、病性以及患者的体质等方面因素。在教育与心理学领域中,常以服用规定的药物来改变患者的异常行为,使之获得较适当的学习表现及能被社会接受的行为。如卡马西平药物治疗癫痫效果显著,并有良好的抗躁狂作用。与心理治疗结合进行,疗效更佳。

心理咨询(psychological counseling) 心理学中一个重要分支。运用心理学的理论和心理商谈的程序及方法,帮助个体更好地认识自己与环境,从而在生活的各个领域实现其最大的潜能。产生于职业指导、心理测量和心理治疗。主要有3个方面的特点:(1)遵循教育模式,而不是诊断和治疗的医学模型。将来访者看成正常人,咨询者的任务是了解来访者生活中存在的问题,帮助其认清问题所在以及采用何种策略去处理问题,从而实现某个目标或适应新的生活。(2)强调发展,侧重预防。对那些将面临新的困境或问题的个体及时给予知识上的有效帮助,从而消除发展道路上可能遇到的阻碍,使其达到最佳的发展水平,对社会生活有良好的适应。如提供婚前教育咨询和职业选择咨询。(3)看到职业对人类生活的重要意义。帮助来访者找到符合自身兴趣并能发挥其特长的职业。对残疾儿童的家长亦可就正确认识和对待残疾儿童等进行心理咨询。

横向研究(cross-sectional study) 又称"横断研究"。发展心理学常用的研究方法。指在同一时间内对不同年龄组被试进行观察或测试,从而发现随着年龄增长个体心理发展的趋势和规律。研究的特点是节省时间和人力。但由于构成被试样本的不同年龄组的被试是不同质的,因而被试组间的差异可能来源于被试的不同质而非被试的年龄,影响研究结果。在发展心理学上常将此研究与纵向研究结合使用,以弥补只用一种方法的不足。在残疾儿童的心理研究中也经常使用。

纵向研究(longitudinal study) 又称

"追踪研究"。发展心理学的一种常见的研究方法。指在较长的时间内定期地对同一组对象或同一个团体的心理活动进行观察或测试,并将多次获得的结果进行比较分析,从而找到心理发展的连续性和阶段性的特点,揭示人类心理发展变化规律。研究时间可持续几年乃至几十年,因而对某些易发生变化的因素(如被试的生活环境等)不好控制,影响前后结果的比较。故研究时常与其他方法,如横向研究结合使用。在特殊儿童心理研究中经常使用。

跨文化研究(cross-cultural study) 又称"文化比较研究"。主要研究文化对人的心理和行为的影响,研究不同的文化群体成员之间在心理和行为上的相似与不同之处。目的在于发现文化共同的原理和文化特殊的原理。即找到那些在一切文化下都对人的心理和行为产生作用的东西和某些只在某一种文化范围适用的原理。在现代特殊教育与心理的研究中已广为利用,进行跨文化(国家、地区、民族等)的比较,以发现残疾人教育和心理发展的共同规律和跨文化的特点。

《特殊学校义务教育课程设置方案》 教育部关于特殊学校教育教学工作的指导性文件。2007年2月2日颁布。依据《国务院关于基础教育课程改革纲要(试行)》和《关于"十五"期间进一步推进特殊教育改革和发展的意见》精神制定。具体分为《盲校义务教育课程设置实验方案》、《聋校义务教育课程设置实验方案》和《培智学校义务教育课程设置实验方案》。三类特殊教育学校义务教育低、中年级阶段以综合课程为主,高年级阶段为分科与综合相结合的课程。盲校设思想品德、语文、数学、外语、体育与健康、艺术(或分科选择音乐、美工)、科学(高年级或分科选择生物、物理、化学)、历史与社会(或分科选择历史、地理)、康复(低年级开设综合康复,低、中年级开设定向行走,中、高年级开设社会适应)、信息技术应用、综合实践活动等课程。聋校设思想品德、历史与社会(或分科选择历史、地理)、科学(或分科选择生物、物理、化学)、语文、数学、英语、体育与健康、律动、美工、生活指导与劳动技术、综合实践活动(信息技术)等课程。"外语"为选修课程。培智学校按一般性课程和选择性课程设置课程,一般性课程包括生活语文、生活数学、生活适应、劳动技能、唱游与律动、绘画与手工、运动与保健;选择性课程包括信息技术、康复训练、第二语言、艺术休闲、校本课程。

特殊学校教学计划(teaching plan of special school) 在中国,由国家教育主管部门根据教育方针和特殊学校教育对象的特点制定的关于教育教学工作的指导性文件。一般规定了学校的性质、任务、培养目标、学制、课程设置、开课顺序、课时分配、活动、考试等。计划体现了国家对特殊学校工作的统一要求,是学校组织教育教学工作的重要依据,学校无权擅自更动。解放前中国无统一的特殊学校教学计划,20世纪50年代后教育部陆续制订了盲校和聋校的教学计划。1984年7月教育部颁布了《全日制八年制聋哑学校教学计划(征求意见稿)》、《全日制六年制聋哑学校教学计划(征求意见稿)》和说明;1987年1月原国家教委发布了《全日制盲校小学教学计划(初稿)》,有五年制和六年制两种;1987年12月又印发了《全日制智力落后学校(班)教学计划(征求意见稿)》。1993年10月原国家教委下发了九年制《全日制聋校课程计划(试行)》和《全日制盲校课程计划(试行)》,其内容类似教学计划。有一些国家没有单独的特殊学校教学计划,或者在有关法令中对课程加以规定,或者由所在的学校或地方政府来自行确定。

特殊学校教材(teaching materials of special school) 特殊学校教师和学生进行教学活动的材料。根据特殊学校各科教学大纲分学科和年级编写。主要是文字材料(含教科书、图表、教学参考书等),也有视听教材。根据特殊学生特点,内容编排突出重点、分散难点,把知识学习和能力培养、思想教育结合起来,贯彻各种教学原则,妥善处理思想性和科学性的关系,以达到大纲规定的目的、任务。中国在20世纪50年代就为聋哑学校专门编写和出版过统一的语文、数学教材,为盲校改编和用盲字出版过小学教材和部分职业教育教材。20世纪70年代重新编写和出版聋校语文、数学各16册教材及配套教学参考书,后又多次修订。为智力落后学校编写的全国统一教材于1993年秋开始使用。为盲校和聋校编写的义务教育教材于1996年秋开始发行。2001年特殊学校进行课程改革,按照新的课程设置方案将重新编写聋校、盲校和培智学校的教材。同时,国家鼓励地方根据国家课程标准因地制宜编写校本教材,以适应各地、各种学生的需要。俄罗斯、日本等国家有统一出版的特殊学校教材。美、英等国可由教师从众多的教材中依据具体情况选用。

特殊学校教学大纲(syllabus of special school) 国家教育主管部门根据特殊学校教学计划以纲要的形式对有关学科教学内容做出规定的指导性文件。大纲中对学科的教学目的、要求、知识范围、结构、要点、进度和各年级的具体要求均有明确的规定,还说明教材编排的原则和方法、教学中应注意的问题。根据教材的编选原则、教材本身的逻辑系统和学生的认识规律,教学大纲以纲要形式安排全部教材的主要课题、章节,规定每个部分的教学要点和教学时数,有的大纲还对练习、实习、实验等做了安排,对教学仪器、直观教具、参考书目等做了说明。体现国家对各科教学的统一要求,是编写教科书和教师进行教学的重要依据,也是衡量教学质量的重要标准。1990年原国家教委正式出版了全日制智力落后学校(班)的语文、数学、体育、常识、美工、音乐、劳动技能7门课的教学大纲(征求意见稿)。日本、俄罗斯等国也有国家教育部门批准的教学大纲或学习指导要领。美国等国家没有全国统一的教学大纲,他们一般都使用个别化教育计划(IEP)。

综合学习时间 日本特殊教育学校学习指导要领中规定的一项教学改革的

内容。由日本文部省颁布,2002年开始实行。规定各校根据当地和学校实际情况,按照学生障碍状况和身心发展阶段,发挥积极性、创造性,努力进行交叉的、综合的、适合学生兴趣和学生关心的教育活动。努力达到培养学生自己发现课题、自学、独立思考、自行判断、能更好地解决问题的素质和能力;指导学生掌握学习方法和有效的思考方式,培育学生主动性、创造性地解决问题和进行探究活动的态度,促使学生思考自己的生活方式。可按社区和学校特色和实际开展适合的综合教育活动。

特殊教学设备(teaching equipments for special education) (1)特殊教育机构完成任务所需的全部教学设施、设备和器材的总称。其中包括一般的教学条件和设备,如建筑物、教学仪器、课桌椅、黑板、电教用具、计算机辅助教学设备等;还包括各级各类特殊教育机构教学用的特殊设备,如测查聋、盲、智力落后等残疾程度的专门测查室和仪器,聋校的语言训练室及律动教室的设备;盲校的各种用于触摸的动植物标本、模型、理化仪器,放大本盲文书的课桌,为低视力学生使用的助视器;智力落后学校的运动训练和康复器材,直观教具室、家政室、职业劳动教室等。中国、日本等国都由国家教育主管部门颁布各类特殊学校的设备目录,以此作为特殊学校配备仪器的依据和基本标准。(2)专指特殊学校的专用教学设备。

特殊教育管理(management of special education) 国家和地方政府对特殊教育事业及特殊学校有组织、有目的、有计划的领导、指挥和协调活动。包括教育行政管理和学校管理。按照国务院1989年批转的《关于发展特殊教育的若干意见》中规定:"把残疾少年儿童教育切实纳入普及义务教育的工作轨道,各级教育部门要把残疾儿童教育同当地实施义务教育工作统一规划、统一领导、统一部署、统一检查",还规定:"在各级人民政府统一领导下,以教育部门为主,民政、卫生、劳动、计划、财政和残疾人联合会等部门和组织紧密配合,各司其职,共同做好特殊教育工作。"教育行政部门负责贯彻执行国家关于特殊教育的方针政策,制订教学计划、教学大纲和有关规章制度,会同计划等部门做好特殊教育规划,对特殊教育工作进行宏观指导和具体管理,负责特殊教育师资的培训和组织特教教材的编审。各级教育行政部门内已有专门的组织(特殊教育处)或专职人员(特教干部)进行特殊教育的行政管理的各项工作。特殊学校的管理一般由上级教育行政部门任命的学校校长负责。管理手段有行政手段、计划手段、经济手段等。各个国家的特殊教育管理受各国制度和经济文化的制约,有各自的特点,但都在朝特殊教育管理科学化、民主化、现代化方向努力。

特殊学校编制(the establishment of special school) 特殊教育学校教职员工的配备标准。各国情况不同。1957年中国教育部在《关于办好盲童学校、聋哑学校的几点指示》中提出:盲校、聋校的教师配备比例稍高于普通学校,同时还需配备具有一定水平的管理学生课外活动的教养员、卫生护理员、图书管理员、炊事员等,并就配备标准做了规定。20世纪70年代以后,国家未再作统一要求,由各地教育行政部门会同人事部门按本地情况自行规定。一般以一个教师平均有多少个学生的比数表示,即师生比。

特殊教育双语教学 (1)民族地区实施特殊教育时的一种特殊现象。中国少数民族地区的特殊教育教师在教学时除使用国家通用语言文字外,还使用当地少数民族的语言,以使学生适应当地生活的需要。(2)在美国等国家聋校指教学时使用手语和有声语言的现象。

特殊学校社会工作者(social worker in special school) 为在校特殊儿童提供咨询等方面服务的人员。需受过社会工作的专业训练,了解特殊学校教学过程,能与特殊儿童及其家长和睦相处。主要职责有:帮助特殊儿童熟悉和适应学校环境,帮助学校了解特殊儿童,向家长解释学校的教学目标和方法,使学校与家长建立良好的合作关系等。在许多国家和地区有专门培训社会工作者的机构,在特殊教育学校内有专门的人员编制。

特殊学校义务工作者(volunteer for special school) 自愿为特殊学校提供无报酬服务的人员。有青年学生、残疾学生家长、退职人员、宗教团体人士等。服务的方式和项目因人而异,如帮助残疾学生进行身体康复训练,接送残疾学生上学校,为书写不便学生代记笔记,协助教师进行教学辅导工作等。服务时间与学校商定,一般为不定期的。

特殊教育辅导教师(resource teacher of special education) 又译"资源教师"。一些国家和地区从事特殊儿童辅导工作的一种专职教师。在鉴定、教育和评估特殊儿童方面受过专门训练。针对特殊儿童在班级授课中存在的疑难问题予以个别或小组辅导,以使其跟上教学进度。同时,与特殊儿童所在班级的教师、家长合作,为特殊儿童制订辅导教学计划。在中国,多由特殊学校的教师担任,负责指导普通学校的教师工作和帮助随班就读的特殊学生学习。

特殊教育咨询教师(consulting teacher of special education) 又称"咨询顾问"。一些国家和地区从事特殊教育辅助工作的一种专职人员。在鉴定、教育和评估特殊学生方面受过专门训练。主要职责是向接收有特殊学生的普通班教师、学校管理人员、学生家长解答有关特殊学生教育的问题,对制订特殊学生教育辅导计划提出咨询意见,而不直接对特殊学生进行帮助。

特殊教育巡回教师(itinerant program teacher of special education) 从事特殊教育教学指导工作的一种专职人员。以巡回教学的方式对一个地区的若干所学校、家庭、医院中的特殊儿童进行定期或专项辅导。同时也对学校教师、特殊儿童家长提供指导。在中国一般由特殊学校教师担任,任务是经常巡回辅导本地区的随班就读工作。

特殊教育需要协调员（Special Educational Needs Coordinator，SENCO）英国专门负责协调、为有特殊教育需要儿童提供支持的人员。依据2001年英国出台的《特殊教育需要实务守则》中要求需在接受政府资助的早期教育机构和学校中设置。主要起与家长沟通、观察儿童、协助本机构内早期教育人员做好特殊教育需要儿童教育工作的作用。

特殊教育师资培养（teacher education of special education） 对特殊教育教师职前培养和在职培训的总称。各国体系不同。美国、日本等许多发达国家规定：必须修完普通教育的所有必修科目，获得普通学校教师任职资格后，再学习1—2年特殊教育课程，成绩合格，方能从事特殊教育工作。在中国，特殊学校教师的职前培养，由大专及以上层次的高等院校和特殊教育师范院校负责，大专层次的特殊教育师范院校专业课师资的职前培养，一部分由本科层次高等师范院校特殊教育系（专业）负责。特殊教育教师的在职培训一般通过短训班、函授、夜大等多种形式进行。培训内容一般包括特殊儿童的教育基本理论、特殊儿童心理学、特殊学校教学方法等。1994年《残疾人教育条例》规定："国家实行残疾人教育教师资格证书制度。"为特殊教育师资的培养和培训提供了法律依据。

特殊教育师范学校（师资培训中心、部） 中国培训特殊教育学校师资的专门机构。1981年，黑龙江省肇东师范学校首先设立特殊教育师范部。1985年第一所特殊教育师范学校在南京建成。主要招收初中毕业生，兼收高中生或已在普通中等师范学校学习一定年限的师范生。学制2～4年。设盲、聋、智力落后教育专业，执行国家制订的教学计划。学生毕业后到特殊学校任教。至1995年中国有34所，在校学生数千人。根据1999年《中共中央国务院关于深化教育改革全面推进素质教育的决定》关于"调整师范学校的层次和布局，鼓励综合性高等学校和非师范类高等学校参与培养、培训中小学教师的工作，探索在有条件的综合性高等学校中试办师范学院"的要求，在师范学校的调整中通过办学层次升格、并入其他高等院校等方式而逐步消失。

黑龙江肇东师范学校特殊教育系
中国第一个设在普通中等师范学校内的特殊教育师资培训机构。前身是肇东师范学校特师部，1981年成立。1990年被列为联合国儿童基金会合作项目学校之一。1994年被黑龙江省教育厅确定为"黑龙江省特殊教育师资培训中心"。

北京师范大学特殊教育研究所（系）
[Institute(Department) of Special Education, Beijing Normal University] 前身是成立于1980年的特殊教育研究室（后为特殊教育教研室），中国内地高等院校中第一个特殊教育的教学、研究机构。1986年开始招收本科生。1993年和2005年相继建立特殊教育硕士点、博士点。2008年被教育部定为首批建设的国家特色专业。培养高学历的特殊教育专业教师和高层次的学术研究人才。截至2012年

年底,有专职教师 9 人,其中教授 4 人、副教授 4 人、讲师 1 人。学科领域涉及特殊需要儿童的生理、心理、教育、康复等。先后参与国家《残疾人教育条例》、《特殊学校义务教育课程设置方案》等重要法规、文件的制定,主持多项国家级、省部级特殊教育科研课题,出版著作和教材 30 多部,在国内外公开出版的刊物发表研究论文上百篇。同时承担国家级特殊教育骨干校长、教师、教研员的培训。

华东师范大学学前教育与特殊教育学院(Preschool and Special Education School, East China Normal University)
中国高等师范院校第一个学前教育与特殊教育学院。成立于 2001 年。其下设的特殊教育学系建于 1997 年 9 月,前身是该校心理学系,1988 年开始招本科生的特殊教育专业和上海幼儿师范学校。学院下有 5 个系、部。特殊教育系现设有 2 个本科专业,设有特殊教育学博士和硕士学位点以及特殊教育专业教育硕士项目。至 2012 年底,有教授 3 人,副教授 11 人,讲师 6 人。主要研究领域为特殊儿童发展与教育、特殊儿童康复与干预、特殊教育课程与教学、特殊教育师资培养和特殊教育政策等。该系依托"上海市特殊教育资源中心",开展特殊教育相关的社会服务。言语听觉康复科学系成立于 2009 年,其前身是 2004 年建立的言语听觉科学专业。该系拥有国内最早且目前唯一的言语与听觉科学硕士和博士点,截至 2012 年年底,有教师 6 人,其中教授 2 人、副教授 2 人、讲师 2 人。2009 年 1 月建立"言语听觉科学教育部重点实验室"。其他 3 个系部有教师 60 余人。

长春大学特殊教育学院(Special Education College of Changchun University)
中国第一个专门招收残疾学生的高等学校。1987 年经国家教委批准,由中国残联与吉林省人民政府联合举办。面向全国招收盲、聋、肢体残疾学生。现设有针灸推拿学、音乐表演、绘画、艺术设计、动画 5 个残疾学生本科专业和 1 个健全学生特殊教育本科专业。该校有 7 名听障学生被评为世界聋人美术家。视障学生楚洪波曾获"全国五四奖学金"。2007 年,"聋人美术本科人才培养模式创新实验区"项目被教育部批准为国家级人才培养模式创新实验区,针灸推拿学专业被教育部评为国家级特色专业,特殊教育研究中心被评为吉林省高校人文社科重点研究基地。建有"国家视障高等教育资源中心"、国际 PEN 项目投资的"国际聋人远程教育网络系统"。

滨州医学院特殊教育学院 中国第一个专门招收大学本科残疾学生的医学院校。校址随滨州医学院本部迁至山东省烟台市。前身是滨州医学院临床医学系(医学二系),创办于 1985 年 9 月。学制 5 年。残疾人考生均须参加全国高校招生统一考试,统一录取。先后完成国家社科规划办课题"残疾人就业问题研究",山东省社科规划重点课题"我国残疾人高等教育问题研究"、"残疾人大学生心理特点研究"以及教育部、山东教育厅多项研究。

南京特殊教育职业技术学院（Nanjing Technical College of Special Education） 江苏省属的一所高等特殊教育院校，位于江苏省南京市。前身是教育部与联合国儿童基金会共同投资建设的南京特殊教育师范学校。1985年正式招生。1997年由教育部划归江苏省人民政府管理。2002年6月经江苏省人民政府批准升格为高等专科院校，为江苏省教育厅直属事业单位。2001年成为江苏省特教师资培训中心。2009年成为中国残联全国残疾人职业教育师资培训基地。设有基础部、特殊教育系、艺术系、康复系、信息技术系和外国语言系等9个院（系、部）。有特殊教育（包括盲教育、聋教育、智力落后教育）、学前特殊教育、音乐教育、美术教育、英语教育、康复技术教育、信息技术教育和工艺设计等22个专业。全日制在校生5 300多名，其中残疾学生近500名。专任教师300多名。建校迄今已经为全国培养了20 000多名特殊教育专门人才。

北京联合大学特殊教育学院 （Special Education College, Beijing Union University） 北京市属的一所残健融合综合性的高等特殊教育学院。承担残疾人高等职业教育和特殊教育师资培养培训、指导北京市特殊学校教研科研等基本任务。2000年1月经北京市教委批准将原培养中师层次特殊教育师资的北京第一师范学校建制划入。2000年夏季正式招残疾学生和普通师范生。设有特殊教育系、生物医学系、艺术系、电子信息系、特教师资培训中心、基础部、成教处等教学单位和特殊教育研究所。开设特殊教育、学前教育、听力语言康复技术、艺术设计（听障）、计算机科学与技术（听障）、视觉传达艺术设计（听障）、计算机应用技术（听障）、园林技术（听障）、针灸推拿（视障）、音乐表演（视障）10个本科和高职专业。2011年在校生816人，其中残疾学生471人。2003年起成人教育面向残疾人单考单招，招收肢残、听障、视障类型的生活能够自理、符合所报专业学习要求的残疾人。截至2012年年底，有教师63人，其中教授6人，副教授19人。2009年成为中国残联全国残疾人职业教育师资培训基地。

天津理工大学聋人工学院（Technical College for the Deaf at Tianjin University of Technology） 中国第一所专门招收聋人的高等工科学院，由天津市政府和中国残疾人联合会合作举办。前身是天津理工大学特殊教育部。1991年开始招生，1997年改称现名。现有教师35人，副高级以上职称教师40%，教授3人。设计算机科学与技术专业、服装与服饰设计专业、产品设计专业，每年招生108人。在生活及课外活动上，将聋人大学生与健听学生安排在一起，只是在教学中采用特殊手段单独授课。要求教师掌握手语，上课时口语、手语并用，同时使用多媒体技术等现代化教学手段。与美国国家聋人工学院（NTID）、日本筑波技术大学（TCT）等院校建立校际关系，并在日本世川财团的资助下与这几所院校共同发起建立了国际聋人高等教育网络组织(PEN-International 项目)。

中州大学特殊教育学院(College of Special Education, Zhongzhou University) 河南省属全日制高等特殊教育学院。2002年成立,最初设在艺术学院。2004年起开始面向全国招收高中毕业的聋生。2004年率先在全国高校创办了手语翻译专业。2005年更名为"聋人艺术设计学院"。2007年建成中国大陆第一个"手语翻译实验室"。2009年8月独立设立。截至2011年6月,有教职工40余名,其中教授、副教授11人,讲师8人。在校聋生535名,手语翻译专业在校学生165名。为聋生开设的专业有:装潢艺术设计、古建筑绘画、摄影与摄像技术应用、动漫、计算机技术应用。2009年7月成立"河南省手语培训推广中心",先后承担了河南省、西藏自治区、拉萨市、郑州市等地区残联系统干部手语培训任务。

特殊教育选修课 中国在高等师范院校开设的一门选修课程。讲授内容包括:特殊教育的基本概念、历史发展、法规政策、各类特殊儿童的心理特点、特殊教育教学活动过程、特殊教育教学原则、特殊教学手段等。以拓宽学习普通教育的师范生的知识面,适应今后工作中可能遇到的残疾儿童随班就读等情况。

《中等特殊教育师范学校教学计划(试行)》 原国家教委制定的指导中等特殊教育师范学校教学工作的文件。1989年11月16日颁发。内容包括培养目标、适用范围、时间安排、课程设置、教育实践、课外活动等。规定课程设置分为必修课和选修课。其中公共必修课有思想政治、语文、数学、物理、化学、生物、历史、地理、音乐、体育、美术、教育学基础、心理学基础、特殊教育概论、劳动技术教育等。专业必修课有盲、聋、智力落后儿童心理学、教育学、手语基础、耳聋预防及康复、盲字基础、目盲预防与康复、儿童精神发育迟滞及测查、行为矫正基础,以及小学语文、数学、常识教材教法等。并安排若干科目的选修课和一定时间的专业实习。培养目标是合格的特殊教育小学教师。

《中等特殊教育师范学校教学大纲(试行)》 规定中等特殊教育师范学校专业课教学内容的一组指导文件。由原国家教委师范司根据《中等特殊教育师范学校教学计划(试行)》制定。1993年8月颁发。人民教育出版社正式出版发行。共22个科目,它们是:特殊教育概论、聋童心理学、聋童教育学、手语基础、耳聋预防及康复、聋校小学语文教学法、聋校小学数学教学法、聋校小学常识教学法、盲童心理学、盲童教育学、盲字基础、目盲预防及康复、盲校小学语文教学法、盲校小学数学教学法、盲校小学常识教学法、智力落后儿童心理学、智力落后儿童教育学、精神发育迟滞及测查、行为矫正、智力落后学校语文教学法、智力落后学校数学教学法、智力落后学校常识教学法。

全国高师院校特殊教育专业课程方案研讨会 新中国成立后首次研究高师院校特教专业课程建设的工作会议。由原国家教委师范司主持,1988年10月24~27日在北京召开,与会代表15名。会议总结了1986年高师院校特殊教育专业成立后的办学情况,对特殊教育专业的培养目标、课程设置进行研讨。认为该专业要坚持社会主义的办学方向和为中等特殊师范教育服务的方针,主要培养中等特殊师范学校特教专业课师资,要求学生德、智、体全面发展,具有社会主义人道主义精神和对特教事业的奉献精神,既要掌握特教的基础理论、基本知识和基本技能,又应学习一些其他学科的知识,一专多能。招生对象从以高中毕业生为主,逐步向招收有一定实践经验和文化程度的在职人员,以及中师毕业生为主的方向过渡,对中等特师的优秀毕业生实行定向保送。决定在北京师范大学、华东师范大学和华中师范大学特殊教育专业教学计划的基础上,拟订一个高师院校特教专业教学计划,供各校参照执行。

《高等师范院校特殊教育专业教学计划(草案)》 原国家教育委员会的一份文件。1989年12月6日颁发。内容包括:培养目标、学制和招生、时间安排、学分、课程设置5部分。提出:"特殊教育专业主要培养中等特殊师范学校(班)、普通中等师范学校的特殊教育专业课师资,以及特殊教育科研人员、行政管理人员和社会工作者。学制4年。""近几年内以招收高中毕业生为主,逐步转变为以招收有一定实践经验、中专文化程度的在职人员和中师毕业生为主。少量招收高中毕业生。""4学年总周数和具体时间分配由各校自定。但其中上课时间不能少于115周,专业见习、调查、实习时间不能少于12周。""实行学习年限与按学分累计成绩相结合的学年学分制。课程分必修课和选修课两大部分。必修课分公共必修课和专业必修课两类,约占课程总学分的80%;选修课分限制性和非限制性选修课两类,约占课程总学分的20%。"

特殊教育专业(special education major) 中国高等师范大学培养具有大学本科文化程度以上的特殊教育工作者的专业。学制4年。招收对象主要为高中毕业生,少量招收中等特殊教育师范学校保送生。学生通过学习专业基础课、专业课、选修课和专业实习,考核合格,并通过论文答辩可获得学士学位或硕士学位。此外还担负特殊教育师资的在职培训的任务。1986年在北京师范大学教育系首先设立,1988年在华东师范大学心理系、1990年在华中师范大学教育系、1993年在西南师范大学和陕西师范大学教育系相继设立。至2013年6月,有近30所的高校建立本科、大专层次的特教专业(系)。

特殊教育专业免费师范生 师范生免费教育中的一种类型学生。2007年,国务院决定在部属师范院校开展免费师范生教育。当年秋季,北京师范大学率先招收。入学前须与录取学校和生源所在地省级教育行政部门签订《师范生免费教育协议书》,承诺毕业后从事中小学教育工作10年以上。在校学习期间免除学费,免缴住宿费,并补助生活费。所需经费由中央财政安排。毕业时,省级教育行政部门负责落实教师岗位,保证到基础教育学校任教的每一位免费师范生都有编有岗。未能履行协议的毕业生,须按规定退还已享受的免费教育费用并缴纳违约金。在协议规定的服务期内,可以在学校之间进行流动,有到教育管理岗位工作的机会。经考核符合要求的,可录取为教育硕士研究生,在职学习;任教考核合格并通过论文答辩的,颁发硕士研究生毕业证书和教育硕士专业学位证书。

高等教育自学考试特殊教育专业(专科) 中国高等教育自学考试设立的一门大专层次的专业类别考试。1999年经全国高等教育自学考试指导委员会批准设立。2000年通过考试计划。共规定22门考试科目,考生可以选择其中的16门参加考试,其中特殊教育类考试科目有13门。新编特殊教育类课程自学考试大纲和教材有:《特殊教育导论》、《特殊教育医学基础》、《特殊需要儿童的随班就读》、《特殊儿童康复与训练》、《特殊教育课程与教学》、《智力落后儿童心理与教育》、《视力残疾儿童心理与教育》、《听力残疾儿童心理与教育》、《智力落后儿童交往能力及其培养》、《特殊儿童行为改变》、《特殊儿童早期干预》。

内地留学制 日本特殊教育学校教师的一种进修制度。1966年起日本为提高在职特殊教育学校或特殊教育班级教师的素质,每年派一定数量现职教师脱产到国立大学相关科系或特殊教育研究所研修,学习和更新有关特殊教育的知识和技术,提高素质和教育指导能力。包括3~6个月短期专业研修或一年的长期研修。

上海市特殊教育资格证书(Certificate of Special Education of Shanghai) 上海市教育委员会颁发的特殊教育专业证书。1997年9月开始实施,使上海成为中国大陆第一个实行特殊教育专业证书制度的地区。实施对象是获得国家中小学、幼儿园教师资格证书并在盲校、聋校、培智学校、工读学校、普通学校辅读班、学前特殊教育幼儿园任职的教育教学人员和学校教育管理人员。申请者须参加上海市统一组织的培训,书面考试和能力考核合格,达到上海市教育委员会制定的各类特殊学校教师岗位考核标准规定的师德修养、教育法规、教育教学基本理论、教学技能4方面要求。

特殊教育工作者道德准则(Code of Ethics for Educators for Persons with Exceptionalities) 美国特殊儿童委员会制定的从事特殊教育工作的教师、行政人员、教学辅助人员等应遵循的原则。1995年随同特殊教育教师标准公布。共8条:(1)特殊教育工作者有责任把有特殊性的个体的教育潜能和生活质量提到尽可能高的水平。(2)特殊教育工作者在自己的工作实践中要促进和保持能力和知识的高水平。(3)特殊教育工作者要使自己的专业活动有益于特殊的个体、他们的家庭、其他同事、学生或研究对象。(4)特殊教育工作者在其专业实践中要保持职业判断的客观性。(5)特殊教育工作者要根据自己教育对象的特殊性努力提高自己的知识和技能。(6)特殊教育工作者要时刻记住自己职业的标准和政策。(7)特殊教育工作者要尽可能推动完善特殊教育及相关服务与实践的法律、法规和具体政策。(8)特殊教育工作者不能允许或参与破坏道德准则和非法的活动,不能破坏特殊儿童委员会代表大会通过的职业准则。

中美特殊教育师资培训合作项目(1988—1992年) 中国残疾人联合会与美国全球2000年发展基金会的一个合作项目。1987年6月29日由中国国家副主席、中国残疾人福利基金会名誉理事长王震与美国前总统、全球2000年发展基金会主席吉米·卡特代表双方签署意向书。内容是由美方提供经费,在1988—1992年的5年内,通过在中国举办培训班和选派留学生、访问学者赴国外学习的形式为中国培训特殊教育专业课师资和管理人员。先后在北京、营口、青岛、上海、武汉、长春、重庆举办了9个培训班,参加者300多人。另派出8名留学生和访问学者赴美国或英国学习。

特殊教育群英模范 新中国成立后首批国家级特殊教育战线先进单位和个人。1960年6月1日出席在北京召开的第一次全国教育和文化、卫生、体育、新闻方面社会主义建设先进单位和先进工作者代表大会(又称全国文教群英大会),受到党和政府的表彰。其中,获先进单位称号的有6所特殊学校,获先进工作者称号的有5人。还有1人作为特邀代表出席了会议。

全国助残先进集体、个人 在扶残助残方面作出突出成绩的国家级模范单位和个人。1991年5月9日~11日出席由中共中央宣传部、民政部、人事部、解放军总政治部、全国总工会、共青团中央、全国妇女联合会和中国残疾人联合会共同组织召开的表彰大会。其中,助残先进集体158个,助残先进个人110名。

自强模范 国家授予自强不息、志在奉献、表现突出的残疾人的称号。获得者有194名,1991年5月9日~11日出席由中宣部、民政部、人事部、解放军总政治部、全国总工会、共青团中央、全国妇联和中国残联共同召开的表彰大会。

全国特殊教育先进县(市、区) 国务院残疾人工作协调委员会、原国家教委、民政部、中国残联表彰特殊教育工作成绩突出县(市、区)的称号。表彰条件是:(1)当地人民政府和教育行政部门重视特殊教育。(2)残疾儿童、少年义务教育成绩突出。(3)采取措施积极开展残疾儿童、少年的劳动教育和职业技术教育,扶持特殊教育学校校办企业的发展。(4)特殊教育所需师资基本配齐,并有计划地开展在职教师的特殊教育专业培训。(5)多种渠道筹措特殊教育经费,保证特殊教育的发展。1993年10月5日在北京由国务院残疾人工作协调委员会主持召开的《中国残疾人事业五年工作纲要(1988—1992年)》总结大会上,全国共有254个县(市、区)获此称号。1994年表彰了197个县(市、区)。1995年表彰了102个县(市、区)。还具体提出这些受表彰地区中的

30万人口以上的县（市、区）建立了特殊教育学校；30万人口以下的县（市、区）都在普通学校设置了特殊教育班；普遍开展了残疾儿童少年随班就读工作；视力、听力语言和智力残疾儿童少年的入学率提高；残疾人职业教育等工作也取得了一定成绩。

首届全国部分省市盲校、聋校学生艺术调演 新中国成立后第一次为残疾学生举办的艺术比赛演出。1992年10月在江苏南京市举行。由原国家教委、文化部、中国残联共同举办。目的是展现残疾学生的艺术才能，检阅特殊学校艺术教育的成果，进一步唤起社会各界关心、帮助残疾儿童少年，支持特殊教育工作。分声乐、器乐、舞蹈、戏剧小品四类。全国11个省市的141名盲、聋校学生参加了比赛，共评出表演一等奖8名，二等奖19名，三等奖24名，创作奖17名。

首届全国特殊教育学校（院）学生美术大赛 2004年"全国助残日"的系列活动之一。由教育部、中国残疾人联合会联合主办。主题是"身残志更坚，巧手绘明天"。参赛者是全国各级各类特殊教育学校（院）的视力、听力或智力障碍的残疾学生。其获奖作品展览在助残日当天在北京中国美术馆举办，展出残疾学生创作的绘画、书法和各种工艺作品近2000件。

中华人民共和国残疾人证 中国认定残疾人及其残疾类别、等级的法律凭证。也是残疾人享受社会保障、基本公共服务和优惠政策的凭证。1995年统一制发第一代证，有效期至2009年12月31日。2008年起统一制发第二代证，自2010年1月1日起使用。凡是符合国务院批准的《第二次全国残疾人抽样调查残疾标准》的视力、听力、言语、智力、肢体、精神及多重残疾人均可申领。实行市、县两级管理发放制度。申请人本人（或法定监护人）自愿向申请人户口所在地县级残联提出申请办理。县级残联负责受理本辖区内申请人办证申请，指定、组织县级（含县级）以上医院或专门医疗机构进行残疾类别和等级评定，填发残疾人证并向市级残联报审，负责本级档案管理。市级残联负责审核所属县级残联的报送证件、残疾评定程序、结果等，承担批准职责，负责本级档案管理，检查监督所属县级残联办证工作。省级残联负责监督、检查发证工作。

国务院残疾人工作委员会 国务院主管残疾人工作的机构。原称"国务院残疾人工作协调委员会"，1993年9月成立。2006年4月6日国务院办公厅发文通知：经国务院批准更名，该机构的主要职责、工作制度等均不变。国务院副总理回良玉任主任，邓朴方、张勇、陈小娅、窦玉沛、张小建、马晓伟、王新宪任副主任，汤小泉任秘书长。33个部门的负责人任委员。具体工作由中国残疾人联合会承担，秘书处也设在中国残疾人联合会。职责是：综合协调有关残疾人事业方针、政策、法规、规划、计划的制订与实施工作；协调解决残疾人工作中的重大问题，组织协调联合国有关残疾人事务在中国的重要活动。每年召开一至两次会议。

特殊教育办公室 中国教育部内设的一个机构。1994年4月14日原国家教委办公厅发文设立,办公地点在基础教育司,承担日常事务。2012年10月29日,教育部办公厅再次发文通知设立。主要职责是:拟定特殊教育的宏观政策和事业发展规划;组织制定特殊教育课程方案和课程标准,组织审定义务教育阶段特殊教育教材,指导特殊教育教学工作;统筹协调部内相关的特殊教育管理工作。日常工作由教育部基础教育二司特殊教育处承担。主任李天顺、副主任姜瑾。

教育部特殊教育处 教育部主管特殊儿童学前教育和义务教育的职能部门。设在基础教育二司。前身是1953年成立的教育部盲聋哑教育处。此后几度变化。1959年教育部机构调整,处改为科,属小学司领导。后又与民族教育、学前教育管理机构合并为综合处。文化大革命期间随教育部一并撤销。恢复教育部后,与幼教管理一起称为幼教特教处。1980年重新设立,称为特殊教育处,属初等教育司、基础教育司直接领导。1985年原国家教委成立后,名称相应变化。职责主要是掌握党和政府关于特殊教育的工作方针、政策;制定特殊儿童学前教育和义务教育发展规划和有关规章,并组织实施和检查;制订各类特殊学校教学计划、教学大纲,组织编写和审定教材;对特殊儿童学前教育和义务教育工作进行督导。

特殊教育督导检查 国家立法部门或行政部门对特殊教育的专项指导和检查。1989年国务院转发的《关于发展特殊教育的若干意见》中明确指出,各级教育部门把残疾儿童教育同当地实施义务教育工作统一规划、统一领导、统一部署、统一检查。要将残疾儿童教育发展规划执行情况作为检查、验收普及初等教育内容之一。1990年国家教委等部委对6个省特殊教育进行检查;1991年全国人大常委会对30个省实施"义务教育法"检查时将特殊教育作为一个专题检查督导内容;1993年后国务院残疾人工作协调委员会委托国家教委、中国残联派出督导组对4个省残疾人教育进行检查督导。以后教育部国家教育督导团每年派出特殊教育督导组到一些省对特殊教育进行检查督导。一般由国家督学任正、副组长,由中央和地方特殊教育干部和专业人员到地方听取汇报,实际到基层检查考察,向地方政府汇报、反馈意见和研究改进措施。

中国残疾人联合会(China Disabled Persons Federation) 中国全国性残疾人事业团体。在中国残疾人福利基金会、中国盲人聋哑人协会、联合国残疾人十年中国组织委员会秘书处基础上组建,包括各类残疾人的代表和残疾人工作者。1988年3月在北京召开首届全国代表大会并宣告成立。职责是代表残疾人的共同利益,维护残疾人的合法权益,团结教育残疾人,为残疾人服务。同时承担政府委托的任务,开展残疾人工作,动员社会力量,发展残疾人事业。设主席团、执行理事会、评议会。主席团委员由代表大会选举产生。评议会主要由残疾人代表组成,起咨询、监督、协商、对话的作用。执行理事会是常设执行机构,领导日常工作,理事长由主席团推举、政府批准,实行理事长负责制,下设精干办事机构。并内设盲人协会、聋人协会、肢残人协会、智残人及亲友协会、精神残疾人及亲友协会和福利基金会,以适应在国内外开展活动的需要。

中国残疾人福利基金会(China Welfare Foundation for the Handicapped) 中国全国性的残疾人社会福利团体。由季方、李维汉、华罗庚、赵朴初、黄鼎臣、张邦英、吴作人、胡子昂等8人倡议,经国务院批准于1984年3月15日在北京成立。在中国残疾人联合会成立后成为其中一个机构。设名誉理事长、名誉理事、理事长、副理事长、理事,并组成理事会。日常事务由中国残疾人联合会负责。任务是:呼吁社会关心残疾人的劳动、生活、康复医疗和教育,争取有关方面制定相应的法律和规定;举办残疾人福利事业;筹集、管理和使用残疾人福利基金;开展残疾预防的宣传教育;开展与台湾、港澳同胞、海外华侨、国外友好团体和人士以及国际残疾人组织的友好往来和相互合作。成立以来始终以弘扬人道主义为宗旨,积极利用社会各界爱心捐款,倡导、推行、实施了各种旨在帮助残疾人走向新生活的公益项目,受益者成千上万,遍布全国各地。

中国残疾人康复协会(China Association of Rehabilitation of Disabled Persons) 中国一个全国性群众学术团体。1986年3月成立,原名中国残疾人福利基金会康复协会,1988年5月改现名。主管部门是中国残疾人联合会,接受民政部有关机构的业务指导和监督管理。会员包括与残疾人医疗康复、教育康复、职业康复、社会康复、康复工程等有关的专业人员。成为中国残疾人联合会联系广大康复专家和技术人员的桥梁和纽带。下属有肢体残疾康复专业委员会、小儿脑瘫康复专业委员会、心理康复专业委员会、智力残疾康复专业委员会、听力语言康复专业委员会等14个专业委员会。主办《中国康复》、《中国康复理论与实践》、《中国矫形外科杂志》3种全国核心刊物。地址:北京丰台区角门北路10号。

中国残疾人体育协会(National Paralympics Committee of China) 中国代表肢残者、脑瘫者、脊髓损伤者和盲人的体育组织。对外称中国残疾人奥林匹克运动委员会。1983年10月21日,天津市体委、民政局等四家单位联合举办伤残人体育邀请赛,国家体委等部门在天津召开了全国伤残人体育工作者和运动员代表大会,选出了以卫生部部长钱信忠为主席的第一届伤残人体育协会。1991年7月26日更改现名。接受中国残疾人联合会、国家体育总局、民政部的业务指导和监督管理,并加入国际伤残人体育组织(ISOD)、国际脑瘫人体育协会(CP-ISRA)、国际盲人体育协会(IBSA)、国际轮椅运动协会(ISMWSF)、远东及南太平洋地区伤残人运动会联合会(FFSPIC)等国际体育组织。

北京师范大学特殊教育研究中心（Research Center for Special Education of Beijing Normal University） 中国国家级特殊教育科学研究机构之一。1988年10月13日正式成立。成立初期受国家教委和北京师范大学的双重领导,后只受学校领导。任务是以辩证唯物主义为指导,遵循理论联系实际的原则,探索各类特殊教育的规律,为中国特殊教育的发展和改革服务。具体工作为:(1)对特殊教育进行基础理论研究和应用研究,以应用研究为主;对外国特殊教育和中国特殊教育进行研究,以中国特殊教育为主;对特殊教育历史和当前实践进行研究,以当前实践为主。(2)研究特殊教育学校各学科教学的任务、内容和方法;研究指导教材建设;研究特殊教育的教学设备、教具、学具等。(3)协调各地的特殊教育科研工作,出版特殊教育专业刊物,进行国内外特殊教育学术交流。(4)进行特殊教育科学实验,推广科研成果,培养科研人才。

中国教育科学研究院心理与特殊教育研究中心（Research Center for Psychology and Special Education of National Institute of Education Sciences） 中国国家级特殊教育科学研究机构之一。成立于1988年。原称中央教育科学研究所特殊教育研究室。2002年改为中央教育科学研究所心理与特殊教育研究部,2011年改称现名。任务是配合国家教育行政部门的工作,进行特殊教育基础理论和实践的研究。研究范围包括残疾儿童随班就读、特殊教育师资培训、智力落后儿童教育、语言障碍儿童教育、视觉障碍儿童教育等。成立后,编辑出版了《特殊教育的理论与实践》、特殊教育参考丛书、《中国特殊教育》杂志,翻译了联合国教科文组织编写的《课堂上的特殊儿童》等资料,撰写了一批论文。此外,举办各种类型特殊教育师资培训班,开展特殊教育咨询工作。同时与国内外有关团体、机构和个人建立了协作和交流关系。

中国教育学会特殊教育分会 中国特殊教育工作者的群众性学术团体。原称中国教育学会特殊教育研究会,隶属于中国教育学会。1982年11月11日在江西省南昌市成立。宗旨是:在中国共产党领导下,团结和组织全国特殊教育工作者,以马克思列宁主义、毛泽东思想为指导,研究盲、聋、智力残疾人的特殊教育理论和实践问题,促进中国特殊教育学科的发展,提高特殊教育质量,为社会主义现代化贡献力量。为中国教育学会下属的一个专业研究会。

中国高等教育学会特殊教育研究分会 中国高等特殊教育领域的群众性学术团体。成员包括残疾人高等教育工作者、为残疾人事业培养专业人员的各类高等教育工作者。隶属于中国高等教育学会。2005年10月21日在郑州正式成立。

中国康复研究中心（China Rehabilitation Research Center） 中国第一个有关残疾人康复的研究、医疗、教学的综合性机构。受中国残疾人联合会领导。位于北京市丰台区角门北路。由中国政府投资、国际无偿援助、中国残疾人福利基金会募集的资金建设,占地面积近10万平方米,1984年4月开工,1988年10月交付使用。以全面康复的思想为指导,以临床康复医疗工作为基础,综合运用教育、社会、工程等现代科学技术和中国传统医学,为残疾人康复服务。并针对残疾人在康复过程中遇到的典型问题和复杂问题,开展临床、工程、基础等方面的研究工作,探索与创新康复诊疗技术。重点研究对象是创伤性截瘫、偏瘫、脑性瘫痪、截肢、小儿麻痹后遗症等。内设附属医院、康复工程研究所、康复医学基础研究所等机构。

中国残疾人事业发展研究会(China Disability Research Society) 中国与残疾人工作相关的企事业单位、社会团体及个人自愿结成的学术性全国非营利社会组织。经国务院批准,2008年12月1日在北京成立。受中国残联业务指导和民政部监督管理。业务范围包括:(1)组织开展残疾人事业理论与实践研究;(2)组织开展科研课题的申报与研究工作;(3)组织开展与国内外相关组织、机构之间的学术研讨、交流与合作;(4)组织开展有关培训、咨询服务;(5)依照有关规定出版会刊,编印翻译学术书籍及资料。

国家手语和盲文研究中心(National Center for Sign Language and Braille) 中国残疾人联合会、教育部、国家语委依托北京师范大学建立的一个研究机构。2010年7月16日成立。接受中国残疾人联合会、教育部、国家语委的共同领导,由北京师范大学管理。基本任务是:依托北京师范大学语言学、教育学、心理学、社会学、特别是特殊教育、手语和盲文研究方面的学术资源和人才优势,组织全国各相关单位、相关领域的科研力量,建设一支专兼职结合的专家队伍,根据《国家中长期语言文字事业改革和发展规划纲要(2010—2020年)》的要求,围绕手语和盲文领域的理论和应用问题开展研究和推广工作。"十二五"期间的重点工作是:国家通用手语标准和国家通用盲文标准的研究、开展手语和盲文使用状况的全国性调查、培养高层次手语和盲文研究人才、建立全国性手语和盲文信息收集和工作网络等。下设指导委员会、专家咨询委员会、行政委员会。指导委员会是中心的最高决策机构;专家咨询委员是中心学术研究、科研项目与成果的咨询评估机构;行政委员会是中心日常工作的管理机构。

中国残疾儿童康复培训中心(National Training Center for the Rehabilitation of Disabled Children) 中国民政系统培训康复训练人员的专门机构。由中国民政部和联合国儿童基金会共同投资兴建,1989年投入使用。位于北京市清河镇。主要任务是为全国民政系统培训康复专业的技术人员,开展康复方面的科研工作,并与各地康复机构建立信息交流网络。1993年建立康复器材加工制作车间,生产供肢残儿童使用的各类康复器材。

中国残疾人奥林匹克运动管理中心 简称"中国残奥管理中心"。中国残疾人联合会直属事业单位。2004年4月1日成立。主要职责:负责残疾人体育的宏观管理、指导;动员、组织各类残疾人积极参加体育锻炼和康复健身等社会活动;负责中国残奥会、中国聋奥会、中国特奥会的常设办事机构秘书处工作;承担中国残疾人体育代表团组团、集训和参赛的组织管理工作;组织国内、国际赛事和技术培训工作;指导和协调地方残疾人体育工作;管理国家残疾人体育综合培训基地。现设竞赛部、训练部、特奥部、市场开发部、器材装备部、新闻宣传部、外联部、群体部、医学与科学部等13个部室。

中国残疾人用品开发供应总站 中国残疾人联合会直属的一个全民所有制事业单位。主要承担全国残疾人用品用具供应服务的行业管理职能。包括:(1)组织、指导和协调全国残疾人用品用具供应服务体系的建设和指导开展供应服务工作。(2)组织科研及生产单位,开发、生产残疾人需要的各类用品用具。(3)负责残疾人用品用具的质量监督和检验。

国家康复器械质量监督检验中心 国家质量监督检验检疫总局授权的国家级检验测试机构。与中国残疾人用品开发供应总站中的质量监督部为一个机构,两块牌子。承担国家产品质量监督抽查任务,负责残疾人用品用具的质量检验,对全国供应服务系统的残疾人用品用具进行质量监督,制定和修订残疾人用品用具的行业和国家标准。授权承检的残疾人用品用具主要有机动轮椅车、助听器、硬质假眼、助行架、普通腋杖、集尿袋、无线传输聋儿语言训练器等。

残疾人用品用具国家标准 国家质量监督与产品检验检疫局颁发的有关残疾人用品用具推荐性国家标准。至2004年12月,涉及以下残疾人用品用具:(1)用于治疗和训练的辅助器具。(2)矫形器和假肢。(3)生活自理和防护辅助器具。(4)个人移动的辅助器具。(5)家务管理辅助器具。(6)家庭和其他场所使用的家具和适配件。(7)通信、信号和信号辅助器具。(8)产品和物品管理辅助器具。(9)用于环境改善的辅助器具和设备、工具和机器。(10)用于休闲娱乐辅助器具。

中国残疾人艺术团(China Disabled People's Arts Troupe) 中国残疾人的全国性专业文艺演出团体。隶属于中国残疾人联合会。1987年成立。演员有盲人、聋人、肢残人、智残人,其中有特殊学校的学生。演职人员都是志愿工作者,来自特殊学校、残疾人组织和普通艺术团体。1987年在中国残疾人福利基金会、中国盲人聋哑人协会、民政部、文化部共同举办的"首届全国残疾人艺术调演"中产生和发现的优秀残疾人艺术人才的基础上组建。此后在全国巡回演出,参加国家艺术节;1989年起出访了30多个国家和地区,参加国际艺术节,2005年雅典奥运会闭幕式,成为"美与友谊使者",受到广泛欢迎,并得到全国文艺专业人士和团体的关怀和帮助。

全国特殊教育工作会议 新中国成立后首次专门研究残疾人教育问题的全国性会议。1988年11月18日~23日在北京举行。由原国家教育委员会、民政部、中国残疾人联合会共同主持。出席代

表200多人。任务是研究和部署全国特殊教育的发展问题。其中着重研究在残疾儿童、少年中实施义务教育的指导方针、发展规划以及需要采取的政策措施，以进一步推动特殊教育事业的改革和发展。为此，集中审议《关于发展特殊教育的若干意见》、《特殊教育补助费使用办法》、《残疾人教育条例》等文件，并交流了各地开展特殊教育的经验。宣布从1989年起国家设立残疾人教育专项补助费，扶持各地发展特殊教育事业。

1990年全国特殊教育工作会议 又称"第二次全国特殊教育工作会议"。研究布置"八五"期间残疾人教育工作的全国性会议。由教育部、民政部、中国残疾人联合会联合召开。1990年2月22日～24日在北京举行。会议认为，1988年召开的全国特殊教育工作会议和国务院转发的《关于发展特殊教育的若干意见》，对全国特殊教育的发展起了很大的推动作用。今后几年特殊教育工作的中心是深入贯彻会议和文件的精神，做好发展规划并认真落实，力争使全国特殊教育工作出现新局面。为此要求：各级领导要进一步提高对特殊教育的认识。坚持多种形式办学，逐步形成以一定数量的特殊教育学校为骨干，以大量的特殊班和随班就读为主体，城乡兼顾的发展残疾儿童少年教育的新格局。教育部门加强对特殊教育的管理。在各级人民政府的统一领导下，由教育部门牵头，民政、残联等部门密切协作，共同做好特殊教育工作。认真管好用好中央特殊教育补助经费。

第三次全国特殊教育工作会议 研究布置"十五"期间残疾人教育工作的全国性会议。由教育部、民政部、中国残疾人联合会共同召开。2001年4月14日～15日在北京举行。主要任务是：总结、交流1990年第二次全国特殊教育工作会议以来特殊教育改革和发展的经验，研究面向新世纪，贯彻落实《中共中央国务院关于深化教育改革全面推进素质教育的决定》，进一步推进特殊教育改革和发展的思路、政策和措施，部署"十五"期间有关工作。会议主报告阐述"十五"期间特殊教育改革和发展的主要任务是：(1)突出重点，大力普及残疾儿童、少年义务教育。(2)进一步完善特殊教育体系，努力满足残疾人受教育的需求。(3)深化教育教学改革，全面推进素质教育。(4)提高残疾学生适应社会生活的能力，努力创造条件帮助残疾学生解决好毕业后的就业问题。(5)进一步加强特殊教育师资队伍建设。

第四次全国特殊教育工作会议 研究布置"十二五"及今后一段期间残疾人教育工作的全国性会议。由教育部、民政部、中国残联联合召开。2009年5月11日在北京举行。国务委员刘延东、全国政协副主席邓朴方出席并讲话。会议总结了"十五"以来特殊教育的成就与经验。根据会前颁发的《关于进一步加快特殊教育发展的意见》，提出以科学发展观为指导，坚持"特教特办"的原则，突出做好以下几项重点工作：(1)全面提高残疾儿童、少年义务教育普及水平，不断完善残疾人教育体系。(2)加强特殊教育的针对性,提高残疾学生的综合素质。(3)加强特殊教育教师建设,提高教师专业化水平。(4)认真实施特殊教育学校建设工程,不断改善办学条件。(5)完善特殊教育经费保障机制,提高特殊教育保障水平。对全国特殊教育战线取得成绩的单位进行了表彰。江苏省、云南省玉溪市、山东省特殊教育中等专业学校、浙江民政康复中心、浙江省杭州聋人学校在会上作了经验介绍。

全国特殊教育学校信息技术教育工作经验交流会 教育部基础教育司召开的一次现场经验交流会。2003年12月在吉林长春举行。全国各地教育行政部门和特殊学校有关代表参加了会议。会议强调特殊教育学校普及信息技术教育的工作原则是:纳入规划、分层分步逐步实施和推进、因地制宜、注重实效(质量和效益)。确定特殊教育学校信息化建设的目标、任务和推进的四个层面:学校普及信息技术教育、网络普及运用、现代远程教育、各类残疾学生专用软硬件及设备研发。

全国随班就读工作经验交流会议 教育部基础教育司和中国残疾人联合会教育就业部联合召开的一次会议。2012年12月在北京举行。目的是:在总结、交流各地随班就读工作经验的基础上,继续加大工作力度,使全国残疾儿童少年的随班就读工作再上新台阶。各地负责特殊教育的同志和实际工作者共100多人出席会议。会议认为开展随班就读工作有效地提高了残疾儿童少年义务教育的入学率,促进了他们的身心发展,促进了教育思想观念的转变,使全社会更了解和理解了残疾人。指出随班就读是我国发展特殊教育事业的重要策略,是我国教育工作者参照国际融合教育做法,结合我国实际的一种教育创新。会议还讨论了《残疾儿童少年随班就读工作办法》(征求意见稿),并印发了《会议纪要》。

随班就读工作支持保障体系实验工作 教育部基础教育司领导实施的一项工作。2003年2月启动,为期一年。在全国选择了100个县(区)进行。目的是建立随班就读工作支持保障体系,使随班就读这个残疾儿童、少年接受义务教育的主要形式更加科学化、规范化、制度化。通过各部门的全力支持和多方面的有效保障,使广大符合条件的残疾儿童、少年能够顺利地进入普通中小学,并能留得住,学得好。内容有12项,包括:教育行政和教育教学研究部门有专职或兼职人员负责管理随班就读工作。县(区)教研室配备专职或兼职的特教教研员。形成两个网络:县(区)教育局→乡镇中心学校→随班就读学校连接的管理网络;县(区)教研室(或特教学校、特教中心)、教研员→乡(镇)中心校(骨干校教师)→随班就读点教师的教研和指导网络。县(区)教研室对本地区随班就读工作进行研究、指导培训、咨询辅导等,特殊教育学校予以配合。随班就读学生较多的学校,要有一名校长或教导主任直接负责,选择责任心强、业务能力强且具有爱心的教师做指导教师。在随班就读儿童较多的学校建立资源教室，配置教具、学具、图书资料、康复设施，并配有专职或兼职教师，对本校随班就读学生、教师学习特殊教育的理论与教育教学方法提供支持。以县特殊教育学校为依托，有计划地开展随班就读教师的业务培训，为他们提供资料、咨询和指导，并做到经常化、制度化。

《资政新篇》 太平天国运动后期的建国纲领。太平天国革命领袖之一洪仁玕撰写。1859年（咸丰九年）刊印。经洪秀全批示颁布。其中在教育政策方面，作者提出："兴跛盲聋哑院，有财者自携资斧，无财者善人乐助，请长教以鼓乐书数杂技，不致为废人也"的主张。洪秀全在此建议上眉批"是"。因当时太平天国处于战争环境之中，上述建议没有具体实施。

《中华人民共和国宪法》（Constitution of the People's Republic of China） 中华人民共和国根本法。由全国人民代表大会制定、通过和发布实施。自1954～1982年先后制定了4部。第四部在1982年12月4日由第五届全国人民代表大会第五次会议通过并施行。全文包括序言、公民的基本权利和义务、国家机构、国旗、国徽、首都等部分，共138条。其中第45条规定："国家和社会帮助安排盲、聋、哑和其他有残疾的公民的劳动、生活和教育。"这是在国家根本大法中第一次规定了对残疾人的特殊教育。

《中华人民共和国残疾人保障法》(Law of the People's Republic of China on the Protection of Disabled Persons) 中国保障残疾人权利的第一部专门法律。1990年12月28日经第七届全国人民代表大会常务委员会第17次会议通过，2008年4月24日第十一届全国人民代表大会常务委员会第二次会议修订，2008年7月1日起施行。制定宗旨是维护残疾人合法利益，发展残疾人事业，保障残疾人平等地充分参与社会生活，共享社会物质文化成果。修订后全文共九章，共68条，比原法减少26条。其中，第三章"教育"有9条，规定：国家保障残疾人享有平等接受教育的权利。各级人民政府应当将残疾人教育作为国家教育事业的组成部分，统一规划，加强领导，为残疾人接受教育创造条件。政府、社会、学校应当采取有效措施，解决残疾儿童、少年就学存在的实际困难，帮助其完成义务教育。各级人民政府对接受义务教育的残疾学生、贫困残疾人家庭的学生提供免费教科书，并给予寄宿生活费等费用补助；对接受义务教育以外其他教育的残疾学生、贫困残疾人家庭的学生按照国家有关规定给予资助。残疾人教育，实行普及与提高相结合、以普及为重点的方针，保障义务教育，着重发展职业教育，积极开展学前教育，逐步发展高级中等以上教育。残疾人教育应当根据残疾人的身心特性和需要，按照下列要求实施：（一）在进行思想教育、文化教育的同时，加强身心补偿和职业教育；（二）依据残疾类别和接受能力，采取普通教育方式或者特殊教育方式；（三）特殊教育的课程设置、教材、教学方法、入学和在校年龄，可以有适度弹性。县级以上人民政府应当根据残疾人的数量、分布状况和残疾类别等因素,合理设置残疾人教育机构,并鼓励社会力量办学、捐资助学。普通教育机构对具有接受普通教育能力的残疾人实施教育,并为其学习提供便利和帮助。普通小学、初级中等学校,必须招收能适应其学习生活的残疾儿童、少年入学;普通高级中等学校、中等职业学校和高等学校,必须招收符合国家规定的录取要求的残疾考生入学,不得因其残疾而拒绝招收;拒绝招收的,当事人或者其亲属、监护人可以要求有关部门处理,有关部门应当责令该学校招收。普通幼儿教育机构应当接收能适应其生活的残疾幼儿。残疾幼儿教育机构、普通幼儿教育机构附设的残疾儿童班、特殊教育机构的学前班、残疾儿童福利机构、残疾儿童家庭,对残疾儿童实施学前教育。初级中等以下特殊教育机构和普通教育机构附设的特殊教育班,对不具有接受普通教育能力的残疾儿童、少年实施义务教育。高级中等以上特殊教育机构、普通教育机构附设的特殊教育班和残疾人职业教育机构,对符合条件的残疾人实施高级中等以上文化教育、职业教育。提供特殊教育的机构应当具备适合残疾人学习、康复、生活特点的场所和设施。政府有关部门、残疾人所在单位和有关社会组织应当对残疾人开展扫除文盲、职业培训、创业培训和其他成人教育,鼓励残疾人自学成才。国家有计划地举办各级各类特殊教育师范院校、专业,在普通师范院校附设特殊教育班,培养、培训特殊教育师资。普通师范院校开设特殊教育课程或者讲授有关内容,使普通教师掌握必要的特殊教育知识。特殊教育教师和手语翻译,享受特殊教育津贴。政府有关部门应当组织和扶持盲文、手语的研究和应用,特殊教育教材的编写和出版,特殊教育教学用具及其他辅助用品的研制、生产和供应。有关教育机构拒不接收残疾学生入学,或者在国家规定的录取要求以外附加条件限制残疾学生就学的,由有关主管部门责令改正,并依法对直接负责的主管人员和其他直接责任人员给予处分。另外,还规定盲人读物邮件免费寄递。国家举办的各类升学考试、职业资格考试和任职考试,有盲人参加的,应当为盲人提供盲文试卷、电子试卷或者由专门的工作人员予以协助。医学院校和其他有关院校应当有计划地开设康复课程,设置相关专业,培养各类康复专业人才。

《中华人民共和国教育法》(Education Law of the People's Republic of China) 中国教育的基本法。1995年3月18日第八届全国人民代表大会第三次会议通过,同年9月1日起施行。共十章84条。其中,第九条规定:"中华人民共和国公民有受教育的权利和义务。公民不分民族、种族、性别、职业、财产状况、宗教信仰等,依法享有平等的受教育机会。"第十条规定:"国家扶持和发展残疾人教育事业。"第三十八条规定:"国家、社会、学校及其他教育机构应当根据残疾人身心特性和需要实施教育,并为其提供帮助和便利。"第三十九条规定:"国家、社会、家庭、学校及其他教育机构应当为有违法犯罪行为的未成年人接受教育创造条件。"

《中华人民共和国义务教育法》(Law of the People's Republic of China on Compulsory Education) 中国普及全民基础教育的法律。1986年4月12日第六届全国人民代表大会第四次会议通过。2006年6月29日第十届全国人民代表大会常务委员会第二十二次会议修订，2006年9月1日起施行。修订后共八章63条，比原法增加45条。制定目的是保障适龄儿童、少年接受义务教育的权利，保证义务教育的实施，提高全民族素质。规定：国家实行九年义务教育制度。凡具有中华人民共和国国籍的适龄儿童、少年，不分性别、民族、种族、家庭财产状况、宗教信仰等，依法享有平等接受义务教育的权利，并履行接受义务教育的义务。国务院和县级以上地方人民政府应当合理配置教育资源，促进义务教育均衡发展，改善薄弱学校的办学条件，并采取措施，保障农村地区、民族地区实施义务教育，保障家庭经济困难的和残疾的适龄儿童、少年接受义务教育。县级以上地方人民政府根据需要设置相应的实施特殊教育的学校（班），对视力残疾、听力语言残疾和智力残疾的适龄儿童、少年实施义务教育。特殊教育学校（班）应当具备适应残疾儿童、少年学习、康复、生活特点的场所和设施。普通学校应当接收具有接受普通教育能力的残疾适龄儿童、少年随班就读，并为其学习、康复提供帮助。县级以上地方人民政府根据需要，为具有预防未成年人犯罪法规定的严重不良行为的适龄少年设置专门的学校实施义务教育。对未完成义务教育的未成年犯和被采取强制性教育措施的未成年人应当进行义务教育，所需经费由人民政府予以保障。特殊教育教师享有特殊岗位补助津贴。在民族地区和边远贫困地区工作的教师享有艰苦贫困地区补助津贴。特殊教育学校（班）学生人均公用经费标准应当高于普通学校学生人均公用经费标准。适龄儿童、少年因身体状况需要延缓入学或者休学的，其父母或者其他法定监护人应当提出申请，由当地乡镇人民政府或者县级人民政府教育行政部门批准。拒绝接收具有接受普通教育能力的残疾适龄儿童、少年随班就读的，由县级人民政府教育行政部门责令限期改正；情节严重的，对直接负责的主管人员和其他直接责任人员依法给予处分。

《中华人民共和国高等教育法》(Higher Education Law of the People's Republic of China) 中国关于高等教育的专门法律。1998年8月29日第九届全国人民代表大会常务委员会第四次会议通过，1999年1月1日起施行。共八章69条。其中，第九条规定："公民依法享有接受高等教育的权利。……高等学校必须招收符合国家规定的录取标准的残疾学生入学，不得因其残疾拒绝招收。"

《中华人民共和国职业教育法》(Vocational Education Law of the People's Republic of China) 中国关于职业教育的专门法律。1996年5月15日由第八届全国人民代表大会常务委员会第十九次会议通过，同年9月1日起施行。共五章40条。其中，第五条规定："公民有依法接受职业教育的权利。"第七条规定："国家采取措施,发展农村职业教育,扶持少数民族地区、边远贫困地区职业教育的发展。国家采取措施,帮助妇女接受职业教育,组织失业人员接受各种形式的职业教育,扶持残疾人职业教育的发展。"第十五条规定："残疾人职业教育除由残疾人教育机构实施外,各级各类职业学校和职业培训机构及其他教育机构应当按照国家有关规定接纳残疾学生。"

《中华人民共和国母婴保健法》 中国为了保障母亲和婴儿健康,提高出生人口素质的一部法律。1994年10月27日第八届全国人民代表大会常务委员会第十次会议通过,1995年6月1日起施行。共七章39条。从婚前保健、孕产期保健、技术鉴定、行政管理、法律责任等环节对保证母婴健康,预防残疾发生作出具体规定。其中,第九条规定："经婚前医学检查,对患指定传染病在传染期内或者有关精神病在发病期内的,医师应当提出医学意见;准备结婚的男女双方应当暂缓结婚。"第十条规定："经婚前医学检查,对诊断患医学上认为不宜生育的严重遗传性疾病的,医师应当向男女双方说明情况,提出医学意见;经男女双方同意,采取长效避孕措施或者施行结扎手术后不生育的,可以结婚。但《中华人民共和国婚姻法》规定禁止结婚的除外。"第十五条规定："对患严重疾病或者接触致畸物质,妊娠可能危及孕妇生命安全或者可能严重影响孕妇健康和胎儿正常发育的,医疗保健机构应当予以医学指导。"第十六条规定："医师发现或者怀疑患严重遗传性疾病的育龄夫妻,应当提出医学意见。育龄夫妻应当根据医师的医学意见采取相应的措施。"第十七条规定："经产前检查,医师发现或者怀疑胎儿异常的,应当对孕妇进行产前诊断。"第十八条规定："经产前诊断,有下列情形之一的,医师应当向夫妻双方说明情况,并提出终止妊娠的医学意见:(一)胎儿患严重遗传性疾病的;(二)胎儿有严重缺陷的;(三)因患严重疾病,继续妊娠可能危及孕妇生命安全或者严重危害孕妇健康的。"第二十条规定："生育过严重缺陷患儿的妇女再次妊娠前,夫妻双方应当到县级以上医疗保健机构接受医学检查。"

《残疾人教育条例》 国务院有关残疾人教育的行政法规。1994年8月23日发布。根据《中华人民共和国残疾人保障法》和国家有关法律制定。目的在于保障残疾人受教育的权利,发展残疾人教育事业。共九章52条,包括总则9条,学前教育3条,义务教育10条,职业教育6条,普通高级中等以上教育及成人教育6条,教师8条,物质条件保障6条,奖励与处罚2条,附则2条。

《残疾人就业条例》 国务院有关残疾人就业的行政法规。2007年5月1日颁布实施。宗旨是促进残疾人就业,保障符合法定就业年龄有就业要求的残疾人从事有报酬的劳动权利。全文共六章30条。其中,第二章规定,用人单位安排残疾人就业的比例不得低于本单位在职职工总数的1.5%,否则应缴纳残疾人就业保障金。集中使用残疾人的用人单位中,从事全日制工作的残疾人职工,应当占本单位在职职工总数的25%以上。在签订劳动合同或服务协议、福利待遇、培训等方面应不歧视残疾人职工。第三、四章规定,国家与地方政府、各类组织对残疾人就业的帮扶与保障措施,以及相关的就业服务。对违反条例的单位和人员应承担的法律责任也作出规定。

《无障碍环境建设条例》 国务院制定的一个行政法规。2012年6月28日公布,自2012年8月1日起施行。全文共六章35条。无障碍环境建设指的是为便于残疾人等社会成员自主安全地通行道路、出入相关建筑物、搭乘公共交通工具、交流信息、获得社区服务所进行的建设活动。其中规定:县级以上人民政府负责组织编制无障碍环境建设发展规划并组织实施;应当优先推进特殊教育、康复、社会福利等机构、场所的无障碍设施改造。县级以上人民政府及其有关部门发布重要政府信息和与残疾人相关的信息,应当创造条件为残疾人提供语音和文字提示等信息交流服务。国家举办的升学考试、职业资格考试和任职考试,有视力残疾人参加的,应当为视力残疾人提供盲文试卷、电子试卷,或者由工作人员予以协助。设区的市级以上人民政府设立的电视台应当创造条件,在播出电视节目时配备字幕,每周播放至少一次配播手语的新闻节目。公开出版发行的影视类录像制品应当配备字幕。公共服务机构和公共场所应当创造条件为残疾人提供语音和文字提示、手语、盲文等信息交流服务,并对工作人员进行无障碍服务技能培训。

《关于改革学制的决定》 中国政府关于教育工作的一份文件。1951年10月1日颁发。由周恩来总理签署。要求在发展各级各类普通教育的同时,"各级人民政府并应设立聋哑、盲目等特种学校,对生理上有缺陷的儿童、青年和成人,施以教育。"文件把特殊教育纳入了国民教育的轨道,改变了1949年前把特殊教育纳入社会教育与文化馆、图书馆同类的做法。

《关于教育体制改革的决定》 中共中央的一份文件。1985年5月27日颁发。全文有五个部分。在第二部分"把发展基础教育的责任交给地方,有步骤地实行九年制义务教育"中指出:"在实行九年制义务教育的同时,还要努力发展幼儿教育,发展盲、聋、哑、残人和智力落后儿童的特殊教育。"

《中国教育改革和发展纲要》 中共中央、国务院关于教育事业的一份纲领性文件。1993年2月13日印发。制定目的是实现中国共产党第十四次代表大会确定的战略任务,指导20世纪90年代乃至21世纪初中国教育的改革和发展,使教育更好地为社会主义现代化建设服务。全文有六个部分:教育面临的形势和任务,教育事业发展的目标、战略和指导方针,教育体制改革,全面贯彻教育方针、全面提高教育质量,教师队伍建设,教育经费,共50条。其中第12条规定:"重视和支持残疾人教育事业。各级政府要把残疾人教育作为教育事业的组成部分,采取单独举办残疾人学校或普通学校招收残疾人入学等多种形式,发展残疾人教育事业。逐步增加特殊教育经费,并鼓励社会力量办学、捐资助学。要对残疾人学校及其校办产业给予扶持和优惠。"

《中共中央国务院关于深化教育改革全面推进素质教育的决定》 中共中央、国务院关于教育工作的一个纲领性文件。1999年6月13日发布。共四个部分26条。指出:当今世界,科学技术突飞猛进,知识经济已见端倪,国力竞争日趋激烈。教育在综合国力的形成中处于基础地位,国力的强弱越来越取决于劳动者的素质,取决于各类人才的质量和数量,这对于培养和造就我国21世纪的一代新人提出了更加迫切的要求。全面推进素质教育,是我国教育事业的一场深刻变革,是一项事关全局、影响深远和涉及社会各方面的系统工程,是党中央和国务院为加快实施科教兴国战略作出的又一重大决策。在第8条中提出:"基本普及九年义务教育和基本扫除青壮年文盲(简称"两基"),是全面推进素质教育的基础。……2000年后要继续实施"国家贫困地区义务教育工程",加大对贫困地区和少数民族地区的扶持力度,继续加强发达地区对少数民族贫困地区的教育对口支援工作,切实解决农村初中辍学率偏高的问题,同时大力提高义务教育阶段残疾儿童、少年的入学率。

《中共中央国务院关于促进残疾人事业发展的意见》 中共中央、国务院关于残疾人事业的一份文件,2008年3月28日发出。全文共六个部分22条。指出:关心残疾人,是社会文明进步的重要标志。残疾人事业是中国特色社会主义事业的重要组成部分。对进一步促进残疾人事业发展提出六个方面意见。一是增强促进残疾人事业发展的责任感和使命感;二是加强残疾人医疗康复和残疾预防工作;三是保障残疾人基本生活;四是促进残疾人全面发展;五是改善对残疾人的服务;六是优化残疾人事业发展的社会环境。将发展残疾人教育作为促进残疾人全面发展的首要任务。鼓励从事特殊教育,加强师资队伍建设,提高特殊教育质量。完善残疾学生的助学政策,保障残疾学生和残疾人家庭子女免费接受义务教育。发展残疾儿童学前康复教育,加快发展高中阶段特殊教育,鼓励和支持普通高等学校开办特殊教育专业。逐步解决重度肢体残疾、重度智力残疾、失明、失聪、脑瘫、孤独症等残疾儿童、少年的教育问题。采取多种措施扫除残疾青壮年文盲。积极开展残疾人职业教育培训,有条件的地方实行对残疾人就读中等职业学校给予学费减免等优惠政策。支持师范院校培养特殊教育师资。实施中西部地区特殊教育学校建设工程,落实特殊教育学校教师特殊岗位津贴政策。各级各类学校在招生、入学等方面不得歧视残疾学生。

《国家中长期教育改革和发展规划纲要》(2010—2020年) 中共中央、国务院在21世纪第一个关于教育工作的纲领性文件。2010年7月29日发布,全文共四个部分22章70条。规定教育改革和发展的战略目标为:到2020年,基本实现教育现代化,基本形成学习型社会,进入人力资源强国行列。形成惠及全民的公平教育,坚持教育的公益性和普惠性,保障公民依法享有接受良好教育的机会,保障残疾人受教育权利。其中,第十章专门论述特殊教育,共三个条款:(1)关心和支持特殊教育。特殊教育是促进残疾人全面发展、帮助残疾人更好地融入社会的基本途径。各级政府要加快发展特殊教育,把特殊教育事业纳入当地经济社会发展规划,列入议事日程。全社会要关心支持特殊教育。提高残疾学生的综合素质。注重潜能开发和缺陷补偿,培养残疾学生积极面对人生、全面融入社会的意识和自尊、自信、自立、自强的精神。加强残疾学生职业技能和就业能力培养。(2)完善特殊教育体系。到2020年,基本实现市(地)和30万人口以上、残疾儿童少年较多的县(市)都有一所特殊教育学校。各级各类学校要积极创造条件接收残疾人入学,不断扩大随班就读和普通学校特教班规模。全面提高残疾儿童、少年义务教育普及水平,加快发展残疾人高中阶段教育,大力推进残疾人职业教育,重视发展残疾人高等教育。因地制宜发展残疾儿童学前教育。(3)健全特殊教育保障机制。国家制定特殊教育学校基本办学标准,地方政府制定学生人均公用经费标准。加大对特殊教育的投入力度。鼓励和支持接收残疾学生的普通学校为残疾学生创造学习生活条件。加强特殊教育师资队伍建设,采取措施落实特殊教育教师待遇。在优秀教师表彰中提高特殊教育教师比例。加大对家庭经济困难残疾学生的资助力度。逐步实施残疾学生高中阶段免费教育。组织实施一批的重大项目中包括发展特殊教育。改扩建和新建一批特殊教育学校,使市(地)和30万人口以上、残疾儿童少年较多的县(市)都有一所特殊教育学校;为现有特殊教育学校添置必要的教学、生活和康复训练设施,改善办学条件;对特殊教育教师进行专业培训,提高教育教学水平。

《中国儿童发展纲要(2001—2010年)》中国关于促进儿童发展的一项国家行动计划。2001年5月22日由国务院发布。按照《中华人民共和国国民经济和社会发展第十个五年计划纲要》的总体要求,根据我国儿童发展的实际情况,以促进儿童发展为主题,以提高儿童身心素质为重点,以培养和造就21世纪社会主义现代化建设人才为目标,从儿童与健康、儿童与教育、儿童与法律保护、儿童与环境4个领域,提出2001—2010年的总目标是:坚持"儿童优先"原则,保障儿童生存、发展、受保护和参与的权利,提高儿童整体素质,促进儿童身心健康发展。儿童健康的主要指标达到发展中国家的先进水平。其中提出:"提高出生人口素质,减少出生缺陷的发生;保障孕产妇安全分娩;降低婴儿和5岁以下儿童死亡率;提高儿童营养水平,增强儿童体质;加强儿童卫生保健教育。提供多种形式的儿童心理健康咨询及不良心理矫正服务。儿童教育在基本普及九年义务教育的基础上,大中城市和经济发达地区有步骤地普及高中阶段教育;发展特殊教育,切实保障残疾儿童、孤儿和流动人口中儿童受教育的权利,使残疾儿童与其他儿童同步接受义务教育;逐步完善保护儿童的法律法规体系,依法保障儿童权益;优化儿童成长环境,使困境儿童受到特殊保护。"

《关于基础教育改革与发展的决定》 国务院关于基础教育工作的一个文件。2001年5月29日发布。共6个部分40条。其中,第12条要求:"针对薄弱环节,采取有力措施,巩固普及九年义务教育成果。地方各级人民政府要把农村初中义务教育作为普及九年义务教育巩固提高的重点,努力满足初中学龄人口高峰期的就学需求,并采取措施切实降低农村初中辍学率。将残疾儿童少年的义务教育作为普及九年义务教育巩固提高工作的重要任务。要重视解决流动人口子女接受义务教育问题,以流入地区政府管理为主,以全日制公办中小学为主,采取多种形式,依法保障流动人口子女接受义务教育的权利。继续抓好农村女童教育。"

《关于当前发展学前教育的若干意见》 国务院关于学前教育的一份文件。2010年11月21日发布。为着力解决存在的"入园难"问题,满足适龄儿童入园需求,促进学前教育事业科学发展,提出十条意见。其中,第三条"多种途径加强幼儿教师队伍建设"中提出:"重视对幼儿特教师资的培养。"第四条"多种渠道加大学前教育投入"中提出:"建立学前教育资助制度,资助家庭经济困难儿童、孤儿和残疾儿童接受普惠性学前教育。发展残疾儿童学前康复教育。"第九条"完善工作机制,加强组织领导"中要求"妇联、残联等单位要积极开展对家庭教育、残疾儿童早期教育的宣传指导。"第十条:"统筹规划,实施学前教育三年行动计划。"责成各省(区、市)政府深入调查,准确掌握当地学前教育基本状况和存在的突出问题,结合本区域经济社会发展状况和适龄人口分布、变化趋势,科学测算入园需求和供需缺口,确定发展目标,分解年度任务,落实经费,以县为单位编制学前教育三年行动计划,有效缓解"入园难"问题。

《国务院关于加强教师队伍建设的意见》 国务院关于教师工作的一份文件。2012年8月20日发布。全文共6个部分23条。其中,第3条提出:"特殊教育教师队伍建设要以提升专业化水平为重点,提高特殊教育教师培养培训质量,健全特殊教育教师管理制度。"第6条提出:"根据各级各类教育的特点,出台幼儿园、小学、中学、职业学校、高等学校、特殊教育学校教师专业标准,作为教师培养、准入、培训、考核等工作的重要依据。"第9条提出:"依托现有资源,加强中小学幼儿园教师、职业学校教师、特殊教育教师、民族地区双语教师培养培训基地建设。"

《办好盲童学校、聋哑学校的几点指示》 教育部关于特殊教育学校工作的一份文件。1957年4月25日发出。内容包括两部分:(1)盲校和聋校的基本任务和几项规定。指出盲校和聋校的基本任务是培养盲童和聋哑儿童具有一定的劳动职业技能,并且具有共产主义的道德品质,使他们成为积极的自觉的社会主义的建设者和保卫者。规定两类特殊学校的修业年限、入学年龄、班级人数和人员编制等。(2)工作方针和几项主要工作。提出当时盲教育和聋教育的工作方针是,整顿巩固、逐步发展、改革教学、提高质量。主要工作为:搞好盲校、聋校的教学改革,改变绝大部分盲校和聋校缺乏必需的教学设备的状况,采取多种措施提高师资的政治、文化和业务水平,补充新教师,将盲聋合校分开设置,对听觉障碍学生实行分类教学,加强教育行政部门对盲校和聋校的领导。

《关于在少年儿童中进行社会主义人道主义教育,培养理解、尊重、关心、帮助残疾人良好道德风尚的意见》 原国家教委、共青团中央、全国妇联、中国残疾人福利基金会联合制定的一份文件。1986年11月15日发出。指出从"关心帮助鳏寡孤独和残疾人"这一儿童、少年经常接触、感召力较强的环节入手,进行社会主义人道主义教育,对贯彻《中共中央关于社会主义精神文明建设指导方针的决议》有重要的现实意义和深远的社会影响。决定从1987年开始,在全国儿童、少年中进行以理解、尊重、关心、帮助残疾人为主要内容的社会主义人道主义教育,并在此基础上使这一教育经常化,成为对少年、儿童进行德、智、体、美、劳全面发展教育的内容之一,并列入中小学思想品德课、思想政治课和有关科目的教学中。要求对中、小学生进行学习英雄模范人物先进事迹的教育时,注意组织学习残疾人中自强不息、奋发向上的优秀代表,引导少年、儿童以同龄残疾小伙伴的典型为榜样。积极开展"让春风吹暖残疾人心田"、"我同残疾小伙伴共同成长"等关心帮助残疾人的实践活动,培养爱人民,为社会尽义务的良好思想品德和文明礼貌习惯。充分发挥少年宫(之家)、儿童、少年活动中心等校外教育机构的作用,并使这些机构对残疾儿童、少年开放。

《关于发展特殊教育的若干意见》 中国发展特殊教育事业的一份政策性文件。由原国家教育委员会、国家计划委员会、民政部、中国残疾人联合会等8个部门共同制定。1989年5月4日经国务院同意,转发各地研究执行。发文号为21,故简称21号文件。内容包括方针与政策、目标与任务、领导与管理3部分,共22条。规定当前和今后一个时期,发展特殊教育事业的基本方针是,着重抓好初等教育和职业技术教育,积极开展学前教育,逐步发展中等教育和高等教育。要求把残疾儿童、少年教育切实纳入普及义务教育的工作轨道。大、中城市和经济、文化较发达地区在1995年,盲、聋和轻度智力落后学龄儿童入学率达到70%以上;中等发达地区在2000年达到50%左右;不发达地区积极创造条件发展残疾儿童、少年教育。加强特殊教育的法制建设工作,尽快制定有关残疾人教育方面的法规,保障残疾人受教育的权利。在各级人民政府的统一领导下,以教育部门为主,民政、卫生、劳动、计划、财政和残疾人联合会等部门和组织紧密配合,各司其职,共同做好特殊教育工作。多渠道筹措办学经费和基建投资。加强师资队伍建设,各地根据本地需要和实际情况,本着师资先行的原则,在5年内,积极创造条件筹办特教师资培训机构。改善特教学校(班)和残疾儿童福利机构教职工的待遇,提高他们的社会地位。高度重视特殊教育的科学研究和教改实验工作。

《中华人民共和国义务教育法实施细则》 原国家教委实施义务教育法的行政规章。1992年2月29日经国务院批准,同年3月14日发布。共8章46条。其中规定:"盲、聋哑、智力落后儿童和少年接受教育的入学年龄和在校年龄可适当放宽。""承担实施义务教育任务的学校为:地方人民政府设置或者批准设置的全日制小学,全日制中学,九年一贯制学校,初级中等职业技术学校,各种形式的简易小学或者教学点(班或者组),盲童学校,聋哑学校,智力落后儿童辅读学校(班),工读学校等。""依照义务教育法第十条第二款规定享受助学金的贫困学生是指:初级中等学校、特殊教育学校的家庭经济困难的学生,少数民族聚居地区、经济困难地区、边远地区的小学及其他寄宿小学的家庭经济困难的学生。""学校和教师……对品行有缺陷、学习有困难的儿童、少年应当给予帮助,不得歧视。"盲童学校(班)的设置,由省或者设区的市级人民政府统筹安排。聋哑学校(班)和智力落后儿童辅读学校(班)的设置,由设区的市级或者县级人民政府统筹安排。""盲、聋哑、智力落后儿童学校的师资,由省级人民政府根据实际情况组织培养。"

《面向21世纪教育振兴行动计划》 (Action Plan for Educational Vitalization Facing the 21st Century) 教育部制订的一个国家行动计划。被称为"教育战线落实科教兴国战略的具体举措和跨世纪教育改革和发展的施工蓝图。"1999年1月13日经国务院批转各地各部门贯彻执行。共12个部分50条。提出规划要达到的主要目标是:到2000年,全国基本普及九年义务教育,基本扫除青壮年文盲,大力推进素质教育;完善职业教育和继续教育制度,城乡新增劳动力和在职人员能够普遍接受各种层次和形式的教育与培训;积极稳步发展高等教育,高等教育入学率达到11%左右;瞄准国家创新体系的目标,培养造就一批高水平的具有创新能力的人才;加强科学研究并使高校高新技术产业为培育经济发展新的增长点做贡献;深化改革,建立起教育新体制的基本框架,主动适应经济社会发展。到2010年,在全面实现"两基"目标的基础上,城市和经济发达地区有步骤地普及高中阶段教育,全国人口受教育年限达到发展中国家的先进水平;高等教育规模有较大扩展,入学率接近15%,若干所高校和一批重点学科进入或接近世界一流水平;基本建立起终身学习体系,为国家知识创新体系以及现代化建设提供充足的人才支持和知识贡献。在第一部分实施"跨世纪素质教育工程"提高国民素质中,第5条提出:"重视特殊教育,努力为广大残疾儿童、少年提供受教育的机会,培养他们自主自强的精神和生存发展的能力。"

《2003—2007年教育振兴行动计划》 教育部制订的一个国家行动计划。2004年2月10日发布。目的是努力实现党的十六大提出的历史性任务,构建中国特色社会主义现代化教育体系,为建立全民学习、终身学习的学习型社会奠定基础;培养数以亿计的高素质劳动者、数以千万计的专门人才和一大批拔尖创新人才,把巨大的人口压力转化为丰富的人力资源优势;加强教育同科技与经济、同文化与社会的结合,为现代化建设提供更大的智力支持和知识贡献。其中提出:"积极发展特殊教育,切实依法保障残疾学龄人口的受教育权利。"

《特殊教育提升计划(2014—2016年)》 教育部、国家发展改革委、民政部、财政部、人力资源社会保障部、卫生计生委和中国残联共同制订的一个国家行动计划。2014年1月8日由国务院办公厅转发。全文共四部分。总体目标是:全面推进全纳教育,使每一个残疾孩子都能接受合适的教育。预期到2016年,全国基本普及残疾儿童少年义务教育,视力、听力、智力残疾儿童少年义务教育入学率达到90%以上,其他残疾人受教育机会明显增加。初步建立布局合理、学段衔接、普职融通、医教结合的特殊教育体系,办学条件和教育质量进一步提升。建立健全财政为主、社会支持、全面覆盖、通畅便利的特殊教育服务保障机制,增强特殊教育的保障能力。基本形成政府主导、部门协同、各方参与的特殊教育工作格局,增强特殊教育的推动能力。提出三大任务:一是提高普及水平,特别是对未入学残疾儿童少年,逐一安排其接受义务教育。二是加强条件保障,重点是保障特教学校正常运转和提高办学水平。三是提升教育教学质量,重点是建立完善的特教学校课程和教材体系。

《中国残疾人事业五年工作纲要(1988—1992年)》 中国政府全面发展残疾人事业的一份工作计划。由原国家计委、原国家教委等7个部门共同制订。1988年9月3月经国务院批准执行。目的是使中国残疾人事业与社会经济协调发展。内容包括背景、原则、任务及措施4部分,共60条。在教育方面提出10项具体任务和要求。它们是:(1)各级政府要健全残疾人教育的职能管理机构,充实工作人员,制订中长期规划和年度计划,采取切实有力的措施,加强对残疾人教育工作的领导。(2)在国家的教育事业费内将特教经费专项列出,增加对特殊教育的补助费,特殊教育经费要随教育经费的增加而逐步增加。(3)在各级教育部门兴办残疾人教育的同时,提倡有关部门、社会团体、企事业单位、集体和个人集资办学或捐资助学。(4)坚持多种形式办学。(5)加强特教师资培训。(6)开展特殊教育的研究,进一步完善特教的教学大纲,改进课程设置、教学内容和教学方法。(7)切实把残疾人基础教育纳入九年义务教育的轨道,作为各地普及初等教育的任务之一。(8)大力提倡在残疾儿童家庭、特教学校附设的学前班、普通幼儿园增设的特教班中,对残疾儿童进行定向行走、听力语言、心理康复、智力开发和功能训练。(9)各地教育、劳动、民政部门及残疾人组织共同抓好残疾人职业教育。(10)认真执行中专、高等学校招收残疾青年的规定,制订技工学校招收残疾青年的试行办法,使具备条件的残疾青年进入中等和高等学校学习。

《中国残疾人事业"八五"计划纲要(1991—1995年)》 中国政府发展残疾人事业的一份计划。由原国家计委、原国家教委等16个部门共同制订。1991年12月12日由国务院转发各地各部门贯彻执行。制订依据是《国民经济和社会发展十年规划和第八个五年计划纲要》。与1988年制定的《中国残疾人事业五年工作纲要(1988—1992年)》相衔接,并将"五年工作纲要"后两年的任务纳入本计划纲要之中。确定"八五"计划期间残疾人事业总目标是:进一步改善残疾人平等参与社会生活的物质条件和精神环境,缩小残疾人事业同国民经济和社会发展水平的差距,使残疾人参与社会机会增多,参与范围扩大,自身素质提高,生活状况改善。基本指导方针是贯彻《中华人民共和国残疾人保障法》,实行讲求实效、打好基础的发展方针,坚持社会化的工作原则,发挥残疾人和残疾人组织的作用。规定了康复、教育等八方面的主要任务和指标,并提出相应措施。其中,残疾人教育的主要任务和指标是:使可以接受普通教育的残疾儿童、少年与当地其他儿童、少年的义务教育水平同步;使需要接受特殊教育的视力、听力、言语和智力残疾儿童、少年的初等义务教育入学率,在城市和发达与比较发达的地区达到60%左右,中等发展地区达到30%左右,困难地区有较大提高;使残疾人职业技术教育得到发展,使符合国家规定录取标准的残疾考生进入普通高级中等以上学校学习;使高级中等以上特殊教育起步。为实现上述任务和指标,一方面要求各级各类普通教育机构必须招收可以接受普通教育的残疾人;另一方面对残疾人需要接受的特殊教育形式,从各级政府和教育主管部门的职责,职业技术教育,高级中等以上教育和早期教育,成人教育,师资培训,教育经费等等方面提出了具体措施。

《中国残疾人事业"九五"计划纲要(1996—2000年)》 国务院残疾人工作协调委员会组织制订的促进残疾人事业发展的一份计划。以使"九五"期间残疾人事业的发展适应国家建立社会主义市场经济体制,在20世纪内基本消除贫困现象、人民生活达到小康水平的社会主义现代化建设的第二步战略目标,缩小残疾人在基本需求方面与经济、社会发展水平的差距,改善残疾人平等参与社会生活的物质条件与精神环境。1996年4月26日国务院转发各地各部门贯彻执行。总目标是:残疾人温饱问题基本解决;残疾人普遍开展康复训练,同时通过实施一批重点工程,使300万人得到不同程度的康复;残疾儿童少年义务教育入学率达到80%左右,可以就业的残疾人基本得到职业培训;残疾人就业率达到80%左右;残疾人广泛参与社会生活;为残疾人提供服务的条件改善、能力增强;系统开展残疾预防,努力减少残疾发生。提出:"九五"期间,康复以适应面广、简便易行、经济适用的社区、家庭训练为重点;残疾人教育尽可能纳入普通教育体系,以提高基础文化水平和就业能力的义务教育、职业培训为重点。将残疾人事业各项业务分别纳入国家相关事业领域,统筹安排,兼顾特性,同步实施。规定了康复、教育、就业、减缩贫困等10个方面的工作任务。其中,教育方面的任务指标有4项:(1)可以接受普通教育的残疾儿童、少年入学率达到与当地其他儿童、少年同等水平,视力、听力言语和智力残疾儿童、少年义务教育入学率分别达到80%左右;残疾儿童学前教育有较大发展。(2)可以就业的残疾人基本得到职业教育或培训。(3)符合国家录取标准的残疾考生能够进入普通高级中等以上学校学习;试办高级中等和高等特殊教育。(4)推广"汉语双拼盲文";基本普及"中国手语"。对残疾人特殊教育采取以下主要措施:(1)地方各级政府和教育行政部门要将残疾儿童、少年特殊教育纳入当地普及义务教育规划,统筹安排,同步实施。(2)以普通职业教育机构为主,残疾人职业教育为辅,城市与就业相结合、农村与生产和扶贫相结合,大力开展职业培训,积极发展初、中等职业教育,适当发展高等职业教育。(3)普通幼儿教育机构和普通小学附设的学前班积极招收残疾儿童随班就读并根据需要开设残疾儿童班,特教学校、儿童福利院开设学前班,与家庭相结合,开展残疾儿童的早期教育、早期康复。(4)在残疾人中开展扫盲。鼓励残疾人自学成才。(5)编写"双拼盲文"识字课本,改印教材、读物,抓好分级培训。据此,国家有关部门还制订了特殊教育方面的配套实施方案。

《中国残疾人事业"十五"计划纲要(2001—2005年)》 国务院残疾人工作协调委员会制定的促进残疾人事业发展的纲领性文件。2001年4月10日经国务院批转各地各部门贯彻执行。依据《中华人民共和国国民经济和社会发展第十个五年计划纲要》关于"加强残疾人事业,帮助残疾人康复、就学和就业,创造残疾人平等参与社会生活的条件"的精神,规定了康复、扶贫、教育等10个方面的工作任务。其中,在教育方面提出7项任务:(1)切实将残疾儿童、少年教育纳入义务教育体系,以随班就读为主体,使适龄残疾儿童、少年义务教育入学率在已经通过普及九年义务教育验收的地区达到或接近当地健全儿童、少年水平,尚未通过普及九年义务教育验收的地区,入学率要有大幅度提高。(2)统筹规划特殊教育学校建设,发挥中心辐射作用,带动随班就读;兴办特殊教育高中,稳步发展高中阶段教育;巩固提高残疾人高等教育,鼓励在普通高等院校开设特教专业(班);逐步形成学前教育、义务教育、高级中等教育、高等教育相互衔接的残疾人特殊教育体系。(3)进一步完善普通高等院校招收残疾考生的政策,进行放宽体检标准的试点,拓宽残疾学生接受高等教育的渠道,扩大高等院校对残疾人的招生数量。(4)充分发挥社会普通职业教育机构的作用,完善具有特殊教育手段的残疾人职业教育机构,广泛开展残疾人职业教育与培训;在城镇与就业相结合,提高办学质量和层次;在农村与生产和扶贫相结合,开展中短期实用技术培训;在特殊教育学校试行劳动预备制。(5)加强师资队伍建设,采取切实措施办好特殊教育师范院校,有计划地在普通师范院校开设特殊教育专业或课程,提高师资培养质量;建立师资培训基地,培养一批骨干教师;通过集中办班和巡回指导,提高普通学校特教班和承担随班就读任务教师的教学水平。(6)各地进一步建立健全助学金制度,将残疾儿童、少年义务教育助学金纳入义务教育助学金体系;对接受高级中等以上教育的贫困残疾学生,减免有关费用,优先提供助学金和教育贷款;广泛动员社会力量,资助贫困残疾学生;贯彻《国务院办公厅转发民政部等部门关于加快实现社会福利社会化意见的通知》,解决残疾孤儿的教育费用。(7)在残疾青壮年中扫除文盲;继续完善汉语双拼盲文,推广中国手语和数学、物理、化学、音乐等专业盲文符号,制订计算机等专业手语词汇;研制蒙古、藏、维吾尔、哈萨克语盲文;积极探索现代化教学手段在残疾人教育中的应用。据此,国家有关部门还制订了特殊教育方面的配套实施方案。

《中国残疾人事业"十一五"发展纲要(2006—2010年)》 国务院常务会议通过的一个专项事业规划。经国务院同意并批转各地、各部门认真贯彻执行。全文共分3个部分:(1)中国残疾人事业"十五"计划纲要执行情况和残疾人事业面临的任务。(2)"十一五"发展纲要的总目标和指导原则。(3)"十一五"发展纲要的任务指标和主要措施。提出"十一五"期间残疾人事业发展的总目标是:残疾人基本生活总体初步达到小康水平;全面推进残疾人"人人享有康复服务"工作,通过实施重点工程,使830万残疾人得到不同程度的康复;扶助农村贫困残疾人脱贫,并实施残疾人危房改造工程,改善32万户农村贫困残疾人家庭居住条件;进一步将残疾人纳入社会保障体系,保障基本生活;基本普及残疾儿童、少年义务教育,积极开展残疾儿童学前教育,发展残疾人高级中等教育、高等教育和职业教育,切实保障残疾人接受教育的权利;有就业需求的残疾人得到职业指导和职业培训,残疾人就业规模进一步扩大,就业水平进一步提高;残疾人文化生活水平进一步提高,体育活动得到普及;残疾人事业的法制建设及无障碍环境建设进一步加强,残疾人的权益保障状况持续改善;残疾人组织体系进一步完善,为残疾人服务的能力进一步增强。在教育方面,规定的任务指标有:(1)基本普及残疾儿童、少年义务教育,适应接受普通教育的残疾儿童、少年入学率达到与当地健全儿童、少年同等水平,接受特殊教育的视力、听力、语言和智力残疾儿童少年义务教育入学率达到国家要求,大力发展残疾儿童学前教育。(2)符合条件的残疾人普遍得到职业教育或培训。(3)保障符合国家录取标准的残疾考生接受高级中等以上教育。(4)加快高级中等特殊教育发展,积极发展高等特殊教育。采取的主要措施包括:(1)继续将残疾儿童、少年教育全面纳入国家和各地区义务教育体系,统一规划,统筹安排,同步实施。(2)继续完善以随班就读和特教班为主体、特殊教育学校为骨干的残疾儿童、少年义务教育体系。全面推行随班就读和普通中、小学校设立特教班,30万人口以上且适龄残疾儿童、少年较多的县(市)要建立1所九年义务教育特殊教育学校。(3)将残疾儿童、少年入学指标列入义务教育评估验收指标体系,统计义务教育对象必须包括适龄残疾儿童、少年。(4)统筹规划高中阶段特殊教育学校建设,市(地)级以上城市要建立特殊教育高中或设立特殊教育高中班;倡导、鼓励兴办残疾人高等教育,有计划地扶持有条件的普通高等学校开设特殊教育专业和创办特殊教育学院。继续办好长春大学特殊教育学院、天津理工大学聋人工学院、山东滨州医学院、北京联合大学特殊教育学院等特殊教育院校,适当扩大招生规模,增加专业设置,提高办学层次和质量。进一步完善普通高等院校招收残疾考生的政策和考试办法。继续完善学前教育、义务教育、高级中等教育、高等教育相互衔接的残疾人特殊教育体系。(5)继续将残疾人教育纳入国民教育体系,建立健全助学金制度,将残疾儿童、少年接受义务教育切实列入政府优惠政策范围,在同等条件下,接受高级中等以上教育的贫困残疾学生优先享受国家资助政策。(6)以社会普通职业教育机构为主,充分发挥具有特殊教育手段的残疾人职业教育机构的作用,普遍开展适应劳动力市场需求的残疾人职业教育与培训;城镇与就业相结合,农村与生产和扶贫相结合,开展多层次的职业技能教育和中短期实用技术培训。(7)加强特殊教育师资人才队伍建设。创造条件办好特殊教育师范院校,在普通师范院校开设特殊教育专业或课程,增加特殊教育师资人才队伍的数量,提高质量。依托有条件的高等院校建立国家级残疾人职业教育师资培训基地。继续办好北京听力语言康复技术学院。加强盲文、手语的研究、完善和推广工作,继续研制专业手语和盲文符号,组织开展盲文、手语特殊教育培训,规范教材的编审和出版工作,为盲人、聋人接受义务教育、高级中等教育和高等教育创造条件。(8)采取多种形式,扫除残疾青壮年文盲;鼓励自学成才。

《中国残疾人事业"十二五"发展纲要》 国务院残疾人工作委员会制定的一份文件。2011年5月16日,经国务院批转各地各部门贯彻执行。依据是《中华人民共和国国民经济和社会发展第十二个五年规划纲要》,规定了社会保障、康复、教育、就业、扶贫、托养等十六个方面的工作任务,其中,教育有四项主要任务:(1)完善残疾人教育体系,健全保障机制,提高残疾人受教育水平。(2)适龄残疾儿童、少年普遍接受义务教育,提高残疾儿童、少年义务教育质量。(3)发展残疾儿童学前康复教育;大力发展残疾人职业教育,加快发展残疾人高中阶段教育和高等教育。(4)减少残疾人青壮年文盲。采取的政策措施有:(1)贯彻落实《残疾人教育条例》、《国家中长期教育改革和发展规划纲要(2010—2020年)》和《国务院办公厅转发教育部等部门关于进一步加快特殊教育事业发展意见的通知》,建立完善从学前教育到高等教育的残疾人教育体系,健全特殊教育保障机制,将特殊教育纳入国家教育督导制度和政府教育评价体系,保障残疾人受教育的权利。(2)将残疾人义务教育纳入基本公共服务体系。(3)建立多部门联动的0~6岁残疾儿童筛查、报告、转衔、早期康复教育、家长培训和师资培养的工作机制,鼓励和支持幼儿园、特教学校、残疾儿童康复和福利机构等实施残疾儿童学前康复教育。(4)普通高中、中等职业学校要创造条件招收残疾学生。(5)普通高校要创造条件扩大招收残疾学生规模,为残疾学生学习、生活提供便利。(6)加大特殊教育教师培训力度,提升特殊教育师资能力。(7)全面实施残疾学生免费义务教育。(8)将手语、盲文研究与推广工作纳入国家语言文字工作规划,建立手语、盲文研究机构,规范、推广国家通用手语、通用盲文,提高手语、盲文的信息化水平。建立手语翻译员培训、认证、派遣服务制度。

《残疾人教育工作"十二五"实施方案》 《中国残疾人事业"十二五"发展纲要》配套实施方案之一。包括四个方面的内容。任务目标是:完善残疾人教育体系。以普及残疾儿童、少年义务教育为重点,加快发展残疾人学前教育、以职业教育为主的高中阶段教育和高等教育,不断满足残疾人教育需求。提高残疾人教育质量。健全残疾人教育保障机制。具体措施有:(1)全面提高残疾儿童少年义务教育普及水平和质量。(2)积极发展残疾儿童学前教育。(3)大力发展以职业教育为主的残疾人高中阶段教育。(4)加快推进残疾人高等教育。(5)加快残疾人教育师资和专业技术人员队伍建设。(6)加强残疾人青壮年扫盲工作把扫除残疾人青壮年文盲工作纳入扫盲工作。(7)深入开展手语和盲文研究推广工作。(8)强化政府发展残疾人教育的责任,完善残疾人教育法律法规。

《关于加快推进残疾人社会保障体系和服务体系建设的指导意见》 中国残联、教育部、民政部、人力资源和社会保障部、卫生部、中央宣传部、国家发展改革委、科技部、司法部、财政部、住房城乡建设部、交通运输部、工业和信息化部、文化部、人民银行、国务院扶贫办共同制定的文件。2010年3月10日经国务院办公厅转发各省、自治区、直辖市人民政府,国务院各部委、各直属机构贯彻执行。全文共四个部分18条。提出:推进残疾人"两个体系"建设是《中共中央国务院关于促进残疾人事业发展的意见》(中发〔2008〕7号文件)的核心内容,是深入学习实践科学发展观、维护社会公平正义、保障和改善民生、促进经济社会协调发展的必然要求,是帮助残疾人改善基本生活条件、促进残疾人全面发展、实现残疾人共享改革发展成果的根本举措。在残疾人教育方面,要求完善残疾人教育服务体系,不断提高残疾人受教育水平。贯彻落实《残疾人教育条例》,完善以特殊教育学校为骨干、随班就读和特教班为主体的残疾儿童、少年义务教育体系;将随班就读工作纳入教师绩效工资考核内容,建立完善残疾儿童、少年随班就读支持保障体系。以社区教育、送教上门等多种形式对重度肢体残疾、重度智力残疾、孤独症、脑瘫和多重残疾儿童、少年等实施义务教育;有条件的地方可以举办专门招收重度残疾儿童、少年的康复教育学校。依托各类残疾儿童康复机构、福利机构和学前教育机构开展学前残疾儿童早期干预、早期教育和康复,做好残疾儿童接受义务教育的转移衔接服务。依托各类教育培训、文化服务和残疾人集中就业机构,大力扫除残疾人青壮年文盲。加快发展以职业教育为主的高级中等以上教育。有条件的设区的市和特殊教育学校举办残疾人高中阶段教育。加强残疾人中等职业学校和高等特殊教育学院(专业)建设,拓宽专业设置,扩大招生规模,提高办学质量。推动特殊教育学校和职业学校联合办学,促进职业教育培训实训基地等资源共享。鼓励各级各类特殊教育学校(院)、职业学校及其他教育培训机构开展多层次残疾人职业教育培训,建立残疾人职业培训补贴与培训质量、一次性就业率相衔接的机制。合理配置特殊教育资源,加强特殊教育研究,加强特殊教育师资力量培训,加快特殊教育信息化建设,推进特殊教育课程改革和创新,不断提高特殊教育的质量和水平。加强特殊教育学校规划和建设,改善办学条件。充分发挥特殊教育学校在残疾儿童少年随班就读、社区教育、家长培训、选派巡回教师等工作中的作用。完善特殊教育学校等行业无障碍标准并监督实施。将残疾人康复、教育、就业、托养、文化体育、综合服务等专业服务设施建设纳入城乡公益性建设项目,在立项、规划和建设用地等方面优先安排,加大投入,重点扶持,并向中西部地区和农村地区倾斜。加快残疾人康复、教育、就业、托养、文化体育、社会工作等专门人才培养,将其纳入国家教育和人才培养计划,鼓励高等学校开设相关课程。

《关于"十五"期间进一步推进特殊教育改革和发展的意见》 中国推进特殊教育事业改革和发展的一份文件。由教育部、原国家计委、民政部、财政部、人事部、劳动保障部、卫生部、税务总局、中国残联共同制定,2001年11月27日国务院办公厅转发各地各部门贯彻执行。根据《国务院关于基础教育改革与发展的决定》和《中国残疾人事业"十五"计划纲要》的精神,从四个方面提出工作意见:一、大力普及残疾儿童、少年义务教育,进一步完善特殊教育体系,努力满足残疾人的教育需求。发展目标是:(1)占全国人口35%左右的大中城市和经济发达的地区,适龄视力、听力、智力残疾儿童、少年(以下简称"三类残疾儿童、少年")义务教育阶段入学率分别达到95%以上,使入学率、保留率分别达到或接近当地义务教育水平;在此基础上努力发展高水平、高质量的残疾儿童、少年义务教育,提高特殊教育质量。

积极创造条件,努力满足其他各类残疾儿童少年接受义务教育的需求;努力建立为社区和家庭残疾儿童、少年教育提供指导、咨询等服务的社会体系。(2)占全国人口50%左右、已实现基本普及九年义务教育和基本扫除青壮年文盲的农村地区,"三类残疾儿童、少年"义务教育阶段入学率分别达到85%以上,努力使之达到或接近当地义务教育水平。(3)占全国人口15%左右、未实现"两基"的贫困地区,积极推进"三类残疾儿童、少年"义务教育,入学率达到60%以上。鼓励有条件的地区建设具有示范作用的特殊教育实验学校。积极发展残疾儿童学前教育。充分利用现有教育资源,发展残疾人高中阶段教育。积极创造条件,努力扩大残疾人接受高等教育的机会。二、深化教学改革,全面推进素质教育,提高特殊教育的质量。要求根据残疾学生身心特点和发展规律,积极改革特殊教育学校课程与教学,调整课程结构,注重课程的综合性、功能性、实践性等特点。要完成特殊教育学校新的课程方案的制订工作。进一步加强对普通学校特殊教育班和残疾学生随班就读工作的指导,努力提高教学质量。三、进一步加强特殊教育师资队伍建设,不断提高教师素质。提出要对特殊教育学校非特殊教育专业毕业的专任教师进行一次比较系统的特殊教育专业培训;加大承担普通学校特殊教育班和随班就读教学工作教师培训的力度,使任课教师都能够接受一次比较正规的短期培训,掌握基本的特殊教育教学方法。教育部要编写承担随班就读教学工作教师培训教材,制定特殊教育教师资格条件有关规定;要尽快安排特殊教育专业高等教育自学考试。全国特殊教育学校的校长应当接受一次以上的培训,招收残疾儿童、少年的普通学校校长也应接受相关培训,提高校长对特殊教育的管理水平。重视特殊教育专业技术人员队伍的建设,努力提高专业技术人员的素质。从中央到地方要有计划地培训一批特殊教育骨干教师;将特殊教育师资(包括社会福利机构特殊教育师资)的培训工作纳入本地区继续教育工作和骨干教师培训计划中。特别要重视中青年骨干教师的培养和培训,力争在"十五"期间形成两支政治业务素质优良、专业和年龄结构合理的骨干教师队伍。办好特殊教育师范学院(校),努力提高办学水平和教育质量。合理制定特殊教育师范学院(校、专业)的招生规模,加强教学的实践环节,全面提高学生的素质,为特殊教育提供素质优良的师资;普通师范学院(校)和幼儿师范学校(专业)有计划地开设特殊教育课程或讲座,在学生中普及特殊教育知识。四、切实加强领导,采取有力措施,推动特殊教育事业的发展。国家有关部门要在中西部地区建立残疾儿童、少年义务教育项目责任制,加强对残疾儿童、少年特别是农村地区残疾儿童、少年接受义务教育的督导评估工作。教育部要结合督导检查发布专题督导公报,通报各地特殊教育发展情况和存在的问题,督促做好整改工作。各级残疾人联合会要建立义务教育阶段未入学残疾儿童、少年登记制度,及时将有关情况通报同级教育行政部门,并协助做好入学工作。各级卫生部门要积极配合做好残疾儿童、少年的筛查、检测工作。改善办学条件,为残疾学生提供良好的教育环境。尚未建校的地区,一般宜在人口30万以上、"三类残疾儿童少年"较多的县(市)新建或利用现有学校改建、扩建一所综合性的、质量较好的、规模较大的学校,同时向周边县(市)辐射;在乡(镇)中心学校附设特殊教育部(班)。鼓励并加快特殊教育的信息化进程,以信息化带动特殊教育的现代化。进一步开展资助残疾儿童、少年接受义务教育的工作。继续推进资助残疾儿童、少年接受义务教育工作,建立残疾儿童、少年义务教育助学制度;对家庭经济困难的残疾学生酌情减免杂费和其他费用,落实好向有关残疾学生免费提供教科书的工作。坚持特殊教育经费以地方人民政府投入为主的原则,努力增加特殊教育经费。中央财政将增加特殊教育补助费等。

《关于进一步加快特殊教育事业发展的意见》 教育部、国家发展改革委、民政部、财政部、人力资源社会保障部、卫生部、中央编办、中国残联共同制定的文件。2009年5月7日经国务院办公厅转发各省、自治区、直辖市人民政府,国务院各部委、各直属机构贯彻执行,全文共四个部分20条。对当前和今后一个时期我国特殊教育事业发展提出:全面提高残疾儿童、少年义务教育普及水平,不断完善残疾人教育体系;完善特殊教育经费保障机制,提高特殊教育保障水平;加强特殊教育的针对性,提高残疾学生的综合素质;加强特殊教育师资队伍建设,提高教师专业化水平;强化政府职能,全社会共同推进特殊教育事业发展。

《关于加强特殊教育教师队伍建设的意见》 教育部、中央编办、国家发展改革委、财政部、人力资源和社会保障部联合制定的一份文件。2012年9月20日发布。全文共6个部分:统筹规划特殊教育教师队伍建设、加大特殊教育教师培养力度、开展特殊教育教师全员培训、健全特殊教育教师管理制度、落实特殊教育教师待遇、营造关心和支持特殊教育教师队伍建设的浓厚氛围。提出:按照"分类规划、优先建设、突出重点、分步推进"原则,科学确定特殊教育教师队伍建设的目标。到2015年,基本形成布局合理、专业水平较高的特殊教育教师培养培训体系,特殊教育教师职业吸引力进一步增强,教师数量基本满足办学需要。到2020年,形成一支数量充足、结构合理、素质优良、富有爱心的特殊教育教师队伍。制订特殊教育学校教师专业标准,提高特殊教育教师的专业化水平。对特殊教育教师实行5年一周期不少于360学时的全员培训。完善特殊教育教师准入制度,从事特殊教育应取得相应层次教师资格,非特殊教育专业毕业的还应参加教育行政部门组织的专业培训。将特殊教育相关内容纳入教师资格考试。探索建立特殊教育教师专业证书制度。研究设定随班就读教师、康复类专业人员的岗位条件。制订符合特殊教育教师工作特点的考核评价标准和办法。

《国家中长期语言文字事业改革和发展规划纲要(2012—2020年)》 21世纪中国第一个中长期语言文字事业改革和发展规划。教育部、国家语委2012年12月4日发布。全文含序言,共四章。提出"加快制订、完善国家……通用手语和通用盲文标准";"调查手语、盲文等特殊语言文字使用情况,为制订完善手语、盲文规范标准,提高特殊教育质量提供服务";"加快手语、盲文规范标准研制。加强国家通用手语和盲文规范化、标准化、信息化建设,修订通用盲文国家标准,研制通用手语国家标准,研制手语、盲文水平等级标准和手语翻译员等级标准。根据需求,研究制定少数民族手语、盲文。加强手语、盲文推广运用。结合特殊教育学校课程改革,推广使用国家通用手语、盲文。培育和发展手语、盲文社会服务机构,为听力、视力残疾人提供国家通用手语、盲文翻译和语音阅读、提示等服务。加强手语、盲文基础研究。重视手语、盲文高层次人才培养和研究机构建设,充分发挥国家手语和盲文研究中心作用。"

《关于盲童学校、聋哑学校经费问题的通知》 国家教育行政部门关于特殊学校经费标准的首份政策性文件。1956年11月23日由教育部发出。指出盲童学校和聋哑学校是一种特殊学校,应当规定适合于特殊学校需要的经费标准。对各地制定特殊学校经费开支标准提出如下意见:(1)教学行政费:盲童学校、聋哑学校小学班的定额标准,以班为单位计算,应比当地普通小学的定额标准增加1~3倍,初中班的定额标准应相当于当地初中的定额标准。(2)一般设备费:盲童学校、聋哑学校(包括初中班)中住宿生的定额标准应相当于当地中等师范学校的定额标准,非住宿生可相当于当地初中的定额标准。(3)教学设备费:盲童学校、聋哑学校小学班的定额标准应相当于当地高中的定额标准,初中班应相当于当地中级师范学校的定额标准。(4)技术实习费:应根据各种职业劳动训练的实际需要,给予足够的经费,以保证职业劳动训练能够顺利地进行。(5)人民助学金:盲童学校、聋哑学校人民助学金标准,应相当于当地初中的定额标准,助学金名额,盲校可占学生数的30%到40%,聋校可占学生数的15%到20%。

《关于中等专业学校、盲聋哑学校班主任津贴试行办法》 中国教育部的一份文件。1981年3月17日印发。其中规定:盲、聋哑学校每班设班主任1人。挑选工作好、思想好、作风好,具有一定教学水平、管理学生经验和组织能力的教师担任。按择优录用原则,每学年经过教师评议一次,由学校领导批准。履行班主任工作要求,完成规定的教育和教学工作量的班主任,方能发给津贴。盲、聋哑学校的班主任津贴标准,小学每教学班学生11人以下的,每月4元;12~14人的,每月5元;15人以上的,每月6元。中学教学班学生11人以下的,每月5元;12~14人的,每月6元;15人以上的,每月7元。以被任命为班主任之月起按月发给。免去班主任,从不担任班主任的下月起停发。因病事假、生育、因公出差等每月超过10天的,按半数发给,超过20天的不发。临时代理班主任工作的教师和其他人员,当月超过10天不满20天的,按半数发给;超过20天的,按全月标准发给。对不负责任、玩忽职守的班主任,要批评教育,停发津贴,及至调换。

《关于做好普通中等专业学校招收残疾青年考生工作的通知》 中国关于普通中等专业学校录取残疾学生的政策性文件。由原国家教委、原劳动人事部联合于1987年7月31日发出。指出有的普通中等专业学校担心学生毕业分配有困难,对符合体检标准的轻度残疾考生未予录取,致使他们仍无入学深造的机会。为此规定:(1)提高认识,正确对待符合体检标准的残疾考生,切实做好普通中等专业学校录取残疾考生的工作。(2)各普通中等专业学校在贯彻德智体全面考核、择优录取原则的同时,对达到报考学校的录取分数线,又符合国家规定的体检标准要求的残疾考生应与其他考生一视同仁,积极予以录取。绝不应仅因残疾而不录取。(3)对普通中等专业学校录取的残疾考生毕业时应与其他毕业生一样分配工作。

《关于做好高等学校招收残疾青年和分配工作的通知》 中国关于高等学校录取和分配残疾学生的政策性文件。由教育部、原劳动人事部、原国家计委、民政部联合制订,1985年2月25日发出。指出残疾考生虽然身有残疾,但他们中的许多人并未丧失生活自理能力,以及学习和从事某些工作的能力。这些人要求上进,刻苦努力,专心致志,希望能够升学深造,为祖国"四化"建设贡献聪明才智,应该支持和鼓励他们。规定:(1)"残疾考生"是指肢体残疾(不继续恶化),生活能自理,不影响所报专业的学习及毕业后所从事的工作者。(2)各高等学校应从残疾考生的实际出发,贯彻德智体全面考核,择优录取的原则。对上述残疾考生,在全部考生德智条件相同的情况下,不应仅因残疾而不予录取。(3)高等学校录取的残疾考生,毕业后应按其所学专业,由国家统一分配工作;统一分配确有困难的,由考生报考时所在省(自治区、直辖市)民政厅(局)负责安排工作。

《关于进一步做好高等学校残疾人毕业生就业工作的通知》 人力资源和社会保障部、教育部、财政部、中国残疾人联合会共同发布的文件。全文有落实政策、采取措施、建立合作三个方面,共九条。主要内容包括:把高校残疾人毕业生纳入现行政策扶持范围,实施重点扶助;鼓励用人单位安排高校残疾人毕业生就业。从2009年起,县级以上残联及直属单位新录用、聘用工作人员中,高校残疾人毕业生不得少于20%;鼓励和引导高校残疾人毕业生到城乡基层就业、自主创业;强化高校残疾人毕业生就业服务、就业指导和就业援助;加强部门、机构之间的联系与合作,做好宣传引导工作。

《技工学校招生体检标准及执行细则的补充规定》 中国关于技工学校招收残疾学生体检标准的规定。经卫生部同意,由劳动部和中国残疾人联合会共同制定,1988年11月4日下发。制定目的是为残疾青年提供学习机会,使其能够掌握某种劳动技能,创造就业条件。内容包括:(1)任何一肢体不能运用者,不录取。上肢完好,下肢残疾、畸形,但仍可运用者,可以报考工艺美术、排字、制版、服装(设计、裁剪、制作)、照相(洗印、制版等)、电器维修、仪表维修、无线电整机装调、电子计算机装调和使用等工种(专业)。(2)胸廓畸形、脊柱侧突者,可以报考工艺美术、排字、制版、服装(设计、裁剪、制作)、照相(洗印、制版)、电器维修、仪表维修、无线电整机装调、电子计算机装调和使用、养殖、食品发酵、园艺等工种(专业)。(3)两眼矫正视力之和,低于1.0者,不录取;高于1.0者(含1.0)者,除某些工种(专业)有特殊要求不能录取外,均可录取。

《普通高等学校招生体检工作指导意见》 教育部、卫生部、中国残疾人联合会共同制定的一份文件。2003年3月3日发布。同年在全国普通高等学校招生中实行。体现了对所有考生权益的保护,对残疾考生的关爱和以人为本的理念。在普通高等学校录取新生身体状况的要求方面,与原《普通高等学校招生体检标准》不同的是:(1)进一步放宽对患疾病或生理缺陷者的录取要求。除患有传染性疾病、精神性疾病、血液病、心脏病、高血压等无法完成学业的疾病及学习不能自理的考生,高等学校可以不予录取外,对患有其他疾病的考生,只要不影响专业学习和其他学生,录取时一般应不受限制。(2)对原体检标准规定患有某种疾病或生理缺陷的考生不能录取的专业进行了调整。明确了由于所患某种疾病或生理缺陷,不能按专业培养方案完成学业的录取受限专业;对患有不影响专业学习的某种疾病或生理缺陷,但今后对在该专业领域内就业可能有影响的,提出不宜就读专业的指导性建议,考生可根据自身情况选报专业。(3)由于视力及肝功不正常等方面的原因,高等学校可限定部分专业不予录取。(4)对肢体残疾、不影响所报专业学习,且高考成绩达到录取要求的考生,高等学校不能因其残疾而不予录取。提出:高等学校可根据本校的办学条件和专业培养要求,提出对考生身体健康状况的补充规定,补充规定必须合法、合理,有详细的说明和解释,但不得以不具备办学条件或不符合培养要求为由,拒收确能进行所报专业学习的残疾考生。补充规定要在招生章程中向社会公布。残疾考生招生工作是高校招生工作的有机组成部分,省级招生委员会可吸收本省残联作为成员单位,加强协调与合作。

《高等教育自学考试残疾人应考者奖励暂行办法》 全国高等教育自学考试指导委员会的一个文件。1986年6月15日颁布执行。全文共八条。奖励范围为参加高等教育自学考试的优秀残疾人应考者。获奖者由全国高等教育自学考试指导委员会和中国残疾人福利基金会联合颁发奖状、奖章,并发给奖金。奖金从中国残疾人福利基金会设立的"残疾人自学成才奖励基金"中支付,每年颁奖一次。

《特殊学校教学仪器配备目录》 原国家教委指导特殊教育学校建设的一组

文件。1992年1月以试行草案形式颁发。包括《全日制盲校教学仪器配备目录》、《全日制聋校教学仪器配备目录》、《全日制智力落后学校教学仪器配备目录》三种。制定依据是三类特殊教育学校教学计划和国家实行九年制义务教育的要求,以及教育对象不同残疾程度的实际需要。列出必修课程教学所需的基本教学仪器名称和选配教学仪器名称,盲校计12类308种,聋校计10类253种,智力落后学校计8类193种。配备数量以每个年级两个班,每班15人为标准计算,单班酌减。特殊班教学仪器配备参照相关目录执行。

《关于开展残疾儿童、少年随班就读工作的试行办法》 原国家教育委员会的一份文件。1994年5月在全国残疾儿童、少年随班就读工作会议后发出。全文分7个部分共36条。总则中指出:开展残疾儿童、少年随班就读工作,是发展和普及我国残疾儿童、少年义务教育的一个主要办学形式,是建立适合我国国情的残疾儿童、少年义务教育新格局的需要。对象主要指视力(包括盲和低视力)、听力语言(包括聋和重听)、智力(轻度,有条件的学校可包括中度)等类别的残疾儿童、少年。对招生的检测、鉴定、入学、教学、师资培训、家长工作和教育管理都提出了具体意见。

《特殊教育学校建设标准》 关于特殊教育学校校舍建设的国家标准。教育部组织江苏省教育厅等单位共同编制,住房和城乡建设部、国家发展和改革委员会批准发布,自2012年1月1日起施行。由总则,建设规模与建筑项目构成,学校布局、选址、校园规划与建设用地,校舍建筑面积指标,校舍建筑标准五方面内容组成。具体规定了聋校、盲校、培智学校校园建设用地面积与校舍建筑面积指标和建筑标准。为特殊教育学校建设项目决策服务和合理确定特殊教育学校建设水平的全国统一标准,编制、评估和审批特殊教育学校建设项目建议书、可行性研究报告、校园规划设计和建设规划用地的依据,和审查项目设计和监督检查工程项目建设全过程的尺度。

《特殊教育学校暂行规程》 教育部制定的特殊教育学校内部管理的行政规章。1998年12月2日以部长令形式发布。有总则,入学及学籍管理,教育教学工作,校长、教师和其他人员,机构与日常管理,卫生保健与安全工作,校园、校舍、设备及经费,学校、社会与家庭,附则9章,共68条。规定:特殊教育学校要贯彻国家教育方针,根据学生身心特点和需要实施教育,为其平等参与社会生活,继续接受教育,成为社会主义事业的建设者和接班人奠定基础。培养目标是:培养学生初步具有爱祖国、爱人民、爱劳动、爱科学、爱社会主义的情感,具有良好的品德,养成文明、礼貌、遵纪守法的行为习惯;掌握基础的文化科学知识和基本技能,初步具有运用所学知识分析问题、解决问题的能力;掌握锻炼身体的基本方法,具有较好的个人卫生习惯,身体素质和健康水平得到提高;具有健康的审美情趣;掌握一定的日常生活、劳动、生产的知识和技能；初步掌握补偿自身缺陷的基本方法，身心缺陷得到一定程度的康复；初步树立自尊、自信、自强、自立的精神和维护自身合法权益的意识，形成适应社会的基本能力。特殊教育学校学制一般为九年一贯制，实行校长负责制。校长全面负责学校的教学和其他行政工作，内设分管教务、总务等工作的机构（或岗位）和人员，协助校长做好有关工作。招收两类以上残疾学生的特殊教育学校，可设置相应的管理岗位。建立教职工代表会议制度，加强对学校的民主管理和民主监督。按照"分级管理、分工负责"的原则，特殊教育学校在当地人民政府领导下实施教育工作。特殊教育学校应接受教育行政部门或上级主管部门的检查、监督和指导，要如实报告工作，反映情况。学年末，学校要向主管教育行政部门报告工作，重大问题应随时报告。

《中西部地区特殊教育学校建设规划（2008—2010年）》 教育部、国家发展和改革委员会关于特殊教育硬件建设的一份文件。2007年9月24日印发。根据《国家教育事业发展"十一五"规划纲要》和《中国残疾人事业"十一五"发展纲要（2006—2010年）》编制。总体目标是：中央和地方政府共同投入，在中西部地区建设1150所左右特殊教育学校，基本实现在中西部地区的地（市、州、盟）级和30万人口以上或残疾儿童少年较多的县（市、旗）有1所独立设置的综合性（盲、聋哑、弱智三类校中两类及以上组合建制学校）或单一性特殊教育学校；现有特殊教育学校办学条件得到明显改善。项目学校约125所，投资2.5亿元，必备教学、康复训练设施配置投资约1.5亿元（其中新建校项目0.5亿元，改扩建校项目1亿元）。中央专项投资对县级新建学校建设项目重点给予倾斜，每校按300万元进行补助，原则上不要求地方配套。对地级新建学校建设所有项目学校达到或基本达到国家颁布的特殊教育学校建设标准和设施配备要求，基本满足残疾儿童少年接受九年义务教育的需求。分阶段、有计划、有步骤、分期分批进行建设。第一阶段："十一五"期间，建设190所左右特殊教育学校。要编制完成分省特殊教育事业发展规划和特殊教育学校建设总体规划，做好实施特殊教育学校建设工程的试点工作。第二阶段：建设500所左右特殊教育学校。在总结第一阶段试点经验的基础上，全面实施特殊教育学校建设工程。第三阶段：建设460所左右特殊教育学校。全面完成特殊教育学校建设工程任务，实现规划总体目标。

特殊教育学校建设二期专项建设规划 国家发展和改革委员会、教育部、中国残疾人联合会共同实施的特殊教育建设专门项目。执行期为2012～2015年。主要目标是：通过中央和地方共同努力，在"十二五"期间支持23所地方特殊师范教育院校、9所残疾人高等院校和10所残疾人职业学校新建或改建1～2个急需的特殊教育基础设施项目，购置专业教学康复试验仪器设备，改善其办学条件、扩大办学规模、提升办学水平。所需资金由中央和地方共同筹措。中央资金安排原则上不超过80%。中央资金补助,对特殊师范教育院校或残疾人高等院校不超过5 000万元;对残疾人职业学校不超过3 000万元;对同时办有特殊师范教育专业和残疾人高等教育专业的院校适当加大补助力度。同时,地方资金要安排20%,其中,省市财政承担的配套资金不低于50%。

《残疾人中等职业学校设置标准(试行)》 教育部、中国残疾人联合会联合发布的一个文件。2007年4月28日实施。制定目的是促进残疾人中等职业教育发展,进一步加强残疾人中等职业学校基础能力建设和规范化管理,保证教育质量和办学效益。全文共14条,对设置残疾人中等职业学校的原则、选址、依据、学校领导的配备标准、学校的组织机构、办学规模、教职工配备标准、校园校舍和设施配备标准、教育教学要求、办学经费标准等进行了规定。

《关于"盲人读物"邮件实行免费寄递的通知》 原邮电部于1988年10月21日发出的一份文件。规定:从1989年1月1日起,对盲人读物(即印有凸凹点痕的信件、文件、书籍、刊物)平常邮件实行免费寄递。按挂号邮件或航空邮件交寄的分别收取挂号费和航空费。除此之外,均按《国内邮件处理规则》中相关规定办理。以发扬社会主义人道主义精神,理解、尊重、关心、帮助残疾人,支持发展残疾人事业。

《中小学生守则》 教育部制定的中小学生行为规则。2004年3月25日公布。根据《中共中央国务院关于进一步加强和改进未成年人思想道德建设的若干意见》、《公民道德建设实施纲要》的要求,将原《小学生守则》和《中学生守则》合并修订而成。共10条:(1)热爱祖国,热爱人民,热爱中国共产党。(2)遵守法律法规,增强法律意识。遵守校规校纪,遵守社会公德。(3)热爱科学,努力学习,勤思好问,乐于探究,积极参加社会实践和有益的活动。(4)珍爱生命,注意安全,锻炼身体,讲究卫生。(5)自尊自爱,自信自强,生活习惯文明健康。(6)积极参加劳动,勤俭朴素,自己能做的事自己做。(7)孝敬父母,尊敬师长,礼貌待人。(8)热爱集体,团结同学,互相帮助,关心他人。(9)诚实守信,言行一致,知错就改,有责任心。(10)热爱大自然,爱护生活环境。

《小学生日常行为规范(修订)》 教育部制定的小学生行为习惯的基本标准。2004年3月25日公布。根据《中共中央国务院关于进一步加强和改进未成年人思想道德建设的若干意见》、《公民道德建设实施纲要》的要求,将原《小学生日常行为规范》内容调整补充而成。共20条。其中,第4条为:"尊老爱幼,平等待人。同学之间友好相处,互相关心,互相帮助。不欺负弱小,不讥笑、戏弄他人。尊重残疾人。尊重他人的民族习惯。"第19条为:"珍爱生命,注意安全,防火、防溺水、防触电、防盗、防中毒,不做有危险的游戏。"

残疾人按比例就业 国家安置残疾

人就业的一项措施。《残疾人保障法》第30条规定:"机关、团体、企业事业组织、城乡集体经济组织,要按照一定比例安排残疾人就业,并为其选择适当的工种和岗位。省、自治区、直辖市人民政府可以根据实际情况规定具体比例。"2007年2月25日,国务院发布的《残疾人就业条例》规定:"机关、团体、企业、事业单位和民办非企业单位(以下统称用人单位)应当依照有关法律、本条例和其他有关行政法规的规定,履行扶持残疾人就业的责任和义务。用人单位安排残疾人就业的比例不得低于本单位在职职工总数的1.5%。具体比例由省、自治区、直辖市人民政府根据本地区的实际情况规定。""集中使用残疾人的用人单位中从事全日制工作的残疾人职工,应当占本单位在职职工总数的25%以上。""国家对集中使用残疾人的用人单位依法给予税收优惠,并在生产、经营、技术、资金、物资、场地使用等方面给予扶持。""用人单位安排残疾人就业达不到其所在地省、自治区、直辖市人民政府规定比例的,应当缴纳残疾人就业保障金。"

残疾人就业保障金 中国用于支持残疾人就业的专项资金。按照财政部1995年发布的《残疾人就业保障金管理暂行规定》,在实施分散按比例安排残疾人就业的地区,凡安排残疾人数达不到当地人民政府规定比例的机关、团体、企业、事业单位和城乡集体经济组织,需根据地方有关法规的规定,按照年度差额人数和上年度本地区职工年平均工资计算交纳。此款只用于下列开支:(1)补贴残疾人职业培训费用;(2)奖励超比例安置残疾人就业的单位及为安排残疾人就业做出显著成绩的单位;(3)有偿扶持残疾人集体从业、个体经营;(4)经同级财政部门批准,适当补助残疾人劳动服务机构经费开支;(5)经同级财政部门批准,直接用于残疾人就业工作的其他开支。

残疾人信息无障碍(Information Accessibility for People with Disabilities) 又称"信息可达性"。残疾人拥有平等的机会和使用差异不大的成本获取和使用公共信息。特别是针对听力残疾、视力残疾、肢体残疾者和老年人感知觉特点,为他们提供平等的、方便的、无障碍的获取信息、利用信息的机会与条件。主要包括两个方面:(1)电子和信息技术无障碍;(2)网络无障碍。

《国家级福利院评定标准》 中国民政部制定的强化全国福利院宏观管理,促进福利院正规化建设的行政规章。1993年4月22日发布并实施。适用于由国家投资兴建、县以上民政部门负责管理的社会福利院、儿童福利院和精神病人福利院。将国家级福利院分为国家一级福利院和国家二级福利院,申报国家福利院须经省级民政厅(局)审核,由民政部批准、命名。提出国家福利院要达到的总体要求是:(1)贯彻、执行党和国家的路线、方针和政策,全心全意为收养、休养人员服务,与收养、休养人员建立平等、团结、友爱、互助的社会主义人际关系。(2)坚持办院宗旨,完成当地人民政府安排的"三无"

(无家可归、无依无靠、无生活来源)对象的收养任务。(3)深化改革,实现由福利型向福利经营型、封闭型向开放型、供养型向供养康复型的转变。(4)管理、服务规范化,效益显著,在城市社会福利事业单位中起骨干、示范作用。从规模、功能、管理、效益等方面提出具体评定指标。其中规定:国家一级福利院床位总数在150张以上,国家二级福利院床位总数在100张以上。有一支适应工作需要的专业化队伍,其中医疗康复专业队伍中必须有高级职称的专业技术人员。国家一级福利院医护人员应占全院职工总数的70%以上,国家二级福利院医护人员应占全院职工总数的65%以上。有较为完善的生活服务保障设施。有基本的现代医疗康复设备。具有开展老年人、伤残儿童、精神病人的医疗、护理和康复工作,具有向社区康复辐射,具有专业培训和科研,具有自我发展的四种能力。国家一级福利院收养、休养人员的康复参与率达到98%、康复有效率达到90%,国家二级福利院康复参与率达到90%、康复有效率达到85%。工作人员与婴儿、残疾儿童的比例为1:1.5;与精神病人的比例为1:2.5。

《家庭寄养管理暂行办法》 中国民政部为规范家庭寄养工作制定的行政规定。儿童寄养是指经过规定程序将民政部门监护的儿童委托在家庭中养育的照料模式。2003年10月27日颁布。共8章27条。其中规定:被寄养儿童,是指监护权在县级以上地方人民政府民政部门、被民政部门或者民政部门批准的家庭寄养服务机构委托在符合条件的家庭中养育的、不满十八周岁的孤儿、查找不到生父母的弃婴和儿童。规定了寄养家庭的条件和义务、寄养程序、相关服务机构、监督管理等内容。残疾儿童应当在具备医疗、特殊教育、康复训练条件的社区中为其选择寄养家庭。需要长期依靠技术性照料的重度残疾儿童,不宜安排家庭寄养。收留寄养儿童的家庭在寄养期间必须保障被寄养儿童的人身安全;对被寄养儿童提供生活照料,帮助其提高生活自理能力;培育被寄养儿童树立良好的思想道德观念;按国家规定安排被寄养儿童接受学龄前教育和义务教育,负责与学校沟通,配合学校做好被寄养儿童的教育工作;为残疾儿童提供矫治、肢体功能康复训练、聋儿语言康复训练和弱智教育等方面的服务;定期向家庭寄养服务机构反映被寄养儿童的成长情况。

中国福利彩票 中国为筹集社会福利事业发展资金发行的印有号码、图形或文字,供人们自愿购买并按照特定规则取得中奖权利的凭证。由民政部授权中国福利彩票发行中心统一发行、统一印制,统一编制并实施发行和销售额度计划,制定技术规则、管理制度等工作。销售总额为福利彩票资金,由奖金、发行成本费和社会福利资金三部分组成,其中社会福利资金的比例不得低于30%。社会福利资金用于资助为老年人、残疾人、孤儿、革命伤残军人服务的社会福利事业,帮助有特殊困难的人,支持社区服务、福利企业和其他社会公益事业的发展。

社会福利机构 国家、社会组织和个人举办的为老年人、残疾人、孤儿和弃婴提供养护、康复、托管等服务的机构。在中国，其设置必须符合国家规定的基本标准：(1)有固定的服务场所、必备的生活设施及室外活动场地；(2)符合国家消防安全和卫生防疫标准，符合《老年人建筑设计规范》和《方便残疾人使用的城市道路和建筑物设计规范》；(3)有与其服务内容和规模相适应的开办经费；(4)有完善的章程，机构的名称应符合登记机关的规定和要求；(5)有与开展服务相适应的管理和服务人员，医务人员应当符合卫生行政部门规定的资格条件，护理人员、工作人员应当符合有关部门规定的健康标准。须接受各级人民政府民政部门的管理、监督和检查。

特殊教育补助费（subsidization of special education） 又称"特殊教育专项补助费"。中国政府扶持各地发展特殊教育事业的专项经费。从1989年开始设立，该年度总额为2 300万元。来源于原国家教委在国家计委、财政部拨给的有关专项补助费中划拨的基建投资和经费、财政专项拨款、中国残疾人福利基金会募集资金。由原国家教委统筹管理，并会同有关部门下达分配方案。补助范围是：新建的各类残疾儿童学校，新建或改建的特殊教育师资培养、培训机构和残疾青年职业培训机构基建投资和设备购置费的不足部分，以及残疾儿童、少年学校统编教材的编写费和出版费。国家实施后，各地也相应设立。

四免两补 中国扶助贫困残疾学生接受义务教育的措施。免学杂费、书本费、住宿费、伙食费，补助残疾学生上学的交通费和学习类辅助用品用具费。

特殊学校助学金（the grant of special school） 国家帮助贫困残疾学生就学的专项经费。各国颁发的标准不同。中国从1956年起开始设立，当时称为人民助学金，发放标准相当于当地初中的定额标准，发送名额，盲校可占学生的30%～40%，聋校可占15%～20%。学校可根据学生的困难程度和实际需要增加等级，扩大发放幅度。20世纪70年代后，由各地教育行政部门按本地情况决定发放标准和范围。经费来源除国家财政拨款外，还有特殊学校校办产业收入等。

扶残助学项目 2002～2006年中国残疾人联合会和教育部联合开展的扶助残疾儿童上学的项目。由中央精神文明建设指导委员会办公室出资2 500万元，资助范围和内容为：内蒙古、河南、江西、安徽、湖北、湖南、广西、云南、贵州、四川、重庆、陕西、甘肃、宁夏、青海、新疆等16个省、自治区、直辖市的5 000名贫困残疾儿童、少年连续接受义务教育。以资助未入学的贫困残疾儿童、少年为主要对象，原则上每人每年1 000元。有关省(市、区)可根据当地经济发展水平及受助残疾儿童家庭经济状况，做适当调整。对已在校的残疾学生，确因贫困不能保证完成学业的，适当给予少量补贴。为此，教育部、中国残联共同制订了《"扶残助学项目"实施方案》，确定各级教育部门的责任是:制定落实本项目的有关扶持政策;适量合理建校、设班;为受助残疾儿童确定学校,为随班就读的残疾儿童选任辅导教师和巡回指导教师,开展师资培训;跟踪调查受助残疾儿童入学后学习和生活情况,防止辍学;负责项目后续工作。各级残联部门的责任是:负责筛查统计未入学适龄残疾儿童;确定受助对象,动员家长,宣传社会、送其入学;管理并发放资助款;跟踪、检查资助款的使用情况;协助教育行政部门检查受助残疾儿童入学后的学习生活情况,防止辍学。

中国社会福利有奖募捐(China Social Welfare Lottery Raising Fund) 中国政府批准的一项社会福利事业。1987年7月以后逐步在全国范围内开展。通过发行各种式样的社会福利奖券筹集社会福利基金,用于兴办为残疾人、老年人、孤儿服务的社会福利事业,帮助有困难的人,资助社会福利事业,发展社区服务。自1989年起,每年向中国残疾人联合会提供三项康复经费200万元,向原国家教委提供特殊教育经费300万元。

中国残联专项彩票公益金助学项目 2004~2006年中国残疾人联合会扶残助学的一个项目。资金来自中央助学专款,总额7 500万元,其用途为两项:(1)学生学习和生活补助费,计6 600万元。用于义务教育特殊学校走读生的杂费、教科书费和学习用品用具费补助;寄宿生的杂费、教科书费、学习用品用具费、寄宿费、交通费补助等。其中6 000万元用于资助河北、山西、内蒙古、辽宁、吉林、黑龙江、安徽、江西、山东、河南、湖北、湖南、广西、海南、四川、重庆、贵州、云南、陕西、甘肃、青海、宁夏、新疆和新疆生产建设兵团、黑龙江农垦总局2万名义务教育阶段贫困残疾学生,每年2 000万元;原则上每人每年平均资助1 000元,连续资助3年。项目地区可根据当地义务教育学校走读生、寄宿生的费用支出情况调剂使用,确定本省资助标准。另外600万元用于资助在全国各地若干所特教普通高中学校(班)就学的中西部地区贫困在校生(每人一次性资助1 500元)和中西部地区部分省份当年被普通高校或特教学院录取的贫困残疾学生(每人一次性资助2 000元)。由于资金总量有限,受助对象类型有所限定:义务教育和高等教育阶段贫困残疾学生既包括盲、聋、智力落后学生,也包括其他类别的残疾学生,如肢体残疾;高中阶段只资助盲、聋学生。(2)学校设备补助费,计900万元。其中750万元用于资助全国各地新建扩建特教高中阶段(含普高、职高、中专、中技)学校(班)教学仪器、设备费补贴,计划三年内资助15所学校,平均每校50万元;另外150万元用于资助西部1所新建高等特教学院(系、专业、班)。

希望工程(Project Hope) 中国青少年发展基金会发起倡导并组织实施的一项社会集资和捐赠活动。1989年10月开始实施。宗旨是:资助贫困地区失学儿童重返校园,建设希望小学,改善农村办学条件。实施以来,累计资助230万失学儿童重返校园,援建希望小学8 000余所,培训希望小学和农村小学教师2 300余名。成为我国20世纪90年代社会参与最广泛、最富影响的民间社会公益事业。1996年,中国残联与中国青少年发展基金会联合决定将因贫困失学的残疾儿童救助工作纳入该工程的救助中。1999年起实施重点转移,由过去对贫困地区失学儿童的普遍救助,转到对优秀受助生的跟踪培养;希望小学由硬件建设为主转向以教师培训、现代化教学设施配置等软件建设为主;不再直接接受救助失学儿童的捐款。对有意为贫困地区失学儿童捐款助学的人,将介绍其直接与贫困地区乡村小学联系,通过学校安排助学对象。进入21世纪,活动主要包含以下几方面内容:捐建希望小学;捐助"希望之星奖励基金",以奖学金的方式帮助从全国受助生中评选出的品学兼优的学生继续中学、大学学业,使他们顺利成长;捐助希望工程全国教师培训基金;捐建希望网校。

春蕾计划 中国全国妇女联合会领导下由中国儿童少年基金会发起并组织实施的一项社会公益事业。前身是中国儿童少年基金会1989年设立的"女童升学助学金",以及在贫困地区倡导并开办的女童班。1992年8月改称现名。以辅助国家推行九年制义务教育,救助失学、辍学女童重返校园为长期战略任务。行动目标是:让所有因家庭经济困难而失学、辍学的女童重返校园。利用在海内外广泛募集的资金,主要用于人均年收入不足500元的贫困地区举办"春蕾女童班"。一般依附于当地学校开办高小女童班,资助失学女童到高小毕业,有条件的继续开办初中直至高中春蕾班。资助费用:小学每人每年需400元,初中600元,高中800元。1998年,全国妇联与中国残疾人联合会共同下发《关于进一步做好救助贫困失学残疾女童工作的通知》,将因贫困失学的残疾女童纳入救助对象。截至1998年底,已累计救助失学女童90万人次。

通向明天——交通银行残疾青少年助学计划 交通银行设立的助残项目。内容是:自2007年起的10年内,向中国残联捐赠人民币1亿元,共同实施面向残疾青少年的助学行动。资金主要用于资助家庭经济困难残疾学生完成学业,为特殊教育学校(院)和接受随班就读学生的普通学校添置教育教学设备,在中西部地区新建特殊教育学校,在残疾人中等职业学校建设实习实训基地和残疾人职业教育师资培训。

交通银行特教园丁奖 "通向明天——交通银行残疾青少年助学计划"中的一个分项目。中国残联与教育部、交通银行协商决定从2010年开始设立。评选推荐范围面向特教学校、残疾人中等职业学校、高等特教学院、中央电大残疾人教育学院和普通学校(院)特教班(专业)从事特教工作的教师和在普通学校承担随班就读工作的教师。评选推荐条件与要求是:(1)认真执行党和国家的教育方针,模范遵守国家法律法规和教师职业道德。(2)热爱特教事业和残疾学生,促进学生全面发展,在本职岗位做出优异成绩。(3)从事特教工作5年以上,同等条件下,优先评选从事特教工龄较长的教师;优先评选农村艰苦地区和少数民族地区特教教师。(4)以推荐一线特教教师为主,校(院)长等教育管理人员原则上不超过候选人数的15%。2010年当年共表彰奖励了200名优秀特教教师。

红领巾助残 中国少先队开展的一项活动。1986年原国家教委、共青团中央、全国妇联、中国残疾人福利基金会倡导发起。在全国少年儿童中开展帮助残疾人,帮助残疾小伙伴,帮助困难残疾人子女等活动的助残行动。以学校、班级或小组为单位,通过少先队组织助残小分队,建立助残联谊网,开展主题班会、"一帮一送温暖"、"我与残疾小伙伴共同成长"等形式多样、生动活泼的活动帮助残疾人,培养少年儿童关心他人、扶助弱者的爱心。每年有近千万少年儿童参与。

"长江新里程"计划(2000—2005年) 香港著名实业家李嘉诚先生与中国残疾人联合会合作的一个项目。李嘉诚先生及其属下公司捐款一亿元港币。达到两方面的目的:(1)适应残疾人教育培训、康复医疗的迫切需求,采取措施缩小其在基本需求方面与经济社会发展水平的差距,使众多残疾人直接受益。(2)针对薄弱环节和发展需要,创造条件、建立基础、形成机制,促进残疾人事业与经济社会协调地持续发展。由五个项目组成:(1)长江普及型假肢项目。建立面向农村的普及型假肢服务网络,培养扎根基层的技术队伍,形成年装配1.5万条普及型假肢的服务能力,为6万名缺肢者装配长江普及型小腿假肢。(2)聋儿语训教师培养项目。创办"北京听力语言康复技术学院",使之成为具有高等专业水平的中国聋儿语训教师培养基地;培养500名面向基层、应用性的聋儿语训师资。(3)中西部地区盲童入学项目。在陕西、甘肃、宁夏、青海、贵州、云南、河南等12个中西部省份,兴办必要的盲童教育机构;大力推行盲童在普通学校随班就读,培训可兼任盲童教育的师资2800名;资助19800名贫困盲童入学,使这些地区盲童入学率由约30%提高到80%左右。(4)贫困地区基层残疾人综合服务项目。资助全国664个贫困县建立残疾人综合服务中心,为辖区1480多万残疾人提供康复训练、聋儿语训、职业技术培训、劳动就业、特殊用品辅助用具供应、文化生活等全面服务。(5)盲人保健按摩师培训项目。完善盲人保健按摩培训体系,编制盲文版、录音版盲人保健按摩教材,培训35 000名盲人保健按摩师。项目所规定的任务纳入残疾人事业发展计划,在各级政府领导及残疾人工作协调委员会的统一协调下,由中国残疾人联合会及其地方组织会同有关部门组织实施。配套经费由政府投入、中国残疾人福利基金会出资、社会赞助和受益者承担。

残疾人自学成才奖金(reward fund for the disabled of self education) 奖励在高等教育自学考试中获得大专以上学历证书、成绩优秀的残疾人的一笔专项资金。由原国家教委自学考试指导委员会和中国残疾人福利基金会于1985年共同设立,中国残疾人福利基金会负责提供。根据《高等教育自学考试优秀残疾人应考者奖励暂行办法》的规定进行评选和颁发。目的是鼓励广大残疾人自强自立,自学成才,充分调动他们学习科学文化知识的积极性,推动社会主义物质文明和精神文明建设。

特殊教育津贴(allowances for special education) 又称"特殊教育补贴费"。对特殊学校工作人员或手语翻译工资外的一种鼓励性补助。中国从1956年起开始设立,对盲、聋哑中小学的教员、校长、教导主任按评定的等级工资另外加发15%的津贴。1985年国家重申:盲、聋哑学校的教师、校长、教导主任发给本人基础工资加职务工资之和的15%的补贴费。智力落后儿童学校的教师也按规定执行。1989年3月又规定:盲、聋哑、智力落后等特殊教育学校的其他在编正式职工也可按发给相当本人基础工资加职务工资或岗位工资之和15%的特教补贴费。1991年5月15日正式施行的《中华人民共和国残疾人保障法》第25条规定:"特殊教育教师和手语翻译,享受特殊教育津贴。"一些地方政府将本地区特殊教育工作者享受的标准提高到25%或30%,并且规定将其纳入长期从事特教工作教师的退休金。俄罗斯等国亦有类似规定。

优秀特殊教育工作者奖励基金(reward fund for model workers of special education) 中国残疾人福利基金会于1985年设立的一笔专项奖励基金。用于对教育和民政部门、社会团体及个人办的盲、聋、智力落后学校(班)、肢体伤残者职业培训学校、儿童福利院、社会福利院及其他伤残儿童教育单位的先进工作者的表彰。奖励名额由原国家教委和民政部分别下达,各省、市、自治区教育和民政部门负责本系统的评选和审批工作。颁发几次后因故停发。

台湾特殊教育 台湾地区对资赋优异儿童和身心障碍儿童实施的专门教育。最早的特殊教育学校是1890年2月由英国牧师甘雨霖(Whilllam Gambel)在台南设立的训育院,招收盲人,教点字、音乐、手工艺等科目。后又数度变迁,为现在台南启聪学校的前身。另一所历史较长的特殊教育学校是1917年日本人木村谨吾开办的台北盲哑学校,现称台北市立启聪学校。肢残教育方面,以1958年台北市立义光育幼院创设的残疾教养所为最早。1968年台湾教育部门设彰化仁爱实验学校,招收肢残儿童,实施9年制教育。在其他方面,1956年开始,设立少年感化院、儿童心理卫生中心,教育矫治行为障碍、情绪障碍的儿童。在一些普通小学为智力落后或资赋优异的儿童设立启智班、资优班。主要采取办特殊教育学校、特殊班、在普通班安置特殊学生的教育形式。在入学年龄上,资赋优异学生不受幼稚园、各级学校入学最低年龄限制,并可在每一级学校缩短1年或1年以上修业年限。身心障碍学生一般为幼稚教育阶段3岁至未满6岁,国民教育阶段6岁至未满18岁,高中、高级职业及五年制专科教育阶段15岁至未满22岁,二年制、三年制专科以上教育阶段年龄不限。因各种原因,在每一级学校还可最多延长2年时间。为资赋优异学生和身心障碍学生提供补充教材或专用教材。制定了一系列法律、法规,涉及特殊教育的各个方面。如《特殊教育推行办法》(1970年)、《特殊儿童鉴定及就学辅导标准》(1974年)、《特殊教育法》(1984年)、《特殊教育课程、教材及教法实施办法》(1986年)、《特殊教育设施设置标准》(1987年)、《私立特殊教育学校(班)奖励办法》(1987年)、《特殊教育教师登记及专业人员进用办法》(1987年)、《特殊教育学生入学年龄修业年限及保送甄试升学办法》(1988年)等。1993年6月公布的台湾第二次特殊儿童普查的6~15岁身心障碍儿童为75 562人,占同龄儿童的2.121%,包括智能障碍、学习障碍、多重障碍、性格行为异常、肢体障碍、语言障碍、听觉障碍、身体病弱、视觉障碍、自闭症、颜面伤残儿童。培训特教师资的有台北、彰化、高雄3所师大和台北、新竹、台中等9所师范学院。截至2012年10月,在各级各类院校的特殊教育学生人数为94 236人。其中,智力残障25 671人、视力残障1 043人、听力残障2 854人、语言残障2 001人、肢体残障4 450人、身体病弱3 911人、情绪行为障碍5 099人、学习障碍24 243人、多重障碍6 055人、自闭症9 402人、发展迟缓7 209人、其他残障2 798人。在29所特殊教育学校学习的学生6 712人(学前170人、小学735人、中学1 202人、中职4 605人)。教师1 864人;在20多所大专院校学习的有12 293人;有4 605个特殊教育班。教育安置的方式除盲、聋、智力、肢体、自闭、情绪等类的集中式学校外有特教班、融合班、巡回辅导班、床边教学班、资源班、在家教育、接受特殊教育的普通班、巡回辅导团队等。

香港特殊教育 香港地区为残疾儿童实施的专门教育。香港教育署设特殊教育组,负责处理全港特殊教育事宜,为就读于普通班的学习障碍、情绪障碍学生提供辅导教学服务,甄别和评估学生是否需要接受特殊教育,并设有多个服务中心,对特殊学生进行言语和听觉训练。其中一个中心设耳膜实验室和盲文印刷所,为聋生制作耳膜,为盲生提供点字教科书。在特殊教育教师培训方面,香港教育学院举办为期2年的部分时间制在职训练课程,教育署举办短期课、研习班、补修课程等。2012年有盲校2所、聋校2所(其中真铎学校只有初中)、各种程度智力残疾学校40多所、肢体残疾学校7所、群育和医院特殊教育机构8所。还有一些开办特殊班普通学校。此外,还设立"家居教学计划",让因健康原因不能到校而需留在家中的儿童能继续接受教育。特殊学校和特殊班一般都采用普通学校的课程,但也改编课程或制定特殊课程纲要。特殊学校特别重视学生的日常生活技能的训练,安排多种课外活动,以充实日校生和寄宿生的生活体验。

香港特殊教育资源中心 为香港特殊教育工作者提供多种服务的机构。1996年根据香港教育委员会特殊教育小组报告书建议成立。设在香港九龙堂。

备有图书、教材及电脑教学软件、有多媒体器材供教师制作教学软件、提供场地进行教师交流和经验分享、有电子资料库，可从网上分享资源、有图书系统目录，图书可共借阅。各种教学资料资源和各类残疾儿童教育的分类网站可供查阅。

香港特殊学校议会 由香港各类特殊学校校长组成的群众组织。凡在香港注册认可的特殊学校皆可为会员学校。宗旨是促进香港特殊学校及特殊教育的发展，关注特殊学校，包括学生和教职员的权益，担当特殊学校与教育局、各会员学校之间的沟通桥梁，举办各类型有助促进专业发展及合作的活动。所选出的执行委员会每届任期两年。

澳门特殊教育 澳门地区为残疾儿童实施的专门教育。产生时间较大陆和台湾地区晚。20世纪60年代以前对残障人的服务还停留在救济和住宿方面，主要服务由天主教机构承担。1967年基督教圣保罗学校开始兼收弱能学生，并于1978年改为专收聋童的"路德会圣保罗聋哑学校"，现称协同特殊教育学校，成为澳门的第一所特殊教育学校，也是现在澳门最大的一所专门聋校。澳门公立特殊教育机构为1983年由前澳葡当局在伯多禄官立小学开设的招收智力障碍儿童的特殊班，该班先以葡萄牙语授课，到1984年有10多名学生，并开始以粤语授课。由于为特殊儿童提供的教育机构不足，澳门的明爱组织开始关注特殊教育。1985年该组织在圣类斯中心开设特殊班，1987年迁入新址改称"明爱学校"，专门为智力障碍儿童提供教育服务。1990年澳葡当局已鼓励中葡幼稚园招收弱能儿童。1992年巴坡沙中葡幼稚园招收了10余名肢体障碍和智力落后儿童，安排他们入读普通班。一些公立学校特殊班也刻意安排特殊学生与普通学生一块参加集体活动和共进午餐，增加特殊学生与普通学生的接触机会，减少隔离感。据统计，2011～2012学年度特殊教育学生已达977人，其中，在特殊教育学校就读的学生551人，在普通学校接受融合教育的学生426人。协同等学校已把入学年龄从6岁降为3岁，增加了学前教育。公立的5所小学和职业技术学校承担各类程度残疾学生的小学和初中的教育。主管特殊教育的"教育及青年局"下设有"教育心理辅导及特殊教育中心"，提供残疾学生入学、教师、家长等服务。

《残障福利法》 台湾地区有关残疾人福利保障的专门法律。1980年6月2日公布并施行。共26条。从设置福利机构、教育、医疗、提供助残器械、就业、交通等各方面规定了维护残疾人生活，帮助其自立的福利措施。其中规定，设立盲人、聋哑人、肢体残障者、智能不足者教养机构，义肢制造装配所，伤残重建机构，盲人读物出版社及盲人图书馆，重残养护机构，其他服务及音乐机构。在各地设立特殊学校、特殊班级或以其他方式教育不能就读于普通学校或普通班级的残障者。

《台湾特殊教育法》 台湾立法机构制定的特殊教育专门法律。1984年12

月7日公布并开始施行,2009年11月18日再次修正公布。共4章51条。将特殊教育对象分为身心障碍和资赋优异两类,具体有19种对象:智能障碍、视觉障碍、听觉障碍、语言障碍、肢体障碍、脑性麻痹、身体病弱、情绪行为障碍、学习障碍、多重障碍、自闭症、发展迟缓、其他障碍、一般智能优异、学术性向优异、艺术才能优异、创造能力优异、领导能力优异、其他特殊才能优异。规定特殊教育实施分三个阶段:"一、学前教育阶段,在医院、家庭、幼儿园、托儿所、特殊幼儿园(班)、特殊教育学校幼稚部或其他适当场所实施。二、国民教育阶段,在医院、国民小学、国民中学、特殊教育学校(班)或其他适当场所实施。三、国民教育阶段完成后,在高级中等以上学校、特殊教育学校(班)、医院或其他成人教育机构等适当场所实施。""各阶段特殊教育之学生入学年龄及修业年限,对身心障碍国民,除依义务教育之年限规定办理外,并应向下延伸至3岁,于本法公布施行6年内逐步完成。国民教育阶段身心障碍学生因身心发展状况及学习需要,得经主管教育行政机关核定延长修业年限,并以延长2年为原则。"此外,还对特殊教育行政管理、特殊教育师资培训、特殊学生入学待遇、鉴定、安置和其他有关问题作出规定。

《台湾特殊教育法施行细则》 台湾教育行政部门关于具体实施"特殊教育法"的政策性文件。1987年3月25日发布并施行。共4章30条。对特殊教育机构所包括的单位,设立、变更、停办特殊教育机构的审批程序,特殊教育机构的类型和名称,师资培训方式,资赋优异学生的标准、鉴定程序、教育方式,各类身心障碍学生的标准,鉴定程序,教育安置形式,特殊教育辅助器材种类等做出具体规定。其中规定特殊教育学校(班)类型和名称,在资赋优异教育方面,一般能力优异类为智优,学术性向优异类或特殊才能优异类,以其学科名称称之;在身心障碍教育方面,智能不足类称为启智,视觉障碍类称为启明,听觉障碍类称为启聪,学习障碍类称为启学,语言障碍类及多重障碍类称为启声,身体病弱类称为启健,肢体障碍类及多重障碍类称为启仁。对身心障碍学生鉴定程序,规定为疑有身心障碍的幼儿及学龄儿童,得凭公立医疗机构的证明认定;无医疗机构证明者,其父母或监护人应在接到入学通知之日起一个月内,向主管教育行政机关申请鉴定;对疑有身心障碍的已在校的中、小学生,先由所在班教师依平日观察和学生成绩考查结果,会同学校保健人员进行家访,然后对认定疑为身心障碍的学生,在征得其父母或监护人同意后,报请主管教育行政机关进行鉴定。

《台湾特殊教育教师登记及专业人员选用办法》 台湾教育行政部门关于特殊教育工作者任职资格的规定。1987年7月27日发布并施行。全文共22条。规定:申请登记特殊教育学校(班)高中教育阶段普通学科和专业学科教师,中学教育阶段普通学科教师,小学教育阶段教师,须是国内外大学或独立学院特殊教育学系毕业者,或具有普通教育教师资格,并修习20学分以上特殊教育科目者;申请登记特殊幼稚园(班)教师,须具有幼稚园教师资格,并修习20学分以上特殊教育科目者。此外,对中学教育阶段钟表修护、雕刻、服饰缝制、按摩等各种技艺训练科目技术教师的任职资格,教师证书的颁发,特殊教育教师调动等问题也做出具体规定。并要求特殊教育学校(班)、特殊幼稚园(班)根据需要选用心理咨询、语言训练、定向行走、听能训练、职能训练、运动机能训练等专业人员担任特殊教育专业教师。

《台湾特殊教育设施设置标准》 台湾教育行政部门关于特殊教育学校(班)办学条件和人员配置标准的政策性文件。1987年8月14日发布并施行。全文有4章共14条。对特殊教育学校、特殊幼稚园和特殊教育班的设置分别做出规定。内容涉及占地面积、校舍和设备、每班学生人数、行政管理体系、教职员工编制等。其中,身心障碍特殊教育学校、特殊幼稚园每班学生人数,学前教育阶段以不超过10人为原则,小学教育阶段以不超过12人为原则,中学以上教育阶段以不超过15人为原则。资赋优异特殊教育学校和特殊幼稚园,每班学生人数不超过30人。教师配备,学前教育和小学教育阶段每班2人,中学及高级中等教育阶段每班3人,专科以上教育阶段每班4人。心理咨询、语言训练、定向行走、听能训练、职能训练、运动机能训练等专业人员,按类别和实际需要配备1~5人。生活辅导员配备,走读制身心障碍特殊教育学校、特殊幼稚园每所2名;寄宿制学校,小学阶段的启明学校每10名学生配备1人,启聪学校每20名学生配备1人,启仁和启智学校每8名学生配备1人;中学阶段的启明学校每20名学生配备1人,启聪学校每30名学生配备1人,启仁和启智学校每12名学生配备1人;高中阶段的启明学校每20名学生配备1人,启聪学校每50名学生配备1人,启仁和启智学校每20名学生配备1人。

《香港康复白皮书》 又称"群策群力协助弱能人士更生"。前港英当局制定的发展香港地区康复服务的文件。1977年9月公布。制定依据是1976年7月公布的《香港康复服务进一步发展(1975—1985年)》绿皮书。有7章和5个附录。内容包括:总结香港康复工作已取得的进展和当时的状况;提出提供必要的综合性康复服务,使弱能人士能按其弱能情形,充分发挥其体力、智力及社交能力的康复工作目标;规定各方面工作的项目、具体指标及财政安排。其中第四章专门阐述特殊教育和训练的工作安排。计划将1977年12 165个接受各类特殊教育的名额,在1985年增至50 800个。特殊教育服务经费由4 000万港元增加到16 377万港元。安排多种形式的职员培训,发展特殊学校(包括医院附设的特殊学校)、训练中心和各种形式的特殊班、启导班。

《澳门特殊教育法令》 前澳葡当局制定的特殊教育法令。又称第33/96M号法令。1996年7月1日公布。全文共

19条,涉及指导原则、特殊教育制度、级别或班级编排、教学活动大纲等方面。指导原则提出:"对因体格、感官、心理、情绪及社会方面之特征,而有特殊教育需求之学生之教育,要求教育方式须顾及上述情况,以便促进学生学业进步及融入社会。特殊教育之计划及大纲应按学生之能力及需求而制定及实施。该等学生之教育应在家庭、教育机构、卫生护理机构及社会之紧密合作协调下进行。"

《预防残疾及使残疾人康复及融入社会之制度纲要法》 前澳葡当局制定的有关残疾人事务的法规。又称33/99M号法令。1999年7月19日公布。其中第10条规定的特殊教育目的是:"特殊教育系一种在公立及私立学校场所之各级程度中实施之教育,使有需要接受特殊教育之残疾人得到全面发展,并使其为完全投入劳动市场作好准备。"并就特殊教育的实施形式提出:"在不影响适用《澳门教育制度纲要法》之规定之情况下,应采取使残疾学生能逐步融入普通教育制度之措施,并确保向长期留在家中或长期住院之残疾学生提供适当之辅助方法。"

《沃诺克报告》(Warnock Report) 原名"关于缺陷儿童及青少年的教育"。英国残障儿童教育调查委员会撰写的一份报告。1978年发表。在世界上首次提出用"有特殊教育需要儿童"的概念和名称取代"教育迟缓"(educationally subnormal)的概念和名称,扩大特殊教育对象的范围。内容涉及特殊教育历史、评估、安置、课程、师资培养、家长参与、自发团体、卫生与社会服务的角色、研究与发展等各个领域。指出约五六个人之中便有1人是"有特殊需要儿童",而其中只有大约2%的儿童有严重的身体、感觉、智力或情绪障碍,某些障碍可能会伴随他们一生,这些有特殊需要的儿童许多在普通班接受不适当的教育。因此要求普通学校提供有效的特殊教育。针对1976年《英国教育法》第10条促进回归主流教育的规定,提出通过在普通学校内设立特殊学校,加强特殊班和普通班的交流等方式。对英国及其国际特殊教育的发展产生了深远影响。并直接影响到1981年《英国教育法》的制定。英国绝大多数的地方教育当局不同程度地按照报告提出的原则重新组建了特殊学校,如:有的特殊学校寻求和主流学校发展一种更为密切的关系,有的转变为"资源教室"并入普通学校,有的成为一个灵活的"辅导基地"(support base),有的则解散,学生全部融进普通班级。

《特殊学校规范章程》(Типовое положение оспециальном коррекционном образовательном учреждении для обучаю-щихся·воспитаников с отклонениями в развитии) 俄罗斯特殊教育学校的示范条例和标准规章。全名为"发展偏常学生特殊教育(矫正)机构规范章程"。1997年3月12日俄罗斯政府批准并颁布实施。全文6章50条,包括总则(1~6条)、矫正机构活动的组织(7~17条)、教育过程(18~23条)、教育过程的参加者(24~32条)、矫正机构的管理(33~36条)、矫正机构的物质条件（37～50条）。根据形势变化，2000年3月10日由政府首脑签署命令进行了部分修改和补充。适用范围为国立和市立的从特殊幼儿园到特殊义务教育学校和寄宿学校，包括重度残疾的特殊教育班（组）等特殊教育机构，还补充了班级名额，如聋班最多6人，盲班8人等。规定特殊教育机构要实现宪法赋予儿童的受免费义务教育的权利，为学生的生活负责，还对建立机构、法人程序、教育教学、劳动教育、教学计划、教师、领导一长制和自治原则等做了规定。

《俄罗斯特殊教育法》 全名为《关于身体有局限可能性人的教育法（特殊教育法）》。俄罗斯联邦关于特殊教育的一部法律。1996年6月18日俄罗斯联邦国家杜马通过。全文共7章35条，规定了特殊教育的各个方面，其中对特殊教育目的规定为"保证身体有局限可能性的人在适合其身体条件的教学环境中受到进入社会和融入社会的教育，具有自我服务的习惯，培养他们参加劳动活动和过家庭生活"。规定为不同类型残疾儿童设置八种教育机构。限于当时历史条件，未经总统叶利钦签发即已执行。

《所有残疾儿童教育法》（The Education for All Handicapped Children Act of 1975）简称"PL 94-142公法"。1975年11月29日美国第94届国会通过的第142号联邦公法。在1978财政年度生效实施。主要内容为：(1)规定为3～21岁的残疾儿童、青少年提供免费教育。要求保证所有残疾儿童获得法律规定年限的教育和有关服务的权利。(2)规定残疾儿童的类型为：聋、盲聋、重听、视觉障碍、智力落后、言语障碍、严重情绪紊乱、畸形缺陷、其他健康问题、特殊学习障碍、多重障碍。(3)要求各类学校进行仔细调查，以鉴别出残疾儿童、青少年。(4)提出让残疾学生在最少受限制的环境中受教育，包括在普通班中安置残疾学生。强调特殊教育和相应的服务要适合残疾儿童的不同需要。(5)要求必须为每位残疾学生制订一份个别教育计划。(6)规定有关残疾学生测验、评估的材料和程序，教育安置程序必须没有种族和文化差异，不得歧视他们。(7)规定残疾学生家长或监护人有权参与鉴定、评估和制订教育计划的过程。

《美国残疾人法》（The Americans with Disabilities Act） 又称"PL101-336公法"。1990年美国开始实行的一项保障残疾人权益的法律。规定所有残疾人应有的公民权，在社会生活的各方面禁止歧视残疾人。明确在4个方面为残疾人提供法律保护：(1)就业。规定在职业申请过程，雇佣，解雇，赔偿，升级，各种其他任期、条件及就业优惠方面禁止歧视残疾人。提出供残疾人就业的机构、团体、联合工作管理委员会。(2)州和地方政府。规定所有的州和地方政府要实施残疾人能获得的各种服务。包括配备有资格的翻译、助听设备、电视字幕、聋人专用电话、录像教材、盲文材料等，如要求政府机构提供特殊设备或更改现有设备，以便聋人能有效地进行交际活动。要求为残疾人提供特殊的公共交通服务。(3)公共设施。规定各类公共设施如旅馆、剧院、饭店、医疗诊所、律师事务所、商店、银行、博物馆、公园、图书馆、日间托护中心、学校均要为残疾人提供辅助帮助和服务,保证残疾人有平等地进入公共设施的权利。(4)电信交际。规定电话公司为残疾人提供地方和长途电话的特殊中继服务。要求在1993年7月26日在美国全国范围内普及这种中继服务。如接线员接到聋人要与健听人通话的请求后,即将聋人以打字方式传来的通话内容口授给受话者,再将受话者的口语通话内容以打字方式传给该聋人,帮助双方实现通话。

《1986年残疾人教育法修正案》(Education for the Handicapped Act Amendments of 1986) 又称"99-457公法"。美国一项特殊教育法令。1986年颁布。要求各州为所有3~5岁具备申请联邦学龄前基金资格的残疾儿童提供免费、合适的教育;规定中包括了奖励津贴,以此来鼓励各州为婴幼儿(从出生至2岁)及其家庭开发和完善全面的、多学科的服务。

《残疾人教育法修正案》(Individuals with Disabilities Education Act Amendments,IDEA) 又称"101-476公法"。美国的一项特殊教育法令。1990年颁布。该法令是对《所有残疾儿童教育法》(Education for All Handicapped Children Act, EAHCA)的重新命名;在新的残疾分类中增加了孤独症(autism)和脑外伤(traumatic brain injury);规定每名学生在16岁前,都需要一个"个人转衔计划"(简称ITP)作为其个别化教育计划(IEP)的一个组成部分。这个计划包括一系列相互协调的活动和多部门间的联系,以培养学生毕业后所需要的能力,如独立生存能力、接受职业培训和继续教育的能力等。

《1997年残疾人教育法》(Individuals with Disabilities Education Act of 1997) 又称"105-17公法"。美国的一项特殊教育法令。1997年颁布。在1990年《残疾人教育法修正案》基础上增加了若干项规定,其中包括:个别化教育计划小组的成员中应该包括一名普通教育教师;残疾学生必须能够参与普通教育课程;个别化教育计划必须在适当的时候提出正向行为支持方案(positive behavior support plans);残疾学生必须被纳入到州范围的或者地区范围的测验计划当中;如果学校试图惩罚一名残疾学生,并由此导致安置的改变,或令学生休学或停学超过10天,个别化教育计划小组必须通过"诊断认定"(manifestation determination)来证明该学生的不当行为与其残疾无关。

《2004年残疾人教育促进法》(Individuals with Disabilities Education Improvement Act of 2004) 又称"108-446公法"。美国的一项特殊教育法令。2004年颁布。保留了《1997年残疾人教育法》(IDEA 1997)的主要内容和原则。关键的变化包括:缩减文书工作,仅要求在需要参加替代性成就标准(alternative achievement standards)相关的替代性评估(alternative assessments)的学生的个别化教育计划中写入基准和短期目标;允许制订多年有效的个别化教育计划;可以用"干预反应"(response-to-instruction)鉴定学习障碍;对"高素质"的特殊教育教师进行了定义;在特殊情况下(如学生将武器带进了学校),无论学生的不当行为是否与其残疾有关,学校都可以将残疾学生从学校中开除,将其转至一个暂时性的安置环境中,但时间不得超过45天等。

《不让一个儿童落后法案》(No Child Left Behind Act of 2001) 简称"NCLB",107-110。原美国《中小学教育法》的修订案。美国参议院2001年6月14日通过的一个法案,美国总统布什2002年1月8日签署发布,在认为高水平和建立评价指标可以提高个体教育成果的前提下,支持以标准为基础的教育改革。不主张全国统一的成就标准,而是要求各州分别设置标准,对所有学生的基本技能进行评估,并以此作为获得联邦政府办学经费的依据。主要有四方面内容:强调对结果负责;强调基于科学研究基础上开展各项工作;扩大父母的选择权;扩大地方对联邦教育资金的灵活控制权。要求每所学校都能达到规定标准,强调对学习弱势学生负责,不管他是什么类型的学生(贫穷、少数民族、残疾、英语有障碍的学生都包括在内)。包含七个具有操作性的主题:改进处于学习弱势的学生的学业成绩;提高教师的质量;帮助英语差的学生达到英语流利的程度;提升父母的选择权推进创新改革项目;创建21世纪安全学校;增加对美国土著人和军人家庭子女学校的经费;鼓励自由和责任。其中,"阅读第一"项目("Reading First" Program)是为了使每一个孩子到三年级时都可以进行熟练阅读而设立的项目。为各州提供经费和工具以消除学生阅读方面的障碍。包括对取得进步的残疾学生以及满足了残疾学生需要的学校的奖励。

《韩国教育法》 韩国政府关于国民教育的基本法律。1948年12月31日公布,1981年12月31日修改。有11章共177条。其中规定:特殊学校以对视听觉缺陷者、心身缺陷者进行相当于幼儿园、国民学校、初级中学、高级中学的教育,使其学会实际生活所需要的知识和技能作为目的。首尔特别市、直辖市及道要各设立一所以上特殊学校。在特殊情况下,利用公共会馆和其他有可能利用的建筑物,国民学校及初级中学要为身体行动不便者、性格异常者、精神薄弱者、聋者及重听者、盲者及半盲者、哑者、其他残疾者设立特殊班级。为鼓励学习和从事特殊教育,将为进行特殊教育而在国内外接受师范教育的学生,列为可以获得全部学费或一部分补助的对象。并对在特殊教育学校任职的教师、校长、校监,分别提出学历和在特殊教育学校工作的年限的资格标准。

《学校教育法》 日本关于学校教育的综合性基本法律。1947年(昭和22年)3月31日公布,1976年5月25日做最后修订。有9章和附则共108条。规定:国立或公立的小学和初中以及与此相当的盲人学校、聋人学校和养护学校所进行的义务教育,不得征收学费。其中第六章专门阐述特殊教育。内容涉及特殊教育的目的,特殊幼儿园,特殊学校小学、初中、高中分部,教学科目,地方当局设置特殊学校的义务,小学、初中、高中为残疾儿童和学生设置特殊班等。对盲校、聋校和养护学校的教育目的规定为:分别对盲人(包括严重视力衰弱者)、聋人(包括严重听力衰弱者)和精神薄弱者、肢体不自由者或病弱者(包括身体虚弱者)施以相当于学前、小学、初中、高中教育,并为弥补其生理缺陷,教给他们必要的知识和技能。

国际残疾工作委员会(International Council on Disability) 一个国际性组织。成立于1953年。前身是世界残疾人组织代表大会,1986年改称世界残疾人组织理事会,后采用现名称。活动宗旨是:协助联合国和有关机构在世界范围内实施有关残疾人康复的各种行动和计划,争取各国政府和其他组织的支持与合作。职责是促进各国政府与联合国专门机构的联系与合作,发展残疾人康复等事业。在联合国经社发展理事会享有咨询地位,并与世界卫生组织、国际劳工局、教科文组织、儿童基金会有正式工作联系。

联合国儿童基金会 (United Nations Children's Fund) 简称"UNICEF"。联合国所属的机构之一。前身是1946年设立的联合国国际儿童紧急基金会。由第二次世界大战末期建立的联合国救济和复兴总署演变而来。接受联合国善后总署的剩余资财,并在各国政府捐助下向二次大战后受难儿童提供紧急救济。1950年后,此项工作结束。1953年联大决定改称现名。总部设在纽约,领导机构是执行局,主要任务是制定政策,审议援助计划和筹集项目资金等。执行局委员由联合国经社会选出。现有执委30名,任期3年,可连选连任。执行主任由联合国秘书长任命,大会认可。宗旨是:帮助发展中国家改善儿童的生活状况,在儿童保健、营养、教育和职业训练、家庭和儿童福利等方面提供紧急援助。援助的对象主要是少年、儿童和年轻的母亲。成立后便与中国形成联系,曾通过宋庆龄举办的"中国福利会"向解放区儿童提供物质援助。1980年以来,向中国提供疫苗生产、断奶食品生产和特殊教育师资培训等多方面的援助,如援建中国18所中等特殊教育师范学校。中国从1979年起参加了该机构的多边援助活动,并向其捐款35万美元和15万元人民币。1980年4月,中国当选为该机构执行局成员国。目前,在很多领域都与中国政府开展了合作,包括为受艾滋病影响的儿童提供帮助、防止拐卖儿童、推广儿童早期发展服务和提高办学质量等。

世界卫生组织(World Health Organization) 简称"WHO"。隶属联合国的一个机构。由1907年在巴黎成立的国际公共卫生局和1920年在日内瓦成立的国际联盟卫生组织演变而来。1945年联合国旧金山会议决定召开一次国际卫生会议以建立国际卫生组织。1946年6—7月,国际卫生大会在纽约举行,通过《世界卫生组织法》。1948年4月7日,该组织法正式生效。同年6月,在日内瓦召开的第一届世界卫生大会上正式成立。并成为联合国的一个专门机构。中国是创始国之一。总部设在日内瓦。最高权力机构是世界卫生组织大会,每年5月举行一次会议。大会闭幕期间的执行机构是执行委员会,由30名成员组成(由大会选出),任期3年,每年改选三分之一,常设机构是秘书处,任务是处理日常事务,行政负责人总干事,由大会任命,任期5年,可以连任。此外,还设有非洲、美洲、欧洲、东地中海、东南亚和西太平洋等6个区域办事处。中国属西太平洋区。宗旨是"使全世界人民获得最高可能水平的健康",任务是指导和协调国际卫生工作;根据各国政府的申请,协助加强国家的卫生事业,提供技术合作;促进防治流行病、地方病和其他疾病;促进预防工伤交通事故及改善营养、居住、环境卫生、娱乐、经济和工作条件;促进妇幼卫生、计划生育和精神卫生;制定食品卫生、生物制品和药物的国际标准等等。发行刊物有:《世界卫生组织通讯》(双月刊)、《世界卫生组织月报》、《世界卫生》(双月刊)。1972年5月10日,第二十五届世界卫生大会通过了恢复我国在该组织的合法席位的决议。1981年5月,在华设办事处,并委派一名协调员常驻北京。

残疾人国际(Disabled Peoples' International) 一个国际性残疾人组织。1981年12月在新加坡成立,总部设在瑞典首都。在联合国享有咨询地位。工作宗旨是遵循联合国人权宣言,致力于残疾的防治与康复,实现残疾人完全平等地参与社会活动,生活于社会主流之中。参与联合国残疾人十年规划的制订和执行工作,并分别在亚、非、拉地区举办专题座谈会和残疾人组织领导人培训班。至1986年,有团体会员53个,其中大多数是发展中国家的残疾人组织。1989年11月接纳中国残疾人联合会为正式会员。

国际康复会(Rehabilitation International) 一个为残疾人谋福利的国际性组织。创立于1922年。前身为"国际跛足儿童协会"。创始人和首届会长是美国俄亥俄州的艾德加·F·艾伦。1972年改现名。与联合国经社理事会、教科文组织、世界卫生组织、国际劳工组织、儿童基金会以及几个区域性组织有正式关系,并在这些组织中具有咨询地位。1984年6月接纳中国残疾人福利基金会为正式会员。至1986年,有77个国家和地区的86个正式会员、27个准会员、9个国际会员组织。其所属亚太地区第九届大会于1990年10月26日在北京召开。

国际狮子会(Lions Clubs International) 全称"国际狮子会俱乐部"。全世界最大的国际性慈善服务社团。1917年6月7日创建,总部设在美国。截至2006年,该组织遍布全球192个国家及地区,分会超过45 000个。该组织的口号为"我们服务",宗旨是向社会提供各种服务,向一切需要帮助的人提供援助,增进友谊,维护和平。业务范围包括医疗卫生、助残护老、环境服务、公民教育和减灾扶贫等,并为慈善服务工作设立了国际狮子基金。1997年开始与中国残疾人联合会、卫生部合作,在我国开展"视觉第一中国行动"项目,并于1999年3月5日宣布1999年为"国际狮

子会中国视觉年"。(www.lionsclubs.org)

残疾人共济会(People to People Committee for the Handicapped) 美国一个为各类残疾人提供多种服务、帮助和咨询的国际性康复机构。直属残疾人就业总统委员会,并与其他主要联邦政府机构、地区行政组织和国家级残疾人团体有着广泛、密切联系。首任主席为艾森豪威尔。宗旨是:尽力为全美残疾人组织和其他国家与地区的残疾人团体提供和交流有益于残疾人事业发展的先进技术、行动纲领与方案、社会服务等信息。编辑出版《最新进展》(季刊),专门介绍有关残疾人行动计划、措施和组织活动的最新动态。

美国特殊儿童委员会(Council for Exceptional Children) 简称"CEC"。美国及世界上最大的特殊教育学术团体。1922年成立于哥伦比亚大学教育学院。在美国和加拿大地区,有269个州、地区、省设立了分会,会员逾50 000名,包括9 000多个团体会员,288个学生分会。按照专业领域划分为不同的团体,包括:肢体残疾、行为紊乱、智力落后、视力残疾、天才、早期儿童教育、特殊教育管理、职业发展、技术和媒体、教育诊断服务、教师教育、国际特殊教育、文化和双语多样性、研究、CEC的开拓者等团体。

世界残疾人研究所(World Institute on Disability) 美国一个从事研究、培训和公共政策的非营利机构。创建于1983年,总部设在加利福尼亚州。宗旨是通过调查研究,开展全民教育,推进各类培训和示范计划的实施,创造一个更适宜残疾人

生活的社会环境,促进残疾人的公民权利,使他们充分融入社会。同时,具有国际性信息交流和经验交流的功能,可以为各大洲的残疾人、残疾人组织和政府有关部门提供培训机会和技术服务。特别注重支援各国的残疾人自立运动,并将收集的有关残疾人自强自立的经验介绍给不同文化背景的国家。

俄罗斯矫正教育学研究所(Институт Коррекционной Педагогики) 俄罗斯研究残疾儿童心理与教育教学问题的科研机构。设在莫斯科。隶属于俄罗斯教育科学院(Российская Академия Образования)。1929年在一些残疾儿童医学、教育、心理咨询机构和实验室的基础上合并成为缺陷儿童实验研究所,1937年改名为特殊学校和儿童之家科学实验研究所,1943年改为俄罗斯联邦教育科学院缺陷学研究所,20世纪60年代易名苏联教育科学院缺陷教育学研究所(НИИД),又译为苏联特殊教育研究所。因其工作成绩卓著曾获苏联荣誉勋章。原苏联解体后,1992年改为现名,研究部门也相应进行了调整。共设有9个研究部、7个实验室、3个中心。分别进行临床遗传、神经生理及心理、诊断、各类残疾儿童教学内容和方法、0~3岁残疾儿童、学前特殊需要儿童、特殊需要青年职业教育、现代矫正技术与方法、矫正工具等研究和实验。还设有咨询诊断中心、教学出版中心、培养副博士和博士的研究生部,以及附属的聋校、言语矫治学校等。学术刊物为《缺陷教育学》(双月刊),用俄文出版,有英文

目录。

日本国立特殊教育综合研究所 日本国立教育研究所之一。1971年10月建在神奈川县横须贺市，属日本文部省。任务是促进全日本特殊教育的综合研究，进行教育实验和人员培训、咨询，还进行特殊教育的国际交流。共分8个研究部（视觉障碍教育、听觉言语障碍、智力残疾、肢体残疾、病弱儿童教育、情绪障碍教育、多种残疾教育和特殊教育工学），下分16个研究室（盲教育、弱视教育、聋教育、重听教育、中度智力落后教育、轻度智力落后教育等）。附属有久里浜养护学校、情报研究部门。每年举办特殊教育领导者一年的培训，特殊教育骨干教师3个月的短期培训，召开各种国内和国际的特殊教育会议。如负责组织每年一次的亚洲地区特殊教育研讨会。

中国狮子联会（China Council of Lions Clubs） 中国一个全国性慈善服务团体，2005年6月成立。名誉会长为邓朴方。借鉴国际狮子会的管理运作模式，遵循"自主建会、独立运作、坚持宗旨、依法办事"的办会原则，探索具有中国特色的办会机制，建立符合中国国情的组织管理体系和服务活动方式。对内组织引导会员开展形式多样的慈善服务活动，对外统筹中国与国际狮子会的合作关系。

香港复康联会（Joint Council for the Physically and Mentally Disabled Hong Kong） 又称"香港社会服务联会复康部"。香港非政府康复服务机构及残疾人团体组成的组织。由会员机构代表组成的管理委员会领导，下辖6个服务协调委员会（失明人士服务协调委员会、失聪人士服务协调委员会、智力落后人士服务协调委员会、精神病患者服务协调委员会、肢体伤残及脑痉挛人士服务协调委员会、学前弱能儿童服务协调委员会）以及几个专门性委员会（如残疾歧视条例关注委员会）和工作小组。旨在协调及改善各项为残疾人士而设的服务和设备、参与政策的检讨和制定、推展公众教育以及发展新的复康服务。1965年11月并入香港社会服务联会，成为社联复康部。

国际残疾人奥林匹克委员会（International Paralympic Committee） 简称"IPC"。残疾人体育运动的国际性代表组织。前身是1982年成立的"国际残疾人体育协调委员会"。1989年与其他五个国际残疾人体育组织合并而成并改称现名。任务是：负责组织并指导、协调残疾人奥林匹克运动会和其他高水平残疾人体育比赛，主要世界和地区锦标赛；代表范围内的体育组织与国际奥运会及相关国际组织进行联络，寻求将残疾人体育运动与健全人运动联络；监督、协调残奥委会和其他跨残疾类别的世界性和地区性运动会，协调国际残疾人体育比赛时间以及各单项组织的技术要求；协助促进培训、科研等活动的推广；抛开政治、宗教、经济、性别和种族歧视，推动残疾人参加体育活动，为他们寻求更多的参与体育活动的机会，增加训练，提高运动水平。总部在德国波恩。中国残疾人体育协会是正式会员。主要参加者是肢体残疾人、脑瘫人和盲人。

国际轮椅联合会（International Stoke Mandeville Wheelchair Sports Federation）又称"国际斯托克·曼德维尔运动联合会"。一个下肢瘫痪者的国际性组织。成立于1948年。由英国人古度曼爵士创办。总部设在英国。活动宗旨是友谊、团结和体育精神。每年举行世界轮椅运动会，并定期组织泛美洲、泛欧洲和远东及南太平洋地区伤残人运动会。中国残疾人体育协会是正式会员。

国际脑瘫人体育协会（Cerebral Palsy International Sport and Recreation Association）一个由脑瘫造成的运动障碍者成立的国际性组织。总部设在荷兰。活动宗旨是使脑瘫者在娱乐和体育活动中得到康复。中国残疾人体育协会是正式会员。

远东及南太平洋地区伤残人运动会联合会（The Far East and South Pacific Games Federation for the Disabled）一个地区性伤残人体育运动组织。成立于1975年。总部设在日本。活动宗旨是通过比赛和其他活动，提高残疾人的社会地位和福利，增进相互了解，交流情况及与其他有关机构进行联系。负责举办远东及南太平洋地区伤残人运动会。自1975年起已举办过4届伤残人运动会。1982年、1986年、1989年我国运动员参加过3届。现有40个成员国，我国伤残人体育协会是正式会员。

残疾人奥林匹克运动会（Paralympic Games）专为残疾人举办的国际性体育运动会。分夏季运动会和冬季运动会。参加者不包括智力残疾者。由起源于1946年的英国斯托克·曼德维尔运动会和1960年首先在意大利举行的世界残疾人运动会合并而成。经国际残疾人体育联合会决定，将1976年在加拿大多伦多举行的定为第一届，以后每4年举行一次。至2004年已举办12届。设田径、游泳、举重、摔跤、射箭、轮椅足球、乒乓球等项目。运动员按肢残、盲、聋等残疾性质分组，每组中再按残疾程度划分不同级别进行比赛。1984年6月在美国纽约举行第三届时，中国首次派出包括盲校学生在内的24名运动员参加，获2枚金牌、13枚银牌、9枚铜牌，并有9人次打破世界纪录。2008年第13届夏季运动会在中国举行。

远东及南太平洋地区伤残人运动会（The Far East and South Pacific Games for the Disabled）一个地区性伤残人体育运动会。简称远南运动会。1975年举行第一届。参加者主要是腰背损伤者、截肢者、盲人和脑麻痹患者。1994年9月4~10日在北京举行第六届，有近40个国家和地区的2 000多名残疾人运动员、官员参加，其中中国伤残人体育团由600人组成，参加所有14个大项的比赛。

全国残疾人运动会 国家举办的全国性残疾人体育运动会。1984年10月7~14日在合肥举行第一届，至2011年已举办8届。设田径、游泳、乒乓球、轮椅篮球、射击、举重、盲人柔道、盲人门球、坐式排球、羽毛球、轮椅网球等比赛项目和轮椅飞镖等表演项目。

《残疾者权利宣言》(Declaration on the Rights of Disabled Persons) 又译"残废者权利宣言"。联合国的一份决议。1975年12月由第31届联合国大会第2433次全体会议通过。内容重申联合国宪章所宣布的人权及基本自由,回顾了一系列国际宣言的精神。将残疾者定义为任何由于先天或后天的身体或精神缺陷,而不能保证自己可以取得正常的个人生活和(或)社会生活的一切或部分必需品的人。提出保障残疾者的权利。不分种族、肤色、性别、语言、宗教、政治见解、国籍和出身,对一切残疾者不加以歧视。强调残疾者应享有平等的公民权利,以及参加社会生活、接受治疗和教育的权利。

《世界人权宣言》(Universal Declaration of Human Rights) 联合国为维护人类基本权利制定的文件。1948年12月10日联合国大会第217A(III)号决议通过。要求所有会员国广为宣传,并且"不分国家或领土的政治地位,主要在各级学校和其他教育机构加以传播、展示、阅读和阐述。"全文包括序言和三十项条款。其中第二条规定:"人人有资格享有本宣言所载的一切权利和自由,不分种族、肤色、性别、语言、宗教、政治或其他见解、国籍或社会出身、财产、出生或其他身份等任何区别。"第二十五条规定:"人人有权享受为维持他本人和家属的健康和福利所需的生活水准,包括食物、衣着、住房、医疗和必要的社会服务;在遭到失业、疾病、残废、守寡、衰老或在其他不能控制的情况下丧失谋生能力时,有权享受保障。"第二十六条规定:"人人都有受教育的权利,教育应当免费,至少在初级和基本阶段应如此。初级教育应属义务性质。技术和职业教育应普遍设立。高等教育应根据成绩而对一切人平等开放。父母对其子女所应受的教育的种类,有优先选择的权利。"为之后两份具有强制性的联合国人权公约《公民权利和政治权利国际公约》和《经济、社会及文化权利国际公约》奠定了基础,三者共同构成了公认的"国际人权宪章"。

《反对教育歧视公约》(Convention against Discrimination in Education) 又译"取缔教育歧视公约",联合国教育、科学及文化组织大会第十一届会议于1960年12月14日通过的文件,1962年5月22日生效。共十七条。第一条提出,为本公约目的,"歧视"一语指基于种族、肤色、性别、语言、宗教、政治或其他见解、国籍或社会出身、经济条件或出生的任何区别、排斥、限制或特惠,其目的或效果为取消或损害教育上的待遇平等,特别是:(甲)禁止任何人或任何一群人接受任何种类或任何级别的教育;(乙)限制任何人或任何一群人只能接受低标准的教育;(丙)对某些人或某群人设立或维持分开的教育制度或学校;(丁)对任何人或任何一群人加以违反人类尊严的条件。第二条列举了不应视为歧视的特殊情况。第三条、第四条规定各缔约国为消除教育歧视、促进教育平等而应承担的责任。包括:废止含有教育上歧视的任何法律规定、行政命令和惯例;必要时通过立法,保证在学校招收学生方面没有歧视;在学费、奖学金或其他方式的协助等事项上,除了以成绩或需要为基础外,不容许公共当局对不同国民施以不同的待遇;不容许任何纯粹以学生属于某一特殊团体这个原因为基础而定的限制或特惠;使初级教育免费并具有义务性质;使各种形式的中等教育普遍设立,并对一切人开放;使高等教育根据个人成绩,对一切人平等开放;保证人人遵守法定的入学义务;无歧视地提供师资训练等。此外,还明确了发生争端的处理办法和加入及退出公约的方式。截至2011年7月,已有97个成员国加入。

《消除一切形式种族歧视国际公约》（Convention on the Elimination of All Forms of Racial Discrimination） 联合国的一份文件。1965年12月21日联合国大会第2106A号决议通过,1969年1月4日生效。制定目的是为了实施《联合国消除一切形式种族歧视宣言》所规定的原则。全文共25条。将"种族歧视"界定为"基于种族、肤色、世系或民族或人种的任何区别、排斥、限制或优惠,其目的或效果为取消或损害政治、经济、社会或公共生活任何其他方面人权及基本自由在平等地位上的承认、享受或行使"。对缔约国在消除种族歧视方面的责任进行了规定。中国政府于1981年12月29日交存加入书,并对公约第22条,缔约国之间遇有争端,"应于争端任何一方请求时提请国际法院裁决"持保留态度。1982年1月28日该公约对中国生效。截至2011年10月,共有86个签署国和175个缔约国。

《经济、社会、文化权利国际公约》（International Covenant on Economic, Social and Cultural Rights） 联合国的一份文件。1966年12月16日联合国大会通过,1976年3月23日生效。全文共31个条款。制定目的是保障每一个人的经济、社会和文化权利,包括劳动权、健康权、教育权、获得适当的生活标准等权利。第10条提出,应为一切儿童和少年采取特殊的保护和协助措施,不得因出身或其他条件而有任何歧视。第12条提出,人人有权享有能达到的最高的体质和心理健康的标准。第13条提出,人人有受教育的权利,教育应鼓励人的个性和尊严的充分发展,加强对人权和基本自由的尊重,并应使所有的人能有效地参加自由社会,促进各民族之间和各种族、人种或宗教团体之间的了解、容忍和友谊,和促进联合国维护和平的各项活动。1997年10月27日,中国政府正式签署。2001年3月27日,中国向联合国交存了批准书,正式加入该公约,并于2003年6月、2010年7月向联合国提交了两次国家履约报告。截至2011年7月底,共有160个缔约国,另有7个国家已签署但还未批准加入。

《关于残疾人的世界行动纲领》（World Programme of Action Concerning Disabled Persons） 联合国的一份文件。1982年12月3日第37届联合国大会以第37/52号决议通过。内容包括三个部分。第一部分确定促进推行有关伤残预防和伤残康复的有效措施。提出残疾人在残疾预防、伤残康复和机会平等诸方面的任务;

分析完成该《纲领》各项目标的先决条件。第二部分指出造成残疾的原因,列举了发展中国家残疾人的现状和阻碍残疾人参与社会的羁绊。第三部分明确说明《纲领》是为所有国家制订的,要求各成员国政府设立协调中心或全国委员会来调查、监督下属机构和非政府组织完成《纲领》所规定的任务。

《世界全民教育宣言:满足基本学习需要》(World Declaration on Education for All: Meeting Basic Learning Needs) 联合国教科文组织的一份文件。1990年3月在泰国宗迪恩召开的"世界全民教育大会"通过。全文共10条。提出全民教育的目的是满足基本学习需求,每一个人都应能获得旨在满足其基本学习需要的受教育机会。包括普及入学机会并促进平等、强调学习、扩大基础教育的手段和范围、改善学习环境、加强伙伴关系等。其第3条第五项提出,残疾人的学习需要应受到特别的关注。必须采取步骤为各类残疾人提供平等的受教育机会,以作为教育制度的一个组成部分。此外,还提出了创造支持性的政策环境、调动资源、加强国际团结等全民教育的要求。

《利兹堡宣言》(Leeds Castle Declaration) 全称"关于残疾预防的利兹堡宣言"。联合国的一份文件。1981年12月国际残疾人年时在英国利兹堡召开的"如何采取切实措施预防残疾"会议上通过。文件估计世界人口的1/10是残疾人,约4亿5千万,儿童占1/3。4/5残疾人生活在发展中国家。认为多数残疾是可以预防的,世界如不采取果断行动,残疾人数将倍增。提出对儿童进行免疫接种、初级卫生保健、母乳喂养、向群众宣传防疫知识、延缓和避免老年残疾等。确认残疾并不一定造成残疾人。预防除技术手段外,还应有社会对征服残疾承担义务,运用现代信息手段保证知识和技术传播。

《残疾人职业康复和就业公约》 国际劳工组织关于残疾人职业康复和就业的一项决议。1983年6月20日通过。有17个条款。包括3个方面:残疾人的定义和范围、残疾人职业康复和就业政策原则、发展残疾人职业康复和就业服务的国家行动。

《儿童权利公约》(The Convention on the Rights of the Child) 联合国大会1989年11月20日通过的一项国际公约。已为国际社会广泛认可。1992年得到中国政府批准。全文共4个部分52条。阐述各缔约国应赋予所有儿童的基本人权:生存的权利,充分发展全部体能和智能的权利,保护他们不受危害自身发展的权利,参与家庭、文化和社会生活的权利。其中,第23条提出:"1. 缔约国认识到身心有残疾的儿童应能在确保其自尊、促进其自立、有利于其积极参与社会生活条件下享有充实而适当的生活。2. 缔约国认识到残疾儿童有接受特别照顾的权利,应鼓励并确保在现有资源内,与普通儿童和其照料者的接触,依据申请,斟酌儿童及其父母及其他照料人的情况,提供帮助。3. 鉴于残疾儿童的特殊需要,考虑到儿童的父母或其他照料人的经济情况,在可能时应免费提供按照本条第

2款给予的援助,这些援助的目的应是确保残疾儿童能有效地获得和接受教育、培训、保健、康复服务,就业准备和娱乐机会,其方式应有助于该儿童尽可能充分地参与社会,实现个人包括其文化和精神方面的发展。4.缔约国应本着国际合作的精神,在预防保健以及残疾儿童的医疗、心理治疗和功能治疗领域促进交换适当资料,包括散发和获得有关康复教育方法和职业服务方面的资料,以期使缔约国能够在这些领域提高其能力和技术并扩大其经验。在这方面,应特别考虑到发展中国家的需要。同时确立各国政府在为本国儿童提供卫生保健、教育、法律和社会服务所必须达到的最低标准,从而保护儿童的这些权利。"

《残疾人权利公约》(Convention of the Rights of Persons with Disabilities) 第61届联合国大会在21世纪通过的第一个综合性人权公约。2006年12月13日通过,全文共50条。制定宗旨是促进、保护和确保所有残疾人充分和平等地享有一切人权和基本自由,确保残疾人享有与健全人相同的权利,并以正式公民的身份生活,从而在获得同等机会的情况下,为社会作出宝贵贡献,促进对残疾人固有尊严的尊重。第24条"教育"提出:一、缔约国确认残疾人享有受教育的权利。为了在不受歧视和机会均等的情况下实现这一权利,缔约国应当确保在各级教育实行包容性教育制度和终生学习,以便:(一)充分开发人的潜力,培养自尊自重精神,加强对人权、基本自由和人的多样性的尊重;(二)最充分地发展残疾人的个性、才华和创造力以及智能和体能;(三)使所有残疾人能切实参与一个自由的社会。二、为了实现这一权利,缔约国应当确保:(一)残疾人不因残疾而被排拒于普通教育系统之外,残疾儿童不因残疾而被排拒于免费和义务初等教育或中等教育之外;(二)残疾人可以在自己生活的社区内,在与其他人平等的基础上,获得包容性的优质免费初等教育和中等教育;(三)提供合理便利以满足个人的需要;(四)残疾人在普通教育系统中获得必要的支助,便利他们切实获得教育;(五)按照有教无类的包容性目标,在最有利于发展学习和社交能力的环境中,提供适合个人情况的有效支助措施。三、缔约国应当使残疾人能够学习生活和社交技能,便利他们充分和平等地参与教育和融入社区。为此目的,缔约国应当采取适当措施,包括:(一)为学习盲文、替代文字、辅助和替代性交流方式、手段和模式,定向和行动技能提供便利,并为残疾人之间的相互支持和指导提供便利;(二)为学习手语和宣传聋人的语言特性提供便利;(三)确保以最适合个人情况的语言及交流方式和手段,在最有利于发展学习和社交能力的环境中,向盲、聋或聋盲人,特别是盲、聋或聋盲儿童提供教育。四、为了帮助确保实现这项权利,缔约国应当采取适当措施,聘用有资格手语和(或)盲文教学的教师,包括残疾教师,并对各级教育的专业人员和工作人员进行培训。这种培训应当包括对残疾的了解和学习使用适当的辅助和替代性交流方式、手段和模式、教育技巧和材料以协助残疾人。五、缔约国应当确保残疾人能够在不受歧视和与其他人平等的基础上,获得普通高等教育、职业培训、成人教育和终生学习。为此目的,缔约国应当确保向残疾人提供合理便利。截至2011年底,已有146个签字国,90个缔约国,中国是其中之一。

《儿童生存、保护和发展世界宣言》
1990年9月30日联合国世界儿童问题首脑会议通过的一份文件。旨在唤起世界各国首脑和社会各界对儿童生长和发展的高度重视。全文包括挑战、机会、任务、承诺、以后的步骤等5部分。其中指出:每一天世界上有无数的儿童面临危险,使他们的生长和发展受到阻碍,有的儿童成为残疾人,有的遭受文盲之苦,有的死于营养不良和疾病等。要求各国首先要改善儿童健康状况和营养,应该给予残疾儿童和处境非常困难的儿童更多的关心、照顾和支持。宣布与会国首脑对保护儿童权利和改善生活的10点方案做出的承诺和准备采取的行动步骤。1991年3月18日,国务院总理李鹏代表中国政府在本宣言和《执行90年代儿童生存、保护和发展世界宣言行动计划》上签了字。

《关于亚太地区残疾人全面参与和平等的宣言》 联合国亚太经社理事会的一项决议。1992年12月在中国召开的"联合国亚太残疾人十年"大会上通过。包括5部分内容:亚太地区残疾人的生存状况;使残疾人充分发挥自己的潜力,成为自己命运的主宰;根除附加在残疾人身上的社会偏见;自由交流信息,创造人人都能参与的社会和物质环境;要使经济的进步反映在残疾人事业中。

《残疾人机会均等标准规则》 联合国1993年通过的第48/96号决议。包括22条规则,分为4章:(1)平等参与的先决条件,包括医疗护理、康复和各种形式的辅助性服务,目的在于减少功能性障碍和提高个人的自立。(2)平等参与的目标领域,规定了对提高残疾人生活质量至关重要的各个社会方面。(3)执行措施,规定了一个旨在确保残疾人权利能够得到实现的框架。(4)监督机制,监督规则的实施情况。

《哈尔滨宣言》(Harbin Declaration)
1993年2月4日联合国教科文组织亚太地区特殊教育研讨会通过的一份文件。指出:"承认儿童的基本学习需要各不相同,应该通过多种多样的教学系统来加以满足";"了解有必要对残疾人的学习需要给予特殊注意,有步骤地向作为教育体系组成部分的各类残疾人教育提供同等机会。"并就实施全民教育目标、形成全纳性学习观念、分享随班就读成功的策略和方案、强化现有网络、增进相互了解、提高管理者和教师能力、加强与非政府组织合作、提高公共机构支持能力、提供教学材料、形成随班就读学校观念、增强地区间的合作、建立监测评估制度等12个问题阐述了意向性意见。

《萨拉曼卡宣言》(The Salamanca Statement) 联合国教科文组织有关特殊教育的一份文件。1994年6月10日在西班牙萨拉曼卡市召开的"世界特殊教育大会"上由88个国家政府与25个国际组织的代表通过。全文共5条。主要内容包括:强调每一个儿童都有受教育的基本权利;教育体系的设计和教育方案的实施应充分考虑到每个儿童的个人特点、兴趣、能力、学习需要与需要的广泛差异;有特殊教育需要者必须有机会进入普通学校,这些学校应该将他们吸收在能够满足其需要的、以儿童为中心的教育活动中;各国政府应当重视特殊教育,制定法律、法规和规划,保证经费投入,建立示范性项目,确保师资培训,鼓励家长、社区和残疾人组织参与决策,应扩大和加强国际合作,有效地支持和参与全纳教育并将特殊教育作为其各项教育项目中不可分割的部分而发展;各非政府组织要加强与国家机构的协作,增加对全纳性特殊需要教育的规划、实施及评估的参与。

融合教育:未来之路(Inclusive Education: The Way of the Future) 又译"全纳教育:未来之路"。2008年11月25~28日,联合国教科文组织国际教育局在日内瓦组织召开第48届国际教育大会(The 48th International Conference on Education, ICE2008)的主题。会议报告了发展中国家和发达国家教育改革过程,焦点问题在于通过创造全纳环境实现有效的融合,目的是希望从跨地区的视角推动全纳教育在全球范围内的发展。此次大会,针对融合教育的方法、范围与内容(加深对融合教育理论和实践的理解)、融合教育的公共政策(展示政府在制定、实施融合教育政策中的角色)、融合教育的体系、联系与转变(建立教育体系,提供终身学习的机会)和融合教育的学习者与教师(营造学习环境,使教师能满足学习者各种不同的期望和要求)等四个方面进行广泛的讨论,指出各国政府共同关注的问题和挑战,为国际社会达成共识、制定积极的融合教育相关政策建议奠定基础。

《琵琶湖千年行动纲要》(Biwako Millenium Framework) 全称《为亚洲及太平洋残疾人努力缔造一个包容、无障碍和以权利为本的社会琵琶湖千年行动纲领》。2002年10月在日本滋贺县大津市召开的亚洲及太平洋残疾人十年高级别政府间会议上通过的一项决议。为实现纲要所提出的目标,确立了7个优先行动领域:残疾人自助组织、残疾妇女、早期干预和教育、培训和就业、建筑环境和公共交通无障碍、信息通信无障碍及通过社会保险和生计项目扶贫。并为每个领域列出了紧要问题、指标、具体的时间表及应采取的行动,提出18个指标和15项战略。其中早期干预和教育部分提出了4项指标:(1)残疾儿童和青年成为2015年所有男女儿童都能完成全面初级教育这一千年发展目标所针对的人口的一个组成部分。(2)到2010年,至少75%的学龄残疾儿童和青年将得以完成全面初级教育。(3)到2012年,所有婴儿和年幼儿童(0~4岁)能够利用并获得以社区为基础的早期干预服务,其家庭能得到支持帮助和培训。(4)各国政府应确保在残疾儿童很幼年时就发现其残疾问题。

国际残疾人年(International Year of

Disabled Persons，IYDP） 曾译为"国际残废人年"。1981年联合国发起的支援和声援残疾人一系列活动的总称。主题是"充分参与和平等"，即残疾人在个人条件允许下尽可能充分参加社会生活，并享有与健全人完全平等的权利。主要目标是促使人们关注残疾人的生活和工作境况，消除对他们的偏见和歧视，确保他们尽可能生活在正常社会之中。同时敦促各国政府和国际社会努力为残疾人提供适合他们需要的教育、训练、医疗和指导。包括中国在内的131个国家参加了这一活动。1981年4月25日，中国国际残废人年组织委员会成立，同年4月28日在北京召开中国国际残废人年大会，并组织了一系列活动和发行纪念邮票。

联合国残疾人十年（United Nations Decade of Disabled Persons） 曾译为"国际残废人十年"。联合国决定在1983～1992年开展的一项全球性活动。1982年12月第37届联合国大会为此通过《关于残疾人的世界行动纲领》。宗旨是促进推行有关伤残预防和伤残康复的有效措施，促进实现使残疾人得以充分参与社会生活和发展，并享有平等地位，具有与全体公民同等的机会，平等分享因社会和经济发展而改善的生活条件。

亚太地区残疾人十年（1993—2002年） 联合国亚洲及太平洋经济社会委员会决定开展的一系列活动的总称。1992年4月23日第48届联合国亚洲及太平洋经济社会委员会会议在北京为此一致通过由中国等33个成员和准成员提出的提案。目的是在1992年后进一步推动亚太经社区域《关于残疾人的世界行动纲领》的实施工作，加强区域合作，解决对实现《关于残疾人的世界行动纲领》的目标有所影响的各项问题，特别是解决有关残疾人充分参与和平等的问题。

世界防治结核病日 世界卫生组织1995年发起的一个全球性活动日。每年的3月24日。1996年正式举行。3月24日是著名德国科学家郭霍氏1882年在柏林宣读发现结核杆菌论文的日子。尽管20世纪50年代有效抗结核病药物就已问世，但世界上大多数人却不能得到有效的治疗服务，从1882年至今至少又有约2亿人被结核病夺去生命。因此，确定这一活动日的目的是：提醒公众加深对结核病的认识，动员各国政府和全社会加强在全球的控制工作，使患者能得到及时诊断和有效治疗。每年的活动有一个主题。

世界帕金森病日（World Parkinson's Disease Day） 欧洲帕金森病联合会1997年发起的一个全球性活动日。每年的4月11日。这一天是帕金森病的发现者——英国内科医生詹姆斯·帕金森博士的生日。1997年4月11日欧洲帕金森病联合会（EPDA）在其纲领中宣布帕金森病患者拥有以下权利：(1)被介绍给对帕金森病领域有特殊兴趣的医生的权利。(2)接受准确诊断的权利。(3)获得方便的帮助或服务的权利。(4)接受长期照顾的权利。(5)参与治疗过程的权利。此纲领及活动日的确定得到世界卫生组织和其他国家的支持和响应。

世界无烟日（World No-Tobacco Day）
世界反对吸烟的活动日。1987年由世界卫生组织在第39届世界卫生大会上决定为每年的4月7日。后因该日是世界卫生组织成立纪念日,每年这一天世界卫生组织都要提出一项保健要求的主题,为避免活动冲突,世界卫生组织决定从1989年起改定为每年的5月31日。中国也将该日作为中国无烟日。每年的活动有一个主题。

世界预防自杀日 国际自杀预防协会和世界卫生组织2003年发起的一个全球性活动日。每年的9月10日。以让公众对自杀引起关注,呼吁各国政府、预防自杀协会和机构、当地社区、医务工作者以及志愿者们,加入到当天的各项地方性行动中,共同提高公众对自杀问题重要性以及降低自杀率的意识。2004年的主题是:援救生命,重建希望;2005年的主题是:预防自杀是每一个人的事情。

世界扫盲日 联合国教科文组织1966年确定的一个全球性活动日。每年的9月8日。目的是动员世界各国和有关国际机构同文盲现象作斗争,并希望通过扫盲日的宣传活动推动扫盲工作的开展,使各国适龄儿童都能上学、在校学生不过早辍学、成年文盲有受教育机会。

世界心脏日（World Heart Day） 世界心脏联盟（World Heart Federation）2001年发起的一个全球性活动日。每年9月的最后一个星期日。宗旨是唤起公众对心血管疾病及其危险因素(肥胖、高血压、缺乏运动、营养失衡、吸烟等)的关注,呼吁人们摒弃不良的饮食习惯和不良嗜好,激励人们把静态的生活方式改变为积极的行动,使人人都可以拥有一颗健康的心,都可享受愉悦的生活。永恒主题为:"健康的心,快乐人生。"另外还有年度活动主题。例如2005年的主题是:肥胖与心脏病。

世界精神卫生日 世界精神病学协会发起、世界卫生组织确定的一个全球活动日。每年的10月10日。1991年尼泊尔提交了一份关于"世界精神卫生日"活动的报告,受到国际社会的重视。后经世界精神病学协会发起,1992年世界卫生组织确定。活动目的是:提高公众对精神疾病的认识,消除偏见,分享科学有效的疾病知识。每年的活动有一个主题。

世界糖尿病日 世界卫生组织和国际糖尿病联盟1991年发起的一个全球性活动日。每年的11月14日。该日是加拿大糖尿病专家班亭的生日。他在世界上第一个将胰岛素用于治疗糖尿病患儿,从而挽救了这个患儿的生命。为了缅怀班亭的功绩,世界卫生组织和国际糖尿病联盟决定把他的生日定为世界糖尿病日,号召世界各国在这一天广泛开展糖尿病宣传、教育和防治工作,以推动国际糖尿病防治事业的开展。

世界慢性阻塞性肺疾病日 世界卫生组织2002年发起的一个全球性活动日。每年的11月17日。慢性阻塞性肺疾病简称"慢阻肺"(COPD),即人们常说的慢性支气管炎和肺气肿,主要症状为长时间咳嗽、咳痰以及气短。据世界卫生组织估计,慢阻肺在全球疾病死亡原因当中次于心脏病、脑血管病和急性肺部感染,与艾滋病一起并列第四位。在我国约有2 500万患者,是肺心病的主要基础病(占82%),患者预后不良,每年死亡可达100万人,致残人数达500万～1 000万。历年主题是:2002年:提高疾病知晓度;2003年:关爱肺,让呼吸更加畅快;2004年:慢性阻塞性肺疾病(COPD)——不容忽视的病害;2005～2009年:轻松呼吸,不再无助;2010年:呼吸困难,并非无助;2011年:攻克慢阻肺(COPD)治疗难题,改善患者生存环境;2012～2013年:关注慢阻肺,永远不晚。

世界艾滋病日 世界各国共同防治宣传预防艾滋病的日子。每年的12月1日。1988年1月,由世界卫生组织在伦敦召开的有140个国家参加的"全球预防艾滋病"部长级高级会议上确定。号召世界各国在这一天举办各种活动,宣传和普及预防艾滋病的知识,提高公众对艾滋病危险的认识,唤醒人们采取有效的措施预防艾滋病的传播和蔓延。1996年1月联合国艾滋病规划署(UNAIDS)在日内瓦成立。1997年该规划署将"世界艾滋病日"更名为"世界艾滋病防治宣传运动",使艾滋病的防治宣传工作贯穿全年。但这一活动日实际仍存在。每年防治宣传活动有一个宣传主题。

国际残疾人日(International Day of the Disabled) 联合国为残疾人设立的全球性活动日。1992年10月第47届联合国残疾人问题特别会议宣布设立。为每年的12月3日。

世界强化免疫日 世界卫生组织为补充及完善儿童常规免疫而确定的全球性活动日。目的是通过免疫高危险年龄组(通常0～4岁)的每个儿童,尽可能快地阻断脊髓灰质炎野毒株循环。在脊髓灰质炎地方性流行的国家,通常包括一年两轮的国家免疫日(隔1个月),持续至少3年的期限,达到捕捉未免疫或仅部分免疫保护的儿童,提高已免疫儿童的免疫水平,使最敏感年龄组的每个儿童同时得到保护,剥夺病毒的生存。在中国,1993～1995年共开展了三次六轮活动,即每年1月5日和12月5日对全国所有4岁以下儿童各服1剂脊髓灰质炎疫苗。

世界哮喘日 世界卫生组织推出的一个全球性活动日。1998年12月11日世界卫生组织在西班牙巴塞罗那召开世界哮喘会议,欧洲呼吸学会等机构代表世界卫生组织举办了首次主题活动日。会议决定,自2000年起在每年5月第二周的星期二举行世界范围的活动,加强人们对哮喘病现状的了解,使人们意识到哮喘是一个全球性的健康问题,宣传已经取得的科技进步,并促使公众和有关当局参与实施有效的防治和管理。每年的活动有一个主题。

世界罕见病日(Rare Disease Day) 由1997年成立的欧洲罕见病组织(EU-RODIS)发起的一个活动日。每年2月的最后一天。选择这一天是因为2月有29天每四年才出现一次,寓意罕见。2008年2月29日在欧洲各国举行首届活动,以唤起社会公众和政府对罕见病及罕见病群体面临问题的认知。次年2月28日,欧洲、北美、拉丁美洲等30多个国家的罕见病组织参加了第二次活动日活动,中国瓷娃娃关怀协会作为中国地区合作伙伴也举办了一系列宣传和政策倡导活动。

中国困境儿童关注日 中国民间儿童福利公益组织团体发起的一项活动。每年的12月12日。旨在发布中国困境儿童的年度状况,进步事件和问题,推动国家政策及社会公益,推动儿童生存状态的有效改善。2011年首届主题是关注孤独症,2012年主题是关注脑瘫儿童。

全国儿童预防接种宣传日 中国的一个全国性活动日。每年的4月25日。为响应世界卫生组织提出的扩大计划免疫规划,1986年经国务院批准成立全国计划免疫协调领导小组,并确定此宣传日,以加强对计划免疫工作的组织实施,提高影响力度,促进社会各界人士积极参与,保证免疫接种率,有效地防止相应传染病的发生和流行,实现普及儿童免疫目标。每年有宣传主题。

全国助残日(National Day Assisting Disabled Persons) 中国全国性关心、帮助、爱护残疾人的活动日。由1990年12月28日全国人大常委会通过的《中华人民共和国残疾人保障法》第48条规定设立。时间为每年5月的第三个星期日。1991年5月19日第一次正式实行。旨在动员全社会帮助残疾人,支持残疾人工作。届时全国各地开展形式多样的助残活动,广大残疾人也以力所能及的方式为社会服务。每年确定一个主题。

中国学生营养日 中国学生营养与健康促进会联合其他全国性社团组织1990年发起的全国性活动日。每年的5月20日。通过专题讲座、高层论坛、游园会、博览会等多种形式的宣传教育活动,帮助学生树立科学营养、安全健康的健康理念。每年结合实际确定宣传主题。

中国预防出生缺陷日 中国政府2005年确定的一个全国性活动日。每年的9月12日。2005年9月11~14日"第二届发展中国家出生缺陷与残疾国际大会"(The Second International Conference on Birth Defects and Disabilities in the Developing World)在北京召开。中国政府代表在9月12日开幕式上致词说:为了借助本次大会在中国召开的有利时机,进一步推动中国出生缺陷和残疾预防工作的发展,充分发挥中国政府在国际公共卫生舞台上的作用,为全世界减少出生缺陷和残疾降低婴儿及儿童死亡率作出贡献,中国政府决定将9月12日定为"中国预防出生缺陷日",并建议联合国确定为"世界预防出生缺陷日"。据中国出生缺陷监测系统公布的1996~2004年监测结果,中国医院出生缺陷发生率呈上升趋势,中国是世界上出生缺陷高发国家之一,每年约有80万~120万出生缺陷的婴儿出生,占出生人口的4‰~6‰。2004年出生缺陷总发生率为128.38/万,与2003年的129.79/万相比变化不大。农村出生缺陷总发生率高于城市,男性围产儿总发生率高于女性。产妇年龄组间比较出生缺陷总发生率差异有统计学意义,即在<20岁和≥35岁年龄组最高,而在25~30岁年龄组最低。主要畸形发生率顺位与2003年一致:先天性心脏病(18.53/万)、

总唇裂（14.85/万）、多指（趾）（14.61/万）、神经管缺陷（9.44/万）、脑积水（7.92/万）。先天性心脏病的发生率为历年最高，居于首位；神经管缺陷、脑积水的发生率顺位无变化。

全国爱牙日 宣传和防治牙病的全国性活动日。每年的9月20日。1989年由卫生部、原国家教委等部委联合确定。宗旨是通过活动，广泛动员社会的力量，在群众中进行牙病防治知识的普及教育，增强口腔健康观念和自我口腔保健的意识，建立口腔保健行为，从而提高全民族的口腔健康水平。每年宣传教育活动确定一个主题。

北京国际特殊教育会议（International Conference on Special Education in Beijing） 首次在中国召开的特殊教育大型国际性学术会议。1988年6月27～30日在北京举行。由中国国际科技会议中心和美国环球交流公司发起，中国残疾人联合会、北京师范大学和美国特殊儿童委员会、美国特殊教育全国理事会协办。有二十几个国家和地区的六百多名代表出席，其中中国代表100名。收到论文134篇。中外代表就特殊教育教学计划、聋教育、残疾儿童早期鉴定和干预计划、课程设置、特殊教育师资培训、残疾人职业训练和就业准备、服务设施和形式、科学研究、为残疾人服务的技术等9个专题进行学术交流。40多位中国代表作了口头或书面发言。

联合国教科文组织亚太地区特殊教育研讨会 联合国教科文组织首次在中国召开的地区性特殊教育会议。全称为"联合国教科文组织亚太地区有特殊教育需要儿童、青少年教育政策、规划和组织研讨会"（UNESCO Regional Seminar on Policy, Planning and Organization of Education for Children and Young People with Special Needs in Asia and the Pacific）。1993年2月1～4日在哈尔滨市举行。来自中国、日本、韩国、越南、新西兰等12个亚太地区国家的130多位代表与会。联合国教科文组织、世界银行、联合国儿童基金会、国际视障协会、国际聋教研究会和英国拯救儿童基金会派出观察员。会议听取了关于国际和亚太地区特教发展趋势的专题报告和12个国家特殊教育情况介绍，就"未来发展的主要问题"、"从政策到议程"、"发展规划及前景"等议题进行研讨，并通过《哈尔滨宣言》。

华夏出版社（Huaxia Publishing House） 一家综合性出版机构。创建于1986年，隶属中国残疾人联合会。以立足于为残疾人服务，为社会主义精神文明建设服务为宗旨。坚持面向残疾人、面向社会保障事业、面向改革、面向社会的编辑出版方针。发挥"残疾人文化资源中心"的作用，出版了一批有影响的图书，如《自强之歌》、《人道主义的呼唤》、《中国残疾预防学》、《中国康复医学》、中国手语系列丛书、《视障儿童随班就读教学指南》、《特殊儿童随班就读师资培训用书》等。与日本、美国、英国、法国、德国、澳大利亚、葡萄牙等国的出版业建立了国际交流和合作关系。

《中国残疾人》（Disabilities in China） 中国残疾人联合会主办的一份综合性月刊。1989年1月创刊。前身是1980年创刊的《中国聋人》(1986年易名《盲聋之音》)。刊址在北京安定门外惠新里。面向残疾人、残疾人亲友、残联工作者、民政、社会保障工作者以及社会各届热心人士。办刊宗旨是弘扬社会主义人道主义，沟通政府、社会、残疾人之间的联系和理解，为残疾人全面参与社会生活创造友爱和谐的社会环境，多方面反映残疾人的生活和内心世界。栏目有残疾人与社会、残联工作、康复园地、特教园、残疾名人传、读者信箱等栏目。

《三月风》(Spring Breezes) 中国残疾人福利基金会主办的一份综合性月刊。1984年11月创刊。刊址在北京市安定门外惠新里。面向社会和残疾人。办刊宗旨是沟通健全人与残疾人之间的相互理解。以社会性、纪实性、文艺性为特点。内容包括：揭示社会问题和与残疾人有关的社会心理和社会现象，宣传社会主义人道主义精神，报道包括特殊教育在内的残疾人事业的发展，反映残疾人呼声，评介残疾人作品及其作者等。

《华夏时报》(China Times) 由中国残疾人联合会主管主办的一份结合都市生活特点的跨区域的综合类日报。2001年初创刊，创刊初期每周5期，每期8版，周三16版；同年7月扩版为日报，每天16版。以"关心天下大事，关心民生疾苦"为办报理念，在向读者提供客观、公正、权威的新闻同时，介绍新闻发生的背景，进行深度分析，还专辟版面关注社会弱势群体，以提升社会文明水平。

《现代特殊教育》(Modern Special Education) 原国家教委和中国残疾人联合会委托江苏省教育委员会主办的特殊教育综合性刊物。1992年8月创刊，双月刊，面向国内外发行。刊址在江苏省南京市草场门石头城9号。办刊宗旨是交流特殊教育理论和教学经验，促进中国特殊教育事业的发展。设特教论坛、理论研究、教育教学、特教园地、咨询台、园丁颂、家长之友、特教史话、特教摇篮、一技之长、康复之路、环球特教等栏目，融思想性、专业性、知识性、资料性于一体。以特殊教育工作者为主要读者对象，兼顾教育科研、残联、医疗、康复等部门工作人员和残疾儿童家长。

《中国特殊教育》(Chinese Journal of Special Education) 学术期刊名。中央教育科学研究院心理与特殊教育研究中心编辑。前身是1994年3月创刊的《特殊儿童与师资研究》。宗旨是宣传国家发展特殊教育的方针政策，以研究、探讨特殊教育发展的理论、途径和方法为主。1996年4月改现名。月刊。被《中文社会科学引文索引》(CSSCI)收入。主要栏目有：特殊教育理论研究、听力障碍研究、视力障碍研究、智力障碍研究、评估与测量、治疗与康复、孤独症研究、学习障碍研究、超常教育研究、青少年心理发展、心理健康研究、职业教育与高等特殊教育等。

《残疾人研究》(Disability Research) 中国残疾人联合会主管，中国残疾人事业发展研究会主办的一份全国性学术期刊。2011年3月创刊，季刊。编辑部设在北京市西城区西直门南小街186号中国残联研究室。办刊宗旨是：弘扬人道主义思想，倡导"平等、参与、共享"的现代文明社会残疾人观,宣传党和国家关于残疾人事业发展的方针政策,研究残疾人领域理论及工作实践的重点、热点和难点问题,交流研究成果与实践经验,借鉴海外残疾人事务的理念与做法,为残疾人事业发展提供理论指导和智力支持,促进残疾人与主流社会的融合,推进社会文明进步。设理论研讨、实践探索、专题研究、调查统计、海外视野等主要栏目。读者群体面向关心残疾人、关注残疾人事业发展和致力于残疾人事业理论与实践研究的专家、学者、社会工作者、残疾人工作者,以及广大残疾人朋友。

《特殊教育经验、文件选编》 原国家教育委员会初等教育司编选的一本文集。为便于学习和贯彻1988年全国特殊教育工作会议精神和介绍各地发展特殊教育经验而用。1989年10月由人民教育出版社出版。内容分三部分:(1)重要文件、讲话,包括宪法、义务教育法和有关特殊教育的法令、政策及有关领导重要讲话。(2)发展特殊教育事业,包括31篇各地教育部门和教育机构的经验总结。(3)教育教学工作,包括国家颁布的教学计划及有关人员撰写的文章。最后附有全国残疾人抽样调查的残疾标准和1988年特殊教育基本情况统计。

《中国残疾人手册》 书名。由全国残疾人抽样调查领导小组组长李正主编,1988年4月由地震出版社出版。书中介绍了残疾人标准的划分、国家保护残疾人的法律规定和优待、优抚政策,残疾人教育、就业、体育、康复医学、康复器具、残疾人心理、残疾人家庭、无障碍环境设计等知识以及与残疾人有关的中外组织机构、出版物、盲文、手语、古今中外著名残疾人介绍,附有全国特殊学校名录、社会福利企业名录和残疾人体育成绩纪录。

《中国残疾人事业年鉴(1949—1993年)》 工具书。中国残疾人联合会主编。1996年由华夏出版社出版。全书分为两编6个附录,734页,有彩色插图、题字。第一编为重要讲话、法规、文献,其中包括残疾人教育和康复的文献;第二编是中国残疾人的历史和现状,在业务体系和工作体系中包括残疾人康复和教育、国际交往等部分;附录中包括中国残疾人事业大事年表(1949—1993年)、残疾人重大节日、国际残疾人文献、组织机构等资料。

《中国残疾人事业年鉴(1994—2000年)》 工具书。中国残疾人联合会主编。2002年由华夏出版社出版。收录该期间重要讲话26篇,法律法规19篇,各种文献254篇,各种总结、经验、报道等368篇,共计690篇。全书250余万字;各种图片76幅。分三编:重要讲话、法律、法规、文献;残疾人事业进展;残疾人福利基金会。书后附有大事记、各种组织介绍、国际残疾人运动文献、通讯录等。在第二编中有"教育"专栏,收录了这个时期特殊教育的重要文件和事件等。

《教育大辞典》(第2卷) 12卷本教育大辞典的一个分卷。全书由顾明远主编。此分卷包括师范教育、幼儿教育和特殊教育。1990年9月由上海教育出版社出版。特殊教育部分由朴永馨主编,包括一般概念、智力落后教育、学习障碍教育、言语和语言障碍教育、听觉障碍教育、视觉障碍教育、肢体障碍教育、行为和情感障碍教育、天才儿童教育9个部分596条。

《特殊教育概论》 中国大陆第一本公开出版的中等特殊教育师范学校盲、聋、智力落后教育专业公共必修课教学用书。北京师范大学特殊教育研究中心受原国家教委师范司委托、根据原国家教委颁布的教学大纲组织编写,1991年11月由华夏出版社出版。全书共9章和两个选学内容。从中国的实际情况出发系统地介绍了特殊教育基本概念、特殊教育的历史发展、中国特殊教育的发展方针和教育体系、对残疾儿童的基本认识、师资培训,并对盲、聋、智力落后儿童、其他类型残疾儿童、超常儿童、违法和轻微犯罪儿童的心理和教育特点分别进行了介绍。最后附录了特殊教育名词解释。到1995年1月已重印4次,到1999年出版修订版。1994年获中宣部、新闻出版署等五单位联合设立的"全国首届奋发文明进步图书奖"二等奖。

《特殊心理学》 俄罗斯高等师范大学特殊教育专业教材。俄罗斯教育科学院院士、特殊教育专家鲁鲍夫斯基教授主编。莫斯科科学院出版社出版,2009年出修订补充第六版。共分10章553页,系统论述了特殊心理学的基本理论、有各类残疾儿童的心理发展的基本规律及特殊心理学的应用问题、特殊教育机构中的心理学服务。在分析国际和俄罗斯一个多世纪特殊心理学研究成果的基础上,综合阐述了俄罗斯学者对各类残疾儿童心理研究的最新成果和观点。

《人道主义的呼唤》 书名。邓朴方著。自1999年由华夏出版社出版,截至2013年,共出版4辑。收入了作者有关人道主义和残疾人事业的部分文章、演讲、报告、谈话、答记者问等。书中有多篇文章涉及或专论特殊教育,如"高等院校应当录取残疾考生"(1984年7月)、"劳动就业与教育是提高残疾人社会地位的关键"(1984年12月)、"弱智儿童也能成为社会有用之才"(1984年11月)、"中国的特殊教育"(1988年6月)、"教育关系着数千万残疾人的前途命运"(1988年)、"文明与进步的呼唤"(1992年)、"教育是残疾人平等参与社会的阶梯"(1994年6月)、"盲文改革为盲人教育和平等参与服务"(1995年)、"努力创造条件,为残疾人做更多实事"(2002年5月)、"在'共创美好明天,维护聋哑青少年权益'座谈会上的讲话"(2007年5月)、"在'通向明天——交通银行残疾青少年助学计划'启动仪式上的讲话"(2007年6月)等。

《特殊教育名词汇编》 工具书名。台湾郭为藩博士主编,1984年10月台湾心理出版社初版,并多次再版。全书分总论、资赋优异、智能不足、视觉障碍、听觉与语言障碍、肢体残障、情绪与行为异常和学习障碍8个部分,解释了594个名词,最后附录了中、英文索引。

《特殊教育学名词辞典》 工具书名。台湾师范大学林宝贵教授与李旭原编著。1999年由台湾五南出版有限公司出版。此书按英文字母顺序排列,只有中英文对照的术语名称,没有释文。全书473页。2002年授权大陆中国人民大学出版社出版。

《缺陷教育学辞典》(Дефектологический словарь） 原苏联教育科学院缺陷教育研究所出版的一本特殊教育辞典。吉雅奇科夫（А. И. Дъячков）主编，由前苏联各地专家经过10多年编写、修改而成。1964年由教育出版社以《简明缺陷教育辞典》书名出版，1970年由教育学出版社以《缺陷教育辞典（第二版增订）》出版。全书504页。有近千个特殊教育的条目，按俄文字母顺序排列，书后附有文件、苏联各特殊教育领域学者简介、词条目录。

《矫正教育学和特殊心理学辞典》（Коррекционная педагогика и специальная психология） 工具书名。诺沃托尔采娃主编。1999年由俄罗斯雅罗斯拉夫尔发展科学院出版。全书共144页。有600多专业术语，包含前苏联解体后特殊教育新出现的术语，解释简明，书后附有俄罗斯政府关于异常儿童教育机构工作的文件目录和心理—医学—教育咨询站的章程等文件，以及参考书目。

《特殊教育百科全书》（Encyclopedia of Special Education） 美国特殊教育领域第一部大型工具书。由美国雷诺兹（Cecil R. Reynolds）和曼恩（Lester Mann）主编，350多位专家参加编写。John Wiley & Sons出版公司在纽约、新加坡、多伦多等地出版。第一版1987年出版，第二版2000年出版。共3卷。收录特殊教育专业术语、人物、事件、组织、刊物、国别和地区特殊教育状况等方面2 100多词条。在近30个国别和地区特殊教育词条中包括中国大陆和台湾地区的词条。内容涉及残疾、天才等各类特殊儿童和成人的教育。分7个主题：临床异常及症状，立法与诉讼，心理、教育与医学的干预，用于残疾儿童的一般药物，特殊教育领域的测验，人物传记、专业团体、杂志，其他。

《国际特殊教育》（International Journal of Special Education） 国际特殊教育协会出版的一份专业刊物。一年出版两期。编辑部设在加拿大温哥华大不列颠哥伦比亚大学教育学院。主编是该教育学院心理和特殊教育系教授、国际特殊教育协会主席Marg Csapo。编委会由几十个国家的成员组成，其中有中国编委。

《发展障碍》 日本一种白皮书式的特殊教育期刊。日本智力障碍福利联盟编。每年出版发行一期。登载一年中日本关于残疾人法律的变更、修订情况，文部省、厚生省有关特殊教育、残疾人事业的命令、通告，有关特殊教育研究会的活动，特殊教育的大事记，国内外相关特殊教育报刊、杂志发表的论文要点或摘要，文部省关于特殊教育的各种数据、统计资料等。

《特殊儿童教育》（Educating Exceptional Children） 又译《教育特殊儿童》。美国高等院校特殊教育的专业教科书。塞·柯克（Samuel A. Kirk）和杰·盖勒格（J. Gallagher）著。1962年波士顿豪顿密福林出版社出版，后多次修订再版。第一、二版为柯克著，第三版是其同事、美国特殊教育局负责人盖勒格博士帮助修订，此后共同署名。从第五版起附有教师手册和题库两册，1989年第六版增加了学习指导书，由德克萨斯拉玛大学里斯（D. Rice）编写。第六版共11章，分别是：特殊儿童、特殊儿童及他们的环境、天才和资赋优异儿童、智力落后儿童、学习障碍儿童、交往障碍儿童、听觉障碍儿童、视觉障碍儿童、行为问题儿童、多重和重度残疾儿童和肢体残疾和健康损害儿童。每章介绍了该类儿童的概念、分类、鉴定、特点和各种教育理论、方法,附有大量图片和图表。1973年台湾书店出版了许泽铭等人译的第一版中译本;1980年林宝贵编译出版了该书第三版;1984年由林宝贵将修订第四版重译,由台湾大学馆出版社出版,书名《特殊儿童心理与教育新论》。在中国大陆,1989年,汤盛钦、银春铭等编译其第四版和第五版部分章节,以《特殊儿童的心理与教育》书名,由天津教育出版社出版。

《每一位特殊教育工作者必须知道什么:有关特殊教育教师的准备和资格的国际标准》(What Every Special Educator Must Know: The International Standards for the Preparation and Certification of Special Education Teachers) 书名。美国特殊儿童委员会(Council for Exceptional Children, CEC)编写的一本关于美国特殊教育工作者的道德(ethics)、标准(standards)和指南的书。1995年出第一版,1996年、1998年、2000年、2003年、2009年出版第二、三、四、五、六次修订版。CEC1922年就提出建立特殊教育工作者的标准是该组织的基本目标之一,经过多年研究和广泛征求意见,修订形成了在美国普遍执行和在北美等地有影响的特殊教育工作者的标准。包括三个部分:(1)各类别特殊教育教师的学历等基础条件。(2)各类别所有特殊教师需具备的共同核心性知识和技能。(3)八种不同类别特殊教育教师需具备的专业性知识和技能。

《每一位特殊教育工作者必须知道什么:道德、标准和指导方针》(What Every Special Educator Must Know: Ethics, Standards, and Guidelines) 书名。美国特殊儿童委员会对《每一位特殊教育工作者必须知道什么:有关特殊教育教师的准备和资格的国际标准》的第六次修订版,2009年出版。包括6部分:(1)道德准则;(2)职业教育的专业标准和实践;(3)成为特殊教育教师的准备;(4)利用标准的工具和策略;(5)含有所有专业共性的和各专业的知识和技能标准,有聋和重听、早期教育、情感和行为障碍、超常、学习障碍、智力落后/发展障碍,身体和健康损害,视觉损害以及特殊教育诊断、技术、行政人员的知识和技能等;(6)有特殊教育需要的个别服务的教学辅助人员的标准。书后有10个附录,包括一些政策性文件和资料。全书286页。与1995年第一版的主要区别是:(1)将特殊教育工作者的知识和技能要求由8个方面增加为10个方面(即基础、学生的特点、个体差异、教学策略、学习环境和社会互动、语言、教学计划、评价、道德和职业实践、共同合作)。(2)将标准分为两个水平,包括学生分类和不分类的入门标准;增加了除教师外的行政、技术、诊断、个别化独立或共同工作等人员及教学辅助人员的标准。

2 视力残疾教育
Education for Visual Impairment

视觉系统(visual system) 人体感觉器官之一。由眼球、眼附属器、视觉传导通路和大脑枕叶部位视觉中枢组成。

眼(eye) 人的视觉器官。包括眼球壁和眼内容两部分。眼球壁的外层为角膜、巩膜;中层为虹膜、睫状体和脉络膜;内层为视网膜。眼内容包括房水、晶状体和玻璃体三部分,连同角膜构成了眼的屈光系统。人眼好像一架照相机。虹膜就像照相机的光圈,调节进入瞳孔内的光线数量;晶状体能将物体反射出的光线会聚在视网膜上;视网膜如同底片,是人眼感受光线的最重要装置。它的中心有一个横椭圆形小区,称为黄斑区,是视觉最敏感的区域,外界物体一般在这里聚焦成像。角膜、房水、晶状体、玻璃体、视网膜任何一个部分受到损伤都可能对视觉功能产生严重影响。眼附属器包括眼睑、结膜、泪器、眼外肌和眼眶。主要功能是保护眼球,负责眼球的转动。眼外肌功能失调,会产生斜视以及不太明显的肌平衡失调等。

视力(acuity of vision) 又称"视锐""视觉敏感度""视敏度""视觉敏锐度""视锐度"。指分辨二维物体形状和位置的能力。是个体通过视觉来辨认物体功能的基础,视功能的一种指标和诊治眼病的一个重要依据。包括中心视力和周边视力。中心视力包括远视力(辨别5米或5米以外距离最小视标的能力)和近视力(辨别30厘米以内距离最小视标的能力)。一个人的远视力和近视力应该相等,但各种眼疾可能导致远近视力不相等。一般用视力表测量,用数值表示。中心视力(CV)的程度以被检测眼所能辨别的距离(d)与正常视力所能辨别的距离(D)之比表示,$CV=d/D$,比值为1,即属正常。视力值如未加说明,通常指远视力值。视力残疾的分类以远视力值大小为依据。

视野(visual field) 又称周边视力。即视线保持平直方向且静止不动时所能觉察到的空间范围。一般用白色视标在视野计上测量,其结果用视野图表示。有些眼疾患者保留一定的中心视力,但若视野半径小于10°或中心视野丧失则被列为盲。一般分为3个区域:10°以内称为中心视野,半径10°~25°称为中间视野,半径25°以外为周边视野。对同一只眼用不同颜色的视标测得的视野不同。

视觉功能(visual function) 又称"视机能"、"眼功能"、"眼机能"。应用视觉观察事物的实际能力。包括形觉、色觉、光觉、调节和辐辏等,为一个综合性的指标。涉及到下列三个方面:(1)视力、视野、色觉。(2)个人的认知能力及生理心理的发展状况。(3)环境因素,包括照明、材料的对比度、助视设备等。任何一方都影响到视觉功能,但视力是基本条件。低视力儿童一旦视力全部丧失,则其他两方面的因素就无任何作用。恰当准确地评估低视力儿童的视觉功能,不能忽视儿童"看"的动机和经验的多少。剩余视力相同的儿童,由于动机不一样,可能出现两种不同的结果。动机水平高,愿多用视力的儿童可以学会看印刷文字;动机低,失去了许多看的体验,最终只能依靠触觉学习盲文。

视觉敏锐度(visual acuity) 见"视力"。

立体视觉(stereoscopic vision) 又称"立体觉""实体视觉""立体知觉""立体感觉""实体知觉""实体视力""三级双眼视觉""三级融合力""深径觉""深度觉""三度空间知觉"。辨别物体的空间方位,包括距离、前后、高低等相对位置的功能。为在双眼单视觉的基础上所形成的一种立体视功能,即由两眼从不同角度看到的像,经大脑的综合分析获得的三维空间的感觉。

双眼视觉(double eyes vision) 双眼同时注视同一物体时的视觉。双眼视网膜上的物像,经视神经传到大脑皮层视中枢,综合成一个完整的单一影像。分三级:Ⅰ级为同时知觉,Ⅱ级为融合知觉,Ⅲ级为立体知觉。形成的必备条件是:(1)来自两眼的物像在大小、形状、明暗等方面必须一致或接近一致。(2)要有稳固的单眼注视能力。(3)双眼同时要有视功能。(4)要有正常的视网膜对应。(5)要有一定范围的融合能力。由于低视力儿童常常双眼视力相差较大或双眼视力均很低,因而难以建立。

视觉动作技能(visual-motor skill) 眼球随着物体的横移、竖移、斜移而做适当运动的技能。测量时,主要观察被试眼球是否能够平滑地追踪,是否有回跳,能否过中线,能否集中焦点,移动焦点等。若有问题,可能造成严重的学习障碍,因为患者无法集中注意于所要学习的材料上。

裸眼视力(naked visual acuity) 未经任何镜片矫正所测得的视力,包括远视力和近视力。如某人测查视力时除去眼镜,视力仅为0.1,其裸眼视力即为0.1。

最佳矫正视力(optimum correction vision) 以适当镜片矫正后所能达到的最好视力或以针孔镜所测得的视力。如某人裸眼视力为0.1,但戴眼镜测查时却可以看到1.0行的视标,其最佳矫正视力为1.0。

视力残疾(visual handicapped) 又称"视觉障碍""视觉缺陷"。由于各种原因导致双眼不同程度的视力损失或视野缩小,难能从事普通人所能从事的工作、学习或其他活动。包括盲和低视力两类四级。盲有时也泛指视力残疾。2006年第二次全国残疾人抽样调查提出的定义是:由于各种原因导致双眼视力低下并且不能矫正或视野缩小,以致影响其日常生活和社会参与。包括盲和低视力。致残原因在不同国家或不同地区有较大差异。在我国,解放前后也有较大不同。解放前以及解放初期的沙眼、感染及营养不良性眼病在致盲病因中占前三位;此后,特别是20世纪80年代以后,先天性眼病如白内障、青光眼、角膜病等已成主要致残因素。对先天性眼病的防治是优生工作的重要内容。不同年龄人群,如老年人和儿童致残的主要原因亦有不同。

视觉缺陷(defect of vision) 见"视力残疾"。

视觉障碍(visual impairments) 见"视力残疾"。

视觉障碍出现率(prevalence of visual impairment) 在某特定时间内一定人口中视觉障碍者所占的比率。通常用实际发生的视觉障碍人数与同年龄段总人数之比来表示。随各国、各地区卫生条件、医疗设施状况而有显著差异。如1975年日本盲人出现率为0.2%,而印度则高达1.5%。我国城市的出现率低于农村。1983年天津市为0.31%,而安徽则为0.69%。

盲(blind) 视力残疾中程度较重的一类。狭义指视力丧失到全无光感;广义指双眼失去辨别周围环境的能力。世界各国界定标准略有差异。世界卫生组织(WHO)和中国把双眼中优眼的最佳矫正视力小于0.05或视野半径小于10°者列为盲,并分为一级盲和二级盲。详见"视力残疾分级"。美国将优眼最佳矫正视力在20/200以下或中心视力直径在20°以下者定为盲。日本分全盲和半盲:视力完全丧失到无光感或国际通用视力表检测,视力值在0.02以下为全盲;有光感,视力值在0.02~0.04之间,全色盲视力值在0.05以下,视野半径小于5°者为半盲。

先天盲(congenital blind) 指出生时或出生后短时间内即失去视力。由遗传因素或胚胎在发育过程中受环境因素影响所致。患儿没有视觉经验,几乎没有视觉想象力。防止遗传因素,避免近亲婚配,在妊娠头3个月,胎儿视觉器官发育过程中孕妇需注意保健,以防先天盲儿童的产生。

法定盲(legal blind) 法律上对视觉障碍的界定。目的是为教育、福利或其他方面的工作提供统计标准和确实的依据。在美国为优眼最佳矫正视力在20/200以下,或中心视野直径在20°以下者。在中国则为优眼最佳矫正视力在0.05以下或视野半径小于10°者。大部分仍有一些剩余视力,完全看不见的只占少数。

教育盲(educational blindness) 视力残疾严重到无法通过视觉进行学习的

程度。须以听觉、触觉、嗅觉、肤觉为主要学习途径,在读写方面多利用点字。

职业盲(vocational blind) 视力残疾严重到使一个人无法从事原有工作的程度。造成原因多为后天外在伤害。例如从事焊接工作者经常接触强光,眼睛没有适当的保护导致视觉伤害,使日后无法再从事此项工作。

低视力(low vision) 视力残疾中级别较轻的一类。各国标准不尽相同。世界卫生组织和中国以优眼最佳矫正视力等于或大于 0.05,小于 0.3 为标准,并分成两级低视力。详见"视力残疾分级"。美国的标准是最佳矫正视力在 20/200 与 20/70 之间。日本的标准是:视力低弱,但能辨别 5 指及形色,国际通用视力表检测,视力值在 0.04 以上,0.3 以下,全色盲视力值在 0.6 以上者。患者能利用残余视觉接受教育,但需借助放大镜等助视器才能阅读。

管状视力(tunnel vision) 一种异常视力。如同通过一个不规则的隧道或管子看东西。由于视网膜病变,周边视野丧失,只有黄斑附近能够感光而致。

剩余视力(residual vision) 又称"残余视力"。视觉功能未受到损伤的部分。视力残疾者中大部分有不同程度的剩余视力。给予一定的训练,借助光学和电子助视器,可使其功能得到应用,如用于阅读。在学习和劳动过程中需根据视力的病情恰当用眼。除进行性眼疾患者宜少用之外,一般鼓励尽量使用。但同时要注意用眼卫生,对其加以保护。

光感(light perception) 一种视觉状况。通常指仅能感知光亮而不能辨认 1 米远处手指的晃动。多数盲人保留有光感以上的剩余视力。在盲人定向与行走中能发挥一定的作用。

影像不等(aniseikonia) 对于同一物体,两眼所看到的影像的大小或形状不同。

视物变形(metamorphopsia) 对事物大小比例和空间结构的感知综合障碍。它是一种整合作用的歪曲以及知觉功能水平的降低。如看到人的脸面变形,鼻嘴歪斜或者台凳橱柜形状改变;看客体形象比实物大得多(视物显大症),或比实物小得多(视物显小症);把远物看得很近或把近物看得很远(视物错位症)。屈光不正,特别是散光可引起视物变形,同时伴有视物模糊与视力疲劳症。另外,视网膜脱及癔病均可出现视物变形。

散光(astigmatism) 由于眼球各屈光面在各经线的屈光力不等,从而使外界光线不能在视网膜上形成清晰物像的一种现象。患者看远看近均不清楚,视物模糊,似有重影,因而时常眯着眼视物,以减少散光。常常出现头晕、脑胀、恶心、流泪等视疲劳症状。幼年高度散光可造成弱视。高度不对称性散光可出现代偿性头部倾斜,久之形成斜颈。散光可通过验光以确诊。轻度散光而无症状者无须矫正。伴有眼疲劳者,可用圆柱镜片以矫正。散光度数必须全部矫正。如果度数太高,不能适应一次全部矫正者,可先给较低的度数,到患者逐渐适应后,再全部矫正。由角膜病变造成的不规则散光宜以配戴角膜接触镜为原则。

屈光参差(anisometropia) 又称"屈光不等"。两只眼睛的屈光度数不相等。一般两眼都具有一定程度的屈光参差,绝大多数在2D以下。屈光参差在2D以下者,仍可获得良好的双眼单视功能。屈光参差超过2.5D,两眼的成像过于悬殊而引起融合困难,于是屈光不正严重的眼被抑制,长期的废用导致弱视或斜视。矫正原则是充分矫正屈光不正。两眼屈光参差过大,应考虑戴角膜接触镜矫正。

视疲劳(asthenopia) 又称"眼疲劳"。主要表现为近距离工作或阅读不持久,视物模糊,看书错行,眼沉目胀,头疼、头晕,恶心、呕吐和心情焦虑、烦躁以及其他神经官能症的症状。引起视疲劳的因素很多:(1)眼部因素:远视眼、散光眼、近视眼、斜视、双眼屈光参差等,因过度使用调节力而易发生视疲劳;老花眼初期、青光眼早期、眼钝挫伤等,则因调节力不足而引起视疲劳。(2)全身因素:当身体衰弱或疲劳时,如病后或产后、哺乳期的妇女;某些全身性疾病,如鼻窦炎、扁桃腺炎、甲亢、卵巢功能不足等以及精神因素,均可使眼的耐受力降低,再加上眼部的某些因素影响,更易发生视疲劳。(3)环境因素:精密、细小的用眼工作;照明度不合理;注视物与背景的对比不分明;工作物运动不定;长时间注视不动等等,均可产生视疲劳症状。

视力残疾分级(classification of visual impairment) 根据视力损伤程度和视野大小,对视力残疾划分的等级。一般分为盲和低视力两类。我国在参照国际标准的基础上,结合全国残疾人抽样调查工作两次制定了分级标准:(1)1987年视力残疾分类分级标准;(2)2006年全国残疾人抽样调查视力残疾分类分级标准,如下表:

类别	级别	最佳矫正视力
盲	一级	无光感~<0.02;或视野半径<5度
	二级	≥0.02~<0.05;或视野半径<10度
低视力	三级	≥0.05~<0.1
	四级	≥0.1~<0.3

表中的盲或低视力均指双眼。如果双眼视力不同,以优眼为准。如果一只眼属于盲或低视力,另一只眼的视力为0.3或大于0.3,不属视力残疾范围。

心因性视力残疾(psychological visual impairment) 因情绪及心理问题而导致的视觉功能异常或失明。患者一般多为发病前一周左右曾遭受重大精神打击。表现为视力突然减退,重的仅有光感或完全失明。少数人先表现出视物模糊,眼前呈灰暗色或有云雾感,迅即视力骤减,有的伴有头晕或头疼等症状。

睑内翻（entropion） 睑缘向内翻的一种眼睑位置异常。由于睑缘内卷导致睫毛部分或全部倒向眼球，刺激角膜和球结膜而引起一系列角膜、结膜继发性损伤。上下眼睑均可发生。初期刺激角膜，有畏光、流泪、异物感、眼睑痉挛等症状。重症者形成角膜溃疡。长期慢性的刺激，可使角膜发生浑浊或有新生血管生长，导致不同程度的视力低下。常见原因：(1)先天性发育不良。(2)瘢痕性内翻。如沙眼、睑腺炎、各种烧伤、手术等的并发症。(3)痉挛性内翻。下眼睑多见，炎症刺激眼轮匝肌痉挛性收缩所致。小眼球、眼眶内脂肪不足等情况下容易发生。可手术矫治。

睑外翻（ectropion） 睑缘向外翻离开眼球的一种眼睑位置异常。由于闭睑时上下眼睑不能吻合，部分结膜、角膜不能被覆盖而暴露在外，从而导致结膜充血、干燥、肥厚，角膜干燥、继而上皮脱落、溃疡形成，最终形成角膜浑浊、白斑，进而影响视力。常见原因：(1)痉挛性外翻。眼部急性炎症时，眼轮匝肌周围部分受到刺激而发生痉挛性收缩。儿童、青少年容易发生。(2)瘢痕性外翻。眼睑皮肤病变形成的瘢痕收缩。(3)麻痹性外翻。面神经麻痹，眼轮匝肌功能消失，眼睑由于本身的重量而外翻。可手术矫治。

上眼睑下垂（ptosis of upper eyelid） 一种常见的眼睑位置异常。与遗传以及眼部局部病变和相关的神经或肌肉的病变有关。由于上睑下坠、不能上举而遮盖瞳孔的一部分或全部引起不同程度的视力障碍。同时可出现代偿性皱额、耸眉，单侧表现为一侧眉毛高，一侧眉毛低的特有外观。双侧下垂较重者，常仰首视物。久之额部形成很深皱纹、眉毛上抬移位，不但容貌不雅，甚至可导致额部肌肉或颈椎畸形。自幼眼睑遮挡瞳孔，影响视觉功能的发育，导致弱视。先天性原因应给予手术矫治。后天性原因引起的可针对病因治疗。

睑腺炎（hordeolum） 又称"麦粒肿""针眼""土疖"。一种常见的眼睑疾病。由于葡萄球菌侵入睑缘腺体或睑板腺而引起的急性化脓性炎症。临床以疼痛、肿胀、多泪为其特点。按其发病部位分为两种：(1)外麦粒肿，俗称"针眼"。指眼皮脂腺或睫毛毛囊的感染，相当于皮肤的疖肿。初起眼睑红肿，明显压痛，数日近睑缘部位形成硬结，发病3～5天后软化，形成黄疱脓点，可自行破溃，排出脓液，在一周左右痊愈。(2)内麦粒肿。其炎症位于致密的睑板内，受紧密组织的限制，一般范围较小，但疼痛较明显。睑结膜面呈红色或紫红色隆起，中心部有黄白色脓点，脓肿自结膜面自行破溃后脓液排出，症状即可消散。早期局部湿热敷。脓点形成时，不可挤压，防止炎症向眼眶或颅内扩散，应去医院进行切开引流处理。

泪囊炎（dacrycystitis） 一种常见的泪囊疾病。由于微生物侵入泪囊而引起的炎症。急性泪囊炎发作时有疼痛，泪囊周围红肿，溢泪，结膜炎，睑缘炎，发热，白细胞增多。急性炎症反复发作后可在泪囊部形成红且厚的变硬区。慢性泪囊炎只有泪囊部轻度肿胀,压迫泪囊部时可有脓液自泪点反流。泪囊可因分泌物的长期贮留而扩张,形成大的粘液囊肿。如有脓肿形成,穿破后可形成瘘管。

结膜炎(conjunctivitis) 一种眼科病。由致病微生物或物理、化学诸因素所致的结膜炎性病变。常以充血、水肿、流泪、分泌物增多等为主要症状。按病因分类有细菌性、衣原体性、病毒性、真菌性和变态反应性五种。多数有传染性,多通过接触由病眼分泌物污染的手、手巾、手帕、脸盆、水源以及其他公共物品而感染。

急性细菌性结膜炎(acute catarrhal conjunctivitis) 俗称"红眼"。一种细菌感染所致的常见的传染性眼病。多见于春秋两季,具有流行性,在幼儿园、学校或其他集体生活环境中容易暴发流行。发病急,潜伏期1~3日,两眼同时或相隔1~2日发病,发病3~4日时病情达到高潮,以后逐渐减轻。其主要表现为患眼有异物感、烧灼感、流泪;结膜显著充血并有粘液性或脓性分泌物;严重病例有眼睑浮肿、球结膜水肿和结膜下出血。治疗原则:生理盐水或3%硼酸液冲洗结膜囊;局部应用抗生素滴眼液、抗生素眼膏。

病毒性结膜炎 一种病毒感染所致的常见的传染性眼病。病毒同时侵及角膜和结膜。本病多见于夏秋季节,传染源都是患眼分泌物,传染途径则以患眼→水→健眼为主。可导致暴发性流行。因感染的病毒类型不同,通常将该病分为流行性角膜结膜炎和流行性出血性结膜炎。本病传染力强,发病迅速,一眼发病,另眼随继而发,或两眼同时发病。发病初期伴有疲劳、头痛、低热等全身症状,眼睑及结膜高度充血、水肿、滤泡增生,有时在结膜上可有薄膜形成和点状出血,分泌物呈粘性或水样,并有角膜损害和耳前淋巴结肿大。1~2周后结膜炎症逐渐消退,但会出现角膜病变,因此,病人再度出现疼痛、怕光、流泪等症状,2~3周角膜炎症逐渐消退,可留有不同程度的薄翳。一旦发现本病患者应隔离治疗。

沙眼(trachoma) 又称"砂眼""颗粒性结膜炎"。以结膜表面粗糙状态而得名。由沙眼衣原体感染引起的慢性传染性结膜炎。男女老幼均可患病,常双眼发病,早期自觉症状并不十分特殊。临床特点为滤泡增生、乳头肥大和角膜血管翳,晚期常有瘢痕形成。轻重程度以活动性病变(血管模糊充血、乳头及滤泡)所占睑结膜面积大小划分,一般分为三级:沙眼一级,又称轻度沙眼,凡活动性病变占上睑结膜面1/3以下者,用"+"表示;沙眼二级,又称中度沙眼,凡活动性病变占上睑结膜面1/3~2/3者,用"++"表示;沙眼三级,又称重度沙眼,凡活动性病变超过上睑结膜面2/3者,用"+++"表示。轻症治愈后不影响视力,重症则常发生并发症而危害视力,主要后遗症与并发症有:睑内翻与倒睫、睑球粘连、上睑下垂、实质性结膜干燥症、慢性泪囊炎、角膜溃疡等,视力可减退到只能分辨明暗的程度。传播的主要途径为接触传染。治疗以局部用药为主,白天点眼药水,晚上涂眼药膏,坚持3个月至半年,方能奏效。曾是我国部分地区致盲的重要原因。

青光眼(glaucoma) 一种常见的致盲眼病。主要特征是高眼压、视乳头萎缩及凹陷、视野缺损及视力下降。根据我国部分地区的调查结果,发病率0.89%~2.6%。分为原发性青光眼、继发性青光眼、先天性青光眼和混合性青光眼四类。在世界上也为主要致盲病因之一。

先天性青光眼(congenital glaucoma) 由于胚胎发育异常,房角结构先天异变,而致房水排出发生障碍所引起的青光眼。本病属于常染色体隐性遗传病。大约12%的病人有家族史,男女之比约为2:1。发病多为双眼。约有30%~40%的先天性青光眼出生时已很明显,出生后6个月内,将近75%~80%的病例能显示出来;到1岁时,90%的患儿都能被发现,其余10%的病例在1~6岁时被诊断出来。早期表现为流泪、畏光、眼睑痉挛、角膜水肿。继续发展为眼球及角膜扩张,角膜浑浊,视乳头凹陷。高度的眼球扩张,一般称之为水眼。最适宜的手术时机,是在眼球尚未显著扩大之前。有人认为,1岁以前进行手术治疗多数可获得比较满意的效果。如果出生时眼球已受到严重破坏者,术后也难恢复视力。父母有青光眼病史者,最好定期给子女做眼部的检查,以期早期发现、早期治疗。

继发性青光眼(secondary glaucoma) 由于其他眼病或全身病所引起的眼压升高,伴有视功能损害的眼病,约占青光眼的20%~40%,且多为单侧性。

角膜病(cornea disease) 一种常见的致盲眼病。包括角膜炎症、角膜变性与营养不良、角膜并发症及角膜肿瘤、角膜的先天异常等5类。角膜炎在角膜病中占有重要地位,多由外伤合并感染引起。角膜病变的结果,常因组织破坏、瘢痕增生而使角膜丧失其透明性,其结果不仅影响视力,而且带来仪容上的损害。角膜移植是治疗角膜混浊致盲的重要手段之一。

角膜炎(keratitis) 一种严重的眼科疾病。导致失明的主要原因之一。开始时患者有异物摩擦感、眼睛红、畏光流泪、睁不开眼睛、疼痛、结膜水肿,接着角膜上会出现灰白色或黄白色浸润点,表面隆起,周围有弥漫性水肿和混浊。如果治疗不及时,炎症还可能会继续扩大或向深部发展,引起角膜溃疡、坏死,直至眼球萎缩失明。外伤、其他眼部或全身感染性疾病都可能导致角膜感染,而引起角膜感染的病原体可以是细菌、真菌或病毒,个别病例是由过敏反应所引起。

角膜软化症(keratomalacia) 一种维他命A缺乏所致的角膜病变。多见于婴幼儿,双眼同时受累,早期出现夜盲,易被忽视。畏光,不愿睁眼,球结膜干燥无光泽,眼球转动时出现与角膜缘平行的球结膜皱褶,睑裂部球结膜出现三角形泡沫干燥斑,称Bitot斑,若不及时治疗,会引起角膜干燥、溶化、坏死及穿孔。除了眼部症状外,孩子发育不良,体格矮小、瘦弱、发音嘶哑、干咳、长期腹泻、皮肤粗糙、毛发干燥、指甲多纹等。治疗原则:及早治疗,耐心治疗,坚持治疗。迅速补充大量维生素 A,同时要补充维生素 B;眼局部滴抗生素眼药水或眼膏预防感染,亦可用维生素 A 油剂滴眼;阿托品眼膏散大瞳孔,防止虹膜粘连。由于孩子的再生能力很强,即使是角膜已全部发生软化,也不能放弃治疗,为将来做恢复视力的手术(如角膜移植术)做准备。

角膜移植术(keratoplasty) 用健康透明的角膜替换病变的角膜。由于角膜本身不含有血管,处于免疫赦免地位,故角膜移植的成功率居器官移植之首。角膜移植目的是为了恢复患眼的视力(光学性移植),治疗一些顽固难治的角膜病(治疗性移植)以及改善容貌。角膜移植材料来自于同种异体角膜。常用的角膜移植分为两种:(1)全层角膜移植,又称穿透性角膜移植。把不透明的角膜全层切除,补上一块同样大小的透明角膜。(2)板层角膜移植。将浅层角膜病变组织切除,留下一定厚度的底板做移植床,用一块同样大小和厚度的板层移植片放在受眼角膜床上。

视神经萎缩(optic atrophy) 导致视力残疾的一种眼病。由于各种原因引起视网膜神经节细胞轴索退行性变性萎缩。以视功能损害及视乳头颜色苍白为其主要特征,并根据乳头边缘小血管的数目来决定萎缩情况。习惯上多根据视乳头有无炎症的痕迹及眼底有无改变分为原发性和继发性两类。常结合病史、年龄、病程快慢,其他全身性症状及视野改变来推测病变的性质。一般而言,儿童患者以脑部肿瘤或颅内炎症较多;青年患者以遗传性为主;中年患者多为视神经炎、视神经外伤或颅内视交叉区肿瘤;老年患者常与青光眼或血管性病因有关。可造成严重的视力损害、视野缺损及中心暗点。患者一般需较强的照明。尚有剩余视力的患者,闭路电视助视器是最理想的助视器。

色素膜炎(uveitis) 最常见的眼内病之一。由于色素膜内血管非常丰富,血流速度缓慢,血液中的致病因素如微生物、肿瘤转移栓子以及其他有害物质,很容易在该处停留下来而致病。此外,色素是一种容易发生自体免疫反应的一种抗原组织,对有毒的一些化合物又有特殊的亲和及聚集能力。这些因素使色素膜炎有较高的发病率。不同病因引起的色素膜炎的症状各有特点。发生于角、巩膜穿孔伤,眼内手术、眼内异物、角膜溃疡穿孔等病例者多为化脓性色素膜炎,来势凶猛,往往使眼球遭到严重的破坏而丧失视力。按照炎症发生的部位,可以分为两种:(1)虹膜睫状体炎。常见于青少年,一般为单眼发病。虹膜发生粘连时,瞳孔呈不规则形状。瞳孔缘全部后粘连称瞳孔闭锁。虹膜睫状体炎容易反复发作,长期不愈,导致睫状体被严重破坏,丧失了产生房水的能力,眼球前部组织缺乏营养,最终导致眼球萎缩、眼睛失明。(2)脉络膜炎。主要表现为视力减退、眼前闪耀和黑影飞舞,有时有小视症和大视症。

色素性视网膜炎(retinitis pimentos) 又称"原发性视网膜色素变性""视网膜色素营养不良""色素性视网膜病"等。一种具有遗传倾向的进行性眼病。多为双眼受累,起病于10~20岁之间,青春期加重,至40~50岁后失明。部分患者可合并听力障碍。临床特征为:(1)早期夜盲,以后逐渐加重,白天视力正常或稍有下降。(2)周边视野呈向心性缩小,似井底观天,患者行走困难。(3)视乳头萎缩。(4)视网膜血管狭窄。(5)视网膜赤道部有色素沉着。(6)视网膜电流图呈低波型或无波型。晚期常有后极性白内障,1%~3%病例伴青光眼、近视等。治疗以对症治疗为主。对于视野损害明显但视力尚佳者,可使用扩大视野的助视器,如手持及立式放大镜。对于严重视野损害伴有严重视力损害患者,闭路电视助视器是最基本的助视工具。为避免光对视网膜造成伤害,患者户外活动应佩戴颜色较深的太阳镜,也可戴有遮沿的太阳帽,不要长时间在雪地、海滩上停留。

视网膜脱离(retinal detachment) 又称"视网膜分离""视网膜剥离"。指视网膜神经上皮层和色素上皮细胞层相互分离的一种病理状态。胚胎发育时,眼杯的外层和内层套叠在一起,外层分化为色素上皮层,内层分化为视网膜其他各层,二层紧密贴合是视网膜具有正常生理功能的前提。一旦二层分开,感光上皮层的营养遭受损害,如不及时复位,将使视网膜发生萎缩和变性,造成视功能障碍。根据病因分为原发性和继发性两大类型。原发性常伴有视网膜裂孔,多见男性(约占2/3)。以30岁以上多见,10岁以下少见,多为单眼发病,15%为双眼,2/3患者为高度近视眼或有轻微外伤史。脱离部位累及黄斑部则有中心视力明显减退,累及视网膜某一区域则出现相应视野缺损。近年来手术封闭裂孔使视网膜脱离复位率可达90%以上。继发性者多为玻璃体丧失、外伤后瘢痕收缩、出血、炎症、肿瘤、寄生虫等所致,治疗以去除病因为主。

弱视(amblyopic) 视力下降。有狭义和广义之分。中国儿童弱视、斜视防治学组于1987年10月规定:凡眼部无明显器质性病变,而戴矫正眼镜后视力低于0.9者。依据视力分为轻度(0.8~0.6)、中度(0.5~0.2)和重度(小于0.1)三个等级。依据病因分为斜视性弱视、屈光参差性弱视、形觉剥夺性弱视、屈光不正性弱视、先天性弱视。以上是狭义弱视的内涵。早期发现,早期治疗,多数患儿可取得一定效果。广义的含义指弱视眼不论其任何原因所致的视力下降者。可分为医学性弱视和教育性弱视。前者指能用医学方法治疗的弱视,后者指治疗无恢复视功能希望的双眼弱视,为特殊教育的对象,即特殊教育中对"低视力"的习惯称谓。

斜视(squint) 一组眼位异常。当中枢、视神经或眼外肌任何一部分发生问题,两眼球的运动不能协调一致,不能同时注视同一目标,仅一只眼的视轴指向目标,另一只眼的视轴偏向目标的一侧(即黑眼珠出现偏斜)。向鼻侧方向偏斜叫内斜视,向耳朵方向偏斜叫外斜视。根据发病的原因分为两种:(1)共同性斜视。主要由于大脑高级中枢发生障碍,眼外肌本身和支配眼外肌的神经及神经核并没有病变而出现的眼位偏斜。常发生在学龄前儿童。表现为眼球向各方向的运动正常。任意用一只眼注视时,另一只眼向内或向外偏斜。(2)麻痹性斜视。由于支配眼外肌的神经(包括神经核)或眼外肌本身病变,眼睛向某一方向不能转动者而出现眼位偏斜。表现为眼球向麻痹的眼外肌作用方向运动时明显受限,眼球斜向麻痹肌作用方向的对侧。

白瞳症(leukocoria) 瞳孔区失去了正常的黑色而呈白色的病态。患者不能注视目标或不能追随物体运动,严重影响其视力发育。常见于严重的先天性白内障、视网膜母细胞瘤、眼内炎症性疾病等。多是由患者的家长发现,一旦发现应该马上去找专业眼科医师进行仔细的检查。

先天性小眼球(congenital microphthalmus) 一种常见的先天性眼球畸形。常染色体显性遗传(外显率不高)或常染色体隐性遗传。主要表现为:眼眶、眼睑均较小,眼球小而内陷,角膜小、前房浅。常为高度远视。常伴有视网膜发育不良和眼部其他畸形。仅有远视,不伴有其他畸形者,可配镜矫正视力。伴有其他畸形者,可进行治疗,设法改善视力。无视力者,从小用眼模扩张结膜囊,以安装假眼,改善外观。

白内障(cataract) 由先天发育障碍或后天因素(如外伤、药物、营养代谢异常、中毒变性等)所致晶状体失去原有的透明性。在作为疾病名称时统称为白内障。其诊断以晶状体浑浊使视力减退至0.7以下为标准。分类可按病因、发生年龄、混浊程度、混浊部位及形态等多角度进行。其中老年性白内障(senile cataract)为最常见,多见于50岁后,发病随年龄增长而增加。

先天性白内障(congenital cataract) 又称"发育性白内障"。指各种因素致使晶状体的发育受到影响,在出生后呈不同程度的晶状体混浊。与遗传有关。母亲在妊娠期前6个月内患有病毒感染如风疹、麻疹、水痘、腮腺炎、脊髓灰质炎以及甲状旁腺功能低下、营养不良、维生素缺乏等也可导致本病的发生。多两眼发病,呈对称性。患儿出生后数月,眼睛不能注视,有些仅能随灯光转动眼球,一般是当家人发现其瞳孔内有白色反光时才来就医。经散大瞳孔进行详细检查,即可发现各种类型的晶体混浊。依据晶体混浊的部位、程度和形态不同,分为全白内障、前极白内障、后极白内障、绕核性白内障、花冠状白内障及点状白内障等。对于病情不进展、仍有较好视力者无需手术;对于已影响视力、阻碍视觉功能发育者应尽早手术。一般在出生后4~5个月内即可施行手术,最迟不能超过两岁。术后尽快做屈光检查,配戴合适的眼镜,以增进视力。手术时间太晚,可造成难以挽救的废用性弱视,终生不能获得良好视力。

外伤性白内障(traumatic cataract) 外伤引起的晶状体混浊。常见的原因有:眼球的机械伤(挫伤、穿孔伤)、化学伤、电击伤和辐射伤等。多见于儿童和青壮年。患者通常有眼部外伤史,视力逐步或突然下降,晶状体呈局限性或弥漫性混浊,可引起葡萄膜炎、继发性青光眼等并发症。局限性混浊对视力影响不大者,可以观察或用药物治疗。晶状体完全混浊,光定位与色觉正常者,应做白内障摘除术。单眼白内障手术尽可能做人工晶状体植入术。

代谢性白内障 一组由于全身代谢障碍(主要是糖代谢和钙代谢)引起的晶体混浊。常见的有:(1)半乳糖性白内障。这是一种常染色体隐性遗传病。出生后数日或数周发生。立即停止乳类及含半乳糖的饮食,食用谷类、水果、蛋类、肉类等食物。饮食控制至少3年。对顽固性白内障需手术治疗。(2)糖尿病性白内障。首先要控制糖尿病,药物治疗有一定效果。如果晶体已出现明显混浊,视力严重受影响,则应在血糖控制后予以手术治疗。(3)搐搦性白内障。钙代谢紊乱,有手足搐搦、骨质软化及白内障三大典型表现。药物治疗可制止晶状体浑浊的发展。若晶体混浊明显可做摘除术。

晶体后纤维增生症(retrolental fibroplasias) 又称"晶体后纤维组织形成""瘢痕性晶状体后纤维增生症""Terry氏综合征""早产儿视网膜病变"。一种原发性视网膜血管病。早产婴儿在暖箱高浓度氧气环境中,由于氧气中毒,刺激未成熟的视网膜组织,使其血管增生,继而在晶状体后形成纤维团块。见于早产儿(特别是出生时体重在3千克以下)且母亲高龄并有多产史者。初生时并不存在,多发生在出生后3~6周内,且常为两眼发病,其中一眼较重,可致盲。临床上根据病程分为早期病变(5个月以内)和晚期病变(5个月以后)两类。

白化病(albinism) 一种常染色体隐性遗传病。由于缺乏黑色素细胞合成正常数量的酪氨酸所致。可分为皮肤白化病及眼部白化病两类。前者除有眼部色素缺乏外,尚有毛发、皮肤等色素缺乏,病例占多数。后者仅有眼部而无全身素缺乏,病例占少数。患者常伴有眼球震颤、畏光,尚可能有斜视等现象。视力多在0.1~0.6之间,也有视力严重损害低达0.02者。戴矫正眼镜可使患者远视力有明显提高;各种眼镜助视器、手持或立式放大镜对近视力改善有帮助。患者常有不同程度的怕光症状,易于发生眩目。戴有遮罩的太阳镜、大沿帽等对他们都非常有用。

眼球震颤(nystagmus) 又称"眼球震荡"。简称"眼震""眼颤"。一种不自主的、有节律性的、往返摆动的眼球运动。常由视觉、眼外肌、耳迷路及中枢神经系统的疾病引起。表现为视物不清、振动幻视、头位异常、眩晕,伴有点头痉挛、斜视等。患者因无固定注视目标能力,以致不能用视觉阅读学习。

视网膜母细胞瘤(retinoblastoma) 一种原发于视网膜组织的恶性眼内肿瘤。常见于1~4岁幼儿。多数是单眼发病,也有双眼同时或先后发病的。其年发病率为1/10万,仅低于白血病和中枢神经系统肿瘤,男女之比为1.7∶1。部分病例有家族史,因此对患有此病孩子的兄弟姐妹及他们的后代,都应在幼年定期检查眼睛,以便及早发现病情。早期最常见的症状有两种:斜视及瞳孔异常,其中最典型的表现就是瞳孔的白色反光,俗称为"白瞳症"或"猫眼症"。由于幼儿不懂表达,通常是由父母发觉。随着肿瘤的长大症状表现为眼睛红肿、眼球胀大、头痛、恶心、呕吐,最后肿瘤可以穿出眼球,突出于眼外,发生全身转移后夺去患儿生命。如果在发病初期诊断出来,治愈率可高达90%,晚期病人治愈率低。整体切除是最好的治疗方法。

夜盲(night blindness) 又称"昼视""雀目""月光盲"。夜间视力失常的症状。为视网膜的视杆细胞功能紊乱而引起的暗适应障碍。表现为白天视力较好,入夜或于暗处则视力大减,乃至不辨咫尺,见于维生素A缺乏和某些眼底疾病。根据发病原因可分为遗传性夜盲和后天性夜盲。遗传性夜盲是通过双亲生殖细胞而获得的夜盲症状,治疗往往难以奏效;后天性夜盲是由于后天性全身疾病或眼病所致的夜盲,可针对病因给予不同治疗。

色盲(color blindness) 一种视觉缺陷,又称"色觉异常""色觉缺陷"。由于视网膜的视锥细胞内感光色素异常或不全,以致缺乏辨别某种或某几种颜色的能力。按临床表现分为全色盲和部分色盲。完全不能辨别颜色,视物只有黑白、灰色的感觉称为全色盲或单色视。常伴有高度畏光、瞬目频繁、视力显著减退、中心暗点、昼盲等。失去对某种颜色的辨别能力称部分色盲。其中,不能辨别红色者称红色盲或第一色盲,在光谱上红色部缩短,绿色看成黄色,紫色看成蓝色;不能辨别绿色者称绿色盲或第二色盲,在光谱上绿色被看成灰色或暗黑色;不能辨别蓝色者称蓝色盲或第三色盲,整个光谱中只能辨别红绿两色。有时红绿色盲患者可表现出惊人的辨色能力,这是他们从生活经验中得来的。根据红绿的不同饱和度与亮度加以区别,但在颜色混合测定检查时,即显露出色盲的本质。多属先天性,依发生频度排列依次为绿色盲、红色盲、蓝色盲、全色盲。20世纪Wilson提出色盲是通过X性连锁遗传方式传递,即由女性遗传,其生男孩显性,生女孩则多不表现症状。只有女性为隐性色盲、与色盲的男性结合,所生之女才表现色盲。故男性发病率为5%左右,女性约为0.8%。对先天性色盲尚无特殊疗法。后天性色盲多由于视神经疾病和视网膜与脉络膜疾病所致,前者以红绿色盲为主,后者以蓝色盲常见,可针对病因给予不同治疗。

人工晶体(intraocular lens implantation) 人工合成材料制成的一种类似人眼晶状体的特殊透镜。白内障术后摘除了混浊的晶状体,将人工晶体植入眼内替代原来的晶状体,使外界物体聚焦成像在视网膜上,也就能看清周围的景物了。人工晶体植入手术必须在手术显微镜下进行。

眼库(eye bank) 收集和保存供体眼球或角膜,并以向眼科医生提供合格眼球或角膜材料做角膜移植为其主要目的的非营利机构。

角膜接触镜(contact lenses) 又名"隐形眼镜""无形眼镜"。一种附贴在角膜表面,随着眼球运动而活动的镜片。主要分为两大类型：即用甲基丙烯酸甲酯（PMMA）制成的硬性接触镜和甲基丙烯酸羟乙酯（HEMA）等制成的软性接触镜（亲水软镜）。后者由于可吸收水分，渗透氧气，柔软而易弯曲，对角膜刺激性小，符合角膜呼吸代谢的要求。但机械强度差，较脆不很耐用，易受湿度影响，容易变得与角膜曲面完全一样，因此不能充分矫正2.00D以上的散光，且光学作用不如硬性者好，消毒手续也较麻烦。近年来，由醋酸纤维酯等剂制成的半硬性接触镜，透氧性能好，机械强度高，又具有一定柔软性，是一种有发展前途的新型接触镜。主要应用于：(1)矫正屈光不正。特别是角膜散光、高度近视、屈光参差过大、无晶体眼等。(2)治疗疾病。主要是亲水性软镜，可治大疱性角膜病变、角膜溃疡、角结膜干燥症、角结膜烧伤、角膜穿通伤等。利用它的吸附和渗透药物的性能，提供了一种新的给药途径。此外，通过有色接触镜能为白化病人消除光线的刺激，以提高视力；为角膜白斑病人遮蔽缺陷，改善仪容等。

视力检查（visual test） 又称"视敏度检查"。评量视力敏锐度的检查。一般由眼科医师、护士等专业人员进行。学校教师在接受适当训练后亦可承担。包括采用远视力表和近视力表作远视力检查和近视力检查。如不加说明，通常指远视力检查。有时还用仪器对视野（周边视力）进行检查。

远视力检查（distance visual test） 对视网膜中央凹处视力功能的检查。一般使用国际标准远视力表或标准对数远视力表。对低视力患者常用灯塔远视力表（Lighthouse Distance Acuity Chart）、低视力远视力表（Designs for Vision Distance Chart）和灯塔图形视力表（Lighthouse Symbol Chart）。对儿童还有单独设计的视力表。

近视力检查（near sighted test） 又称"调节功能检查""阅读视力检查"。对眼内肌（睫状肌）调节能力的检查。一般使用国际标准近视力表或标准对数近视力表。因为学习活动主要依靠近视力，所以近视力检查对视力残疾儿童的分类教学更具意义。学校中常用不同大小的印刷文字或画片检查视力残疾学生的近视力。有些低视力儿童固定注视能力较差，检查中可适当延长其辨认视标的时间。

对比敏感度（contrast sensitive degree） 视觉辨认对比不强烈或浓淡不分明的物体形状的能力。黑与白是100%的对比。日常生活中有不同的对比度，如晴天、阴天；白天、夜晚；亮处、阴影处。环境中各种目标之间也有不同的对比，如桌上物品与桌面，墙壁与地面不同颜色之间的对比等，均非100%的对比。通常的视力表是在白色背景下由黑色符号或视标制成，其测查结果并不能准确完整地反映出低视力患者或有剩余视力者的视觉功能。通过对远及近的对比敏感度的测试，能测出视觉系统的生理敏感性，全面了解其视觉功能，可说明受测低视力患者持久阅读能力如何。测试结果可作为制订室内外训练计划的依据。在低视力门诊可进行测查。

指测(finger counting) 检查剩余视力的一种简易辅助方法。在适度的照明或充足的自然光下，检查者分别在 2.5 米、2 米、1 米处，伸出数目不等的手指，让被试单眼分辨。若能数出手指数，则视力分别为 0.05、0.04、0.02。1 米处分不出指数，则属一级盲。

眼压(ocular tension) 眼球内容物作用于眼球壁的压力。通过测量可诊断和估计青光眼及其他一些眼病疗效和预后。临床上常用检测方法有：(1)指触法。病人两眼向下看，检查者以两手食指尖置于上睑，隔着上睑交替触压眼球，借指尖触知的抵抗感(巩膜的张力与弹性)估计眼压高低。记录方法：眼球硬度正常者，用"Tn"表示；"T+1"表示眼压轻度增高；"T+3"表示眼压极高，眼球硬如石卵；介于二者之间者用"T+2"表示。如果眼球稍软于正常，记录为"T-1"；眼球极软为"T-3"；介于二者之间为"T-2"。(2)眼压计测量。通过测定眼球壁的张力而换算成眼内压。

小儿视力测试 一种检查小儿视力的方法。也适用于智力落后儿童。检查用具为 10 个大小不同的白色小球，直径分别为 6.3 厘米、5.1 厘米、3.8 厘米、3.5厘米、1.9 厘米、1.3 厘米、0.95 厘米、0.62 厘米、0.47 厘米及 0.32 厘米。白色小球的直径相当于"E"字视力表中"E"字的笔画与间隙的宽度，1.9 厘米直径的小球相当于视力表的 0.1，1.3 厘米相当于 0.16，0.95 厘米相当于 0.25，0.62 厘米相当于 0.3，0.47 厘米相当于 0.5，0.32 厘米相当于 0.6。首先测试双眼，如发现有斜视或怀疑一眼视力不佳，再做单眼测试。测试时，母亲抱着小儿取坐位，检查者距离小儿约 3 米。将白色的小球在黑色的背景上滚动，球与小儿的距离始终保持在 3 米左右。观察小儿的反应。小儿看见小球的反应是：小儿的眼球追随着滚动的白球，当小球停止滚动时，小儿会带着询问的目光看着检查者或母亲。先测大球后测小球，直到最小的球(直径为 0.32 厘米)或看不到为止。记录小儿所能看到球的最小直径。将由此测得的视力除以 2，即得到该小儿相当于"E"字视力表的视力。例如能看到的最小球的直径为 0.47 厘米，则该小儿的视力为 $0.5/2=0.25$。正常小儿 6～8 个月可以在 3 米处追随直径为 0.62 厘米的白色小球；8～12 个月可以看到直径为 0.32 厘米的小球。

乒乓球测试 儿童视力检查的一种简易方法。视力=1.5/实物大小(毫米)×实物距离(米)/5。在儿童的正前方的一定距离的深色背景上，放置一个白色的乒乓球(直径约 40 毫米)，若儿童能够看见并拾起，根据视力公式计算出该儿童的视力。如在距儿童 4 米远的前方放置一个乒乓球，儿童能看见并拾起，表明该儿童的视力为 0.03。改变乒乓球与儿童的距离，则可计算出儿童的视力。

硬币试验 儿童视力检查的一种简易方法。在儿童正前方一定距离的深色背景上，放置一个 5 分钱硬币(直径约 24

毫米)或1分的硬币(直径约18毫米),若儿童能够看见并拾起,则用视力公式计算出该儿童的视力。如在距儿童5米远的前方放置一个5分的硬币,儿童能看见并拾起,表明该儿童的视力为0.0625。改变硬币与儿童的距离,根据视力公式计算出视力值。

选择观看检查法 一种检查婴儿视力的方法。根据婴儿注视一个图形刺激的倾向比注视一个均匀一致视野刺激的倾向大等生理特点设计而成。检查时给婴儿显示两种刺激,一种为黑白条纹组成的光栅,一种是一个空间平均照度相同的灰色屏幕。在视野中间有一窥孔,检查者站在窥孔后,并不知道图形的位置。由另一个人呈现刺激。当刺激出现时,监视小儿头和眼的方向。在每一次检查中,改变条纹的宽度,以婴儿能区分地注视光栅中的最窄条纹来估计婴儿的视力。

电视监视器检查法 一种检查婴儿视力的方法。基本设备有两台电视监视器、一台控制器、一台图像发生器、一台同步发生器。图像发生器可以任意调制对比度、空间频率、时间频率及图像式样等,一般图像的标准为方格。图像放映在两台电视监视器上。控制器可以控制图像出现在任何一台电视监视器或两台均出现图像,根据需要任意调制。同步发生器可以使两台电视机上的画面保持一定的平均亮度。检查时,母亲抱着婴儿坐在距电视监视器中央的前面80厘米处。观察者位于两台监视器中央儿童看不到的地方。先打开两台监视器的中央的注视灯,吸引婴儿注视。接着关闭注视灯,将方格呈现在左或右侧的电视屏上,根据婴儿的头和眼的活动作为判断依据。变换图形的空间频率,以此估计婴儿的视力。

夜光表检查法(glow-watch examination) 检查眼睛暗适应功能的一种方法。让被检者与检查者一起进入暗室,在微弱的光亮下,同时观察一块夜光表,比较被检者与检查者(正常暗适应)能看到夜光表上针点的时间,以推断被检者的暗适应是否正常。如果被检者与检查者同时在同一距离发现光亮则被检者的光觉大致正常。如果被检者需要向前方移近时才能发现光亮,则根据这一距离与检查者所需距离推算出被检者光觉损害的大致程度。光的亮度与距离的平方成反比,如被检者与检查者所需的距离比例为1∶2,则被检者的光觉只等于正常的1/4;如距离比例为1∶3,则光觉只等于1/9。如此类推。本方法简单但不精确。

功能视力评估(functional vision assessment) 对能在实际环境中利用的剩余视力功能的非正式评估。关注点不在被测者能够看清视力表第几行的E字的开口,而是关注在什么光线下、何种背景中、距离几米处能够看清直径多少厘米的什么颜色的小球。视力残疾儿童的功能视力并不总是与视力表检查出的理论敏度相符。功能视力状况受一系列复杂因素的制约,其中很重要的因素是用眼动机。芭拉哥(Barraga.N)在20世纪60年代通过实验证明,视力残疾儿童使用剩余视力不会改变其视敏度,但是,其功能视力会随着儿童用眼动机的提高和经验的积累而提高。

对照视野检查法 一种粗略检查视野的方法。被检查者和检查者面对面相距0.5~1米而坐,双方眼睛维持同一水平高度。在两方面照明(最好采取昼光)大致相等的情况下,被检者右眼注视检查者左眼,并各自遮盖另一眼。检查者举出食指在两人之间等距离处自周边部缓慢地向中心移动,测出被检查者开始看到手指时的位置。依次检查颞侧、颞上、颞下、上方、下方、鼻上、鼻下、鼻侧八个方向。将被检查者所能看到的范围与检查者(其视野必须正常)相比,大致了解被检查者的视野情况。同法再测另一眼。优点是操作简单,不需仪器,不需特定场所,有一定准确性。缺点是精确度不足,无法作记录以作比较。难以合作的儿童,其眼球总是跟随检查者的手指移动,可以用手将其头部固定,待眼球转向某个方向不能再动(例如转动到外眦角不能再向外转)时,检查者的手指继续外移到他说看不见为止。向内、向上、向下采取类似的方法便可测知其大概视野的情况。对年龄更小不会做上述表达的儿童,可以采用其所喜爱的一个小玩具作为中心注视点,同时用另一个小玩具作为视标,自各个方向向中心移动进行测试。

色觉检查法(chromometry test) 检查明亮处视锥细胞功能的一种方法。通常有:(1)假同色表检查法。国际上通用的是石原氏(日本)假同色色盲检查本,我国多用俞自萍色盲检查本。将色盲本置于明亮的自然光线下(但阳光不得直接照射在色盲本上),受检者与色盲本相距0.5米;被试双眼同时注视色盲本,必须在10秒钟内读出数字或图案;按色盲本所附的说明,判定是否正确,是哪一种色盲或色弱。为避免受检查者背诵色盲本内的数字或图案,检查时应不按任何顺序随意翻阅各图抽查。(2)彩笔检查法。在自然光下,受检查者依桌而坐;取各种彩笔若干支,检查者任选一种彩笔在白纸上划一条直线,并嘱咐受检查者从彩笔中选出与此颜色相同的笔;根据其选择情况作出判断:全色盲,受检者选出的彩笔颜色与所划颜色不同,但明暗度相同,如将黄色、浅绿、浅黄与粉红色相混淆;红色盲,将玫瑰红色与蓝色或紫色相混淆;紫色盲,将紫、红与橙色相混淆;绿色盲,将玫瑰红色与灰色或绿色相混淆。(3)彩色线团挑选法。将不同颜色及深度的线团放在一起,嘱受检者选出与检查者手中所持线团颜色相同者,视其选择结果,根据彩笔检查法的判断标准,予以判别。(4)颜色混合测定器。利用仪器很精确测定色盲情况,既可定性也可定量。正常人能辨别各种颜色,凡不能准确辨别各种颜色者为色觉障碍。

眼底检查法(fundus examination) 眼科常用的一种检查方法。可观察因眼部疾病,或高血压、肾脏病、糖尿病、妊娠毒血症、中枢神经系统疾病、某些血液病等引起的眼底病变。需在暗室内用眼底镜进行。一般不必扩瞳。青光眼禁止扩瞳。

分为两种：(1)直接检查法：能将眼底像放大约15～16倍，所见为正像，可看到的眼底范围小，但较细致详尽，可方便地用于检查眼的屈光间质。(2)间接检查法：能将眼底放大4.5倍，所见为倒立的实像，看到的范围大，立体感强，对视网膜脱离、皱襞等不在眼底同一平面上的病变，可以同时看清。

视觉电生理检查法（electrophysiological examination of the visual function） 通过记录视觉系统生物电活动以诊断疾病、鉴定疗效、判断预后的检查方法。常用的方法有：(1)眼电图。记录视网膜外层的静息电位。常用于诊断视网膜疾病、脉络膜疾病以及眼球运动与弱视。(2)视网膜电图。(3)视觉诱发电位。记录皮层电的活动。可用于客观视力的测定。

视力表（visual chart） 检查眼分辨最小物体能力的图表。反映黄斑部中心凹的视力功能。由根据视角（视力正常眼能分辨两个独立点的两点间最小距离的视角为1分角）设计的大小视标（字母、数字及图形等）构成。视力的好坏是衡量眼功能是否正常的尺度，也是分析病情的重要依据。按照测试距离分为远视力表（检查距离以5米为限）和近视力表（检查距离以30厘米为限）两类。我国通常使用国际标准视力表和对数视力表。另外，有为低视力患者专门设计的视力表，如灯塔远视力表、低视力远视力表等；有为学龄前或智力低下儿童设计的灯塔图形视力表、儿童图形视力表等。

视觉效力表（visual efficiency chart） 用以评估视力残疾儿童视觉功能水平的一种量表。由字、句子、图片组成。通过呈现的一系列逐渐变小的字、句子和图片，来粗略估计儿童有效利用其视力的范围。

灯塔远视力表（lighthouse distance acuity chart） 专门为低视力儿童设计测查远视力的一种图表。弥补了国际标准远视力表中0.3～0.1之间视标个数少，且0.2与0.1两行之间无视标的缺点，增加了0.16和0.12两行视标，并增加了0.3行以下每行的视标个数，可精确检查低视力者的视力。

图形视力表（symbol chart for visual test） 一种将儿童熟悉的物体图案作为视标的视力表。1987年全国残疾人抽样调查中批准使用的视力表之一。可提高儿童对检查的兴趣和检测的准确性。适用于2岁半以上学龄前儿童。国外常用的有Clement-clarke图形视力表、Sjogren手形视力表和Allen学龄前儿童视力表。我国使用的是北京同仁医院孙葆忱教授等研制的儿童图形视力表。该表使用儿童普遍熟悉和感兴趣的壶、花、星、钟或表、杯子、鱼、鹅或鸭、五角星8个儿童常见物品或动植物的图形做视标，采取国际标准视力表的绘制原理，且记录方法和分级方法相同，便于互相比较，设计原理与国际标准视力表相同。检查方法是让儿童从上到下辨认图形，双眼分别检查。

方格视野表 一种检查中心视野的表格。它是由一个10厘米见方的黑纸板用白色线条（也可在白纸上用黑线）划成5毫米见方的400个小方格，中央划一小点作注视固定点。检查距离为30厘米,让被检查者遮盖一只眼睛,用另一只眼注视表中心的白圆点不动,询问被检者,能否看清整个表,有些小方格是否感到似有纱幕遮盖,线条是否变色、变形(弯曲或粗细不匀),小方格是否是正方形或大小不一。并让被检者直接在小格上用铅笔描出弯曲变形的形态,借以判断视网膜黄斑部有无病变及其大致的范围。用同样方法检查另一只眼。

国际标准视力表(standard visual acuity chart) 国际通用检查中心视力的一种图表。依测试距离分两种:(1)远距离视力表:检查时,被检者坐在距视力表5米的地方,国际标准视力表1.0与被检眼在同一水平,双眼分别检查,先右后左,从上而下。被检者迅速说出视标缺口方向,把说对的最小视标一行的字号记录下来。普通人的视力为1.0。当视力低于0.1(不能看清最大视标)时,可逐步走近视力表,按 $0.1×d/5$ 算出其视力(d为被检者看清该行时距视力表的距离,单位:米)。如在3米处能看清0.1的视标时,则视力为0.06。当视力低于0.01时,即在0.5米处不能辨别0.1视标时,改为数指(FC)/距离。若眼前5厘米处还不能辨认指数则改为手动(HM)/距离。如对手动亦无感觉,可在暗室内用烛光或手电筒照射眼睛记录光亮为光感(LP),或无光感。如有光感,要做光定位检查。(2)近距离视力表。视力表应放在光线充足的地方,或用日光灯照明。在距视力表33厘米处,能看清1.0行视标者为正常视力。如果因近视或远视而改变了视力表与眼睛的距离,则将改变的距离一并记录。近视力检查能了解眼的调节能力,再与远视力检查配合则可初步诊断是否有屈光不正,如散光、近视、远视和眼底病变等。

对数视力表(logarithmic visual acuity chart) 我国研制用来测定视力的一种图表。包括远视力表、近视力表。远视力表有14行视标,直接可测 $4.0(0.1)$~$5.3(2.0)$ 的视力。测低视力部分有6行,15个视标,比国际标准视力表增加9个,改善了低视力的测定。近视力表共有23行视标,可测从 $3.0(0.01)$~$5.2(1.5)$ 的视力。视力值采用5分记录法。用0~5分表示整个视力系统。0分表示无光感;1分表示光感;2分表示能见手动;3.0分表示在50厘米处能见手指;4.0分表示国际标准视力表的0.1视力;5.0表示正常视力1.0。超常视力可用5以上数值表示。记录时,2分及2分以下均不带小数,以示与小数制有别。3.0以上一律带有小数点,表示可以精确测定的视力。远视力检查距离一般为5米,可以根据需要变更检查距离。近视力检查距离一般为25厘米,也可变距使用。检查方法与国际标准视力表相同。

人工视觉(artificial vision) ①一种用不同组合电刺激直接激发大脑视觉中枢,使视皮质直接显像,使盲人获得真正视觉的助视器。②泛指视力残疾人用于导行、阅读、识别图像的间接感觉补偿助视器。包括声纳眼镜、激光手杖、视能转换仪等。

人工假眼(artificial eye) 又称"义眼"。专为眼球被摘除者制作的类似眼球的整容品。植入后既可预防眼框感染,还可使被植入者获得心理上的自我完善感。

白内障术后视力矫正 借助光学方法矫正无晶体眼的屈光不正。无论用何种方法摘除晶状体后的无晶体眼,屈光力减低 10～14D,呈高度远视状态,常伴有 1～2D 的散光。看远时,一般可配戴+10D～+14D 凸球镜(俗称白内障眼镜)或放置角膜接触镜或植入人工晶状体来补偿其屈光改变。配镜一般需根据其原来的屈光情况进行加减,一个原来正视眼在白内障手术后就变成+10～+14D 的远视眼;若术前患眼有近视或远视,可按公式计算屈光度:镜片度数=12D+原有屈光度数÷2。如原来此眼睛为 4D 的近视,术后应配镜片的度数为:12D+(-4/2)=10D。如原来此眼睛为 4D 的远视,术后应配镜片的度数为:12D+4/2=14D。无晶体眼不仅需戴镜矫正视力,且失去调节能力,故看近时需要在看远的镜片基础上再加以+3～+4D,方能在 25～30 厘米的近距离进行阅读。

助视器(visual aids) 对能改善低视力患者视功能、提高其活动能力的所有装置或设备的统称。分两大类:(1)光学助视器,包括眼镜、角膜接触镜、望远镜、各式放大镜、闭路电视等。(2)非光学助视器,包括特殊照明、线性放大、阅读架、改善光线传递、加强对比度等。

手持放大镜(hand magnifiers) 一种手持的可任意改变眼与透镜距离的近用助视器。有的带有光源,可在光线不佳处使用。在+10D 以下者称为低放大倍数,+10～+20D 称为中等放大倍数,大于+20D 称为高放大倍数。屈光度数范围可从+4～+80D,但常用范围在+4～+20D。制造材料常用塑料、冕玻璃和丙烯酸衍生物,其形状可为圆形、长方形、多角形等。一般而言,放大倍数高,透镜直径小;反之,放大倍数低,透镜的直径较大。其使用方法有移动放大镜本身法或移动被视物法两种,患者眼与镜的距离、镜与被视物的距离应根据不同情况具体调节,以感觉最清晰时为准。

立式放大镜(stand magnifiers) 将凸透镜固定于支架上的一种助视器,有多种形式。目标或读物与透镜间的距离是恒定的(固定焦距);有的可调节焦距,以便于观看不同距离的目标或读物。有的自身带有照明。如国产鹅颈立式放大镜镜臂可自由弯曲,并带光源,适于低视力者阅读、写字、缝纫及其他操作。

眼镜助视器(glasses visual aids) 一种形似普通眼镜,但屈光度数较大的助视器。需将目标移至近眼处才能产生放大作用。主要功能是帮助低视力者阅读。其受益程度取决于患者本来的远视力和近视力的情况。根据北京市同仁医院的门诊统计,使用者最常见病因为先天性小角膜、小眼球、视神经萎缩、老年性白内障等。近用普通眼镜助视器的屈光度数与阅读距离关系密切,随着屈光度数的增加,平均阅读距离亦变近。

闭路电视助视器(closed circuit television aids) 又称"电子助视器""电视影像放大镜"。一种帮助低视力患者识字、写字、阅读的有效工具。1959 年由 Potts 等人最早应用于低视力者。其基本结构包括电视摄像机、电视接收机、光源及可上下左右推拉的文件台等。电视接收机有黑白和彩色两种,屏幕大小不一。放大倍数由 1.5~70 倍不等。多数为台式,少数为便携式。其优点是放大倍数高,视野大,可调整对比度和亮度,对视力严重受损及视野狭窄者亦适用。缺点是价格昂贵,多数不便携带。

照明(illuminate) 通过人工干预改变光线亮度的方法,影响视功能的主要因素之一。为改善低视力者视觉功能向其提供适当的光线亮度的一项重要措施。分自然照明和人工照明两种。不同眼疾对照明有不同的需求:有的需要强光照明,有的需要中度或低度(暗)的照明。白化病、先天性无虹膜、角膜中央部混浊、全色盲等都适合低照明。白化病患者有时还需戴太阳镜、太阳帽来降低光线的强度。各种眼病引起瞳孔明显缩小的患者,青光眼、视网膜色素变性、视神经萎缩等患者需要强照明,不仅要求室内自然采光好,还需要有顶灯、壁灯、台灯等人工照明设备。

近用(或中距)望远镜(telescope for short range) 又称"望远显微镜""望远放大镜""长焦距阅读放大镜"等。看近处目标或读物的一种望远镜。相比同样放大倍数的眼镜助视器可增加阅读或工作距离。中距离望远镜适用于打字、读乐谱、画图等工作。缺点是视野狭小,景深短。在望远镜上加上阅读帽,即构成简单的近用望远镜。国产近用望远镜放大 2.5 倍左右,阅读帽的屈光度数及阅读距离共有 7 种规格可供选用。

视觉技能(visual skill) 使用视功能的技巧。包括固定注视、搜寻、追踪及调节辐辏等。视力正常儿童随着视觉发育,在日常生活实践中自然获得各种视觉技能,而低视力儿童则不能自然获得,需要给予训练。训练一般包括近视力训练、远视力训练和使用助视器训练三方面。

视觉训练(vision training) 帮助低视力儿童运用残余视觉以发展视觉技能、视觉认知、视觉记忆的一种专门训练。内容一般包括:(1)视觉追踪,如看手电筒的亮光,视线追随亮光做上下左右远近等移动。用色彩鲜艳的物品做追视训练。(2)视觉辨认,如物体的形状、颜色、大小、长短、曲直、厚薄及部分与整体的关系等。(3)用视觉按要求对一堆物品分类或按顺序排列。(4)根据视觉记忆把目标缺少的部分补充完整。其训练过程也是低视力儿童的认知学习过程。要充分运用讲解、描述等方法使儿童知道所看物体的名称、作用和特点。训练时要借助听觉和触觉以弥补其视力不足,提高视觉效率。也应用于训练视力正常或接近正常,但视觉感受和辨别能力薄弱者,通过对色彩符号、文字、图形等的识别,提高其识别和分辨能力,改善学习的困境。

近用助视器训练 对使用近用助视

器患者进行的专门训练。内容包括:(1)熟悉所用助视器的性能与特点。(2)调整助视器的焦距,掌握眼离放大镜的最佳距离。(3)确定移动手或目标的最恰当方式,以利阅读。(4)先阅读放大的字体,逐渐缩小阅读的字体。训练前应先了解患者视力及视野改变,并根据视力情况决定所用训练目标的大小及训练方法的不同。训练方法包括注视训练、定位训练、视觉技术的有效应用等。

远用助视器训练 对使用远用助视器患者所进行的专门训练。内容包括:(1)熟悉所用助视器的性能与特点。(2)在指定方向寻找目标,使目标与眼成一条直线。(3)旋转镜筒练习调焦,找到最清晰的焦距加以固定。(4)跟踪某个静止的目标,如看一条直线,做到头部转动时助视器不偏离眼睛。(5)跟踪移动的目标作水平方向的移动、垂直方向的移动、远近移动及各种曲线运动。

视野增宽和扩大法 采用光学辅助装置弥补视野不足,增宽和扩大视野的方法。包括:(1)把望远镜的使用方向颠倒过来,使原来在前的物镜成为眼前的目镜,而原来的目镜成为前面的物镜。这样,物像距离推远变小,患者可见的范围就增宽了。其缺点是物像距离推远后,中心视力下降,只适用于单纯视野缩小而视力正常者。(2)在患者眼镜上贴一个膜状三棱镜,眼球通过较小的运动即可观察到65°—85°范围的物体。配戴膜状三棱镜的患者,需经过一定训练,才能掌握物体空间移位的经验和在行走中用棱镜观察的方法。

盲文(Braille) 专为盲人设计,靠触觉感知的文字。从演变过程可分三类:(1)凸形字母。最初雕刻在木块上,后剪成字母的绒布贴在或用铅字压印在厚纸版上,也有用针刺出凸点或用松脂凸点组成字母图形的。(2)线条字母。以凸起的直线、弧线、圆形线条结合起来模拟拉丁字母的某部分,表示各个字母。(3)点字。由法国人布莱尔发明,当今国际上普遍采用他设计的6点制点字体系。

点字(Braille) 国际上普遍使用的盲文形式。由法国人路易·布莱尔(Louis Braille)创造。以6个凸点为基本结构。点的大小相同,距离相等,直3横2组成一个长方形(⠿)称为一方。点位排列左边一行自上而下依次为1、2、3点,右边为4、5、6点。可变化成63个不同的图形符号,用来表示一个民族语言的字母、标点符号,还可用来设计出点字数理化符号和音乐符号。19世纪后期传入我国。曾形成过多种点字体系。

方 一个6点制盲符所占的平面位置。如:⠿是1方,⠒也是1方;⠿⠿是两方,⠒⠒也是两方。每方左右长约4毫米,上下高6毫米,面积约24平方毫米。

空方 在两个盲符之间,没有凸点符号的一个6点制盲符所占的平面位置。初识盲字阶段,先认识1方空间的大小,再认识空方位置的大小。

跳方 书写盲文时根据需要空出一方不写,再在下一方中继续写的情形。摸读时遇到空方,读作"跳方"。

声点 汉语点字中用以标明字音高低升降的书写符号,又称"点字声调符号"。在新盲文中阴平为第1点,阳平第2点,上声第3点,去声第2、3点。

数字盲字符号 又称"康熙盲字""瞽手通文"。中国最早的汉语盲文。19世纪70年代威廉·穆恩(William Hill Murray)在北京建立盲校后,在中国盲人教员配合下,用布莱尔点字,根据《康熙字典》的音韵,以40个数字符号组成408个音节。每个音节由2个数字盲符组成(如遇一位数要空一方)。以号码表示各个音节,以两个符号点位的高低区分声调。需要死记,学习较困难,主要曾在华北、东北少数盲校使用。

康熙盲字 见"数字盲字符号"。

瞽手通文 见"数字盲字符号"。

福州盲字 曾用来拼写闽南方言的一套盲文点字。1898年制定。有53个字母,7个声调符号。每个音节由声、韵、调3个点符组成。方案本身还规定过以词为单位的简写方法。

心目克明 20世纪初,以南京语音为基础设计的一套拼音盲字。又称"老盲字"。有54个字母。每个音节由声韵两个点符组成,按汉字以字为单位的写法,音节之间空一方。1925年上海盲校教师为这套盲字增加了阴、阳、上、去、入5个声调符号和标点符号,为多数盲校采用。后该校在此基础上设计出以2个点符表示声、韵、调的盲字体系,仅在高年级学生中使用,未能推广。

五方元音 中华人民共和国建国前在武汉等地区少数盲校用来拼写汉语的一种盲文点字。共有44个字母符号。

新盲字 又称"现行盲义"。1953年起在全国推行的汉语盲文体系。1952年由盲人黄乃设计。整个体系有18个声母、34个韵母、声点和完整的标点符号。特点是:以北京语言为标准音,普通话为基础,以词为单位,采用分词写法,字母及标点符号力求与国际采用的一致。拼音规则共6条,如规定每个韵母都能单独成音节。声母中只有 zh、ch、sh、r、z、c、s 可以单独成音节,为避免与其后面的韵母相拼,可使用声点界音。声母 g、k、h 在韵母 i、u 和以 i、ü 开头的复鼻韵母之前,要变音为 j、q、x。4个声调符号分别是阴平、阳平、上声和去声。为节约用纸,书写时一般不使用声调符号,仅在人名、地名、生疏的词和文言成语中或在区别同音词等必要时使用。

汉语双拼盲文 1975年黄乃等人提出的汉语盲字改革方案。曾称"带调双拼盲字方案""汉语盲文'七五'方案"。内容包括字母表、标点符号、同音分化法、简写法和哑音定字法。其特点是:允许声韵同形,采取声介合一、韵调合一的原则,将调号与音节融为一体,在两方盲符内字字标调,提高盲文读音和意义的准确性,弥补新盲字标调占用3方盲符的缺陷。1984年后在部分盲校进行教学实验。几经修改,在1993年6月"关于汉语盲文研究成果总结报告的专家座谈会"上通过专家论证。1988年和1995年国家语言文字委员会先后两次批准试行推广，1995年5月，国家教委、国家语委、中国残联联合发文要求在"九五"期间予以全面推行。后因故暂停推行。

英语一级点字（Grade I Braille） 一个字母使用一方盲文符形的英语点字方案。除字母 W（2、4、5、6点）外，其他25个字母使用国际通用排列顺序的前25个符形。一般供年幼盲童使用3～4个月，作为学习二级盲文的过渡性工具。

英语二级点字（Grade II Braille） 英语国家盲人日常使用的有简写方案的点字。1906年英国就有了二级简写方案。简写方案包括一方整体简写词、字母组合的简写、首字母简写词、尾字母简写词、独立简写词共计189个。有详细的使用规则，例如：c（1、3点）表示 can，（3、4点）表示字母组合 st，d 前加第五点表示 day，ab 表示 about 等。

点字数理化符号（system of mathematical, physical and chemical symbols for the blind） 用点字表示数学、物理、化学等科学技术专用词汇的符号体系。如规定3、4、5、6点（⠼）为阿拉伯数字符号，1、2、4、6点（⠩）为几何符号等。由于各国利用点字记录本国语言的习惯不同，所以国际上还没有形成一套通用的符号规则。最有代表性的有三种：泰勒式（Taylor）、马尔堡式（Marburg）和聂美兹式（Nemeth）。泰勒式出现较早，马尔堡式和聂美兹式较完备。开始大多采用泰勒式符号。这套符号仅有中学程度，不能满足盲文书籍内容加深的需要。我国盲文出版工作者参照马尔堡式符号提出了含有130多个符号的我国点字数理化符号体系，1972年3月开始在盲文出版物中正式采用。随着我国盲人文化教育的发展，为了适应更高层次科学技术的学习，1990年初原中国残疾人联合会宣教部、中国盲人协会共同召开了盲文数理化符号专家研讨会，确定了编写新的点字数理化符号的设计思想、编写原则，成立了编写组。新的方案共有1766个符号。从小学基本算式到大学理科中所需要的符号都作了较详尽的表述，基本上能满足不同层次盲人学习科学文化知识的需要。该方案于1991年12月通过审定。

点字音乐符号（system of music symbols for the blind） 用点字符号表示音乐乐谱的符号。各国是统一的。如用3、6点（⠤）表示全音符，1、3、4点（⠍）表示休止符，1、4、6点（⠩）表示升号（♯），1、2、6点（⠣）表示降号（b）等。该符号系统可以记录普通乐谱中的全部内容。包括声乐符号和器乐符号，器乐符号中又分为西洋乐器和中国乐器符号。中国大陆、台湾和香港地区就中国民族乐器点字符号的统一工作进行过研讨。

盲文书写（writing of Braille） 使用盲笔和写字板书写点字。方向由右往左。由于凸点从上往下压出，反转来摸读，故读与写方向相反，称作"反写正摸"。写时，每方中右边为1、2、3点，左边为4、5、6点。若用盲文打字机书写，凸点由下往上打出，不存在反写正摸的问题。

装纸 把书写点字的厚纸托放到写

字板上。步骤:(1)写字板放正,打开盖板。(2)用两手大拇指和食指夹住纸上端左右两角放在底板上,以中指试探,使纸与板上边对齐,左边顶住铰链,再用大拇指把纸摁到左右两角的挂纸钉上。(3)一手摁住纸不使移动,另一手拿起摊开的盖板,使之合拢。

移板 写完写字板的点字后,把纸取下往上移一板。方法是:打开盖板,双手掀起纸,将原在下端的两个小钉眼套入上端的两个挂纸钉上,再把盖板合拢。

盲笔(stylus) 又名"点字笔"。书写点字的一种工具。上半部为木制或塑料制的笔杆,顶端呈球形或马鞍形。下半部为铁制笔,尖稍圆而光滑。写字时用大拇指和中指夹住笔杆,食指第3节顶住笔杆顶端,第1、2节伏在笔杆上,无名指与小指呈弯曲状。要求笔杆夹得紧、拿得正,起笔落笔依靠手腕的活动,直上直下,不斜不偏。

写字板(slate) 又名"点字板"。书写点字的一种工具。用金属或塑料制作。长方形,分上下两片,由铰链连接。上片叫盖板,有许多边缘呈齿形的长方形孔洞。下片叫底板,有与盖板上孔洞相对应的6点字模。4角各有一个细小的挂纸钉,用以固定纸张。板的大小规格各国不全相同,也因不同用途而有多种样式。中国大陆常用的为便于随身携带的4行塑料写字板。

分词连写 新盲字书写的规则。又称"词儿连写"。每个词连成一个整体,词与词之间空一方。由于汉语中单音节词多,如果严格地逐词分写,则词形短,摸读时容易产生思路中断的感觉。因此规定同一意义单位的词又可以连写。分词写法规则主要有三条:(1)要求完整地反映语法结构。(2)符合语言的逻辑性。(3)照顾音节关系,适当减少一些单音词,便于摸读。各种词类和词组的写法还有具体规则。

哑音定字法 汉语双拼盲文方案规定的一种文中注解方法。原文中的外加成分,诵读时不读出。分为:(1)定字哑音。写在被注音节前或后,与被注音节组成一个双音节词,以明确被注音节是什么字。如"露(一水)从今夜白,月是故乡明。""宝(一贝)(生一)产胡同"。(2)解释哑音。写于被释词后,如"磅礴(气势盛大)于全世界。"

摸读 盲人用手指尖轻触点字进行阅读。正确姿势:身体坐正,书的后边与课桌边对齐,双手食指靠拢呈"八"字形斜放在点字上。其余各指稍弯曲,帮助辨认行次,从左往右顺行依次移动。临近一行末尾,左手移向下一行第一个字母,右手摸完一行后移至左手处,两手再一同往右移动。开始需逐个字母辨认、拼读,熟练后则按整个词形认读,可逐步加快到接近于普通人的阅读速度。还可一只手摸读,另一只手同时抄写。食指残或肢残盲人可用其他手指或唇进行阅读。

有声图书(talking book) 将读物逐字逐句录制下来的录音带或唱片。多由播音员或演员朗读。一般在开头部分先介绍标题、作者、出版单位、出版日期及其他有关材料。有的介绍目录时还介绍该节内容在第几盘的第几声道,以便读者查找。向视力残疾人传授知识的重要途径。上海市1988年11月在市西南角体育馆附近的天日新村建立了上海市盲人有声读物图书馆,并在全市陆续建立了11座分馆。南京市1990年10月也建立了盲人有声图书馆。中国盲文书社等已出版盲人有声读物。

点字图书馆(Braille library) 专门收藏盲文书刊、图册供盲人借阅的图书馆。或单独设置,或附属于一个大规模的图书馆。中国北京图书馆即设有盲文图书部。美国国会图书馆、英国皇家盲人图书馆等是世界上服务面较广、藏盲文书较多的著名图书馆。

视觉障碍儿童(child with visual impairment) 又称"视力残疾儿童"。由于各种原因导致双眼视力障碍或视野缩小,难能做到明眼儿童所能从事的工作、学习或其他活动的儿童。包括低视力儿童和盲童两类。优眼最佳矫正视力在0.3以下。

盲心理学(psychology of the blind) 研究视力残疾者心理现象及其发展规律的科学。残疾人心理学的组成部分。研究内容包括盲幼儿、儿童、青少年的心理发展,成年后失明盲人听觉、触觉、嗅觉、运动觉对视觉缺陷的补偿;残余视觉的发展与利用;个性特点及家庭、社会对个性形成的影响;心理保健等。研究方法多为实验法、观察法和比较法,通过与明眼人的对比找出共性与特性。

盲人感觉补偿(sensory compensation of the blind) 补偿视觉缺陷的一个方面。通过训练与实践,盲人听觉、触觉、嗅觉等感官功能增强并利用残余视觉,使个体适应能力得到提高。如盲童能注意到明眼人常忽略的线索,从听觉、触觉等方面的微小刺激获得信息,这是注意力贯注的结果。盲点字的摸读、手工、音乐、体育等项目在发展盲童感知能力、补偿视觉缺陷方面都有很大作用。

盲童思维特点(thinking characteristics of the blind children) 失明使儿童在思维发展方面表现出的差异。主要有:(1)缺少视觉表象,形成的概念不完整。如许多7岁的儿童说不完全人体各部分的名称。(2)感性知识贫乏,抽象概括发生困难,易产生以偏概全的错误。如在分类测验中,把会飞的昆虫也归为鸟类。(3)认识方位、形成空间概念困难。在正确教育的补偿下,随着经验的积累和语言的丰富,盲童的思维可以得到正常发展,有的能达到很高水平。

盲童语言特点(language characteristics of the blind children) 失明使盲童在语言发展过程中表现出的弱点。主要有:(1)学习语言全靠听觉,看不到口形,容易产生语言缺陷。(2)对有些词缺少视觉形象容易发生使用不当的情况。(3)对有些词语概念理解不完整、不全面。(4)说话时缺少目光交流及手势、形体动作、面部表情的辅助。随着年龄增长和知识的丰富,前三项弱点渐趋消失。

盲人听觉特点(audio characteristics of the blind) 盲人在生活、学习、劳动中

更多地使用听觉而与常人相异的现象。表现在:(1)有较高的听觉注意力,能听到明眼人察觉不到的声音。能分辨出声音极细微的变化,做到以耳代目,凭借声音认识环境。(2)有较强的听觉选择性,能从纷繁杂沓的声音中听出自己所熟悉的声音。如从多个人的脚步声中听出自己熟悉人的脚步声等。(3)有较好的听觉记忆力,长时间地记住许多熟人的声音,做到听声如识面。

语意不合(verbalism) 盲童语句中因误解而错用概念的现象。造成原因是盲童在获得听觉信息的同时没有相应的视觉、触觉的感性经验支持。特别是表达与视觉经验有关的概念时,如月光、浮云、雪亮、五颜六色等,因缺乏亲身的体验而误解和错用。或者即使使用了某一词语,也非该词的真正意义,而仅是按其片面或错误的理解而想象出来的意义,造成"语"非其"意"的现象。如盲童说:云在天上"走",是因为它们也有脚。

盲人障碍感觉(obstacle sensibility of the blind) 盲人在行进中对前方一定距离障碍物的感知。国外学者曾认为这是五种感官功能以外的"第六感觉"。多数人认为这种感觉是盲人从面部或额部获得的,因而又称"颜面视觉"。近代美国、前苏联心理学家的实验研究证实,在障碍感觉中起主导作用的是听觉,盲人常用听觉区分音频、音强、音色的细微变化,感受声源或回声所提供的不为普通人注意的障碍物的信息。障碍感觉功能受情绪、健康、天气等因素的影响。对狭窄的、低矮的物体不易感知。

盲童记忆特点(memory characteristics of blind children) 感知渠道的不同造成盲童在记忆方面与明眼儿童的差异。主要是记忆表象缺乏完整性。听觉表象、触觉表象、嗅觉表象等比较鲜明、稳定。视觉表象模糊不清或缺失一部分,先天失明的盲童完全没有视觉表象。感性认识的缺乏,使盲童常常需要记忆一些尚不理解的东西,促进机械记忆增强,从而短时记忆能力较强。

盲人触觉特点(tactility characteristics of the blind) 盲人依靠触觉认识世界逐渐形成触觉感知能力不同于明眼人的现象。盲人多主动用手去接触物体,触觉与动觉经常一起发生。以手代目,依靠指尖在点字上轻触与移动进行阅读。以手触摸、寻找需要的物品,辨别衣服的正反面,是干净的还是脏的。行走中凭借脚底对地面的感知判断方向,确定是否转弯或上下台阶。在劳动中根据机器的振动判断运转是否正常。盲人的触觉感受性可通过训练提高。实验证明盲人的手指触觉阈限低于明眼人。触压强度过大,时间过长,气温过低会降低触觉感受性。8℃以下,盲童触摸点字的速度明显下降,5℃以下仅能持续摸读一两分钟,继续触摸,难以辨认点位。

盲童智能发展特征(intelligence developmental characteristics of the blind children) 失明对盲童智能发展的若干特殊领域造成的差异。先天性盲童表现较明显。如在具体几何模型的分类测验中较明眼儿童迟缓2～3岁,纯语文分类测验无差异,复诵数字的能力有的优于明眼儿童,说明其智力的不同方面发展不平衡。

盲人空间知觉(space perception of the blind) 盲人对外界物体空间特性的反映。由听觉、触觉、运动觉、嗅觉、残余视觉等联合活动整合而成。包括对物体的大小知觉、形状知觉、距离知觉、主体知觉、方位知觉等。利用脚步声、击掌声、口中发出的"嘘——嘘——"声对气流的感应、障碍觉、嗅觉、回音辨别等能较准确地说出所在房屋的大小和物体的距离。运用表示空间关系的词如"这里"、"那里"、"上面"、"下面"、"近些"、"远些"等,有利于盲童形成空间知觉,正确认识物体之间的空间关系以及自己所处的空间位置。

盲人时间知觉(time perception of the blind) 盲人对外界客观现象持续性和顺序性的反映。主要通过日常生活中具体事件发生的前后关系和时间的长短逐步形成。如早上6点30分起床,梳洗,吃早餐,上学。上午有4节课,每节45分钟,课间休息10分钟,中午12点吃午饭等等。根据自己的生活经验,盲人一般能较好地估算出某一时刻的时间。利用可触摸的或会报时的盲人手表,也可以知道准确的时间。

盲童人格倾向(blind child's personality terms) 失明的不利影响在盲童人格形成过程中可能造成的某些消极倾向。如:(1)不爱行动,喜谈话,沉于幻想。(2)缺乏安全感,容易处于紧张、焦虑状态。(3)依赖性与无力感。(4)自卑感等。某些人格倾向除受视觉缺陷的影响,还随所处时代的变迁,观念的更新而变化。但不是所有盲人均有这些倾向,正确的早期教育和补偿可不使盲童人格造成消极倾向。

盲相(blindisms) 又称"盲态"。视力残疾人因早期干预不当而造成的一种外部状态。如个体所需的一定量刺激得不到满足而转向自我刺激的表现形式:持续摇头、按揉眼睛、注视光源、用手指在眼前不停晃动、绕圈子转等,以及因早期缺乏定向行走指导而渐渐形成的不敢独立走动、行动迟缓、动作笨拙、手脚不协调、面部无表情、低头垂肩、弓腰弯背、各种畸形步态,或行走时身体后倾等盲人特殊的行为状态。并不是每个盲人必然有的,而且每个人的表现程度不同。及早给予干预,向其提供大量的刺激信息,训练其寻找、判别外界刺激的能力是预防的根本方法,适当的行为矫正及定向行走训练是克服的重要途径。

盲教育学(education of the blind) 研究视力残疾儿童、青少年身心发展特点、教育和教学规律的科学。特殊教育学的组成部分,与普通教育学有密切联系。20世纪以来逐步形成的一门独立学科。研究的内容主要包括:教育的对象,教育任务与培养目标,盲校教学计划、大纲和教材,盲校的教学组织形式,教学过程,教学原则和方法,职业技术教育,盲校设施与环境建设,盲校管理与领导,师资培养,盲校工作评估等。近年研究的内容又增加视力残疾儿童的分类教学,视力残疾儿童在普通学校的随班就读教育,盲兼其他残疾的多重障碍教育等。

视力残疾教育(education for visual Impairment)　对视力残疾者包括盲、低视力儿童、青少年实施的教育。习惯上简称"盲教育"。特殊教育的一个分支。20世纪以前只有单一的盲教育,凡不能用眼学习的儿童都送入盲校接受针对全盲儿童特点设置的教育。1784年在法国巴黎建立第一所盲校。最初以音乐、编织等手工艺作为教学的主要内容。6点制盲文的发明使视力残疾儿童能够学习和普通学校所设学科内容基本相同的文化科学知识和职业劳动训练。生产、科学技术的发展不仅推动盲教育的发展,也把低视力儿童从盲童中分化出来,针对他们视力低弱的特点,采用各种助视设备实施更加适合于他们特点的教育。中国于1874年在北京建立了盲校。英国于1908年在伦敦开办第一个低视力特殊教育班,20世纪40年代以后在各工业国家得以推广。我国于1979年在上海盲校最先实验对盲童和低视力儿童的分类教学,逐步推及到其他省、市盲校。1989年10月原国家教委主持召开特殊教育学术会议,对分类教学给予肯定。1991年10月上海市正式成立低视力学校。至此,我国的视力残疾教育包括盲和低视力两类教育。根本目的与任务与我国教育工作的基本方针一致,即通过教育教学活动,使视力残疾学生德、智、体、美全面发展,成为有理想、有道德、有文化、有纪律的公民。同时还要完成补偿学生视力缺陷的特殊任务。

盲幼儿教育(education of blind infants)对失明幼儿的教育。大多由家长接受训练后在家庭中实施,少数在普通幼儿园或盲童学校幼儿班实施。主要内容有发展听觉、触觉等感官功能,补偿视觉缺陷,训练定向行走及生活自理能力,为进入小学做准备。

盲校教学计划(education plan of school for the blind)　国家规定的对盲校教学工作的指导性文件。编写盲校教学大纲和教材的依据。内容一般包括盲校的任务和培养目标、学制、课程设置、课时分配、各科教学说明等。1986年原国家教育委员会颁发了《全日制盲校五年制和六年制教学计划(草案)》,入学年龄放宽为7～10岁。课程设置从补偿盲童生理缺陷出发,在保证语文、数学等教学要求的同时,增加了体育、音乐、手工等科教学时间,增设了认识初步、生活指导等课。1993年原国家教育委员会颁发的《全日制盲校课程计划》(试行)是以九年义务教育全日制小学、初级中学课程计划为基础制订的。内容分培养目标、课程设置、考试考查、实施要求四大部分。培养目标包括小学阶段的目标和初中阶段的目标。课程设置分国家安排课程(包括学科与活动两大块)与地方安排课程。对国家安排的各门学科和各项活动,都提出了基本要求。小学、初中学制为"五四"分段和"六三"分段两种。

《盲校义务教育课程设置方案》　教育部关于盲校教育和教学工作的规章性文件。2007年2月颁布。依据《基础教育课程改革纲要(试行)》和《关于"十五"

期间进一步推进特殊教育改革和发展的意见》精神,以人为本,落实科学发展观,推进教育创新,从视力残疾儿童的身心发展规律出发,构建中国特色的视力残疾儿童义务教育课程体系,培养德智体美全面发展的社会主义建设者和接班人。基本构思是:低、中年级阶段以综合课程为主,开设公民(低年级开设品德与生活,中年级开设品德与社会)、语文、数学、外语(三年级开始)、体育与健康、艺术(或分科选择音乐、美工)、科学、康复(低年级开设综合康复,中年级开设定向行走)、信息技术应用、综合实践活动等课程;高年级阶段设置分科与综合相结合的课程,主要包括公民(思想品德、社会适应)、语文、数学、外语、历史与社会(或分科选择历史、地理)、体育与健康、艺术(或分科选择音乐、美工)、科学(或分科选择生物、物理、化学)、信息技术应用、综合实践活动等课程。

《义务教育阶段盲校教学与医疗康复仪器设备配备标准》 全国教学仪器标准化技术委员会审核通过的教育行业标准。教育部教学仪器研究所起草,2010年2月25日由教育部发布。按照《盲校义务教育课程设置实验方案》中所规定的各项教学与康复训练任务,具体规定盲校普通教室、学科教学、医疗康复、教学资源中心和职业技术教育仪器设备的"基本"和"选配"两种配备要求。"基本"配备要求所有盲校均应达到。学科教学仪器配备涉及品德与生活、品德与社会、思想品德、历史、地理、科学、生物、物理、化学、语文、数学、英语、体育与健康、美工、音乐、信息技术应用、综合实践活动等课程。医疗康复仪器设备配备涉及定向行走、低视力医疗康复、运动功能医疗康复、感觉统合训练、心理康复。教学资源中心配备一般的办公设备。盲校职业技术教育器材设备配备涉及钢琴调律、针灸推拿。规定了各种仪器设备在不同的盲教育机构中的配备数量。凡是进入学校的教学与医疗康复仪器设备,不得含有国家明令禁止的有毒材料,符合国家相关安全和环保标准。作为指导地方教育行政部门和盲校配备教学与医疗康复仪器设备使用。也可供接收视力残疾学生随班就读的普通中小学校配备相关教学与医疗康复用仪器设备时参考。

盲文教材(textbook in Braille) 又称"盲文课本"。用点字印刷的供盲学生使用的教科书。内容与普通中小学教材基本一致,仅少数课本根据盲生认知特点做少量的改编。随着盲文印刷技术的改进,质量不断提高,除文字部分外,还附有凸起的插图。如地图、几何图形、教具图、示意图等。从1953年起由盲文印刷工厂为盲校提供中小学各科盲文课本。1957年起部分盲校教材由上海市盲童学校附设盲文印刷所印制。

盲校教学原则(teaching principles of school for the blind) 反映盲童学校教学过程规律和特点的基本教学要求。普通中小学的教学原则多适用于盲校,特殊的教学原则主要有:(1)教学过程与补偿视觉缺陷相统一的原则。讲授知识、组织活动、选择教法都应有利于补偿视觉缺陷。

(2)多种感觉通道综合运用的原则。引导盲童运用听、触、嗅、味等健全感官感受事物刺激，以形成较完整的概念。(3)感知与语言指导相结合的原则。在学生感知过程中，教师应作有条理的讲解说明，帮助学生把获得的零散印象形成完整的概念。(4)集体教学与个别辅导相结合的原则，盲童个体差异较大，在教学要求、进度、方法等方面因人而异，以满足不同的学习需要。(5)实用性原则。教学内容应根据盲学生认知特点与他们升学、就业的实际情况，选择应具备的基本知识和基本技能进行讲授和训练，使盲生掌握实用本领。

触觉教具选择原则（principle of selecting tactile teaching-aids） 视力残疾教育需遵循的一项教学原则。触觉教具的直观层次从高到低依次是：实物实景、生物标本、模型、触觉图片。应当尽量选择直观层次高的教具，实物、实景是盲校直观教学的首选。有时受条件限制，或者学习对象本身不能直接被触觉感知，才考虑下一个层次。个别情况下，直观层次低的教具会在某些方面的效果更好，图片可以按需要突出某些特征。模型由于获得了大小上的自由，也使它具有了一定的优势。它可以把蚊子放大，把大楼缩小。如领学生绕楼走一圈、里外触摸、逐层上下，用杆子、绳子辅助感知楼层及整个大楼的高度等，尽管这是对最真实的实物进行认知，但仍难以让盲童形成大楼的整体感觉。若加上一个大楼模型，效果则好得多。另外，尽管平面图在表示具体实物有诸多缺陷，但用于表示原本就是抽象的事物如抛物线、正弦曲线等则是有效的。

盲校教学方法（teaching methods in school for the blind） 盲校教师在教学过程中为完成教育教学任务采用的手段。普通学校常用的教学方法多适用于盲校。特殊方法有：(1)听读法，利用盒式录音带将教材、课外读物制成有声教材供学生听读。(2)多重感官法，让学生通过听、触、嗅、尝、看(利用残余视觉)，从不同方面感知事物，达到认识目的。(3)类比推理法，用学生已熟悉的或能感受到的类似事物作比较推理，从而认识无法直接感知的事物。如无法让盲童感知蚊子的形状，可让盲童触摸与蚊子类似的蜻蜓，同时对两者的形状、大小、颜色等方面的异同进行比较，使盲童得到较为具体、形象的感受。(4)凸线图示法，将盲童无法感知的平面图形、图表、图案，制成盲童可以触摸的凸起图或凸线轮廓图。

盲校直观教具（teaching materials in school for the blind） 盲校教学中使学生获得感性认识和形象知识的教学用具。可分为：(1)和普通中小学通用的教具，如实物、标本、模型、数理化各学科的专用仪器和设备等。(2)对普通教具加工改造以适应盲童认知特点的教具，如将有些仪器的光信号转换成声音或由触摸感知的信号。(3)工厂或盲校专门设计制作的教具，如各种凸起地图和地球仪，专门制作的模型，轮廓示意图版等。盲校教具要求规格大小适合盲生双手感知，触摸方便，轮廓清楚，突出主要特征，表面光滑，无尖锐凸出物,材料和制作工艺坚固耐摸。盲生触摸教具时应有教师讲解说明,并按由整体到部分,再到整体的顺序进行。

盲校特殊课程(special curriculums in school for the blind) 盲校低年级针对学龄初期盲童特点设置的课程。如认识初步与生活指导课、定向行走课、个别矫正等。目的在于帮助盲生掌握生活、学习中的常用知识和技能,养成良好的生活、卫生习惯,为适应学校生活和学习常规创造必要的条件。

盲校综合康复课程 教育部《全日制盲校课程实验方案》中开设的一门特殊课程。内容包括:认识初步、生活指导、社会适应、感知觉训练、定向行走初步、行为矫正、言语矫正、明眼文读写等。其目标为:开发视力残疾儿童的潜能,补偿其视觉缺陷,减轻视力残疾给儿童造成的影响,改善视力残疾儿童的生活自理能力,增强其社会适应能力,为视力残疾儿童的自立、自强、自尊、自信奠定基础。要求学校康复与家庭康复训练相结合、课堂康复训练与课外康复训练相结合、集中训练与个别辅导相结合,注重个别辅导。

盲校信息技术课程 教育部《全日制盲校课程实验方案》中开设的一门基础课程。通过学习和操作,使盲生逐步掌握计算机知识和技能,提高计算机操作能力,开拓视野、陶冶情操、丰富生活经历、开发思维能力、发展个性和提高人文素养和信息素养。

盲校社会适应课程 教育部《全日制盲校课程实验方案》中开设的一门特殊课程。内容包括:认识自我、认识周边、了解社会、了解国家、独立生活、交往沟通、自我调适、生涯规划等。旨在促进视力残疾儿童各种社会技能的形成,加速个体社会化过程,促进身心健康,调整自我认知,主动适应社会变化,妥善规划生涯,具有正确、理性的职业意识,成为有理想、有道德、遵纪守法、积极乐观、自强不息的公民。

盲校美工课(art and craft curriculum in the school for the blind) 盲校小学阶段重要课程之一。内容包括纸工、泥工、缝工、木工、金工、编结和绘画。任务是训练盲生的触觉、运动觉以及手的协调能力,培养空间概念和想象力,使盲生学会运用简单的手工工具和初步的手工制作技术。使低视力学生学会绘画的简单基础知识和基本技能。培养对美术作品的欣赏和想象能力。陶冶学生的情操,并为提高自我服务能力和学习劳动技术打下基础。

定向行走课(orientation and mobility curriculum) 盲校特殊课程之一。通过训练使学生形成正确的时间和空间概念,初步掌握定向行走的基础知识与基本技能。首先能在室内、校内独立地行走。随着年级升高,逐步扩大行走范围,学会利用常用的公共交通设施,遵守交通规则,借助盲杖及其他导盲工具,做到在一定环境中安全、有效、自然、独立地行走。

认识初步与生活指导(concept development and life skills direction) 盲校低年级特殊课程之一。充分利用各种直观手段,使学生认识生活中常见的日常生活用品、助视和导盲器具、蔬菜水果、家禽家畜、交通工具和小件劳动工具等。建立高、低、长、短、大、小、软、硬、宽、窄、厚、薄以及时间等基本概念。熟悉学校教学与作息制度,懂得一些基本的生活常识和卫生常识,学会保护剩余视力和安全知识。培养生活自理能力及良好的生活和卫生习惯等。

个别矫正作业(individual adjustment task) 盲校活动内容之一。对在言语、行为、情绪等方面有异常表现和在定向行走或某一学科学习上有较多困难的学生,进行单独的或小组矫正和辅导。对低视力学生进行正确使用视力的教育和训练。内容和对象由任课教师或班主任确定,多在课外时间进行。

盲童触—动觉训练(tactual-kineticness training for the blind children) 又称"触摸觉训练"。为提高视力残疾儿童触摸感知能力而进行的一种专门训练。内容包括:(1)触摸意识及触摸注意的培养。(2)用手、脚或身体的某一部位触摸物体并说出其特性。(3)辨别不同形状、结构、轻重的物体。(4)局部与整体关系的学习。(5)触觉地图的学习等。

盲童运动技能训练(motor skills training for the blind children) 为发展视力残疾婴幼儿运动技能而进行的一种专门训练。包括精细运动和大肌肉运动的7个方面:(1)手臂肌肉训练。(2)颈部、头的训练。(3)翻身训练。(4)坐的训练。(5)爬的训练。(6)站和蹲的训练。(7)走的训练。按照儿童运动功能发展的规律和具体过程,从出生1个月后即可开始,如帮助儿童活动手臂,转动头部。8~9个月可用发声玩具引导儿童在安全的地面上爬行。对已会站立的儿童,可把其放在成人的两只脚背上,让其体会迈步的动作,等等。

盲童生活技能训练(daily life skills training for the blind children) 帮助视力残疾儿童形成日常生活技能的特殊康复训练。内容包括:穿脱衣服鞋袜、洗漱、喝水、倒水、进餐、盛饭、洗刷餐具等等。方法为:(1)训练前和训练过程中都要说明要做什么和怎么做,以便盲童主动配合。(2)最初阶段教育者要位于盲童身后手把手地教,使盲童感知到各种动作的正确姿势,便于模仿。(3)及时减少帮助,增加盲童独自操作的环节。(4)在盲童的用品上做记号,不乱用别人的东西。(5)指导盲童有顺序地把东西放在固定的地方。(6)教会使用厕所的方法。用脚认识蹲坑周围的标记,注意安全卫生。

舌尖穿针法 盲人穿针的一种特殊方法。如将针鼻儿横放进唇间,用舌尖顶住。将弄湿、捻紧的线头衔在唇间,用舌尖把线头舔近并正对针鼻儿外侧,舌尖稍松,吸气,把线头吸入针鼻儿,门牙咬住已穿入的线头,将针从口中取出。

盲童嗅觉及味觉训练(olfactory and taste training for the blind children) 为提高视力残疾儿童对环境中气味等刺激的反应能力所进行的一种训练。灵敏的嗅觉、味觉可使获得的信息更完整。方法是让儿童尝各种食物的味道,嗅各种东西的气味。知道这些东西的名称,各种气味来源及其在定向中的意义。如医院中的药水味;餐馆内菜肴的香味;加油站的汽油味;公厕附近的气味等等。要注意不干净的东西不能入口,防止有害气味对儿童的伤害等。

盲人听觉训练(hearing training for the blind) 为提高视力残疾儿童听觉获取信息的能力而进行的一种专门训练。从婴儿期开始,要使盲婴儿经常听到大人的讲话和抚慰声,以代替目光交流。把会发声的玩具置于盲婴幼儿周围,使他们接触声源,懂得声音的意义,认识发声的物体,学会辨音、循声行走、循声寻物等。学校进行听觉训练的方式很多,如通过各种游戏练习辨音、听话;听录音、听省略部分词语的句子并补充完整,在嘈杂环境中倾听、辨认出特定的声音等等。

盲校制图教学(drawing teaching in the school for the blind) 又称"凸起图画与制图教学"。部分国家盲童学校设置的课程之一。培养盲生利用触觉感知和理解图画和图形,凭借对实物触觉形象的记忆和想象独立绘制简易的图形,从而发展学生的触觉认知能力和思维,进行美育和劳动教育。利用盲人专用绘图仪器和图版,可教盲生绘制简单的机器零件平面图和准确地制作三视图,为学习技术参加劳动做准备。我国部分盲校采用简单的制图工作,也进行了这方面的教学,方法是:(1)在盲文纸下垫一块 3~4 毫米厚的橡胶板,用齿轮笔在纸上按要做的图形滚动,纸的反面即出现由凸起的虚线所构成的图形。齿轮笔可用废旧钟表的小齿轮,加上握柄制成。(2)在盲文纸下垫一块橡胶板,盲文纸上铺一张玻璃纸。用普通圆珠笔在玻璃纸上作画,盲文纸的背面即可出现由凸起的线条构成的图形。

大字课本(large-print book) 字体大于一般印刷文字,供低视力儿童学习的课本,一般是铅印。少量用书也可以在复印机上放大后复印,也可以用计算机或针式打印的文字处理机打印。要求白纸黑字,对比明显,字迹清楚,间距与行距不能太密。美国、俄罗斯等国均有专门为低视力者印刷的书籍。

盲人电子计算机(computer for the blind) 一种可供盲人使用的电子计算机。由主机、键盘和显示屏构成。键盘上标有点字符号,主机内增加语言合成器插件,配有"盲人用计算机有声辅助系统"软件。盲人按动键盘输入,显示屏上出现文字,主机上的喇叭同时发出声音,使盲人能独立操作和编制程序。可辅助各科教学。如配备盲文打印机,其使用范围更为扩大。

视触转换仪(optacon) 可将视觉信号转换成触觉信号的盲人阅读设备。分机身和探头两部分。启用时,一手持探头,顺次移过所要阅读的文字材料,另一只手的手指放在主机上的阅读器上,探头将所接触到的文字通过导线传给主机,阅读器上即呈现出手指可感知的触觉形象。可用来阅读不同种类的拼音文字、数字符号及图表,亦可阅读汉字。汉字字型复杂难辨,要求使用者具有良好的智力和汉字基础。

触觉阅读器（tactile reader） 一种帮助盲人阅读非盲文书籍的设备。由韩国韩东国际大学和启明大学研究人员研发。使用时将阅读器平放在普通印刷书页上，内置的扫描仪可识别书页上印刷文字并将其转换成相应的盲文，凸点出现在阅读器的正面盲人可摸读。还内置了语音系统，将文字内容朗读出来，让不懂盲文的盲人也能够享受阅读的乐趣。

盲人手机（mobile phone for the blind） 在操作功能上可为盲人使用的手机。目前主要有三种：(1)专为盲人设计的手机，盲人通过语音系统所给出的信息作出相应的操作。(2)安装有屏幕语音导航软件的普通手机，盲人能操作手机的部分或全部功能。(3)把普通手机的显示屏换成可触摸的盲文显示手机。2008年美国盲人联合会发布的一款手机能读出拍摄到的文本内容。

阳光软件（sunshine software for the blind） 一种专为中国盲人设计的盲文计算机系统软件。由中国盲文出版社、中国科学院共同研发。通过语音提示朗读、虚拟鼠标等功能，把电脑屏幕上的信息转化为语音，引导盲人操作使用。

光声反应仪（photo-electric signaling device） 一种由声音的变化反映光亮程度的仪器。如在暗处发出的声音低沉，在亮处发出的声音响亮。根据声音的变化，盲人可以知道玻璃器皿内储存的液体有多少，物体是白色、黑色、浅色或深色的。可以帮助盲人解决学习、劳动和生活中的一些实际问题。工作原理是由光信号转换成电信号，由电信号再转换成盲人可以感知的声信号。

读屏软件（screen reading software） 朗读计算机显示文字的程序软件。将计算机的视觉输出信号转变为听觉输出信号，由此盲人通过听觉可以感知计算机屏幕上的内容。

触感屏（Braille output board） 计算机的一种硬件装置。将计算机显示的文字转换为触觉信号输出。由8个上下起伏的针组成一方，其中最下一行的2个点表示光标的位置，有20方、40方等不同规格。可安装在键盘的下端，或单独为独立的装置。

盲文记录器（Braille recorder） 使用点位输入法记录盲文的电子装置。正面有6个点位键、空方键、换行键等。有声音输出，可以与计算机联接对所记录储存的文字进行处理。携带方便，使用时噪音小。

朗读机（reading machine） 通过扫描和电子处理，能够将印刷字用声音朗读出来的设备。使用它盲人可以方便地阅读普通书籍、报纸、文件等。朗读声音自然流畅，并且可以选择男女声。

滤光纸（colored transparent） 供低视力者使用的一种带有颜色的透明纸。把不同颜色的滤光纸放在书面材料上，能够改变阅读背景、减少反光等。可以根据个人的需要，选择适合的阅读环境使用。

斜面桌（desk with inclined surface） 供低视力者使用的桌面可以倾斜的桌

子。通常其桌面的倾斜程度可以调节，当低视力儿童需要近距离读写时，可以避免因儿童胸颈的过度弯曲造成疲劳和体态异常。

盲人图画板 供盲人绘制凸形图的画板。参见"盲校制图教学"。

盲人计算器(calculator for the blind) 一种可供盲人使用的计算器。键上有点字符号。按键时，显示屏上出现数字，计算器同时发出声音，使盲人能独立运算。

盲文活字插算算盘(movable Braille type abacus) 盲人能够进行竖式计算的工具。包括底板、插孔、插块、存放格。插块是长方体，一端钉有盲文数字符号。进行竖式计算时，根据活字拼插原理，将字符插块插入插孔。盲文字符朝上，插一块相当于写一个数字，几位数字插几块，再从低位进行运算，得数对应地插在下一行插孔内。特别适合低年级盲童使用。

罗盘温度计(dial thermometer) 可供盲人使用的测量液体温度的温度计。利用绕成圈的金属片的热胀冷缩带动指针，圆盘上刻有盲文点的温度计。

盲人手表(watch for the blind) 供盲人使用的一种手表。有两种式样：(1)触摸式，表的盘面用凸起数字或点字表示钟点。只有时针和分钟。表针稍粗、结实。表蒙子可随意开合。打开表蒙子，按顺时针方向用食指或中指从凸起的数字内侧轻轻触摸时针和分针，即可知道准确的时间。(2)报时式。按动表上的报时钮，即可听到报出的时间。现已有中、英、日等国语言的报时手表。

盲人门球 又称"铃球"。专为盲人设计的一项球类集体运动。列入残疾人奥运会比赛项目。球重 1250 克，周长 76 厘米，内装有响铃，门长 9 米。比赛是在 9 米宽、18 米长的地板场地上进行，攻守双方各上场 3 名运动员，带上护眼罩，蒙住双眼。攻方队员运用各种进攻技术，如持球、引球、投球等动作，将球滚入对方的大门。防守方队员则采用各种防守技术，如倒地、扑球等防守动作防住对方进攻的球。在比赛正常进行中的入球称为投球得分，记 1 分。每个投球手连续不能超过 3 次投球，否则将进行 1 对 1 的判罚。当打满两个绝对 10 分钟后，得分最多的一方获胜。运动员在进攻投球时必须用手腕用力，出手低，球必须经过第一着地区到达对方场区，否则会被判为高球，要对其进行判罚。防守队员必须在防守区进行防守。

盲人乒乓球(table tennis for the blind) 供盲人进行乒乓球运动的一种赛璐珞球。内装数枚铅粒，滚动时能发出悦耳的响声。使用的球台与普通乒乓球台尺寸基本一致，只是在四周增加一圈木板条围起的档板。比赛时，根据球滚动的声响判断球路。比赛者应将对方击来的球在碰到自己防区内的档板前，从网下推回。击空、击飞或击球较高碰网均算失分。每局满分 11 分，每场共赛 3 局。

盲文邮票(stamp for the blind) 一种印有点字的用于盲人福利捐款的附捐邮票。1979 年在巴西发行。邮票上有两种点字:彩色平面的和盲文凸点,并有葡萄牙文说明:"这枚邮票主要便于国内或世界双目失明者用手指触摸来共享票面价值。"

盲文复印机(duplicator for the Braille) 又称"立体复印机"(stereoscopic duplicator)。能够使画在专用纸张上的平面图形凸起和复制点字文件资料的设备。以特制的塑胶纸作为复印纸。图形的线条须使用碳素画成或由普通复印机制成,通过热敏效应制成供盲人摸认的各种凸起的塑料图形,从而为盲人提供有效的触觉信息。我国自行设计的中华 ZHH1-B 型盲文复印机于 1992 年 12 月正式投产。

盲文打字机(Braille printers) 一种书写点字的设备。最早由点字的创造者布莱尔设计、制造,但不适用。当前国际上流行的是美国帕金斯盲校设计生产的产品。其结构简单,外形似普通打字机,键盘上仅有一行水平排列的 7 个键(两旁各 3 个键,每个键可打出不同点位的一个凸点,字符一次成型,中间键为空方键)。其优点是:速度快,省时省力,打出的点字由下向上凸出,与摸读方向相同,易于校对、改正错字。通常使用的机型有:标准型、电动型、大字型、单手操作型、长键型、提箱型等。俄罗斯、德国、中国等国家亦生产。

盲文刻印机(Braille embosser) 在计算机软件支持下,能够快速刻印盲文电子文档的设备。有的能够刻印盲文并且打印印刷字,制作出明盲对照文件。盲文刻印机能够在不同语言的盲文中通用。美国、德国、日本等国家有生产厂家,但价格昂贵,使用时噪音大。

定向行走(orientation and mobility) 又称"定向移动"。盲人独立行走中两个相互依赖不可缺一的能力。盲人运用多种感官确定自己在一定环境中与环境及其他物体之间的相互位置关系的过程叫定向。从一地移动至另一地的能力,叫行走。定向是盲人行走的前提。行走前和行走过程中都需要根据环境中的各种信息不断地定向。定向行走训练是盲教育的一项重要内容。目标是使学生能在各种环境中进行有目的、安全、有效、独立、自如的行动,以增强盲学生的自信心和独立性。

盲人定向线索(clue) 能帮助盲人行走时确定方向的各种声音、气味、阳光、风向等信息。其作用依赖于对线索来源的熟悉和知识。

心理地图(psychological map) 盲人为顺利到达目的地,熟记应走路线及沿途路标和线索而形成的印象路线图。形成方法包括:(1)用凸点或凸起的线条制成地图,供盲人触摸。使其对应走的路线及沿途情况有整体了解。(2)引导盲人行走时,对方向、路线、周围环境、何处转弯、过街等一一用语言讲解说明。实质是触觉、动觉、听觉等的综合表象。

触觉地图(tactile map) 专为视力残疾人设计制作,靠触摸感知的地图。使盲人对地形、地貌、交通线走向、行政区划等方面获得较为具体的形象,形成空间概念。多用厚纸或塑胶纸由盲文印刷工厂印制。根据教学需要,也可由学校自行制作。多用厚纸板或木板。制作要求:(1)篇幅不宜大,凹凸分明,便于辨认。(2)突出重点,内容不宜繁杂过详。(3)标记清晰粗重,符号整齐划一。20世纪80年代中国出版了盲人专用的中国地图集。

路标(land mark) 又称"界标"。为盲人行走定向的一种线索。一般指盲人所熟悉的,具有固定位置、方向、特点,能帮助行走中确定方向、位置的物体及其声响、气味、温度等线索。如路边的邮筒、垃圾箱、树、电杆、大的建筑物、人行道的边缘等。也有为盲人专门设置的带盲文的标志或用脚感觉到的路面的变化。在一些城市建设中已规定在人行道上留有特定标志的盲道。

盲人交通信号(traffic signal for the blind) 为帮助盲人安全地穿过马路口而专门设置的一种仪器。大多安装在交通指示灯柱上。当向人行道一面的交通灯显示绿色信号时,仪器便发出音乐信号或特定的声响,盲人便可横越马路。中国、日本、德国、美国等大城市的十字路口已有这种装置。

盲道 铺设在人行道上引导盲人行走和通过路口的专用道。一般由表面带有凸起形状的块状物构成,有的材料质地与普通路面相异。如凸起线条表示直行,凸起圆点表示路口。盲人通过脚底触觉以感知。在北京等城市一些主要道路上已铺设。

人导法(sighted guide) 由明眼人引导视力残疾者行走的方法。其要领为:(1)视障者位于引导人后侧约半步,以一手轻握引导人的手臂(根据二者的身高决定具体抓握位置)。行进中从手臂感知非语言提示,以调整步伐。(2)引导人注意介绍周围环境,在拐弯、上下台阶时,一般提前进行口头提示,使视障者做好准备。(3)进入窄道前,引导者将被握的手臂移向背部,视障者从侧面移至引导者背后。(4)上下楼梯时,引导人在最下(上)一层处稍停,然后先上(下)一层,被引者跟着逐级向上(下),两人保持一层的距离。到达最上(下)一层时,引导者稍停,暗示下一步就是平地。掌握引路要领,可使双方动作协调,配合默契,雅观大方。

导盲犬(guide dog) 用来引导盲人定向行走的狗。一般选择聪明、健康、性情温和、体重在20~35公斤左右的狗。在8个月时寄放到一般家庭里抚养至一岁;然后返回"导盲犬训练学校"进行服从训练、定向训练、与盲人沟通训练、拒绝执行危险命令的训练;再进行与盲人的匹配训练,如性情、身高、生活地区、运动水平、剩余视力、健康条件、定向技能等。使用时戴一个合适的项圈,项圈上套一个长度合适的"U"形硬把手供盲人抓推,这样即可获得行走信息。使用者应喜欢由狗作伴并乐于照顾狗,爱行走且走路速度为5~6公里/小时,经常到户外活动、忙于社会事务,剩余视力不足以定向行走,年龄在16岁以上,有较好的身体平衡协调能力,智力中等以上,情绪稳定、不急躁,安全意识强、善良等。

导盲机器人(robot for guide) 为视

觉障碍者提供环境导引的辅助工具。属于服务机器人范畴，通过多种传感器对周围环境进行探测，将探测的信息反馈给视觉障碍者，以弥补他们视觉信息的缺失。

盲杖（cane） 供盲人独立行走的一种辅助工具。由把手、杖杆和杖头三部分组成。把手多为塑料制品以便于使用者较好地抓握及控制；杖杆多用质地较轻的金属材料、玻璃纤维等，要求有较好的传感度及强度，其长度根据使用者的身高而定；杖头一般用硬塑等尼龙材料，要求经久耐磨、击地后有一定的反馈声等。杖杆一般涂为白色或红白相间，故又称白色手杖。有些国家把白色手杖作为盲人的标志。规定盲人持白色手杖行走时，行人、车辆应让其先行。1990年北京市研制的标准化盲杖分直式与折式两种。杖杆两端为红色，中间为全白色并涂以反光材料。

激光手杖（laser cane） 协助视力残疾人定向行走的电子装备盲杖。由美国波内克仪器研究所的马温·本杰明（J. Malvern Benjamin）等研制成功，经几代更新，以C5型激光盲杖为好。杖内装有小型激光发射器，能向上、中、下发出3束激光，以探测地面水平、齐腰水平和头部水平的障碍物。当光束遇到障碍物时，可发出高频、中频、低频三种信号。凭听觉或手的振动觉判断障碍物的存在和方向。

沿物行走（trial） 定向与行走技巧的一种。以手指背部轻轻接触栏杆、墙壁、桌沿等物体表面，沿着该物体独自行走的方式。行走时身体与物体表面保持约20厘米的距离，手臂自然向前下伸，手指并拢、放松、轻触物体表面。必要时另一只手可做上手保护。

蹭地行走法（ground-rubbing-track mobility） 盲人常用的一种徒手定向行走方法。当硬面道路有持续不同质地时，行走者双脚踩在不同质地上，选择不大好辨认的一侧作为优势脚行走的支撑侧，另一只脚抬起时脚跟稍微在地面作短暂摩擦，以获得与优势脚不同的摩擦感觉，确保自己沿着道路前进。

踩边行走法（border-treading-track mobility） 盲人常用的一种徒手定向行走方法。步态貌似跛足行走。多应用于城市中硬面道路与路旁草地高度相同的环境，也可应用于乡村田埂的环境。行走时，一脚踩着硬面路面或田埂以支撑身体重心；另一脚重心在脚跟，脚掌外展45度，踩着草地或田埂边线以探测定向信息。

踢边行走法（kerb-kicking-track mobility）盲人常用的一种徒手定向行走方法。步态貌似跛足行走。多应用于城市中有道牙的道路上行走。行走时，一脚负责支撑身体重心，另一脚向前抬脚时，用脚尖侧前方探测到道牙后落回离道牙5～10厘米处，以获得沿着道牙行走的定向信息，再引导自己前行。

独行自我保护法（self-protection method of unguided travel） 盲人在室内为避免碰伤，有选择地运用各种保护性动作来保护身体的徒手独自行走的方法。主要有：（1）上身保护。即将一侧的上臂向前抬高与肩平,横过身体前,与地面平行。前臂与肘关节约呈120°角。手指放松,并拢,掌心向外,手指尖伸至另一侧肩外。(2)下身保护。即将一侧手臂向前下方伸直,掌心向里,手指放松,并拢,置于身体中线前约10厘米处。(3)摸索前进。用靠墙侧的手指背端轻触墙面,手臂放在身体前侧,离墙约半步,沿墙缓慢前行。

声纳眼镜(sonic glasses) 又称"导盲眼镜"。一种利用脉冲声纳原理设计,帮助盲人感知前进方向中障碍物的辅助工具。由电子盒与一副特殊的眼镜架构成。眼镜架上装有超声波转换器和耳机,能发出超声波,接受返回的超声信号并转换成可听到的声波,通过耳机送入两耳。音调因障碍物的距离而变化,借以判断障碍物的方向及距离。因只能感知有一定高度的障碍物,故需与手杖等工具配合使用。

导盲手电(Mowat sensor) 又称"毛沃特感受器"。一种由新西兰人毛沃特发明的手电筒式超声导盲器。因部件结构不同可分以声音示警和以振动示警两种。当发出的超声波碰到障碍物反射回来时,可转换成声波或振动。根据声响或振动的强弱判断有无障碍及障碍物的距离。其优点是探测的范围大,能探知低位的障碍物。振动示警对盲人和盲聋人均适用。其感知角度水平方向左右为15°,垂直方向上下为30°。有近距离和远距离两个选择钮,远距感知范围为4米,近距离感知范围为1米。

盲人学校(school for the blind) 又称"盲童学校"。对视力残疾儿童、青少年实施文化教育和劳动技能训练的专门机构。最早由法国人阿羽伊(Valuntin Haüy)于1784年在巴黎创办。中国第一所盲童学校由英国牧师威廉·穆恩1874年在北京建立。截止2005年,全国共有全日制盲童学校35所,在校学生7800余名,多为寄宿制。任务是按照国家对义务教育的要求,对视力残疾学生进行德、智、体全面发展的教育,补偿视觉缺陷,培养生活自理能力和一定的劳动技能,为平等地参与社会创造条件。学制9年,包括小学阶段和初中阶段。每班学生10~14人为宜。课程设置与普通小学、初级中学基本相同。增加手工、音乐、体育课时,增设定向行走、生活指导与认识初步、个别矫正等特殊课程。教职工编制大于普通中学。1987年推行盲童随班就读,改变了盲童教育集中办寄宿制学校单一的办学形式。有些学校承担起一个地区或省、市盲童随班就读的教学业务指导、师资培训等工作,有向盲人教育中心发展的趋势。部分学校附设了幼儿班、职业中专班,逐步形成幼儿教育、义务教育、职业教育相互衔接的体系。对低视力儿童与盲童实行分类教学。有的还招收盲兼弱智、盲兼肢残等多种残疾儿童入学,单独编班实施针对他们特点的教育。

盲哑学校(school for the blind and the deaf) 又称"盲聋学校"。兼收盲童和聋童的一种特殊教育机构。一般分设盲生部与聋生部,分别进行编班和管理。由于这两类儿童难以进行语言交往,为减少管理工作的困难，1957年教育部曾采纳部分学校意见，提出将盲哑学校分开设置的建议。由于多数地区盲童人数较少，不足设校，因而仅大城市采取择址分别设校，盲生不多的地区则并未分开。1988年以来贯彻多种形式的办学方针，实行残疾儿童就近入学，因此一些地区又新设了盲聋学校。至2005年全国共有523所。

启明学校 台湾为视力残疾人设置的特殊教育学校统称。1968年，台湾实行盲、聋学生分别设校，将原省立台南盲哑学校和省立丰原盲哑学校中的盲生合并，另行择址，设立台中启明学校。原校改称台南启聪学校、台中启聪学校。

低视力儿童学校（school for the low vision） 对低视力儿童实施教育的专门机构。1908年在英国伦敦创办了第一个低视力儿童特殊教育班，20世纪40年代以后逐步推广。成立初期，学校不设阅读和书写课程，只教口语，并听教师朗读。随着眼科学对低视力使用的肯定，学校采用大字课本，改善照明条件，利用各种助视器帮助学生克服视力不足的困难。我国于1991年9月正式成立了"上海市低视力学校"。学制、课程设置、教学内容等基本与普通中小学相同。教学过程中充分发挥学生的视觉作用，又十分注意视力保护，尽可能多利用听觉、触觉以弥补视觉之不足。随着回归主流运动的开展，部分低视力儿童进入普通学校接受教育，但多数国家仍保留有低视力儿童学校。

金钥匙视障教育研究中心（Golden Key Educational Research Centre for the Visually Impaired） 中国研究视觉障碍教育的一个民间团体。1986年由徐白仑创办。原名"金钥匙盲童教育研究中心"，1992年改为现机构名，现已交归中残联领导。主要工作有：(1)编辑出版刊物《中国盲童文学》。(2)研究视障儿童教育的普及与提高，提出"金钥匙盲童教育计划"。组织编写《视障儿童随班就读教学指南》、《金钥匙视障教育文摘》。制作"盲人定向与行走"录像教材等。(3)开展农村盲人职业教育研究，从种植、饲养、家庭手工业等方面为盲人寻找出路，以解决就业和温饱问题。1990年在黑龙江省桦南县对高年级大龄盲生进行了教育训练试验，取得了成功。在总结经验的基础上，用明、盲两种文字出版供盲人学习职业技术的《金钥匙文丛》，已出书目有：《北方农村盲人养鸡》、《江南农村盲人养兔》等。(4)与有关部门合作，开展全国性的盲童活动，如举办全国盲童夏令营、盲童作文比赛、盲人中学生智力竞赛、盲童小型手工品展览、盲童画展等。(5)与德国心桥资助中国视障学生协会共同设立"心桥—金钥匙"奖学金。此外还积极参与国际上的视觉障碍教育学术活动。

北京市盲人学校（Beijing School for the Blind） 中国第一所特殊教育学校。1874年（也有资料为1870年）由苏格兰长老会传教士威廉·穆恩（William Hill Murray）创办。初名"瞽叟通文馆"，校址在北京东城甘雨胡同。用布莱尔点字符号体系设计了汉语数字点字符号，向学生宣讲圣经，传授文化、手工、音乐等课程。

1920年迁校至北京西郊八里庄,改称"北京私立启明瞽目院"。抗日战争期间一度停办,1945年复校。1954年由北京市教育局接办,更名"北京市盲童学校"。1963年增设初中班,后又设按摩中专,实行"五四三"学制。附设按摩实习诊所。1984年建成新校舍。1987年启用现校名。坚持面向社会、服务社会、依靠社会的办学方针。为普及盲童九年制义务教育,推行随班就读培训师资,发挥盲教中心的作用。多次为中途失明的盲人开办文化、职业培训班。学校肩负盲童义务教育、职业教育和成人教育的多重任务。

上海市盲童学校(Shanghai School for the Blind) 上海市专为视力残疾儿童设立的一所特殊教育学校。1912年11月由美籍英人傅兰雅集资创办。校址在上海市虹桥路。1952年6月25日由上海市教育局接办。1957年附设盲文印刷所,为全国盲校印制中小学点字教材及课外读物,1983年扩建为盲文印刷厂。1959年增设幼儿园。1979年试验低视力儿童汉字教学,1983年招收低视力班。1989年试办盲兼弱智儿童启智班。逐步形成了盲、低视力、综合残疾三类并存,从幼儿到职业高中的视力残疾儿童教育体系。学校贯彻德、智、体、美、劳全面发展的教育方针,实行教育、教学、教养三结合,强调通过形象生动的语言、动作演示、触摸实物、模型等补偿视觉缺陷,丰富学生形象思维。加强手工劳动训练,培养学生必要的劳动技能。加强体育锻炼,增强学生体质,发展空间定向能力。加强生活自理能力训练,培养良好的生活习惯。重视丰富学生生活,发展学生的个性特长。多次荣获教育系统先进集体称号。1991年10月成立低视力学校。

海德里盲人学校中国福州分校(The Hadley School for the Blind in Fuzhou, China) 美国海德里盲人学校总校设在中国的一所海外盲人免费函授分校。经美国海德里盲人学校总校和福州市教育委员会共同批准,并报原福建省教育委员会和原国家教委外事局备案后,于1988年9月1日正式创办。校址位于福建省福州市。中外合作面向全国盲人进行免费英语函授教学服务的特殊教育机构。办学目的是:紧跟国家改革开放的步伐,为我国有志学习外语的盲人群众提供学习和深造英语的机会,提高我国盲人的英语水平;促进和发展我国盲人与国际盲人间的交往和友谊,提高我国盲人的国际地位;为国家培养、推荐和输送德才兼备的盲人英语人才。服务宗旨是:为盲人有一个光明的、鼓舞人心的未来而努力! 先后为大陆和香港、澳门、台湾1800多位盲人英语爱好者提供了服务。录取的学员中,年龄最小的仅为7岁,年龄最大的76岁。

帕金斯盲校(Perkins School for the Blind) 美国第一所盲校。始建于1830年,位于马萨诸塞州波士顿附近的水城。国际著名盲聋学者海伦·凯勒的母校。从20世纪70年代始,在校生主要是3~21岁兼有多重残疾的视力残疾学生。生产的盲文打字机被世界各地的盲人广泛使用。该校的国际部参与和支持很多盲教育界的国际事务,并为亚洲、非洲国家培训教师。

全国爱眼日 中国残疾人联合会、卫生部1996年联合发起的全国性活动日。定于每年的6月6日。旨在唤起全民爱眼意识,关注视力残疾的预防与康复,每年宣传教育活动确定一个主题。

香港嘉诺撒盲女院(Hong Kong Canossa Asylum and School for Blind Girls) 香港的第一所特殊教育学校。1863年香港嘉诺撒仁爱修会在港岛西区创办。初建时仅有1名修女任教师。根据盲女程度进行个别授课,采用家庭补习的方式,传授盲女编织技能。1959年迁至港岛湾仔区,定名为"嘉诺撒盲女学校",1968年改名为"嘉诺撒启明学校"(Canossa School for the Visually Disabled)。1987年停办。

台南训盲院 台湾第一所特殊教育学校。1891年由英国长老会牧师甘雨霖(Rev. William Campbell,另译甘为霖)在台南设立,又称"训瞽堂"。教盲人圣经、点字、算术、手艺等,以改善盲人的生活。1915年增设哑生部,改称"私立台南盲哑学校"。1956年在台中县设丰原分部,即"台中启聪学校"和"台中启明学校"前身。1962年改名"台湾省立台南盲聋学校"。1968年盲聋分校,分设"台南启聪学校"、"台南启明学校"和"台中启明学校"三校。台南启聪学校专收听觉障碍儿童、青少年,设有幼稚部、国小部、国中部、高职部四部,2012年成为台南大学附属启聪学校。台中启聪学校后增设高职部(资料处理科、餐饮科)、婴幼儿实验班和融合班,

2000年招收以智能障碍为主的障碍学生。台中启明学校专收视觉障碍学生,后增设幼稚部、高职部(普通科、复健按摩科、实用技能科),附设进修学校及国小、国中部多重障碍班。

视觉第一中国行动 中国与国际狮子会携手进行的全球最大规模的防盲治盲工程。1997年7月开始实施。得到国际狮子会的大力支持,项目旨在宣传眼睛保健知识,有效预防眼疾,健全省、市、县三级白内障手术复明体系。在第一期项目中,共派出262批医疗队,在全国31个省(自治区、直辖市)的1700多个边远、贫困和技术力量薄弱的县,为21万贫困的白内障盲人施行复明手术。同时向12 000名眼科医生及医务辅助人员提供技术培训。2002年开展的第二期项目还包括在中国设立无白内障区,第一个无白内障区在西藏设立。预计这期间全国将有250万名白内障患者得到治疗。

国际盲人节(International Day for the Blind) 世界盲人联盟倡议的节日。从1984年起设立。一般安排在每年的10月15日,各国可根据本国情况稍提前或错后举行。届时,组织盲人开展各种活动,并动员社会各届为盲人服务。

世界盲人联盟(The World Blind Union) 一个国际性的非政府组织。成立于1984年。前身是国际盲人联合会和世界盲人福利会。总部设在法国巴黎。中国盲人聋哑人协会是创始者之一。在联合国各有关组织中具有咨询地位。成立后致力于防盲,促进各国制定保障盲人合法权益

的法律、政策,开发盲人潜能等方面的国际交流和合作。

国际盲人体育协会(International Sports Association for the Blind) 一个国际性盲人体育运动组织。成立于1983年。总部设在挪威。主要任务是组织和发展盲人的体育活动。现有60多个会员国。中国残疾人体育协会是正式会员。

国际视力损伤者教育学会(International Council for Education of People with Visual Impairment) 一个以促进和协调世界各国视力损伤者教育为宗旨的国际学术团体。1952年成立于荷兰。得到联合国教科文组织承认和世界卫生组织、联合国儿童基金会等多个国际组织的支持。分为欧洲区、太平洋区、拉丁美洲区、北美洲区、非洲区、东亚区和西亚区,会员遍及五大洲100多个国家。每五年换届一次并召开一次全球性的学术研讨会。

美国盲人基金会(American Foundation for the Blind) 美国全国性的非营利机构之一。总部设在纽约市。在美国不同区域的4个城市设国家级中心,在首都华盛顿设有政府关系部。使命是保障美国盲和视力残疾人享有与其他公民相同的权利和机会。关注盲和视力残疾人面临的重要问题,促进其就业、独立生活、文化、技术等多领域、广范围的系统改善。资助盲教育学术著作的出版和盲人学习用具的研发。

美国盲人出版社(American Printing House for the Blind) 美国为盲人提供教育、工作、生活用品的非营利机构。成立于1858年。位于肯塔基州路易维尔市。根据1879年美国国会通过的《盲人教育促进法》,被指定为所有接受初等教育的盲人提供教育资料、用品的官方供货商。负责生产盲文资料、大体印刷字、有声读物、计算机有声光盘、低视力评估工具、盲童教具、学具,视力残疾儿童早期教育用品,视力残疾成年人工作、生活用品等。

中国盲人协会 中国残疾人联合会的专门协会之一。前身是1953年中国盲人福利会。1960年与中国聋人福利会合并成为中国盲人聋哑人协会。1988年根据中国残疾人联合会章程规定成立。2006年12月经民政部批准成为社团法人单位。任务是:(1)团结、教育盲人遵守国家法律,履行应尽义务,沟通盲人与社会之间的联系,自尊、自信、自强、自立,为构建和谐社会、全面建设小康社会贡献力量。(2)促进盲人的康复、教育、扶贫、劳动就业、维权、社会保障及防盲等残疾预防工作,参与、举办有关盲人的各类培训及文化扫盲工作,开展有益于盲人身心健康的群众性文化体育活动。(3)推进无障碍环境的建设、盲文的规范化研究与普及,推动盲人辅助器具的开发与应用。对信息无障碍、盲文出版、盲人按摩等具有盲人特色的工作提供咨询、建议、服务及监督。(4)在盲人中培养、推荐残疾人工作者。(5)承办中国残疾人联合会委托的工作。(6)代表中国盲人参加国际活动,促进国际交流与合作。

中国盲人按摩中心 中国残联直属事业单位。成立于1996年12月。主要职责是:协助政府有关部门研究制定和组织实施全国盲人按摩行业管理的法规、政策及管理办法;制定盲人按摩工作规划并组织实施、督导、检查;组织建立盲人按摩指导服务网络并实行行业管理;指导全国盲人按摩人员培训工作,编写出版盲人按摩人员培养、培训教材、教学大纲;开展国内外学术交流;为盲人按摩人员从业、就业提供指导与服务。"九五""十五"计划期间,培养盲人按摩人员3.5万名。

中国盲文出版社(China Braille Press) 中国大陆出版盲文书刊、盲人有声读物的国家级综合性出版社。1953年成立,位于北京市西城区太平街甲6号。成立以来出版各类盲文书刊6000余种,400多万册,涵盖了政治、经济、文学、艺术、科技、文化教育、医药卫生等各个领域。形成相当规模的盲文书刊、盲人有声读物、盲文计算机软件等出版物的出版系列,并拥有先进的技术设备和盲文出版专业人才。现每年出版盲文书刊150余种,60000余册;年译制2500多万盲字。通过低价格发行和免费借阅的方式,向盲人读者提供盲文图书阅读和语音服务。

中国盲文图书馆(China Braille Library) 为盲人提供平等共享文化服务的公共设施。2011年6月建成开馆。位于北京市西城区太平街甲6号。面积2.8万平方米,共有4个书库,馆藏盲文书籍25万册,磁带光盘66万张。视障文化资讯服务中心设有文献典藏区、盲人阅览区、展览展示区、教育培训区等。盲人们除了借阅图书,还可参加培训、欣赏影视、进行心理咨询等。在展览展示区建立了视障文化体验馆、触觉博物馆和盲人文化艺术展室。盲人可通过触摸实物模型感知中国和世界文明。明眼参观者通过图片、文字展览、实物互动和黑暗体验可走近和了解盲人的生活。

黄乃(1917~2004) 男,湖南长沙市人。新中国盲文的创造者。20世纪30年代留学日本,抗日战争爆发后回国奔赴延安,曾任八路军总政治部敌工部研究室日本组组长,《解放日报》敌情副刊主编,新华通讯社国际部主任。新中国成立后,历任教育部盲聋哑教育处处长、中国盲人福利委员会副主任、中国盲人聋哑人协会第一至第三届副主席、中国残疾人联合会第一、二届主席团副主席、中国残疾人福利基金会理事,第二至第七届全国政协委员。1949年3月失明后,潜心研究盲文,1952年提出"新盲字方案",1953年经教育部批准在全国推广。此后对盲文的研究一直没有停止,带领一批热心盲文的改革者,经过近20年的研究、实验,1992年完成了"汉语双拼盲文方案"的设计,1995年经国家五部委批准开始在全国推广试行。1999年出版论文集《建设有中国特色的汉语盲文》。

狄德罗(Denis Diderot,1713~1784) 男,18世纪法国启蒙主义思想家、哲学家。1749年著《供明眼人参考的谈盲人的信》,简称《论盲人书简》。1751年著《给听说健全者参考的论聋人书简》,简称《论聋人书简》。在文章中用唯物主义无神论的观点论述了感觉器官残疾人对外部世界的认识和概念的形成,有利于正确认识盲人、聋人的心理特点和受教育的可能性。其观点为特殊教育学校的产生奠定了思想基础。

阿羽伊(Valentin Haüy,1745～1822) 男,法国人。盲人学校教育的创始人。用浮雕字母对盲人进行教学实验。1784年在法国巴黎建立世界上第一所盲童学校。1786年著《盲人教学经验》。后赴德、俄等国协助建立盲人学校。因毕生对盲人教育的奉献,在法国享有"盲人之父"之尊称。

路易·布莱尔(Louis Braille,1809～1852) 男,法国人。6点制点字盲文体系的创造者。出身于手工业者家庭。幼年因外伤失明,就读于巴黎盲童学校,深感凸形字母无法书写且难辨认。在法国上尉巴比埃用一种凸点符号在夜间传递信息的方法启示下,1821年开始研究用凸点的排列组合代表字母,将点的总面积缩小在手指尖可触及范围内,确定以6个点为基础。1827年毕业后留校任教。1829年首次公布6点制点字符号系统。1837年定稿并印制《法国历史》点字书,为盲人师生接受。直到1854年这套体系才得到法国官方承认。1879年柏林国际盲人教师代表大会决定,各国盲校统一使用点字系统。至此,点字成为各国创造本国盲文体系的共同形式。为纪念他,国际上决定以他的名字——布莱尔作为点字盲文的通用名称。

威廉·穆恩(William Hill Murray,1843～1911) 男,苏格兰长老会牧师,北京市盲人学校的创立者。1874年在北京东城甘雨胡同创办"瞽叟通文馆",为中国第一所盲人学校,也是中国第一所特殊教育学校。教学中注重手工以发展盲人动手能力,注重扬长避短,开展盲人音乐教育和训练。引入布莱尔盲文体系,按照《康熙字典》的音韵,设计出"康熙盲字",又称"瞽目通文",这是中国最早使用的汉语盲文。

约翰·傅兰雅(John Fryer,1839～1928) 男,美籍英国人,传教士。上海盲童学校的创办者。曾任江南制造局翻译,创办近代中国第一家科技书店——格致书室以及期刊《格致汇编》,后在美国加州大学创办东方语言系。1912年11月,捐出大量财产在上海四川路创办上海盲童学堂,委任其子傅步三担任校长。1913年该校改称上海市盲童学校。1915年迁入忆定盘路的新校址,在校生逐步增加。学校开展各类教育活动,分设文化、音乐、工艺等科,并开设幼稚园和小学部。优秀的盲生可升入圣约翰大学附中及大学部。1926年在上海创办傅兰雅聋哑学校,即后来的上海市聋人中学。著有《教育瞽人理论法》。

金钥匙盲童教育计划(Golden Key Educational Plan for the Children with Visual Impairments) 一项以随班就读形式实施盲童义务教育的计划。由"金钥匙盲童教育研究中心"提出。主要内容有:(1)宣传社会主义、人道主义,动员社会关心盲童教育,为盲童创造一个良好的入学环境。(2)在盲童所在村镇就地选拔教市，培训后担任盲童辅导教师。盲童学会盲文后，采用与普小课本内容相同的盲文课本，入普通班随班就读。(3)县设总辅导教师，对随班就读盲童进行巡回辅导。编印点字系列扫盲教材《送你一把金钥匙》供学盲文使用。1987年2月起先后在山西、江苏、河北、北京等省市的16个县市的村镇小学试点，取得成功。1989年5月起盲童随班就读转由原国家教育委员会负责推广。

《盲童教育概论》(Outline on Education of the Blind) 新中国第一部有关盲教育的专著。中国盲文出版社1981年出版。作者李牧子曾任上海市盲童学校校长。书中对盲校教育的对象、教学内容、教学原则、方法以及班主任、教养员等工作作了比较全面的阐述。

《在认识与劳动过程中盲缺陷的补偿途径》(Пути компенсации слепоты в процессе познавательной деятельности) 前苏联盲人教育的专题论著。1956年前苏联教育科学出版社出版。1958年中国科学院出版社出版中译本。前苏联教育学博士捷姆佐娃（Мария Ивановна Земцова）著。该书综述了盲缺陷补偿方面所进行的实验研究成果，盲童教育和盲人劳动就业等方面的实践经验，以及盲人认识活动的特点，指出盲缺陷的补偿途径。对盲人教育理论的研究具有意义。

《中国触觉地图集》(Tactile Map of China) 中国第一部专为残疾人特殊教育编制的教学地图。由国家测绘局测绘科学研究所编著。分上下两册。中国盲文书社1990年10月出版。根据盲人及地理课的需要和特点，用特别设计的触觉图形符号及盲文点字，系统解释自然和人文地理现象、空间分布和相互关系。概括了原国家教育委员会颁发的九年制义务教育中学地理教学大纲的主要内容。适用于盲校的地理、历史教学，同时也兼顾社会上盲人的学习需要。

《盲人月刊》(Journal of the Blind) 用盲文点字印制，供盲人阅读的一种综合性刊物。编辑部在北京市安定门外惠新里甲8号。1954年3月创刊于北京。毛泽东同志命名，谢觉哉书写刊头和发刊词。以通俗的方式向盲人宣传党的方针政策，进行革命传统教育，宣传先进人物，介绍文化科学技术知识。1966年8月停刊。1978年随着中国盲人聋哑人协会组织的恢复，于同年10月复刊。1988年3月中国残疾人联合会成立后，成为中国残疾人联合会的刊物之一。随着残疾人事业的发展和盲文印刷工艺的改进，而不断增加篇幅，完善内容。创刊时用铅字单面手工印刷，每期不足60页，发行量仅200多份。20世纪50年代后期改用机器双面印刷，每期约120页。复刊后又增加了1/10的篇幅，发行量比原来增加18倍。酌收1/10的工本费，但免收邮资。坚持以正面宣传为主的办刊方针，介绍多方面的知识，鼓励盲人自尊、自信、自强、自立，并注意思想性、知识性、趣味性、服务性的统一。主要栏目有：时事政治、思想漫谈、人生探索、盲人与社会、残疾人工作信息、法制园地、祖国各地、海外见闻、康复之路、专家门诊、婚姻与家庭、征婚启事等20多个栏目。

《中国盲童文学》(Chinese Literature for the Blind Children) 一种用盲文点字印制,专为盲童编辑出版的双月刊。"金钥匙视障教育研究中心"主办。1985年12月创刊。宗旨是:通过文学作品陶冶盲童心灵,丰富盲童生活,给他们送去温暖、欢乐、希望,以增强自信心。刊物设下列栏目:(1)涓涓暖流。由社会知名人士、有关部门领导表达对盲童的关心、爱护、希望与鼓励。(2)强者之歌。报道残疾人卓越成就的报告文学、传记等。(3)百花飘香。内容为小说、故事。内设"我们的园地",刊登盲人自己的作品。(4)春风竹笛。内容为散文、诗歌。(5)彩色的梦。内容为童话、寓言、科学幻想故事。(6)云海轻舟。具有知识性、趣味性的科普作品。(7)鸿雁传情。是明眼人与盲人间的通讯,内设肢残人孙恂主持的信箱"爱的乐园",为盲童释疑解难。稿件1/3为特邀稿,1/3选用盲人作品,1/3摘编。1985~1988年免费赠送各地盲校学生,1989年起酌收成本费。1992年李鹏总理为该刊题词:"给盲童带来温暖和光明。"

3 听力残疾教育
Education for Hearing Impairment

听觉系统(auditory system) 人体感觉系统之一。由外耳、中耳、内耳、听觉传导通路和听中枢(大脑颞叶)构成。

外耳(external ear) 听觉系统的最外端。包括耳郭、外耳道和鼓膜。耳郭除耳垂由脂肪和结蒂组织构成外,其余部分由软骨组成,外覆软骨膜和皮肤,主要起聚音作用。外耳道指耳郭到鼓膜的一段导管,有共振作用。耳郭把声波聚拢起来,送入外耳道,声波通过外耳道(全长约2.5~3.5厘米)到达鼓膜,使鼓膜振动。当频率为2 000~6 000Hz的声音由外耳道传到鼓膜时,声强可因共振而提高15~20dB。

中耳(middle ear) 听觉传导系统中的重要传音部位。包括鼓室、听骨链、咽骨管和乳突。主要起传导和声压增益的作用。鼓膜将振动传给听骨链,听骨链再传给内耳。中耳在传递声音的同时,将声压增益25~30倍。如果中耳各部分因疾病或外伤而发生损伤时,听力则受损害,产生传音性听力障碍。

内耳(inner ear) 听觉系统中的感音部分。形态和结构都非常复杂,包括耳蜗、前庭和半规管。耳蜗是主要的感音器,形似蜗牛壳,里面有螺旋器(又称柯蒂氏器,是听觉的感受器)。如受损将造成感音性耳聋。半规管由三个半圆形小管组成。前庭位于半规管和耳蜗之间。半规管和前庭是人体重要的平衡器官。

骨导(bone conduction) 骨传导的简称。声波通过颅骨振动传至内耳。传导机制是:声波引起颅骨振动,凭借颅骨的振动使耳蜗内的淋巴液及基底膜振动,基底膜上的柯蒂氏器随之发生神经冲动,经听觉传导通路逐级传向大脑,最终产生听觉。

气导(air conduction) 空气传导的简称。外界声波(空气振动)经外耳道使鼓膜产生振动,通过与鼓膜相连的听骨链将振动传到内耳的卵圆窗,推动耳蜗中的淋巴液,位于内外淋巴液之间的基底膜及其上面的柯蒂氏器随之振动,从而产生神经兴奋,经听觉传导通路逐级传向大脑,最终产生听觉。

听力(hearing, audition) (1)指听觉器官感受声音刺激的敏锐程度。(2)与听觉同义。

听觉(audition, hearing) 以耳朵为感受器的辨别外界物体振动的感觉。指大脑能够听到(听感觉)并理解(听知觉)声音的过程,是大脑对声波物理特性的反映和整个听分析器活动的结果。物体因振动而产生声波,从外耳传入,使鼓膜发生振动,进而通过中耳听小骨传入内耳中充满液体的耳蜗,在此,这种振动变换为电脉冲,由听神经传入大脑皮层听区,产生听觉。可分为三种形式:言语听觉、乐音听觉和噪声听觉。

听知觉(auditory perception) 人脑通过对感受到的声音信息的分析结合而对客观事物作出的整体反映。人认识外部世界、了解语言信息的重要途径和能力之一,建立在听感觉基础之上。

听觉阈限(auditory threshold) 正常人的听觉范围。主要由频率和强度两个因素决定。人一般可听到的声音频率为16~20 000Hz。但人对1 000~2 000Hz声音的感受性最好。16Hz以下和20 000Hz以上的振动强度再大,人耳也不能感受,不会产生听觉。健听人一般可以听到上述频率内声强在0~25dB的声音。声强超过120dB可使人耳产生痛觉。

听觉区域(audible area) 人可以听到的声音的强度和频率范围。

听觉痛阈(pain threshold of hearing) 使人耳产生痛感的最大声音强度。一般人耳可承受120dB的声音,超过130~140dB人耳就产生痛觉。

言语感受阈(speech reception threshold) 又称"语音听阈值"。指受检查者能清楚听到他人说话的50%时所需的最低听阈值。对一个人的语音阈限逐次进行测验,以确定在何种语音强度上他们能复述简单的词语或理解简单、连贯的话语。

听觉的绝对阈限(absolute threshold of hearing) 指刚刚能引起听觉所需的最小的声音刺激强度。这一最小强度因人而异,且随声音频率的不同而不同。为衡量一个人的听力敏锐度的标准。所需强度越大,则说明其敏锐度越差;所需强度越小,则其敏锐度越好。要经过多次测试才能确定某一刺激强度是否为阈限值。如某一声音刺激每次呈现都能引起感觉,它的强度就在绝对阈限以上;如每次呈现都不能引起感觉,它就在绝对阈限以下。在操作上,是指有50%的次数能引起听觉,50%的刺激不能引起听觉的那种声音刺激强度。例如以某一强度的声音刺激受测者20次,其中有10次引起听觉反应,10次未引起听觉反应,这个声音的强度就是该被测人的听觉绝对阈限。

听觉的差别感受性(discriminative sensitivity of hearing) 听觉器官能辨别两个不同声音在某种特性上的最小差别的能力。能辨别的最小频率差,称为"听觉的频率差别感受性";能辨别两个声音的最小强度差,称为"听觉的强度差别感受性"。

听觉构成(auditory closure) 又称"听觉完形"。指在言语感知过程中补足省略部分,构成完整的一个词的能力。在功能正常的人中,这个过程是自然而然进行的。参见"伊利诺心理语言能力测验"。

听觉敏度(auditory acuity) 又称"听力敏度"、"听敏度"。听觉器官对声音刺激的精细分辨能力。在操作上是指:在测查总次数中能觉察出50%次数的最小强度刺激的那种听觉敏感性。听力损失主要表现为听敏度的降低。

听觉反馈(auditory feedback) 又称"声反馈"。听自己说话或发声的行为。听觉反馈可使讲话者调节声音的响度或清晰度。试验表明,用一种电子仪器延迟听觉反馈,将引起正常测试对象出现口吃、含糊、提高声强、变音以及情绪干扰,但对患精神分裂症的儿童却没有影响。听觉反馈是言语学习的必要条件,聋儿的发音器官和脑中枢大都正常,他们之所以说话声音异常,重要原因之一就是失去了听觉反馈对言语的控制和调节。

听觉疲劳(auditory fatigue) 以阈限声音敏感度降低数小时为特征的一时性听力损失现象。人在强噪声环境中停留一定时间后,听力会明显下降。如果听阈升高超过15 dB,甚至达到35～50dB,离开噪声环境后,需要数小时甚至十几小时才能恢复。恢复正常听力所需的时间,依接触噪声的强度大小和时间长短而不同。这种听阈升高通常可以完全恢复,故听阈位移是暂时性的,属功能性变化。但如果继续接触噪声,又不采取防护措施,则听觉不能完全恢复正常而发展成永久性听阈位移,严重者可造成噪声性耳聋。

频率(frequency) 测量观察到的或记录下来的每秒钟空气振动的次数(用周/秒来衡量),描述声波特性的一个物理量。单位是赫兹(Hz),简称"赫"。每秒钟振动一次为1赫兹。频率增高则音调升高。耳朵所能感受到的声音频率范围因物种、年龄和其他因素而有所差异。大多数人可听取的频率范围是16～20 000Hz,日常说话的频率多半是在300～3 000Hz,故这一范围的频率称为语言频率。人耳对1 000～4 000 Hz的声音感受最敏感。

语言频率(language frequency) 衡量听力障碍时常用的3个语言频率。人类说话声音的频率大约在300～3 000Hz,因此测听时将纯音听力计的500Hz、1 000Hz和2 000Hz 3个频率称为语言频率。以这3个频率的平均听力损失值作为衡量听力障碍的标准。参见"言语听力损伤"。

分贝(decibel) 测量声音相对强度的单位。通常写做"dB"。为纪念美国著名的电话发明家亚历山大·格雷厄姆·贝尔(Alexander Graham Bell)而命名。B代表贝尔规定的一个声量单位,d表示1/10,dB的定义就是两个声音压力比率的对数值。实际的计算是:dB(值) = 10Lg

(P_1/P_0)。P_1 是待测声压，P_0 是参照声压，通常取 0.0002 达因/厘米^2。

声音的频率与音调（frequency and pitch） 声音的物理特性之一和相应的心理特性。频率是声音的物理性质，音调是听觉器官受到某种频率的声音刺激后所产生的感觉。

声音的强度与响度（intensity and loudness） 声音的物理特性之一和相应的心理特性。强度是声音的物理性质，在生理学和耳科学中以分贝（dB）为单位；响度是听觉器官对音强的感觉，以方（phon）为单位。例如一个频率极高的音调（超出人类正常听觉范围的音调），其强度虽很高，但无响度。

听力学（audiology） 以人类听力为研究对象的一门科学。听力的研究，包括研究耳的解剖和功能，听觉损伤以及听力损失者的康复。20世纪逐渐形成。1930年发现耳蜗生物电现象后发展较快。狭义上指专门研究与听力有关的疾病，广义上包括有关听力的原理、疾病的病理、听力障碍以及有关智力或语言障碍的检查治疗及其教育矫治等。

教育听力学（Educational Audiology）（1）书名。沃克和诺兰（I. Tucker and M. NoLan）合著，1984年出版。2000年，我国华东师范大学汤盛钦教授等所著同名高校教材出版。（2）听力学的一个新分支。亦为特殊教育学科体系的组成部分。任务是研究学校学生听力的保护和听力障碍学生听力与交往能力的改进，重点是对在校的听力残疾儿童，也对智力落后、特殊学习障碍和交往障碍等特殊儿童提供听力学服务。教育听力学工作者既受过听力学的专业训练，也熟悉特殊儿童与特殊教育，是特殊教育专业队伍的一员。他们负责学生入学时和定期的听力评估并将结果向教师解释，帮助和指导学生配戴助听器，进行听力言语训练与治疗，帮助其他教师学习听力言语方法和知识，对父母提供咨询，对学校所用的音响放大系统和设备的选择、评估与应用提供咨询等。学科非常重要，运用广泛并已证明有效。

听觉语音学（auditory phonetics） 语音学的一个分支，研究人对话语的听觉感知和理解。聋教育工作者的专业知识领域之一。

听力学家（audiologist） 专门从事听力评价和听觉障碍治疗的专业人员。同时也常是语言病理学家。职责是进行个人或集体的听力损失检查，诊断听力疾病，选配适当的助听器，指导或参与有听力缺陷的人的训练和康复，以及进行听力学方面的研究。

听觉障碍（hearing impairment） 因听分析器病变或损伤，导致听力减退或丧失的状态。尽管世界卫生组织（WHO）1980年对疾病后果所作的分类中，对"残疾"（disability）和"障碍"（handicap）提出了不同的解释，但在中国大陆特殊教育界，"听力残疾"与"听觉障碍"常作同义词使用；在特殊教育文献中，"听觉障碍"一词更为常见。

听力残疾（hearing disability） 由于各种原因导致双耳听力丧失或听觉障碍，

听不到或听不真周围环境的声音,从而难以同一般人进行正常的语言交往活动。这一术语始见于中国大陆1987年开展的全国首次残疾人抽样调查。2006年第二次全国残疾人抽样调查中提出的定义是:由于各种原因导致双耳不同程度的永久性听力障碍,听不到或听不清周围环境声及言语声,以致影响日常生活和社会参与。原因属先天性的有:遗传,父母近亲结婚,母亲妊娠期患风疹,重度流感或药物中毒,双耳重度发育畸形,产钳引起的外伤,产程重度窒息,产后重度黄疸,克汀病,地方性缺碘病,各种综合征及其他病因;属后天性的有:老年性聋,噪声性聋,各种高烧传染病,药物中毒,双耳重度化脓性中耳炎,头部严重外伤,及其他疾病和不明病因。有的学者将其分为由遗传引起的内因和与遗传因素无关的由出生前、出生时、出生后发生事故或疾病引起的外因两类。在特殊教育学中,与"听觉障碍"一词时常通用。

听力损失(hearing loss) 听觉器官不能感受到正常水平的声音强度的一种状态。(1)两耳任一频率的听阈等于或大于30dB(HL)(2)听力损失平均值的简称。听力损失是多角度的问题,分类时应以损失的程度、开始损失的年龄、造成损失的病因等因素综合起来加以区别。在特殊教育学中,与"听力残疾"、"听觉障碍"等术语时常通用。

言语听力损伤(impairment of hearing for speech) 在言语频率范围内听力受到的损伤。国际标准化组织(ISO)规定,500Hz、1 000Hz、2 000Hz 3个频率听力损失的平均值达到26dB作为言语听力损伤的临界值,即轻度聋。研究证实,超过临界值,一般日常言语听力发生困难。中国大陆将上述3个频率听力损失平均值达到41dB者定为听力残疾的起点。

听力损失平均值(mean value of hearing loss) 表示听力损失程度的数值。听力损失程度通常用纯音测听仪来测定,与响度及频率的概念密切相关。每一纯音试放一定时间,然后逐渐加大直到听者听清为止。在几种频率上(通常为125Hz、250Hz、500Hz、1 000Hz、2 000Hz、4 000Hz和8 000Hz)重复进行这一过程。每一频率上"听到"的分贝值(响度)就是该频率听力的阈限。听到某一纯音所需要的分贝值越大,听觉敏度就越差。通常以好耳在3个语言频率(500Hz、1 000Hz、2 000Hz)上所听到的听力级平均分贝值表示损失程度。计算公式有3种:$(a+b+c)/3$、$(a+2b+c)/4$、$(a+2b+2c+d)/6$。a为500Hz的听阈;b为1 000Hz的听阈;c为2 000Hz的听阈;d为4 000Hz的听阈。

听力残疾儿童的出现率(prevalence of hearing impairment in children) 在某一段时间内听力残疾儿童在同年龄儿童中所占的百分比。中国台湾20世纪60年代的一项调查表明,在小学生中听觉障碍者占9.8%,其中重度者为0.4%。据美国特殊教育局1979年的统计,耳聋者大约占1‰,严重重听者占3‰~4‰,比其他缺陷儿童要少得多。将聋与重听合并计算,按多数学者的估计,出现率约

0.3%～0.7%。

台湾听觉障碍分类（categorization of hearing disabilities of Taiwan） 台湾《特殊教育法施行细则》对听觉障碍的分类。分为4类（依优耳障碍程度）：(1)轻度听觉障碍：听力损失在25dB以上未达到40dB。(2)中度听觉障碍：听力损失在40dB以上未达60dB。(3)重度听觉障碍：听力损失在60dB以上未达90dB。(4)全聋：听力损失在90dB以上。与中国大陆和国际标准不一致。

中国大陆听力残疾分级标准（classification criteria of hearing disability of China） 中国大陆评定双耳听力损失程度的准则。在参照世界卫生组织（WHO）、国际标准化组织（ISO）公布的耳聋分级标准和国际聋人体育组织规定的世界聋人运动会标准的基础上，由全国残疾人抽样调查领导小组组织制定过两个标准：(1)1987年4月1日开始的全国残疾人抽样调查的标准之一，参见表1。

表1 不同听力残疾标准对照

听力损失程度 (dB,听力级)	1987年中国标准		WHO、ISO标准		伤残人奥运会标准
	类别	分级	分级	程度	
>110	聋	一级聋	G	全聋	可参加世界聋人运动会
91c110			F	极重度	
71～90		二级聋	E	重度	
56～70	重听	一级重听	D	中重度	
41～55		二级重听	C	中度	
26～40			B	轻度	
0～25			A	正常	

表中"听力损失程度"指500Hz、1 000Hz和2 000Hz三个语言频率上听力损失的平均值；聋和重听均指双耳，若双耳听力损失不同，以听力损失较轻的一耳为准。根据这个标准，如一耳为聋或重听，而另一耳的平均听力损失等于或小于40dB，则不属于听力残疾范围。中国大陆的这个标准与国际听力残疾标准的区别是：①中国分四级，将国际统一标准最重的两级合并为一级。取消最轻的两级（其中有一级为"正常"）。②级别的排列，中国是从重到轻，国际标准是从轻到重。中国台湾的标准与大陆不同。参见"台湾听觉障碍分类"。(2)2006年4月1日第二次全国残疾人抽样调查中在听力残疾分级上发生较大变化，见表2。

表2 2006年中国听力残疾分级标准

分级	听力损失程度 （较好耳的平均听力损失）	特点
一级	≥91dB	听觉系统的结构和功能方面极重度损伤，在无助听设备的帮助下，不能依靠听觉进行言语交流，在理解和交流等活动上极度受限，在参与社会生活方面存在极严重障碍。
二级	81~90dB	听觉系统的结构和功能重度损伤，在无助听设备帮助下，在理解和交流等活动上重度受限，在参与社会生活方面存在严重障碍。
三级	61~80dB	听觉系统的机构和功能中重度受损，在无助听设备帮助下，在理解和交流等活动上中度受限，在参与社会生活方面存在中度障碍。
四级	41~60dB	听觉系统的结构和功能中度损伤，在无助听设备帮助下，在理解和交流等活动上轻度受限，在参与社会生活方面存在轻度障碍。

聋（deafness） （1）广义的聋指听觉系统从感受器到中枢任何一个部位发生病变所引起的各种听觉障碍。（2）狭义的聋指听力损失较严重者，即双耳语言频率平均听力损失71 dB以上。在这种状态下，常人可感知的声音（包括语音）对患者的日常生活没有意义。即使一些聋人戴助听器，由于听力损失太重也无法使他们借助双耳来理解语言，与人交流不得不靠视觉。在特殊教育界，广义的"聋"已逐渐用"听力损失"、"听觉障碍"、"听力残疾"等词所代替。但对听觉障碍儿童的教育，习惯上多称为聋教育（曾称聋哑教育）。参见"听力残疾分级标准"。

全聋（total deaf） 听力损失最严重的一级。中国大陆的一些地区俗称"实聋"。指两耳的听力损失在90 dB（依ISO的标准）以上，或者完全失去音感，即使戴上助听器也不能较好地理解语音。

重听（hard of hearing） 又称"部分听力"（partially hearing）"部分聋"（partially deaf）。语言频率平均听力损失41~70dB或41~80dB的听力残疾者。幼儿重听者凭借听觉学习语言存在一定困难，需尽早配戴助听器，进行早期训练，充分利用剩余听力，否则会变成哑；成年后重听者，感受语音也很困难，需配戴助听器保持对语音的感受能力。特殊教育需将重听者与耳聋者区别对待，进行分类教学。

伪聋（pseudo-deafness） 又称"诈聋"。佯装耳聋。多因别有企图。伪装双侧耳聋极难，故常见的多为一侧伪聋。可通过一些方法（如条件反射法）鉴别出来。

剩余听力（residual hearing） 又称"残存听力""残余听力"。指听力尚未完全丧失的情形。听力残疾者因不同的原因而导致不同程度的听力损失。完全丧失听力者较少。大多数仍具有某种程度的听力,如可听到雷声等较强音响。残存的听力经鉴定后可选配合适的助听器,以发挥补偿听觉缺陷的作用,这对听力残疾者的康复十分重要。

传导性耳聋(conductive deafness)又称"传音性耳聋"。耳聋的一种分类。由于与传送声音振动有关的听觉器官结构的异常而产生的一种听力损失。特点是:(1)低频率比高频率的听力损失大。(2)气导听力损失与骨导听力损失之间的差距大。大多数人可通过手术或药物治疗恢复或部分地改善听力,配戴助听器很有帮助。

感音性耳聋(sensorineural deafness)又称"神经性耳聋"(nerve deafness)、"知觉性听力损失"(perceptive impairment)。耳聋的一种分类。由于先天性内耳听神经或听中枢发育不全或因药物、疾病、外伤使内耳耳蜗的声音感受能力缺乏而造成的耳聋。这类耳聋的医治效果不佳,其听力损失一般要比传音性耳聋者严重,多在70分贝以上。

器质性耳聋(organic hearing loss)耳聋的一种分类。听觉系统受到外力作用或刺激,引起病理形态学的伤害,造成细胞、组织、器官等的结构形态发生改变,最终导致听觉系统功能的下降。

功能性耳聋(functional hearing loss)又称"非器质性聋""心理性聋""精神性聋""癔症性聋"。耳聋的一种分类。患者的听觉系统没有器质性病变,由年龄、心理或情绪因素导致听觉系统功能的下降。如老年性耳聋、精神性聋、伪聋。

语言形成前聋(prelinguistic deafness)简称"语前聋"。耳聋的一种分类。儿童出生时或出生后不久(4周岁前)出现的耳聋。由于听不到他人说话,因而不能像听力正常儿童那样学习言语和语言,其心理发展亦与学语后耳聋儿童有所差别。这类聋童的教育要求与语言形成后聋的儿童有很大不同,通常侧重语言和交流方法的获取。

语言形成后聋(postlinguistic deafness)简称"语后聋"。耳聋的一种分类。言语和语言形成后(通常4周岁以后)出现的耳聋。这类聋童的教育应强调保持其原先可理解的语言和恰当的句型,充分利用已有的言语经验,以利于此类儿童的心理发展。

噪声性耳聋(noise-induced deafness)耳聋的一种分类。长期反复接触强噪声所引起的永久性听力损失。初期表现为高频听力下降,在3 000～6 000Hz频率处听力损失尤其严重。此时,患者主观上并无耳聋感觉,日常会话不受影响,称为"噪声性听力损失"。如病情进一步发展,听力将继续下降,并以4 000Hz为中心向两侧发展,当波及到语言频段,在500Hz、1 000Hz、2 000Hz三个频率处听力下降平均达到或超过25dB时,将出现语言听力障碍,主观上感觉到交谈听话时有困难。通常是一种职业病,故又称"职业性耳聋"。导致原因与接触噪声的强度、频率及作用的时间有关。噪声强度越大,频率越高,噪声性耳聋的发病率越高。即使是同样强度的噪声,每天作用的时间越长,发病率也越高。现代工业中多采用控制环境噪声、配戴防护耳罩等措施加以预防。

爆震性耳聋(explosive deafness)
耳聋的一种分类。强噪声刺激所引起的暂时性或永久性听力下降。多见于敲锣打鼓、放鞭炮、炸弹爆炸、枪炮发射等。伤后立即出现听力减退。听力损失程度与爆震的强度和受伤的部位有关。一般单纯中耳严重损伤,听力损失不超过 45dB;单纯内耳损伤,听力损失可超过 40dB;严重混合性损伤,听力下降可达 70dB 以上。双耳损伤程度不同,朝向声源侧耳聋较重。有时仅单侧耳聋。常伴有耳鸣、头痛、眩晕等症状。耳痛见于鼓膜破裂者。常伴有鼓膜破裂、鼓室出血、听骨链中断、脑震荡和全身其他部位的多处损伤。

中枢性聋(central deafness) 又称"大脑皮质性聋"。耳聋的一种分类。大脑听觉中枢受损害而引起的听知觉障碍。原因可能是脑血管病变、脑肿瘤、脑外伤,或遗传性血液因子不合等。

大脑皮质性聋(cortical deafness)
见"中枢性聋"。

心因性聋(psychogenic deafness)
又称"非器质性聋"(nonorganic deaf)。耳聋的一种分类。不是由于外周听力机制的损害,而是由于强刺激的心理原因造成的听觉障碍。不过也有些患者确实有器质上的障碍,但往往是为了某种目的而将自己的病情夸大。心因性聋不同于故意假装的伪聋。

歇斯底里性聋(hysterical deafness)
耳聋的一种分类。一种心因性的听觉障碍现象。发生时,患者是无意识的,通常由于极度的情绪压力造成,而无耳部生理异常现象存在。经过治疗症状可以减轻或消失。

老年性聋(presbycusis) 耳聋的一种分类。随着年龄增长而出现的听力灵敏度逐渐下降。除机体老化的原因外,也与现代生活中噪音污染及心理压力增大等因素有关。一般由高频开始出现听力减弱,但也有因传导系统的退化而从低频率开始出现听力下降者。

遗传性耳聋(hereditary deafness)
耳聋的一种分类。与遗传物质有关的耳聋,并通过生殖细胞按一定方式传递给后代。特点有:(1)听力损失出现的时间:1/3 在出生时,1/3 在婴幼儿及儿童期,1/3 在成人期。(2)听力损失出现的程度:先天性感音神经性聋常呈重度听力损失;迟发性者呈轻度至重度的听力损失。(3)听力损失多为双侧。(4)听力曲线呈现多样性。下降型:高频听力损失较重;平坦型:全频听力损失;碟型:中频听力损失,晚期波及到高频;上升型:低频听力损失较重,中、高频听力损失较轻。遗传性感音神经性聋占先天性聋的 1/2。现估计遗传性感音神经性聋有 140 余种。其中显性遗传占 12%,隐性遗传占 90%。

先天获得性耳聋(congenital deafness)
耳聋的一种分类。由于孕期和产程中各种因素所致的聋。孕期致聋包括孕期使用耳毒类药物和致畸类药物,孕期宫内感染风疹病毒、巨细胞病毒、单纯疱疹病毒、梅毒、弓形体等,以及孕期母体中毒、营养缺乏、内分泌紊乱、腹部照射、全身麻醉等。产期致聋是由于妊娠或分娩本身异常而导致的颅内、外损伤的一种表现。常见原因有产伤、缺氧、新生儿溶血、早产以及低体重儿等。这种耳聋不遗传。

后天获得性耳聋(acquired deafness) 耳聋的一种分类。出生时听力正常,后因疾病、外伤、中毒、噪音等而导致听觉器官或神经系统受损而失去听力。与先天性聋相对。保留的剩余听力所起的作用与听力损失的时间有关,一般在语言形成的关键期以前(约4岁前)发生的耳聋称之为语前耳聋。此种耳聋对于学习与掌握语言影响极大,已习得的语言在没有早期干预的情况下,几乎可以完全消退,给他们以后的发音训练和语言学习造成极大困难。在语言形成的关键期以后发生的耳聋称之为语后耳聋,后天性聋尤指这一种。一般耳聋时年龄越大,保留口语的能力越好;听力损失越小,则保留语言听力和口语能力越好。

聋哑(deaf-mute) 一种既听不见声音又不会说话的状态。通常是先天性的。由于婴幼儿听觉系统发生严重缺陷或病变,双耳出现重度聋以至全聋,导致婴幼儿不能通过听觉学习语言或巩固和发展耳聋前已掌握的语言。但患者言语器官一般无病变。因此,聋是第一性缺陷,哑是第二性附属缺陷,因聋致哑。多数患者有剩余听力,可通过配戴助听器和听觉语言训练进行矫治,有的可学会说话。国际聋教育界已普遍以"聋人"代替"聋哑人"的称呼。由此,中国大陆有些地区所称的聋哑教育,国际上一般则称聋教育。

十聋九哑(nine mutes out of ten deafs) 人们从经验中得出的对聋和哑相互关系的认识。即聋人中大多数人可能是哑巴,变成又聋又哑的人。绝大多数聋人之所以不会说话,并非语言器官有什么病变,而是由于早期听力障碍使之无法听到和辨别语言,以致失去了模仿学习的可能性。这说明聋是基本原因,哑是伴随而来的现象,聋是因,哑是果。聋和哑的关系十分密切。对耳聋的早期干预已经可以很大程度上改变这种状况。

针灸治疗聋哑(cure deaf-mute by acupuncture treatment) ①中医学治疗耳聋疾患的常用方法之一。②中国大陆源于20世纪50年代,并于60年代后期大规模兴起的一场用针灸医治聋哑病的活动。由于发生在"文化大革命"的特定历史背景下,因而带有浓厚的政治色彩和不符事实的宣传。起初由部队派医疗队到聋哑学校免费为聋童治疗,随后由学校的卫生保健人员或教师接替继续治疗。中医和针灸作为中国传统医学对某些耳病或耳鸣有一定疗效,但并不是所有类型、所有程度的耳聋症都可用针灸治愈。

耳鸣(tinnitus) 听到平时所听不到的发自内耳的声音,或外界没有声音而主观上觉得有声音的一种现象。发生的机制尚不清楚。可局限于一耳,也可两耳同时发生;可以是间歇性的,也可以是昼夜不停的。在性质上,有生理性耳鸣和病理性耳鸣。后者可能是耳聋或其他疾病的先兆。

耵聍(cerumen) 俗称"耳屎"。通常积于外耳道中的一种黄褐色粘稠物,可粘住灰尘和异物,有保护作用。干后成固体,色黄或棕褐,常自行掉出。若积聚过多,堵塞耳道,就会妨碍听力,甚至引起外耳道继发性感染。

先天性耳郭畸形(congenital deformity of auricle) 一种常见的先天耳畸形。导致原因包括:遗传原因,母体患有代谢性、内分泌紊乱等疾病,母体怀孕期间感染梅毒、病毒,特别是风疹病毒;或服用某些药物,或接触某些化学物质及放射线。主要种类有:无耳、小耳、副耳或招风耳(又称"扇风耳"、"扁平耳")、巨耳、猫耳、猿耳等。常伴有外耳道、中耳及其他结构的异常。可手术治疗。

小耳症(microtia) 先天性耳畸形的一种。在耳部仅有小肉块,并且大多数也缺少外耳道,兼有中耳和内耳的畸形或发育不全。

外耳道闭锁(atresia of auditory meatus) 先天性耳畸形的一种。也有的是后天性疾病或外伤后遗症。经检查若属传音性听力障碍者,通过整形手术,将外耳道打通后可恢复听力。

鼓膜外伤性穿孔(traumatic perforation of tympanic membrane) 由直接或间接外力导致鼓膜破裂。患者突觉耳内轰鸣,剧烈耳痛,或有少量的血从外耳道流出。单纯鼓膜穿孔,听力损失小于30dB。伴有内耳损伤,听力损失严重,可有眩晕、恶心等症状。常见原因有挖耳不慎,颅底骨折,掌击耳部,擤鼻用力过大,游泳跳水时耳部先触及水面,乘飞机急骤下降等。鼓膜受到外伤后,应及时进行耳科检查。鼓膜穿孔者,应禁止游泳、洗耳、滴耳药。穿孔长期不愈者,可作鼓膜修补术。

听骨链损伤(ossicular chain injuries) 由外力的作用所导致听骨链的损伤。最容易受损伤的听骨是镫骨;最容易受外伤影响的是砧镫关节。患者常有头部外伤史;听力损失超过50dB;鼓膜或穿孔,或完全无损,或虽穿孔已痊愈,但仍遗留中度传导性耳聋。头部外伤后,应定期观察听力变化。

渗出性中耳炎(exudative otitis media) 又称"浆液性中耳炎""卡他性中耳炎""鼓室积水""胶粘性中耳炎""胶粘耳"。一种中耳非感染性疾病。发病原因不明,主要学说有:咽鼓管机能障碍学说,感染学说,变态反应学说,自主神经系统功能紊乱学说等。主要症状是听力减退,可于感冒后突然出现,或于不知不觉中发生。部分病人以耳内的闷胀或闭塞感为主,可在哈欠、喷嚏、擤鼻或改变头位时听力有所改善。儿童表现为听话迟钝,误听及注意力不集中。病变特点主要是中耳腔内有渗出性非化脓性积液,导致听力下降。

化脓性中耳炎(purulent otitis media) 一种中耳感染性疾病。细菌感染鼓室引起的炎症。上呼吸道感染,擤鼻过于用力,污水中游泳或跳水等使细菌从咽鼓管进入中耳,鼓膜外伤使病菌从外耳道进入中耳等均可能导致中耳的感染。此外,小儿因某种解剖和生理的特点,当哺乳位置不正确,如横抱哺乳或平卧吸吮奶瓶,乳汁易经咽鼓管进入中耳引起感染,故本病婴幼儿发病率较高。临床上分为急性和慢性两类。中耳进入病菌之后,如果人体抗病力不足,则发生急性中耳炎。急性化脓性中耳炎只要及早治疗容易治好。如果病菌的毒力较强,治疗不当或者机体抗病力较弱,很容易迁延不愈而成为慢性中耳炎。慢性化脓性中耳炎的主要临床表现为耳痛、发热和鼓膜穿孔流脓,根据其临床特点又分为单纯型、骨疡型、胆脂瘤型三种。慢性单纯性中耳炎应先用药物治疗,直至中耳不流脓,保持耳内干燥几个月,鼓膜能愈合最好,若不能自行愈合则可采取手术治疗。骨疡型和胆脂瘤型中耳炎又称为"危险型中耳炎",宜及早手术治疗。

耳毒性药物(ototoxic medicine) 可损害内耳组织的药物。常用的耳毒性氨基糖苷类抗生素类药物有:链霉素、新霉素、卡那霉素、庆大霉素等。其他类耳毒性药物有:奎宁、氯奎、顺氨胺铂、氮芥、速尿、利尿酸、阿司匹林、洋地黄、心得安、奎尼丁、乙胺丁醇、异烟肼、对氨柳酸、苯妥英钠、苯巴比妥、反应停、避孕药、土荆芥油等。

药物性耳聋 病人服用、注射某些药物或接触某些化学制剂造成的感音神经性聋。随着抗生素类药物和其他化学物质的广泛应用,发病率日益增多,已成为耳聋的重要原因。主要临床特点有:(1)耳蜗中毒症状。高音调耳鸣,高频听力损失。(2)前庭中毒症状。头晕、恶心、走路不稳。(3)肾脏损害。(4)个体易感性。中毒的决定因素是个体的敏感性,与遗传有关。中毒的程度与用药量的多少关系不大。(5)孕妇用药,可通过胎盘进入胎儿的血液循环,引起先天性耳聋。(6)耳毒性抗生素与其他耳毒类药同时应用或先后应用时,对内耳发生协同性损害。(7)暴露在噪声环境中使用耳毒性抗生素,可加快、加重内耳的损害。

感染性耳聋(infective deafness) 某些致病微生物感染后所引起的感音神经性耳聋。耳聋的发生一方面与致病微生物的直接毒性有关,为感染性疾病的后遗症;另一方面与药物性耳聋同时发生。常见的致聋感染性疾病有:脑膜炎、麻疹、流行性腮腺炎、流行性感冒、疟疾、猩红热、风疹、白喉、伤寒、斑疹伤寒、回归热、水痘、带状疱疹、乙脑等。预防接种和及时治疗原发病是减少此病的有效措施。

听力计(audiometer) 一种能产生某些频率或响度的声音的仪器。用于检查听力状况。通过与正常听力相比,就可确定被测者听力损失情况。其种类很多,通常是指纯音听力计。先进的听力计能自动提供从弱到强的各种频率声音的刺激,并能自动变换声音的频率。测听时被测者在专用的测听室内戴上双封闭隔音的耳机,听到声音时即按一下按键,仪器可根据被测者反应直接绘出听力图。在医院临床应用的多为诊断用较精密的听力计,在聋校常有简易筛选用的听力计。

言语听力计(speech audiometer) 一种测听仪器,用于测验接收不同强度的说话声的听力状况。

听力级(hearing levels) 评定听觉敏度的一个指标。利用听力计测得。18～25岁听觉正常的青年各频率听阈的平均值为听力级0级,即纯音听力计上标示的0分贝。

听力图(audiogram) 又称"听阈图""听力曲线表"。记录受检者对每一频率(通常选择500～8 000Hz之间的倍频程频率)所能听到的最小强度(通常从0～80dB,对听力损失严重者超过90dB)的声音的曲线图。由气导或骨导测验纯音听力而绘成的称气导或骨导听力图,由气导以语音测验其辨别力而绘成的曲线图称"语音听力图"。以横坐标表示刺激音响的频率,纵坐标表示听力损失的分贝数。以零分贝为参照标准,此标准以下者为丧失的分贝数。测听时,分别将左耳和右耳的骨导和气导的听力阈限值分贝数,以坐标点记入坐标图中。左耳以"×"号记,右耳以"○"号记;骨导以虚线连结,气导以实线连结。图示可显示左右耳的骨导和气导听力在各种频率上的损失状况(见下图)。临床上亦采用数字听力表,在各频率段内填写测听数据而不绘曲线图。

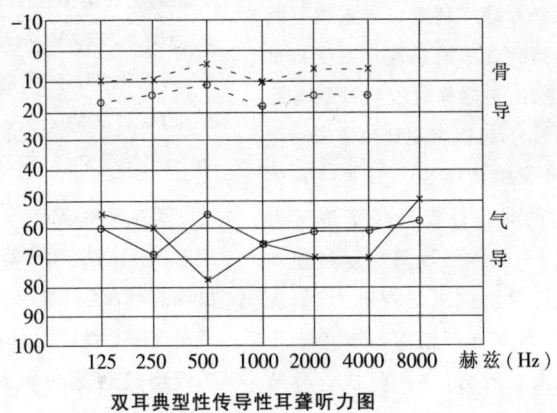

双耳典型性传导性耳聋听力图

听力年龄(age of hearing) 有听觉经验的年龄。通常指聋儿的听力得到合理补偿(戴上合适的助听器)后开始计算的年龄。

听觉辨别(auditory discrimination) 又译"听觉鉴别"。觉察出并且区分出外界声音刺激差异的能力。确认听力损失类型和程度的一个重要因素,个体间存在差异。一般而言,听力敏度越差,则听力辨别也越差。但在听力敏度无改变的情况下听力辨别可经训练而增强,以使个体收到剩余听力的最大使用效果。对听力残疾者,尤应训练其分辨不同语音的能力。训练时要将重点放在认知和分析声音的元素上,使患者能够知道每种音素之不同。

主观测听法(subjective audiometry) 需要受检者对声音刺激作出主观反应的一类测听方法的总称。如耳语测听法、秒表测听法、音叉测听法、纯音测听法、语言测听法等。判定受检者的听力状况,需根据其对声音刺激主观感受后所作出的反应,故易受被测者年龄、智力、受检时的精神状态等主观因素的影响。如受检者年龄太小而不理解测听要求或注意力不集中,可能使测听结果不准确,故在婴幼儿测听时应慎用。玩具测听法等适合幼儿的测听。

客观测听法(objective audiometry) 不需要被检查者对声刺激作出主观判断反应的一类测听方法的总称。不受被检查者年龄、智力、受检查时的精神状态等主观因素的影响,可以客观地测定听功能情况,其结果较精确可靠。如通过观察声刺激引起的非条件反射来了解听力(如瞬目、转头、肢体活动等);通过建立条件反射或习惯反应来检查听力(如皮肤电阻测听、配景测听法等);利用生物物理学方法检查听力(如声阻抗—导纳测听);利用神经生物学方法检查听力(如电反应测听)。

耳声发射(otoacoustic emission, OAE) 一种产生于耳蜗、经听骨链及鼓膜传导释放入外耳道的音频能量。可以检查耳蜗的生理功能,判断对声音的生理反应,广泛应用于新生儿听力筛选。

简易声音测听(simple voice test) 一种常用于两岁以上儿童的行为测听方法。检查方法:距儿童2~3尺处避开孩子的注视,突然发声或呼其名;相隔十几秒钟重复,仍无反应则依此方法逐步提高嗓音;若有残余听力,必定有探寻声源的反应;只要出现可靠的反应就不必再用强声刺激;改换另一种声源,以检查对不同频率的反应。一般人小声讲话为40dB;普通讲话声为50~60dB;高声讲话60~70dB;大声讲话为70~80dB;大声喊话为80~90dB;全力叫喊可达90~95dB。除人声之外,还可以使用能发出声响的玩具或其他工具,如收音机、闹钟、车铃以及击掌声、击碗声、敲杯声、锣声、鼓声等来测试儿童的听力。感音神经性聋的患者,接受能量主要集中在4 000~6 000Hz的z、c、s、j、q、x、zh、ch、sh等辅音音素相当困难,甚至根本听不到,而对能量主要集中在1 000Hz以下的a、o、e、i、u、ü、ai、ei、ao、ou、an、en等感受良好。

莫尔反射(Moro's reflex) 一种听性反射检查方法。0~3个月的婴儿对突然出现的声音会产生一次惊跳,手足同时突然出现向心性收缩,但幅度不大,类似一次颤动的现象。如意外地大声(80~90dB)关门、碗盆落地、喷嚏、咳嗽等,小儿不出现惊跳,应怀疑先天性耳聋,到医院做进一步检查。

眼睑反射(palpebra reflex) 又称"瞬目反射"。一种听性反射的检查方法。新生儿对突然出现的声音还会出现睁着的眼睑突然闭合的现象。如意外地大声

(80～90dB)关门、碗盆落地、喷嚏、咳嗽等,清醒的孩子不出现紧闭双眼,应怀疑先天性耳聋,到医院做进一步检查。

觉醒反射(arousal reflex) 又称"唤醒反射"。一种听性反射检查方法。新生儿睡眠或半睡眠状态下,听到突然的大声时,闭合的双睑突然睁开的现象。如意外地大声(80～90dB)关门、碗盆落地、喷嚏、咳嗽等,睡眠的孩子不睁开双眼,应怀疑先天性耳聋,需到医院做进一步检查。

小床-O-图试验 一种对声刺激反应的自动记录方法。用于新生儿筛选。方法是将小床褥垫下放一电感应器,记录24小时内婴儿对声音的反应。记录器于24小时内工作20次,每次16秒。在每次记录器工作时限的中间,扬声器发出声信号,比较给声前后的描记曲线振幅的变化,以判断其听觉功能。

音叉(tuning fork) 一种检查听力的器械。一般带两个叉,用特质金属制成。每支音叉敲击时发出固定的频率的振动。主要用于聋人的纯音测听,从而估计病耳听力损失的程度,并可初步鉴别耳聋的性质。

音叉试验(tuning fork test) 一种简便的听力检查方法。可比较方便、快速地诊断耳聋性质。音叉是呈"丫"形的钢质或铝合金发声器,因其质量和叉臂的长短、精细不同而在振动时发出不同频率的纯音。将振动音叉的其中一臂的近末端处放在距被检耳外耳道口1厘米处作气导检查(音叉两臂均放在外耳道延长线上);将振动音叉的柄端紧抵于乳突部或前额部做骨导检查。分别测定气传导和骨传导听力,比较两耳间、气导和骨导间、正常耳和病耳间能听清音叉声音的时间,从而估计病耳听力损失的程度,并可初步鉴别耳聋的性质。常用的有任内试验、韦伯试验等。

任内试验(Rinne test) 又称"气骨导对比试验"。一种常用的音叉测听方法。对比受检耳气导听力与骨导听力。先将振动的音叉柄放在受检耳乳突的鼓窦部测试骨导,至受检耳听不到音响时,立即把音叉移置于同侧耳外耳道水平延长线1厘米处测试气导,如受检者仍能听到音响,则气导大于骨导,为任内试验阳性,为正常耳或感音性耳聋;如不能听到音响则按相反程序进行测试,即先测气导再测骨导,如骨导仍能听到音响,则骨导大于气导,为任内试验阴性,为传音性耳聋;如骨导也不能听到则为气导等于骨导,亦为传音性耳聋。

韦伯试验(Weber test) 又称"骨导偏向试验"。比较两耳骨导能力的音叉测听方法。将振动后的音叉柄置于颅中线的某一点上(常为前额或颅顶),让受检者比较哪一耳听到的声音较响,如双耳音响相同或感觉音响位于中央,则为韦伯试验正中(无偏向),表示正常耳或两耳听力损失的性质和程度相同;如音响偏健侧或较轻侧,为感音神经性耳聋;如音响偏患侧或较重侧,为传音性耳聋。

纯音测听法(pure-tone audiometry)又称"电测听检查"。一种主观测听法。利用一种能产生纯音的纯音听力计检查听力损失的一种技术。测试时,通常先测气导,两耳分别进行。通过耳机,以不同的频率分别向每一只耳朵发出纯音。被测者在听到声音时做出反应,根据反应调节声音的强度,以检查其对多大强度的声音才能听到。检查用的频率通常有500、1 000、2 000、3 000、4 000、6 000、8 000赫兹。对于聋童可以加测125赫兹和250赫兹两个频率,以便鉴别是否有剩余听力。为避免发生听觉疲劳,多采用断续音(脉冲音)测试。测骨导时,将骨导器置于受检耳鼓窦处,检查方法同气导测试,但可先测低频。若两耳气导听阈相差40分贝以上或两耳骨导听阈不同,在测听力较差一耳时,需对较好一耳加噪声掩蔽,以避免所测结果不准。测听结果多以听力图表示。

噪声掩蔽(noise masking)　在听力测试中消除影子听力的一种方法。被检者一耳听力正常或损失较轻而另一耳听觉障碍严重,在测试较差一耳时,测试音大到一定强度会被较好耳首先感受到,使受检的较差一耳也产生"听到声音"(即影子听力)的假象,从而使测试结果不准。通过耳机对较好一耳施加噪音,可使其不能发挥作用。以施加频率相近的噪音掩蔽效果最好。适用对象一般为:测气导听阈时,一侧为感音神经性聋或混合性聋者,双侧为不同程度的感音神经性聋者;测骨导听阈时,除一耳为传音性聋者外的其他各类耳聋者。

听阈测量(hearing threshold measurement)　对人的听力敏锐度的测定。听阈是用来测量听力敏锐度时所用的一种衡量标准。在听力测量时可使用几种阈限,但在测量听力敏锐度时便要采用绝对阈限。参见"听觉的绝对阈限"。

耳语测听(whisper test)　一种简单易行的语言检查法。可以粗略地提供受检查者的听力情况。此法可以作为集体的听力筛选检查,也可用于功能性聋的诊断。检查方法:选择环境安静长于6米的检查室,在地面逐米划出标记;让被检查者站在室内一端,不要靠墙壁,受检耳朝向检查者,另一耳用手或棉球阻塞耳道,双眼遮盖以防利用视觉。检查者站在距被检查者6米处,以耳语声(强度约30dB)说出一个词,然后令被检查者复述;如不能复述,则可重复1～2次,但不可提高音量;如仍不能复述,则检查者逐米前移,重复试验,直至被检查者听到并复述无误为止。检查者随即记录被试听到并复述无误的距离米数,将其作为分子,以正常听距6米为分母,即表示听力程度。如被检查者于2米处才可正确复述,则该耳的听力为2/6;用同样方法检查另一侧耳的听力。需注意检查前要向受检查者说明试验方法和要求,以求密切配合;检查时应选择通俗易懂的双音词,包括低频词和高频词;检查者应口齿清晰、发音准确,力求强度一致。

语言测听法(spoken voice test)　用话语作测试材料的测听方法。主要测试听力障碍者语言交往的实用听力,为聋校进行分类教学提供依据。测试材料需使用专门编制的词表,视测试目的可用单音节词表、双音节词表或多音节词表,也可用无意义的或有意义的词组或句子。为了使测试的材料能在一定程度上代表日常的话语,编制时要使词表中的词的音节出现频率,与日常用语中音节的出现频率相一致。这样编制的词表称"音节平衡词表"。为避免重复测试造成被试学习和记忆效应,还应备有性质相同的复份词表,以便在复测时使用。施测时可采用主试口诵或放录音,也可通过语言测听计直接输送到受检耳。测试结果记录下听清语词的音量阈限、语词内容及数量。

游戏听力检查法(game audiometry) 一种借助游戏检查和训练儿童听力的主观测听法。适用于3~6岁聋幼儿。通常有3种方法:(1)图片法:用画有某种物体(如火车、鸟、飞机、狗、猫等)的图片表示一定频率的声音,当被检儿童听到某种频率的音响时,他会指出相应的图片。(2)计数法:利用某种可供计算的器具,如小球、算盘、棋子等。检查时,被检儿童面前放有两个盘子,其中一个是空的,另一个盛满了小珠子(或棋子、纽扣、小球),当幼儿听到声音后即教他将盘子中的小球放到另一个空盘子中。(3)玩具法:将扬声器装在玩具内(如洋娃娃、大熊猫),或将装有扬声器的音箱表面饰以装饰物,显眼处再装有彩色灯泡。测试时,两个扬声器分别装置在幼儿两侧,给声的同时显示出光彩,吸引幼儿将头转向发声发光的一侧。几次声光同时出现后,幼儿便形成了将头转向发声发光物的条件反射。此时如果发现幼儿能听到的声音而不伴有光亮,他也能将头转向发声的扬声器,那么一个个声强,一个个频率地测试下去,便能得到幼儿各频率听力状况的动态范围。

配景测听法(audiometry with scenery) 一种行为反应测听方法。适用于5岁以上儿童。由一玩具景象镜箱和听力计的联合装置进行。景象镜箱的灯亮后,可通过小窗看到箱内映出各种有趣的画片。受检儿童坐在镜箱前,手拿电钮,检查者立于箱后,进行控制和观察。测听开始时,嘱受检儿童闻声后,即刻按电钮看灯亮和画片,反复数次,可记录所测得的听阈。

行为反应测听(behavioral response audiometry) 一种主观测听法。给予被检查人一个响声刺激,观察其行为反应,借此了解听力水平。根据不同年龄的儿童,可选择不同的行为测听。0~3个月的新生儿及婴幼儿,使用听性反射检查:在被试的耳边给一个70分贝以上的声音刺激,如果听力正常就可出现四肢抖动、睁眼或闭眼,原来存在的活动停止或呼吸变化等反射。3个月以后的孩子,对声音产生了定向能力,可以注意产生声音的方向,因而可采用听性行为反应检查:避开孩子的视线,分别从不同的方向给予不同强度的声音,观察孩子的反应,根据所给声音的大小,大致地估测听力损失的程度。1~3岁的儿童可选择条件定向反射检查。5岁以上的儿童可选择配景测听和游戏测听。

哨声测听(whistle audiometry) 一

种主观测听方法。测查者选择平常能买到的哨子,在距被测者一定距离内用不同力量吹哨子,可初步判断一级耳聋和二级耳聋。其优点是经济、简单易行,家长、教师都可使用。缺点是测查结果粗略。

击掌测听(clap audiometry) 一种主观测听方法。一般距离被测者1米左右猛力击掌,其发出的声音约70分贝,对判断重听有参考作用。但测查时需注意避免击掌产生的气流对被试影响。优点是简单易行,家长、教师都可使用。缺点是结果准确性较低,只能作为对听力状况的粗略检查。

声场听力测验(sound-field test) 一种介于正式与非正式测听之间的测听方法。利用扩音设备,将声音由扩音机传入在室内游戏的儿童的听觉器官。适用年龄为2~6岁。测验用的声源有两种:一是纯音,一是环境音。检查者借衰减器调节音量,观察受检儿童在哪一声级有反应以了解其听力是否正常。使用纯音测验时可用适当的听力图加以表示;若用环境音测验,则可用记录的形式作为表示方法。此法对聋儿作筛选检查切实可行,且较为简便。

电反应测听(electrical response audiometry, ERA) 一种客观测听法。利用声信号,刺激被测者听传导通路产生神经冲动,经电子计算机将这些神经冲动放大、叠加,并绘制成图,以此判断被测者的听力状况。主要包括耳蜗电图、脑干诱发电位、中潜伏期反应、皮肤电位反应测听等四大类。其中,临床应用最多的是脑干诱发电位和耳蜗电图。优点是准确、可靠,特别适用于幼儿、聋儿及一切不能配合进行主观测听的患者。

自动听性脑干反应(automatic auditory brainstem response, AABR) 又称"快速听性脑干反应"。一种客观测听新技术。20世纪80年代在常规听觉脑干反应技术(ABR)基础上发展而来。用于检查耳蜗、听神经传导通路和脑干的功能状态。采用固定强度短声进行刺激,频谱范围为700/750~5 000Hz,刺激声相位交替,应用模板检测算法从脑电图(EEG)中提取ABR的V波,并对其进行分析处理,自动产生"通过"或"不通过"两种结果。进行测试时,对测试环境要求不高,不需要专业的听力学家监督或解释结果,受中耳渗出和外耳道碎屑影响小,能准确、快捷进行新生儿的听力筛查。

声导抗测听(acoustic immittance audiometry) 一种客观测试中耳传音系统功能的方法。其工作原理是,声波在介质内传播需要克服介质分子位移所遇到的阻力声抗,被介质接纳传递的声能叫声导纳,合称声导抗。当声强恒定时,介质的声阻抗越大,声导纳就越小。而介质的声导抗取决于它的摩擦力(阻力)、质量(惯性)和劲度(弹性)。此方法客观、精确、容易实施,特别适用于儿童。

复聪(hearing rehabilitation) 经治疗和训练,受损的听力机能得以恢复的过程。先进行检查,确定听力损伤程度和病因,然后采取药物、配戴助听器或手术治疗。通常药物疗效不甚好,特别对神经性耳聋更难奏效。对于传导性耳聋,尤其是外耳和中耳的畸形、破损、缺失等疾患,使用手术疗效较好,如耳膜补贴、人造耳膜、修复外耳道、割除耳道肉瘤、听骨链修整与补缺等。现代医学可以对内耳实行手术,如"内耳开窗"和植入人工电子耳蜗等。手术成功并辅以听觉语言训练,可不同程度地重建听力。效果还与以下因素有关:失聪的时间、程度、类型,患者的智力、语言发展的状况、所受教育的情况、个性特点,以及家庭和社会对他的态度等。

人工耳郭(artificial auricle) 俗称"人工假耳"。适应因外伤引起的耳郭缺损以及先天性耳郭畸形者使用的外器官假体。人的两耳是对称的听觉器官,单侧或双侧耳郭缺损,既有损容貌,又影响正常的听力。装上人工耳郭可起到整容作用,也有助于听力康复。

人工耳蜗(artificial cochlea) 又称"电子耳蜗"。一种代替正常耳蜗转换功能的人工装置。其基本原理是将声音信号变为电信号,经适当处理,将信息直接作用于全聋患者的残存听神经纤维,从而使其诱发出音感,使以往没有办法解决的感音神经性耳聋有了康复希望。至20世纪末我国已有上千名聋儿做了植入手术,因价格昂贵,尚难普及。

人工中耳(middle ear implants) 又称"中耳植入式助听装置"。针对原有助听器不足而开发的一种新型植入式助听装置。一般由麦克风、电源、电子线路和振动器(振子)组成。根据振动器工作原理的不同,可分为压电式人工中耳和电磁式人工中耳两类。须经手术植入中耳,以促进听骨链高效振动,达到补偿患者听力损伤的目的。这种直接驱动听骨链的设计是在更接近生理情况下的听觉产生途径,从而提高了声音的保真度。根据植入方式不同,可分为全部植入式和部分植入式两类。

环境声感应器(environmental sound sensor) 聋人感知环境声音的一种康复辅助设备。其基本构成是一个声传感器、放大器、天线信号发射器、便携式的无线信号接收器和震动发生器或光信号发生器。原理是将声信号转换成触觉或视觉可感知的信号。例如电话铃声、门铃声、婴儿哭声可发出不同频率或不同调制方式的无线信号,接收器有解码器,使用者感知后,以观察显示的方式便可判断声源。

助听器(hearing aid) 供听力残疾者使用的一种放大声音、改善听力的电子仪器。为一个完整的电子放声系统,由话筒、耳机、电源和放大器所组成。广义分为3类:(1)便携或佩戴式助听器,包括盒式、耳背式、耳内式、眼镜式等。(2)个人台式大功率助听器,又称"听觉语言训练器",能与录音机、电唱机相串连。(3)集体用助听器,可同时对多人进行听觉和语言训练。狭义指便携式助听器。选配之前需先经耳科医生检查,确定耳聋性质、程度,测出听力曲线,按本人的听力特性进行配置。随着电子技术的进步,正由电子半导体式向数字(数码)式发展,价格降低。

集体助听器（group hearing aids） 助听器中的一类。由一个或几个话筒，一个放大器和几个受话筒组成。多用于聋校、会堂、剧场等公共场所。优点是同时可供多人使用，缺点是完全靠有线联系，用者的活动受到限制。感应回路助听器和无线电调频助听器的问世，克服了这一缺点，但价格略高。

盒式助听器（cassette hearing aids） 一种个人用佩戴式助听器。外形如烟盒，比普通烟盒略小，外接导线连接耳机。成人使用时放在上衣口袋内；儿童装在特制的绒布袋里经脖子挂在胸前。老人及儿童使用占多数。优点是：功率可大可小，频带宽，性能稳定；电池容量大（5 号或 7 号电池），使用时间长；各种开关调节旋钮大，操作方便；维修容易，价格较低。缺点是：体积大，导线长，佩戴不方便；心理适应效果欠佳。

眼镜式助听器（spectacle hearing aids） 一种个人用佩戴式助听器。式样不同，有的将耳背式助听器经一个转接器连接到眼镜腿上；有的是将骨导耳机或骨振动器装在粗镜腿末端，使用时恰好贴伏在耳后乳突的骨面上。多用于成人中耳炎后遗症或耳硬化症晚期等传导性耳聋患者。优点是：合并高度近视的耳聋者使用方便；为一耳全聋者，提供患侧声接收；利于骨导助听。缺点是：眼镜重量加大，鼻梁、耳郭负担加重；不便低视力者更换助视器；价格较高。

耳背式助听器（behind-the-ear hearing aids） 一种个人用佩戴式助听器。形似香蕉，长度不超过耳郭，宽度约为耳郭的 1/2，依耳郭而弯曲。优点是：功率可大可小，隐蔽美观，双耳佩戴方便、舒适，销售方便。缺点是：只有气导而无骨导，维修困难，价格较高。

耳内式助听器（in-the-ear hearing aids） 一种个人用佩戴式助听器。依据助听器放置的位置，分为耳甲腔式和耳道式两种。耳甲腔式助听器放置在外耳道口及周围大凹陷部位，又可分成全耳甲腔式和半耳甲腔式。耳道式助听器放置于耳道内。近几年还发展出完全耳道式，置于深耳道内，完全不被别人发觉，被称为隐性助听器。选配时，须事先根据使用者的耳甲腔或耳道翻模造壳，然后将助听器零件放在机壳内，再将外壳打磨抛光而成。由于使用时直接放在耳甲腔或耳道内，十分隐蔽，既可消除佩戴者的心理障碍，又保留了耳郭的集音功能和外耳道的共振作用，配戴时更易适应。但目前此种类型助听器功率不大，尚不能满足重度以上耳聋患者的需要。18 岁以下的未成年人因外耳道和耳郭逐年长大，1、2 年即需要更换，故不采用。另外，调节困难，修理不便，价格较高。

数字式助听器（digital programmable hearing aids） 一种应用现代计算机技术的助听器。采用现代计算机技术中所用的数字信号方式，将外界的声音进行加工、处理和放大，同时在电路中增加一个体积很小的电脑，贮存根据不同听觉环境的需要所预先设定的程序：如安静环境下交谈声定为程序"1"；嘈杂环境中交谈定为程序"2";识别室外各种环境声定为程序"3";聆听音乐定为程序"4"。使用者可随意直接或通过遥控器选择程序,从而满足聋人在不同环境中的需要。对声音频率进行分段分别放大,听力损失多的频率增益大,听力损失少的频率增益小,声音听起来更真实。由于能自动调节声音的放大倍数,声音弱时放大倍数自动调大,声音强时放大倍数自动调小,故能满足耳蜗性聋者听觉动态范围窄的特征的需要。

无线调频式助听器(wireless FM hearing aids) 一种用于聋生教学的放大设备。教师或父母佩戴调频信号发射器,聋生则使用接受器。既可在教室内听课,也可在户外进行教学。不需要导线连接,老师和学生可在规定范围(半径10~50米)内自由活动的同时听老师讲课。各班级使用的频率信号范围不一样,不会互相干扰。

耳模(ear membrane) 助听器的耳机与耳道之间的一个过渡部件。从患者耳甲腔取印模,再送到制作技师定做而成,也可用自身固化物直接由印模形成。功能有三种:一是将助听器的输出声音传到耳道,防止声反馈并保持适当的通气;二是将助听器固定于耳部;三是可灵活修正助听器的电声学特性。听力学家认为,所佩戴的助听器,不做耳模,等于只发挥了50%的作用。

频宽(frequency bandwidth) 频率范围的简称。助听器有效的频率范围。频带越宽,保真性能越好,好的助听器频率范围可达80~8 000Hz。

最大声增益(maximum acoustic gain) 助听器对外界声音的放大能力。耳聋的增益补偿不是按听阈级损失多少计算,而是按阈值的半数加5~10dB的简便计算方法补偿听力损失。如增益太小,助听后听阈太低,则背景噪声过度放大,不利于聋人从噪声中辨识言语信号;如增益太大,则可能发出刺耳的啸叫伤害残余听力。助听器的音量调节按钮能满足各个患者的具体要求。

最大声输出(maximum acoustic output) 又称"饱和声压级"(saturated sound pressure level)。助听器的最大输出功率。每个助听器的最大输出功率是恒定的。使用助听器时,要求最大声输出低于患耳的不适阈。否则可产生耳痛和极度不适,对残余听力造成进一步的损伤。功能较全的助听器多有饱和声压级的自动调节装置,可根据患者具体情况加以调整。助听器的功率根据最大声输出划分为五类:小功率:<105dB(SPL);中功率:105~114dB(SPL);中大功率:115~124dB(SPL);大功率:125~135dB(SPL);特大功率:135dB(SPL)以上。

频率响应(frequency response) 简称"频响"。助听器对不同频率的声音产生不同的增益。听力损失的患者,有的仅是低音听不清,有的仅是高音听不清,还有的是高音和低音全听不见。为了满足不同患者的听力要求,助听器上的音调控制钮提供不同的频率响应供选择。"L"表示增强低频增益,降低高频增益;"N"表示增强中、高频增益;"H"表示增加高频增益,降低低频增益。

噪声比(signal noise ratio,S/N) 又称"等效输入噪声级"。衡量助听器噪声大小的一项指标。助听器耳机输出的声音中,既有放大的声音信号,也有噪声,而且噪声是不可避免的。信号与噪声的比值越高,信息传递的质量就越好。一般大于 30dB(SPL)为合格产品,否则会影响助听后声音的清晰度。

自动增益控制(automatic gain control) 助听器为了控制声音强弱而设置的电路。具备这一功能的助听器对弱的信号正常放大;如果有强的信号进入助听器,到了起控点,即自动进入增益控制区,对强信号进行压缩,使之缓慢放大,声输出幅度降低。聋人接受到声音变化范围小于助听器声音输出的变化范围,既满足听力损失补偿的需要,又保护听力不受伤害。

聋人起床闹钟(alarm for the deaf) 按预定时间发出闪光或振动信号的一种闹钟。与闹钟连接的振动器放在床垫或枕头下,主要用作唤醒聋人起床。可用普通电子闹钟改装。

助聋犬(guide dog for the deaf) 又译"导聋犬"(dog guides for the deaf)。经过专门训练用来帮助聋人的狗。经过训练,能根据日常生活中,许多环境声响,如闹钟铃声、敲门声、婴儿啼哭声、电视机发出的声音信号作出不同反应,以提醒聋主人作出相应的处理。有的还学会对口令和手势作出反应。发达国家有专门训练的机构和专业人员。2006 年 4 月被引入我国。

视觉语言学(visual linguistics) 语言学的一门分支学科。1983 年由法籍华人学者游顺钊创立。他基于对聋人手语、儿童语言及中国古文字等方面进行的综合研究,认为要着眼于视觉方面,从时空角度对聋人手语及其他一些表达系统进行语言学研究。他所著的《视觉语言学》(中文版)1991 年由台北大安出版社出版。1994 年北京语文出版社出版了他的《视觉语言学论集》。

姿势(gesture) 用身体各部分动作进行交际的形式,如点头、挥手。姿势和语言有联系,但不是语言的本质部分。在手势语中常常会有。

姿势交流(gestural communication) 借助身体的动作进行信息(思想、感情、信号)的非有声言语传送或接收。

非言语交流(nonverbal communication) 又称"非言语语言"(nonverbal language)"非言语行为"(nonverbal behavior)。通过人的动作表达思想,而不用口语或书面语。类型包括目光接触、面部表情、身体姿态,以及各种古怪的声音。既可能很微妙,也可能很夸张,这取决于人们之间的距离以及彼此是好友还是陌生人。政治家、滑稽演员或其他人由于职业需要也可能使用夸张了的非言语交流,以表示对陌生人的友好。没有掌握口语或书面语的聋人使用与听力正常人使用的性质是不相同的。

体态语言(body language) 又称"身体语言"。多表现在两种场合:(1)通过身体姿态、手势、面部表情、目光和身体接触,以及其他非有声言语交流,表达无意识的情感、冲动及冲突。经常与器官语言（organ language）一词混用。（2）在社会交际活动中，以姿态、手势、面部表情和其他非有声言语手段来帮助交流信息、情感和意向。聋人用的手势语也是一种体态语言。

符号系统（sign system） 将手势动作与有声语言系统配合而制定的一种表达系统。聋人的沟通工具之一，属手语法体系。如指拼法（finger spelling），它不直接与观念发生联系，而以手指的指式代表字母，拼打出词或句子。与符号语言有着本质的不同，它不是一种独立的语言，而是某一种民族有声语言（如汉语）的语言形式，如同口头语言和书面语言同为语言形式一样。其使用必须以某一种有声语言为基础，因此，没有掌握本民族有声语言的聋人不能使用。参见"符号语言"。

符号语言（sign language） 又称"手势语"。台湾也译作"手语"。在日本称作"手话"。聋人的交际工具之一。属手语法（manual method）体系。由手形辅之以表情姿势为符号构成的比较稳定的表达系统。有的学者认为是一种无结构的语言，因而其功能也受局限，易生混淆和误解，无法表达较复杂、抽象的概念。也有的学者认为是一种独立的语言，而不是某一种民族有声语言的语言形式，有特定的结构和语法，可用来表达任何程度的抽象概念。与符号系统不同，直接与形象、观念发生联系，多为自然手势符号。因而，即使没有掌握本民族有声语言的聋人也可以使用。参见"符号系统"。

手语（sign language, gesture language）（1）中国大陆指手势语与手指语的合称。常与"手势语"一词通用。（2）中国台湾仅指手势语。参见"手势语"、"手指语"。（3）一些学者认为是聋人的"母语"，第一语言。

手势语（sign language, manual speech）俗称"哑语"。聋人用手势表达思想、进行思维的一种工具。常与"手语"一词通用。但其内涵小于"手语"。参见"符号语言"、"手语"。

自然手语（natural sign language） 对手语的一种分类。指聋人之间自发创造和使用的手语。以模拟事物形状、活动情节、心态为主，直接与表达者的观念相联系，手势动作不要求与有声语言的词、句和语法规则相对应。

文法手语（grammar sign language）对手语的一种分类。指按照有声语言的语法规则表达的手语。手势动作要求与有声语言的词、句和语法规则相对应。

手势文字（sign writing） 有的国家记录手势语言的符号系列。产生后改变了作为聋人语言的手势语没有对应的记录符号，只得以一般记录有声语言的文字充当对译符号的情况，使手势语言有了文字形式。如美国由65个基本符号组成了一个手势书写符号系列（sign-symbol-sequence）。系列中的所有符号分为三类：手型符号47个，运动符号17个，表情符号1个。将这些符号按照不同方式组合，就成为文字，可把一个个手势"写"出来。其实用价值尚需受实践检验。

手势交谈（manual communication）
台湾特殊教育界用语。指兼用手语及指语，或只用其中任何一种进行交际。此处"手势"作为手语和指语的上位（较大）概念使用，与大陆的用法正相反；大陆将"手势"与"指语"并列，作为手语的下位（较小）概念。

手指语（finger spelling） 又称"指拼法""手指拼法"。简称"指语"。在日本称"指文字"。聋人的交际工具之一。属于手语法体系。但学习、掌握和使用指语都必须以口语为基础，所以严格地讲，不应归为手语法体系。用手指的指式变化代表字母，按拼音顺序依次拼出词语的一种语言表达形式。因此，不同于手势语。本身不是一种语言，而是一种为了传达词的拼法的代码。有单手指语和双手指语之分。北美、北欧国家和前苏联使用单手指法，英国、澳大利亚和部分英联邦国家使用双手指语。中国大陆 1963 年法定使用单手指语，但亦在部分学校试用双手指语。特点是可分析和拼合语音，表达任何词句，与有声语言的表达顺序完全一致；指式数量不多，易学易记。但拼打速度比口语慢，表达的感情色彩较少，且不能形象地表示具体事物，尤其是首先必须了解它所要拼打的那种语言，因此，其受聋人欢迎的程度不如手势语。许多国家都依据本国文字的拼音字母或拼音方案制定字母指式，凡模拟拉丁字母形状的指式多有相同或相似之处。另有供盲聋人使用的指语，但其性质不同于聋人用的指语。供盲聋人使用的是触—动觉交际形式，供聋人使用的是视—动觉交际形式。

手指字母（manual alphabet） 以手指的指式代表拼音字母或音节。其指式设计，通常模拟所表示的字母形状。汉语手指字母多数模拟大写的拉丁字母形状，如 C、E、K、M、N 等；另有一些指式沿用国内流行的手势动作如用 1、5、7、9 的数字手势代表字母 I、U、Q、J，即汉语该数词的第一个音，便于联想记忆。汉语手指字母共 30 个指式，代表汉语拼音方案的 26 个字母和 4 组双字母（ZH、CH、SH、NG），汉语四声符号用书空形式表示。

指语术（dactylology） 以手指指式和动作充当符号进行交流的一种技术，通常使用一只手。一般供聋人使用。参见"手指语"。

赖恩手势（Lyon's sign） 又称"赖恩手指字母"。中国聋教育界最早使用的一种手指指式。由赖恩（J. Lyon）根据贝尔的视话符号制定，表示的是发音部位和方法。19 世纪晚期经美国米尔斯夫妇引入中国，应用于教中国聋童学习胶东语音，并印在"启哑初阶"教材里。表示方法为：(1)指式仅表示发音器官的部位和方法。一个指式表示一个符号，共 45 个指式，表示 119 个视话符号中的一部分。(2)以 4 个手指的屈伸表示部位，以大拇指表示出气。如 4 指弯曲手心朝正前方表示唇音；大拇指向内曲贴于手心，表示只出气没有音。(3)转动手的角度表示另一组字母。如将表示唇音的指式向左侧转 45°，手心朝左前方，则表示舌根音。(4)以 4 指与大拇指的接触变化表示口的开合大小。

如大拇指搭在食指上表示口开得大,搭在小指上表示口开得最小。指式拼打复杂,难学难记。

赖恩氏手切 又称"注音字母方案"。中国聋教育界使用过的一种注音字母手指指式。产生于1918年注音字母公布之后。基本沿用赖恩手势来表示汉语注音字母的发音部位和方法。共34个指式,其中32个选自赖恩手势,只有个别改动。因拼打复杂,难学难记,未能推行。

国语注音符号发音指式(mandarin phonetic symbol to pronounce means) 中国聋教育界使用过的一种注音字母手指指式。20世纪30年代由上海聋教育工作者制定。共37个指式。指式设计基本依据的仍是赖恩手势,表示汉语注音字母发音部位和方法,但出现了两个明显变化:一是指式简化,只用一个指式表示一个注音字母,容易学习和记忆;二是出现三个仿注音字母形状的指式。

汉语手指字母方案(plan of Chinese finger spelling) 以汉语拼音方案的音素字母为基础制定的单手指语指式及拼打规则。1959年2月开始以《汉语手指字母方案(草案)》方式在全国各地试行,历时4年8个月,1963年10月修正定案,由原内务部、原教育部、原中国文字改革委员会于同年12月公布施行。全文共6条:第一条阐述汉语手指字母的性质。第二条规定汉语拼音方案中的26个字母的指式。第三条规定汉语拼音方案中4组双字母(zh、ch、sh、ng)的指式。第四条规定汉语拼音方案中两个加符字母(ê、ü)的打法:ê,用E的指式,手指上下摇动两下;ü,用U的指式,手指前后振动两下。第五条规定声调符号,即阴平(-)、阳平(´)、上声(ˇ)、去声(丶)四声,和隔音符号(')都用书空表示。第六条规定用右手拼打,必要时若用左手代替,则指式方向需作相应的改变。

汉语手指音节(finger spelling of Chinese-syllable) 汉语手指语的一种。1974年7月由北京第四聋校沈家英老师等设计。在《汉语手指字母方案》基础上增加20个指式,使用时,右手打声母,左手打韵母,两手相互配合同时打出指式,一次即打成一个完整的音节。旨在克服汉语手指字母是音素字母,用单手拼打,一次打出的指式只代表一个音素,要打出几个指式才能拼成一个音节的不足。相对单手指语,具有稳定、快速、与口形配合紧密的优点。此方案在一些聋校教学中作为辅助手段试用,并在部分学校中推广,但国家规定的仍是单手指语。

手势代码系统(system of signed code) 为了能够传达口语的结构和语法而设计的一套手势代码。并非一种独立的语言。产生的背景是,人们逐渐接受非口语交流的观点,同时又希望通过手势教聋童主流社会使用的口语。已存在于一些国家。北美至少已经创造了5种英语手势代码。如"手势英语"(signed English)。

手势汉语(signed Chinese) 按照汉语语法规则表达的手语。与自然手语相对。手势语的语序按汉语语序打出来,手势词也基本上与汉语句子中的词相对应。

手势英语(signed English, signed exact English)　英语手势代码的一种。把一些常用英语词汇设计成一个个相应的手势动作,表达时将一个个有关的手势完全按照英语语法规则连续地打出来,成为一个手势句子。面部表情和体态语显得并不重要,声音和唇动需同时配合使用。在性质上,与美国手势语不同,不是一种独立的语言,而是英语的一种手势形式。有助于聋童学习英语,受到聋校语言教师欢迎。但在表达上显得拘泥、呆板,限制了感情的自然表达。聋人在日常交往中更少用。另有将"signed exact English"译作"手势精确英语",作为另一种英语手势代码与"手势英语"(signed English)并列。

美国手势语(Ameslan, American sign language)　简称"ASL"。北美地区的一种聋人手语。美国和加拿大聋人使用。有人认为这种手势语是非语言的,但是美国心理学家、语言学家和教育工作者通常将其本身的资格视为复杂而合法的语言,而不是英语口语的不够完善的变式;认为其是一种视觉性姿势语言,有自己的句法、语法和语言符号。手的形状、位置和动作类型、动作的强度以及打手势人面部表情都表达着意义和内容。与英语口语或书面语并不完全一致。冠词、介词、时态、复数以及词序的表达与标准的英语不同,因此将其与英语进行准确的直译很困难,就像将许多外语直译成英语很困难一样。在美国的一些州可以作为一种像法语、西班牙语一样的外国语学习。

混杂手势英语(pidgin signed English)　一种介于美国手势语和手势英语之间的手势。为自然形成,即使用美国手势语的聋人与使用英语的健听人用手势交谈时使两种语言发生广泛联系而产生出来。其特点是,手势按英语词汇的次序串起来,同时夹杂使用一些手指语。

发音镜(speech-teaching mirror)　用作聋校发音教学的镜子。制作上并无特别之处,而是一般的镜子将其用于发音教学。大型的可供师生同时使用,教师和学生一同站或坐在镜前,便于学生模仿教师的发音口形,与自己的发音口形加以对照,及时进行矫正。小型的供学生个人使用,可随身携带。

言语训练器(speech training aids)　对聋童进行口语训练的一种电子仪器装置。以声音放大器为主要部件。工作原理为:根据聋童残留的相应频率听力,可选择不同频率的声音将功率增强,使之能感受到。传出部分的耳机,用于听觉的气导途径;骨导器用于听觉的骨导途径。骨导器又分颅骨骨导和牙骨骨导。有个人使用和集体使用两种。随着现代科技的发展,型号日益增多,功能也日趋完善。

可见言语装置(visible speech equipment)　又称"语图仪""发音直视装置"。能把语音信号转变为视觉信号并加以显示的设备。显示方式有曲线、图形和光谱。用于教聋童学习发音、矫正发音缺陷和聋童自学发音,也可用于普通人学习外语。此类仪器有专为某一个音设计的,也有为一般语言设计的。

可见言语(visible speech)　又称"语

图"。根据音强、频率、振幅等对口语的声音信号进行观察、测量和记录制成的频谱图。语图可以使人清晰地看到言语的形象,正像听到了言语的声音一样。运用于训练聋人辨别他人的说话,并能通过把自己的语图与健听人的语图比较来改进自己的发音和言语质量。现代技术可利用计算机把口语信息传授成可见的书面语。

读话(speech reading) 又称"看话""视话""唇读"。聋人利用视觉信息,感知言语的一种特殊方式和技能。看话人通过观察说话人的口唇发音动作、肌肉活动及面部表情,形成连续的视知觉,并与头脑中储存的词语表象相比较和联系,进而理解说话者的内容。在西方,学者们更倾向于用此词来取代"唇读"(lip-reading)一词。因为视觉线索来自观察说话人整个说话的过程,而不仅仅是口唇的局部动作。作为聋人的沟通方式归属于口语法体系。经过系统训练可使聋人达到与健听人正常交往的水平。运用时也有其局限性,受说话者的说话速度、内容和环境的光线、角度等,部分语音的口形区分度差所制约。

唇读(lip-reading) 又译"读唇"。见"读话"。

视觉倾听(visual hearing) 对以视觉方式感知聋人言语活动的一种解释。美国学者 Mason 于 1943 年首次提出。内涵是唇读是一项视觉语言认知活动,听觉障碍者语言的理解是眼睛的功能,而不是耳朵的功能。既强调了语音的特性又强调了心智的作用。

触觉辅助(tactile aids) 帮助健听人与聋人之间,聋人与聋人之间沟通的方式。如利用触觉声音合成机。将声音节奏传达到手指或者手腕的皮肤,帮助聋人唇读。

听觉辅助(hearing aids) 帮助健听人与聋人之间,聋人与聋人之间沟通的方式。如利用助听器、人工耳蜗提供语音信息,帮助聋人感知和理解语言。

视觉辅助(visual aids) 帮助健听人与聋人之间,聋人与聋人之间沟通的方式。如利用手语、图片提供语音信息,帮助聋人感知和理解语言。

唇读认知机制 唇读赖以进行的认知基础与过程。包括唇读的信息加工机制与大脑机制。唇读信息加工机制研究主要解释唇读的信息输入、编码方式、语言感知理论模型、特征提取等;唇读的大脑机制研究主要解释唇读对大脑皮层区域的激活状况,解释的模型包括特定区域整合模型和信息传输接替模型。

言语康复(speech rehabilitation) 又称"言语再教育"(speech reeducation)。为重建失去的或残损的言语机能而进行的训练。对象一般为聋人或因失语等而使言语产生障碍的人。通常依每个人的情况进行检查、评估诊断、确定计划,由专业人员进行训练,并动员患者本人和周围人积极参与。旨在使失去或受损的言语恢复到可能达到的最佳状态。

听力语言康复(rehabilitation of hearing and language) 在婴儿到成人的整个时

期内，通过医学、教育、工程、社会及心理的等各种康复措施使聋人听力语言障碍减轻或功能不同程度地恢复到最佳状态的过程。重点是将听力与语言两种功能结合为一个整体加以训练，互相促进，共同提高。目的是使聋人能真正独立生活于社会。任务分为两类：(1)听力语言构建，主要适用于先天性和学语前的听力损伤者。目的是最大限度地培养和发展他们的领会和运用语言能力，以利于接受各项教育。(2)听力语言重建，主要适用于成年人或语言发育完成后的听力损伤者。目的是把既往的听觉经验和现实的听觉输入结合到一起，恢复语言交往能力。为提高康复效果，需注意以下因素：(1)耳聋的时间。(2)耳聋的类型和程度。(3)患者的智力。(4)患者的语言基础。(5)家庭、社会对他的态度。(6)患者的性格特点。一般要配备适宜的助听设备和进行有计划的专门训练。

听觉语言训练原则(principles of hearing and speech training) 听觉和语言训练工作需遵循的基本规律。主要有：(1)早期发现、早期训练原则。应尽早发现儿童是否有听力障碍，一经发现，即需由专业人员做出诊断并开始训练。(2)多种感觉器官并用原则。要让听觉、视觉、振动觉、触觉等多种感官共同参与训练活动。(3)个别化教学原则。要根据儿童的年龄、智力、听力损失的程度、性质、语言基础等情况采取不同的训练方法。(4)多方配合原则。即学校、家庭、社会，课内、课外，各科教学，家庭的所有成员，都应互相配合，使儿童有最多的机会感受声音，参与到口语交际的活动之中。

听觉训练(auditory training) 增进听觉障碍儿童交往能力的训练课程之一。任务是指导儿童运用其剩余听力以分辨环境中所存在的各种声音，使其语言与交往能力获得最大可能的发展，最高的目标是理解他人所表达的完整话语。实施时儿童需配戴助听器，越早开始训练效果越好，家长需充分配合。听力损失严重的儿童，经训练最终虽达不到理解他人说话的目标，但从听觉所获得的信息仍有助于其他沟通方法的运用。训练的内容包括：(1)认识声音。如自然界的风雨声、鸟叫声、流水声，人类社会生活中的车马声、乐器声、说话声等，刺激受训练者的听觉官，提高其感受和识别不同声音的能力。(2)噪音分辨。(3)音乐分辨。(4)语音分辨。(5)言语识别。训练策略上需注意：(1)让儿童在心理上能够接受听力残疾这一事实，并鼓励其勇敢地面对困难。(2)选配适宜的助听器，帮助儿童习惯使用助听器，并对使用效果作出评价。(3)先训练儿童大致地区别环境声音的不同，再训练分辨言语声。(4)与读话(看话)和说话训练结合起来，使之起到互相促进的作用。也适用于对听觉的识别和分辨能力有缺陷的学习障碍儿童和言语障碍儿童。

说话训练(speech training) 增进听觉障碍儿童沟通能力的训练课程之一。目的在于帮助儿童获得一定的口头交谈所需要的技巧。训练方法分为分析法和综合法。分析法是把语音分为最小单位，让儿童模仿发出个别的单音,待单音能够相当正确地发出来时,再把这些单音组合成字或词。综合法正相反,鼓励儿童模仿说整个句子或词,早日建立积极有效的说话习惯。训练时,可借助语图、口形模仿、触视听并用、声音放大系统等多种手段以提高训练效果。训练形式可以以小组进行,也需要个别训练。在交往中训练说话,依据聋童特点采用游戏活动的方式、多种场合的多次练习等是训练中应遵循的原则。中国各地为聋幼儿语训编写了大量的教材,较流行的是为聋幼儿编的《学说话》等书。参见"学说话"。

口部操(oral drill) 又称"口腔体操"、"舌操"。聋童学习口语的一项训练。包括唇部动作、舌动作和张口动作训练。唇部动作训练有撮口、圆口、扁口等动作的训练;舌动作训练有舌尖翘、翻、卷、平、舌根升降等动作的训练;张口动作训练有开启、闭合等动作的训练。目的在于提高言语器官口腔各部分机能灵活性,增强主动感知、控制和调节自己发音部位活动的能力,以利于发音说话。

发音教学(pronunciation teaching) 培养聋童学习有声语言的基础教学。通过特殊的发音指导,使聋童尽可能正确地使用发音器官练习说话。主要教学内容为:(1)发音器官的机能训练,如呼吸器官、喉头、声带、口腔(唇、齿、舌、上腭、下腭等部位)的机能训练。正确发出一个个的音和进行拼读的训练,如呼气吸气、气流控制、发音的长短、强弱。(2)言语技能训练,如汉语的四声,说话换气、停顿等训练。教学方法主要有:(1)利用视觉观察教师发音口形,对着镜子观察自己的发音口形和发音部位。(2)利用触觉感受发音时胸腔、鼻腔、喉部的振动;把手放于口前感受送气音与不送气音的差别等。(3)噪音训练。(4)利用辅助手段,如用压舌板不让舌面抬高;用手捏住鼻子不发鼻音;用嘴喷水练习发"pu"音等。还可用发音器官模型演示发音,以手势模拟发音部位,使用发音教学挂图等。现代化电子教学设备也是有力的教学手段。对有剩余听力的学生,应充分发挥剩余听力的补偿作用,选配合适的助听器。中国发音教学的教材以汉语拼音和常用字词为主。

嗓音练习(vocal training) 聋校发音教学的一项内容。在呼吸练习、发音诱导训练的基础上,进行音高、音强和音色几方面的发声训练。一般做法有:(1)拟声练习,如模仿火车汽笛声、动物叫声、打击器具的声音等。(2)唱音练习,如练习声音的长短、强弱、高低、练习汉语的四声等。亦适用于言语障碍儿童。

呼吸练习(respiratory practice) 发音教学中的呼吸机能训练。发音的长短、轻重,语音的抑扬顿挫均需呼吸的协调加以配合。聋儿由于不能在生活中自然学习说话,致使不会言语呼吸。因此,言语呼吸练习是聋儿发音教学中的基本功之一。重点在胸腹式呼吸的基础上训练对吸气和呼气的控制能力,以及鼻腔、口腔、软腭和小舌对气流施加影响的技能。主要培养"言语呼吸"的能力——深吸气、慢慢均缓呼气的能力训练项目有:口呼吸、鼻呼吸、口鼻交替呼吸、深呼吸、吹气（长吹、短吹、轻吹、重吹、断续吹、爆发吹等）。常用的辅助工具有：纸片、蜡烛、纸风车等。也适用于某些类型的言语障碍者。

聋心理学（psychology on deafness） 研究聋人心理现象的科学。缺陷心理学的一个分支。重点研究学前和学龄期耳聋儿童、少年心理的发展。自19世纪下半叶以来，随着心理学研究手段的改进和聋教育实践的发展，聋人心理的研究逐渐加强。第二次世界大战后，美国、苏联、法国、日本等国出现了这一研究领域的专著，逐步形成一门独立的学科体系。研究内容主要涉及：(1)聋人的心理过程及其机制，如聋人的认知过程、情绪和情感过程、意志过程等。(2)聋人的个性心理特征和个性倾向性的形成过程及其机制，如聋人的能力、气质、性格、需要、动机、兴趣、信念和世界观等。(3)聋童心理的发展，如言语的发展、思维的发展等。研究的任务是分析聋人心理现象的特殊性，即与听力正常人心理的异同，从而为更有效地教育聋童提供心理学依据。目前这一领域的系统研究仍很少，对聋人是否具有"聋人心理"，部分学者的看法尚不一致。研究的方法主要有观察法、实验法、作品分析法、问卷法、测验法等。通常多将研究结果与正常人进行比较。

振动感觉（vibration sense） 又称"振动体验"（vibration experience）。由接触某种跳动或快速振动的物体刺激皮肤上的躯体感受器而产生的感觉。可用能调至阈限频率效果的机械振动器来进行测量。也是聋人和盲聋人感知发声物体的一种有效途径。

言语动觉（speech kinaesthesis） 发音时对自己言语器官的运动和言语器官各部分所处的位置状态的感觉。对听力残疾儿童学习口语具有十分重要的作用。聋人和盲聋人学习发音、说话时，不能依靠听觉反馈来进行调节，主要依靠言语器官的运动感觉来调节自己的发音和说话。此种能力经过培养可以获得。普通人学习外语发音时亦可用此种反馈体会和练习外语语音。

聋人口语（spoken language of deafness） 耳聋人说出的有声言语。多数耳聋者口语清晰度较低。表现为说话比较慢，时间、节奏和音调不正常，换气、响度和声音的高低掌握不好，有时增加或省略音节，发某些辅音时舌头位置不对等。

聋童思维（thinking of deaf children） 关于没有习得语言的聋童是否能思维的心理学问题。思维操作是否可以脱离语言，主要有两种明显对立的观点：(1)以美国心理学家弗思（H. Furth, 1969）为代表提出，理智的思维不需要语言信号系统。而且，他坚持认为语言有赖于智力。他通过对聋童和正常儿童的一系列实验研究，发现聋童包括年幼的聋童无需语言输入，也能进行逻辑思维。(2)以沃夫（B. L. Whorf）为代表认为，儿童的智力发展取决于他的语言经验，而且正是语言能说明概念的获得。另一些研究者发现，掌握了一定语言的聋童在完成思维作业时要优于语言技能较差的聋童,有语言局限的聋童在掌握抽象概念方面总是较为迟爱。多数教育家和研究人员较一致的认只是:聋童思维是一个由直观动作、形象思维到抽象思维的发展过程,聋童没有语言虽也能依靠表象或手势进行某些逻辑思维,但随着掌握语言对于他们用概念完成思维任务有极大的帮助。

聋人个性(deaf persons' personality) 又称"聋人人格"。聋人身上典型的或较普遍存在的心理特征。如聋人的情感成熟度相对低,爱冲动,遇事总是考虑自己,缺乏对别人的感情等。这种现象的确存在。但对于是否存在独特的"聋人个性",学者们看法不一。如哈里斯(1978)指出,父母是聋人的聋儿,他们的过分冲动性似乎比听力正常的父母的聋儿要小。因此,耳聋并不一定普遍带来冲动。

希—内学习能力倾向测验(Hiskey-Nebraska Test of Learning Aptitude) 美国内布拉斯加大学希斯基(Hiskey, M. S.)教授为3~16岁的耳聋和重听儿童设计的标准化测验。所有测验都考虑到耳聋儿童的特点,如聋幼儿缺乏速度观念,故测验不受时间限制,并根据不同年龄制定标准。该测验包括12个分测验:穿珠、记颜色、辨认图画、看图联想、折纸、视觉注意广度、堆积木、完成绘画、记数字、迷津组块、图片类比、空间推理。常模在测试美国10个州3~17岁1000多名聋童后得出,发表于1941年。1957年又发表了健听儿童的常模。主试对聋童施测时使用手势语,对健听儿童施测使用少量指导语。中国山西省的城市常模已修订通过,并在一些地区作为聋童测验工具试用。

格雷口语阅读测验(Gray Oral Reading Tests) 美国一套分等级供1~12年级学生使用的标准化语言段落测验。测试口语阅读的速度,理解力和发音的准确性,并了解各种阅读缺陷,如逐字逐词阅读等。

聋教育学(pedagogy on deafness) 又称"聋校教育学"。研究聋人教育规律、原则和方法的科学。特殊教育学的一个分支。通常以学前聋童及初等和中等教育阶段的聋校学生为研究重点。研究内容为:聋教育的性质、目的、方针、制度,教育教学的任务、过程、原则、方法、组织形式,教师、学校的领导与管理等,并阐述聋人教育与普通教育的共性,补偿聋童听觉缺陷,形成和发展聋童语言等工作的特殊性。研究的基本方法有:教育调查法、经验分析法、教育实验法、与相邻学科相结合的研究方法等。学校形式的聋人教育已有200多年的历史,对聋人教育的研究及著述逐年有增。俄、日、美等已出版大量聋教育学专著,逐步形成一门交叉的新兴学科。

聋校(school for the deaf) 聋人学校的简称。中国大陆习称"聋哑学校"。运用特殊的教学方式和特制的设备对耳聋儿童、少年进行文化、职业以及心理、道德教育的机构。18世纪法国人莱佩创办了世界上最早的聋校。在中国则为美国人米尔斯夫妇于1887年在山东登州(今蓬莱县)建立的启喑学馆为最早。1916年,我国实业家张謇在江苏南通市创立了一所中国人自办的聋哑学校。聋童教育是特殊教育的组成部分。1951年中央人民政府在《关于改革学制的决定》以及1986年全国人民代表大会通过的《中华人民共和国义务教育法》中都对残疾儿童的特殊教育作出规定。聋校除与普通学校具有相同的教育任务外,还有弥补聋生听觉缺陷,使其身心正常发展的特殊任务。按照1993年原国家教育委员会颁发的《全日制聋校课程计划》(试行)的规定,聋校学制为9年,入学年龄一般与当地普通学校学生的入学年龄相同。教学组织上实行小班制,班额以10~14人为宜。按照2006年《聋校义务教育课程设置方案》,开设品德类课程(品德与生活、品德与社会、思想品德)、历史与社会、科学、语文、数学、沟通与交往、外语、体育与健康、艺术类课程(律动、美工)、劳动类课程(生活指导、劳动技术、职业技术)、综合实践活动和学校安排课程12科。其中,外语作为选修课程。

启聪学校(school for hearing rehabilitation) 对听力障碍儿童学校的一种称谓。如台湾1987年颁布的《特殊教育法施行细则》第一章总则第四条对特殊教育学校之类称规定:"听觉障碍类称为启聪",故台湾为听觉障碍儿童所设的学校不称"聋校"或"聋哑学校"。

重听儿童学校(班)(school or class for hard of hearing) 一些国家为中度和重度听觉障碍儿童(ISO标准为听力损失41~70分贝)所设的专门教育机构。教学内容与普通学校基本相同,进度快于聋校而慢于普通学校。学生配戴助听器,按听力和语言水平编班,分别授课。一些国家在中小学内设重听儿童特殊班,配备集体和个人的助听设备,施行适合其特点的特殊教育。注重听觉、语言的训练和发展。

学龄前聋童班(class for preschool deaf children) 中国大陆又称"聋儿语训班"。一种对聋童实施早期教育的组织形式,通常附设在聋校或残疾人康复机构内。一般招收3~6岁的聋童。担负使聋幼儿体智德美全面发展和补偿听力语言缺陷、准备进入小学的任务。教学内容着重听觉和语言训练,教学活动通常结合游戏进行;让聋童识别音响,熟悉语言,在集体生活中培养交往意识,逐步养成听、说习惯。

听力残疾儿童随班就读(children with hearing impairment learning in regular class) 听力残疾儿童教育安置的一种形式。普通学校招收能够跟班学习的听力残疾儿童,主要指重听儿童,在中国包括经过听力语言训练能够进入普通学校学习的聋童。"文化大革命"期间,我国一些聋校曾将一部分经过针灸治疗后听力有所好转的聋童(其中有些原来的听力就较好)送到普通学校(主要是小学),插在文化程度相接近的班里学习。通常一所普通小学安置1~2名聋童。这种安置形式利用普通小学的语言环境,促进聋童的言语和听力康复,与国外特殊教育中的"回归主流"思潮在形式上有相同之处。1971年4月30日,周恩来总理视察北京市第三聋时提出，要把有听力的聋生送到普通学校去。这使更多的聋生进入普通学校。20世纪80年代后期，随着聋幼儿早期康复工作的开展而在全国普遍推广。

聋校教学原则（teaching principles of school for the deaf） 根据聋校教学目的和教学过程规律而制定的基本教学要求。聋校教学实践的经验结晶。普通教育中的教学原则也适用聋校，此外尚有特殊的教学原则，主要有：传授知识与发展语言相结合的原则；最大限度利用剩余听力的原则；以口语为主导，手势语、手指语和书面语恰当运用的原则等。普通教育的教学原则需结合聋人教育的特点加以运用，如因材施教原则。在聋校的运用应与特殊教育中的个别化教学原则接轨，直观性原则应充分调动聋童的多种感觉协同活动等。

《全日制聋哑学校教学计划》（teaching plan of school for the deaf） 根据学校教育目的、任务，结合聋生特点，由教育部制定的聋校教育和教学工作的规章性文件。1984年7月，以征求意见稿的形式发至各地参照执行。分《八年制聋哑学校教学计划》和《六年制聋哑学校教学计划》两种。主要内容有：办学方向、培养目标、学习年限、课时安排、课外活动、学科设置及教学工作的若干要求等，此计划始终未再修订成正式稿。1993年10月，被原国家教育委员会新制定的《全日制聋校课程计划》（试行）取代。

《全日制聋校课程计划（试行）》（curriculum plan of school for the deaf） 原国家教育委员会颁发的聋校教育和教学工作的规章性文件。1993年10月颁发。适用于实施九年义务教育的全日制聋校。依据《中华人民共和国义务教育法》和《中华人民共和国残疾人保障法》，以九年义务教育全日制小学、初中课程方案为基础制定。主要内容有：办学方向、培养目标、课程设置（包括学科和活动两部分）、学年时间安排、各学年课时分配、考试与考查的若干规定以及对实施课程计划的要求。该课程计划既按照国家对义务教育的要求，提出了对听力语言残疾学生实施全面发展的基础教育，又根据聋校教育对象的特点，提出了补偿生理和心理缺陷的特殊要求。

《聋校义务教育课程设置方案》 教育部关于聋校教育和教学工作的规章性文件。2007年2月颁布。基本构思是：依据《基础教育课程改革纲要（试行）》和《关于"十五"期间进一步推进特殊教育改革和发展的意见》精神，体现聋教育的特点，以人为本，以德育为核心，以培养学生创新精神和实践能力为重点，以发展和综合素质的提高为宗旨，以信息技术为基础，全面推进聋校的素质教育作为课程设置的原则。在小学阶段以综合课为主，在中学阶段分科课与综合课相结合。增加"沟通与交往"、"外语"、"综合实践活动"等课程。

《义务教育阶段聋校教学与医疗康复仪器设备配备标准》 全国教学仪器标准化技术委员会审核通过的教育行业标准。教育部教学仪器研究所起草，2010年2

月25日由教育部发布,按照《聋校义务教育课程设置实验方案》中所规定的各项教学与康复训练任务,具体规定聋校普通教室、学科教学、医疗康复、教学资源中心和职业技术教育仪器设备的"基本"和"选配"两种配备要求。"基本"配备要求所有聋校均应达到。学科教学仪器涉及品德与生活、品德与社会、思想品德、历史、地理、科学、生物、物理、化学、语文、数学、英语、体育与健康、律动、美工、生活指导与劳动技术、综合实践活动(信息技术)等课程。医疗康复仪器设备涉及听力检测、补偿与听觉医疗康复、言语医疗康复、语言康复、运动功能医疗康复、感觉统合训练、认知康复、心理康复。教学资源中心设备配备一般的办公设备。职业技术教育器材设备涉及服装设计、裁剪与制板、美容美发美甲、园林园艺、动漫制作、雕刻。规定了各种仪器设备在不同的聋教育机构中的配备数量。凡是进入学校的教学与医疗康复仪器设备,不得含有国家明令禁止的有毒材料,符合国家相关安全和环保标准。作为指导地方教育行政部门和聋校配备教学与医疗康复仪器设备使用。也可供接收听力残疾学生随班就读的普通中小学校配备相关教学与医疗康复仪器设备时参考。

启哑初阶(First-step Text for Deafness) 又称"启喑初阶读本"。中国最早的一部聋校教科书。由中国第一所聋校创始人之一美国安妮塔·米尔斯编著。1907年出版,1925年再版,烟台仁德印书馆代印,线装,分4册,共237课。书中课文之前,有一幅口腔发音图。每课课文分前后两部分。前半部分以一个代表音节的汉字为主体,字的上方用图画表示字义,字的左面有拉丁字母拼音,右面有贝尔音符,字的下方是手指字母图。后半部分是用该汉字组成的若干句子,供作练习。属一种口语教学课本,语音是鲁东方言。

聋校教科书(textbook for deaf students) 又称"聋校课本""聋校教材"。依据聋校教学大纲和聋生接受知识的特点编写的,系统阐述学科内容的教学用书。中国大陆由国家教育行政部门组织专人编写和统一出版。1955年为口语教学实验班编写了一、二年级课本。1956年起由人民教育出版社陆续编辑出版聋校各年级语文、数学两种课本。1977年起,又重新编写并由上海教育出版社出版数学、语文、日常用语等课本及律动、体育两种试用本。其他各科参照使用普通学校课本。20世纪60年代后期至70年代前期,一些地区也编写和出版过聋校语文、算术教材。主要编写原则是:根据聋生学习知识、认识事物、形成语言的特殊性,加强直观性,采用大量插图;增加准备课,减小知识递进坡度;重视培养语言能力,课文加注汉语拼音;增强巩固性,加大作业量和练习的多样化等。1993年原国家教委新的《全日制聋校课程计划》(试行)颁发后,重新编写聋校教材,并于1996年秋季起启用。"十五"期间结合聋校课程改革,又在编写新的教材。有些国家不单独编写课本,只将普通学校课本作某些调整后使用,或节选一般书刊的作品加以改编使用。

律动课(rhythmic course) 中国大陆聋校根据聋生特点设立的一门美育课程。20世纪50年代从原苏联的聋校引进。内容包括音乐感受、舞蹈、体操、游戏、简单唱歌等。目的是利用学生的残存听觉,锻炼他们的触觉、振动觉,发展动作机能和语言,培养学生对韵律的初步感受能力、欣赏能力和表现能力,促进学生身心的健康发展,并养成活泼、团结、友爱和遵守纪律的品质。根据1993年原国家教育委员会印发的《全日制聋校课程计划》(试行)规定,在1~3年级开设,共170课时。

语文初步(learn Chinese ABC) 中国大陆于20世纪50年代起在聋校一、二年级设立的一门课程。为聋校语文教学初期的特殊形式。任务是给初入学的聋童最初步的语言观念和最初步的语言交往手段,以适应学校生活和教学的需要。它用印有文字和图画的卡片和课本进行教学,内容主要是学校生活常用语、常见物品名称、简单日常对话等。要求学生基本上掌握读词语的口形,能辨认字形,正确理解词语的意思并学习使用。开始阶段不要求掌握音节拼读,不指导生字、生词的书写笔顺,根据识字的进度,逐步要求会读、会写和使用手指语。原国家教育委员会1993年印发的《全日制聋校课程计划》(试行)中,取消了此课,改设"语言训练"课。

聋校教学组织形式(organizational form of teaching of school for the deaf) 聋人学校教学活动的结构。以班级课堂教学为基本组织形式。根据耳聋学生接受教育的特殊性,国际聋教育会议曾规定班级规模为8人。1957年中国教育部规定班级规模为12~15人。编班时,需按学生的听力分为听力班和全聋班,并根据学生的年龄作适当调整;进行分类教学。教学活动还应针对聋童的特点,采用个别教学和现场教学等辅助形式。1993年我国《聋校课程计划》规定:"聋校的班额以10~14人为宜。"

手语教学班(special class for deaf children with sign language) 20世纪50年代中国大陆聋校的一种教学组织形式。以手势语作为主要的教学语言。1954年8月教育部召开全国聋哑学校代表座谈会,讨论教学改革问题。会议指出了手势教学的落后性,明确提出中国聋校教学改革的重要任务之一是实行口语教学。从此,那些还未开展口语教学的班级就称之为"手语教学班"。为弥补手势教学的缺陷,1956年教育部发出《关于聋哑学校使用手势教学的班级的学制和教学计划问题的指示》,规定每班学生名额尽量不超过15人,增设看话和语法科目,逐渐向口语教学过渡。20世纪60年代后因在全国范围推广口语教学曾不复存在。20世纪90年代随着一些聋校开展双语教学实验而又出现。

口语教学班(special class for deaf children with oral language) 20世纪50年代在中国大陆聋校出现的一种教学组织形式。以口语作为主要的教学语言。1954年8月教育部召开全国聋哑学校代表座谈会,确立口语教学作为中国聋校教学改革的方向,并指定在北京、上海、哈尔滨3市4所聋哑学校新生班级中设立和进行重点实验。1956年8月教育部在北京召开了聋哑学校口语教学实验工作汇报会,总结交流口语教学经验,并在全国范围内推广,随之在国内聋校广泛设立。根据教育部1956年《关于聋哑学校使用手势教学的班级的学制和教学计划问题的指示》,每班以12人为限。1957年4月,教育部下发了《聋哑学校口语教学班级教学计划(草案)》,在实行口语教学的班级中试行。

医学聋与文化聋(medical model of deafness and cultural deafness) 聋人文化观对耳聋和聋人群体的一种观点。认为:从医学角度看,耳聋是一种听力缺陷,需要治疗和矫正;聋人是不同于健听人的残疾人。从聋人文化观角度看,耳聋为聋人与健听人之间的一种文化和语言方面差异。Peter V. Paul & Dorothy W. Jackson (1993)提出,聋不仅仅是一种听力状况条件,更重要的是一种社会文化条件,一种身份。

聋人社会和聋人文化(deaf community and deaf culture) 关于聋人群体的一种观点。认为:聋人因有共同的听力障碍,共同的社会经验,共同的需要及情感,共同的语言——手语,而形成了一个社会群体。聋人群体在长期的社会活动中形成的共同心理特征、行为习惯模式是一种独特的文化现象。强调因听觉障碍,使用的语言工具不同使得聋人和健听人之间难以沟通,自然形成与健听人为主体的社会(即主流社会)相对分隔与并存的聋人社会和聋人文化形态。

聋校的双语环境(bilingual environment in school for the deaf) 聋校同时混用基于语音/听觉交际系统的有声语言和基于体态/视觉交际系统的手势语言的情形。聋校语言环境的基本特点之一。聋童学习有声语言(包括口头形式和书面形式)的困难与这种双语环境密切有关,因为两种语言之间在不能正确引导时,会产生相互干扰。

双语双文化(bilingual and two-cultures) 对聋人和聋教育的一种观点。双语指聋人手语和本国语(书面语或者口语),双文化指聋人文化和健听人文化。主张在聋校教聋生学习两种语言和两种文化,帮助聋童建立牢固的视觉性第一语言,使他们获得学习与思考的工具;同时让他们通过和其他聋人联系发展自我意识。

手语教学(teaching by manualism) 一种教学法体系。与口语教学相对。指以手语(主要是手势语)作为聋校课堂教学中传授文化知识的教学语言,同时向聋童传授手语的过程。历史上的纯手语教学法排除一切口语形式的运用。中国大陆在20世纪50年代中期,对以手语进行教学的学制和教学计划作了调整,试图全面采用口语教学。20世纪60年代后,我国不再成为一种独立的教学体系。在一些国家和地区仍占主导地位。

口语教学(speech program) 一种教学法体系。与手语教学相对。指教聋童口语和用口语教聋童。中国台湾称"口语教学法"。为与普通学校的"口语"、"口授"相区别,有的学者建议用"口话法"。运用时含义有所差异:(1)向聋童教授口语,口语是教学的内容。聋校为此而设立相应的课程对聋童进行口语训练,包括"听觉训练"、"发音训练"和"看话训练"等。(2)用口语作为课堂教学中传授文化知识的教学语言,口语是教学的手段。历史上的纯口语法提倡者主张聋校课堂教学只用口语而禁用手语,认为说话与手语同时采用,将会引起损害说话、读话、观念的正确性等弊病。在教学中衍生出三种不同模式:(1)听语教学模式。强调利用听觉障碍学生的残余听力和助听设备进行听能训练,以期通过听觉途径让学生感知语言和发展口语表达能力。(2)视话教学模式。强调利用触觉、视觉、动觉等途径让听觉障碍学生感知和精确模仿发音,以形成口语表达能力。(3)视听语言教学模式。将听语教学模式与视话教学模式相结合进行语言教学。

看话教学(speech-reading teaching) 聋校教学的基本任务之一,口语教学的一项内容。贯穿于各科教学之中。目的是要培养聋生具有利用视觉观察说话人的口部活动及面部表情来理解说话内容的一种交往技能。聋生的视觉感受力越敏锐,辨别说话的口部及面部活动细微变化的能力就越强,大脑中留下的动作形象越清晰,把握对方说话的内容也就越快越准确。教学步骤通常由识别自己的名字开始,通过看老师的口形而识别出自己的名字,然后教一些日常用语,如"上课"、"站起来"、"看老师"等;逐渐增加难度;同时需进行发音和说话训练,以提高学生自己的说话能力。因为看话与说话这两种能力是互相促进的。进行时需注意:说话人的面部照明要充分;与学生的距离要适当,不要太远;口形显示要自然、准确,不宜过分夸张;开始训练时语速应稍慢;看话的角度可作一些变换(正面看、侧面看);并训练看不同人的说话,以求适应实际交往的需要。

母语(mother tongue, mother language) 一个人最先学习的语言。一般情况下是父母所讲的口语,可以在交往中自然学会,一生中不再改变。在"双语"教学中还有以下定义:母语是一个人在一定时期内掌握得最好的语言(技能性定义);是一个人在一定时期内使用最多的那种语言(功能性定义),又称主要语言;是一个人识别自己或被他人识别的语言(识别性定义)。后三种定义从技能、功能、识别方面承认母语在生活中可以改变,但是已经不是母语原有的含义。英语"mother tongue"(母语)强调的是母亲表达思想的口语而不包括其他表达形式。21世纪联合国提出的"母语日"(mother language day)的英语强调的是书面、口头等语言学中涵义更广泛的语言。

"手口"之争(debate over manualism and oralism) 手语法与口语法之间争论的简称。关于聋教育中,强调以手势为唯一交往工具或以纯口语为交往工具的不同的看法。起源于18世纪,由于哲学思想体系不同,在欧洲出现了两个主要的聋教育中心和学派,即海尼克在德国莱比锡创立的聋人学校,强调纯口语法,而莱佩神父在法国创立的聋人学校则强调手语法。托马斯·加劳德特在美国开办的聋人学校,效仿了莱佩所创办的学校的手语教学方法,强调手语交流。口语法在美国的早期发展是与亚历山大·格雷厄姆·贝尔联系在一起的。他开辟了一条教聋人说话的新途径。他的"看得见的语言"能帮助聋童理解说话时言语器官的部位。所发明的电话导致了助听器的发展和利用,从而更加强调借助扩声方法训练有严重听觉障碍的儿童,使许多耳聋儿童也能理解言语和语言。贝尔和加劳德特遂成了不可调和的对手,各人都提出了性质不同的方法和教学体系。中国的聋教育受不同国家的影响也出现过"手口"之争,20世纪50年代后聋校基本采用了口语教学体系,但对手语的看法仍有相对立的两种观点。中国学者提出"手口"之争不是方法之争,而是交往工具之争的观点,口语和手语均不是教学方法,聋教育中没有唯一正确的教学方法。参见"手语法"、"口语法"。

手语法(manual method, manualism)(1)听觉障碍者的一种沟通方式,以手语作为交往的手段。手语是听觉障碍者用于沟通的主要方式。表达者以手势代表语音(以手代口),接收者则以视觉察看手势的比划(以目代耳)。手语包括手势语和手指语两种。一些语言学家已经承认手语是一种语言。(2)与手语教学同义。聋教育中选用的交往方法,即借助手势语和手指语作为交流工具而形成的对聋人进行教育的方法。聋教育史上持这种主张者称为"手语学派"。公认著名代表人物为创办世界第一所聋校的法国人莱佩。

口语法(oral method, oralism)(1)听觉障碍者的一种沟通方式,即以口语作为交往的手段。主要是教听觉障碍者利用剩余听力和读话技能接收外来的信息,利用视觉、触觉和剩余听力学习说话来表达思想感情。1880年国际聋教育米兰会议,口语法受到认可和推广。这除了肯定听觉障碍者具备说话能力外,更着眼于公共社会是语音的社会。为使听觉障碍者更好地适应社会,故鼓励其学习口语。但经验表明,听觉障碍者学习口语需具备若干必要的条件,如:早期发现、早期干预、良好的语言环境、智力正常、无其他显著障碍等。(2)与口语教学同义。聋教育中选用的交往方法,即运用口语对聋人进行教学的方法,基本形式是读话和说话。聋教育史上持这种主张者称为"口语学派"或"纯口语法",其代表人物为德国聋校创办人海尼克。

综合交际法(total communication)又译"综合交往法""整体交际法",曾译"并用法""同时法"。存在不同的理解和解释:(1)听觉障碍者的交际方式之一。但实际上它不是单独成为一种类别的方法,而是一种确定交际方式运用的原则。美国聋人学校执行委员会会议下的定义是:"它是一种基本原则,要求把适当的听觉、手语和口语交往方式结合起来运用,以保证同听觉障碍者以及在听觉障碍者之间进行有效的交往。"(2)与聋人交往的一种态度及聋教育中选用的交往方法。认为听觉障碍者有权通过各种渠道进行交往,教师没有必要限制学生只能运用听、读话,或手语某一种形式接收信息,而应充分利用声音、口形及手语将信息传送给听觉障碍学生。重要的不是看聋人什么不行,而是看聋人可以使用什么方式交往。为很多国家聋教育界采用。

综合语言教学模式 聋教育中的一种教学方式。源于"全面交流法"。把听语的、手语的和视话的几种方式适当结合起来,以使听觉障碍学生能全面融入学校生活、家庭生活与社会生活。主要包括:听语教学与视话教学结合的视听语言教学模式、双语教学模式(手语教学与口语教学的结合)两种。

同时交谈法(simultaneous method) 中国台湾特殊教育界用语。指聋童同时使用口语、指语、手势语与人沟通。实质与综合交际法无异。

手指书写法(write by fingering) 又称"空间书写法",即手指拼法。由手指的指式代表字母而拼出的词,如同书写出的词一样,功用是相同的。都不能作为第一语言来使用,而只是传达词的拼法的一种代码。

暗示法(cued speech) 又译"暗示语""提示口语法""口手标音法""示意语"等。辅助口头交流的一种方法。在下颏处以手形作为暗示辅助口语的视觉表现,以帮助聋人辨识通过读话无法区别的声音。手形必须与言语一起使用。用作暗示的手形既不是手势语,也不是手语字母,因而不能单独阅读。在讲英语的国家,用8种不同的手形来辨识辅音,4种不同的位置来辨识元音。手形加上位置就能从视觉上表示一个音节,由美国人柯奈特(R. Q. Cornett)首创。按照他的说法,此方法能澄清英语口语句式,增强儿童的语言接受能力。有报告说通过10到20个小时的传授就能学会。与手势语、口语并列作为在美国、澳大利亚等国聋校交往和教学手段之一。

罗彻斯特法(Rochester method) 又称"可见英语"。类似于前苏联使用的"新口语法"。聋人的交往方法之一。1878年由美国的罗彻斯特聋人学校创造。把口语法和手指语结合起来,但不使用手势语。教师说话时在脸旁用手指语打出每个词的每个字母,听力残疾的学生用同样的方法来表达,运用时还强调读和写。其倡导者认为这种方法便于获得正确的语言句式。中国大陆许多聋校也使用类似的教学方法,但并不是从美国引进的,而是教师们自行创造的,只不过未予以命名而已。

语调听觉法(verbal-tonal method) 一种语言教学理论和教学方法。由前南斯拉夫语言学家彼得·古贝里纳(Peter Guberina)1954年创造。他把教外语的一些原则转用来教听觉障碍者,遵循听力正常儿童学习语言的发展顺序,即先学听与说,再学读与写。强调训练听障儿童及成人的听觉技巧,发展良好的口语沟通能力,进而能融合于社会。这个方法既用于听觉障碍者也用于听力正常者。被采用的 5 个领域是:先天听觉障碍儿童的听力建立(habilitation),后天听觉障碍儿童的康复,听觉障碍的诊断,听力正常者的语言治疗和外语教学。古贝里纳在 20 世纪 70 年代曾来中国介绍此方法。

视听法(audio-visual method) 又称"视听训练"(audio-visual training)。根据图片或实物编制的整套自学教材,在录音磁带指导下进行学习。为此需使用视听教具(audio-visual aids),包括硬件,如电影放映机、电视机、录音机、电脑等;具有教育内容的软件,如胶片、录像带、录音带、软件等。有时教具也包括招贴画和立体模型这些无需播放装置的软件,书籍通常不在其中。在教育发达国家已广泛用于聋童教育中。

听视触并用法(AVK method) 聋童学习发音说话的方法之一。应用多种感官以学习说话的方法。A 代表听觉(audition),利用助听器及音响扩大器进行听觉教学;V 代表视觉(vision),聋童利用视觉观察教师脸部及口唇的动作以学习读话;K 代表动觉(kinesthesis),聋童利用触觉、运动觉,触摸教师的面颊、口部及喉部,觉察发音时面部肌肉和喉头肌振动情况,并感知自己的发音器官运动,以诱导和调节发音。此法也适用于阅读障碍儿童。

整词法(the whole word method) 又称"字词法"。教聋童发音的一种方法。即以整个词或字音为单位来教聋童发音,而不是仅分解成音素来教。优点是使聋童对所学的发音能够系统地把握,并且将音义合并学习,知音明义。

大字课文(large-type text) 抄在纸上或黑板上的用大字体书写的课文(或数学题)。现在已逐步用计算机制作的课件来呈现。聋校常见的一种辅助教学手段。教师借其集中学生的视觉注意以组织教学。普通学校教学中亦有采用。

聋人教师(deaf teacher) 在聋校从事教学工作的聋人。按照聋教育中双语教学的理念,双语班级必须配备。其作用有:(1)以聋人的自然手语教聋孩子学习手语,并作为教学语言讲授文化知识;(2)为聋儿提供成功的榜样,以使聋儿早期建立积极的自我概念。

聋校课桌(desk for deaf students) 专为聋学生上课学习使用的特殊桌子。基于聋学生的学习活动主要依靠视觉的特点而设计。桌面呈梯形,排列在一起便呈弧形,有助于学生互相观察对方的学习活动,如互相看手势语、手指语及说话时的口形、表情等。

聋人读物(reading materials for the deaf) 根据聋人阅读能力参差不齐容易遗忘的特点而编辑的专门读物。特点有:(1)适合聋人的文化水平,语言通俗,篇幅简短。(2)内容以反映聋人自己的生活为主,不过多涉及其他方面。(3)从低幼读物、通俗读物到普通读物,由易到难,形成系列。(4)低幼读物和通俗读物都较严格地控制用词范围,使词的复现率很高,有利记忆。也可依据聋人情况,选用普通读物。

手语歌（song of performance with sign language） 将吟唱的歌词用手势形象地表演出来的一种聋人艺术形式。一般配合乐曲进行，可一人或多人同时表演，表演者不出声吟唱，只用手势、身段、表情和动作将歌词的含意形象地加以表演。作为一种融舞蹈、造型和默诵于一体的特殊艺术形式，20世纪80年代后在中国大陆开始流行。

字幕电影（caption of film for the deaf） 帮助聋人理解内容而配有字幕的电影。国外有的聋人俱乐部专门进行放映。基于同一原因，很多国家还为聋人提供配有字幕或手语翻译的电视节目。

哑剧（pantomime） （1）以姿势代替言词表达感情或态度的一种形式。也可作为一种非言语的治疗技术，有时也用于言语表达有障碍的场合。（2）一种不用对话或歌唱而只用动作和表情来表达剧情的戏剧形式。因适合聋人观看和表演，所以逐渐成为聋人文化的一种形式。在一些国家有专门的聋人哑剧团体和剧场。

聋人电话机（telecommunication device for the deaf） 简称"TDD"。又称"电信打字机"（teletypewriter）。简称"TTY"。一种专供聋人、言语障碍者使用的电话机。20世纪90年代以后在美国已广泛使用。机身表面有号码数字键、拼音字母键、其他功能键、显示屏幕和专用打字纸。需与一般电话机配套使用。通话时，要把此机的听筒摘掉，将一般电话机的听筒放在此机上，摁完号码数字键后，用字母键拼写出词句，除屏幕显示外，机内的打字机亦同时将通话内容打印出来。

手语翻译（interpreter for the deaf） 沟通聋人与健听人之间的一种特殊翻译。可分为手译和口译两部分。手译是指将有声语言（书面文字或口头语言）翻译成聋人手语；口译是指将聋人手语翻译成有声语言（边看手语边说出它的意思，或用笔记录下来）。起到沟通聋人和健听人之间语言、思想情感上联系的作用，为聋人更广泛地参与社会生活，获取知识和信息提供有利条件。很多国家有专业手语翻译及培训机构、制度，担任有聋人参与的社会活动及学校学习活动的翻译。中国亦在残联系统和一些有聋人工作的单位配备。按有关规定，他们除工资外享受特殊教育津贴。在河南中州大学、南京特殊教育职业技术学院、辽宁营口职业技术学院已有专门培训手语翻译的专业。

《手语翻译员国家职业标准（试行）》 原国家劳动和社会保障部制定的一项职业标准。2008年3月18日起施行。包括职业情况、基本要求、工作要求、比重表四个部分。将手语翻译员职业定义为：在听力残疾人士与非听力残疾人士之间从事手语、口语传译工作的人员。分为五级手语翻译员（国家职业资格五级）、四级手语翻译员（国家职业资格四级）、三级手语翻译员（国家职业资格三级）、二级手语翻译员（国家职业资格二级）四个等级。晋级培训期限，五级不少于60标准学时、四级不少于80标准学时、三级不少于100标准学时、二级不少于120标准学时。鉴定方式分为理论知识考试和技能操作考核。全面考察从业人员的职业道德、手语基本知识、手语口语传译基本知识及相关法律法规知识。理论知识考试采用闭卷考试方式,技能操作考核采用现场实际操作等方式,考试时间均不少于30分钟。二级手语翻译员还须进行综合评审,评审时间不少于15分钟。考试合格者获得相应级别的职业资格证书。

国际聋教育会议(International Congress on Education for the Deaf,ICED) 有关聋教育的专业学术性国际会议。每2年召开1次。1878年在法国巴黎首次举行,讨论各种教学法之优劣,但会议无任何结果。1880年在意大利米兰举行第二次会议,通过了一项共同宣言,宣言共8项,其中包括:教育聋人应当采取比手语法更优越的口语法;各国政府必须进一步使所有聋人都有机会接受教育;聋人学校每班人数不得超过10人。这届米兰会议成为聋教育史上提倡口语法的里程碑。从第17届起中国大陆派代表参加会议并发言。至2005年已召开20届。

米兰会议(Milan Congress) 全称"第二次国际聋教育大会"。1880年在意大利米兰召开。由法国和意大利主持,来自美国、英国代表参加,共167人,其中法国代表为56名,意大利代表为87名,美国代表为5名。所有代表中聋人代表仅1人。会议主要探讨聋教育的方法及聋教学等问题。在聋人代表持不同意见的情况下通过了《米兰会议决议》。决议内容包括8条:"聋哑儿童的教育教学中口语法优于手语法","需要政府制定所有聋哑儿童都有权受教育的法规","要求聋哑儿童开口说话而使用的纯口语应该尽量接近教授有正常听力的儿童说话的教育方法","口语法教师们应该编写出版这类图书","聋哑儿童离校后不会忘记他们学习过的纯口语法","对聋哑儿童实行口语教学是一种特殊需要","一个从前未采用过纯口语法教学的学校,准备实施这种方法时,为了获得成功,应谨慎、循序渐进"。因其倡导口语教学方法,不仅对聋教育的发展产生深远影响,同时也引起了广泛持续的争议。

口语教学实验工作汇报会(meeting on experiment of speech program) 1956年8月在北京举行的总结和交流口语教学经验的会议。1954年8月教育部召开了全国聋哑学校代表座谈会,讨论了教学改革问题。会上指出了历史遗留下来的手势教学的落后性,明确提出了向前苏联学习口语教学是我国聋哑教育实行改革的重要任务之一。并指定北京、上海、哈尔滨3市4所聋哑学校在新招的班级中进行重点实验。两年后,为总结和交流4所学校的实验工作,教育部主持召开了这次汇报会。会上除由4所重点实验学校汇报外,还讨论了口语教学班的教学计划和编写教材等问题。有23个省市的118名聋校代表出席。通过这次会议在全国范围内推广了口语教学,对中国聋校的教学改革起了推动和转折作用。

聋儿听力语言康复中心(hearing-speech rehabilitation center for deaf children) 对学龄前听觉障碍儿童的听觉语言进行康复

的机构。通过科学的方法发挥聋儿的听觉、视觉、触觉及其他感官代偿功能的作用,建立聋儿的有声语言系统,发展聋儿的语言交流能力并促进其智力发展,使聋儿扩大接受教育的机会,以适应进入社会的需要。中心的功能通常是多方面的,有诊断、训练、咨询、科学研究等。中国大陆的这类中心,多隶属于民政部门或残疾人协会,也有附设于医院或聋校的。中国聋儿康复研究中心是最大的中心,建于1983年,设在北京。

中国聋儿康复研究中心(China Rehabilitation Research Center for Deaf Children) 一个集医学、教育、科研为一体的国家级康复机构。成立于1983年,前身为中华聋儿听力语言康复中心。隶属于中国残疾人联合会。设在北京。业务大楼面积约为1万平米。设有听力门诊、语言训练部和情报设备部。主要开展听力医学诊断、治疗和康复训练。承担着全国聋儿康复工作的技术资源中心、全国高等专业聋儿语训教室培训基地和行业管理职能。发挥的主要作用有:(1)协助中国残疾人联合会制定国家有关聋儿康复工作的方针、政策、法规和全国聋儿康复事业发展中、远期目标与规划。(2)对全国聋儿康复工作进行指导、协调与管理,组织检查、评估验收。(3)为基层培训和输送各类专业技术人才。(4)面向全国开展耳聋预防、听力筛查、助听器选配、人工耳蜗后调试、聋儿听力语言训练等项业务。(5)进行听力医学和听力语言训练方法等有关学科的开发性、实用性研究。(6)组织康复设备、教学教具的研制和推广工作。

社区言语和听力中心(Community Speech and Hearing Centers) 为儿童和成人提供言语及听力评估与康复的地区性机构。也对那些兼有言语和听力缺陷的学习障碍者进行治疗。为适应言语和听力缺陷人数众多的需要,而他们的问题又不是都要求医院或其他公共机构来解决,因此,一些国家由社区中心来处理这些患者的问题,使地区性的人力和资源在残疾人康复中得以发挥作用。

启喑学馆(Qiyin School) 中国第一所聋校。1887年由美国传教士查理·米尔斯(C. R. Mills)及其夫人安妮塔·米尔斯(Annetta Thompson Mills)在山东登州府(今蓬莱县)创办。喑,意为说不出话,校名"启喑"即取"启导聋人开口说话"的意思。开学之初仅收到一名聋童,后逐渐增加到14人。安妮塔·米尔斯担任教师,人称"梅师母",由她的朋友和美国长老会提供经费。1895年因查理·米尔斯去世和长老会停止供给经费而停办。后经安妮塔·米尔斯的努力,获得美国罗彻斯特聋人学校资助,于1897年复办。次年迁至烟台,改名"烟台启喑学校",又名"米尔斯纪念学校"(C. R. Mills Memorial School)。面向全国招生,同时为各地培训师资。中国早期建立的聋校中,有一批聋校的校长是经这所学校培训的。1929年安妮塔·米尔斯病逝,由其外甥女卡特(Annetta E. Carter)接任校长。1936年有学生65人,教职工24人。1939年卡特回美国,由中国人栾雪琴任校长。1941

年被侵华日军接管,使学校受到严重摧残,教师学生所剩无几。1948年烟台解放,改名为"烟台市聋哑小学"。1952年7月因成立盲生班,又改名"烟台市盲哑学校"。此后几易校名。1987年9月,经烟台市政府批准,学校挂"烟台市聋哑中心学校"、"烟台市盲人学校"两个牌子。

烟台市聋哑中心学校(Yantai Central School for the Deaf) 见"启喑学馆"。

南京市立盲哑学校(Nanjing Public School for the Blind and the Deaf) 国民政府时期唯一由教育部建立和直接管理过的公立特殊学校。1927年10月建于南京市船板巷。分盲、聋两科。1932年增设中学部、职业部、高中师范部。1937年抗日战争爆发后迁至四川省江津县。1942年更名"教育部特设盲哑学校"。抗战胜利后,1946年10月迁至南京中华门剪子巷,划归南京市教育局管理,恢复原校名,并设幼稚部和各种职业科。新中国成立后由南京市人民政府接办。1982年盲、聋分校,聋生部迁至御道街,新建南京市聋哑学校,设学前聋儿康复班、小学初中班和面向全国招生的高中班。盲生部留在原址,成立南京市盲童学校。1986年改称"南京盲人学校",设小学、初中和推拿中专班三个部。1987年起实行盲童、低视力儿童分类教学。

南通市聋哑学校(Nantong School for the Deaf) 中国人自办的成立较早的一所特殊学校。前身是南通盲哑学校。1916年11月建立。校址在江苏省南通县狼山观音岩下。创办人张謇于1912年规划由中国人自建残废院盲哑学校,后购地建校舍,1915年招收盲哑师范科学生9人,从烟台、北平聘用中国教师。1916年5月登报筹集经费并招生,11月正式开学,张謇任首任校长,有盲、聋学生各4人。定"勤俭"为校训。1916年12月盲哑师范科第一期9名学生毕业。1918年2月招生后,每年招一次。1938年南通沦陷,师生走散。1941年复校。1951年迁入老山门北侧五山小学分部。1952年由人民政府接管改为市立,当时有盲科1个班,哑科5个班,学生45人。1957年盲科并入南京市盲童学校,学校改现名。

南京市聋哑学校(Nanjing School for the Deaf) 见"南京市立盲哑学校"。

上海市聋哑青年技术学校(Shanghai Youth Technical School for Deaf-Mutes) 中国第一所以聋哑青年为对象的普通高中和中等专业技术学校。校址在上海市徐汇区老沪闵路800号,占地面积20亩,现有建筑面积13900平方米。前身是1947年我国著名教育家陈鹤琴创办的上海特殊儿童辅导院。1953年由上海市聋哑儿童学校分设的初中文化补习班改为"技术班",设木工、实用美术两个科,有电影动画、印染图案、玩具制造三个专业,学习期限3年。1956年由"技术班"扩展为聋哑青年技术学校,面向全国招生,新增设若干专业,先后开设了广告装潢、印染图案、电影动画、摄影、家具、木模、车工、钳工、缝纫、师训等科。1982年起学制改为4年。至2005年学校有19个教学班,200多名学生,103名教职员工中聋人教工占40％。除聋人高中班外,现设工艺美术、办公自动化、服装设计制作、烹饪点心、装潢设计制作5个专业。建校以来已培养了上千名专业技术人才。

真铎学校(Chun Tok School) 香港一所为听障男女学生而设的基督教特殊学校。前身是"港粤启喑学校",为香港第一所聋校。1935年由三位外国女传教士创立,烟台启喑学校毕业的李绿华担任校长。1948年改称"真铎启喑学校"。创立初期只有6名学生,其后学生不限年龄,人数不断增加。学制包括小学预备班四年、初小两年、高小两年;学科除了和普通小学相同外,注重手工,并教导听障儿童读唇、发音及说话。后分小学部、中学部。小学部2004年转型为融合教育学校,改称现名。招收健听学生。校址在九龙钻石山斧山道。以全日制"弱听部"、"主流部"、和"听障学童支援部"三种教育模式运作。

克拉克聋人学校(Clarke School for the Deaf) 美国一所聋校。1870年开办,位于美国马萨诸塞州。始终坚持口语教学法,成为美国聋人教育中口语教学的代表。在其他课程的设置上也尽量与普通公立学校保持一致。由于它独特的办学思想和模式,在美国聋教育界具有特别的地位和影响。

加劳德特大学(Gallaudet University) "Gallaudet"又译"戈洛德""哥老德""盖洛德"。世界上第一所为聋人设立的私立综合性大学。至1995年仍是世界上唯一的。学校的宗旨是:致力于培养高层次人才;研究那些目的在于改善聋人和重听者生活的问题;为聋人、他们的家庭、朋友,以及从事聋人工作的专业人员提供服务。以开展广泛的基础理论、学术研究和公共服务项目,在美国发挥着聋人和重听者资源中心的作用。1857年美国国会决定将艾莫斯·肯德尔开办的盲聋学校与托马斯·加劳德特创办的美国第一所聋哑学校合并为哥伦比亚盲聋哑教育学院。爱德华·加劳德特和肯德尔向国会建议兴办一所聋人大学。1864年,根据林肯总统签署的一项特许状,规定哥伦比亚盲聋哑教育学院设大学部,有权授予大学学位。爱德华·加劳德特任大学部校长。1894年为纪念托马斯·加劳德特的功绩,将大学部命名为加劳德特大学。1954年美国第83届国会决定,将整个哥伦比亚盲聋哑教育学院确认为加劳德特学院。1986年,国会将加劳德特学院改为大学。1988年第一次推举聋人为校长。校址有两处:原址位于首都华盛顿东北部,占地99英亩;另有一新建的校园,占地9英亩,是一所大学预科学校的中心,为外国的聋学生开设英语、美国手势语和文化研究等课程。至2002年有约2 000名聋人和重听者在攻读学位课程。全校教职工228人,其中1/3为聋人或重听者。设有学院:艺术科学学院、语言交流学院、教育和人类服务学院、管理学院和继续教育学院。提供50多个专业的大学本科和研究生课程及相应的学位:文学士、文理学士、商业文学士、商业理学士、文科硕士、理科硕士、教育硕士和哲学博士。还设有模范聋人中学和肯德尔示范小学、加劳德特儿童发展中心、加劳德特研究中心、加劳德特翻译中心等机构。1948年上海聋人祖振纲到此留学,之后又陆续接收了许多中国聋人留学生,并与中国辽宁、北京的一些特殊教育机构建立了友好联系。

罗彻斯特聋人技术学院(National Technical Institute for the Deaf, Rochester Institute of Technology) 全称"罗彻斯特理工学院附属国立聋人技术学院",美国为聋人设立的理工科大学。成立于1965年。根据美国国会决议由美国国会创办,教育部资助,设在纽约州罗彻斯特市郊,原仅招本国学生,由国家给聋生专门补贴,同时也招收健听学生,后也招收外国学生并设奖学金。据该院1923年11月号学报记载,1909年烟台启喑学校校长安妮塔·米尔斯保送宁波聋人许超峰赴该校学习。许超峰先后读完预科、中学、大学课程,后在学院土木工程研究中心任见习讲师,表现出色,1923年夏毕业,同年10月23日回国。许超峰在美国学习14年,成为该校当时唯一的中国聋人留学生。20世纪末有多名中国耳聋学生在该校读本科和研究生。聋人报考条件是:听力损失在70分贝以上,具有高中以上文化程度,通晓英语和美国手语。设电子、机械技术、建筑制图、市政工程、光学仪器精磨技术、印刷技术、有机助剂、工业和工艺制图、培养基本生产技术、医疗实验和记录技术、数据技术、办公室实习及工作程序等理工科专业,以及商业、财会、艺术、摄影和手语翻译等文科和艺术专业。至1988年有1 350多名聋学生。在校学习一年半经考试合格者,发给学生证书;两年者发文凭,两年以上可考副学士学位,4～5年者可考学士学位;获学士学位后,再经两年以上学习,可获硕士学位。聋人学生可单独上课,在有翻译情况下也可到普通学院班上课。

世界聋人联合会(The World Federation of the Deaf) 一个国际性的非政府组织。成立于1951年。总部设在意大利罗马。与联合国经济和社会理事会、教科文组织、国际劳工组织、世界卫生组织有正式关系。中国聋人协会是正式会员。工作宗旨是造福于世界各国聋人、捍卫聋人权利、为各国聋人提供技术服务、职业培训和医疗康复。编辑出版了《国际聋人手语》等书。每4年举行一次大会。

国际聋人体育联合会(International Committee of Sport for the Deaf,法文简称CISS) 一个国际性聋人体育运动组织。成立于1924年。总部在法国巴黎。活动宗旨是通过体育达到平等。负责组织聋人的各项体育竞赛,每4年举办一次世界聋人运动会。中国聋人体育协会是正式会员。

中国聋人协会(China Association of the Deaf and Hard of Hearing) 中国残疾人联合会的专门协会之一。前身是1956年成立的中国聋哑人福利会。1960年与中国盲人福利会合并成为中国盲人聋人协会。1988年根据中国残疾人联合会章程成立。任务是:(1)团结、教育聋人遵守国家法律,履行应尽义务,沟通聋人与社会之间的联系,自尊、自信、自强、自立,为构建和谐社会、全面建设小康社会贡献力量。(2)促进聋人的康复、教育、扶贫、劳动就业、维权、社会保障及残疾预防工作,参与、举办有关聋人的各类培训,开展有益于聋人身心健康的群众性文化体育活动(3)推进信息无障碍环境的建设,推动聋人辅助器具的开发与应用。对中国手语、影视字幕、聋儿康复等具有聋人特色的工作提供咨询、建议、服务和监督。(4)在聋人中培养、推荐残疾人工作者。(5)承办中国残疾人联合会委托的工作。(6)代表中国聋人参加国际活动,促进国际交流与合作。

中国聋人体育协会(China Sports Association for the Deaf) 中华全国体育总会领导下的一个群众性业余体育组织。国际聋人体育联合会(CISS)的正式成员。1986年12月10日成立。设在中国聋人协会。主要任务是:动员和组织聋人积极开展体育活动,促进康复,增进健康,提高技术水平,鼓起生活的勇气和信心,以充沛的精力和健全的体魄参加社会主义建设,并经办聋人国际体育活动。

听力残疾者体育竞赛分级 聋人奥运会规定的一项标准。凡语言频率平均听力损失大于55分贝者均可参加聋人体育竞赛,但比赛时不再分级别。

听力残疾者体育竞赛项目 世界聋人运动会设立的比赛项目。有田径、游泳、篮球、羽毛球、水球、网球、排球、手球、足球、乒乓球、自行车、射击、摔跤等。各项均按国际单项联合会的规则及附加规则进行比赛。

国际聋人高等教育网络组织(PEN-international, PEN) 简称"PEN"项目。一个利用现代化网络技术发展聋人高等特殊教育的国际性群众组织。由中国、美国、日本、俄罗斯四国高等聋教育工作者发起。2001年6月29日成立。主要任务是:开发和推广能够提高聋人高等教育水平的国际网络技术和手段,支持和发展项目成员单位所在地的网络化技术水平和服务内容。宗旨是:优秀、完整、创新。总部设在美国罗彻斯特理工大学所属的国家聋人工学院。由日本国日本财团赞助,已累计投资400万美元。现项目成员国及单位有:中国天津理工大学聋人工学院、中国北京联合大学特殊教育学院、中国长春大学特殊教育学院、中国中州大学聋人艺术设计学院。美国罗彻斯特理工学院所属美国国家聋人工学院、日本筑波短期技术大学、俄罗斯莫斯科包曼技术大学、菲律宾CSB大学。

亚历山大·格雷厄姆·贝尔聋和重听者协会(Alexander Graham Bell Association for the Deaf and Hard of Hearing) 美国一个非营利性会员组织。1980年建立。任务是使听觉障碍者能够通过促进普遍的权利而独立地发挥作用,有最理想的机会学习、使用、维持、改进口语交际的所有方面,包括说话,看口形,使用剩余听力的能力,处理口头及书面语言的能力。为此目标,该协会努力促进儿童及成人对于听力损失有更好的理解,早期发现婴儿听力损失,及时干预和选配合适的助听器。宣传听力损失的信息,包括原因及治疗的选择,聋或重听儿童教师的在职培训。还开展与听力/口头交际相关的合作研究,同医生、听力学家、言语/语言专家以及教师合作，促进各年龄段听觉障碍者的教育与参与社会的机会。并提供各种以会员为对象的项目，出版物和财政援助项目。包括在校学生的财政资助奖励、奖学金、家长对中重度听觉障碍婴儿诊断的帮助，艺术和科学奖励等。

爱耳日（Ear Care Day） 全球性活动日。每年的3月3日。源于2000年由中国残疾人联合会、卫生部、教育部、民政部、国家计划生育委员会、广播电影电视总局、国家质量技术监督局、国家药品监督管理局、全国妇联、中国老龄协会十个部门联合确定的全国爱耳日。届时组织医务工作者、残疾人工作者、志愿工作者和残疾人召开座谈会，进行现场观摩，走上街头咨询义诊，开展听力助残活动。同时，利用电视、广播、报刊、公益广告、宣传画、预防系列丛书等多种形式，宣传普及预防知识。我国每年活动确定一个主题。2000年首次活动主题是：预防耳毒性药物致聋。2007年，中国残联、卫生部和世界卫生组织在北京主办首届国际听力障碍预防与康复大会，会议发表《北京宣言》，倡议在国际建立此活动日。2013年3月19日被世界卫生组织正式确定。

国际聋人节（International Day for the Deaf） 世界聋人联合会倡议的节日。每年9月的第4个星期日。届时，世界各国的聋人、聋人组织和关心聋人的团体要以各种形式开展宣传、服务、援助活动，以引起社会对聋人的关注。第一次节日是1958年9月28日。

卡尔丹诺（Cardano Cirolamo，1501～1576） 男，16世纪意大利著名医生、数学家。世界聋教育理论奠基人。在1550年出版的《论精神》一书中仔细分析了耳聋的病因，并对其进行了较科学的分类，区分了程度。指出需要专门组织教学，采用书面语和骨导方式可以教会聋人发音和理解书面语；提出聋是一种疾病，哑是从属于聋的第二性缺陷或症状；认为"我们可以达到：哑人通过读可以'听'到，通过写可以'说'话"；对聋人智力发展持乐观的态度。

庞塞（Pedro Ponce de Leon，1520～1584） 男，西班牙人。16世纪西班牙聋教育的先驱者之一。西班牙本笃会僧侣。在巴来多利的修道院中建立聋校，教育西班牙贵族中的聋人。著有《对聋哑人的教育》(Instruction for the Mute Deaf)一书，后失传。在教聋人的过程中运用的教育方法是：首先写，然后用手指指着他所写的东西，再练习与字母匹配的发音，根据嘴唇的运动指导发音，最后转向阅读。提出聋人在智力上是正常能接受教育的；内在言语的稳定性与永恒性是最好的智慧；相对于交流而言，语言的显著功能在于沉思等学术观点，反对以往认为聋人不可教的观点。

卡瑞恩（Manuel Ramirez de Carrion，1579～1652） 男，西班牙人。16世纪西班牙聋教育的先驱者之一。西班牙本笃会僧侣。庞塞聋教育方法的直接继承人。著有《自然的奇迹》一书，书中论述由聋致哑的原因,并指出先天聋人通常不会说话,后天聋人发音器官正常,能学会说话。对自己的教育方法保密。据1623年其朋友 Morales 的记载,他教育聋人的方法是将原有字母表的名称简化,用字母的读音标注。

波内特(Juan Pablo Bonet,1560~1620) 男,西班牙人。16 世纪西班牙聋教育的先驱者之一。他继承了庞塞和卡瑞恩教育聋人的教学方法。著有《字母表简化方案和教聋人说话的方法》一书,主张将西班牙语字母表中的字母名称简化,摒弃原有的冗长名称,而仅根据字母的发音为其命名,以便于聋人学习字母发音。书中介绍了发音器官的构造,并系统阐述构造、正确的发音位置和吐音方法。系统阐述聋童教学原则:词汇教学应结合情景进行,教师应当富有耐心,使用书面形式将问题的答案呈现给学生,重视阅读材料的难易程度等教学思想。

约翰·瓦利斯(John Wallis, 1618~1703) 男,英国人。17 世纪英国聋教育先驱之一。牛津大学的几何学教授,英国皇家协会的创始人之一。针对外国人和聋人学习英语语法问题,于 1653 年撰写《英语语法》一书,书中对英语发音过程中的语音要素和发音位置进行细致分析和说明,并探讨聋人语言学习和教学观。在教育聋人的实践中,早期提倡口语教学,主张尽可能向聋人展示不同的发音位置和舌唇摆放的位置。后因口语教学效果不能达到健听人水平,进而转向书面语教学。使用的方法有:用书面语给事物命名,让聋人积累词汇;在他们理解词与句意的情况下,做改变句型的练习,同时学习不同的语法形态,利用手指语辅助书面语教学。

阿曼(Johann Konrad Amman, 1669~1724) 男,瑞士人。17 世纪聋教育先驱者之一。18 岁获得医生的资格,后移居荷兰,转而进行聋教育,被认为是聋人口语教学的奠基人。从宗教的角度认为说话是神圣的,聋教育必须强调发音的学习。在教育聋人的过程中采用口语教学方法:先教聋人发元音,让其体会发元音时声带的震动,然后学习辅音的发音,最后过渡到词语和句子。著有《能说话的聋哑人或能帮助聋哑人学会说话的方法》、《说话的聋人》、《口语演讲》等书。

莱佩(Abbé Charles Michel de L'Epée, 1712~1789) 男,法国聋教育先驱,有"聋人教育界鼻祖"之称。1770 年(创办年代文献记载不一,还有 1760 年、1775 年说)在巴黎创办了世界上第一所聋人学校,成为正式聋人教育的开端。原为天主教神父,因在巴黎遇到一对年少的孪生聋姐妹,试图向她们传教,遂从 1743 年从事聋童教育工作。认为手势是聋人的自发语言和进行思维、交际的唯一媒介,主张在教学中使用手语。发明了法语手势符号体系,为手语教学法体系的创始人,由此法国成为 19 世纪早期欧洲两个主要的聋人教育中心和学派诞生地之一。对待口语教学,一说持反对态度,一说也认为教聋人说话及读唇是很重要的一课。与同时代的海尼克就两种教学法体系的优劣进行了长期的争论。著有《使用有条理的手势对聋人进行教学》、《为大量经验所证明的聋人教学中的正确方法》等书。

托马斯·布雷沃（Thomas Braidwood，1715～1806） 又译"托马斯·布雷伍德"。男，英国人。1760 年在爱丁堡建立的英国一所聋校"布雷沃学院"成为英国早期有影响力的学校。到 1780 年，拥有了 20 名学生。最初入学的聋生通过接受教育掌握了口语，能够讲话并理解别人的语言。其侄子沃森（Watson）1809 年写的《聋哑教学》（Instruction of the Deaf and Dumb）一书披露其采用将看话、发音、书写单词、理解意思等内容相结合的训练方法。在发音训练中，他先用小棒探入聋童的口中拨动聋童的舌头，让聋童体会舌头在发音时的运动，然后进行元音和辅音音素的发音训练及练习音节的发音，最后将音节所表示的意义与语音对应起来，使学生懂得词语的意义及使用。

西卡尔（Abbe Roche Ambroise Cucurron Sicard，1742～1822） 男，法国人，18 世纪聋教育先驱者之一。初期在法国波尔多一所聋校任教，后到巴黎聋校学习莱佩的教学方法。1790 年莱佩死后接任巴黎聋校校长之职。教学方面除了继承莱佩的教学方法外，还重视书面语、道德宗教信仰、文法造句的教育。邀请托马斯·加劳德特到法国学习巴黎聋校的聋教学方法，该教学方法传至美国，影响了美国聋教育的发展。著有《聋哑人教学艺术回忆录》（Memoir on the Art of Teaching Deaf-Mutes from Birth）、《用于指导聋哑人的手语理论》（Theory of Signs, for the Instruction of the Deaf-Mute）等书籍，还为聋儿编纂《手语词典》。

海尼克（Samuel Heinicke，1727～1790） 男，德国聋教育和纯口语教学法体系的创始人。1755 年做私人教师时接收第一个聋生，并受到荷兰医生阿曼写的《说话的聋人》一书的影响。1769 年再次以教聋童为职业。1778 年应家乡选民要求，在莱比锡创办德国第一所聋校（现名"塞缪尔·海尼克聋校"）。在聋人教育理论和实践上经历了三个阶段：(1) 主张用书面语教学。(2) 认为书面语与口语可以并用，但强调以口语教学为主。(3) 确立纯口语法体系。认为：口语是发展聋人抽象思维的必要基础；先教聋人书面语有害，书面语应在口语的基础上获得；手势、手语不是语言，必须要以说话、读唇才能完整地沟通人的思想。坚持用口语教学，并形成一套帮助聋人发音的教学方法。在实际教学中纯口语法并未达到其预期目的，后期其观点有所改变。由于全力推广口语教学法，后人便把口语教学法称之为"德国式教学法"。与同时代的手语法体系创始人法国人莱佩进行了长期争论。

托马斯·加劳德特（Thomas Hopkins Gallaudet，1787～1851） 美国第一所聋校的创建人之一。1814 年在教育一名 9 岁聋女孩时对聋人教育发生了兴趣。1815 年春赴欧洲学习聋人教育方法。先到英国，想向当时著名的聋人教育家布雷德伍德（Braidwood）学习其口语教学法，但由于布雷德伍德保守不肯传授，便转赴法国,师从莱佩的继承人西卡尔神父(Abbe Sicard),学习法国式的手语教学法。1816年8月回国。1817年4月在康涅狄克州的哈特福德(Hardford)创办了美国第一所聋人学校并任校长,至1830年辞职。1832~1833年间,被纽约大学任命为美国第一位教育哲学教授。曾编辑《美国聋哑人年报》杂志。其最小的儿子爱德华·加劳德特继承父业,成为世界上第一所聋人学院的首任院长。

亚历山大·格雷厄姆·贝尔(Alexander Graham Bell,1847~1922) 男,聋人教育家、科学家、发明家。1847年生于苏格兰爱丁堡市,1871年移居美国马萨诸塞州波士顿市,1882年入美国籍。虽然只在学校念过几年书,但是通过家庭的熏陶和自学受到了良好的教育。22岁时任美国波士顿大学语音学教授。1872年在波士顿建立了一所聋教育教师培训学校。在聋人教育中提倡口语教学,并将可视语言推广到聋人教育领域;强调发音机理在发音过程中的重要作用。一生从事过多方面的聋教育实践,教授过包括他妻子在内的许多聋生。参与建立美国口语促进协会,即后来的贝尔聋人协会。

安妮塔·米尔斯(Annetta Thompson Mills,1853~1929) 又译"梅耐德",俗称"梅师母"。女,美国人。中国第一所聋校的创办人之一。1875年获美国罗彻斯特聋人学校的教师职位。1884年应查理·米尔斯之邀来中国,并与其结婚。夫妇双方家庭成员中都有聋人。1887年与查理·米尔斯在山东登州府(今蓬莱县)共同创办了中国第一所聋校,取名"启喑学馆"。1895年丈夫去世后主持学馆工作。1898年将学馆迁到烟台,改名为"启喑学校"。历任馆长、校长。为恢复和维持一度停办的学校,数次回国和赴欧洲寻求援助,并说服了外甥女——美国加劳德特大学教授卡特(Annetta E. Carter)来中国与她一起办聋教育。将赖恩手势介绍到中国,并以"贝尔字母"编写出中国聋哑学校第一套教材《启喑初阶》。因在中国创办第一所聋校而受到美国各界人士的称赞。其一孙儿和孙女应邀参加了1987年在烟台举办的中国第一所聋校百年校庆。

拉乌(Рау Федор Андреевич,1868~1957) 俄罗斯和苏联时期著名特殊教育学者。俄罗斯教育科学院通讯院士、教授。在聋教育和言语矫正学的理论研究和实践上有很多贡献。1900年与夫人拉乌(Рау Наталья Александровна,1870~1947)在莫斯科建立了俄国和欧洲第一个耳聋幼儿园,1922年建立了快速看话(读唇)俱乐部。其子费拉乌博士在教聋儿口语发音的理论和方法上,以及发音辅助工具上有新的创造。其第三代、第四代后人也是俄罗斯特殊教育方面的专家。

川本宇之介(1888~1960) 男,日本聋教育家。早年任文部省官员期间从事盲聋教育研究,并到欧美访问两年。曾任东京聋哑学校教师及校长,成立"日本聋人口语普及会",创办《口语式聋教育》杂志,介绍和研究欧美残疾儿童教育制度及动向、口语法的普及和盲、聋童义务教育的实施。创立聋教育振兴协会,担任常任理事。致力于推进身心障碍儿童的义务教育,主张口语法。主要著作有《聋教育概论》(1925)、《聋教育精论》(1940)、《聋言语教育新讲》(1954)、《总论特殊教育》(1954)等。

威廉·C. 斯多基(William C. Stokoe, 1919~2000) 男,美国手语语言学创始人。1955~1970 年任美国加劳德特大学英语系教授、董事会主席,1984 年退休。长期致力于美国手语语言学研究和聋人双语教学的开展。针对以往对手语的研究主要以手势为基本单位,手势被认为是无法分析的一个整体和没有内在结构的理论,1960 年在《手语的构造》一文中首次提出:和口语的单词可以分成音素单位一样,手势也可分成更小的构成单位:方位、形态或指式、移动。同时发明了一套记录手势的书面符号系统,共 55 个符号,其中,表示方位的符号 12 个,表示手形的符号 19 个,表示移动的符号 24 个。著有《美国手语语言学规则辞典》(1965)、《用于表现的语言:为什么手势先于说话》(2000),并创办美国手语语言研究实验室和《手语研究》(Sign Language Studies)期刊。

张謇(Zhang Jian, 1853~1926) 字季直,号啬庵,江苏南通人。中国近代实业家和教育家,师范教育创始人之一。南通盲哑学校创始人,也是最早举办盲哑师范科的开创者。在自己的文章中对聋教育师资培训、聋教育等方面阐述了很多有价值的观点,并且努力在实践中贯彻。参见"南通市聋哑学校"。

吴燕生(Wu Yansheng, 1900~1958) 男,蒙古族人。1920 年在沈阳开办辽宁聋哑职业学校。1934 年在北京建立聋校。多年从事聋教育的实际工作。曾去日本留学 2 年,研究聋教育,师从日本聋教育专家川本宇之介。1937 年后赴延安,后长期在东北一些省市教育厅、局担任领导工作。1956 年调入北京任中国聋哑人福利会副主任委员兼总干事。1935 年著《聋教育常识》,自费在北京印刷,免费发行,为中国第一本论述耳聋儿童教育的专著。在书中作者用唯物主义观点科学地论述了耳聋和聋童教育,系统地介绍了外国的进步观点和教学方法,其中一些观点至今仍有实际意义。去世后遗体安葬在北京八宝山革命公墓。

洪雪立(Hong Xueli, 1901~1971) 男,中国聋教育专家。福建省南安县人。1929 年 9 月加入中国共产党,因链霉素中毒致耳聋。1953 年起任中央教育部盲聋哑教育处专员,后改任中国聋哑人福利会副总干事,第一、二届中国盲人聋哑人协会副主席。对新中国聋教育中推行口语教学、制定聋人汉语手指字母、进行聋教改革、发展中国聋教事业的理论和实践等方面做了很多工作。曾用实验方法对聋人手指字母的清晰性做过研究,其实验报告对中国汉语手指字母方案的最后确定提供了科学根据。在《人民教育》、《聋哑教育通讯》、《文字改革》等杂志上发表过多篇关于聋校语言教学、看话、指语等问题的论文。编写过《聋哑学校的教学组织形式和方法》的书稿,共

12章,包括了聋教育教学的各方面问题,为作者整理的1954～1963年间到20所聋校的看课记录或文章,但此书未能出版,原稿散失。

李石涵(Li Shihan,1919～1993) 男,湖南省桂阳人,16岁时患脑膜炎致双耳失聪。童年在解放区度过,自学了德文,后出任中国首任驻瑞士使馆情报室负责人,成为中国第一个聋人外交官。曾任北京师范大学图书馆副馆长,自1956年起兼职从事残疾人事业,任中国聋哑人福利委员会常务委员,中国聋哑人协会常务委员。自1979年起专职从事残疾人工作,任中国盲人聋哑人协会副主席。其间,多次随团和率团出访亚洲、欧洲许多国家,出席世界聋人联合会召开的国际会议。曾参与聋人教育、聋人手语研究、特殊教育师资培训、聋人刊物出版等方面的组织领导工作。1988年被选为中国残疾人联合会主席团副主席。

《聋教育常识》(General Knowledge of Education for the Deaf) 一本有关聋童教育基本知识的科普小册子。吴燕生编著,自费印刷发行,免费赠送。全书25页,包括自序,中国聋教育及聋哑本身之问题,聋教育之方法和关于聋哑儿童应有之教养方法等。作者曾留学日本两年,研究过日本和欧洲的聋教育,并创办过聋校,因此书中综合了国外聋教育和自身的经验,论述聋教育中的若干重要问题,对家长提出建议。书中的很多观点至今有参考价值。

《聋哑教育通讯》(Newsletter of Education for the Deaf-mute) 新中国建立后内部发行的第一份聋教育综合刊物。1957年10月创刊,定为每逢双月出版,但未能严格做到。创刊当年出了两期,第一期为油印本,自1958年起每年出6期。初设编辑处,在上海市北京西路605弄16号,后改编辑部。1958年秋迁至闸北柳营路465号。在发刊词中阐述了办刊宗旨:"今天祖国的聋哑教育事业还处在由落后到先进的过渡阶段,还在摸索经验,我们的经验还很少。唯其如此,今天的点滴经验就更为可贵,更需要把它集中起来,整理、推广,我们希望这个小小刊物,能在这方面发挥它的作用。"办刊经费由政府补助,起初不付稿酬。对推动当时聋教育的发展起了很好作用。20世纪60年代初停刊。

《中国听力语言康复科学》 学术期刊名。由中国残疾人联合会主管,中国聋儿康复研究中心主办。2003年创刊,向国内外发行。面向各研究机构、临床机构、基层聋儿康复机构中的听力语言康复专业人员,以及广大聋儿家长。以传播听力语言康复科学的新理念、新技术、新方法为宗旨,使读者及时了解听力语言康复科学领域内的基础理论、临床实践、康复教育及相关学科的最新动态与进展。设有基础研究、临床研究、康复教育、专家笔谈、康复论坛、综述、新技术与新进展、个案研究、编读往来、信息等有特色的栏目。

《聋哑人通用手语草图》(Draft of Sign Language for the Deaf) 20世纪50～70年代由中国盲聋哑人协会为制定"中国手语"而编写的一套未定型的中国聋人手势

语图谱书籍。参见"《中国手语》"。

《聋哑人通用手语图》(Chart of Sign Language for the Deaf) 见"《中国手语》"。

《中国手语》(Chinese Sign Language) 书名。由中国聋人协会编辑，1989年华夏出版社出版。共收录词目3 000余条，其中3/4来自原《聋哑人通用手语图》，其余为新增补的常用词目。是中国聋人手语规范化工作的一项成果。20世纪50年代后期，中国大陆就开始了中国聋人手语规范化工作。当时中国聋哑人福利会，为促进聋人手语的统一与发展，邀请聋人代表、聋人工作者及专家召开座谈会，整理、修订出一套《聋哑人通用手语草图》（4辑），共2 000余个手语草图，经原内务部、教育部、中国文字改革委员会批准试行。1979年，由中国盲人聋哑人协会主持，使中断了的手语规范化工作得以恢复，将原4辑《聋哑人通用手语草图》修订为2辑，定名为《聋哑人通用手语图》，经民政部、教育部、中国文字改革委员会批准正式推行。后又编纂了第3辑和第4辑供试行。1985年底，中国盲人聋哑人协会考虑到原有的《聋哑人通用手语图》已不能满足需要，且第3、4辑试行几年后也需总结定型，便委托上海市盲人聋哑人协会组成编纂小组，对4辑手语单词进行增删、修订。1987年5月，在山东泰安召开全国第三次手语工作会议，通过了编纂小组的工作报告，并确定将《聋哑人通用手语图》改称现名和重新绘制全部手势图。

《中国手语》（续集） 书名。第二本中国手语书。由中国聋人协会编辑，华夏出版社1994年8月出版。该书与1990年5月出版的《中国手语》词汇一起可基本满足聋人生活、学习和工作交往的需要。续集与首集编排体例相同，分15个部分。选编词目2 266个。在首集的基础上，续集在文字说明、图示、分类等方面有些改革。书后增加了英文索引。

《中国手语》（修订版）(Chinese Sign Language-Revised Edition) 书名。中国残疾人联合会教育就业部、中国聋人协会编。修订具体工作由北京师范大学特殊教育研究中心主持。2003年4月华夏出版社出版。全书收录词目5 586个。修订的基本指导思想是：纠正错误，适当增删词目，保持中国手语的稳定、统一和可持续发展，使修订后的中国手语更趋于科学、合理、简明，更便于聋人、聋人工作者和社会各界人士的学习和使用。修订主要反映在以下几个方面：(1)删除重复和过时词目，合并同义或近义词目，新增语《国歌》，补充少量词目和词目加注英文解释。(2)纠正绘图或文字说明不清或错误的问题。统一文字说明的表述方式和风格，将常用的几个手形分别规定为平伸（即直伸）、横伸、斜伸、侧伸、直立、侧立、横立。(3)本着基本词或基本动作统一的原则，精简同字同义或同字异义手势动作的多种打法。同字异义的手势动作尽量不超过三种。(4)在精简统一手势动作的基础上，设计了若干新的规范手势，以区别词义，减少动作上的混淆现象。(5)改动一些词目的原有打法，吸收聋人的常用手势。(6)重新编排了分类目录。修订后的中国手语书仍为15个部分,但是词目的编排与原书有很大不同。

《中国手语教学辅导》(Instructional Guidance on China Sign Language) 中国残疾人联合会组织编写的一本手语辅导教材。1992年7月由华夏出版社出版,主编朴永馨。全书约18万5千字,分为绪论、教学辅导和附录三部分。绪论中对手语的概念、历史发展、构成等做了论述;教学辅导是根据《中国手语》的分类按部分予以具体分析和辅导;附录中列举了如何进行手语培训的教案和对手语翻译的基本要求,为推广和应用《中国手语》服务。

《计算机专业手语》(Sign Language on Computer) 中国手语系列丛书之一。中国残疾人联合会教育就业部、中国聋人协会编。编写具体工作由天津理工大学聋人工学院负责。2005年1月华夏出版社出版。全书收录词目1 009个,其中正文部分903个,附录部分106个。在选词方面考虑不同程度学习者的需要,以初学者特别是义务教育阶段聋校学生最常碰到的计算机常用术语为主要内容,适当补充一些非常用的专业术语,兼顾职业技术学校和高等院校中的聋人学习计算机的需要。手势动作选择和设计依据中国手语手势动作的设计原则及其规范,编写体例与绘图风格与《中国手语》(修订版)基本保持一致。

《体育专业手语》(Sign Language on Physical Education) 中国手语系列丛书之一。中国残疾人联合会教育就业部、中国聋人协会编。编写具体工作委托天津体育学院负责。2010年3月华夏出版社出版。全书正文部分包括体育运动常用词汇、体育运动项目词汇、部分体育运动裁判手势和聋校体育教学手势,附录部分收入数字手语。收录词目1 092个,其中,正文部分1 069个,附录部分23个。在选词方面,以体育专项比赛中使用频率高的词作为选词的依据,将体育专业常用术语作为主要内容。并且根据体育竞技的发展和奥运会、残奥会比赛项目,适当补充了相关的运动项目术语,以适应聋校体育教学,从事残疾人体育运动的教练员、运动员等多方面人士的使用需要。

《理科专业手语》(Sign Language on Science) 中国手语系列丛书之一。中国残疾人联合会教育就业部、中国聋人协会编。具体编写工作委托上海市教委教研室负责。2011年9月华夏出版社出版。全书按物理学、化学、生命科学、天文地理、实验五个部分编排,收录词目1 305个,其中新词目1 180个。主要依据聋校课程教学内容,从中挑选常用、有代表性的专业基本词,同时也收录了聋生日常生活中会见到和用到的理科专业术语。

《美术专业手语》(Sign Language on Art) 中国手语系列丛书之一。中国残疾人联合会教育就业部、中国聋人协会编。具体编写工作委托长春大学特教学院负责。2013年4月华夏出版社出版。全书包括一般词汇、国画、油画、水粉画、水彩画、版画、雕塑、动漫、工艺美术、艺术设计九个部分。收录词目1 207个。词目主要依据各级学校美术专业的教学内容来选择最基本和最常用的专业术话。

《中国聋人》(Deaf in China) 原中国盲人聋哑人协会的机关刊物。1979年12月试刊,1980年2月正式出版创刊号(季刊)。1982年改为双月刊,1986年又改为月刊,并更名为《盲聋之音》。我国第一本公开发行的专为盲人、聋人及其亲属,盲人、聋人工作者,盲聋学校师生阅读的杂志。主要内容是宣传党的方针政策,宣传盲人、聋人工作的方针、政策,介绍中国盲人聋哑人协会及各地方协会工作情况,交流信息,盲聋康复与防治、业余教育、文体活动等工作的开展,报道盲人聋人及其工作者中的先进事迹,报道各地盲聋学校教育教学的改革情况,手语盲字改革信息,推行通用手语,刊登盲人、聋人的文艺作品,解答盲人、聋人提出的问题等。1989年1月改名为《中国残疾人》。

《学说话》(Learn to Speak) 中国聋幼儿语言训练的一套教材。由全国三项康复工作办公室根据《中国残疾人事业五年工作纲要》提出的任务组织编写。主编为北京师范大学特殊教育研究中心朴永馨教授。1990年9月由华夏出版社出版。全套教材共4册,适用于3~7岁聋幼儿的早期教育。该书编写的指导思想是:根据我国的教育方针和国家规定的幼儿教育任务,结合聋幼儿特点,使他们体、智、德、美全面发展,补偿缺陷,在交往过程中适时地使聋幼儿的言语能力初步形成和发展,为进入学校打下语言基础。书中遵循思想性、科学性、补偿性、可接受性、渐进性、实用性等原则,吸取国内外聋幼儿语训经验,使教材适合当前聋幼儿语训的实际,具有中国自己的特色。每册书包括40课左右训练说话的内容和一定数量练习。教材图文并茂,彩色印刷。教材后附有编写说明和教学提示,可供语训教师和家长参考。此书已多次印刷,并为全国聋儿语训所使用。1992年获全国"三优"银奖,1994年获"奋发文明进步图书奖"二等奖,1995年获"华夏优秀图书奖"。

《亚洲及南太平洋地区听力障碍通讯》(Asian and South Pacific Newsletter on the Hearing Impairment) 一份以交流各国听力障碍方面的信息为主要内容的地区性刊物。每年出版两期。由国际聋教育协会日本委员会主办,社址在日本Tsukuba大学附属聋校内。至1994年底出版18期,每期8页,免费赠送。

4 言语和语言残疾教育
Education for Speech and Language Disabilities

言语(speech) 人们在各种活动中应用语言的过程。人的一种个人行为,分为内部言语和外部言语。内部言语是不公开发出声音的、仅对自己的、不起交际作用的、在思维时出现的言语;外部言语包括读、说、听、写几种形式,即包括口头语和书面语。口头言语指人们用自身的发音器官发出语言,表达自己的思想,又分独白语和对话语。书面语是用文字来表达思想的言语。在交际过程中,说(写)话的人选择需要的词,按一定语法规则,通过发音器官(或动作)说(或写)出来,这是表达性言语。而听(读)话人感受和理解对方的思想,是印入性(或感受性)言语。言语活动是一个复杂过程,有多种感官和大脑中枢的参与。对其产生、发展、形成、进行过程等有过多种理论。

语言(language) 人类社会中形成的交际和人类思维的工具,由一系列符号组成的表示事物和现象的系统。一般有音、形的物质外壳,还代表一定事物,有确定的意义,提供所代表事物的信息。具有社会性,为思想的直接现实。有较大的稳定性。被运用的过程叫言语。

发音器官(articulatory organ) 人体中参与语言发声的一系列器官的总称。包括肺、气管、喉头、声带以及咽腔、鼻腔、口腔等三大部分。肺部是语音产生的能量来源。肺部呼出的气流是语音的动力。喉头和声带是语音产生的主要部位。声带的振动与否产生清音或浊音。口腔、鼻腔和咽腔是发音器官的共鸣腔,口腔最重要。口腔上部包括上唇、上齿、齿龈、上腭等,上腭又分为硬腭、软腭和小舌;下部包括下唇、下齿和舌;舌又分为舌尖、舌面、舌叶、舌根。气流通过口腔或鼻腔起到共鸣作用并通过不同阻碍形成不同语音。

音位(phoneme) 指一种语言中可用来区别两个词的最小语音单位。从语音的社会属性角度对语音进行研究。通常分为

"音段音位"和"超音段音位"。"音段音位"又分为元音音位和辅音音位;"超音段音位"则包括声调音位等。汉语普通话语音有22个辅音音位:/p/、/pʻ/、/m/、/f/、/t/、/tʻ/、/n/、/l/、/ts/、/tsʻ/、/s/、/tʂ/、/tʂʻ/、/ʂ/、/ʐ/、/tɕ/、/tɕʻ/、/ɕ/、/k/、/kʻ/、/ŋ/、/x/。其中除了〔ŋ〕外,均可作声母,而舌根鼻音〔ŋ〕则不能作声母,只能作韵尾。普通话共有15个元音音位,排列如下:/a/、/o/、/ɤ/、/e/、/i/、/u/、/y/、/ʅ/、/ɿ/、/ai/、/ei/、/au/、/ou/、/ər/、/ar/。另有阴平、阳平、上声、去声4个声调音位。语音学界对普通话的元音音位数目有较为分歧的意见。另外对轻声是否算作声调音位也有不同的意见。音位通常用双斜线表示,如/p/。

元音(vowel) 从生理发音学的角度对人类语音划分的类别之一。与辅音相对。发音时一般说来有三个特征:(1)气流通道不受阻碍。(2)发音器官均衡紧张。(3)气流较弱。这三个特征实际上是互相联系的。可以根据各种标准进行分类:从舌头位置来说,可以分为舌面元音和舌尖元音;从元音结合的情况来看,可以分为单元音和复元音。通常根据下列三个标准对单元音进行分析,即:舌位的前后,舌位的高低和唇的圆展,这叫作元音的三维分析法。

辅音(consonant) 从生理发音学的角度对人类语音划分的类别之一。与元音相对。发音时一般说来有下列三个特征:(1)气流通道受阻碍。(2)发音器官的紧张处只在受阻部位。(3)气流强。这三个特征实际上是互相联系的。通常从发音部位和发音方法两个角度对辅音进行分析。现代汉语普通话的辅音一般分为声母辅音和韵尾辅音两种,声母辅音21个,韵尾辅音只有〔n〕、〔ŋ〕两个,其中〔ŋ〕从不出现在声母的位置上。

唇齿音(labia-dental) 辅音的一种。下唇与上齿靠拢所成之音。唇齿音共有擦音、塞擦音、鼻音和无擦通音4种。唇齿擦音有〔f〕、〔v〕等;唇齿塞擦音有〔pf〕、〔pfʻ〕等;唇齿鼻音有〔ɱ〕;唇齿无擦通音有〔ʋ〕,发此音时下唇跟上门齿轻轻接触,气流主要从两边流出,所以与〔v〕不同。

塞擦音(affricate) 辅音的一种。这种音既有塞音的特点,又有擦音的特点。但它只是一个音素,不是复辅音。具体言之,它的成阻和持阻阶段是闭塞式的完全阻碍,而除阻阶段则是摩擦式的不完全阻碍,即气流从口腔中所留的间隙摩擦而出。在现代汉语普通话语音中有6个,它们是〔ts〕、〔tsʻ〕、〔tʂ〕、〔tʂʻ〕、〔tɕ〕、〔tɕʻ〕。

鼻音(nasal) 辅音的一种。口腔中某一部位被唇或舌的主动部分完全阻塞,同时软腭下垂,鼻腔开放,带音的气流从鼻腔通过时所成的音。在现代汉语普通话语音中有3个,它们是〔m〕、〔n〕、〔ŋ〕。

塞音(plosive) 辅音发音方法的一种。通常指唇或舌等主动发音器官分别把口腔里各个不同的部位完全阻塞,同时软腭上升,鼻腔也闭塞住而形成。另外,声门关闭则形成喉塞音。根据1979年修改的《国际音标》表,除声门塞音外,在双唇、舌尖前、舌尖后、舌面中、舌面后和小舌这6个口腔内部位分别有塞音存在。

其实实际语言的塞音出现情况尚不止此，如舌面前塞音〔ȶ〕就是很多语言中常见的一种。形成有成阻、持阻、除阻和除阻后4个阶段。

气息声（breathy voice） 通常称作"气浊音"，又称"气嗓音"。声门发声类型之一。发音时，声门前部被气流冲击引起振动，但声门后部即杓状软骨之间的部分却开着，气流通过时产生摩擦，二者同时发生，成为气息声。在某些语言中与浊音形成音位对立，如中国西南部地区的部分彝语支语言中的"松紧元音对立"，即属此类情况。

嘶哑声（creaky voice） 又称"紧喉音"、"喉化音"。声门发声类型之一。通常指的是声门后部闭合，但前部闭合得不紧，气流通过时产生非常缓慢的振动而发出的声音。像汉语普通话的第三声（上声）的拐弯处，如 hǎo（好）中的〔a〕就有此种喉部音的色彩。另外，英语的某些句尾调也有此种音。一说此种音是声带拉紧。

构音点（dysarthric point） 妨碍气流及声流而形成声音的位置点。例如舌尖齿背音 s 的构音点为舌尖与牙龈间的部位，气流通过此处形成发音。

口腔内压 发音时需要的一个组成部分。软腭上举、口唇呈紧闭状态，由肺将空气送入口腔内，在口腔内形成压力。

脑语言功能一侧化 语言中枢位于大脑的优势半球。人的某一大脑半球在对某一功能的控制上超过了另一大脑半球，这个脑半球就称为这一功能的优势半球，或某功能的一侧化。人的语言功能具有一侧化的性质，主要定位于大脑左半球，由左半球控制，即左半球是语言功能的优势半球。人们早就发现，语言是人脑的高级功能之一。1836年达克斯（M·Dax）根据对40例失语症患者的观察，发现了语言障碍是由大脑左半球损伤所引起。以后大量的研究、临床观察和实验证明了这一点。脑语言功能一侧化是逐渐发展的。在生命早期，大脑两半球都有语言的潜在能力，尽管两半球的语言潜在能力并不相等。随着脑的成熟，语言功能逐渐定位于左半球。到4岁以后，大脑左半球开始显示出其语言优势。

大脑皮质语言区 在人脑语言优势半球对语言有直接关系的部位。自布洛卡（Broca）和威尔尼克（Wernicke）提出各自的语言区以来，经过一个多世纪研究，人们普遍认为人脑左半球中存在着两个语言功能区。即前语言区和后语言区。前语言区主要与语言表达有关，后语言区主要与语言理解有关。人们还发现皮质下结构也与语言活动有关。

前语言区 大脑左半球皮质主管语言表达的区域。主要包括布洛卡区，位于左额叶的第三额回后部，即布罗德曼（Brodmann）皮质分区的第44区。解剖学证明，按结构差异第44区能够从周围的皮质中区别出来。对此区的作用，学术界有不同看法：(1)该区从肌肉系统接受感觉输入，有储存执行运动的记忆功能，可引起语言活动。(2)该区执行纯粹运动功能，其损害可丧失说话能力。(3)该区负责编制语言运动程序，损害后可造成语言运动器官自主活动困难,即言语失用症。(4)该区是语言反应机制活动的基础,损伤会引起失语。损伤此区的患者说话不流利、吃力而缓慢、发音不清楚、讲不出语法完整的句子,似电报语言,严重者不能连续说出两个音节,但可利用右半球功能正确唱出歌曲。

后语言区 大脑左半球皮质主管语言理解的区域。包括:(1)威尔尼克区:位于左颞叶后上部,通常指颞上回。此区是听觉词汇形象的储存处,其损伤引起听觉语言的困难(完全或部分词聋),但句法保存,可很快说出句法正常但无内容的句子。患者可听非语言声音和音乐,但不可理解语言。(2)缘上回:位于布罗德曼分区的第40区,直接与颞上回邻近的部分属于听觉联合皮质。此部分损伤可引起程度次于颞上回损伤的听觉理解语言困难,患者可出现语音障碍、语言流利性降低等。(3)角回:位于左半球顶枕部,即布罗德曼分区的第39区,与颞中回相连。损伤后可出现失读症或书写不能,但可用听觉理解语言。

弓状束(arcuate fasciculus) 大脑皮质语言区的一个组成部分。联系额叶与颞叶、枕叶的联合纤维束(即上纵束)靠近底部的一部分。围绕脑岛延伸,与环状沟并行,其两端像扇形展开,把额下回和额中回与颞叶突起的后部联系起来。损伤联结威尔尼克区和布洛卡区的联系纤维束,可导致传达性失语症。

言语环境(speech environment) 形成、发展或进行言语交际的客观条件。通常可分为:(1)儿童习得语言的环境,即正常的人类社会生活。(2)为发展儿童语言而创造的环境,如提供大量的语言刺激等。(3)专门为促进听觉障碍和言语障碍儿童语言发展而创造的环境,如语言实验室、特殊教室等。(4)在交际过程中有助于理解话语或文字内容的线索,如交际的现场情景、上下文等。

言语残疾(speech disability) 《中华人民共和国残疾人保障法》和2006年第二次全国残疾人抽样调查使用的术语。指各种原因导致的不同程度的言语障碍(经治疗一年以上不愈或病程超过两年者),不能或难以进行正常的言语交往活动(3岁以下不定残)。包括:失语、运动性构音障碍、器官结构异常所致的构音碍、发声障碍(嗓音障碍)、儿童言语发育迟滞、听力障碍所致的语言障碍、口吃。分为四个等级:一级,无任何言语功能或语音清晰度≤10%,言语表达能力未达到一级测验水平,不能进行任何言语交流;二级,具有一定的发声及言语能力,语音清晰度11%~25%之间,言语表达能力未达到二级测验水平;三级,可以进行部分言语交流,语音清晰度26%~45%之间,言语表达能力未达到三级测试水平;四级,能进行简单会话,但用较长句或长篇表达困难,语音清晰度46%~65%之间,言语表达能力未达到四级测验水平。

语言残疾(language disability) 由各种原因导致难与他人进行正常语言交往活动的言语或语言障碍。尽管词义与言语障碍、语言障碍有差别,但实际使用时经常通用。可分为言语异常和语言缺陷两大类。中国 1987 年残疾人抽样调查时使用了听力语言残疾、单纯语言残疾的术语。

语言障碍(language disorders)（1）实际应用中同"语言残疾"的概念。（2）因人们使用的语种不同,使相互之间的交际发生困难。（3）专指语言符号的理解或运用发生障碍。

言语障碍(speech disorders) 又称"言语异常""言语缺陷"。超过正常限度的言语异常。如果一个人的言语有以下特点中的任何一个,就可以认为是有言语障碍:(1)音量太小不易听到。(2)不易理解。(3)听起来或看上去使人不愉快。(4)某些语音成分发不准。(5)说话费力。(6)韵律不合常规。(7)词汇、语法等方面有缺陷。(8)言语特点与说话人的年龄、性别等不相称。有很多不同的分类。就言语行为本身而言,可以分为 4 个基本类别:构音障碍、流畅性障碍、嗓音障碍和语言障碍。以上分类,是根据言语障碍者言语行为中表现出的突出特点。尽管口吃也会有语音的歪曲,但口吃的主要特点是话语的流畅性障碍,所以还是把口吃归入流畅性障碍。失语症患者也经常表现出构音错误、节律异常,甚至发不出声音,但其主要特点是语言运用发生障碍,因此,失语症归入语言障碍一类。有的患者具有不止一种言语障碍。例如,一个先天性腭裂儿童可以同时有声音、构音甚至语言障碍。导致原因可以有多种,如发音器官异常、大脑半球损伤、智力落后、心理因素等。

语言缺损(language impairment) 又称"语言异常"。语言理解或表达发生困难。严重者言语完全丧失,轻者只是语法的微小失误。有时可以说出有意义的话语,但是内容很有限。常分为语言缺乏(absence of language)、语言发展迟缓(delayed language development)、语言能力丧失(interrupted language)和语言性质偏异(qualitative disorders)。

言语损害(speech impairment) 又称"言语混乱""言语缺陷""言语不足""言语偏常""言语病态"。前苏联和俄罗斯对言语异常的称呼。由各种原因造成,在言语发展中的不同类型显著偏离正常标准。对原因、病理、表现程度和症状不相同的各种言语障碍的总称。可分为说话损害(发声、嗓音、构音、韵律、速度等异常)和语言缺乏等。有的是言语活动的机制和功能尚未完全形成,有的是言语活动机制受到内外病因的破坏。各类损害可以表现出个别的症状,也可能表现出一组症状(症候群)。言语损害的病理各不相同,可以是外周性的,也可以是中枢性的;可以是功能性的,也可以是器质性的。损害产生的缺陷结构也不相同,有为主的第一性缺陷,也有派生的第二性缺陷。矫正和克服的方法也因类型而异。多数经过教育训练可有较好的效果。

儿童语言发展迟缓 儿童言语发展中的一种落后状态。表现在与某一言语功能或言语体系的正常标准相比,在言语的形成质量上处在低水平。这类言语的异常表现在言语的所有成分上,也就是在发音、词汇、语法及交往语言等各个方面水平均低,常因整个身体或某些方面发育迟缓造成,为言语不成熟的表现,常是言语发展速度缓慢与生理年龄不相适应。可在某些言语障碍中观察到此状态。有的可随年龄增长使言语发展到正常水平,有的(如因智力残疾、耳聋等造成的言语发育不足)需早期干预和有计划的工作可接近或达到正常水平。

语迟分类 根据检查结果对语言发育迟缓的患儿进行分类。按交流态度分为两群:交流态度良好为I群,交流态度不良为II群。按言语符号与指示内容的关系可分为:A群:言语符号尚未掌握;B群:言语表达困难;C群:语言发育落后于实际年龄。

言语/语言交流障碍(speech and/or language communicative disorders) 交往言语或语言方面出现的多种问题的一种总称。使用口语、书面语或手语进行交际的能力发生障碍。

运动性言语障碍(motor speech disorders) 言语的运动调控机制受损而出现的言语障碍。表现为构音、嗓音、共鸣、韵律等单一方面或联合性的障碍,但语法、词汇运用能力和对言语的理解能力完好。一般可分为发音困难和言语失用症。对其中的一部分人可称为"听哑",即可听见、听懂言语,但不会说或说不好。

构音障碍(articulation disorders) 言语障碍的一种类型。表现为说话时咬字不清楚,可分为下列情形:省略音(omissions),又称减音,在语言中丢掉某一个或某几个音;替代音(substitutions),又称替换、代换,说话时把一个音用另外的音来替代;歪曲音(distortions),说话时把一个音发成近似或差别较远的,在该语音系统中没有的音;有时歪曲音较多构成整个言语音含糊;赘加音(additions),又称增音、添加音,说话时增加某一单音或音节。以上情形均影响到言语的交往,常使对方听不懂或不全听懂要表达的内容。此类缺陷在语言障碍中占有很大比例,特别是在儿童、少年的说话异常者中约占3/4。造成的原因有语言器官或神经系统解剖上的或者生理功能上的,故又可分为器质性构音障碍和功能性构音障碍。此类言语缺陷可以矫治。除需医疗或手术解决某些器质性或功能性的损伤外,多采用教育训练的方法。少数情况随儿童年龄的增长和社会实践可自然消除;多数需经过言语矫正老师的个别指导和小组作业,多次练习后可得到矫正。在矫正过程中发挥儿童本身的积极性和调动家长的主动性非常重要。

省略音(omission) 构音障碍的一种表现。在言语交往时表现出某种语音成分被遗漏。例如,〔xü〕发成〔ü〕。有时由于个别的单音发不出而在言语中出现缺少该音的情况,对言语交往有时产生的困难不大;有时是若干个音同时在言语中缺失,使言语难于理解,产生交往困难。一般可用言语矫治的方法学会被遗漏的音。

增音(addition) 又称"赘加音""添加音"。构音障碍的一种表现。说话时添加本不该有的语音成分。例如,把〔a〕发成〔ap〕。经过语言矫治和训练可以克服。

歪曲(distortion) 构音障碍的一种表现。言语过程中发出的音可以被识别但是不准确。歪曲音较多时整个言语构成了发音含糊,与一般人难于交往。这种语音上的失真常由发音部位的不确切、不到位造成,有的是因为听得不准,有的是因为控制发音器官能力较弱,有的是养成的坏习惯。需分析具体情况,找出原因,对症下药。对于因发音器官结构缺陷造成的发音歪曲,可先进行外科手术修复,再进行矫正训练。

构音不能(alalia) 言语障碍的一种。表现为言语的缺失或发育不足,多由胎内或儿童发育早期大脑皮质言语中枢部位受损造成。重者为构音不能,轻者为构音困难(dyslexia)。可分为运动性、感受性与混合性三类。患者听觉和言语运动器官神经系统正常,仅在言语发声上出现困难。可因构音器官的功能性或外周器官器质性损害使发音困难。可依据损害程度和情况进行治疗和言语矫正。一般要经过教会发音、使发音熟练自动化、形成交往技能等阶段。构音困难者在儿童中占有较大比例,特别是幼儿在言语发展过程中发音不确者较多。构音完全不能者占少数。

异常构音(deviant articulation) 言语中有缺陷的、不标准的构音。

发音含糊(general oral inaccuracy) 一种构音障碍类型。虽然没有增音、减音、替换、歪曲,可是言语中的单音或拼音常有较多的不清晰情况,使一般交往出现困难。可针对产生原因加以矫治。

运动性构音障碍(motor dysarthria) 一种发声和构音不清的言语障碍。由于神经病变,与言语有关的肌肉麻痹、收缩力减弱或运动不协调所致,如脑性瘫痪儿童的构音问题。

器质性构音障碍(deformity dysarthria) 构音器官形态结构异常所致的构音障碍,其代表为腭裂。

功能性构音障碍(functional dysathria) 不存在任何运动障碍、听力障碍和形态异常的情况下,部分发音不清晰。多见于学龄前儿童。

鼻音化构音(nasality dysarthtia) 构音障碍的一种症状表现。由于软腭运动不充分,腭咽处不能适当闭合,将鼻音以外的音发成鼻音。

不送气化构音(nonaspirate dysarthria) 构音障碍的一种症状。患者将送气音发成非送气音,如把"踏步"说成"大步"。

送气化构音(aspirate dysarthria) 构音障碍的一种症状。患者将非送气音发成送气音,如把"布鞋"说成"铺鞋"。

边音化构音 构音障碍的一种症状。患者将相当数量的音发成"L"。

舌根化构音(dysarthria of radix linguae) 又称"软腭化构音"。构音障碍的一种症状。患者把齿背音、前硬腭音等发成"g / k"音。

舌尖化构音(progolssis dysarthria)

构音障碍的一种症状。患者把相当数量的音发成"d / t / n"音。

费力音 构音障碍的一种症状。由声带过分内收所致。听起来喉部充满力量,声音好似从其中挤出来似的。一种比较有效的训练是打哈欠,让患者在一种很轻的打哈欠状态时发声,此时可以完全打开声带而停止声带的过分内收。

气息音 由于声门闭合不充分引起的声音。推撑疗法可以促进声门闭合。另一种方法是用一个元音或双元音结合辅音和另一个元音发音,如"ama"、"eima"等,再用这种元音和双元音诱导发音的方法来产生词、词组和句子。

鼻咽腔闭锁不全 构音障碍中的一种异常发音。说话时气流从鼻子漏出形成的敞开性鼻音,造成口腔内压降低,致使辅音发声弱而产生异常的构音。

构音检查(dysarthric examination) 对构音障碍的一种专业检查评定。采用中国康复研究中心制定的"构音障碍检查表"。内容包括构音器官的形态检查、构音器官的运动检查、构音的检查(会话检查、单词检查、音节复述检查、文章水平检查)、构音类似运动检查。可对患者的各个言语水平及其异常的运动障碍进行系统评定。

介助呼吸训练 构音训练的一种方法。在训练中,患者呼吸短而且弱,可采取卧位,由治疗师帮助进行,如做双臂外展和扩胸运动的同时进行呼吸训练,也可在呼气后期向前下方轻轻按压腹部来延长呼气的时间和增加呼气的力量,这种训练也可以结合发声、发音一起进行。

共鸣训练 构音训练的一种方法。在训练中可以运用克服鼻音化的训练方法进行训练。

韵律训练 构音训练的一种方法。可用电子琴等乐器让患者随音的变化训练音调和音量,也可用可视语音训练器训练。对于儿童也可以使用带有音量控制开关的声控玩具训练,效果较好。对节律的训练可用节拍器设定不同的节律和速度,使其随节奏纠正节律异常。

构音训练(articulation training) 针对构音障碍进行的治疗性训练。在对构音器官结构、运动功能以及构音能力进行评估分析后,找出构音异常的原因,制定与之相应的治疗方案,并采用各种方法进行。包括口部运动训练和构音音位训练两部分。口部运动训练包括下颌运动训练、舌运动训练、唇运动训练和软腭运动训练;构音音位训练包括韵母音位训练、声母音位训练和声调训练。

辨音训练 听觉障碍和构音障碍的一种治疗方法。帮助患者辨清自己的异常发音与正常发音的差异。先由语言治疗人员把错误的构音找出来,再让其听正确的发音示范,然后反复发音并模仿其错误的发音,让其反复比较哪个是正确的,哪个是错误的发音。必要时可以利用图片、模型、镜子等工具了解发音的位置和方法。

推撑疗法 构音障碍的一种治疗方

法。让患者两手掌放在桌面上向下推、两手掌由下向上推、两手掌相对推时发"ei"、"ou"的声音。随着肌肉的突然收缩，其他肌肉也趋向收缩，增加了腭肌的功能。可用来训练舌根音"ga／ka"等音。

发音困难（dysphonia） 由中枢神经系统或周围神经系统损伤引起的一种运动性言语障碍。可涉及呼吸、构音、发声、共鸣或语言韵律。有意动作和自动动作，例如咀嚼和吞咽，以及颌与舌的运动也会发生障碍。这种言语障碍不包括言语失用症和功能性或中枢性语言障碍。按其病变部位可分为：（1）痉挛性发音困难（spastic dysphonia），由双侧上位运动神经损伤造成的发音困难。特点有：构音不准确，音高和音量缺少变化，韵律单调；肌肉僵硬，运动不灵活而且幅度小；言语费力，有时词语拖长，经常伴有面部扭曲以及话语短促。（2）弛缓性发音困难（flaccid dysphonia），由下位运动神经元障碍引起的发音困难。言语方面的障碍有：轻度到明显的鼻音过重并伴有鼻腔出气，发音时可以出现不断的喘息声，可以听见空气吸入的声音，辅音的构音不准确。（3）失调性发音困难（ataxic dysphonia），由小脑损伤造成的发音困难。具体表现有：语速控制困难，每个音节都用相同的重音而缺少强弱变化，不同程度的间断性构音错误，音质沙哑，音高和音量缺少变化，或过弱或过强等。（4）运动过强型发音困难（hyperkinetic dysphonia），由锥体外系统功能障碍造成的发音困难。有不自主运动出现，肌肉状态不正常。有的肌张力减退，有的肌张力过强，还有的肌张力起伏不定。此种发音困难可以分为若干类别，共同的特点是明显的音量和语速失调，发音时有不适当的中断。（5）运动过弱型发音困难（hypokinetic dysarthria），由锥体外系统功能障碍造成的发音困难。其特点有：音高和音量缺少变化，辅音的发音不准确。当发生震颤性麻痹症时，言语特点有：话语短促，发音动作不到位，有时语速很快。

发声障碍（voice disorders） 又称"发声异常""声音障碍"。言语障碍的一种类型。表现为说话时的音调（pitch）、音量（loudness）、音质（quality）、音变（flexibility）等方面的过多偏离，主要是声带运动异常、音质差等。说话人的声音与其年龄、性别、同环境人群等差别太大，影响正常交往（如发声失常、语中杂音、鼻音、嘶哑声等）。原因可分为器质性和功能性两种，亦可两者兼有。不正确地使用嗓音、感冒发烧等临时性疾病等亦可造成。可针对病因进行医治或训练，多数情形可以得到矫治。

努力性发声 声音障碍的一种症状。因声带闭锁不充分而造成用力过大的发声。

音高障碍 声音障碍的一种症状。表现为使用高于或低于其自然的最佳音高水平的音频、音调进行说话。

音强障碍 声音障碍的一种症状。表现为说话的音量过大，超过言语情景的客观需要；或者音量过小，使人难以听清。

音色障碍 声音障碍的一种症状。表现为嗓音沙哑、气息声、鼻音过重或不足、假声等。

假声 声音障碍的一种症状。不是使用个体固有的最自然最容易发的音高水平发声,而是使用特别高的音频说话,其音质令人不舒服,语调上下起伏、音区窄、音高变化小、音强不足。

鼻音缺失 又称"封闭性鼻音障碍"。声音障碍的一种症状。表现为所有的声音,包括鼻辅音,在发音时气流都由口腔呼出,或发声气流应该由鼻腔出来的,却从口腔呼出的现象。

失音症（aphonic） 言语障碍中发声异常的一种。患者部分或全部语言嗓音的缺失。可分为间断性失音症（intermittent aphonic）和功能性失音症（functional aphonic）。前者表现为嗓音有时减弱成耳语声,甚至完全消失,过一段时间又恢复正常;后者又称"转换性失音症"（conversion aphonic）或"癔病性失音症"（hysterical aphonic）,表现为心理因素造成的较长时间的嗓音减弱或缺失。另外还可分为控制声带的神经系统的功能性损害（如麻痹等）和器质性损害（如声带缺损等）造成的发声缺失。可依构成失音的原因分别通过手术、药物治疗和多种训练恢复嗓音,使声带功能正常。

发音诱导（eliciting pronunciation）克服发音困难或不能发音的一种特殊的训练方法。包括:(1)言语模仿（音素、音节、词、句等）。(2)将元音作为诱导音如〔a:ma〕、〔i:mi〕等。(3)利用触觉对比进行发音诱导（如触摸声带处与正常对比）。(4)以全身带动局部进行发音诱导（如全身放松缓缓发音,或全身紧张用力发音）;(5)利用构音器官的运动训练进行发音诱导（如将舌头用上下牙齿咬住,发舌尖音）等。亦适用于聋童。

失语症检查 对失语症进行评价的过程。依据失语症分类可以有多种,如波士顿失语症诊断测验、西方失语症整套测验、挪威基础失语症评价、艾切纳失语症测验、失语症的神经感觉中枢综合测验等。测验中对分类所使用的变量有:自发言语的流利性、听觉理解、复述、命名（以上4项为关键性变量）、阅读理解、朗读、书写。各种测验有不同的分级系统。挪威人里恩范格（Reinvang）和恩格维克（Engvik）1973年开始编写,1980年发表的挪威基础失语症评价（The Norvk Grunntest for Afasi,简称 NGA）是第一个在临床失语症测验中使用言语定量测量的测验。其测验任务包括:自发的言语（言语交流能力、言语质量方面障碍、言语的数量）;听觉理解（用物体、身体器官、语言材料三种刺激,要求用手指、复杂活动、"是""否"三种方式作出反应）共71项;复述单词、无意义音节和句子共39项;命名42项;阅读字母、单词、句子共44项;语法6项;书写9项。然后分级评分,得出测验图并判断失语症类型。俄罗斯学者认为,应在检查失语症时研究:(1)患者言语交往的一般能力（通过谈话了解言语的完整性、对环境的理解、日常用语、言语积极性程度）。(2)对言语的理解（通过听觉给一个或多个字的指示语,让完成任务等)。(3)表达性言语。(4)阅读、书写和计算。(5)口部的、空间的、动态的活动。(6)语音的和视觉的感觉。

失语症(aphasia) 由器质性脑病变引起的在感受、运用和表达语言符号内容方面的一种语言障碍。可使言语全部或部分缺失。不包括知觉、学习、记忆、外周语言器官运动和智力障碍引起的语言障碍。表现形式多种多样,分类也有不同。有传统的威尔尼克等人的神经学分类,有海德等人的言语学分类,也有随着神经学、生理学、心理学、语言学等与言语有关学科发展而提出的其他分类。被广泛接受的基本分类是:(1)以表达障碍为主的表达性失语症。(2)以接收、理解障碍为主的接受性失语症。(3)表达、接收均有障碍的完全性失语症。临床表现有很多方面,可分为几十种类型。常用的威尔尼克—莱克西姆模型(Wernicke - Lichtheim model)将损伤定位假设为以下8种:

威尔尼克—莱克西姆失语症损伤定位

失语症类型	损伤的定位
布洛卡失语症	布洛卡区
威尔尼克失语症	威尔尼克区
完全性失语症	布洛卡区和威尔尼克区
传导性失语症	弓状束
失命名性失语症	角回
言语区割裂综合征	广泛的新皮质,少量的布洛卡区和威尔尼克区
皮质间运动性失语症	前额区,少量的布洛卡区
皮质间感觉性失语症	顶—枕区,少量的威尔尼克区

俄罗斯学者鲁利亚(Лурия A.)从神经心理学的观点,把失语症分为六种基本形式:语音认识性(感受性)失语、语音记忆性失语、语义性失语、传入性运动失语、传出性运动失语和动力性失语。前两种形式由大脑颞叶的损害造成;中间两种由顶叶损害造成;最后两种由大脑皮质运动前区和后额叶部分损害造成。在不同国家有各种评价测验,最后常以测验图作为测验的结果,以此决定失语症类型。不同的分类把患者分成不同的组别,比较精细的划分有 NGA 系统,比较粗糙、较易应用的有 4 种分类系统(按语言障碍的轻重,言语流利不流利来划分)。还有一些特殊类型的失语症,如选择性失语症,患者症状最初不稳定,可能暂时减轻或有自发恢复的趋势。经过专门的矫治,病人可有不同程度的康复。脑外伤引起的失语,康复效果较好。影响治疗效果的因素除病因外,还有年龄、类型等各种因素。需针对不同情况采取不同措施。

发音障碍(pararthria) 失语症的一种症状。表现为口语或书面语中出现语音、语素、词语替换错误。这与言语产生有关的周围神经肌肉结构损害时的构音障碍不同,发音错误往往多变,这种错误大多由言语失用的障碍所致。重症时仅可以发声,在中度时可以见到随意说话和有意表达的分离现象,即刻意表达的语言不如随意表达的语言,模仿发音不如自发语言,且发音错误常不一致,有韵律失调或四声错误。

皮质下失语(subcortical aphasia) 失语症的一种类型。单独皮质下病变也可引起失语症,常见的有基底节性失语和丘脑性失语。在表现上与其他失语症相比缺乏典型性,为非典型性失语。

经皮质感觉性失语症(transcortical sensory aphasia) 失语症的一种。表现为语言理解能力障碍。患者的言语流利,听力未损害,但听觉理解较差。复述能力,甚至对长句子的复述能力仍然保存。阅读和书写有严重缺陷。原因是语言的感觉中枢和运动中枢之间的皮质通路受损。

经皮质运动性失语症(transcortical motor aphasia) 失语症的一种。主要症状为语言表达有障碍。患者的复述和理解能力比较好,但是言语不流畅,说话少但发音清晰。可理解书面语言。称名、朗读和书写能力受损。原因是语言的感觉中枢和运动中枢之间的皮质通路受损。

混合性经皮质失语(isolated speech-area syndrome) 失语症的一种类型。损害部位在大脑的广泛的新皮质。主要特征是:患者没有自发的言语,但能对问题有反应。一般表现为直接重复别人的问题。语音清晰,可复述长句。但语言理解完全丧失,除复述外难于完成各种语言测验。

完全性失语症(global aphasia) 又称"完全性失语"。一种严重的失语症类型。语言的接受、理解和表达能力完全丧失,不能进行任何语言交流。为失语症的复合型,临床上有其独立的特征。常具有布洛卡失语症和威尔尼克失语症两者的特征。患者既不聋也不哑,他们经常使用刻板的定型的词语(例如习惯的骂人短语、无意义的音节组合等),也可理解某些对其重要或激起感情的词并作出反应。由于是中枢性的损害所致,矫正工作极为困难。

传导性失语症(conduction aphasia) 又称"传导性失语"。一种流利型失语症。主要特征是言语较流利,听觉理解和阅读理解较好,但复述存在严重障碍。虽然被看作是流利型失语症的一个类型,但流利只限于短小的句子。患者频繁地企图纠正文字上的言语错乱,理解比表达好。病变部位是弓状束的深部,影响到缘上回。

韦尔尼克失语症(Wernicke's aphasia) 一种流利型失语症。主要障碍在于语言的理解困难。患者有不同程度的听理解损伤。语言流利,有复杂的语法结构,说话时有杂乱语,觅词困难和言语错乱也常见。说话缺乏内容。向患者说的话越多,患者的障碍越明显。复述、阅读、书写也出现障碍。严重时,患者对单个词的理解也会发生困难。与大脑左半球或优势半球的颞上回后部损害有关。

布洛卡失语症（Broca's aphasia） 一种非流利型表达性失语症。患者左侧大脑半球或优势半球的第三额回受损。患者说话时发音困难,语言不流利,语法结构简单,词汇贫乏,话语由不清晰短句组成,患者的言语多局限于使用频率高的实词。听觉理解完好,但并不完全正常,与人可以回答"是/不是"或从几种答案中选择其一的方式进行交际。复述和命名的能力受到损害,但通常比在自发言语中产生词的能力要强些。阅读理解较好,书写能力往往受到影响。

失听症 失语症的一种症状。学业性学习障碍的类型之一。参见"韦尔尼克失语症""布洛卡失语症"。

命名性失语症（anomic aphasia） 失语症的一种类型。主要特征是:说话虽然流利,但其中明显缺少有内容的词,这些词常被累赘的话语或含糊的描述代替。可以理解别人的言语并进行复述,阅读和书写方面有严重困难。损伤部位在大脑角回。

语音认识性失语症（акустикопнос-тинекая афазия） 苏联学者鲁利亚对失语症进行基本分类的一种。最早由德国精神病学家威尔尼克描述并命名为感受性失语症。病因为左脑半球颞上叶后三分之一的损伤。其特征是用听觉感受言语时产生困难,难于理解言语。患者听到的言语似一连串不能区分的声音。表现为:（1）开始时患者仅表现出激动、自己多话。或以猜测来代替语音的准确知觉,混淆近似音。（2）对语义的感受强于语音的感知。（3）

常不能监督自己的言语,常出现文字或言语上的错乱,说出话的内容使别人不明白。（4）在书写和阅读上也常有错误和困难。（5）在患病初期可有计算上的损害,可利用患者的良好工作能力和言语积极性来克服语言的混乱,依赖保存的感官,用个别的工作计划分阶段来恢复语音听力,一般需2个月至1年半。

语音记忆性失语症（акустикомнест-ическая афазия） 苏联学者鲁利亚对失语症分出的一种基本类型。主要是听觉记忆的损害。病因为左脑颞叶的中后部损伤。生理基础是由于大脑皮质对听觉痕迹的过高抑制性,因而引起听觉记忆降低。患者主要表现:（1）常把新听到的字词或句子感受成前面的词或句。（2）可感知单个字,但不可感知二三个连在一起的字词,复述时仅可重复最后一个词或第一个和最后一个词,破坏了句子中词的连续性。（3）常用过高的表达言语积极性来补偿交往中的困难。难于听懂别人较长的谈话。（4）损害了物体的视觉表象与词语听觉的对应关系,视觉记忆亦减弱。（5）表达性言语表现为难于选择适当的词汇,常把两个不同词的头尾结合为一个使人不懂的词。（6）书面语中的语法缺失比口语中的缺失严重。难于听写。（7）由于记忆的损害,病人阅读理解上也有极大困难。计算同样出现缺陷。矫正教育的任务是克服听觉记忆的损害,恢复物体特征的视觉表象,克服健忘。

语义性失语症（сематическая афазия） 苏联学者鲁利亚分出的一种失语症基本

类型。主要是对言语中的逻辑语法结构理解上的损害。损害部位在大脑左半球顶-枕叶的语言优势区,顶叶的下后部分。主要表现为:(1)在需要找出适当的词汇或自由说出某物体名称时有健忘性困难,常用描述物体的功能、特性等整句话来代替需要的词。例如把"笔"说成"这是一种写字用的东西"。(2)感受性语法缺失。可保存对日常语句的理解,但对有较复杂内容和语法关系的语句就难于理解,例如"谁比谁高","父亲的兄弟"和"兄弟的父亲"。(3)书面语贫乏、死板,缺少较复杂的句子。(4)计算受到较重的损害,进十的运算更加困难。矫正的任务在于帮助克服寻找物体名称时的困难,扩大言语词汇量,克服感知性语法缺失。可利用保存的感官的能力,调整额叶功能和针对病人问题的多种练习。

传入性运动失语症(афферентная моторная афазия) 苏联学者鲁利亚对失语症进行基本分类的一种。主要表现在口语和发音器官上的运动性失用。其原因是左脑皮质中央回后第二区和顶下叶部分的损伤。这个部分与运动信息上下传导密切相关。此病有两种类型:一种是发音器官各部分运动的空间综合能力损害或完全缺少情境言语。第二种与第一种的区别是,保存有情境言语,但损害了分别选择发音方式和综合声音构词的能力。发音器官的明显失用可导致缺少言语,重复言语时唇舌乱动,分析音节结构困难。患病开始阶段理解语言也常有障碍,因这个过程患者的言语器官也需运动,但逐渐恢复为能够理解情境语言。区分近似音较难,理解言语的逻辑、空间关系亦有障碍。阅读和书写障碍程度决定于失用症的程度。书面语可以保存。矫正工作要依靠保存的视觉和语音的监督和利用右脑的额叶功能。任务是克服语音运动的损害,克服失写、失读、理解言语等缺陷,恢复口语和书面语。根据言语损伤的程度来选择不同的训练方法。

传出性运动失语症(эфферентная моторная афазия) 苏联学者鲁利亚分出的一种失语症基本类型。主要是一系列言语活动的运动基础损害。产生在左中脑动脉前部血管的损伤,伴随有难于掌握和再现运动的运动失用症。大脑运动前区的损害使言语动型出现惰性,导致音、词的颠倒错乱。表现为:(1)发病初期可以完全丧失主动言语,但可发声。多次重复后患者可在提示第一个音后完成此音节的发音或滑到另一音节。(2)出现感受性语法缺失。(3)出现言语中的较长时间停顿、错乱、拖长音等。(4)出现词的替代,语调破坏。(5)书写中出现障碍和错误,找不到需写的字(字母)。(6)在对方言语速度稍快时病人难于正确理解。(7)对于隐语、歇后语等理解困难。矫正教育的基本任务是克服构成词时的病态惯性,恢复舌部的感觉,克服选词的惰性,恢复口语、书面语表达和克服失读、失写症状。可依每种亚类型的具体问题定出计划予以矫正。

动力性失语症(динамическая афазия) 苏联学者鲁利亚对失语症进行基本分类的一种。主要是语言组织和计划表达时顺序性的损害。原因是左脑半球后枕叶语言优势区的损伤，即调节、计划和激发言语活动区域的损伤。患者主要困难是不能积极地展开性地表达和发言。患者可准确发出单音，复述词、句，但交往言语受到损害。有多种不同表现类型和具体表现。难于照图叙述故事，仅可发出个别的、不连续的单词。可观察到对各种名称的假性健忘。严重时可损害活动的主动性、回声式言语等。表达时的言语结构也简化。轻度时可理解情境言语。可保存计算能力。矫正的基本任务是克服内部言语调节中的缺陷。可用为病人确立表达提纲的方法（用连续回忆、写出纲要顺序等），逐渐缩小提纲数量等予以矫正。

儿童失语症（childhood aphasia） 儿科学和神经科学术语。用于描述儿童言语和语言障碍，包括各种交往障碍，适用于语言本来正常而后出现障碍的儿童和语言习得过程未能正常发展的儿童。"失语症"一词来源于成人病状，原指由大脑的急性或进行性损伤造成的特定的语言失调。儿童发生的获得性失语症即使病理过程与成年失语症患者相似，其临床症状也会有不同的特点，而这与儿童大脑损伤前的语言发展水平有关。该病特点是缺乏自发性表达语言（口语、书面语和体态语），有非流畅性言语或缄默症的临床表现。所有患者都会有词汇量减少、句法简化现象。不会出现多言癖，即使损伤发生在颞部。

反响语 又称"回音行为"（echolalia behavior）。失语症的一种特征。不能理解对方在说什么，却机械地重复别人所说的话，如同产生回音一般。

言语补充现象 失语症的一种特征。听到对方说出的常用句子的一部分后，可以补充完成后半句，如当听到"白日依山尽"，患者可说出"黄河入海流"。

模仿言语（echolalia） 又称"无意义语句重复"。模仿行动的一种表现。不自觉、无意义地重复他人发出的单词或句子。常见于孤独症和中度智力落后儿童。

句子构成障碍 失语症的一种症状。表现为患者语法使用能力存在障碍，故患者不能组织正确的语句进行表达。

新造语（neologism） 失语症的一种类型。患者在说话和书写中，忘记原来正确的语音、词汇和文字而用自创的语音、词汇和文字来代替，使其语言变得不可理解。

"电报式"言语（telegraphic speech） 又称"运动性语法缺失"。表现为没有正常的语法结构、缺少虚词及某些句子成分的句子。

错语 失语症的一种症状。常见的有语音性错语、词义性错语、新造语三种形式。语音性错语是音素之间的置换，如将"香蕉"说成"象猫"；词义性错语是词与词之间的置换，如将"桌子"说成"椅子"；新造语是用无意义的词或新造的词代替说不出的词，如将"铅笔"说成"摩根"。

刻板语言（stereotype speech） 失语症的一种症状。常见于重度的失语症患者，任何回答均用固定的语言回答,可以是刻板单音,如"大、大","莫、莫",也可以是单词。有时也会出现无意义的声音。

交叉性失语(crossed aphasia) 失语症的一种类型。左利手者左侧大脑半球受损所造成的右侧偏瘫和失语,或者右利手者右侧大脑半球受损所造成的左侧偏瘫和失语。现被用来描述右侧大脑半球受损所致的失语症。

重复言语(palilalia) 言语障碍的一种。表现为不正常的字词重复。这种现象是不随意的,经常在患者疲劳或对某项回答感到困难、窘迫时出现。

持续言语(perseveration) 又称"言语重复病"。患者对一个有目的而且已完成了的言语或动作进行无意义的重复。如问:"你几岁?"答:"50岁";再问:"你做什么工作?"仍答:"50岁"。主要见于器质性精神病。在特殊儿童教育中,有人将它描述为一种神经学软体征,常见于学习障碍和脑损伤。

重言症 一种少见的言语障碍。表现为患者重复地说同一句话,并且愈说愈快。产生的原因不明,可见于昏睡性脑炎后、帕金森氏症候群,偶见于假性延髓麻痹、脑血管意外。

书面言语损害(нарушение письменной речи) 言语障碍的一种。主要是运用语言书面形式,即阅读和书写过程中出现的障碍。19世纪末由库司马尔(A. Kussmaul)首先指出阅读和书写的损害是一种独立的病态障碍。以后逐渐出现了失读症(alexia)、诵读困难(dyslexia)、失写症(graphic)、书写困难(dystrophic)等分类。阅读和书写的损害常与下列过程的病态有关:对字(拼音文字)的视觉形象和语音形象的整体掌握、语音和字母的对应、综合字母成单词、分析单词为视觉符号和听觉的成分、确定词的重音和语调、理解被读过的内容。对此类缺陷儿童要了解其产生的原因、症状、读写损害的机制,表现的程度、性质、类型,发音器官状况、言语运动、听觉功能、发音状况、语音分析综合能力、语音知觉、词汇和语法知识水平、言语水平、阅读和书写状况等。进一步制订言语矫正计划,由专业人员和教师分阶段加以帮助。

失读症(alexia) 书面言语障碍的一种。由于大脑皮质优势半球顶叶(角回)视觉性言语中枢损伤而导致的阅读能力异常。表现为视觉器官发育正常,但无法正确辨认、解释或记忆所见到的文字符号。造成的原因包括:脑功能失调、家族性遗传、早期严重的营养不良、缺乏环境刺激、误用药品;心理方面的因素,如视知觉能力贫乏、视觉鉴别能力落后、思维整合能力缺乏、视觉短时记忆不健全,等等。参见"书面言语损害"。

错读症(paralexia) 失读症的类型之一。由于视觉性言语中枢损伤而造成在阅读有意义的语言符号时出现的经常性的歪曲、代替、遗漏和添加的症状。主要类型有:知觉性错读、运动性错读和知觉-运动性错读。

诵读困难(dyslexia) 又称"阅读障碍"。一种书面言语损害。表现为部分地破坏了阅读过程。患儿智力正常,可占学龄儿童的 3%~10%,言语障碍儿童的 1/5。男孩多于女孩。也为学习障碍的主要类型之一,占学习障碍的 80%。多因高级心理功能尚未形成引起。可分为两种基本类型:识字性困难和言语性困难。前者是不能或难于掌握拼音文字的字母符号,后者是在阅读词时出现困难。也有人分成语音型、视觉型、运动型等类。在阅读时常有语音的替换和混淆、按字母诵读、歪曲字词的音节结构、个别词错读影响对文意的理解、阅读中有语法错误。可用发展语音知觉、学习言语分析、综合等方法分阶段加以矫正。参见"书面言语损害"。

失写症(agraphia) 严重书写阅读损害的一种症状。表现为书写过程的完全损害。部分损害被称为"书写困难"或"书写障碍"。书写是一复杂言语活动的过程,对儿童来说是需学习的复杂心理活动。发生原因是书写过程的高级心理功能不成熟,发育不足,类似失读症的原因。可分为三种类型:语音性失写、光学性(视觉性)失写和运动性失写。第一种是不能准确感知语音,对语音的分析综合能力差;第二种是对字母缺乏巩固的视觉印象和表象;第三种是书写时手的运动产生困难,动觉形象与声、视形象不相对应。需对儿童书写困难进行研究分析,采取言语矫正的方法,针对其问题加以矫正。重要的是儿童学习书写前,在学龄前期就应对书写困难加以预防。

书写错乱 某些失语症患者的一种书写障碍。在书写中出现字、词提取困难,由一些错误的字、词代替正确的字、词。与患者的词语错乱一致。由于词提取困难,书写过少。

过写症 失语症患者的一种书写障碍,书写时添加许多无关的字句。

完全性书写障碍 某些失语症患者的一种书写障碍。患者不能书写,写的字根本不具字形,抄写也是这样。

象形写字 失语症患者的一种书写障碍。当不能写出汉字时,就以画图代替。

镜像书写(mirror writing) 书写障碍的一种。患者优势大脑半球病变,右侧偏瘫,左手写字时出现的左右颠倒的字形。亦有无脑病变而用右手把汉字或字母、数字左右颠倒者,个别现象可以在学习期间纠正;经常出现或出现频率高者应作为书写障碍予以矫正。

构字障碍 失写症的一种。患者有文字的结构障碍,表现为增添或缺少笔画。这种现象与我国汉字的结构特点有关。

重复性书写 某些失语症患者出现的书写障碍。患者写出第一个字,以后不管是听写或是默写就始终写这个字。有时重复写一个字后又会嵌入多余的结构,结果成为错字。

韵律缺失(aprosody) 言语的韵律

变化丧失。程度较轻的称为"韵律困难"。

迟语症（bradylalia, bradyphasia） 言语迟缓的一种病症。一般为病理性，使语速过分减慢，影响交往以及言语质量和效果。

急语症（tachylalia） 又称"快语不清"。言语节律异常的一种表现。一种语言速度的病态加快，致使言语的语音模糊，使听者无法分辨。

流畅性障碍（fluency disorder） 言语障碍的一种。表现是言语中有重复、拖长、犹豫、语流中断等现象。

口吃（stuttering） 一种言语流畅性障碍。主要表现有：(1)语流出现阻塞。(2)音节重复。(3)音节拖长。(4)隔断应连续说出的词语。(5)避开某些该用的词而改用别的词。(6)发音过分用力，并会伴有心情紧张、眨眼、肌肉紧张、感觉气短等现象。病因有不同解释，主要有：大脑优势半球说，认为儿童发生口吃是因为他们的大脑半球的任何一侧都不是支配言语行为的优势半球；遗传说，认为口吃的发生与遗传因素有关；强化说，此说认为儿童初学说话时都会有不流畅现象，这本是正常的，但如果其父母把这种不流畅言语看作口吃，而特别注意，甚至经常批评孩子，则儿童就可能成为口吃者；模仿说，认为口吃是学来的；体质说，认为口吃由某种体质因素引起。发展过程分为4个阶段：(1)偶然出现言语不流畅，表现是重复句子开头部分的词或音节，发生在口吃者对谈话感到有压力时。(2)口吃经常发生，特别是激动或快速说话时，患者对此有明确的意识。(3)说某些音节或词语时特别容易发生。患者开始运用替换词语等办法来避免，并不回避交谈。(4)说话之前就对可能发生的口吃有预感，尽可能回避交谈，心理负担严重。

口吃阶段发展论 一种将口吃发展分成阶段的理论。布鲁茨坦（1987）提出。分为4个阶段，阶段之间有一定的重叠和变化，每个阶段的年龄划分不是相互衔接，而是相互渗透的。第一阶段在2～6岁之间。儿童的言语困难主要是发生在某一段时间里，在大多数情况下对句子、短语的开头词汇进行重复，并倾向于在虚词和代词上发生口吃。这一阶段中的口吃儿童也像其他儿童那样，常把句子结构（而不是词汇）分裂开来，与其他具有生理性语言重复的儿童没有什么区别。第二阶段是小学阶段。患者的口吃程度可有所不同，但是已成为慢性问题。他们言语的中断主要是对词汇的分割，而不是对句子结构的分割。分割的重复不仅发生在句子或短语的第一个词上，也可能发生在句子的其他部分。有趣的是，即使认识到自己有口吃的儿童，在这个阶段也不会有意回避说话的情境。这类儿童较容易对待。有材料表明，在整个第二阶段，口吃患者的自然康复比例也较高，矫治越少越好。重要的是不要去直接注意那些可能导致儿童忧虑的症状。第三阶段年龄在8岁到10岁，在青春期发生率最高。口吃患者意识到自己的言语问题，在遇到困难的情境时，他们就预料会出现口吃。困难的情境包括与陌生人交谈、课堂上回答问题及其他涉及交往任务的各种场合。他们把一些词和音看作是难发的,预期要说这些时就会发生口吃。为了避开这类"可怕的"词,他们可能采取词汇替代或迂回说话的手段。但是,他们并没有试图避开谈话情境的迹象,或者这种迹象不明显。第四阶段年龄范围从10岁到成年,多数是从青春期到成年。这个阶段的患者是慢性口吃患者,言语中充分地表现出口吃的各种特点,对说话产生忧虑和恐惧感,怕发音、怕说话,他们所采用的克服言语恐惧感的策略往往无效。

发育性口吃（developmental stuttering）口吃的一种类型。在幼儿学话阶段,有的儿童仅有一两个月发生此类现象,随着语言能力的发展,进入小学前可自然消失。

良性口吃（benign stuttering）口吃的一种类型。从学话阶段开始出现的儿童口吃现象会持续一两年,稍大以后（延至11岁）才会消失。如果家长的教育方法得当,80%的口吃儿童能不经过干预而摆脱口吃。

慢性口吃（chronic stuttering）口吃的一种类型。儿童出现口吃以后并不能自我意识到这是问题,此言语问题可从幼儿期、少儿期持续到青春期；持续的时间越长,就越可能发展为真正的口吃。

显性口吃（exteriorized stuttering）口吃的一种类型。容易被观察到的口吃。

隐性口吃（interiorized stuttering）口吃的一种类型。患者能够采用某些手段将其口吃特点掩饰过去。例如,患者为了掩饰口吃,在说话时格外小心,避开容易引起口吃的那些词语,有时还会心神不安。

癔病性口吃（hysterical stuttering）口吃的一种类型。间歇性口吃,多为暂时性的。可由过度刺激、震惊或心理原因引起。

起音困难 口吃的一种症状表现。指说话时第一个声音因遇到阻塞而发不出来的现象。

一贯性效果 口吃的一种症状表现。反复朗读同一篇文章时,在同一位置、同一音节中出现口吃。

适应性效果 口吃的一种症状表现。在反复朗读同一篇文章时,每重复一次,口吃发生的频率就降低一次,口吃越重其适应性效果越差。

波动 口吃的一种常见现象。表现为口吃初期流畅期与非流畅期常常交替出现。

情绪性反应 口吃的情绪方面的表现。既可发生在口吃当中,有时也发生在要说话时、预感口吃时或者口吃之后。表现为脸红、表情紧张、将视线移开、偷看对方、睁大眼睛、故作镇静、做怪相、害羞的样子、手脚乱动、假装咳嗽、从某个地方逃走等等。

口吃伴随症状（associated behaviors in stuttering）口吃者发生口吃时做出的动作。包括发音器官、肌肉组织或身体其他部位的动作。这些动作被认为是口吃

学龄前儿童口吃评定(stuttering assessment of preschool children) 针对学前期幼儿口吃特点进行的评定。有以下几个项目:(1)自由会话:了解儿童在日常生活当中的说话状态,另外在谈话过程中使儿童与检查者建立关系。(2)图片单词命名(选30个单词):在命名中了解在词头出现口吃的情况及根据语音的种类来推测口吃的特征。(3)句子描述(选8张情景图片):了解在不同句子长度及不同句型当中的口吃状况。(4)复杂句描述(选2张情景图片):了解概括、描述总结式讲话中的口吃状况。(5)复述及一起复述:了解口吃在被刺激及相伴复述的情况下改善的情况。(6)回答问题:了解口吃患者是否有回避现象以及说话的流畅度。(7)母子间谈话:了解母子之间的交流状态,审定游戏的场面,越放松越好。

学生期的口吃评定(stuttering assessment of school children) 针对学龄期儿童、少年口吃特点进行的评定。根据年龄不同检查内容的难易度不同。有以下几个项目:(1)图片单词命名(选30个单词):根据语音的种类了解口吃的特征。(2)句子描述:了解在不同句子长度及不同句型当中的口吃特点。(3)复杂句描述(选2张情景图片):了解总结式讲话时的口吃状况。(4)单词朗读(用单词字卡):了解朗读时,尤其词头音不同时口吃表现的差别,将检查结果与命名结果相比较。(5)朗读句子(字卡):了解朗读句子时口吃的状态,还可以了解口吃在句子中、词中的位置以及语法对口吃的影响,了解一贯性效果和适应性效果。(6)回答问题:了解口吃患者回答问题时的说话状态和口吃的状态。(7)自由会话:了解日常生活中的说话状态。(8)复述及一起复述:了解口吃在被刺激及相伴复述情况下的改善程度。(9)对口吃是否有预感:在进行以上检查时,看患者对特定的语音是否有口吃预感及其表现形式。

解除反应 克服口吃的一种努力性表现。患者在说话出现口吃现象时,采用力、打拍子、说话暂停等方式,使自己努力从口吃中解脱出来。

软起声 口吃的一种治疗方法。令口吃患者在发音前先轻松自如地深吸一口气,然后一边呼气,一边从容平稳地发元音。呼气一定要缓慢、均匀,尽量保持得长久,不能把肺内的空气挤光。

言语失用症(verbal apraxia) 又称"言语失用"。失用症的一种类型。因大脑对言语运动的组合控制失调,造成构音器官的运动错乱而导致的言语障碍。主要表现为构音困难和错误,并有发声和韵律异常,但发音肌群功能是正常的。

单侧失写与失用症(unilateral agraphia and apraxia) 又称"单侧失写与失用"。胼胝体通路中断患者表现出的障碍。虽然能够继续用右手正常书写,却不能用左手书写;不能用左手执行口头指示,但可以用右手执行。

失歌症(amusia) 又称"歌乐不能"。失语症的症状之一。由大脑左半球(右利手者)颞叶前部病变造成。患者部分或全部丧失本来具有的认识音符和歌唱、演奏、欣赏乐曲等能力。

词聋(word deafness) 失语症的一种。特点是患者可听见声音,但不能理解口语的词。

词盲(word blindness) 言语障碍的一种表现。详见"字盲"。

口失用 语言障碍的一种类型。在非言语状态下,与语言产生活动有关的肌肉自发活动仍存在,但是舌、唇、喉、咽、颊肌执行自主运动困难。临床上一些言语失用患者不存在此障碍,但大多数有这种障碍的患者常伴有言语失用。

言语失用 又称纯词哑、运动程序障碍。一种运动性言语障碍。不能执行自主运动进行发音和言语活动,且不能用言语肌肉麻痹、减弱或不协调来解释。原因是由于脑损伤,大部分患者涉及到左大脑半球第三额回的损害。症状可单独出现,也可伴随其他语言障碍,如常伴随运动性失语。

语法缺失(agrammatism) 言语障碍的一种表现。正确运用语法的能力受到损害。

杂乱语(jargon) 言语障碍的一种表现。其特点是言语连贯但是无法听懂,不能传递信息或只能传递极少的信息。患者言语的构成成分可以是正常的语言单位,也可能不是正常的语言单位。可分新词杂乱语、语义杂乱语、音素杂乱语。

言语急迫(press for speech) 杂乱语的一种表现。当别的谈话者的话还未说完时,杂乱语失语症患者便抢先说话。

词语拼凑(contamination) 言语障碍的一种表现。患者常把一个词的音节与另一个词的音节连在一起错乱发音,使言语杂乱无章。为某些中枢性言语障碍患者的一种症状。

多语症(logorrhea) 言语障碍的一种表现。患者常发出无联系、无确定内容的语流,作为自己补偿感受缺陷、积极言语的一种表现,此种补偿是消极的。

组句不能(aphasia) 运用词组(包括表达和理解)的能力丧失。程度较轻的可称为"组句困难"。

组句困难(dysphasia) 见"组句不能"。

语词错乱 言语错乱的一种类型。表现为用错误的词代替正确的词。

找词困难(word-finding difficulty) 失名症的主要症状。患者说不出该用的词语。

累赘语(circumlocution) (1)指失语症患者不能回想起要说的事物名称,而根据事物的作用或定义所作的描述。例如,"杯子"解释为用来喝的;"球"解释为圆的东西。(2)指口吃者为了避免使用某些容易引发口吃的词语而改用另外的词语。

食管言语(esophageal speech) 无喉者的言语。发音需要的空气来源于食管的上部,咽交叉部分作为新的声门。

人工喉(artificial larynx) 为使喉全

切者能够说话而设计的机械装置。可分为：(1)气动人工喉(pneumatic artificial larynx)。为"U"字形。一端插入气管,另一端插入口腔。由肺呼出的空气使其簧片发音。所发出的声音进入口腔由发音器官调节成为语音。(2)簧片人工喉(reed artificial larynx)。用簧片做声源的人工喉。(3)电子人工喉(electric or electronic artificial larynx)。一种利用电池作为能源的晶体管振动装置,其工作原理是通过发出持续蜂音来合成语音。有些还可以调节音高。这种人工喉安装在颈部某一特定部位。使用时可以根据使用者的情况进行调整。

失认症(agnosia) 人的知觉障碍的一种。多由大脑中枢一定部位的损害造成,有各种类型的失认,如视觉失认、触觉失认、听觉失认等。患者的外周感官器官并未损害,故从外表无法判断,需经过专门检查测验判定。

软腭麻痹(uranoplegia) 腭部肌肉的反射运动功能丧失。可由支配腭肌运动的三叉、舌咽和迷走神经损伤及腭部肌肉病变引起。症状之一是发音嘶哑、困难,发喉音尤其困难,说话时鼻音重。导致言语障碍的原因之一。

唇裂与腭裂(cleft lip and cleft palate) 一种常见的先天性颌面部畸形。发生率约为1:1 000。引起原因尚未完全明了,可能与营养、遗传、感染、内分泌等因素有关。主要表现为上唇或腭部裂开。根据裂隙部位和裂开程度,唇裂可分为三度：一度仅为红唇裂开；二度为裂隙超过红唇但未达鼻底；三度为裂隙由红唇至鼻底全部裂开。一度和二度又称为不完全唇裂,三度又称为完全唇裂。腭裂也可分为三度：一度为软腭裂；二度为软硬腭裂；三度为完全腭裂(包括牙槽突都裂开)。二者可以单独或同时发生；又均可分为单侧性和双侧性。患儿因唇、腭部有裂隙畸形致影响吮乳、进食或发音等功能。一般认为单侧唇裂在六个月左右手术为宜,双侧唇裂则略推迟。腭裂修补手术的年龄以2～6岁为宜。过小的幼儿不易耐受手术创伤及麻醉；过晚手术不但影响颌骨发育,而且给语言训练带来很大困难。

胼胝体分离综合征(colossal disconnection syndrome) 由于胼胝体手术或外伤造成的大脑两半球的部分分离导致的失语症。身体非优势一侧有关的行为受到影响。

语言病理学(speech pathology) 医学和语言学的一门交叉学科。从基础医学的角度研究语言(言语)障碍产生的原因、机理、诊断、发病过程、治疗等规律的一门学科。包含解剖学、生理学、病理学和语言学、各种语言障碍的有关知识。研究的大致范畴为儿童、少年以及成人在言语发展中的先天或后天障碍,这些障碍表现在理解言语或表达言语的各个方面,一般分为构音障碍、韵律障碍、嗓音障碍、语言障碍等。对其中一些言语障碍的研究,如口吃、失语症等已很深入,并且又逐渐形成了一些分支学科。

语言心理学(psychology of language) 又称"心理语言学"(psycholinguistics)"言

语心理学"。心理学的一个分支。研究个体理解、生成和获得语言(口语和书面语)的活动或过程,即言语活动和过程的学科。也属于心理学与语言学、社会学、神经学等的交叉学科。研究范围包括语言的生理基础、语言知觉、字母与单词的识别、语言理解、语言记忆、语言生成、儿童语言的获得、阅读及语言障碍等。1936年美国心理学家坎特(J. Kantor)首先使用"心理语言学"这一术语。以后各派心理学家和语言学家从不同角度进行了研究。我国已出版《心理语言学》(桂诗春,1985)、《心理语言学》(朱曼殊,1990)、《语言心理学》(彭聃龄,1991)等专著。

言语治疗学(speech therapy) 研究言语语言交流障碍的病因、病理、检查、诊断和治疗的一门学科。研究的对象是人的言语损害及对言语损害者的教育教学过程。任务是揭示言语障碍的产生和发展规律,制订有科学根据的矫正体系和方法。与耳鼻喉科学、语言学、心理学、教育学、神经病理学、精神病学、儿科学、社会学等有广泛联系。语言对人的个性形成和发展有重要的作用,语言的障碍影响了人的发展。因此,此学科对人的发展和社会进步也有重要作用。研究内容有言语障碍的一般理论问题(定义、分类、方法论基础、病因、分析及矫治言语障碍的原则、言语矫治的方法等);各种语言和言语障碍及其矫治(构音缺陷、失语症、口吃、嗓音损害、失读症、书面语损害等);多重障碍的矫治(有盲、聋、智力落后等残疾的言语障碍矫治);言语治疗的组织(帮助言语障碍者的体系,对患者的检查、诊断、教育训练和帮助言语矫治,预防言语障碍的产生)。

言语障碍评定标准(speech impairment assessment criterion) 评定言语表达和理解能力障碍程度的准则。依据言语的使用(表达和理解)的困难程度,障碍可分为:0度:不能用言语进行实际的思想交流,或言语使人无法理解;1度:仅能用极少量的词或短句作片断发言,对经多次重复的单词和短文仍不能理解;2度:言语中存在语法错误,但尚能用单词及短句表达意思,对听到的常用话语基本可以理解;3度:能领会有关日常所见事物词语的意义,但对不熟悉的事物或经历不能表明态度;4度:在多数场合不发生言语障碍,与他人交际时,经考虑后说出的话基本正常,但言语欠流畅,有轻度的理解障碍,出现答非所问的现象;5度:言语障碍很少,一旦出现时只有本人知道,他人并未察觉。

言语障碍检查(speech impairment test) 鉴别言语障碍及其性质、程度的过程。(1)言语接收方面的检查项目分为:①口语的理解力。检查者通过口语发出指令让被检查者做出各种动作,测验其能否听懂和理解。指令可以是单词、词组或句子。内容包括:对词义的理解、对近似音的鉴别、对词组的理解、对长句的理解,又可分为对句法及意思正确与否的单句和复句的理解;对相关意义的理解,如问"书上的本子"与"本子上的书"意思是否相同;对祈使词语的理解;对表示时间或空间概念的理解。②书面语的理解力。检查者通过文字内容测验被检查者能否阅读和理解。内容包括：对词的理解，如看词指出相应的物体或图画；对短句的理解，如诵读短文并指出相应的物体或图画；对长句的理解，如阅读报刊文章后回答有关的提问；对祈使词语的理解，如通过书面语发出正确或错误的指令，观察被检查者的执行情况；复述刚阅读过的文字材料。(2)言语表达方面的检查项目分为：①口语表达能力测验，内容包括：言语的连贯性，如连续数数、唱一首歌；言语模仿，重复说出词、短句或长句；给物体命名；给动作行为命名；口述所见所闻；对话。②书面语表达能力测验，内容包括：书面语的连贯性，如连续写数字、日期、歌词；听写或抄写词、短句或长句；写出检查者呈现的物体或图画的名称；命题作文；让被检查者随意书写。上述检查多由神经科医生、言语治疗师负责施行。检查过程中还需询问被检查者的病史，并观察其听觉、言语器官及智力正常与否等。依据检查的情况和对患者的全面了解作出综合分析和诊断。

S-S语言发育迟缓检查法(sign-significate relations) 针对语言发育迟缓儿童采用的检查方法。由中国康复研究中心语言治疗科参照日本同名的检查法，按照汉语的特点和文化习惯研制成汉语版。依照认知理论，从语法、语义、语言应用三方面对语言发育迟缓的儿童进行评价，并对儿童的语言障碍进行诊断、评定、分类和针对性的治疗。原则上适合于1~6岁半各种原因引起的语言发育迟缓儿童，有些儿童的年龄虽超出此年龄段，但其语言发展的现状如未超出此年龄阶段水平，也可应用。不适合听力障碍导致的语言障碍。检查内容包括符号形式与指示内容关系、基础性过程、交流态度三方面，以语言符号与知识内容的关系的评定为核心。其比较标准分为五个阶段：(1)对事物、事态理解困难阶段。此阶段语言尚未获得，并且对事物、事物状态的概念尚未形成，对外界的认识上处于未分化阶段。(2)事物的基本概念阶段。此阶段虽然也是语言未获得阶段，但与上阶段不同的是能够根据常用物品的用途大致进行操作，对于事物的状况也能够理解。(3)事物的符号阶段。此阶段为符号形式与指示内容关系开始分化。(4)词句，主要句子成分阶段。此阶段能将某事物、事态用2~3个词组连成句子。(5)词句，语法规则阶段。能够理解三词句表现的事态，与第4阶段不同的是所表现的情况为可逆性，从主动语态到被动语态。

日常生活交流能力测验 失语症治疗过程中的一种检查方法。以日常生活中最常见的交流内容为背景，有34项交流内容，其方式自然，近似正常交流，反应按4分5级制记分，同时记录患者反应中的交流策略。根据总分可判断患者的交流水平。

言语障碍儿童教育(education of speech disabled children) 对在一般教育条件下不能进行有效学习的严重言语障碍儿童实施的教育。各国方法有所不同。在俄罗斯,有专为言语障碍儿童开办的特殊学校,除担负与普通学校共同的任务外,还有:(1)纠正学生的口语、阅读和书写缺陷。(2)进行大纲规定的专门劳动训练。(3)通过合理安排生活和医疗操、推拿、理疗等措施,促进学生的生理和心理健康。根据言语障碍的类型和程度分为两个教学部:一部接收言语发展不足,如失语症、失读症、失写症及严重言语运动障碍患者;二部接收严重口吃患者。学生经矫正教育后可转入普通学校相应年级学习。在美国,虽有为言语障碍儿童开设的特殊班和特殊学校,但多数患者是在普通班级中与普通儿童一起接受教育,由接受言语治疗专家指导的普通和特殊教师及家长提供特别帮助,或由巡回于各校之间的言语治疗师给予直接治疗。我国已在部分地区开展了此项教育,但尚不普遍,在特殊教育体系中尚是薄弱环节。

语言环境调整 儿童语言障碍康复的一个必要内容。儿童的家庭养育环境与其语言发育有密不可分的联系。单纯依靠语言训练达不到预期效果,需要养育者结合训练、教育改善家庭内外的人际关系,培养儿童健康的性格,良好的兴趣和交流态度;改善对儿童的教育方法;改善儿童的生活环境。以达到帮助语言发育迟缓儿童更好地发展语言能力的目标。

言语治疗(speech therapy) 由专业工作者对各类言语障碍进行的一种矫治工作。包括对言语语言障碍者进行检查、诊断、矫正和治疗。对象是单纯的各种言语障碍的儿童或成人,也可以是伴随有感觉器官残疾(聋、盲等)和智力残疾的言语障碍者。矫治前要经过细致的病史了解和检查测验,制订矫正计划。可有个别或小组集体训练的方式。各国的组织形式不同,一般有专门的言语治疗机构(学校、矫治中心或康复中心言语矫治科等),也有的在普通或特殊学校内设专门言语治疗人员进行此项工作,还有巡回治疗的言语治疗老师。有的国家已形成了言语治疗的体系,保证言语障碍儿童的早期发现和矫治。一般由教育部门领导此项工作,但医疗卫生部门(包括医院、疗养院和门诊)也开展此项工作。

言语治疗师(speech therapist, speech corrections) 专门从事矫正语言障碍工作的人员。在发达国家,必须受过高等专业教育,并经过资格认定。有的国家要求必须有硕士学位及相当程度的临床经验。由于工作范围很广,治疗对象年龄跨度也很大,从婴幼儿到老人,语言障碍的性质和程度也各不相同,为此,必须具备多方面的专业知识,如医学、语言学、心理学、特殊教育学等。一般在医疗、特殊教育及康复等部门工作。

言语治疗室(orthorhombic room) 专门进行语言障碍的诊治工作的场所。有的地方称言语治疗中心。备有必要的设备、仪器、训练用具等。由专职的医生及言语治疗师来对语言障碍患者进行必要的检查、治疗、训练,并适当地对家属及家长进行指导。设施上根据语言障碍的种类不同有具体的特殊要求。为了防止内外噪音的干扰,一般要求铺上地毯,墙壁用吸音材料。室内要求除必要的仪器及训练物品外,东西放置不宜过多,要减少对患者不必要的听觉和视觉的刺激。环境要尽量安静,最好以单人工作的办公室为好。

言语治疗作业（orthorhombic exercises） 用于矫正儿童言语障碍的训练活动。由言语治疗师在言语治疗室内进行。其内容主要根据言语障碍的性质、患者的年龄及其发展的水平而定。方法宜多样有趣,多采取与言语有关的游戏及操作性课题,以促进儿童与治疗人员的协作配合,激发他们学习的积极性,提高认知能力。以开展集体作业为好,也可以开展个别作业。每次时间依年龄而定,儿童可在10～30分钟之间,成人可以一个小时。

语言矫正点（логопедический пункт） 俄罗斯在普通教育机构内为矫正学生书面或口头言语发展缺陷而设立的机构。属于普通学校的一个组成部分。一般在城区小学5～10个班级、农村3～8个班级中设立一个。基本任务是:矫正在掌握学校大纲中出现的语言缺陷,及时预防和克服可能出现的言语困难,在教师、学生、家长中传播言语矫正学的专业知识。由受过专门训练和有高等学历的言语矫正师依据学生情况定出计划,进行个别或小组矫正作业,作业活动每周不少于3次,小组每次40分钟,个人每次20分钟。

小组治疗（group therapy） 语言障碍治疗的一种形式。起源于第二次世界大战后,鉴于当时大量颅脑损伤的患者从战场返回,又缺少专业治疗人员,因而产生小组形式的治疗方法。可使患者在语言和言语技能上发生更大的改变,并有助于失语患者的心理调节和有利于他们重返社会。

升级与降级 语言训练的一个原则。在刺激-反应进行过程中,正反应会逐渐增强。当正反应能固定下来,患者的训练水平达到一定的阶段时,可以考虑把训练的目标和内容提高到更高一级,如从单词训练提高到短语训练;当训练的难度超出了患者的水平,训练达不到预期的效果时,需要把训练的目标和内容降低一级,如从单词复述训练降低到单音节复述训练。当有所改善时,还可以重新提高一级。

语言辅助具（language subassembly） 辅助言语交流的交流板、交流器。适用于部分脑瘫患者、重度构音障碍患者、失语症患者。器具设计要对患者的运动功能、智力、语言能力等进行全面评定,充分利用患者的残存能力。例如:高位四肢瘫的患者,可以采用"眼指示"或"头棒"的控制方法选择交流板上的内容,或利用控制器使交流板发出声音进行交流。随着患者水平的提高,要调整和增加交流板上的内容。

交流板（communication board） 又称"语言沟通板""交际板"。为不具备口语表达能力者设计的一种交际工具。根据日常生活中的某个主题,在板上画若干简易图形（或贴图片）,配上相应字词,表示主题所涉及的事情、人物、地点等,如"营业员"、"我"、"买"、"报纸"、"邮票"。使用者想做其中某件事,只需指图示意,即可与他人沟通。有的还配有电子语音发声装置。发达国家已利用计算机来使失去语言能力或兼有肢体运动障碍者进行图画(和文字)的交往。

刺激—反应训练 言语语言治疗师与言语障碍患者之间进行的特定语言功能训练,由治疗师激发患者作出特定反应。

PACE 技术 全称"促进失语症交际有效性技术"(Promoting Aphasic's Communicative Effectiveness)。国际公认的实用交流训练法之一。由 Davis 和 Wilcox 创立,在训练中利用接近实用交流的对话结构,在言语治疗师和患者之间双向交互传递信息,使患者尽量调动自己的残存能力,以获得实用化的交流技能。

SCHUELL 刺激疗法 多种失语症治疗方法的基础。以对损害的语言符号系统使用强控制下的听觉刺激为基础,最大程度地促进失语症患者的语言再建和恢复。应用广泛。

国际口吃日 国际口吃联合会发起的一个活动日。每年的 10 月 22 日。得到国际语言流畅联合会和各国口吃联合会的合作,活动目的是提高各国公众对口吃的认识,尤其是向儿童口吃者提供信息,让他们知道应该做什么,不应该做什么。

国际口吃联合会 由一些国家的口吃者自助团体组成的国际组织。1995 年 7 月 25 日在瑞典林格冰成立。宗旨是为各国口吃患者建立一个伞式机构。现有 32 个国家的 37 个会员组织。其 9 个理事均是义务服务没有工资的员工。申请参加的组织须证明其组织是由口吃者,而非语言矫治医生或职业诊所建立的。活动包括:(1)每年至少出版一期新闻简报《共同的声音》,并向会员组织发放。其内容未注册版权,会员组织可以自行翻印发放。(2)建立网站,提供口吃自助、矫治信息(不含推荐)以及登载口吃者或专业医生撰写的文章等。(3)每三年举行一次口吃者世界大会。参加会议的费用及有关事项须由各国会员组织自行解决。每届大会约有 400~500 人出席。(4)将每年的 10 月 22 日定为国际口吃日,并在 1999 年和 2000 年国际口吃日举行活动,2001 年决定把 2004 年作为儿童国际口吃年。(5)与各国会员组织交流自助经验和矫治方法(不含推荐)。(6)向没有成立自助组织的国家提供援助。例如,该会一位理事现在在中国工作,已提供了有关口吃的信息和材料,包括翻译以及与中国的医疗机构合作。(7)成立专门工作小组,为会员组织提供信息。例如"口吃与歧视"、"儿童与口吃"、"与电话公司的联系"。

5 智力残疾教育
Education for Mental Retardation

智力(intelligence) 人的一种能力或心理特征。美国《教育心理学》杂志曾开辟专栏探讨其实质,讨论结果可归为3类:(1)智力是抽象思维的能力。(2)智力是学习的能力。(3)智力是适应环境的能力。现在多数人接受认知心理学的看法:智力是人们在获得知识以及运用知识解决实际问题时所必须具备的心理条件或特征。智力最早被西方哲学家用于区分人与动物。随着对人的智力研究的深入,学者们注意到个体间的智力差异。造成个体间智力差异的原因,概括为3类:(1)遗传。19世纪英国人类学家F.高尔顿通过对名人的家谱和生活史的分析,得出智力差异取决于遗传。(2)环境。"狼孩"的事例说明个体间的智力差异是由后天的环境教育所决定的,美国心理学家J.华生是这个观点的坚定支持者。(3)遗传和环境相互作用。遗传为智力的发展提供了可能性,而环境则使发展的可能性转化为现实性。瑞士心理学家J.皮亚杰认为儿童认知的发展是遗传与环境相互作用的结果。比奈—西蒙智力测验是世界上第一个通过测量的方式来衡量个体智力水平的工具。它对个人智力测验的发展有很大的影响。智力测验在发展智力理论上起着很重要的作用,许多测验编制者都提出自己对智力本质及结构的看法,如D.韦克斯勒认为:"智力是个人有目的的行动,理智地思考以及有效地应付环境的整体的或综合的能力。"智力由多种因素所构成。对"智力"概念的认识仍在不断深入和完善。

适应性行为(adaptive behavior) 又称"社会能力""适应能力""社会成熟"。区分智力落后与非智力落后的两个主要依据之一。指个体实现人们所期待的与其年龄和文化群体相适应的个人独立与社会职责的程度或效果。受个体成熟、学习及社会环境要求的影响。涉及内容多、范围广,分类上有许多方法。格罗斯曼

(Grossman)1977年提出的分类被美国智力落后协会（AAMR）所采纳，共分成8类：(1)感觉—运动能力：如走、跑、跳，手和眼协调等。(2)交往能力：主要包括听、说、理解语言能力。(3)自助技能：指吃饭、梳洗、小大便等与生活有关的自理能力。(4)社会化：表现在与他人交往、微笑等(以上4项主要为婴幼儿的适应性行为内容)。(5)学习能力：在学校掌握知识的能力。(6)推理和判断能力。(7)社会技能：主要指团体活动和人际关系处理等方面(以上三项主要为儿童、青少年的适应性行为内容)。(8)职业和社会责任感：主要体现在谋职、敬老爱幼等(这项主要指青年和成人的适应性行为内容)。

智力落后（intellectual disability） 又称"智力低下"（mental subnormality）"智力残疾"（mental disability）"智力缺陷"（mental deficiency）"精神发育迟滞"（oligophrenia）"一般性学习障碍"（general learning disabilities）。中国大陆称"智力残疾"，台湾地区称"智能不足"，香港地区称"弱智"。一种常见的残疾。定义多种多样，至今没有普遍公认的定义。具有影响性的是美国智力落后协会（AAMR）多次作出的定义。1983年的定义是：一般智力功能明显低于平均水平，导致适应性行为的缺陷或与之同时存在，并且表现于发展时期。2002年的定义是：智力落后是一种以智力功能和适应性行为具有显著性限制为特征的障碍。适应性行为表现为概念的、社会的和应用性的适应性技能。智力落后发生于18岁以前。同时提出定义基于的5个假设：(1)个体现有能力的限制必须置于特定的社区环境的背景中加以考虑，这种背景对于个体的同龄人以及个体所在的社会文化来说都应该具有典型性。(2)有效的评估要考虑文化、语言的不同以及沟通、感觉、动作和行为方面的差异。(3)个体当前的限制通常和个体其他方面的长处或能力同时存在。(4)描述个体智力功能和适应性行为上的限制，主要目的是为了发展个别化支持体系。(5)经过一段时间适当的支持辅助后，智力落后者在生活各方面的功能通常会有所改善。不同患者的障碍程度也有很大差异。参见"智力残疾"、"智力落后分类"。

智力缺陷（mental deficiency） 智力落后的又一称法。有时用于表达有明显的器质性问题的智力低下。参见"智力落后"。

智力残疾（intellectual disability）中国大陆对智力有缺陷者的一种称谓。1987年第一次全国残疾人抽样调查定义为：指人的智力明显低于一般人的水平，并显示出适应行为的障碍。包括：在智力发育期间(18岁之前)，由于各种有害因素导致精神发育不全或智力迟缓；智力发育成熟后，由于各种有害因素导致的智力损害或老年期的智力明显衰退。2006年第二次全国残疾人抽样调查中提出的定义为：智力显著低于一般人水平，并伴有适应行为的障碍。由于神经系统结构、功能发育障碍，使个体活动和参与受到限制，需要环境提供全面、广泛、有限和间歇的支持。包括在智力发育期间(18岁之前)，由于各种有害因素导致的精神发育不全或智力迟滞;或者智力发育成熟以后,由于各种有害因素导致有智力损害或智力明显衰退。产生的原因多种多样。根据个体障碍程度的不同可分为四个等级。参见"智力落后"、"智力落后原因"、"智力残疾分级"。

弱智 英国曾经使用过的一种术语。严格意义上指轻度智力落后。在中国大陆和香港地区有些学者也以此作为表示智力残疾的总称。

智力残疾分级(classification criteria of intellectual disability) 依据智力测验和适应行为测验等结果,对人的智力和适应行为障碍程度的划分。不同的国际团体和权威所做的分级,所用的名称不尽相同。我国结合全国残疾人抽样调查工作先后提出过两个分类分级标准:(1)1987年第一次全国残疾人抽样调查的分级标准,如下表:

智力残疾级别	分度	与平均水平差距	IQ值	适应能力
一级	极重度	≥5.01	20或25以下	极重适应缺陷
二级	重度	4.01~5	20~35或25~40	重度适应缺陷
三级	中度	3.01~4	35~50或40~55	中度适应缺陷
四级	轻度	2.01~3	50~70或55~75	轻度适应缺陷

各级症状为:一级,面容明显呆滞,终身生活需全部由他人照料,运动感觉功能极差,通过训练,只在下肢、手及颌的运动方面有所反应。二级,生活能力即使经过训练也很难达到自理,仍需要他人照顾,运动、语言发育差,与人交往能力也差。三级,实用技能不完全,如生活能部分自理,能做简单的家务劳动,具有初步的卫生和安全常识,能以简单方式与人交往,阅读和计算能力差,周围环境辨别能力很差。四级,具有相当的实用技能,如能自理生活,能承担一般的家务劳动或工作,但缺乏技巧和创造性;一般在指导下能适应社会;经过特殊教育,可以获得一定的阅读和计算能力;对周围环境有较好的辨别能力,能比较恰当地与人交往。在实际教育工作中常分为轻度、中度和重度三级,排除难于受教育的极重度智力残疾。(2)2006年第二次全国残疾人抽样调查的分级标准,如下表:

级别	分级标准			
	发展商(DQ) 0~6岁	智商(IQ) 7岁以上	适应性行为 (AB)	WHO-DAS 分值
一级	≤25	<20	极重度	≥116分
二级	26~39	20~34	重度	106~115分
三级	40~54	35~49	中度	96~105分
四级	55~75	50~69	轻度	52~95分

智力落后分类(classification of intellectual disability) 从不同学科角度对智力落后进行的类型划分。一般有:(1)按形成原因,分为内因性智力落后、外因性智力落后。(2)按智力水平和适应行为障碍程度,分为轻度智力落后、中度智力落后、重度智力落后、极重度智力落后。(3)按在教育上的表现,美国教育界分为:临界智力落后(IQ70~85)。介于轻度智力落后与正常智力水平间的智力状态,又称"学习迟缓"。可教育的智力落后(IQ50~70)。无明显可见的病理表现,幼儿期不易发现,上学后才逐步被辨认出来,需接受符合其具体情况的特殊教育。可训练的智力落后(IQ30~50)。幼儿期即显现出严重的智力和适应行为障碍,难于学习最基本的读、写、算技能,需接受以生活自理和社会技能为主的特殊教育和训练。需要监护的智力落后(IQ30以下)。只能接受简单的生活自理技能训练,终身离不开别人的看护和监督。(4)从临床、病理心理和教育的观点出发,前苏联特殊教育学家把智力落后分为两大类,每大类中又分为几种形式,每种类型都有特定的心理特征,需要特定的教育策略。第一类:生命发展早期的某个阶段上患过大脑疾病,留下智力缺陷的儿童,他们身体上是健康的,但进一步的发育成长是在有缺陷的背景下进行的。这一大类又分为:①精神发育迟滞,其中又分为5种临床型。参见"精神发育迟滞"和"精神发育迟滞型"。②幼儿期大脑受到损害而致的智力落后,主要指脑外伤所致的及脑炎所致的两种智力落后。第二大类:患进行性大脑疾病的智力落后儿童,其成长发育和疾病并存,身心状况不稳定,容易发生变化。包括患神经系统风湿病的,患大脑梅毒的,患癫痫病的,患精神分裂症的和患脑水肿的等5种,参见"患进行性大脑疾病的智力落后儿童"。(5)从智力落后者所需的支持辅助角度,1992年美国智力落后协会分为4类:①需要间歇支持辅助的智力落后,即以一种零星的、视需要而定的方式提供支持辅助。智力落后个体并非经常有此需要,或者只是在生命中的某个阶段需要支持辅助。例如失去工作或疾病状态,且支持辅助的程度可高可低。②需要有限支持辅助的智力落后,即支持辅助仅限于某些经常性的、短时间的需求,即时间上有限度,但并非间歇性的。与需求程度较高者相比较,个体也许只需较少的工作人员和较低的成本。例如短时间的就业训练,或从学校过渡到成人就业阶段转衔服务。③需要广泛支持辅助的智力落后,即支持辅助的特征是至少在某种环境有持续的、经常性的需要,例如每天,并且没有时间上的限制。④需要全面支持辅助的智力落后,即支持辅助的特征是恒常性的,个体需求程度高,在多种环境中都需要提供,且可能终身需要。这种支持辅助通常比广泛的或有限的辅助更具强制性,需要更多的工作人员参加。

智力落后儿童(mentally retarded children) 又称"智力残疾儿童""智力落后儿童""低常儿童"。智力明显低于一般人水平,并显示出适应性行为障碍的儿童。各国定义方法不尽一致,名称也不完全一样。可由多种原因引起。任何生物的、社会的、文化的和心理的有害因素都可能对儿童的智力发展产生消极影响。从智力发展水平上，可以分为轻度、中度、重度和极重度4类；从神经活动类型上，可以分为兴奋型、抑制型和基本型3类。与普通儿童一样，这类儿童的身心功能在不断地发展着，但速度较缓慢，并且在感知觉、记忆、思维、语言、注意、个性、情感等心理过程中存在缺陷。通过提供符合其特殊需要的教育和训练，可以懂得遵纪守法，讲究文明礼貌，养成爱美的情趣及良好的生活习惯，具有阅读、表达和计算的初步能力和生活自理能力，并学会一些简单的劳动技能。

低常儿童(subnormal children) 见"智力落后儿童"。

白痴儿童(idiot) 临床上指重度以上智力落后儿童，需终身监护。智力和适应行为障碍程度相当于一、二级智力残疾。参见"智力残疾分级"。

痴愚儿童(imbecile) 临床上指中度智力落后儿童。常无法独立处理自身事务，需他人协助。智力和适应行为障碍程度相当于三级智力残疾。参见"智力残疾分级"。

愚鲁儿童(moron) 临床上指轻度智力落后儿童。无法接受普通学校教育。智力和适应行为障碍程度相当于四级智力残疾。参见"智力残疾分级"。

可教育的智力落后者(educable mentally retarded person) 20世纪中叶美国对智力落后者的一种分类。智商在50～70之间，适应行为低于一般人的水平，不能从正常教学中得到充分好处，需接受符合其具体情况的特殊教育的儿童。具有相当的实用技能，如能自理生活，能承担一般的家务劳动或工作，但缺乏技巧和创造性。无明显可见的病理表现。幼儿期不易发现。可在以下几方面能力上得到发展：(1)通过教育掌握小学的文化课程，获得一定的阅读和计算能力。(2)通过教育学会一定的社会适应能力，比较恰当地与人交往，在社区中独立生活。(3)通过进行职业训练，到成年时能部分地或完全地自食其力。此术语现已不常使用。

可训练的智力落后者(trainable mentally retarded person) 20世纪中叶美国对智力落后者的一种分类。智商介于30～50的儿童。幼儿期即显现出严重的智力和适应行为的障碍。实用技能不完全，但生活能部分自理，能做简单家务劳动。有初步的卫生和安全常识，但阅读和计算能力差。对周围环境辨别能力很差，能以简单方式与人交往。通过训练可达到：(1)生活自理。(2)在家、社区和学校保护自己免遭危险。(3)能适应家里或社区的社会生活。(4)在别人监护、帮助下做些杂务。智龄发展极限约为7～8岁。此术语现已不常使用。

需监护的智力落后者(dependent mentally retarded person) 20世纪中叶美国对智力落后者的一种分类。智商在30以下的儿童。表现为适应行为差，运动、语言发育差，与人交往能力差。只能接受简单的生活自理技能训练，几乎无学习能力，终身离不开别人的看护和监督。此术语现已不常使用。

先天愚型(Down's syndrome) 一种由染色体畸变造成的智力落后。曾称"唐氏综合征"、"伸舌样痴呆"、"蒙古症"等。参见"21-三体综合征"。

临界智力落后(borderline mental retardation) 介于轻度智力落后与正常智力水平间的智力状态,智商为 70~85。又称"学习迟缓"(low learner)。

假性智力落后(pseudo mental retardation)儿童智力发展低于常态水平,但适应性行为无明显缺陷的一种状况。

精神性智力落后(psychogenic mental retardation) 古代使用过的术语。意指病因不明的,可能由心理因素造成的智力落后。

文化家族性智力落后(cultural-familial mental retardation) 又称"非医学性精神发育迟滞""生理性智力落后"。指原因不明,智商介于 50~70 的智力落后。患者没有明显的神经系统及身体外观方面的缺陷。可能与家族中有临界智力落后或轻度智力落后发生史及不利的家庭环境有关。

内源性智力落后(endogenous mental retardation) 因源自中枢神经系统内部发展原因而致的智力活动明显障碍的状况。

外源性智力落后(exogenous mental retardation) 由于人体之外的原因所致的智力活动明显障碍的状况。

患进行性大脑疾病的智力落后儿童(умственноотсталые дети с текующими заболеваниями мозга) 大脑疾病过程尚在继续的智力落后儿童。其成长发育和疾病并存。生理和心理状况不稳定,发生变化的可能性较大。在培智教育机构中占有一定比例。常见的有:(1)患神经系统风湿性疾病的儿童——风湿性疾病对大脑的损害导致一系列的舞蹈症发作,又称"患舞蹈症的智力落后儿童"。患者注意力不集中,极易疲劳、健忘;总是手忙脚乱,不能安静,情绪不稳定,在劳累时、受到批评时更加忙乱不安。只有温和与安详的态度才能制止其多动表现。(2)患大脑梅毒的儿童——梅毒可能损害胎儿的中枢神经系统,使之出生后就成为精神发育迟滞,也可能染梅毒的胎儿,为潜在梅毒患者,到一定时候才开始发病,出现不同的症状,疾病逐渐加剧,可导致进行性麻痹。主要心理特征表现为运动和言语退步、智力降低、是非不辨、无所事事,什么都做不来,但又可能"自我欣赏"。(3)患癫痫病的儿童——培智学校中较为常见。癫痫的形式有大发作、小发作、精神运动性发作等,需要药物治疗。主要特点是记忆差、健忘、不整洁;为补偿这些缺陷,在生活和学习过程中又逐步养成过分拘泥、仔细和准确的习气;思维迟缓、不灵活,情感具有很大惰性;小时候性情急躁,可能爆发狂怒,随着年龄的增长能学会控制自己。(4)患精神分裂症的儿童——个性发生深刻变化。发病时产生视觉和听觉幻觉,出现恐惧感及荒诞的想法,行为多动或木僵;思维和论断混乱、离奇、令人莫明其妙,可能以一些令人费解的思想指导自己的行动;情感障碍渐渐激化,不爱与人交往,对家长也疏远冷淡,喜怒无常,无故哭笑;学习时好时坏,有的连简单的生活自理技能都学不会。(5)患脑水肿的儿童——脑脊髓液在头颅内大量积存,迫使儿童头颅胀大。当颅内液压升高时,患者有严重的头痛发作,情绪波动很大;害怕振动,不能跳跃,难以从事需要低头或仰头的工作;在心理表现上,有的总是闷闷不乐,易累,对人凶狠,有的爱动,说话啰嗦,放纵轻浮;有的给人一种言语发展很好的印象,实际上并不理解自己说的意思,只是机械地重复别人的言语。

学习迟缓者(slow learner) 一些国家用来称呼有学习问题的儿童的术语。在不同的国家有不同的涵义。在美国,指学习和社会行为低于一般年龄标准,智力活动能力介于平均水平与落后水平之间者(智商低于平均数一个标准差)。在英国,泛指智力、学习成绩和社会技能长期不佳,需要特殊教育服务的儿童。约占学龄儿童的10%,包括从临界智力落后到严重智力落后者。近半数人还伴随有其他的疾病。

白痴学者(idiot savant) 又称"白痴天才"。在某些十分有限的心智活动方面有惊人技能的严重智力落后者。如能熟练计算年月日,背出具体汉字在《新华字典》中哪一页,牢固记住某些事情,或有突出的音乐才能等;其他方面的能力及整体智力发展却明显落后,因此实际上此类人并非学者或天才。对此类人的某些能力不应估计过高,要引导其在生活自理、社会适应等方面全面发展,成为一个在社会上自立的人。

六小时落后儿童(six-hour retarded children) 20世纪中叶美国总统智力落后问题委员会(The President's Panel on Mental Retardation)提出的一个术语。指一些因学业上的严重困难被教育工作者定为智力落后,并安排进特殊班,而放学回家或离开学校后能较有效地进行活动的儿童。约占美国儿童人口的20%～25%。按AAMR智力落后定义严格分类,此类儿童难于划入。

发育迟缓(developmental delay) 儿童的实际发展水平,尤其是语言、认知或运动技能的发展,明显地低于正常儿童的发展水平。多由非器质性的原因所致,容易接受教育干预的作用而改变。

认知障碍(cognitive disorders) 个体的认知功能中的一项或多项受损。表现为感觉、知觉、记忆、理解、判断、推理等心理过程受到影响,认知事物发生障碍,认知水平显著落后于同龄正常人的水平,影响个体的日常生活或社会能力。智力障碍的特征之一,在大多数精神障碍者中也存在。

精神发育迟滞(oligophrenia) 在儿童言语形成之前,即生长发育早期中枢神经系统的损伤造成的智力低下状态。神经科对智力残疾儿童的一种称呼。导致中枢神经系统损伤的有害因素包括遗传性伤和胎儿在母体内发生的问题,分娩过程中受到的损害以及两岁半前影响儿童中枢神经系统发展的其他疾病。患者的共同特点是中枢神经系统的早期损伤和随后病程的终止,心理发展发生在生物遗传因素有障碍的基础上。由于大脑损伤发生在言语形成之前,患者的心理发展在程度上很接近,因而可以归为一类。主导症状是求知欲差,缺少认识事物的需要和兴趣;接受能力差,接受新的知识很困难,很缓慢;进而导致智力障碍。与普通儿童在心理上的主要差别,是其高级认识活动不发达,行为模式过分僵化。

精神发育迟滞儿童类型（формы олигофрении） 前苏联学者为了研究和教育工作的目的,从临床上对精神发育迟滞儿童进行的类型划分。主要有:(1)基本型。主要特点是复杂的认识活动能力差,难以胜任需要抽象概括的各种工作,但遇到力所能及的任务时,能认真对待和完成;行为相当稳定和安静,注意力较集中,情感活动基本正常,在成人中感到拘束,在儿童中比较自由;神经反应过程灵活性差,思维方式僵化,较难适应新的情况。(2)兴奋型。典型特点是抽象概括能力缺陷和工作能力障碍相结合;内抑制过程衰弱,兴奋过程过强;极易激动,动作无节制,注意力不集中;对周围的事情表现出极大的冲动性;情感不稳定,常破涕为笑;任何事情都做不好,导致严重的工作能力障碍。(3)抑制型。兴奋过程减弱,抑制过程过强,典型特点是精神萎靡,消极被动,动作迟缓,学习活动遇到很大困难,工作能力产生明显障碍,做任何事情都缺少信心,需要反复的刺激和鼓励;孤僻,缺少表情,有时会发拗脾气。(4)有严重个性障碍型。特点在于高级认识活动缺陷和个性不成熟相结合,需要和动机系统产生剧烈变化,情感意志活动发生严重障碍,同时伴有明显的运动障碍;患者总是无所事事,和任何人都不善交往,在陌生环境里行为也无变化;缺少稳定的动机,没有真正的愿望和意向;生活不能自理,不会使用玩具和其他用品。(5)有严重语言障碍型。这类儿童中枢神经系统病灶性损伤,言语发展受到严重干扰,进一步加剧智力方面的障碍;有的问题发生在言语运动方面,不能正确地利用唇、舌等发音器官,学话开始晚,构音障碍严重,言语感觉能力也受影响;有的问题出在言语听觉中枢,无法听懂别人言语,影响整个言语系统(听和说)的正常发展。这类患者在行为方面困难不大,能很快适应学校生活,对学习会发生兴趣,认真对待作业,能和周围的人交往。

智力落后发病率(incidence of mental retardation) 又称"智力落后发生率"。一定时期在一定地区人口中被确认为智力落后的人所占的百分比。与患病率密切相关。两者都受到一定地区的社会、经济和健康状况,以及向居民提供教育、发展和康复服务的资源的明显影响。在不发达国家,由于生活条件差,婴儿死亡率高,智力落后发病率可能较高,而患病率可能较低;发达国家则相反,因为生育事故较少,先进的医疗及其他辅助性服务能明显地提高儿童成活率及人的预期寿命。美国估计每年有 125,000 个智力落后新生儿。

智力落后出现率(prevalence of intellectual disability) 表示在特定时间某一人群中智力落后患者所占比例。按智力常态分布曲线计算应为 2.27%。实际调查研究因受定义、方法、地区状况及年龄诸方面差异的影响所得结果很不一致。如美国约 3%，英国约 1.2%，前苏联约 0.6%，日本约 2.07%。1987 年中国残疾人抽样调查结果为 9.65‰。另据 1988 年 11 月公布的中国 0~14 岁儿童智力低下流行病学调查结果，儿童智力低下患病率为 1.07%，其中城市为 0.75%，农村为 1.46%；男性儿童为 1.13%，女性儿童为 1.01%；在年龄分布上，婴幼儿期最低，学龄前稍高，学龄期最高；在程度上，轻度较多，与重度之比为 1.7：1。按 2001 年我国 0~6 岁残疾儿童抽样调查报告，我国 0~6 岁智力残疾儿童现患率为 0.931%。

智力落后预防(prevention of intellectual disability) 减少智力落后发病率和患病率的工作过程。一般从两个方面进行：(1)组织社会力量同各种可能导致智力落后的消极因素作斗争，如改善孕妇及婴幼儿的饮食状况，保证儿童大脑发育所需的各种营养；防止有害于儿童健康，尤其是大脑健康的各种疾患的产生，等等。(2)通过筛选和诊断程序及早鉴别可疑的智力落后对象，并进行必要的干预，如有组织的早期教育干预，以防止智力残疾的发生。

智力落后儿童鉴定(identification of children with intellectual disability) (1)对智力落后儿童作出鉴别诊断，评定落后程度，提出教育安置意见，评价教育效果的过程。智力落后儿童特殊教育过程的第一个和必不可少的步骤。通常采用多种方法从医学、教育、心理、社会等方面进行观察和测查。鉴定过程一般分为 4 步：①转介。根据教师、家长或其他有关人员的观察及学业考核的结果，将怀疑为有智力问题的儿童送往专门的诊断机构，请求进一步的检查。②初步审查。确认被转介儿童是否真有问题。如果有，问题的情况如何，需要进行哪些方面的检查和诊断。③个别评估。由有关专业人员对儿童进行诊断性测验，包括各种智力测验和适应性行为测验。如有必要，还需进行神经系统功能检查、听力检查、视力检查、言语能力检查、运动能力检查等。通过多方面的综合评估，才能最终决定儿童是否属智力落后以及智力落后的性质和程度。④决策。由教师、学校领导、家长、心理学工作者、医生等人组成小组，确认上述评估的合法性、公正性，解释和分析评估的结果，鉴定儿童的特殊需要，作出教育安置决定，并制订出具体的教育和训练方案。(2)指对智力落后儿童情况的结论性综述文件或材料。

智力落后儿童行为评定(behavioral assessment of children with intellectual disability) 鉴定智力落后儿童障碍程度的一项主要内容。借助系统的记录，将智力落后儿童的重要行为反应数量化的过程。一般用于行为的分析研究、行为矫正和治疗。主要目的是检查和评估儿童的不适当行为向所期望的方向发展的变化情况,如适应行为的习得,不适当行为的消除。通常以不同方法及专门技术来记录相互联系的三类行为:(1)用直接观测和自动记录技术评估可见的运动反应。(2)根据对量表项目、问卷和交谈中所提问题的回答,推断其认知行为。(3)用机械或电子仪器测量行为的生理变化。

智力落后儿童教育评定(educational assessment of children with intellectual disability) 诊断和安置智力落后儿童的工作。利用教育学和心理学的方法对怀疑是智力落后的儿童进行客观检查,并根据检查结果和其他有关资料分析判断该儿童的智力水平、适应行为情况,以确定其教育和发展的可能性。有不同的评定模式,其中最基本的是心理教育模式。与此相应的教育评定报告的内容包括:儿童的教育背景;课堂表现,感知觉、记忆、思维、注意、语言、情感、个性等心理活动的发展的测定;教育课程、计划,特别是个别化教育计划的建议等。在执行教育计划后需对执行情况作出新的评估,作为下一个教育计划的基础。

智力落后儿童筛选(screening for children with intellectual disability) 将智力落后儿童从儿童群体中区别出来的活动。目的是为了在大量的儿童中发现可能有问题的儿童,从而建议专业人员对他们进行更深入细致的评估和测试,作出诊断。一般采用简便、快捷、易行的测验工具,由专业人员或受过训练的非专业人员实施。目前国内常用的筛选工具有"丹佛智能筛选检查"(DDST)、"绘人测验"等。"雷佛测验"(Rapid Exam for Early Referal, REFER)是国外广泛使用的筛选工具。

心理测量学(psychometrics) 一门对测验资料进行定量分析和研究的学科。内容包含 4 个方面:测验的规范化和等值比,测验的信度,测验的效度和测验的项目分析。研究目的是通过被试对测验题目的反应建立数学模型,并应用和验证数学模型,制订测验资料的分析程序。

心理测验(psychological test) 测量个体之间在能力、能力倾向、技能、兴趣、态度和人格特征等方面的个别差异的工具。目的是通过对可观测的行为的测量而对个体某种心理特征进行定量的解释。常见的有智力测验、能力倾向测验、兴趣测验、认知方式测验以及人格测验等。需经过标准化,测验量表的制订、实施、记分方法及解释须遵循一定的程序和要求。为了保证测验的质量,测验还需一定的信度和效度,从而使其具有准确性、稳定性和可解释性。

标准化测验(standardized test) 测验题目、施测、记分、分数解释和评价等过程和方法都按统一的标准所编制的测验。编制程序为:确立测验目的;选择测验材料;制订测验题目;试测并进行题目分析;选择测验题目和排列题目顺序;鉴定测验的基本特征,如信度、效度、难度和区分度等;编写测验手册,确定施测程序、记分方法、分数解释和制定常模。

智力落后儿童测验(test of children with intellectual disability) 对那些被筛

查出来的可能有智力问题的儿童进行一系列正式的测验,以鉴别他们是否属于智力落后儿童的过程。包括智力测验和适应行为测验。对智力的测验使用智力测验量表。国际上常用的智力测验量表主要是斯坦福—比奈量表和韦克斯勒量表。对适应行为能力的测验使用适应行为量表。较常用的有文兰社会成熟量表、AAMD适应行为量表。由有资格的专业人员实施,并将测验结果与被试的个案情况等综合考虑。

智力测验(intelligence test) 又称"普通能力测验"。用于确定个体间智力方面的差异。测量个体的观察力、注意力、记忆力、想象力和思维的概括力、分析力等,对个体各种基本能力进行综合评定。施测时要被试解答一系列难易不同的题目,题目涉及到词汇、词的异同、类比、常识、算术、逻辑推理、记忆以及操作物体等。根据被试完成测验的情况,可得到其智力水平的数量指标,即智商(IQ)。世界上第一个正规的智力测验是法国的比奈·西蒙智力量表。1916年美国斯坦福大学的L. M. 推孟教授根据美国的文化背景成功地修订了比奈·西蒙量表,称为斯坦福·比奈智力测验。运用最广的智力测验是美国心理测量学家D. 韦克斯勒编制的幼儿、儿童和成人的韦氏智力量表。按使用对象可分为个人和团体智力测验。为了适用于特殊人群,如婴幼儿、智力残疾、言语障碍者,也编制有非文字的测验,如画人、图形分类、拼摆积木等测验。

智商(intelligence quotient) 简称"IQ"。又称"智力商数"。表示个体智力发展水平的一种数量指标。德国心理学家W. 斯特恩于1912年提出,用个体的心理年龄除以实足年龄所得的商数来表示其智力状况。美国斯坦福大学的推孟教授正式将其引入智力测验。1916年他在修订比奈·西蒙智力量表时,采用智商代替智龄,将智商的公式定为:$IQ = \dfrac{MA}{CA} \times 100$,其中CA为实足年龄,MA为心理年龄(或智力年龄),因此又称为比率智商。由于比率智商基于智力年龄的得分,当个体达到一定年龄时,智力可能不再增长,再采用该计算法得到的是IQ值下降,所以美国心理学家D. 韦克斯勒在他的系列智力量表中首先采用离差智商来表示一个人的智力水平在同年龄组中处于什么位置,即将个体与他同龄人总体平均智力进行比较,免除了比率智商的局限。计算公式为:$IQ = 100 + 15Z$,Z为将原始分数转换成的标准分数$\left(Z = \dfrac{X - \bar{X}}{SD}\right)$,15为标准差,100为假定的各年龄组的智力测验成绩均值。

比率智商(ratio IQ) 见"智商"。

离差智商(deviation IQ) 见"智商"。

生理年龄(chronological age) 即实足年龄。以个体出生后实际生活过的年数和月数为计算单位的年龄。表现了人体的组织、器官、结构系统和生理功能的生长和成熟程度。

心理年龄(mental age, MA) 又称

"智力年龄""智龄"。由德国心理学家 W. 斯特恩提出,被法国心理学家比奈运用到智力测验中。个体的智力随年龄而系统地增长,每一年龄的智力,可用该年龄大部分儿童完成的智力作业成绩来表示。根据某儿童通过各项测验项目的综合分数,可以了解该儿童的心理年龄为几岁。

发展测试图(developmental profile) 反映学生个体差异和个体发展状况的图示。不仅显示了学生的生理年龄、体重、身高、智能、动作协调、社会成熟、言语发展等,还反映了学生的视力、听力、活动性和人际关系状况等。通过图示,教师能直观了解学生的发展状况,从而进行归类编组,制订个别化教学计划。

学业成绩测验(academic achievement test) 检查学生在某种教学方法下对某些知识领域的学习情况的测验。如学校的期中考试或期末考试等。用于教育评估、学生的录取和淘汰。可分为两大类:(1)标准化学业成绩测验,指采用标准化程序编制,施测程序、记分和分数解释按一定标准,题目的性质也符合一定要求的测验。(2)教师自编的学业成绩测验,教师依据教学内容和自身教学经验所编制的测验,特点是测验与教学结合紧密,但试题无数据指标,缺乏信度、效度资料。

婴儿—初中生社会生活能力量表(Infants-Junior Middle School Students' Social-Life Abilities Scale) 简称"S-M 量表"。由日本东京大学名誉教授三水安下监修,日本心理适应能力研究所等单位编制。国内学者左启华1987年主持修订了该量表,并于1995年进行了第二次修订。共有132项测题,包括六个领域:独立生活能力、运动能力、作业、交往、参加集体活动以及自我管理。适用于6个月至14岁儿童。共7个起始年龄,由家长或孩子的抚养者根据相应的年龄段、按儿童具体情况进行逐项填写。评分者根据年龄分组和得分范围查出相应的标准分,以此进行社会生活能力评价。根据总分值由低至高,分为轻度(8分)、边缘(9分)、正常(10分)、高常(11分)及优秀(12分)等五个级别。

社会成熟量表(Social Maturity Scale) 测量个体社会成熟程度的量表。主要代表为"文兰社会成熟量表"。该量表适用于0~25岁的个体。根据被试通过的测验项目,得到社会年龄,然后除以被试的实际年龄,得到一个表明个体社会能力水平的商数,称为"社会商数"。即社会商数=社会年龄/实际年龄。采用文兰量表对个体进行测试时,由于个体不需完成什么正式的任务,所以该量表也被精简成"学龄前盲童社会成熟量表",用于测量盲童的社会成熟水平。参见"文兰社会成熟量表"。

社会商数(social quotient) 简称"SQ"。见"社会成熟量表"。

测验偏向(test bias) 由于测验内容或形式的选择不当,造成测验在实施当中对某些群体有利,而对另一些群体不利的不公平现象。在进行跨文化研究和性别差异的研究时容易产生。例如,有的测验会因为文化背景的缘故,使得某一文化阶层的成员处于不利地位或得到特别有利的条件,这样的测验就带有文化偏向。

常模(norm) 解释测验结果的参照标准。在测验的标准化过程中,需选取有代表性的样本,对其进行测试,从而建立该测验的常模。具有一定的相对性,只适用于特定的测验与群体。可分为组间常模和组内常模两大类。前者有年级、年龄常模,反映不同群体在测验上表现的差异。后者有百分等级、标准分数、离差智商等常模。反映相同群体在测验上表现的差异。

发展常模(developmental norm) 选取有代表性的、不同年龄或发展水平的儿童群体,让他们完成某项测验,然后求各年龄或发展水平的儿童群体的平均成绩。有心理年龄、年级常模等。通过对照发展常模,可以了解某个体的心理发展水平以及特点。

正态分布(normal distribution) 又称"常态分布"。1733 年由 A. 德莫弗尔发现。为连续随机变量概率分布的一种。在数理统计的理论与实际应用中占有重要地位,并被广泛运用。其函数公式为:

$$y = \frac{1}{\sqrt{2\pi}\sigma} e^{\frac{(x-\mu)^2}{2\sigma^2}}$$

式中:π 是圆周率 3.14159……

e 是自然对数的底 2.71828

x 为随机变量取值 $-\infty < x < \infty$

μ 为理论的平均数

σ^2 为理论的方差

y 为概率密度 即正态分布上的纵坐标。

正态分布的密度函数图形称为正态分布曲线。曲线形式对称,对称轴是直线 $x = \mu$,并且此时 y 值最大。σ 决定曲线的形状,σ 越大,曲线越低阔;σ 越小,曲线越高窄。当 $\mu = 0, \sigma = 1$ 时,曲线为标准正态分布曲线(见下图)。

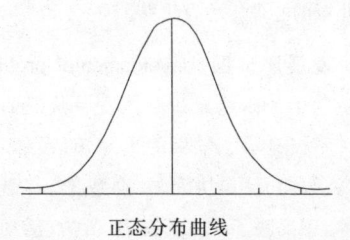

正态分布曲线

效度(validity) 测验能够测量出其所要测量的东西的程度。衡量测验质量的重要标准。用测验分数与某个独立的外部标准即效标之间的相关系数来表示。常用的效标有学业成就、等级评定、临床诊断及其他现成测验等。测验的效度分成 3 类:内容效度,表明一个测验是否选取了具有代表性的行为样本;构想效度,即一个测验对某一理论或特质所能测量到的程度;预测效度,指一个测验结果对受测者未来行为表现或特质发展所作预测的准确程度。

信度(reliability) 多次测量结果的一致性程度。测验的质量标准之一。用两列分数的相关系数来表示。相关系数亦称信度系数。测验的信度有:再测信度,即在短时间内采用同一个测验对同一组被试施测两次,计算两次测验的相关;复本信度,即采用一个测验的两个平行本对同一组被试进行测试,计算两次测验的相关;分半信度,亦称内部一致性信度。

当测验的题目量大而且是按难度顺序排列时,可将测验题目按奇数题和偶数题分成对等的两半,计算被试在两半测验上的相关系数;评分者信度,如让两位评分者分别对每位被试的测验成绩给分,然后再根据每位被试的两个分数计算相关系数。

文化公平测验(culture-fair test)　不偏向于任何特定文化阶层成员的测验。尽量避免与文化关系密切的语言等因素,采用一些被认为是不同文化群体所共有的成分作为测验项目。多为非文字测验,用以测量一般能力或技能。

能力测验(ability test)　用于测量个体实际能力差异的测验。主要测量个体已有的知识、经验和技能水平。可分为:普通能力测验,即智力测验(见"智力测验");特殊能力测验,即测量个体的音乐、美术、体育、机械等特殊能力。

性向测验(aptitude test)　又称"能力倾向测验"。一种用于测定个人潜在能力倾向,从而指导就学和选择职业,以期将来有较大成就的测验。可用于升学指导和就业指导及人员招募等。按用途,分为学业性向测验和职业性向测验两大类。按内容和功能,分为下列两类:(1)多重性向测验。这是鉴别个人多方面能力的一类测验。实际上包括若干个分测验,每个分测验的作用在于测量一种性向。因此,测验结果使用多个分数来表示个人在多方面的能力,不但可鉴别个人能力的高低,也可分析比较个人能力的偏向或在各方面能力的长短。应用时较为方便。应用甚广的有贝内特(G. K. Bennett)等编制的区分性向测验和美国劳工局所编制的一般性向测验(GATB)。(2)特殊性向测验。这是测量个人某方面特有潜在能力的一类测验。可用来弥补智力测验之不足,并将多重性向测验进一步专一化。由于一般智力测验不足以说明个人是否具备某一方面的特殊潜在能力,因而心理测量学家设计了专门测量某一方面特殊能力的特殊性向测验,多用于测量个人在音乐、艺术、机械、文书创造等方面的特殊潜在才能。

非文字测验(nonverbal test)　又称"非语言测验"。相对于文字测验而言。包括操作测验、图形测验等。如品—佩操作量表以及瑞文推理测验。测验的问题或情景,以及被试完成测验项目不需要用语言表达。测验的指导语也很简单。适合测量文盲、聋人、言语障碍者等,也可进行跨文化的研究。

操作测验(performance test)　非文字测验的一种类型。完成测验项目不需用语言表达,而是进行操作。适合于测量聋人、言语障碍、文盲等群体。

筛选测验(screening test)　测量个体是否具备接受某一种特殊学习或训练的前提条件的测验。此类测验都有一个明确的、特定的临界标准,达到该标准,表明个体具有参加某项特殊学习或训练所必需的知识和技能;未达到该标准,则说明个体不具备这类知识和技能。在筛选智力残疾儿童时,常常采用的测验工具是绘人测验。施测者可以是有一定专业知识和技能的人员,不一定是施测专业证书获得者。

比内—西蒙智力量表(Binet-Simon Scale of Intelligence) 世界上最早的智力测验。1905年由法国心理学家比内(Alfred Binet,1857~1911)和医生西蒙(T. Simon)编制。编制的目的是为了推行法国的义务教育,将有智力残疾的儿童诊断出来,以便给予他们特殊教育和训练。适合测量3~11岁的儿童。包括30个测验项目,项目按由易到难的顺序排列。1908年比内和西蒙对量表进行过修订,将测验题目增至59个,并改为按年龄分组,成为世界上第一个年龄量表。第二次修订在1911年,量表的年龄适用范围扩展至成人。自问世以来,各国纷纷根据本国的国情、文化背景对它进行修订,中国于1924年由心理学家陆志韦(1894~1970)主持第一次修订该量表。1936年陆志韦和心理学家吴天敏(1910~1987)进行了第二次修订。中国第三次修订是在1984年,由吴天敏主持完成。

斯坦福—比内量表(Stanford-Binet Intelligence Scale) 一种心理测验量表。根据美国文化背景,美国斯坦福大学心理学家推孟(Lewis Madison Terman,1877~1956)于1916年完成了比内—西蒙智力量表的美国版的修订,首先将斯特恩(W. Stern)提出的智商概念运用到智力测验中,用于代表个体的智力发展水平。测验题目共90题,其中有51题来自比内—西蒙量表。适用于测量3~14岁的儿童。1937年、1960年和1972年3次被修订。

韦氏智力量表(Wechsler Intelligence Test) 美国临床心理学家D. 韦克斯勒编制的一组智力测验。包含韦氏幼儿智力量表、韦氏儿童智力量表和韦氏成人智力量表。每个量表都有言语和操作两个部分。测验结果不仅给出了总的智商,还给出了言语智商和操作智商,能清楚地表明受测者言语或操作上存在的问题,有助于进一步的教育和补救。考虑到智力发展的特点,韦克斯勒采用了离差智商的概念,用于比较个体在团体中的相对位置。3个量表都采用个别施测,主试需接受专门培训,以便熟练掌握各分测验的指导语和操作程度。

韦氏幼儿智力量表(Wechsler Preschool and Primary Scale of Intelligence) 适合测量4~6岁儿童智力发展状况的智力量表。美国D. 韦克斯勒于1967年编制。量表包含言语部分和操作部分,共11个分测验。言语测验有常识、词汇、算术、相似性、领悟和语句。操作部分测量图画填充、积木、迷津、几何图形和动物房子。1986年中国湖南医学院龚耀先教授主持完成了该量表中国版的修订。

韦氏儿童智力量表(Wechsler Intelligence Scale for Children) 一套个别施测的智力测验量表。对智力残疾儿童进行诊断性智力测验的主要工具之一。须由具有专业资格证书的人使用。美国临床心理学家D. 韦克斯勒于1949年编制,进行了修订。适用于6~16岁儿童。1974年包含言语和操作两个部分。言语测验有常识、类同、算术、词汇、理解、背数6个分测验;

操作部分包括图画补缺、图片排列、积木图案、物体拼配、译码、迷津。除背数和迷津两个分测验备用外,其余10个分测验必做。2003年第四版(WISC-IV)在北美公开发行和使用,它由14个分测验组成。测量结果提供一个全量表的总智商,用以说明儿童的总体认知能力,同时提供言语理解、知觉推理、工作记忆和加工速度四大分量表的合成分数,用以说明儿童在不同领域中的认知能力,以助于更精确的临床诊断。1986年,林传鼎、张厚粲等教授完成第二版中国版的修订工作。2008年张厚粲教授主持完成第四版中国版的修订工作。

韦氏成人智力量表(Wechsler Adult Intelligence Scale) 1955年D.韦克斯勒编制的一套适合于成人智力特点的智力量表。1981年进行过修订。需进行个别施测。测量16岁以上成人的言语和操作智力。言语部分有6个分测验:常识、理解、运算、数字广度、类比和词汇。操作部分有5个分测验:图片排列、图形填充、积木设计、物体装配和符号替换。中国湖南医学院龚耀先教授等于1981年完成该量表的中国版的修订。

瑞文推理测验(Raven's Progressive Matrices) 又称"瑞文渐进图阵"。一种非文字智力测验。测验内容全部由图形组成。适合于团体施测。由英国心理学家瑞文(J. C. Raven)编制。分为3个难度水平:(1)瑞文彩图推理测验,编制于1947年,适合于幼儿和智力低于平均水平者。(2)瑞文标准推理测验,编制于1938年,适合于5.5岁以上智力发育正常者,已在世界各地广泛使用。1986年由北京师范大学张厚粲教授领导全国17个协作单位完成了对其进行的修订工作,建立了中国城市版本的常模。(3)瑞文高级推理测验,编制于1941年,适合于智力高于平均水平的被试。题目类型有两种:一种是从一个完整图形中挖掉一块。另一种是在一个图形矩阵中缺少一个图形,要求被试从提供的几个备选答案中,选出一个能够完成图形或符合一定结构排列规律的图案。瑞文认为智力的一般因素(G因素)是由再生能力和推断能力组成的,其中推断能力有助于个体适应社会生活,但这种能力与教育水平无多大关系;测量推断能力应采用图形测验,由此编制出这套推理测验。可用于测量聋童和言语障碍儿童的智力。

绘人测验(draw-a-person test) 又称"画人测验"。一种筛选智力落后儿童的智力测量工具。1885年英国库克(E. Cooke)首先描述儿童绘人的年龄特点,并提出画图可以反映儿童精神发育的情况。1926年,由美国心理学家F. L.古迪纳夫提出。1963年,D. B.海瑞斯将古迪纳夫的测验修订为古迪纳夫—海瑞斯画人测验。以后日本的小林重雄又提出50分评分法。中国心理学家萧孝嵘于1929~1935年在南京、上海等地应用,并根据中国的特点修订了量表,获得了常模。1979年上海第二医科大学再次将此测验引入国内。1981年北京首都儿科研究所根据全国儿童智能研究协作组方案在北京6个区对6 062名4～12岁儿童进行测验,总结出简便易行的测验和评分方法。可了解儿童对人体结构和组织的认识水平和适应能力。测验时要求儿童只画一个人像,以此表现儿童的注意力、记忆力、观察力、空间知觉、方位知觉。可用于5～12岁儿童的集体测验,也可个别施行,没有时间限制。不能全面反映儿童的智能和音乐、计算等特殊能力,不可用做诊断智力水平的依据。对缺乏绘画能力的儿童慎用。

考夫曼婴儿和学前量表(Kauffman Infant and Preschool Scale) 一种评估学前儿童认识发展能力的测验。1979年由考夫曼(A. S. Kauffman)编制。适用于1～4岁儿童及智力未超出4岁智龄的智力残疾儿童。测验包含86个行为任务,分别测量一般推理、储存和词语沟通能力。用于诊断儿童早期的高级认识功能上的缺损,从而更好地进行早期干预。

考夫曼儿童成套测验(Kauffman Assessment Battery for Children) 一种评估儿童认识发展水平的工具。适用于2岁6个月至12岁6个月的儿童。由美国心理学家考夫曼(A. S. Kaufman & N. I. Kaufman)于1983年编制。共有16个分测验,给出5个测验分数:同时性信息加工,继时性信息加工,非言语、精神过程或成就。根据测验结果,可以鉴定儿童是否具有学习障碍等。

霍一里神经心理成套测验(Halstead-Reitain Battery) 全面评估脑功能的工具。美国心理学家霍尔斯特德和里坦设计和编制。包含幼儿、少年和成人3套神经心理测验。每套测验由神经心理测验和联想测验组成。前者包含范畴测验、触觉操作测验、音乐节律测验、语言声音知觉测验、手指敲击测验和连线测验等。后者有智力测验、记忆测验和人格测验。依据被试在上述测验中的表现,以及脑和行为的密切关系,对脑功能全面评估,鉴别出正常人和脑病患者。还能查出患者脑功能受损的范围、程度和所保存的功能。

霍一里幼儿神经心理成套测验中国修订本(Halstead-Reitain Neuropsychological Battery for Younger Children Revised in China) 评估幼儿脑功能状况的工具。1986年,由中国湖南医学院龚耀先教授主持修订。标准化样本为1 100名儿童,其中普通儿童1 002名,智力残疾和其他脑疾儿童98名,年龄在5～8岁之间。按性别和年龄计算出各分测验的平均数与标准差。建立智力残疾、癫痫和其他脑疾患儿童组的测验均数和标准差的参考常模。

霍一里成人神经心理成套测验中国修订本(Halstead-Reitain Neuropsychological Battery for Adults Revised in China) 评估成人脑功能状况的工具。1985年,中国湖南医学院龚耀先教授主持完成了该验的修订。修订时,选取被试1 235名,其中正常人为885名,脑患者350名,年龄在16岁以上。按年龄和性别计算出各分测验的划界点和损伤指数。依据损伤指数的大小,将脑功能划分6个级别,分别是正常、边界、轻度异常、中度异常、重度异常和极重度异常。具有一定信度和效度。

格塞尔发展测验（Gesell Developmental Test） 一种儿童身心发展测验。美国心理学家 A. 格塞尔根据对婴幼儿的多年研究结果,提出婴幼儿的行为发展是以一定模式、以可以预见的方式发展的。他将儿童在特定年龄要出现的典型行为列成发展时间表,编制成测验。通过测验将儿童的行为发展与他的发展时间表相比较,从而了解儿童在各方面行为上的发展水平。主要测量四个方面的行为发展水平：运动技能、适应性、语言能力和社会行为。将被试四个方面的表现与普通儿童的进行比较,可得到每个方面的成熟年龄和发育商数 DQ：

$$DQ = \frac{测得的成熟年龄}{实际年龄} \times 100$$

根据 DQ 可以了解神经过程的情况,大脑皮层是否完整,智力是否正常等。各方面的 DQ 都低于 65～75 时,则表明发育严重落后。

丹佛发展筛选测验（Denver Developmental Screening Test） 一种儿童身心发展测验。美国心理学家 W. K. 弗兰肯伯格编制。用于诊断幼儿智力。适用于 2～6.4 岁的儿童。测量 4 个方面：(1)对周围人的应答能力和自理生活能力。(2)听、言语理解和表达的能力。(3)看、用手取物和绘画能力。(4)坐、走步和跳跃的能力。施测时间为 10～20 分钟,施测方法、记分和分数解释比较简单,非专业人员也能使用。根据测验结果将受测儿童分成 3 类：正常、有问题和异常。由此可确定儿童是否需要某些特殊教育或训练。

适应性行为评定（adaptive behavior assessment） 评估适应性行为发展水平的工作。可通过与同龄组其他人的生活和社会技能进行比较,也可用研制的若干适应行为量表,如 AAMD 适应行为量表（1974 年）、巴尔萨泽适应行为量表（1971 年）、儿童适应行为调查表（1977 年）、婴幼儿适应行为量表（1980 年）等测定。

文兰社会成熟量表（Vineland Social Maturity Scales） 又译"威尼兰德社会成熟量表""瓦因兰社交成熟量表"。由美国文兰训练学校校长杜尔（E. A. Doll）于 1935 年提出,后又多次修订。广泛用于测验一年级小学生至成年人的社会适应行为。采用主试与第三者面谈的方式进行。包括 117 项行为。通常以年龄量表形式列出不同年龄水平的行为表现。共分 8 个主要方面：(1)基本自理能力。(2)进食自理能力。(3)穿衣自理能力。(4)运动行走。(5)作业能力。(6)语言交流。(7)自我指导。(8)社会化。测验结果以社会年龄、实际年龄和社会商数形式表示。

AAMD 适应行为量表（AAMD Adaptive Behavioral Scales） 简称"AAMD－ABS"。一种测量个体适应性行为水平的工具。由尼赫拉等于 1969 年编制,1974 年修订。适用于 3～69 岁的智力障碍、情绪障碍和发育障碍者。包括两个部分：第一部分包括独立生活能力,身体发育、经济活动、语言发育、数字和时间、家务活动、职业活动、自我指导能力、责任感、社会化等 10

个方面,以评估在日常生活中维持个人自理、独立能力等基本生存的技能和习惯;第二部分包含暴力行为、反社会行为、叛逆行为、不可信赖的行为、退缩、刻板动作、人际交往方式不当、不当的说话习惯、不当或古怪的行为、自伤行为、多动、性变态行为、心理障碍、服药情况等14个方面,着重评估与人格和行为障碍有关的问题。20世纪70年代末被介绍到中国。

智力落后原因(causes of intellectual disability) 产生智力落后现象的因素。除了一些由疾病引起的中、重度智力落后的原因已有定论以外,绝大多数造成轻度智力落后的原因仍有争论。任何生物的、社会的和心理的因素都可以影响儿童的智力发展。一般认为,可以分为生物学原因和社会心理原因两大类。生物学原因包括3个方面:(1)产前原因:染色体异常,如先天愚型、猫叫综合征等;新陈代谢失调,如苯丙酮尿症、半乳糖血症、肝豆状核退化症、克汀病等;由未知的产前原因引起的头颅畸形和脑畸形,如脑水肿、小头症、尖头骈指症等;疾病感染,母体在怀孕期间尤其是妊娠的头3个月感染某些疾病,如麻疹、梅毒、巨细胞病毒等;中毒与过敏反应,如胎儿酒精综合征、汞、铅、铬等中毒,Rh血液因子过敏;母体怀孕期间受到外伤及物理伤害。(2)产程原因:胎儿经产道出世的生产过程中出现无痛分娩、难产等问题,或是早产、体重过轻、过期产。(3)产后原因:中枢神经系统病变、铅中毒、外伤,以及儿童营养不良、甲状腺功能减退等因素。社会心理原因,又称"家庭—文化背景落后"或"心理—社会条件不良"。指贫困、居住过于拥挤、早期经验剥夺、缺乏教育机会、父母文化水平过低等不利的环境因素,可能导致儿童产生轻度的智力问题。此外,尚有一些不明原因。1987年中国第一次全国残疾人抽样调查统计的0~14岁智力残疾儿童致病原因为:先天(遗传性疾病、发育畸形、妊娠期疾病)占20.27%,产程(产伤、颅内出血、窒息)占3.62%,产后(中毒、营养不良、脑炎、脑膜炎、脑外伤、脑血管病等)占17.7%,社会心理因素占4.8%,其他10.77%,不详占42.83%。

组氨酸尿(histidinuria) 一种较常见的常染色体隐性遗传的由组氨酸酶缺陷引起的氨基酸代谢障碍病。患者尿中组氨酸浓度增高,尿中除组氨酸外,尚排出咪唑丙酮酸等组氨酸中间代谢产物。可能发生语言障碍、惊厥、共济失调、发育迟滞或智力落后。

Rh因子不一致(Rh incompatibility) 又称"Rh因子不合"。使儿童致残的一种有害因素。Rh是一种存在于人体红细胞膜上的血型抗原因子。最初在恒河猴身上发现,故取其英文名称的前两个字母命名。当母与子的血液中Rh因子不一致时,可引起胎儿血型不合,以致发生溶血。当母亲为Rh(D)阴性血型,而所怀胎儿从父亲处继承了Rh(D)阳性血型时,其Rh抗原可在妊娠期尤其是分娩时进入母体,促使母体产生抗Rh因子的抗体。当母亲第二次怀孕时此抗体可通过母体胎盘进入胎体,若此时胎儿仍为Rh阳性抗原时,则抗原与抗体发生结合后使红细胞崩解,导致贫血和中枢神经系统受损伤,重者出现智力减退。

甲状腺功能减退(hypothyroidism) 一种内分泌疾病。由于血循环中缺乏甲状腺激素,致使机体代谢过程减慢。若始于胚胎期或新生儿期,其表现主要以智力落后、听力语言障碍为特征,严重者致聋,骨骼发育延迟而身材矮小、四肢短,常称"克汀病"或"呆小症"。其病因可以是先天性的甲状腺生发障碍和甲状腺素合成障碍、促甲状腺激素释放因子不足或促甲状腺激素缺乏;或是后天获得性的缺碘(合成甲状腺素的原料不足)、药物抑制、甲状腺炎症、肿瘤等。

苯丙酮尿症(phenylketonuria) 一种较常见的氨基酸代谢障碍病。属常染色体隐性遗传病。苯丙氨酸是人体必需的氨基酸之一。患者肝内缺乏苯丙氨酸羟化酶,致使苯丙氨酸及其中间代谢产物苯丙酮酸、苯乙酸等在体内蓄积过多,而引起中枢神经系统损害、脑萎缩。智能低下是本症最突出的表现,另外还有情绪反应与记忆力差、言语障碍、生长发育落后、毛发金黄色且干燥,重症患者可伴脑性瘫痪、尿及汗有特殊气味。三分之一的患者有神经症状和体征,如节律性摇晃动作、震颤、肌张力增高。

克汀病(cretinism) 一种最早发现于瑞士山区的缺碘造成的疾病,患者常有颈粗、智力低下、聋、哑等症状。流行于世界各地。参见"甲状腺功能不足"。

脑积水(hydrocephalus) 因脑脊液循环受阻、分泌过多或吸收障碍,而致在脑室系统或蛛网膜下腔内脑脊液积聚过多。若囟门未闭,常可呈头颅增大,头围超出正常标准。可由先天畸形、颅内感染,或产时、产后头颅损伤出血,或肿瘤压迫等原因引起。表现为前额向前突出、眼球向下转、精神发育迟滞、抽搐、视神经萎缩、视力减退或消失、眼球震颤或斜视、四肢肌张力增高,尤其双下肢可出现痉挛性瘫痪。听力常未受损,有语言。

家族黑蒙性白痴(familial amaurotic idiocy) 又称"婴儿型大脑黄斑变性症""泰—萨氏病""Gm2 神经节苷脂贮积症"。一种常染色体隐性遗传病。由于缺乏 β-氨基己糖苷酶,不能将 Gm2 神经节苷脂正常分解,而使其蓄积于神经元内,使大脑黄斑变性导致进行性智力和运动功能衰退。主要的临床表现为:早期常有癫痫发作、精神淡漠、不活泼、智力减退以至痴呆、瘫痪或共济失调、失明,眼底黄斑区有特殊性的樱桃红斑和视神经萎缩。

泰—萨氏病(Tay-Sach's disease) 见"家族黑蒙性白痴"。

癫痫(epilepsy) 由多种原因引起的突然、短暂、反复发作的脑功能紊乱。因脑部神经元群异常的超同步化放电而引起。表现为意识障碍、肌肉抽动、两眼凝视,可伴有感觉、行为、情感和自主神经功能的障碍。有全身性发作和部分性发作。医学上可分为由于遗传因素或原因不明的原发性癫痫及由脑部疾病(脑发育畸形、感染、损伤、出血、缺氧、肿瘤)、脑外疾病(心、肺、肾病引起的缺氧性损害)、缺乏营养、机体代谢紊乱、中毒等原因引起的继发性癫痫。重者可造成婴幼儿不同程度的智力损伤。用药物可减缓和控制发作。

蛋白质缺少(protein deficiency) 人体对蛋白质摄入不足。孕妇怀孕时营养不良或对婴幼儿不恰当的喂养,消化道功能障碍和吸收不良,以及患病时蛋白质丧失或先天不足和消化道畸形等,都可导致蛋白质吸收障碍。机体蛋白质缺少可能造成病理状态。严重者可致大脑营养不良,智力受损。参见"夸希奥科"。

半乳糖血症(galactosemia) 一种糖代谢障碍疾病。常染色体隐性遗传。由于肝脏缺乏 1-磷酸半乳糖尿苷转移酶,1-磷酸半乳糖在血液中浓度增高,在红细胞、肝、脾、肾,以及脑内沉积,引起各器官的功能紊乱,特别是脑组织的不可逆性损伤。患儿出生时正常,生后哺乳不久就出现特异症状:呕吐、腹泻、脱水、体重不增、病理性黄疸,可伴有低血糖惊厥。1个月后出现白内障。1岁后出现智力低下,生长发育落后。本病一旦发现,立即停止喂乳汁和乳类制品,用豆类、谷类(大米粥、糕干粉等)、水果、蛋类、肉类等喂养,可酌加维生素、矿物质。饮食疗法开始越早,治疗效果越好。饮食控制至少需要 3 年。年龄较大时,对半乳糖的耐量可逐渐增加,可给予一般饮食,包括少量奶类可不出现症状。白内障可手术治疗。

21-三体综合征(Down's syndrome) 又称"先天愚""伸舌样痴呆"。一种染色体病。由于 21 号染色体多了一条,即 3 条所致。1886 年英国医生 J.L.Down 首次对该病的临床症状进行描述。主要临床特征是:智力发育不全,发育迟缓,大多数患者的智商在 30～55 之间。患儿出生后不久即呈现特殊面容:眼距宽,眼裂小且上斜;有的患者眼球突出、内眦赘皮,上腭高尖,鼻根低平,颌小,口常半开,舌常外伸;有的有舌裂、流涎。新生儿可见第三囟门,肌张力低,患者皮纹常有典型的变化。有的患者伴有先天性心脏病,房间隔和室间隔缺损多见。男性患者无生育能力,常有隐睾;女性患者偶有生育能力,所生子女 1/2 将发病。在人格行为方面,多数表现为脾气好,重感情,温顺,愉快,有时固执,或顽皮,而对他人无害,很少说谎或偷窃,有的易激惹,违拗,有破坏性。在新生儿中的发病率约为 1/600～1/800,在智力落后儿童中约占 5%～10%。

脆(性)X 综合征(fragile X syndrome) 又称"马丁—贝尔综合征"。一种 X 连锁的遗传性疾病。患者 X 染色体的长臂末端有一脆性位点,容易发生断裂。发病率在男性中约为 1/1 200～1/2 500,在女性中约为 1/1 650～1/5 000。男性患者通常在幼年不表现出明显的症状。随着年龄的增加,逐渐出现明显可辨的特征,一般为长条面型,双耳明显超大,前额和下颌突出,嘴大唇厚,青春期后往往出现巨睾症。许多患者伴有高血压,9%～45%的患者有癫痫病史。患者绝大多数为智力障碍,80%以上为中度至极重度智力障碍。在男性智力障碍者中,占 4%～8%。女性患者 30%左右为轻度和中度智力障碍,个别为重度和极重度智力障碍。

猫叫综合征(cri-du-chat syndrome)　一种常染色体异常的遗传性疾病。患儿细胞核型中第 5 号染色体之一的短臂有缺失,遗传学中又称"5P—综合征"。此病较少见,只占初生儿的 1/50 000。患儿头小、脸圆、面部有奇异机警表情,眼裂外侧下倾、眼间距宽、缩颏,哭声如猫叫故得名。患儿中 50% 有先天性心脏病,生长缓慢、智力发育障碍。

阿佩尔氏综合征(Apert's syndrome)　一种尖头并指(趾)畸形。患儿头颅骨狭小、头的顶部延长,具有上颌骨发育不全、眼睛凸出的特异外貌,手足有并指(趾)的特征,并逐渐出现智力发育迟缓。

德兰吉氏综合征(de Lange's syndrome)　一种严重的智力障碍症。患者身材矮小,常有独特的不知所措的愿望,外貌奇异:鼻孔朝上、嘴唇宽厚、多毛、骨骼畸形等。

劳一穆一比三氏综合征(Laurence-Moon-Biedl syndrome)　又称"肥胖生殖功能减退综合征"。一种以隐性遗传方式出现的遗传性疾病。临床表现为智力障碍、肥胖、生殖腺发育不全、多指(趾)畸形、视网膜病变等。

先天性新陈代谢失调(congenital metabolic disorders)　一种遗传性疾病。生物体中新陈代谢的各种生物化学反应都是在酶的作用下进行的。如果缺乏这种酶,新陈代谢就会出现紊乱。遗传性酶缺陷(酶在质或量方面的异常)所引起的糖、脂肪、蛋白质的代谢失调,可导致先天代谢缺陷病。如苯丙酮尿症是由于缺乏苯丙氨酸羟化酶;半乳糖血症是由于缺乏半乳糖-1-磷酸尿苷转移酶。

皮脂腺腺瘤(adenoma sebaceum)　分化不全的皮脂腺增生所引起的一种良性肿瘤。在皮肤上散布的一颗颗或一簇簇淡红色、蜡状光亮的小丘疹。多集中于脸和颊的蝶形区域。有时伴有毛细血管扩张及智力发育迟缓。

核黄疸(kernicterus)　见"胆红质脑病"。

胎儿酒精中毒综合征(fetal alcoholism syndrome)　一种由孕妇酗酒而致胎儿生长发育受损的综合征。患者有酒精中毒性中枢神经系统异常、发育障碍及颜面异常等表现,其中以中枢神经系统异常为突出,常呈小颅症,伴脑发育不全,甚至无脑。发育障碍表现为身长与体重偏低,眼裂短小、眼睑下垂,下颌发育不全。

脑白质营养不良(leukodystrophy)　一种遗传性疾病。其特点是脑白质有弥漫性髓鞘形成缺陷。由机体特异生化改变和酶缺乏等因素导致的神经系统髓鞘正常物质或其分解产物的过多堆积所致。小儿出生时正常,婴儿期或儿童期起病。主要症状为进行性精神和智能发育障碍,常有视神经萎缩、视力障碍、惊厥、癫痫发作、精神和行为异常、共济失调、语言障碍、智力落后。

梅毒(syphilis)　由梅毒螺旋体感染的一种性传播疾病。梅毒螺旋体可由感染的母体经胎盘进入胎儿血循环引起小儿先天性梅毒。分为早期及晚期两类:早期症状多发生于出生后 3 周内。以皮肤粘膜、骨损害为主。全身出现丘疹、斑疹、疱疹,口腔、鼻喉部粘膜发炎,声音嘶哑,鼻中隔塌陷,四肢因发生软骨炎和骨膜炎而发生假性瘫痪,胫骨、指骨、趾骨呈梭形硬肿。晚期梅毒发生于儿童期,以眼、骨骼、牙齿症状为主,可有眼间质角膜炎、神经性耳聋、软瘫等神经梅毒表现和上、中切牙下端窄小,下缘中心呈缺口的梅毒齿。患儿还伴有进行性智力低下。

新生儿溶血症(hemolytic disease of newborns) 一种母亲和胎儿血型不合所致的免疫性溶血病。当母亲与胎儿血型不合时,胎儿红细胞所具有的抗原可通过胎盘进入母血,刺激母体产生相应的免疫抗体(免疫球蛋白)。抗体通过胎盘进入胎儿血循环后与胎儿红细胞发生凝集,使红细胞破坏而出现溶血。常见新生儿溶血病以 ABO 或 Rh 血型不合为多。症状开始于胎儿期,出生数小时后出现黄疸、贫血,重者出现嗜睡等神经系统症状,即核黄疸。参见"核黄疸"。

大头畸形(macrocephaly) 头颅异常增大。一种先天性畸形。可能是家族性的。患者父母是智力落后者,多患癫痫病,有的患大脑性麻痹。多数起因于脑积水或其他占据头颅空间的损害。参见"脑积水"。

小头畸形(microcephaly) 头围在同性别平均值三个标准差以下或 2 岁时头围在 42 厘米以下。脑重量较正常同龄者轻 25% 左右,脑皮质神经细胞数减少,出生时前囟小或接近关闭,面骨发育正常,而前额及两颞向上倾斜、枕部平坦。出生后神经发育即落后于正常。会行走后活动过多,常有无目的冲动性行为。智力落后程度为中到重度。可伴癫痫、视神经萎缩及四肢肌张力过高。多为产前因素引起,如染色体异常、代谢性疾病、营养不良、感染、缺氧、围产期射线照射造成胎儿脑发育停顿或畸形。

头狭小(craniostenosis) 不正常的头骨合缝造成的头颅畸形。头骨合缝过早能导致头颅发展异常,颅内压力增高和脑伤。因异常的合缝往往发生在分娩之前,合缝的形成就决定着头颅的形状:颅顶骨早期的矢状合缝会造成舟状头畸形(窄长头),两条冠状缝的合缝会造成短头畸形(短扁头),单侧合缝会造成斜头畸形(头两侧不对称),所有骨缝的过早合缝会迫使头颅往上生长,使头围缩小。患者的智力发展情况复杂,从正常水平到严重落后。

血胆红素过多(hyperbilirubinemia) 胆红素正常排出渠道的某一段或几段衰竭造成的血清中胆红素的过量增加。可能与肝病或轻微肝病相结合,或根本没有肝病的迹象相随。能导致多种暂时性或永久性障碍。发生在出生时、婴儿期的后期或儿童时期。严重者会引起一种称为核黄疸的神经中毒症。母亲和胎儿血型不合是造成此障碍的原因之一。参见"胆红质脑病"。

夸希奥科(kwashiorkor) 又称"蛋白质营养不良""多种缺乏性综合征"。由非洲土语译音而来。病儿因缺乏蛋白质导致严重营养不良综合征。表现为营养不良性水肿,伴有头发变细和皮肤色素的变浅。身长与体重均低于正常,皮下组织柔薄,肌肉萎缩无力,肝脏增大,严重者可有智力发育障碍。病儿主要食物为淀粉,缺少动物蛋白质及主要氨基酸。多发年龄为4个月至5岁。热带地区流行的钩虫病和疟疾,常为致病诱因。在印度、非洲及拉丁美洲的发展中国家较为常见。

环境剥夺(environmental deprivation) 儿童在发育期间严重缺乏某些刺激,所处的环境在量、变化性、刺激的差别方面都不足的一种状况。如文化、母爱、食物和感觉剥夺等。病理学的观点认为,正常行为的发展是通过遗传与相应的环境刺激相互作用而实现的,若在发育的关键期缺乏必要刺激,将扰乱正常的发展。极端的例子是出生后由于某种原因而与人类社会隔离的野孩或兽孩,其心理发展严重异常,表现出智力低下、感觉障碍等。

感觉剥夺(sensory deprivation) ——种或几种主要的感觉器官(例如视觉或听觉器官)由于被减少或禁止使用,而使该感觉功能受到损伤的现象。产生智力落后的原因之一。如果不及时对缺少输入量的感觉进行补偿,则个体易出现智力障碍。人类社会中出现过人为剥夺婴幼儿感觉使儿童发展异常的事例,动物实验也证实了这点。

智力落后儿童心理学(психология умст-венно отсталых детей) 心理学的一个分支。特殊心理学的组成部分。以普通心理学为基础研究智力落后儿童心理发展特点。包括智力落后儿童的定义、诊断检查及其心理发展和神经生理学基础,感觉、知觉、记忆、注意、思维及其他心理过程的特点和情感意志、性格与个性的特点。随着精神病医学的发展,对智力落后者及其心理的研究即已开始,20世纪初形成独立学科。比奈、勒温、维果茨基、鲁利亚、鲁宾什坦等都对此作出贡献。智力落后儿童心理发展特点主要有:感知觉速度缓慢、范围狭窄、不够分化、积极性差;言语发生晚、发展慢、词汇贫乏、句法简单,发音不清;思维具体直观,不善抽象概括;识记慢、保持差,再现不完整,识记过程不完善;情感不稳定,体验不深刻,控制能力差,高级情感形成困难;个性不成熟,兴趣和动机系统差,缺少主动性,等等。在有组织的教育影响下,其心理可逐步发展,所能达到的水平依智力障碍的程度为转移。与儿童心理学、儿童精神病学及智力落后教育学等学科密切相连。常用研究方法有观察、实验和与普通儿童对比等。

智力落后儿童高级神经活动特点(особенности деятельности высшей сист-емы умственно отсталых детей) 智力落后儿童因大脑器质性损伤在神经过程方面表现出的特殊性。经前苏联等国心理和生理学家研究,主要为:(1)基本神经过程兴奋和抑制力量削弱。兴奋力量不足导致大脑皮质接通功能减退,新的条件联系不易形成,已形成的联系不易巩固;抑制力量不足妨碍形成分化性条件联系,已形成的分化联系不准确,易消退。(2)易产生保护性抑制。大脑神经细胞活动能力明显下降,稍承受一些负担就产生疲劳,转入抑制状态,对周围的刺激不再作反应,智力活动能力急剧减弱。(3)第一和第二信号系统相互关系失调,言语功能发展很差,对第一信号系统刺激的抽象概括作用降低,不能正常地调节和指导儿童的行为。(4)神经过程具有明显惰性。兴奋和抑制不能根据活动需要自由地相互转换。这些特点是儿童心理发展迟滞和学习困难的神经生理学基础。

意志缺陷说(теория недостаточности воли) 早期智力落后教育家对智力落后儿童发展的看法。由塞甘最先提出。他认为意志是人的全部行动和才能的杠杆,意志障碍是白痴最主要的缺陷,比所有其他生理和心理障碍的总和都重要,并决定着它们。他说:"白痴生理上不会,智力上不懂,心理上不想;如果他想了,也就会了,懂了;其整个的不幸在于他首先不想。"

自我作用不完全说(defective ego functioning) 用弗洛伊德精神分析结构对智力落后人格特征进行分析的学说。精神结构包括本能冲动或本我(id)、自我(ego)和超我(superego)。智力落后首先是自我方面的缺陷。正常的自我作用在于研究现实,理解自己行动的后果,学习推迟对欲望的满足和对冲动的控制,以使本能紧张的释放符合社会公认的做法。智力落后者在所有这些方面都显得不完全,因而缺少控制自己冲动的能力,容易发生情感爆发或攻击性行为。在不完全的自我基础上发展的超我,亦不能以正常的方式发挥作用,从而使智力落后者的良心不是过分残酷,就是过分宽容。超我的一个附加问题是对行动的理解不是考虑到可以减轻罪过的情况,而是依据道德的绝对性,因而使智力落后儿童对在学校里的失败反应过分强烈,因为其超我认定失败就是坏事,很难改变自己的看法,使之符合特定的情况。自我作用不完全,难以用社会公认的方式缓解本能紧张,使智力落后者在控制这类焦虑时不得不过多地依靠较为原始的防御机制压抑和否认,它们在缓解焦虑方面不及升华之类的高级防御机制有效。结果,智力落后者的行为就表现出反应不合理,过分焦虑的特点。智力落后儿童的性心理发展也脱离正常轨道。弗洛伊德假定的性发展每个阶段上,儿童都有独特的缓解性紧张的方式:口欲期(0~一两岁)——靠吸吮和咀嚼获得快感;肛欲期(1~3岁)——通过大便获得特别的快感;阳具期(3~6岁)——儿童发展与双亲的相互关系,产生恋母情结危机:男孩陷入对母亲的爱,对父亲产生强烈妒忌心。智力落后儿童到肛欲期尚未准备好接受大小便训练,或者到阳具期尚未准备好发展超我的过程,因而常不能以令人满意的方式解决这类危机,结果就在一定程度上滞留在较早的阶段上,终身都会表现出这些不同的性心理危机。

注意缺陷说(теория недостаточности внимания) 一种把智力落后儿童心理发展特点同注意缺陷联系起来的观点。认为注意缺陷是智力落后的典型特征之一:如索利叶(Sollier)根据注意缺陷把智力落后儿童分为:绝对白痴——完全缺少随意注意;白痴——随意注意发展很差很困难;痴愚——随意注意不稳定。

道德缺陷论(теория моральной дефективности) 一种把智力落后同道德缺陷联系在一起的观点。认为道德败坏和智力落后具有共同的遗传根源,智力发展的异常必然伴有道德发展的异常。其理论依据是朗勃洛佐(Ломброзо)的"先天犯罪说",即儿童生来具有违法犯罪倾向,对于遗传所致的蜕化(残疾)儿童,这种倾向性伴随终身,一遇适当机会就会显露出来。每个智力落后儿童都是潜在犯罪分子。

发展到顶论(теория потолка) 早期流行的一种认为智力落后儿童心理发展只能达到一定水平的观点。因受生物遗传因素的限制,智力落后儿童比普通儿童发展缓慢,不能走完儿童正常发展的全部阶段,成人后仍保持童年不同阶段的简单心理水平。白痴的发展低于2岁普通儿童,痴愚不会超过七八岁普通儿童,愚鲁最高只能达到十一二岁普通儿童的水平。

智力落后操作条件反射说(operant conditioning definition of intellectual disability) 某些学者对智力落后的一种看法。最先认为,智力落后者通过个人经历的各种事情形成和积累的行为技能有限,不能把智力落后作为一种基本疾病。强调个体是由环境条件塑造成的一个完整的功能生物学体系,因为环境决定着个体是否形成这种或那种适用的行为技能。

儿童学(pedology) 19世纪末20世纪初在美国和西欧广为流行的关于儿童发展和教育的理论。后来又传到十月革命后的前苏联。主要代表人物是德国的梅伊曼,比利时的德可乐利,前苏联的布隆斯基等。主要观点是:儿童的发展取决于生物因素和社会因素,或遗传和不变环境的影响。主张以儿童学研究(主要是儿童身体和智力测验)作为教育科学的核心和教育工作的依据。1919年在德可乐利的推动下,在布鲁塞尔召开了儿童学第一届国际会议。1925年布隆斯基出版《儿童学》一书。20世纪20年代末30年代初,这种理论在前苏联占据垄断地位。当时的联共(布)中央于1936年7月4日颁布了《关于教育人民委员部系统中儿童学的曲解》的决议,把"儿童学"作为反科学的反动理论做了批判。20世纪80年代后,前苏联教育界对此的看法有改变。

第一性缺陷和第二性缺陷(первичные дефекты и вторичные дефекты) 前苏联心理学家维果茨基对智力落后儿童全部心理特征(或缺陷)的划分。认为这些特征与基因的联系多样而复杂,不能全归咎于儿童大脑损伤的结果,不能等量齐观,应区分为第一性缺陷和派生的第二性缺陷。把对事物的感受性差,缺少求知欲视为智力落后的第一性缺陷或核心特征,而把记忆、思维、性格等高级心理功能发展不够视为在核心特征基础上派生出的第二性缺陷。最不容易受到教育和医疗影响而发生变化的是第一性缺陷,离开第一性原因越远的症状,越容易受教育和医疗的影响,发生变化,从而对智力落后儿童的心理发展提出了极有价值的乐观主义观点。

智力落后儿童核心特征(центральые признаки) 见"第一性缺陷和第二性缺陷"。

基本情感需要(basic emotional needs) 儿童成长过程中必需的情感体验。对于儿童(包括智力落后儿童)的认识活动发展和个性形成具有重要促进作用。主要是:(1)安全需要。儿童需要时时处处都感到安全,无忧无虑,宽松愉快。(2)接受抚爱的需要。儿童需要感受与父母之间的亲昵关系以及周围亲人及学校师长的关怀、帮助和鼓励。(3)受接纳和尊重的需要。需要有参加儿童群体生活及成人活动的机会,与同伴们相互理解、相互帮助、相互尊重,不受孤立。(4)求得成功的需要。需要在各种各样的活动中不断地有所成就和成功,体验到成功的喜悦,得到精神上的满足。(5)独立的需要。儿童们都渴望独立,较少地受到干扰,以满足不断探索的愿望。(6)参与实践活动的需要。儿童好奇心强,求知欲旺盛,喜欢新的环境和任务,需要新的经验和体验。满足智力落后儿童的基本情感需要,能促进其身心的全面发展,提高其适应社会、参与社会生活的能力。

智力落后儿童情绪 智力落后儿童心理活动的一个方面。有以下一些特点:(1)情绪突变。其发生与现实情景无任何联系,不是由于不利的外界刺激的影响。智力落后儿童表现为:本来一直很安静、听话、善良,对人诚挚,但突然变得沮丧、抑郁,恶狠狠地对待教师的批评和同学的善意玩笑;一两天过后,障碍完全消失,又恢复到原来的样子。(2)情绪亢进。智力落后儿童常表现出无理由的情绪高涨、自我欣赏,与正常的活泼愉快不相同,陷入这种情绪障碍的儿童,会失去对周围客观现实的感受能力,即使学习成绩很差或受到严厉批评、指责,仍然感到快乐和幸福。持续的情绪亢进与受到的刺激不相适应,可能是疾病加剧的征兆。(3)感情淡漠。智力落后儿童常表现出的情绪和说出的想法与其年龄完全不相称,对生活、对周围的人漠不关心,不愿意动,失去儿童所特有的兴趣和爱好。有的是快要发病的一种先兆。(4)冲动性。智力落后儿童的一种病理行为。由于个性发育不成熟,高级精神需要发展很差,缺少自我控制能力和合理加工外部信息的能力,往往对大量外部刺激作出原始的直接反应,即以冲动性的瞬间产生的行为来应对来自外界环境中的某一作用。如:儿童一下子抓住吸引他的东西,但并没有考虑能否这样做;或受到惊吓后拼命地奔跑,但并不明白这样能否使他脱离危险。

挫折和失败心理(frustration and failure) 智力落后儿童的一种人格特征。一般儿童都能轻而易举做的许多事情,而智力落后儿童却完不成,并经常体验到挫折和失败。表现为自我评价低,对任何事情都缺少成功的信心,往往拒绝完成需要做的任务，以进行自我防护。经教育和细致、耐心地做工作后，可以克服或极大减轻。

社会孤立和拒绝（social isolation and rejection） 智力落后儿童在同伴中容易陷入的一种处境。在普通学校的特殊班和普通班受教育的智力落后儿童，较难有好朋友，大部分时间被排斥在学校主流社会生活之外。智商越低的儿童越不容易受到同伴们的承认和欢迎，主要原因是他们很难学会许多必要的社会技能——能进行清晰、有趣、诙谐的交谈，能理解同伴做的各种游戏等。越是受到同伴拒绝的儿童，越是要采取一些不恰当的方法进行补偿，如有的千方百计地讨好、迎合别的同伴，以赢得友谊，但是过分的讨好往往适得其反；有的试图以"武力"争得别人的注意，当然变得愈加孤立；有的感到自己微不足道，处处畏缩不前，缺少改变孤立处境的尝试。这种境况必然导致智力落后儿童独特的变态人格特征。

现实危机感（the reality crisis） 智力落后儿童及其他残疾儿童父母的另一种情感反应形式。与始所未料危机感及人格价值危机感同时出现。由于面对许多实际问题而产生，如钱财问题，邻里和亲友如何理解和对待智力落后儿童问题，子女将来的生活效益问题，子女的长期照料问题等。主要对经济和社会地位较为低下的父母构成压力根源。

人格价值危机感（the crisis in personal values） 父母对子女的智力残疾或其他障碍产生的一种情感反应。一般出现在始所未料危机感之后。由于所有的人都倾向于圆满和成功的价值，智力落后儿童的父母突然发现子女与自己的期待不一致时，就会陷入矛盾境地——自己的子女不能不爱，而有智力障碍的子女往往不可爱。父母有几种表现：(1)内疚。由于生下智力低下子女或者由于自己对子女的情感反应而惭愧不安。(2)拒不承认。一种形式是把子女当作学习迟缓或患其他残疾的儿童，就是不承认是智力残疾儿童；第二种形式是不承认子女的情况可能无法矫正或者无法自立；第三种形式是根本不承认自己子女与一般儿童有任何差异。(3)过分保护。(4)悲伤。主要对那些看重成功与成就价值的父母构成压力根源。许多父母能顺利摆脱价值观危机感，承认子女的智力落后。

始所未料危机感（the novelty crisis） 智力落后儿童及其他残疾儿童的父母在得知子女的残疾时产生的情感反应。主要不是由于子女的智力落后本身，而是由于生活和观念中没有料到的重大突然变化而引起。主要表现是震惊和失望。反应程度很不相同，取决于父母的气质和性格，得知子女残疾的过程，诊断人员在通报结论时对他们所持的态度。

对儿童的综合研究法（комплексное исслование ребенка） 苏联辅助学校招生所使用的方法。要求医学和教育学两方面的专家分别对招生对象进行研究。神经心理科医生进行详细的医学研究：认真了解儿童的发育史、患病史及家族史，对儿童所表现的各种症状进行临床分析，以揭示有无导致儿童智力发展落后的病理过程或疾病的后果;特殊教育学家在熟悉儿童的教育鉴定及医学检查结果的条件下,进行详细的教育心理学研究,主要是观察儿童的学习、游戏等活动,检查他们的学业技能和心智技能,以揭示儿童的认识活动是否具有稳定的障碍。通过对两类研究所得资料的综合分析,得出有关儿童缺陷实质的科学结论(诊断),提出儿童进一步发展的可能性(预后)及进一步进行教育的合理方式,即是继续留在普通学校,还是转入智力落后特殊教育机构——辅助学校。为20世纪30年代否定智力测验法后一种非数量化的,通过质的描述鉴定儿童智力缺陷状况的方法。

感觉训练(sensory training) 有计划、有步骤地培养、提高感觉能力的活动。对智力落后儿童进行补偿教育的一种方式。起始于18世纪末法国医生依塔尔对野孩子维克多的感觉训练,后被谢根、蒙台梭利应用和发展。实质是针对智力落后儿童视觉、听觉、皮肤感觉、动觉、平衡觉等感觉较迟钝的情况,为其提供更丰富的刺激。主要内容有:(1)视觉训练。包括视敏度、形状知觉、距离知觉、空间定向、视觉搜寻追踪、颜色视觉、视觉记忆等内容。(2)听觉训练。包括声音响度辨别、音高辨别、乐音听觉、声音定位、声音筛选、听觉记忆等内容。(3)语言训练。包括语言听觉、语言动觉两方面。(4)触摸练习。包括用手、手指的触摸练习。(5)估量训练。包括对物体的估量、对时间的估量。(6)大肌肉群活动训练。包括爬行、行走、反应速度、平衡、力量、协调训练等内容。(7)小肌肉群活动训练。包括手、手指的运动和细致的手眼协调动作。(8)感情认知训练。包括观察、分析及表演各种表情,识记和运用不同表情的词语。具体训练计划要符合儿童的智力水平、感觉发展水平。主要原则包括:(1)目的性原则。(2)循序渐进原则。(3)小步子大循环及时巩固的原则。(4)及时强化原则。(5)安全性原则。(6)系统性原则。(7)第一、第二信号系统相结合的原则。具体实施中多通过游戏方式,训练和示范相结合。在学校教学中要求结合具体科目教学进行,对于中、重度智力残疾儿童亦有单独设课进行训练的方式。

智力落后教育学(олигофренопеда-гогика) 研究智力落后儿童教育教学规律的科学。教育学的一个分支。最早教育智力落后儿童的经验总结,见于1846年塞甘的著作《白痴的精神治疗、卫生及教育》(亦译《智力异常儿童的教育、卫生和道德教育》)。19世纪末20世纪初,随着医生、教育学家、心理学家和社会工作者对智力落后问题的日益关注和研究,及智力落后教育的广泛开展,逐步形成一门独立的教育科学。内容涉及:关于智力落后实质的认识;智力落后儿童的鉴别和分类,身心发展特点;智力落后教育的目的、任务、组织形式和体系;智力落后教育的原则、内容、手段和方法;智力落后儿童学校教育和家庭及社会教育的联系。在研究过程中广泛利用相近学科的研究成果,如病理生理学、病理心理学、儿童精神学和特殊心理学。常用的研究方法有:观察、谈话、比较、教育实验等。

区别对待(индивидуальной подход) 又称"个别对待"。俄罗斯对培智学校教育教学工作的一个要求。其依据是：智力落后学生之间存在明显的个体差异，在行为表现、言语发展、心智活动、接受能力、情感意志、个性特征、办事能力、学业成绩、身体素质、感官功能等方面都不相同，每个儿童受过的教育及家庭环境也不一样。因此必须根据每个儿童的具体情况区别对待，以便顺利完成教学教育任务，使每人在力所能及的范围内得到最大发展。具体做法是：尽量按儿童的智力水平及接受能力编班分组；对不同的学生有不同的要求和措施；加强个别辅导等。

培智学校(school for intellectual disability) 为智力落后儿童开办的特殊学校。最早为北京西城区培智中心学校（原北京市育德小学）。其性质、目的、任务、教学内容等与"辅读学校"相同，仅名称上不以学生缺陷，而从积极的角度命名，易被家长、学生和社会接受。"启智""开智"等亦为国内智力落后儿童学校的名称。

辅读学校(special school for intellectual disability) 又称"培智学校""启智学校""开智学校""达智学校"。中国一些省、市为智力残疾儿童办的特殊学校。智力落后教育的办学形式之一。主要招收轻度智力落后儿童及中度智力落后儿童。设语文、数学、常识、音乐、体育、美工、劳技等课程。培养目标是贯彻德、智、体、美全面发展的教育方针，从智力落后儿童身心特点出发进行教育、教学和训练，补偿其智力和适应行为缺陷，将他们培养成为有理想、有道德、有文化、有纪律的能适应社会生活、自食其力的劳动者。"辅读"源自前苏联辅助学校（вспомогательная школа），最早是德国在19世纪末出现的辅助班和辅助学校。1979年出现于附设在上海市第二聋哑学校（现上海市聋人中学）的辅读班，后改为附设的辅读学校，并渐与聋校分开成为独立的学校。

辅助学校(вспомогателвная школа) 苏联和俄罗斯为智力落后（主要是愚鲁）儿童开设的特殊教育机构，隶属于地方教育行政部门。原一般为8年制。20世纪末改为9～10年制。任务是根据特定的教学计划、大纲和教材确保学生牢固而系统地掌握相当于初级小学的文化知识技能，学会一种简单的职业劳动技能，在生理和心理方面得到改善。主要借助于合理组织的学校作息制度和旨在克服或缓解智力落后儿童身心发展异常的矫正性教育工作。每个班级学生定额为16人，每个学校的学生人数为150～200人，以便针对每个学生的特点开展教育教学工作。学生毕业后可以直接参加社会劳动。此名称最早出现于19世纪末的德国。1997年俄罗斯将此类学校改称为第Ⅷ类智力落后儿童特殊教育（矫正）机构。

智力落后儿童随班就读(intellectually disabled children learning in regular class) 中国对智力落后儿童进行教育安置的主要方式之一。把能在普通学校跟班学习的智力落后儿童，主要是轻度智力落后儿童安排在普通班中,并由教师在教学过程中给以特别的帮助,以满足其特殊教育需要。针对中国的情况,有利于加快智力落后教育发展,尤其是农村、老少边穷地区智力落后教育的发展速度。有利于学生就近入学。与西方一体化、回归主流在形式和作用上有某些相似,但指导思想和具体途径等方面有中国自己的特色。此种形式在1983年教育部的一个文件中予以肯定,在1987年12月的原国家教育委员会《全日制弱智学校(班)教学计划》(征求意见稿)中正式提出"随班就读"。

智力落后儿童特殊班(special class for mentally retarded children) 建立于特殊教育机构之外的智力落后儿童教育组织。1860年首次出现于德国。1905年,德国萨克森地区已有492个班,注册学生10 000名。课程的制订是以福禄贝尔关于游戏的教育价值的观点及塞甘的生理学方法为基础。1875年,美国的克利福兰市开始建立。现在已为世界各国所接受。我国智力落后教育就是从设立特殊班开始。一般设在普通学校、福利机构或医疗机构中,也有设在聋校内的。形式上有两种:(1)全日制特殊班。儿童全天或大部分时间在特殊班里,由智力落后教育工作者负责全部的教学活动,备有适应儿童特殊需要的课程和教材、教具。(2)部分时间的特殊班。智力落后学生部分时间在特殊班里学习,部分时间与正常班的儿童一起学习。这种办学方式能充分利用原校的师资、校舍及其他条件,可加快我国智力落后教育发展步伐,有利于智力落后儿童和普通儿童的交流。

培智学校招生 培智学校招收智力落后儿童的工作。要求严肃认真,科学准确,避免将非智力原因造成的学习不良儿童错断为智力落后儿童。原国家教育委员会在《全日制弱智学校(班)教学计划》(征求意见稿)中规定:"招生时应由教育部门、学校、医务、心理等专业人员和儿童家长共同参与,对推荐对象进行筛选,详细了解其病史、家族史及日常表现,并进行医学检查、智力测定、教育鉴定与行为鉴定。在此基础上对各项材料进行综合分析,从严掌握,以确定是否属于轻度智力落后儿童。对于有争议或一时难以确定的儿童,一律视为普通儿童,分配他们到家庭附近小学就读,不要轻易给他们戴'弱智'帽子。也不要单纯以智商或其他单项材料草率判定智力落后儿童。对于已入学的儿童,如发现有的不是智力落后儿童,应通过主管部门及时转入普通小学就读。要严格防止把学习差的学生混同于'智力落后儿童'。"

《全日制弱智学校(班)教学计划(征求意见稿)》 中国大陆关于培智学校教学工作的第一份指导性文件。由原国家教育委员会基础教育司制订,于1987年12月印发各地试行。包括教学计划表和说明两部分。规定:(1)培智学校开设的教学科目(语文、数学、常识、音乐、体育、美工和劳动技能)及每个年级并开科目数。(2)各教学科目每周授课时数和上课总时数及主要内容与任务。(3)弱智教育的培养目标和任务。(4)教学组织形式和全年时间安排等。还结合学校教学中的一些特殊情况提出指导性意见。作为征求意见稿,允许各地根据实际情况做出必要的调整。

《全日制弱智学校(班)教学大纲(征求意见稿)》 中国第一套指导培智学校教学工作的教学文件。由原国家教育委员会基础教育司组织编写,于1990年5月印发各地试行。共7本。适用于全日制培智学校一至九年级轻度弱智学生的学习。中度弱智学生可参照执行。包括全日制培智学校的《语文教学大纲》《数学教学大纲》《常识教学大纲》《音乐教学大纲》《体育教学大纲》《美工教学大纲》和《劳动技能教学大纲》。各科大纲原则上从"教学目的和任务"、"教学内容"、"教材编写原则"、"教学注意事项"及"各年级教学内容和具体要求"5个方面编写,并附有各自的"编写说明"。为编写培智学校教材和教学指导书的依据。

《中度智力残疾学生教育训练纲要》 对中度智力残疾儿童进行教育和训练的教学指导性文件。原国家教育委员会1994年颁布。供培智学校(班)及其他教育康复机构参照执行。规定了教育训练的目的、任务、对象、学制,确定教育训练纲要的原则、教育训练的范围等。在生活适应、活动训练和实用语数3个教育训练范围内,对中度智力落后儿童应学习和掌握的知识和技能作了基本规定,强调从学生实际生活需要出发。

《培智学校义务教育课程设置方案》 教育部关于培智学校教育和教学工作的规章性文件。2007年2月颁布基本构思是:依据《基础教育课程改革纲要(试行)》和《关于"十五"期间进一步推进特殊教育改革和发展的意见》,本着以人为本,解放思想,实事求是的精神,以适应智力残疾学生发展需要为宗旨。设置实用语文、实用数学、综合常识、生活适应、劳动技能、康复训练六个方面的课程。

《义务教育阶段培智学校教学与医疗康复仪器设备配备标准》 全国教学仪器标准化技术委员会审核通过的教育行业标准。教育部教学仪器研究所起草,2010年2月25日由教育部发布。按照《培智学校义务教育课程设置实验方案》中所规定的各项教学与康复训练任务,具体规定培智学校普通教室、学科教学、医疗康复、教学资源中心和职业技术教育仪器设备的"基本"和"选配"两种配备要求。"基本"配备要求所有培智学校均应达到。学科教学仪器涉及生活语文、生活数学、生活适应、劳动技能、唱游与律动、绘画与手工、运动与保健、信息技术、第二语言、艺术休闲等课程。医疗康复仪器设备涉及运动功能医疗康复、感觉统合训练、言语—语言医疗康复、音乐治疗、心理康复、认知干预。教学资源中心配备一般的办公设备。职业技术教育器材设备配备涉及:缝纫、烹饪专业、园林花卉、酒店保洁、浆洗专业。规定了各种仪器设备在不同的培智教育机构中的配备数量。凡是进入学校的教学与医疗康复仪器设备,不得含有国家明令禁止的有毒材料,符合国家相关安全和环保标准。作为指导地方教育行政部门和培智学校配备教学与医疗康复仪器设备使用。也可供接收智力残疾学生随班就读的普通中小学校配备相关教学与医疗康复用仪器设备时参考。

培智学校教学原则(дидактические принципы вспомогательной школы) 培智学校教学工作必须遵守的基本要求。以普通教育教学原则为基础，根据智力落后儿童的特点而制定，反映培智学校教学过程的主要特征和规律性。主要有：(1)矫正缺陷，促进发展原则。利用教学本身的各种可能性矫正学生的身心缺陷，促进他们体力和智力发展。(2)区别对待，因材施教原则。认真考虑智力落后学生的个体差异，在教学内容、要求、手段和方法等方面区别对待，使每个学生在其力所能及的范围内得到充分发展。(3)激发学习兴趣，调动学习自觉性原则。减少难度，放慢速度，多表扬，多鼓励，使学生体验到成功的喜悦，激起学习兴趣，养成勤奋、自觉学习的态度。(4)用好直观，促进学习原则。根据教学目的和内容及学生的发展水平，选好和用好直观教学手段，开展必要的实践活动，丰富学生的表象和感性知识，为理解教材、形成概念打下基础。(5)重视复习，巩固知识原则。在使学生学懂学会的基础上注意随时随地采取各种方法搞好复习和练习，使学生牢固地掌握知识和技能。另外还有教学方法多样化原则，智力和体力发展密切结合原则，智力落后学生与普通学生共同活动原则等。不同国家和地区的学者根据不同实践经验有不同的概括和观点。例如，俄罗斯学者普赞诺夫在2011年出版的《矫正教育学》专著中总结前人经验，提出了10个原则：教学的发展性原则、教学的教育性原则、教学中的系统性和体系原则、科学性原则、通俗性(理解性)原则、直观性原则、自觉和积极参与原则、巩固性原则、教学个别化原则、在按教材程度分组基础上区别对待原则。

全日制培智学校(班)教科书 中国第一套为轻度智力落后儿童编写的教材。由国家教育委员会基础教育司组织编写，人民教育出版社出版。共分语文、数学、常识、音乐、美工、体育、劳动技能7科，按1至9年级分册编写。1993年秋季开始使用。"十五"期间开始特殊学校课程改革之后，除国家编写部分教科书之外，一些省市、培智学校自编地方和校本教材。

智力落后儿童言语矫正(speech modification of mentally retarded child) 矫治智力落后儿童言语障碍，发展其语言表达能力的活动。多数智力落后学生有言语发展迟缓、发音不正确、构音不清和口吃等问题，严重妨碍认知、情感及个性的发展。通过拼音教学和识字与阅读教学，可克服大部分学生的言语障碍。对少数构音不清和口吃学生，则需要以个别训练的形式进行系统的言语矫正工作。主要依靠专业的言语矫正师或语文课教师，同时也需要其他教师和家长的积极配合和支持。除了课上进行的较容易的矫正工作或集体矫正外，主要靠课外的小组或个别矫正时间进行，一般此项工作排入课表。

培智学校卫生保健 矫正智力落后

学生生理缺陷、防治疾病、增强体质、保护健康的工作。贯穿于培智学校教学教育过程的始终及各个方面。与体育工作密切相连，相辅相成。主要途径：(1)实行必要的医疗措施，矫治学生的疾患或缺陷，预防各种传染疾病。(2)加强卫生知识教育，培养良好的个人卫生技能和习惯。(3)建立合理的生活制度，妥善安排学习、劳动、休息和睡眠，保持学生生理活动的节律性，促进身体和谐发展。(4)改善环境卫生，使教室、宿舍和其他活动场所阳光充足、空气流通，经常保持环境清静、优美和整洁，各种设备都符合卫生要求。(5)注意教学卫生，合理组织教学过程，防止过度疲劳，培养学生正确的读写姿势和用眼卫生习惯。整个工作通过校医同全体教学人员的通力合作予以保证。

直观课（предметный урок） 又称"实物课"。俄罗斯培智学校的一种课程，以实物为教材发展智力落后学生语言，使他们获得初步生活或自然常识的教学活动。内容包括最常见的植物、动物及人体构造等。主要安排在低年级，往往结合语文课中常识性课文教学进行，为下一步学习自然常识打下基础。让学生在课堂、实验室或室外自然条件下，对实物或标本进行观察分析，根据物体性质尽量多吸引其感官参与感知过程，通过提问引导其观察和思维，把词语直接同物体的各种典型特征联系起来。每次让学生观察一个物体，或者同时出示两个物体（必要时出示一个与两者都不同的物体），引导他们做比较，找出物体的异同。在观察研究实物之后，为检查和巩固其效果，可出示有关图片或模型。组织安排得当，能使学生逐步形成大量鲜明的表象和准确的概念，提高语言水平和认识能力，发展观察力和思维能力。

课内操 体育的一种组织形式。针对智力落后儿童神经活动水平低、容易疲劳、注意力不能持久的特点，在上课中间安排2～3分钟的简易动作操练，能缓解一下儿童的神经紧张状态，舒展一下由于久坐不动而疲劳的手足，加强血液循环，增加大脑的血流，改善身体状况，增强注意力，从而提高学习效果。一般由3节组成：第一节伸展型动作，第二节下肢肌肉运动，第三节躯干肌肉运动。多在教室课桌之间的通道中进行。

跨年龄辅导（cross-age tutoring） 智力落后教育中由年长的学习较好的学生帮助年幼的学生进行学习的方法。在阅读、计算之类的文化知识教学中可经常使用。可以是同一年级也可是同校不同年级的同学或住家附近的年长同学进行，还可适用于其他类型残疾儿童的学习。

培智学校家长工作（parental work of school for children with intellectual disability） 组织智力落后儿童家长配合学校做好教育教学工作的活动。内容包括：向家长宣传国家的教育方针政策、培智学校的性质和任务；了解他们的需求，回答其问题；帮助他们认识子女的特点和特殊需要，指导他们妥善安排子女的生活和学习，提出家庭教育应遵守的要求；向他们介绍培智学校在一定时期中的工作任务及对家长的希望,通报和表扬其子女在学校里的各种进展情况和优良的行为表现;组织家长们讨论共同关心的问题,交流经验。从决定儿童进入特殊学校之时开始,即需有系统有计划地进行,直至儿童学校毕业走上劳动岗位。形式多样,有全校性的和班级性的,特别要注意针对学生的具体问题,个别地做好家长工作。有的学校组成家长委员会,发动家长相互进行交流和配合学校进行教育工作,有条件的学校还为家长设立了图书资料和咨询室。

休养护理(respite care) 帮助智力落后儿童家长的一种方式。以不同的安置形式,在一个不长的特定时间里,持续地或断续地让儿童暂时离开父母,在家里或其他地方为智力落后儿童提供适当的服务,再加上所需的其他个别化服务,使家长得到解脱,以便能满足父母计划中的需要或偶然出现的需要;恢复或维持父母的身心健康;着手一种新的在家庭里或其他地方进行的训练程序。

社区生存技能(community survival skills) 智力落后者为适应社区生活应具备的一系列技能,包括生活自理技能。能否正确地用钱、烹调、穿着、打扮、清理房间等,在很大程度上决定着智力落后者社区生活的成功。在智力落后者生活的现实环境中训练这类技能,效果更佳。

智力落后者聚居点(colony for children with intellectual disability) 20世纪初美国一些地方安置智力落后者的一种形式。随着轻度智力落后被鉴别出来而出现。成员为能够离开专门的收容机构独立生活的愚鲁患者,在有关人员的管理下,让他们参加劳动,依靠获得的工资养活自己。第一个于1916年由伯恩施坦(Bernstein)在纽约州罗马学校内建立,为愚鲁型的男女提供了比专门机构中较为自由、愉快和有效的生活。也有的地方把刚毕业的几个智力落后学生组织起来,租住公寓,独立过集体生活,原校老师适当辅导,以逐步使他们可独立地在社会中生活。有的地方开办智残者公寓,作为社会福利的一项措施。20世纪末此种形式在一些国家和地区仍然存在。

活动中心(activity centers) 又称"劳动活动中心"(work activity centers)。美国为无法在保护性工场从事生产劳动或不能从事竞争性职业的中度和重度智力落后者提供的康复及娱乐服务的设施。培养各种不同的自我料理技能及社会调整技能。组织娱乐活动是其主要功能。另外还有帮助家长解除苦闷的作用。

小组家庭(group home) 一些国家教育和训练中度智力落后少年和成人的组织形式。旨在为他们创造一种类似家庭的生活环境,帮助他们掌握必要的生活技能。设在社区内,由几个或十几个中度智力落后者组成,有一套公寓式住宅。组织成员参加保护性工场劳动、家务劳动、社会和娱乐活动,使他们彼此关心,互相帮助,情同手足。由专业人员负责制订其生活计划并进行监督。

临床教学(clinical teaching) 又称"规定性教学"(prescriptive teaching)"个

别处方式教育"(individually prescribed instruction)。对学习问题儿童实行个别化教学的一种方法。随着特殊儿童教育一体化运动而出现。与传统的分班教学相比,从两方面做了改革:一是对儿童的问题进行更为彻底的诊断,以详细了解每个儿童的能力状况,诊断过程在很大程度上借用先期学习障碍研究者的工作。二是受到行为心理学的影响,以行为术语表达要教什么,注意儿童实际上能做什么,而不使用较传统而含糊的术语去表达儿童知道什么或感觉到什么。教材往往要分解为不同的组成部分,通过更多的层次进行教学。参见"任务分析法"。

任务分析法(task analysis) 又称"工作分析"。20世纪70年代首先在美国兴起的一种教学补救手段。把特定的学习任务(行为或技能)分解为几个步骤(或组成部分),按层次加以安排,从最基本的开始教,一步跟一步地教智力落后儿童学习。例如穿衬衫技能,可以分解为:(1)双手抓住衬衫领子。(2)把衬衫披在肩上。(3)右手穿进袖子里,从袖口伸出。(4)左手穿进袖子里,从袖口伸出。(5)把后襟拉平展。(6)把左右门襟对齐。一种内容能否教智力落后儿童学习,关键要看它能否分解为适合教学的几个组成部分,而不是看它的难易程度。

提示(prompting) 教一种新的技能时,以某种方式提示或暗示智力落后儿童需要做什么的方法。有几种形式:(1)口头提示。当儿童能正确理解语言时,把要求讲给他听。(2)示范。对于智力落后儿童往往靠口说一遍还不够,必须把新技能表演给他看。(3)手势提示。在儿童做的过程中,借用手势动作提醒他接下去做什么或怎样做。(4)实践提示。手把手地领着儿童做一遍。根据儿童和教学的实际情况选择不同的提示形式。使用的次数要逐步减少,以便最终教会儿童独立完成。

智力矫正术(mental orthopedics) 20世纪初法国心理学家比奈提出的训练儿童智力的方法。与当时主张训练感觉和运动技能等外围智力的方法相对应。要求训练的主要是推理、理解、解决问题、记忆和注意等能力。

生理学方法(physiological method) 法国医生塞甘教育智力落后儿童的方法。因按生理发展的一般模式安排教育顺序而得名。第一步是肌肉系统训练(即现在所讲的运动训练)。强调开展生理性活动,尤其是能满足儿童自己需要和愿望的活动。重点是训练手的活动,因为手对有效的调整有重要意义。第二步是感觉训练。由于智力落后的一个主要问题是许多感觉印象不能到达神经系统,需通过系统训练予以克服,如训练区别重量、形状、大小及织物等,借助音乐训练听觉。在坚持首先进行肌肉训练的同时,主张从写字开始教儿童学习阅读。其全部工作的重点在于教儿童在做中学习。

多种感觉学习(multisensory learning) 同时综合利用几种感觉以促进儿童学习的方法。有助于提高智力落后儿童的学习效果。在教学过程中调动儿童的感知积极性,让他们看看、听听、摸摸、闻闻、尝尝,能在大脑皮质区留下许多同一意义的神经联系,使他们获得比较完整、全面而正确的印象。

智力落后儿童早期教育(early childhood education of mentally retarded child) 对学龄前智力落后儿童有组织的社会和家庭教育。旨在预防和矫正儿童的发展缺陷,尽早开始发展其潜力,纠正其偏离常态的发展方向,防止其与普通儿童的差距日渐扩大。实施办法包括:在特殊幼儿园、发展中心、日托中心,由特殊教育工作者及其他专业人员进行;以家庭为基础,通过专业人员对家长训练和指导,依靠家长进行;或两者相结合,让儿童部分时间在专门机构接受教育,部分时间在家庭接受教育。通过游戏、观察、训练、讲故事等多种活动,进行简单的预备性文化知识、音乐、美工和律动等教学及医疗矫正措施,丰富智力落后儿童的认识,发展其语言技能和运动技能,促进身体健康,使其掌握生活自理能力,形成初步的文明行为和卫生习惯,并在感觉、知觉、注意、记忆、思维及自我意识、情感意志、动机等方面得到发展。

蒙台梭利学校(Montessori school) 美国等欧美国家根据蒙台梭利的教育思想开设的学前教育机构。多为私人开办,收费较高。注重儿童的感官训练,提倡让儿童自由发挥其最大的潜能,同时,对蒙台梭利过多地进行单纯感官练习等不足之处作了改革,如丰富活动内容,把日常生活训练寓于游戏之中,注意儿童彼此之间和教师与儿童之间的交往等。20世纪初在美国兴起蒙台梭利运动,1916年达到高潮,但仅持续几年很快衰落。20世纪60年代以来,蒙台梭利的教育主张在美国再度受到重视,这类学校随之复兴,对西方各国和亚洲均有影响。

蒙台梭利教学法(Montessori teaching method) 意大利教育家蒙台梭利创造的教育方法。1907年她把对低常儿童的教育方法适当修改后,用于自己创建的"儿童之家"的普通儿童,取得成功。1909年,编写出版了《蒙台梭利教学法》(The Montessori Method)一书。主张了解和尊重儿童的个性,早期教育应遵循儿童身心发展规律,以动作和感官训练为主,使儿童通过自己的直接经验和自我教育,逐步形成自由而坚强的个性。其指导思想包括:(1)应该把学校办成一个鼓励儿童自我教育的有准备的环境,让儿童能自由地选择教具材料,自由操作,教师的干预应控制在最小限度内。有准备的环境即:创设有规律、有秩序的生活环境,提供美观实用能吸引儿童的设备及用具;允许儿童独立地活动,自然地表现自己;丰富儿童的生活印象;促进儿童智力的发展;培养其社会性行为。(2)教师的任务在于为儿童创设环境,对儿童进行观察和保护,为其示范和解释,沟通学校、社区和家庭的联系。(3)学校应为儿童提供精心设计和制作的教学用具和材料(即科学的教具)。主要内容有:(1)动作训练。包括日常生活锻炼、自我服务、家务劳动、园艺活动、手工作业、体操和节奏动作。(2)感觉教育。包括触、视、听、嗅及味觉练习。

(3)智育。包括语言(读、写)和计算教育。对后来欧美各国的幼儿教育、初等教育及残疾儿童特殊教育产生了广泛的影响。

蒙台梭利教具(Montessori instructional aids) 蒙台梭利设计供儿童进行活动和操作的用具和材料。大致分为3类:(1)用于实际生活技能训练和动作教育的:练习系解鞋带、扣钮扣等活动的专用教具,手工作业用的粘土、瓦片、瓶子、砖块等材料,练习上下楼用的螺旋形小木梯,训练家务劳动技能用的餐具和工具。(2)用于感官教育的:训练儿童视觉辨别与手眼协调能力用的3种圆柱体镶嵌物,发展儿童关于大小、厚薄和长短概念用的3组几何形体物,触觉训练板,装有各种不同质地纺织品的篮子,可盛放不同温度水的金属碗,重量板(由大小、厚度相同、质地不同的木块组成),色板(由两盒各64种颜色的彩色板组成,共有8种不同色系),几何图形拼图柜(包括6个抽屉,每个抽屉中装有6种不同形状或大小的平面几何图形),几何图形卡片(包括6种几何图形),几何立体教具篮(包括球体、棱柱体、棱锥体、圆锥体、角柱体和圆柱体),发声筒,音乐钟(包括两组由全音与半音的八度音程组成的钟),嗅筒,画有五线谱的木板和用作音符的小圆木片。(3)用于读、写、算练习的:训练儿童握笔的几何镶嵌图,训练儿童写字母的砂纸字母卡,学习字母顺序的砂纸字母板,练习拼字的活动字母卡,砂纸数字卡,数字棒,纺锤棒箱,筹码,算术框,十进位珠子材料。

蒙台梭利自动教育法(Montessori's autoeducational method) 蒙台梭利教育智力落后儿童的教学方法。经过修改后广泛用于普通儿童学前教育。基本的理论假设是儿童先天要求学习,有一种改善自己能力的本能冲动。主张教育应遵循儿童的身心发展规律,以发展动作和感官训练为主,让儿童主要进行自我教育。教师和学校不能直接地教儿童,只能创造一种有助于儿童自我教育的环境,如有规律有秩序的生活环境,提供有吸引力的美观实用的设备和玩具等,让儿童自由地选择教具材料,自由操作。教师的作用在于支持儿童的活动,而不是组织引导。为进行感觉训练设置许多训练材料,如用搭不同大小的积木发展关于"大小"的观念,用触摸不同织物的表面训练触觉,用练习系解鞋带、扣钮扣等活动的木板训练儿童的生活自理能力和运动协调性等。所有材料的共同点是能引起儿童兴趣。每种材料用于一定技能的训练。

培智教育社区化 一种培智教育课程改革的模式。针对中重度智障学生的认知特点和社会功能特点,依托社区资源,将学校的小课堂延伸到社区大课堂,让学生充分体验真实生活,丰富生活经验,使其能在社会活动过程中回归社区。

适应性体育(adaptive physical education) 针对智力落后患者的局限性及改进需要而计划和组织的发展运动技能的体育活动。还包括为他们提供能量释放机会,帮助发展同伴关系,注意力、耐力、模仿力及反应能力的个别与集体活动。

全国碘缺乏病宣传日 中国的一个

全国性活动日。每年的5月5号。始于1994年。碘是人体必需的微量元素。碘缺乏不仅引起甲状腺肿大,对人类最大的危害是造成智力损害。孕妇缺碘可导致流产、早产、死产和先天畸形儿,严重影响胎儿大脑的正常发育。因此,妇女和儿童是缺碘的主要受害者。碘缺乏病是一种世界性地方病,全球有110个国家约16亿人生活在缺碘地区。其中我国是世界上碘缺乏危害最严重的国家之一,原病区人口达4.25亿,约占世界病区人口的40%,亚洲病区人口的60%。1990年联合国召开的"世界儿童问题71国首脑会议"通过《儿童生存、保护和发展世界宣言》和《行动计划》,提出在2000年全球消除碘缺乏病的目标。李鹏总理在文件上签字。我国政府在1991年罗马召开的国际营养会议上郑重宣告,中国将在10年内减少碘缺乏病的流行。1993年9月,国务院在北京召开"中国2000年消除碘缺乏病动员会",讨论通过了《行动计划纲要》,联合国开发计划署、世界卫生组织、联合国儿童基金会等国际组织对我国进行支持和援助。同时,我国卫生部确定此活动日。每年活动有一个主题。

智力工程——迎接2000年行动 卫生部、中国医学基金会于1993年发起的一项消除碘缺乏病的活动。宗旨是:"取之于民,用之于民;造福子孙,功在千秋。"希望动员全社会力量,广泛筹集资金、协助中国政府实现2000年消除碘缺乏病的目标。20世纪90年代初,我国有4.25亿人口生活在碘缺乏病病区,分布在29个省、市、自治区,病区人口占全球10亿病区人口的40%以上。为了完成消除碘缺乏病的艰巨任务,卫生部、中国医学基金会发表了《智力工程宣言》,成立了"中国医学基金会智力工程委员会",由李德生任顾问委员会主任。此工程亦可消除造成智力残疾或耳聋、失语的病因之一,减少残疾儿童发生率。

全国弱智教育经验交流会 教育部于1985年3月在上海召开的弱智教育工作会议。与会代表有各省、市、自治区教育厅(局)主管特殊教育的处级领导,部分培智学校领导,高等学校与科研机构的专家,共60余人。会议总结交流自1979年上海市开办弱智教育以来各地试办这类特殊教育的经验,研究讨论进一步发展特殊教育事业的指导思想和方针等。会议认为发展智力落后儿童教育应该注意:严格掌握招生标准,以轻度智力落后儿童为主,有条件的地方亦可招收少量中度智力落后儿童,进行教学试验;认真办好试点学校,以期探索办学经验,以点带面,促进弱智教育健康发展,并做好师资培训工作;从实际出发,多种形式办学,如在普通小学附设智力落后儿童特殊班、设独立培智学校,分段办学——低年级分散在普通小学,高年级集中办独立学校;加强教学工作,培养弱智学生适应社会生活的能力;开展教学研究,改进教学方法,针对智力落后儿童特点,争取最佳教育效果。会议还认为,发展盲、聋、智力落后儿童少年特殊教育,是实现普及义务教育,提高民族素质,建设两个文明必不可少的环节,各级教育部门应充分认识。会议起到推动中国弱智教育有计划快速发展的作用。

《智力落后者权利宣言》(Declaration of Rights of Mentally Retarded Persons) 1971年12月,第26届联合国大会第2027次全体会议通过的一个文件。其基础是国际援助智力障碍者协会联盟1968年于耶路撒冷举行的第四次世界会议制定和通过的《智力落后者的一般和特殊权利宣言》。阐明智力落后者拥有下列权利:(1)享有与他人尽可能相同的权利。(2)获得适当医务照料和理疗的权利,获得为发展其能力和最大潜力所需的教育、训练、康复和指导的权利。(3)获得经济保障和适当水平生活的权利,尽可能参加生产工作或从事其他有用职业的权利。(4)尽量同自己的家庭或养父母一起生活的权利。(5)当需要保护个人幸福和利益时,有得到适当保护的权利。(6)不受剥削、虐待和侮辱性待遇的权利,如因犯罪而受控告,有得到与其智能责任水平相适应的法律程序的权利。(7)因严重智力缺陷不能有效行使的权利,在需要部分或全部加以限制或取消时,应按限制或取消的程序办理,并应包括法律保护,不使他们遭受虐待。

国际智残人工作者协会联盟(International League of Societies for Persons with Mental Handicap) 一个国际性的非政府组织。成立于1960年。1996年改名为"全纳国际"(inclusion international)。总部设在比利时首都布鲁塞尔。在联合国各有关组织中具有咨询地位。活动宗旨是为保障全世界智残人的平等权利而工作。任务包括培训从事智残人工作的专业人员、智残人家属和智残人;帮助发展中国家与发达国家的智残人组织建立合作项目;出版各种刊物,呼吁社会尊重、关心、帮助智残人;交流各种专业技术。1968年发表"智力落后者特殊权利宣言",被联合国大会采纳,并正式定名为"智力落后者权利宣言"。还参与了联合国残疾人十年行动纲领的制定和执行工作。到1992年4月,已吸收88个国家的149个智残人工作者协会为会员,其中正式会员62个,联络会员87个。

中国智力残疾人及亲友协会(China Association for Persons with Mental Disabilities and Relatives) 中国残疾人联合会的专门协会之一。前身是1989年成立的中国智残人精神病残疾人亲友会,1993年后称中国智力残疾人亲友会。2003年改称现名。宗旨是:弘扬人道主义,发展残疾人事业,保障智力残疾人平等地充分参与社会生活,共享社会物质文化成果。任务包括:(1)代表智力残疾人的共同利益,密切联系智力残疾人及亲友,反映他们的意见和需求,沟通他们与社会之间的联系,全心全意为智力残疾人服务。争取和维护智力残疾人在政治、经济、文化、社会和家庭生活等方面同其他公民平等的权利。(2)团结、教育智力残疾人及亲友遵守国家法律,履行应尽的义务,培养智力残疾人自己决定自己事情的能力,发扬乐观进取精神,自尊、自信、自强、自立。(3)促进智力残疾人的康复、教育、扶贫、劳动就业、维权、文化体育、社会保障及残疾预防等工作。(4)推动智力残疾人辅助用品用具的研制、开发与推广、应用。开展调查研究,对智力残疾人工作的发展提供咨询、建议、服务和监督。(5)参与、举办与智力残疾人及亲友有关的各类培训,开展科学知识的宣传普及和经验交流活动。(6)组织开展各种有益于智力残疾人身心健康的文化、体育活动。(7)在智力残疾人及亲友骨干中推荐残疾人工作者。(8)承办中国残联委托的专项工作。(9)通过地方残联,联系并指导地方智力残疾人及亲友协会开展工作。(10)代表中国智力残疾人及亲友参加国际活动,促进国际交流与合作。名誉主席王铁成,主席马廷慧。

美国智力与发展障碍协会(American Association on Intellectual and Developmental Disabilities) 简称"AAIDD"。美国与智力落后问题有关的不同学科专家组成的全国性组织。1876年成立。总部设在华盛顿特区。原名"美国白痴和低能者教养院医务人员联合会"。1906年改为"美国低能研究协会"。1936年改为"美国智力缺陷协会"(The American Association on Mental Deficiency, AAMD)。1987年底改为"美国智力落后协会"(The American Association on Mental Retardation, AAMR),2010年易现名。宗旨为开发关于智力落后问题的科学文献,传播信息及以智力落后者的名义开展各种活动。第一任理事长是塞甘。有关对智力落后的定义和观点在国际上有很大影响。

融合国际(Inclusion International, II) 一个为智力残障者倡导平等权利并促进其融入社会的非政府国际组织。在联合国经济与社会理事会享有咨商地位的五个主要国际残疾人组织之一。中国残联是正式成员。

国际特殊奥运会理事会(Special Olympics International) 简称"SOI"。国际性智残人体育运动的民间团体。1968年由美国约翰·肯尼迪基金会倡仪创办。总部设在美国华盛顿特区。目的是通过让智残人参加体育训练及比赛,改善、增强他们的认知、活动能力,从而更好地参与社会生活。主要任务是:帮助和推动世界各国开展智残人体育运动,定期举办国际性特殊奥运会。现有160多个国家和地区组织参加,1985年接纳中国智残人体育协会为正式成员。至2013年,举办了13届夏季世界特殊奥运会和10届冬季世界特殊奥运会。经费主要来源于美国和一些发达国家的跨国公司、财团的捐赠和资助。

世界特殊奥林匹克运动会(Special Olympics) 由国际特殊奥运会组织定期举行的由智残人参加的国际性体育比赛活动。始于1968年,每4年举办一次。任务是向所有智残人提供各种奥林匹克形式的训练和比赛活动,不断给他们创造锻炼身体、显示勇气、享受乐趣的机会,使他们在比赛中能和家庭成员、其他运动员及邻里,共享才能、技能和友谊之乐。年满8周岁的智残者均可报名参加,没有最大年龄限制。包括冬、夏季比赛。夏季正式比赛项目为：水上运动（游泳、跳水）、田径、篮球、保龄球、体操、足球、垒球和排球；冬季正式比赛项目为：高山滑雪、越野滑雪、花样滑冰、速度滑冰、室内冰球和花样冰球。同时设有表演项目。重在使智残者平等参与而不是名次。中国已多次派代表团参加该运动会。2007年由上海市承办。

中国弱智人体育协会（China Sports Association for Mentally Retarded Citizens）又称"中国特奥会"。中国专为智商在70以下的智力残疾人设立的体育组织。受中国残疾人联合会、国家体育总局、民政部的业务指导和监督管理。业务范围是：(1)贯彻执行《中华人民共和国残疾人保障法》、《中华人民共和国体育法》和国家体育工作的方针、政策,动员、组织和指导智力残疾人开展弱智人活动。(2)协同有关部门开展特教学校校园体育及福利单位、社区弱智人活动。(3)组织、管理、培训弱智人运动员和从事弱智人体育工作的人员,举办全国综合性和单项特奥赛事。(4)组织参加或举办国际特奥比赛,开展国际交流。(5)协同有关部门组织开展特奥科学研究。(6)对会员单位进行业务指导。(7)总结交流经验,表彰先进。

中国特殊奥林匹克运动会（Special Olympics of China） 中国智残人体育协会定期举办的智残人体育比赛活动。目的是为智力落后儿童和成人创造锻炼身体,显示勇气,享受乐趣的机会,减轻其残疾程度,促进其康复与健康,增强与困难作斗争和服务于社会的信心。首届于1987年3月25日～30日在广东省深圳市举行。有智残运动员300名,教练员和工作人员100名,观察员69名,根据国际特殊奥运会的宗旨,运动员按年龄和运动能力分组。仅进行田径、足球、乒乓球各项比赛。比赛采用国际特殊奥林匹克运动竞赛规则。至2010年,已举办了五届。

夸美纽斯（Johann Amos Comenius, 1592～1670） 男,17世纪捷克教育家。教育思想的核心是泛智论。提出了许多重要的教学原则,主张普及初等教育及采用班级授课制度。认为盲人教育是可能的、必要的,关键是要充分利用他们的其余感觉;并对智障教育的必要性、可能性、方法、安置形式等进行了论述。主要著作有《大教学论》(1632)、《世界图解》(1658)等。

野孩维克多（wild boy Victor,？～1829） 男,一个受过伊塔尔特殊训练的儿童。1799年在法国南部阿维龙森林中被捉到。开始时行为类似野兽,光着身子,胆怯怕人,不会说话,缺少情感,凭鼻子挑选食物,被视为不可教育的白痴。后准许由当时任巴黎聋哑学校校医顾问的伊塔尔进行教育,并起名维克多。经过近5年的强化训练,发生了明显变化,成为智力落后教育史上划时代的事件。参见"伊塔尔"。

伊塔尔（Jean Marc Itard,1775～1838）又译"伊塔德"。男,法国外科医生,耳科专家。曾在巴黎一所聋人学校任校医顾问。1799年开始对从阿维龙森林中捉到的野孩维克多进行教育。经过5年的强化训练使维克多的生活发生明显变化:养成正常的睡眠、进食和个人卫生习惯,对周围的人产生眷恋和信赖,视觉、触觉、味觉都得到发展。但是,没有达到所追求的最终目标——把维克多教育成正常的人。在1801年和1806年分别公布的两份报告中,描绘了自己用以发展维克多的感觉、智力和情感的训练计划。首次证明,即使智力严重低下的人,通过适当的训练也能使其身心功能水平有所提高。被视为使用个别化的和临床的感觉训练的方法对学生进行观察、研究和教育的第一位教师。其忘我精神、独创性、毅力和乐观主义成为历代特殊教育工作者的共同遗产。

塞甘(Eduoard Seguin, 1812～1880)又译"谢根"。男,法国精神科医生。智力落后教育奠基人之一。1837年在巴黎创办的智力落后儿童学校是世界上最早的此类学校之一。1848年移居美国,继续从事智力落后儿童教育,先后在俄亥俄州(1851)、纽约(1854)创办了培智学校,后在新泽西州塞甘心理学校将自己训练智力落后儿童感觉和运动神经的设想付诸实践。1876年被选为美国智力落后协会第一任理事长。其教育观念是促进儿童在生理、智力和道德方面的和谐发展,但特别强调儿童的感觉经验,认为白痴者的头脑没有疾病,也非变态,只是智力发展受到抑制,需要从感觉训练入手进行治疗。著有《白痴的精神治疗、卫生及教育》(1846)、《白痴及生理治疗法》(1866)。

蒙台梭利(Maria Montessori, 1870～1952) 意大利第一位获医学学位的妇女,儿童教育家。在任罗马大学附属精神病院临床助理医师时,开始研究残疾和低常儿童的心理和教育。经过实验使低常及其他残疾儿童通过了小学各科考试,引起意大利教育当局的重视。1907年,在罗马举办"儿童之家",招收3～6岁贫苦儿童进行教育实验,力图以医学、生理学、心理学为基础,用直接观察的研究方法,建立关于正常教育的"科学的教育学"。认为新的教育应以了解儿童为基础,促其全面发展;儿童有天赋的潜能,教师的任务在于提供符合儿童身心发展规律的环境,使其潜能得到自然的发展;强调儿童的感官训练和肌肉训练,设计出一整套感觉训练教具及发展动作的器械,使儿童在"有准备"的环境中,按照严格的顺序使用和操作具体物体,进行自我教育。这些理论和方法在西方智力落后儿童教育中得到广泛应用。主要著作有:《蒙台梭利教育法》、《教育人类学》、《蒙台梭利手册》、《人的形成》及《有吸引力的心理学》等。

维果茨基(Пев Семёнович Выготский, 1896～1934) 男,苏联心理学家。出生于莫斯科。1917年毕业于莫斯科大学法律系及沙尼亚夫斯基大学历史哲学系。先后在莫斯科实验心理研究所、特殊教育研究所、莫斯科心理研究所工作,并在莫斯科、原列宁格勒、哈尔科夫等城市的许多高等学校讲授心理学。在苏联心理学中,最先提出文化历史发展理论。1925～1926年,先后发表《意识是行为心理学的问题》和《心理学危机的含义》,批判行为主义与唯心主义心理学,并着重指出传统心理学在对待人的高级心理功能方面的错误观点。后又致力于研究人的高级心理功能,阐述关于人的高级心理功能的社会起源与中介结构的观点以及研究的原则和途径,强调必须区分低级和高级两种心理功能,认为人的心理与动物相比,不只是量的增加,而首先是结构的变化,以形成新的意识系统。评述皮亚杰的儿童自我中心言语的观点,论述自我中心言语在儿童活动中发挥的定向和调节作用。着重探讨教学和发展的关系,提出"最近发展区"之说,主张教学应走在发展的前面。主张分析智力落后儿童症状的机制,区分第一性和派生性综合征,研究其心理发展规律,认为最难发生变化和最不易受教育影响与医疗作用的是第一性的核心症状,智力落后儿童的高级心理机能及高级性格结构的发育不全是派生性症状,更容易受影响,更可能被消除。主要著作为:《儿童心理发展问题》(1929~1934)、《高级心理机能发展史》(1930~1931)、《思维与语言》(1934)等。1982 年出版了他的心理学全集,共六卷,第五卷为"缺陷教育学基础",包括了 20 世纪 20~30 年代作者对残疾儿童心理和教育的专著、论文、报告、发言等,最后有贝恩等 4 人写的后记。其学说被东西方学者广泛研究和介绍。

鲁利亚(Александр Романович Лурия,1902~1977) 男,苏联心理学家。神经心理学创始人,维列鲁学派成员之一。1921 年毕业于喀山大学社会系,1937 年又毕业于莫斯科第一医学院。1936 年获教育科学(心理学)博士学位,1942 年获医学(神经病学)博士学位。卫国战争期间研究脑外伤引起的心理障碍的诊断和康复,特别是脑额叶在心理过程中的调节作用。1945 年后,作为莫斯科大学教授,长期从事心理学教学工作,同时在教科院特殊教育研究所研究普通和异常儿童高级神经活动特点。1968 年为苏联教育科学院院士。与维果茨基和列昂节夫共同创立了心理的文化历史发展论,即维列鲁学派。主张心理学必须研究意识和高级心理功能(如言语思维、逻辑记忆等)。通过研究证明,大脑言语区受损害的病人,进入其大脑半球皮质的弱冲动不足以引起思维活动。若发生言语障碍,病人思维亦失调;反之,病人的思维活动失调,亦将导致言语障碍。在他的《神经生理学原理》一书中,从脑的功能组织与心理活动、脑的局部系统及其功能分析、心理过程及其脑结构三个方面,论述神经心理学的基本原理。另外著有《创伤性失语症》、《人脑的高级皮质功能》、《额叶与心理过程的调节》、《人脑的心理过程》、《记忆神经心理学》等书。

《野孩子》(The Wild Child) 法国新浪潮导演弗郎索瓦·特吕福自导自演的代表作影片。拍摄于 1970 年,用平实的电影技巧,真实地再现了法国医生伊塔德教育训练狼孩维克多一点一滴地适应社会生活的故事。影片获得美国国家评论协会最佳导演、最佳外语片奖。

6 学习障碍教育

学习障碍(learning disabilities) 障碍的一种类型。这类现象较早就引起了人们的注意,但作为一个独立的概念直至1963年才由美国特殊教育专家柯克(S. A. Kilk)提出。1988年美国"国家学习障碍联合委员会"(National Joint Committee on Learning Disabilities,NJCLD)定义为:学习障碍是指在获得和运用听、说、读、写、推理、数学运算及社会技能等方面表现出明显困难的一组异质障碍。这些障碍对个体来说是固有的,可能是由中枢神经系统功能失调导致,并且可能持续终生。在自我调节行为和对社会的认识方面容易发生障碍,但这些并不是学习障碍的主要问题。学习障碍也可由于其他的障碍(例如:视觉障碍、听觉障碍、精神迟滞、重度的情绪障碍)或由于其他的影响(文化的差异、不充分乃至不确切的指导)而产生,但并不是这些条件和影响的直接结果。学习障碍不限于儿童而可能发生于任何年龄。学习障碍除了有认知上的异常表现,还可以有非认知方面的障碍,如情绪与行为、社会的知觉、人际间的交往能力等方面的问题。

学习障碍儿童(children with learning disabilities) 又译"学习不能儿童""学习缺陷儿童"。特殊儿童的一种类型。在理解或运用语言方面的基本心理过程有一种或一种以上障碍的儿童。具体表现为听、说、读、写、拼字、推理和数学计算能力的不完善。通常分为发展性学习障碍儿童和学业性学习障碍儿童两大类。其出现率的估计差异较大,重度学习障碍儿童约为1%~2%,轻度学习障碍儿童约为5%~15%。通过适当的特殊教育和有关服务,他们中的绝大多数能取得明显的进步。

特定学校技能发育障碍 学习障碍的同义语。《中国精神疾病诊断标准(第三版)》(CCMD-3)定义为:指儿童在学龄早期,同等教育条件下,出现学校技能的获得与发展障碍。这类障碍不是由于智力发育迟缓、中枢神经系统疾病、视觉、听觉障碍或情绪障碍所致。多起源于认知功能缺陷,并以神经发育过程的生物学因素为基础。可继发或伴发行为或情绪障碍,但不是其直接后果。以男孩多见。诊断标准:(1)存在某种特定学校技能障碍的证据,标准化的学习技能测验评分明显低于相应年龄和年级儿童的正常水平,或相应智力的期望水平,至少达2个标准差以上。(2)特定学校技能障碍在学龄早期发生并持续存在,严重影响学习成绩或日常生活中需要这种技能的活动。(3)不是由于缺乏教育机会、神经系统疾病、视觉障碍、听觉障碍、广泛发育障碍,或精神发育迟滞等所致。

能力差异(discrepancy) 一种个体内的差异。指个体发展的不平衡现象。包括两种情形:(1)完成不同活动所需的能力不一致,比如视觉记忆很强,听觉记忆很差;或者记忆能力正常,推理能力却不及一般水准。当某项能力成分发展的水平大大低于平均水平并妨碍日常活动时才会引人注意。(2)能力发展提供的成就潜能与实际成就水平不一致,比如智商正常,但学习成绩在某门学科或多门学科上大大低于平均水平,而又不存在其他的发展障碍。这种情形是学习障碍儿童的主要特征。

低成就者(underachiever) 学习或工作上的表现没有达到其能力所应达到的水平的人。即能力强而学习成绩或工作成就差的人。这里的"能力"一般指智力测验结果而言。其心理特征较为复杂,而以缺乏成就动机和工作经验较为常见。

心理发展迟缓儿童(дети с задержкой психичесого развития) 俄罗斯对类似"学习障碍儿童"的一种称呼。指智力发展有潜在的可能性但在记忆和注意上薄弱,心理过程的灵活性和速度上有缺陷,有过度消耗性,活动主动调节能力差,情感不稳定的儿童。俄罗斯教育科学院院士鲁鲍夫斯基等在20世纪80年代在特殊儿童中分出此类儿童进行研究并进行教育实验。已被俄罗斯学者公认,并被政府列为发展偏常儿童特殊教育的一类。

学业性学习障碍(academic learning disabilities) 学习障碍的一种类型。指学科学习方面(例如语文、数学等学科)或学习技能方面(例如听、说、读、写、算等)存在困难,是基本心理过程导致的学习中的具体问题。主要表现为:阅读障碍、拼写障碍、书写障碍、算术计算障碍等。诊断儿童的学业性学习障碍一般需有5个步骤:(1)分析儿童学习问题的性质。(2)对特殊性的问题行为表现作进一步的深入分析。(3)寻找可能存在的生理的、心理的及环境的致病原因。(4)在了解行为表现和病因的基础上提出诊断假设。(5)依据假设提出矫正方案。

发展性学习障碍(developmental learning disabilities) 学习障碍的一种类型。在儿童生长发育过程中,经常显露出心理和语言发展的某些方面偏离正常的发展状况。主要表现有:(1)语言能力障碍。

语言发展迟缓,或在辨别、理解和表达语言方面的无能。(2)思维障碍。在形成概念、解决问题、观念的概括和统合的操作性认知行为方面的困难。(3)记忆障碍。再现所见所闻或亲历过的事件时的障碍。(4)注意障碍。由于使用和维持有选择的注意能力的缺陷,导致对作用于机体的各类刺激进行选择的能力方面的障碍。(5)知觉障碍。综合感官接受的刺激,理解其意义的能力的缺陷。

自我报告学习障碍(self-reported learning disabilities) 自我报告而不是经过推荐、评估和分类过程证明的学习障碍。确定成人人群中学习障碍流行率的一种方式。沃格(S. A. Vogel)认为,成人人群中主要通过估计和自我报告两种方式来确定学习障碍。其研究表明,在成人群体中,通过自我报告发现的学习障碍流行率有逐渐上升的趋势。

注意障碍(attention-deficit disorder, ADD) 又称"注意缺陷"。学习障碍的一种类型。主要指注意的敏感性、选择性或持久性方面存在的缺陷。因运用和保持选择性注意的能力发展迟滞所致。常见两种类型:一种不伴有多动行为,另一种则在注意障碍之外还伴有多动行为,又称"多动性注意缺陷障碍"。常见表现有:(1)注意增强。即特别易为某种事物所吸引或特别注意某些活动。(2)注意涣散。即主动注意减退,注意不集中或虽可集中但不能持久。(3)随境迁移。即被动注意或不随意注意明显加强,易被吸引和转移。(4)注意范围缩小或狭窄。仅能注意某一事物而不能顾及其他。(5)注意迟钝。主动或被动注意均减弱,任何外界刺激均不易引起注意。经过训练可以改善注意的状况。

注意缺陷(disturbance of attention) 见"注意障碍"。

注意力缺陷多动障碍(attention-deficit-hyperactivity disorder) 简称"ADHD"。又称"多动症""轻微脑功能障碍""多动性注意缺陷障碍"。儿童发育过程中出现的以活动过多为主要特征的一组综合征。主要表现有:活动过多、注意力不集中、易激动、冲动、任性、情绪不稳定、攻击、动作不协调、学业失败、同伴关系差。病因尚不清楚。一般到少年期能自然缓解。可采用心理治疗、药物治疗和特殊教育等方式进行治疗。确认要经过医生正规检查,不可随意把一般好动活泼的儿童归为"多动症"。

感觉辨别能力障碍(agnosia) 发展性学习障碍的一种表现。由于大脑感觉中枢的损伤或功能紊乱,而使辨认、区别各种感官所获得的信号的能力下降或丧失。通常分为感觉颠倒、感觉缓慢、感觉无能等几种类型。最常见的是视觉辨别能力障碍。通过能力分析训练,可以降低其障碍程度。

非言语学习障碍(nonverbal learning disabilities) 与口头语言运用无关的一种学习障碍。主要指在理解空间关系或时间关系方面存在的障碍。如分不清方向、时间观念模糊、无节奏感等。其听知觉、运动能力、语言学习等方面均表现为正常。

心理神经性学习障碍(psychoneurological learning disabilities)由心理和神经双重因素导致的学习障碍。包括不能回忆以前已学过的词;不能模仿或重复语词;句法缺陷。该类儿童的补救教学根据心理神经学的有关理论开展(如下图所示)。矫正方法包括:(1)及早开始语言训练。(2)在训练儿童口头表达以前先教儿童理解口语。(3)使用简单的词并同时向儿童提供经验。(4)根据儿童的经验选择要教给他的词。(5)概念教学。(6)从与儿童直接相关的事物开始,如儿童身体的某些部分,再逐步提高到更加复杂的口头语言。

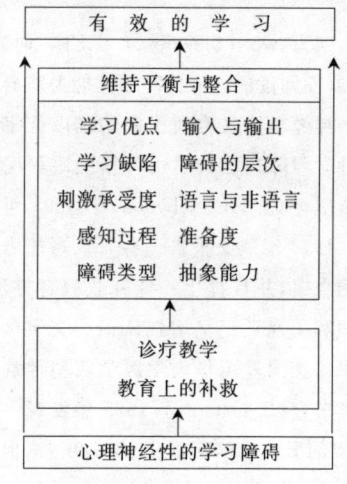

轻微脑功能失调(minimal brain dysfunction) 又称"轻微脑功能异常""轻微脑功能障碍"。一种以多动、注意力不集中和好冲动为特征的行为综合征。19 世纪对其进行病源学的探讨,到 20 世纪开始研究其引发的学习问题,寻求语言、信息加工和常规行为的神经解剖基础,证明中枢神经系统的异常会导致学习困难。20 世纪 60 年代以后,一些权威人士研究证实,用于轻微脑功能异常的各种诊断和补偿训练方法都经不起严格的科学审查。20 世纪 80 年代以来,人们认为它作为一个特殊教育概念显得过于笼统,神经系统的细胞数以百万计,任何部位的病变都会对学习产生影响。参见"多动性注意缺陷障碍"。

葛斯曼症状(Gerstmann's syndrome) 个体显示出不认识手指、左右方向感失常、书写能力障碍和运算能力障碍等能力缺陷。

李昂哈特症状(Leonhard's Syndrome) 运算能力障碍、阅读能力障碍、建造动作能力缺陷、时间概念的歪曲等现象。与葛斯曼症状类似。

不知手指缺陷(finger agnosia) 不能认识自己手指的形状、大小、位置的疾病。表现为认不清自己双手的 10 个手指。画出来的人像各部位及其比例都适当,唯独不能画出两个手掌上的手指,经过提醒、帮助后仍无效。可能与视觉性的非语言认知缺陷导致患者虽能看到手指,却不认识有关;也可能由对手指的视觉再生作用失常所致。

感觉颠倒(strepho symbolia) 又称"符号变形症"。对视觉接受的刺激产生错误反应的现象。由大脑两半球功能失调所致。学业性学习障碍的可能病因之一。最早由塞缪尔·T.奥顿(Samuel T. Orton)提出。他指出,某些儿童在阅读时,常常将字母、符号或单词曲解,他们能够看到单词的各个部分,却将字母顺序颠倒。奥顿认为，感觉颠倒是由于大脑左半球未能控制整个大脑，使大脑右半球无法形成记忆表象，由于缺乏正确的记忆表象，反过来又使左半球不能形成记忆反应，从而导致字母或单词的顺序颠倒。这种理论被用来解释阅读障碍的神经生理学病因。

听觉性认知缺陷症（auditory agnosis） 又称"听语能力异常"。一种认知障碍。由于听觉传导系统的功能紊乱或听觉中枢的功能异常，使利用听觉渠道认识、理解信息，以及表达来自听觉渠道的信息方面产生缺陷的症状。分为3类：(1)听觉学习的一般缺陷。即能听见声音，却不能解释声音的意义。主要特征是：①听知觉严重困扰。缺乏听觉记忆力，很难把声音与其代表的事物或经验联系起来，或者不容易回忆听过的声音。②多以姿态、表情、动作作为信息输出方式。(2)接受性听语能力异常。即能听得懂非语言声音，如掉在地上的玻璃杯破碎声，但不能理解所听到的话，如"玻璃杯碎了"。(3)表达性听语能力异常。包括3种情况：①听觉再生作用异常。即由听到知的过程建立后，仍记不住所形成的认知结果，难以回忆听懂过的语言，产生语言选用困难，难以说出某些名称、特性、关系。②听觉—动作整合作用异常。即听觉所涉及的发音的动作作用异常。表现为个体在听懂某种声音并理解其意义后，不能以正确的发音动作模仿发出该声音。③语句组合能力缺陷。即不能把字音组织成句子。表现为听得懂口语，也能用单词或很简单的语句表达意思，但是难以按照句法规则来遣词造句，不能说出完整的句子，通常有许多文法上的错误。

视知觉再生作用缺陷（deficits in re-visualization） 书写能力障碍的一种类型。由美国特殊教育专家麦克伯斯提出。由于视觉记忆功能异常，不能把看过的字予以再现而造成的书写困难。

句法构造缺陷（deficiency in formulation and syntax） 书写能力障得的一种类型。由美国特殊教育学者麦克伯斯（H. K. Myklebust)提出。由于缺乏句法的概念而不能正确书写句子。

字盲（word blindness） 又称"词盲""发展性阅读能力障碍""阅读能力障碍"。由脑神经功能失常所引起的难以认字的一种学习障碍。最早由苏格兰眼科医师欣希伍德（J. Hinshelwood）于1895年提出。1917年他又报告一些有认写能力缺陷的个案，并且提出一些补救教育方法，例如利用视觉记忆增强认识英文字母的效果。美国爱荷华大学医学院精神病科医师奥登（S. Ortan)于1925年发现一个16岁的男孩无脑部损伤、智力正常，但是不能识字，或者对字的形体有歪曲的认识，在阅读时常把字形颠倒，例如把Was看成Saw，分不清b和d。奥登在以后进一步的研究中提出"感觉颠倒"的术语，用以指个体看到一个特定的字形之后，产生视觉影像的偏差，把原来的字形倒转或变形。20世纪40年代，奥登和同行们建立了一套自成体系的补救教学体系。迄今为止，对阅读能力缺陷已有了多种补救教学及治疗方法。

语音意识(phonological awareness) 语音加工技能的一种。个体对语言中语音成分的知觉和操作能力。在拼音文字中,可由音节意识(syllable awareness)、首音—韵脚意识(onset-rime awareness)和音位意识(phoneme awareness)三个语言层级进行表征。其发展表现出跨语言的一致性特征。在拼音文字中,其缺陷是阅读障碍的核心缺陷。汉语发展性阅读障碍儿童也存在语音加工缺陷。语音意识缺陷理论认为,发展性阅读障碍是由于儿童不能对言语的语音结构进行有效的知觉和操纵,进而不能掌握文字的形—音转换规则(GPC规则),从而导致了儿童阅读技能的落后。

视觉压力(visual stress) 影响阅读的重要因素。神经生理基础是视觉皮层过度兴奋所导致的对比和注视形式超敏性。通常,大脑结构中的神经元共有一些抑制神经元,这些抑制神经元起到功能抑制的作用,能够保证神经元功能的正常运行。一旦所有神经元被强烈的物理刺激过度激活时,可用的共有抑制神经元将减少,只能激活附近区域的神经元。如视觉神经元过度激活时,可能激活附近的运动信号神经元和颜色信号神经元,导致个体在阅读时产生幻觉,无法正确辨认字形,影响单词解码的流畅性和阅读理解的完整性与巨细胞缺陷一样,是造成阅读障碍儿童视觉不稳的主要因素。

阅读中枢 视性语言中枢。位于大脑顶下小叶的角回。

阅读障碍(dyslexia) 又称"诵读困难"。见"诵读困难"。

发展性阅读障碍(developmental dyslexia) 阅读障碍的类型之一。患者在一般智力、动机、生活环境和教育条件等方面与其他个体没有差异,也没有明显的视力、听力和神经系统障碍,但阅读成绩却明显低于相应年龄和智力的应有水平,处于阅读困难状态。典型特征是字词识别的精确性与速度受到损伤。在我国,发生率约为 $4\% \sim 8\%$。可分为:语音阅读障碍(phonological dyslexia)、表层阅读障碍(surface dyslexia)和深层阅读障碍(deep dyslexia)。

获得性阅读障碍(acquired dyslexia) 阅读障碍的类型之一。由后天脑损伤(如脑外伤、脑肿瘤等)引起的阅读困难。

语音阅读障碍(phonological dyslexia) 发展性阅读障碍中最主要的一种类形。典型特征是语音意识和编码过程存在明显的缺陷和困难,表现为不能正确拼读词汇,混淆音素的发音,在形和音之间不能建立起自动化的联系。

表层阅读障碍(surface dyslexia) 发展性阅读障碍的一种基本类形。又称"字形加工障碍""正字法障碍"。通常表现为区分形近字困难,经常会错读、误读形近字,或将形近字书写混淆,容易出现错别字,单词理解能力好于单词解码能力。

深层阅读障碍(deep dyslexia) 发展性阅读障碍的一种基本类形。通常表现出语义、句法、视觉等混合性错误,不能理解某个汉字在具体语境下的含义,因而不能正确读出汉字的读音;或虽能够正确朗读词汇但不理解词汇的含义,单词解码能力好于单词理解能力。

解码障碍(decoding disabilities) 阅读障碍的一种表现。患者不能有效地识别书面单词,形音解码、形义解码能力落后于正常水平,从而导致阅读障碍。一些基本认知过程的缺损,包括视听工作记忆、语音意识的缺损是导致的主要原因。

命名速度缺陷(naming speed deficit) 又称"快速命名缺陷"。阅读障碍的主要特征之一。患者快速、连续命名熟悉的物体、颜色、字母或数字的能力的损伤。既可能存在语音障碍,也可能存在命名速度障碍,或者二者兼而有之。

阅读障碍成分模型(the component model of reading disability) 检测阅读障碍的模型之一。根据阅读成分理论,阅读包含单词识别和语言理解两个潜在的独立成分。在阅读发展的初期,单词识别是低年级儿童学习阅读的重要技能,也是其阅读能力发展的最佳预测指标;在阅读发展的后期,语言理解是高年级儿童学习阅读的重要技能。掌握这两种技能是获取阅读成功的唯一途径,其中任何一个成分或两个成分同时存在缺陷都会导致阅读障碍的发生。

书写能力障碍 见"失写症"。

拼写障碍(spelling difficulty) 不能按照要求正确拼写单词、拼写技能水平低于正常的症状。使用拼音文字国家的儿童学业性学习障碍的类型之一。主要表现有:(1)多运用语音方法,而缺乏其他的拼写技术,如将 talk 拼写成 tok。(2)主要运用视觉记忆和再现手段学习拼写,缺乏其他方法。(3)拼写字母的顺序颠倒。(4)用发音相近的字母代替正确的字母拼写,如将 beg 拼写成 bag。

书写倒错(upside-down writing) 又称"错写症"。失写症的类型之一。在书写时出现的词序零乱、单词频频出错的症状。多由于中枢神经系统功能紊乱及失而造成。其表现包括:属于句法方面的主语、谓语、宾语及修饰成分位置无条理,让人无法理解所要表达的内容;属于拼音文字词法方面的人称、时态等相应的词形变化错误;属于书写方面的错写,如随意添加、遗漏、替代和歪曲笔画或字母。在汉语中常有词或字的左右颠倒、添加或遗漏一部分字的组成等。

书写障碍(writing difficulty) 学业性学习障碍的类型之一。在书写字词或用书面语表达信息、交流思想感情方面的能力缺陷。主要表现及其原因有:(1)由于运动协调能力差、身体意象差、用手习惯差异、眼球运动及感知运动能力差等原因造成的在抄写字词或组字组词方面的书写问题。(2)由于组织概念、发现事物间的联系、时间顺序及其他操作性心理行为的困难而造成的在以书面语记述和表达上的困难。

写作障碍(disorder of written expression) 学习障碍的一种类型。写作能力显著低于根据其年龄、教育背景和智力所预期的水平。低水平的写作技能显著影响个体与写作技能相关的学业发展或日常生活。主要有以下表现：拼写错误、语法和标点符号错误、字迹难以辨认、句子缺乏连贯性、不愿意或拒绝完成书写任务、焦虑或沮丧。

数学障碍（mathematical disabilities） 学习障碍的一种类型。患者具有一定的学习动机，智力基本正常，没有感官障碍，但数学学习成绩明显落后于同年级或同年龄学生，不能达到预期的学习目标。主要表现为：计算错误、运算法则混乱、阅读和书写困难、问题解决能力较差及空间组织困难等等，尤为突出的是数学问题解决能力较差。

失算症（dyscalculia） 学业性学习障碍的类型之一。由于大脑优势半球的顶枕区的神经中枢损伤而导致无法正确进行算术运算的症状。其原因可能是遗传因素、产前、产程、产后的脑损伤，早期的环境剥夺以及情绪因素等。主要表现类型有：(1)感知性失算，即缺乏辨别、认知、理解数学符号、术语及数字间关系的能力。(2)运用性失算，即在书写数字、符号，进行基本数学运算，运用和表达符号和术语方面的能力缺失。

运算能力障碍 见"失算症"。

健忘症（amnesia） 又称"记忆缺失""记忆丧失"。暂时或持久地完全或部分失去记忆。常见两种情形：一种由外伤与疾病因素所致，如脑损伤、癫痫发作、酒精中毒、休克、全身麻痹、老年痴呆等。另一种由心理因素所致，如对疼痛或创伤的经历无意地产生抑制。心因性健忘症常常是对焦虑或悲痛的一种防卫，或者是一种逃脱某种特定情境的方式。

图形—背景混乱（figure-background confusion） 区分不清图形和背景的关系。表现为在观察各种有区分的视域时，不能分辨出与其余部分（背景）有明显差别的那部分内容（形象）。

学业与潜能差异（discrepancy between potential ability and academic achievement） 学业成绩与个人潜能（智力）所预期达到的成绩之间出现明显不一致的状况。学习障碍的表现和诊断标准之一。原因包括神经生理因素、心理因素、情绪因素、环境因素及营养因素等。

知觉过敏（perceptual sensitization） 又译"知觉敏感"。极微弱刺激即能引起知觉的现象。相关的术语是"感觉过敏"（hyperesthesia），指对触、痛感觉刺激的过分敏感。主要见于周围神经的病变以及癔病病人等。常见有听觉过敏（hyperacusis）、味觉过敏（hypergeusia）、痛觉过敏等。

痛觉过敏（hyperalgesia） 对疼痛异常敏感的现象。

味觉异常（allotriogeusia, allotriogeustia） 又称"味觉倒错"。味道感觉不正常现象。舌对味的刺激产生错误的味觉，将一种味道错觉成另一种味道，如将甜味认为是苦味。常见于精神病患者或内分泌改变的病人。

感觉消退（hypoesthesia） 对一种或

多种感觉刺激,如冷、热、光、触压等敏感性降低的现象。

感觉间障碍(intersensory disorders) 具有联想或综合功能方面的脑组织受到损伤时出现的症状。常表现为执行不同感觉通道匹配任务有困难,如不能完成视—听协调测验或视觉与触觉的配合测验。

习得性无助感(learned helpless) 见"习得性失助"。

行为不稳定性(performance instability) 完成同一个任务过程中表现出来的行为前后不一致。被认为是特殊学习障碍、轻微脑功能失调、注意障碍儿童的特征性表现之一。不同于个体内差异,后者是在一段时间完成不同任务过程中表现出的行为不一致。

学校压力(school stress) 又称"学校应激"。由学校环境引起的儿童机体内的一种非特定反应。既是一种神经紧张,也是一种生理变化。适度的应激可增加对生活的情绪和振奋,过度的应激则可能严重影响生理和心理健康,产生不舒服或痛苦的情绪。引发情绪反应的认知过程和处理问题的行为方式是其中的两个关键因素。当教师、同学或家长对儿童的学习表现抱有较高期望,儿童自己非常重视这一期望时而又不能有效地解决面临的问题时,就会产生这种压力。感受到的压力大小也与儿童的性格有关。预防和克服的措施有:提高儿童的自信心;锻炼儿童对压力的心理承受能力;家长和教师调整对儿童的期望;排除引起儿童压力的紧张刺激。

心理过程模式(psychological processing model) 美国学习障碍研究领域的一种主导模式。20世纪60年代中期至70年代初兴起。认为导致儿童在听、说、读、写、计算、推理等能力方面存在显著困难,从而造成学习障碍的原因是个体心理过程中某种功能失调。如在视知觉(视动协调、视觉的形状辨别力、视觉的图形—背景判别力、视觉联想或记忆等)、听知觉(听觉的接收能力、听觉联想或记忆等)、动觉(灵活性、协调性、平衡性等)及感知运动整合等方面出现障碍。如果运用一定的测试工具和手段,分析儿童的心理过程功能,可以鉴定、矫正其学习障碍。

教育商(Education Quotient) 简称"教商"。表示学生教育成绩水平的一种指标。常用 EQ 来表示。教育年龄与实际年龄的比率乘以 100 得到的值。计算公式为:$教育商(EQ) = \frac{教育年龄(EA)}{实际年龄(CA)} \times 100$。在此公式中,教育年龄表示某个学生的平均教育成绩(参见"教育年龄")。例如一个学生的教育年龄为12岁,则表示这个学生的教育成绩与12岁学生的平均教育成绩相等。如果一个10岁学生的教育年龄为12岁,则其教育商为120。

教育年龄(Educational Age) 成就测验的一种分数形式。将个人在成就测验上所得原始分数,按该测验的年龄常模予以转换,用年或月为单位表示出来。

一般认知能力(General Cognitive Abilities) 智力、工作记忆和加工速度。影响很多领域的学习,是评估学习障碍的重要内容。

斯坦福诊断阅读测验(Stanford Diagnostic Reading Test) 美国一种常用的阅读能力测验。由卡尔森(B. Karlsen)、梅登(R. Madden)和加得勒(E. F. Gardner)编制,1966年首次出版,1985年第二次修订。主要测查语言译码、词汇、理解和评价四项阅读能力,常用于诊断学生阅读的优势和不足。既可个别施测,也可团体施测;既提供常模参照分数,也提供表示进步情况的标准参照分数。分红(一到二年级)、绿(三到四年级)、黄(五到八年级)和蓝(九到十二年级)四个水平。全部题目均为多选题,可以机器记分。信度和效度均较为理想。

伊利诺心理语言能力测验(Illinois Test of Psycholinguistic Abilities) 又译"伊利诺斯心理语言能力测验"。一个依据奥斯古德(C. E. Osgood)通讯过程理论编制的语言能力测验。编制者柯克(S. Kirk)、麦卡锡(J. McCarthy)和柯克(W. Kirk)。1968年首次出版。适应于二至十年级学生。由12个分测验组成,主要测评儿童的下列交往技能:(1)交往的三个过程(接纳、表达和组织)。(2)组织语言的两级水平(陈述与自动化)。(3)语言输入的两个通道(视觉和听觉)。(4)语言输出的两条途径(言语和手势表达)。测验对儿童的以下语言能力做出等级评定:理解口语和身体语言;熟练使用有意义的语言符号;用口语和身体语言表达思想;用标准英语造句;听觉记忆;视觉记忆;从不完整的视觉图像中分辨整体;补充听力材料被删除的部分以及合成词汇。出版以后就受到广泛的注意,由此产生了许多研究和争论,其理论基础、技术水准及教育应用都有受人非议之处,但它是20世纪60年代学习障碍运动中一个测评基本认知过程并将测评与补偿训练相联系的一个重要尝试。测验结果可由原始分数转换为标准分数,然后用心理语言年龄、心理语言商数及百分比表示。

伍德库克阅读掌握测验(Woodcock Reading Mastery Tests) 美国的一个成套阅读诊断测验。由伍德库克(R. W. Woodcock)编制。1987年修订。主要用于测查儿童阅读能力的发展水平和存在的阅读问题。常模年龄范围从幼儿园到十二年级,也可用于高中毕业生或成人的阅读诊断。属个别测验,有G型和H型两个副本。修订版共有6个分测验,包括:(1)视听学习测验,测查阅读学习中形成视觉符号和口语表达联想的能力。(2)字母识别测验,测查对26个英文大、小写字母的再认能力。(3)字词识别测验,测查对单个常用词的再认能力。(4)词语辨析测验,测查对无意义词语或低频词语的语音分析和结构分析能力。(5)字词理解测验,分析比较近义词、同义词和反义词。(6)语段理解测验,测查对短文及其关键词的理解能力。测验的原始分数可转换成年龄分数、年级分数、百分位数和标准分数、聚类分数及教学水平剖面图、百分等级剖面图和诊断剖面图。测验的信度较好,效度则不太理想。由于其诊断功能

皮博迪个人成绩测验（Peabody Individual Achievement Test） 美国人邓恩（L. M. Dunn）和马克瓦德（F. C. Markwardt）编制的学习成就测验。1970年首次出版，1989年修订。个别施测。提供从幼儿园到十二年级的常模，包括数学、阅读再认、阅读理解、拼写和常识5个分测验。分测验可以全做，也可以选做。常模样本为2889名取自美国不同的年级、性别、种族、家庭背景及不同地区的儿童。除阅读再认和常识两个分测验有简答题外，其余3个分测验均为多选题。各个分测验的再测信度高低不等，但基本可信。分数形式有百分等级、标准分、年级当量和年龄当量四种，并提供分数剖面图。

皮博迪图片词汇测验（Peabody Picture Vocabulary Test） 一套个别施测的常模参照测验。由美国心理学家邓恩夫妇（Lloyd M. Dunn and Leota M. Dunn）于1959年首次编写，先后进行了三次修订，分别为1981年的PPYT-R、1997年的PPVT-Ⅲ以及2007年的PPVT-Ⅳ。施测时间为20~30分钟，适用年龄范围是2岁半至老年。以PPVT-Ⅲ为例，PPVT-Ⅲ有A型和B型两个系列，每个系列由204张图板组成，在每张图版上都画有4幅图。施测时，主试说出目标词，受测者指出与目标词义一致的那幅图。测验施测简便，评分客观快速，有两套平行的测验可以替换使用。不仅可以用于评估儿童及成人的词汇理解能力，还可用于阅读障碍、言语障碍以及智力障碍对象的测试。

文法构成能力测验（grammatic closure test） 语言测验的一种。测量儿童用语言表达思想信息时自动补足所缺少的部分，使之构成完整的文法结构的能力测验。伊利诺心理语言能力测验的分测验之一。共33个测验项目。测试时，由主试逐题念出来，并逐题出示说明该题题意的图片。每一题都有一完整的句子，接着有一个不完整的句子。被试根据对前后文意及图形的了解，填补涉及文法的部分以构成完整的句子。参见"伊利诺心理语言能力测验"。

视觉接收能力测验（visual reception test） 测量儿童接收视觉符号能力的一种测验。偏重于测量儿童凭借视觉来理解刺激图的能力。伊利诺心理能力测验的分测验之一。全部测验有40张图片。每张图片一面印有1个刺激图，另一面有4个反应图。施测时，主试出示刺激图，让被试观察3秒钟后，翻过图片让被试用手指在反应图中指出一图为答案。参见"伊利诺心理语言能力测验"。

视觉构成能力测验（visual closure test） 测查儿童依据物体局部形状推测物体整体的能力的一种测验。伊利诺心理语言能力测验的分测验之一。共含4张条形图片，每一张图片内显示某一特定物体的整体或局部形状的14或15个部分。测试时由主试出示图片，命令被试在30秒内指出图片上的物体，了解儿童将独立的单元组成整体的能力。参见"伊利诺心理语言能力测验"。

视—动联合能力测验（visual-motor association test） 测量儿童利用视觉组合概念的能力的图片测验。伊利诺心理语言能力测验的分测验之一。全部测验有易和难两大类，各 20 道题。易类题施测时由主试逐页出示图片，每页中间有一刺激图，四周有 4 个反应图，要求被试指出可以和刺激图相配的反应图。难类题为视觉类推图，施测时让被试通过分析所给两个图片的相互关系，找出与另一图片上的物体相配的图片。参见"伊利诺心理语言能力测验"。

听觉接收能力测验（auditory reception test） 测量儿童接受语言刺激的能力的测验。伊利诺心理语言能力测验的分测验之一。共 50 个题目，全部是简单疑问句，如："狗吃饭吗？""马要刮胡子吗？"回答的方式也简单，可用"是""不是"以及"能""不能"，也可用点头或摇头示意。参见"伊利诺心理语言能力测验"。

听觉构成能力测验（auditory closure test） 一种听觉填充式测验。伊利诺心理语言能力测验的分测验之一。测试时，由主试用正常的语音速度读出一个字音，在省略了其中的某一音素后，要求儿童将省略的音素加进去构成一个完整的字音。参见"伊利诺心理语言能力测验"。

动作表达能力测验（manual expression test） 测量儿童用动作表达思想能力的测验。伊利诺心理语言能力测验的分测验之一。测试时使用 15 套图片，图片呈现的是铁锤等常见物品，让被试看过图片上的物品后，用动作表达如何操作这些物品，或者用动作表达相关的意义。参见"伊利诺心理语言能力测验"。

口语表达能力测验（verbal expression test） 测量儿童用口头语言表达思想的能力的测验。伊利诺心理语言能力测验的分测验之一。测试时由主试出示铁钉、积木、信封、钮扣等 5 件物品，并且说："请说一说有关这些东西的一些话。"然后依照被试对某一刺激物所表达的内容分类评分，以测量被试的口头语言表达能力。参见"伊利诺心理语言能力测验"。

听—说联合能力测验（auditory-vocal association test） 测量儿童利用语言组合概念的能力的测验。伊利诺心理语言能力测验的分测验之一。共有 42 个类推句。由主试念出前一段，然后留下一段不完整的句子，让被试类推并说出其余部分。参见"伊利诺心理语言能力测验"。

字音构成能力测验（sound blending test） 测量儿童在听到若干间断的音之后，将这些音连贯成一个完整字音的能力测验。伊利诺心理语言能力测验的分测验之一。共有 3 部分。第一部分是把单字分割为 2～3 个音，并且随即出示一些图片来暗示，让被试将分割的音拼成完整的字音。第二部分是把字分割成 2～7 个音，但不出示图片作为填充的线索，让被试在听到分割的音后将它们联结成为完整的音。第三部分是一些无意义的字，每个字由 3～6 个音构成，由主试发出这些音来考查被试的字音填充能力。参见"伊利诺心理语言能力测验"。

听觉序列记忆能力测验（auditory sequential memory test) 测量儿童听觉短时记忆的再现能力的测验。伊利诺心理语言能力测验的分测验之一。参见"伊利诺心理语言能力测验"。

视觉序列记忆能力测验（visual sequential memory test） 测量儿童看到一个序列的刺激后立即再现的能力测验。伊利诺心理语言能力测验的分测验之一。共25个测验题。使用材料为17个小方块，每个小方块上绘有不同的线条或几何图形，如直线、圆形等。测验时根据要求让受试者按主试排过的顺序复排。参见"伊利诺心理语言能力测验"。

瓦列特基本学习能力发展调查（Valett Psycho-educational Inventory of Basic Learning Abilities） 一种测评个体基本学习能力水平的调查量表。由美国特殊教育家瓦列特（R. E. Valett）设计。分为6类共53道测试题，每类题代表一种学习能力。分别为:(1)大肌肉动作发展。包括滚、坐、爬、走、跑、掷、双脚跳跃、单脚跨跃、跳舞、认识自己、认清身体部位、对身体的整体认识、肌肉力量以及一般生理保健等14题。(2)感觉—动作的整合作用。包括平衡与韵律活动、身体—空间的组合作用、动作反应的灵活度、触觉辨别力、方向感、身体左右两侧感以及时间感等7题。(3)知觉—动作的技能。包括听觉敏锐性、听觉接收能力、听—说联合作用、听觉记忆力、听觉编序能力、视觉敏锐性、视觉协调与追踪能力、视觉形状辨别力、视觉的形状—背景判别力、视觉记忆力、视—动记忆力、眼—手协调动作、视—动的空间形状操作、视—动的学习及速度等15题。(4)语言的发展。包括字词、语言表达、构音能力、用字技巧、阅读能力、写作以及拼音等7题。(5)认知技能。包括数学概念、四则运算、数学推理、常识、分类能力、理解能力等6题。(6)社交技能。包括交友能力,预测社交情况的能力、价值判断力,社交成熟度等4题。每道题目分为5个评价等级:极弱(得分0~5分)、弱(得分5~25分)、中等(得分25~75分)、强(得分75~95分)、极强(得分95~100分)。某题(即某项能力)得分如在25分以下,被认为有该项学习能力障碍;某项能力得分如在75分以上,则可认为是学习强项。

书面语言测验(test of written language) 一个有常模参照的书面语言能力测验。编制者汉密尔（D. D. Hammill）和拉森（S. C. Larsen）。初版1983年完成,1988年修订完成第二版(TOWL-2)。初版含有词汇运用、故事编写、拼写和标点符号4个分测验,修订后变成词汇、拼写、标点符号、逻辑语句、句子合成、主题构思、背景词汇、句法运用、自构词拼写及句段标点10个分测验,并由原来单纯给出以100为平均的语言商数,改为分别给出总分、命题写作和自拟题目写作3个分数。修订版适合于7岁到18岁11个月的儿童和青年。有团体施测和个别施测两种方式。编有A、B两个复本。

拜瑞—布坦尼卡视觉—动作统整发展测验（The Berry-Buktenica Developmental Test of Visual-Motor Integration） 一种视

知觉—动作测验。美国儿童发展与治疗心理学者拜瑞（K. E. Berry）编制。特色是强调统整，具有发展顺序性，且不受文化限制。受试者以纸笔抄画27个难度不同的几何图形，可测出视觉与动作统整能力，另外还有两项补充测验。测量单纯视知觉与动作协调的能力。团体、小组或个人施测均可。所需时间约10~15分钟。适用人群为3岁以上儿童及成人。

图片故事语言测验（picture story language test） 一种语言测验。麦克伯斯（H. R. Myklebust）1965年编制。主要用于评估和定级普通与障碍儿童的语言发展水平。在测验过程中，儿童需要写一篇关于测验中使用的图片的故事，没有时间限制，可以集体施测。适用年龄范围7~17岁。

书面拼写测验（test of written spelling-2） 一种标准化的书面语言拼写测验。由拉森（S. C. Larsen）和汉密尔（D. D. Hammill）1986年编制完成。分规则词汇和不规则词汇两个分测验。适合6岁6个月到18岁5个月的学生。信度、效度均较理想。

基玛斯诊断算术测验（KeyMath Diagnostic Arithmetic Test） 一种个别施测的算术能力测验。由康诺雷（A. J. Connolly）、纳契曼（W. Nachtman）和普利契特（E. M. Pritchett）于1976年编制。1988年由康诺雷作了修订。共有14个分测验，分成3个部分：(1)内容分测验。包括数量知识、分数、几何及符号3个子测验。(2)运算分测验。包括加法、减法、乘法、除法、心算、数字推理6个子测验。(3)应用分测验。包括文字题、要素补充、钱币、测量和时间5个子测验。适合从幼儿园到七年级的儿童。

德鲁尔阅读困难分析（Durrell analysis of reading difficulty） 一种评估总体阅读成就的分析量表。德鲁尔（D. D. Durrell）和卡特逊（J. H. Catterson）共同制订。在美国得到广泛承认和采用。由口头阅读、默读、听力理解测验及其他部分组成，包括小学及各个中间阶段的不同问题及文字题。口头阅读测验还包括检查口语的流畅性、清晰度、表达能力和词语分辨力。默读测验中重要的一项是意象测验。词汇和词语分辨力可以通过如下几项加以诊断：词语识别（词语分析）测验，用于测量视觉词汇；听力词汇测验，用于测量听觉词汇；语素发音测验（即测验字母、词干、前缀和后缀）；拼读测验，语词和语素的听觉分析测验。对于小学生，词语的视觉记忆测验能够诊断儿童对于在屏幕上显示几秒的词语和语素的能力；对中学生，则要求其在屏幕显示过后，重新打出显示过的词。该量表对阅读无能和有阅读问题的被试，提供非阅读性发音能力测试，用来评估鉴别口头词汇发音、听写字母、指认字母等阅读技能。

干预反应（Response to Intervention） 一种学习障碍鉴定方法。美国2004年残疾人教育促进法中提出。针对学生的学习、行为和社会交往特征而提供的从大量到少量的教学干预，考察学生接受有效干预后的结果来确定其是否为学习障碍者。

学习障碍诊断问卷(Learning disabilities diagnostic inventory) 用于诊断8岁到17岁11个月之间儿童内在加工障碍和学习障碍的量表。由听、说、读、写、计算和推理6个独立的分量表组成。

伍德库克—约翰逊第三版认知能力测验（Woodcock-Johnson Ⅲ：Tests of Cognitive Abilities） 一种评估认知能力的测验工具。由伍德库克（Woodcock）、麦克格鲁（McGrew）和马泽（Mather）于2007年编制。适用对象是2～90多岁的个体。以CHC(Cattell-Horn-Carroll)理论为基础，主要考查八个方面的能力：长时记忆、短时记忆、加工速度、听觉加工、晶体智力、流体智力、数字分析能力和知识理解能力。整个测试分为标准测试和拓展测试两个部分，共20个测试。测试1～10是标准测试，分别是：词汇理解、图画概念、空间关系、混声组词、矩阵推理、视觉匹配、倒数、组词、复述和字母—数字排序。测试11～20是拓展测试，具体包括常识题、信息检索、图像识别、听词找图、分析综合、迅速决策、词汇记忆、图片命名、填词和划消。

伍德库克—约翰逊第三版成就测验(Woodcock-Johnson Ⅲ：Test of achievement) 用于测量2～90多岁个体的学业成就的工具。由伍德库克（Woodcock）、麦克格鲁（McGrew）和马泽（Mather）于2001年编制。由22个测验组成，包括5个领域的内容：阅读、口语、数学、书面语言和学业知识。该测验可以确定个体的学业优势和不足，整个测验需要60～70分钟时间完成。通常与伍德库克约翰逊第三版认知能力测验结合起来使用，确定个体认知能力和学业成就是否一致。

阅读障碍筛选工具(dyslexia screener) 评估5～16岁以上儿童阅读障碍倾向的在线测试工具。共六个分测验：缺失件、词汇、视觉搜索、单词声音、阅读和拼写，包括三个方面的内容：能力测验、信息加工测验和成就测验。根据评估结果可为儿童提供一些干预策略。

数学障碍筛选工具（dyscalculia screener） 筛选数学障碍的在线测试工具。由英国伦敦大学学院巴特沃斯（Brian Butterworth）于2003年编制。适用于6～14岁儿童。测量内容包括：数点、数字比较和算术成就测验（加法和乘法）。

视知觉发展测验第二版(developmental test of visual perception：second edition) 测量视知觉能力的工具。由汉密尔（Donald D. Hammill），皮尔逊（Nils A. Pearson）和沃瑞斯（Judith K. Voress）编制，弗罗斯特（Marianne Frostig）视知觉发展测验的修订版，有600多万的儿童曾经接受过原来版本的测验。适用于4～9岁儿童，由手眼协调、空间位置、复制、图形背景、空间关系、视觉完型、视知觉速度、图形恒常性八个子测验组成。

学习障碍研究（research on learning disabilities） 学习障碍研究的发展历程。从发展阶段可以分为奠基期、转轨期和综合期，障碍类型分为口语、书面语和知觉动作3大类。奠基期（1800～1940年）以研究脑功能和脑功能异常为标志。这一时期口语方面研究的核心是对表达性语言或接受性语言障碍的脑损伤成人,进行脑伤定位或脑功能研究。书面语方面主要研究诵读困难和描述先天性词盲(word blindness),其中以奥通(S. T. Orton)对阅读障碍的研究最为著名。知觉动作方面则研究脑损伤成人和儿童的行为特点。转轨期(1940~1963年)以儿童学习问题的临床研究为标志。这一时期口语方面重视沟通过程(communication process)的模式分析,突出的进展是"伊利诺心理语言能力测验"的开发运用。书面语方面着重在描述阅读能力迟滞者的性质特点,也重视特殊阅读障碍及其与成熟的关系。知觉动作方面着重在研究知觉动作缺陷与学业问题关系的理论探讨,研究对象由脑损伤儿童转到智力中等而又有学习问题的儿童。综合期(1963~1980年)以学习障碍儿童成为一类独立的特殊儿童为标志。不仅有了学习障碍的法律定义,而且有了相应的专业组织和专门杂志,立法活动或由学习障碍儿童引起的法律诉讼。此一时期学习障碍的研究有了迅猛发展,但同时也带来了许多有待解决的问题,比如学习障碍的定义问题。进入20世纪80年代,学习障碍的矫正研究受到重视,同时研究开始向认知、元认知、动机、行为和社会过程等多个层面扩展。

学习障碍儿童教育干预(educational intervention for children with learning disabilities) 利用特殊的方法协助学习障碍儿童克服学习上的某些困难或补偿其缺陷。包括以下3个基本要素:(1)了解儿童的学习能力与学习成就。(2)根据了解到的实际情况,运用特殊教育原理进行教学。(3)随时检验教学效果,对儿童情况、教学措施进行审查,做出必要的调整。在体现3要素的基础上,可根据学习障碍儿童的不同类型、特征,利用不同的教学原理及其教学方法进行。如在感官并用原理的指导下采用视听触动教学法、蒙眼教学法;在知觉—动作论原理指导下采用凯法特的补救教学论;在控制学习环境原理指导下采用李特兰(L. Lehtinent)、柯鲁沙克(Cruickshank)的脑伤儿童教学法等。也可根据具体情况综合使用多种教学方法。教育干预中应注意:(1)将教育者的活动与学生活动有机结合,由教育者利用各种有效方法观察、评价学习障碍儿童,寻找能促进其进步的因素,让儿童认识自我,进而教育者设计补救教学计划并展开控制教学,鼓励儿童主动参与到教学过程中。(2)基本学习能力、知识缺陷、行为的补救并进,补偿儿童缺陷,从而使他们形成适当而稳定的自我评价,促进其全面发展。(3)个别化教学。要求根据学习障碍儿童的特点和发展水平组织学习活动,为儿童个别化的发展创造最好的条件,促使学生形成个体学习风格和独特的学习方式。(4)对学习障碍儿童的教育干预越早越好。国外经验表明,在小学低年级阶段,教育干预重在矫正其缺陷。而到中年级则重视补偿其缺陷。经过几十年的发展,学习障碍儿童的教育干预在国外(主要指西方发达国家和俄罗斯)已形成一定的体系和规模。美国等西方国家在回归主流教育体系下,对学习障碍儿童采用多种教育安置形式,如特殊班、资源教室、巡回教师、咨询和特殊教育活动等,并采取不同的补偿策略,主要包括任务分析、能力分析、能力—工作分析。俄罗斯为心理发展迟滞儿童开办了专门的特殊班和特殊学校,其教育干预的主要特点是:(1)强调生理、病理因素。(2)教学过程中强调对任务的分析。(3)注意学习方法的培养。中国的研究人员将学习障碍儿童的教育干预分为三步:第一,根据儿童的特点制定教学与学习目标。即在对学习障碍的儿童进行教育和训练时,需要把握其障碍类型并制订出适合他们教育和训练的计划。第二,正确使用强化策略使儿童树立自信。教师尽量使用奖励的办法,使学习障碍儿童少一点失败的体验,多尝试成功的滋味,树立自信,提高学习兴趣。第三,改善教学方法,扬长避短。教学中使用优先策略,优先找出儿童的长处,训练长处,促进发展。

学习障碍大学生(college student with learning disabilities) 接受高等教育的学习障碍者。具有以下一个或多个方面的特点:口头或书面语言的不成熟;口头或书面语言的无组织;知觉—运动问题;学习困难;时间/空间组织的困难;社会不适应以及基本的阅读、拼写、书写或算术技能的薄弱。20世纪70年代在美国大学里增多。美国94-142公法、93-112公法以及各州法律均规定:要使学习障碍者在接受高等教育时得到帮助和服务。这些帮助包括:延长考试时间;用口试来辅助或代替书面考试等。在美国的大学里,很多学习障碍者已成功地接受高等教育。作为一个群体,他们已影响到其所在大学的教学大纲和政策。

学习障碍咨询教师(consultant teacher on learning disabilities) 为从事学习障碍儿童教学的教师提供服务的特殊教育人员。职责是释疑解惑,或提供特殊教材和特殊方法。所服务的教师一般都是只经过简单特殊教育训练的普教老师,所涉及的学习障碍儿童限于在普通班就读的轻度障碍儿童。一般跨校甚至跨社区提供服务,但只负责较为简单的问题,不充当学习障碍问题专家的角色。

四要点模式(four-point program) 教师在儿童对单词的字母和字的发音有了初步认识之后采取的一种教学模式。源于居宁安主张的学习单词时并用听、念、看、写等有关感官的拼音与拼写并用法(又称SOS法)。四要点为:(1)教师念字,儿童模仿发音。(2)儿童念字后,还要念出全字各个字母的音。(3)手写这个单词,写字时也要逐个地念出该单词中每一字母的音。(4)刚写完这个单词之后,还要再念一次,加强字音融合练习。

行为主义学习模式(behaviorism learning model) 美国一些学者对20世纪70年代学习障碍研究领域占主导地位的学习模式的统称。以斯金纳等人的行为主义理论为基础,认为学习障碍儿童的问题起因于未具备学习行为,而这些行为是可观察、鉴定和以数量化来确定及训练的。据此可将学习任务或学习行为加以分析,转换为更小的分任务或分技能,然后按照分任务或分技能依次教给学生。既有助于专家诊断和评定学生的学习障碍,也有助于学生掌握适宜行为,并进而使这些行为在不同环境中得以迁移和概括。参见"还原主义学习模式"。

认知策略学习模式(cognitive learning strategy model) 美国一些学者对20世纪70年代末至80年代学习障碍研究领域最常见的学习模式的总称。以皮亚杰、英海尔德等人的学说为理论依据。强调儿童产生学习障碍的原因是他们不能适当地运用学习所必需的认知策略和能力。认为借用认知心理学的一些原则(如认知转移、因素分析、电脑或信息处理、编码与记忆等),并应用一些行为方法(如观察、自我指导、任务分析、强化等)就可能发现、评定并解决学习障碍学生的问题,帮助他们发展必需的认知策略和情感要素,以适应学习任务和要求。参见"还原主义学习模式"。

还原主义学习模式(reductionism learning model) 美国一些学者对20世纪60年代末至80年代初学习障碍研究领域占主导地位的"心理过程模式""行为主义学习模式""认知策略学习模式"的总称。与"整体主义学习模式"相对。其共同特点是:(1)试图将学习过程还原或分解为多个组成部分。20世纪60年代,有关专家预测,特定的学习障碍与人的大脑特定区域的功能失常相关。70年代,有人设想学习过程由若干小的行为单元组成,认为学习者只要依次完成预先设计和制订的学习任务,便可最终达到习得完整学习行为的目的。80年代,有关专家建议把已分解的各个认知策略教给学习者,使他们掌握学习过程所需的手段和方法。(2)对学习障碍学生进行教学的目的是使他们达到学校现有课程及科目的学习要求,而非满足未来社会对学习者的需要。(3)所采用的评估、鉴定、特殊教学手段均将焦点对准学习者的障碍和缺陷问题。但此类模式未能证实和解决学习者获得的学习能力可否长期迁移、概括和巩固等问题。

整体主义学习模式(holism learning model) 美国一些学者对20世纪80年代末至未来学习障碍研究领域占主导地位的学习模式的预见。与"还原主义学习模式"相对。以杜威、布鲁纳等人的教育思想为理论基础,并给予更广泛、更生动的解释。认为学习者学习的多样性受其经验、兴趣、能力、生理因素、师生的性格特征以及外界条件等多方面因素的影响,在改变原认知结构、形成解决问题的新认知结构过程中,学习者的自身作用至关重要,学习者只有积极主动地完成学习任务,才可能达到最佳学习效果。强调:(1)学习障碍是儿童身心各方面发展不平衡的结果。(2)所采取的正规和非正规的评定手段和布置的学习任务应取决于儿童已有的经验、兴趣、个性和能力。(3)依据学习者的兴趣、能力、经验等设计教学,教学目标和实施标准需注重学生掌握必要的知识。(4)造就更为奋发向上、全面发展、有积极的学习态度者。

盖特曼视动模型（Getman visual-kinesthetic model） 盖特曼（G. Getman）等人于1968年提出的一种知觉运动训练模式。分为6个部分：一般协调、平衡感、手眼协调、眼球运动、形式知觉、视觉记忆。

能力—工作分析法（ability-task analysis） 教育学习障碍者通过某种特定的过程去完成预期的任务，将克服障碍的过程和矫正作业融为一体的补偿训练方法。应用时，既要求对儿童的能力和能力障碍作具体分析，又必须根据任务的要求对技能的次序进行分析，将排序功能失调的补偿和被分解的任务联系起来，并对需要发展的运动功能和劳动技能方面补救作出规定。对于具有特殊发育障碍和学业性障碍双重问题的儿童极为必要。

学习障碍矫正策略（remedial strategies for learning disabled children） 又称"学习障碍儿童补偿策略"。泛指为补偿学习障碍儿童的缺陷而设计的干预措施或教学方法。分为3类：（1）任务或技能训练。即改变学习任务类别，将任务分解为细小的技能成分，先让儿童掌握各个成分，然后再将这些成分综合起来完成整个任务。（2）能力或过程性训练。即鉴别出儿童的具体障碍加以针对性的训练。（3）能力—任务训练。即上述两种方法的结合，既作任务分析，也对儿童加以分析。

触觉训练（touching training） 通过让患者触摸各种实物，提高其触觉分辨能力，降低触觉阈限的训练过程。训练内容包括对气体、液体和固体的接触；对各种不同材料、不同形状和体积的物体的触摸等。

味觉训练（tasting training） 通过各种味觉刺激，改善个体的味觉感受能力、味觉分辨能力的训练过程。对象是味器官发育正常，但味觉辨别和感受能力低的儿童及成人。训练内容包括对酸、甜、苦、辣、咸等各种味道加以区别，以及对每种味道的不同程度加以区分。

嗅觉训练（smelling training） 通过各种气味刺激，提高个体的嗅觉感受能力、嗅觉辨别能力的训练过程。对象是嗅器官正常，但嗅觉分辨能力有障碍的儿童及成人。训练重点是对有毒、有害气味的分辨，以保障个体的生命安全。以及生活中常见的气味的分辨，以帮助个体更充分地参与生活和享受生活。

温度觉训练（thermesthesia training） 通过各种不同温度的刺激，提高个体分辨温度能力的训练过程。训练内容包括对液体、固体、气体的不同温度的感受。训练重点是分辨对人体有危险的温度，以趋利避害，保障生命安全。

板书训练（board writing training） 让学习障碍者进行板书，训练其感觉分辨能力、运动协调能力，同时学习一定知识的过程。在训练中，患者必须正确辨别所要板书的内容，培养感觉分辨能力；必须通过板书努力将内容正确记载下来，培养手眼协调、身体平衡等能力，同时肌肉控制能力也得到锻炼；所记载的内容具有一定的知识性，通过多种感官共同作用，更容易识记这些知识。

蒙眼教学法（AKT method） 一种听（audition）、动（kinesthesis）、触（touching）教学法。由布劳（Harold and Harriet Blau）提出。理论出发点是：儿童初学单词时最容易导致分心的原因是视觉的自由活动、东张西望或注视一些不必过早重视的细节，从而抵消了整个字的刺激力量。如果堵住视觉输入，借助于听觉、运动感觉、触觉把字形、字音输入，就能使学生集中注意。等到这三个输入途径得到清晰的信息，建立了极为深刻的印象后，再用视觉输入做进一步的确认，就能提高学习效果。其教学要点包括：(1)命令儿童闭上眼睛，或用眼罩将儿童眼睛蒙上。(2)在该儿童背上书写一个单词。(3)教师一面书写单词，一面高声朗读，把该单词中的字母依序逐个念出来，念时要配合书写的动作。即每写一个字母，才念出该字母的发音。(4)有时候还要预备一些塑胶或木制立体的字母，以便教师在儿童背上书写字母时，儿童自己也可用手指触摸同样的一个立体字母。应注意这种方法是否反而过分增加儿童负担而使其分心。(5)当教师把一个单词在儿童背上书写和朗读之后，儿童要在摆在他面前的一堆立体字母中摸出相应的字母，并正确地排列成同一个单词。(6)儿童排成该单词后，即可睁开眼睛仔细地观察这个排好的单词，集中精神用视觉来认识这个单词。(7)把这个单词写出来。

蒙特瑞方法（Mentory method） 又称"格雷—瑞安方法"。一种以行为矫正为基础，强调口头表达行为的补偿方法。引导儿童一步一步掌握核心的基本语法形态。适用于那些言语没有得到发展，在语言表达方面还需练习的儿童。以下述假设为基础：一旦儿童掌握了以这些语法形态为基础的短句，就会通过自己的经验进一步学习新的语法形态和语法规则。该方法中，儿童每写一种语法形态，都要顺次完成以下步骤：儿童有反应；提供刺激；给予强化；强化程序表；通过下一步的标准；让儿童知道期望他做出反应的样式。

颜色覆盖技术（coloured overlays） 根据阅读障碍儿童存在视觉障碍的理论假设建立的一种干预方法。通过改变文字的印刷颜色，最好用两种以上的颜色印刷，如一行用蓝色，一行用黄色，或采用黄色、蓝色、绿色等各种透明的塑料卡片覆盖在书本上，以降低阅读障碍儿童在阅读过程中所出现的漏行、跳行、扫描和多次回视等现象。

语音—书写—发音方法（grapho-vocal method） 一种循序渐进的语音教学体系与矫正阅读障碍的练习方法。赫根、柯克夫妇（Hegge, Kirk）1936年提出。强调语音合成，并且与动觉经验结合。运用时遵循下列原则：(1)最小变化。每堂课仅安排一个新的语音。(2)强化性学习。每个新的语音要在不同场合下加以重复，加上经常的复习练习。(3)鼓励和肯定。(4)对每个语音符号（字母）仅教一种反应方法。(5)儿童自我强化，教师给予社会性强化。

动觉方法（kinesthetic method） 强调通过动作训练来提高识字能力的方法。

阅读障碍儿童训练方法之一。格雷斯·佛纳尔德（Grace Fernald）和海伦·凯勒（Helen Keller）于 1921 年提出。具有以下特点：(1)将视觉输入和动觉体验融为一体，强化教学过程。(2)通过书写及使用运动，将注意力集中于视觉目标。(3)存在一个内在反馈体系：儿童写出一个词，用原来的词检查对照，假如写出的词不正确，可以再次默写。实施过程包括 4 个基本阶段：(1)出示一个儿童熟悉的词，要他边念、边用手指描绘词的形状；然后进行默写，把默写出的词同原来的词做比较。(2)出示儿童熟悉的一个词或短句，要他边看、边念；然后默写出来，将默写结果同原来的词进行对比，直到能够写对为止。(3)要儿童写一个词，但不发出声音来，直到写会这个词为止。(4)儿童在以上的经验基础上进行概括，推广到读新词。

感觉统合训练法（sensory integration therapy） 又称"感知运动整合"（sensory motor integration）"感知整合疗法""感知统整"。帮助患者有效地整合通过感觉获得的信息，从而适应周围环境的一种治疗方法。理论假设是：感觉刺激通过整合可转换成有意义的知觉判断，而知觉判断则会影响到个体能否适宜地与环境发生相互关系。美国的艾尔斯（J. Ayrce）认为，学习障碍儿童的病因在于感觉整合功能的失调。还用于治疗智力落后、脑瘫等患者。具体实施方法是通过给儿童创设玩的环境和气氛，通过各种控制性的活动，向个体提供与控制各类感知运动信息的输入，特别是输入一些运动觉、皮肤觉的信息，以使儿童自发能动地产生适应性反应，以达到渐渐地统整感知运动信息的目的，使儿童增加学习能力、运动技能、学业能力和习得一些良好的行为。治疗途径包括：用刷子刷或揉腹部以外的皮肤或肌肉，做软垫活动，推拿各关节，荡秋千，坐摇椅或摇摆床，坐旋转板、滑行板，坐可上、下运动的软球等。

知觉运动训练（perceptual-motor training） 对知觉—运动过程存在障碍的个体提供的训练。1971 年纽威尔·凯法特（Newell Kephart）提出，并用于教育脑伤儿童。以后逐步用于学习迟缓儿童的教育。知觉运动的过程，是由感觉器官接受刺激，经过感觉神经传导，将刺激输入大脑神经中枢，由神经中枢予以联合、统整后储存在大脑，或将大脑的命令通过运动神经传导输出至反应器官予以反应。这也是学习的基本过程。有些儿童由于大脑神经中枢受损，可能导致视知觉的损伤，往往歪曲视觉信息；或造成听知觉的破坏，常曲解听觉讯息；或其联想、理解、统合等能力遭到破坏，因而失去联合、统整、概念化等能力。有的儿童手眼不协调，小肌肉动作不能控制；有的伴有语言缺陷等一种或多种障碍，以致严重影响学习与反应的效果。对此类儿童应尽早提供这一训练，以减少其学习的困扰。凯法特提出的这种训练方法对学习缓慢儿童的训练较有效。训练内容包括：平衡台，平衡板，弹簧床，雪中天使，特技与游戏，韵律活动。其他较著名的知觉动作训练方法有蒙台梭利的感官训练,华莱特对学习障碍的矫治,布瑞勒的每日感官训练活动及弗洛斯蒂的视知觉发展活动。

无视觉的 AKT 法(nonvisual AKT method) 见"蒙眼教学法"。

多感官教学(multi-sensory teaching) 一种帮助儿童克服学习障碍的教学方式。在教学过程中,教师在教学情境创设、教学内容呈现和学习方式安排、学习结果评价等教学活动组织上,尽可能调动学生的视觉、听觉、触觉、味觉、嗅觉等多种感官同时参与学习。

唤醒理论(arousal theory) 又译"激发论"。环境心理学中一种解释个人活动空间大小与情绪变化关系的理论。这种理论认为,个体活动空间逐渐减小时,其唤醒水平(或称激发状态)随之上升;当个人活动空间缩小使之感到不便或困难时,就会产生攻击行为。

猜字游戏(charade) 对社会概念的学习障碍者进行补救的一种方法。个体随着经验的积累和社交能力的成熟,会逐渐形成对社会情况的判断力、领悟力。如果这些能力缺乏,就会构成社会概念的学习障碍,即对他人的动作或周围事物的象征意义缺乏认识,以至于无法及时了解他人的情感、态度、意向或者环境的气氛,因而缺乏适当的社会行为。活动时,让儿童遵照教师的口令表演动作,教师说出"打球、刷牙、钉钉子"之类的动作指令,儿童即刻表演动作;或者由教师表演某种动作,让儿童观察并口头说明;也可以让儿童一面说出某种动作或情境,一面表演。

自我拥护(self advocacy) 在不损害自己或他人尊严的前提下,识别并满足自己学习障碍特殊需要的能力。包括3种相互关联的技能:关于自己想要什么的知识;关于自己在法律上拥有什么权利的知识;有效地达到自己的目标的能力。

《学习障碍法案》(Children with Special Learning Disabilities Act) 美国一部有关学习障碍儿童教育的专门法令。1969年美国颁布的91-230公法(即《残疾人初等教育和中等教育法修正案》)中的主要法案之一。基本内容包括:(1)特殊学习障碍的概念。(2)以"全国残疾儿童问题咨询委员会"1969年提出的特殊学习障碍定义为依据,确定其法律定义标准。(3)明确联邦政府向各州特殊学习障碍青少年服务的教育计划提供资助。颁发后使学习障碍者得以享受其合法权益,促进了学习障碍儿童教育的发展。

全美帮助学习障碍者计划(National Learning Disabilities Assistance Program) 又译"学习障碍者协助计划""学习障碍者协助方案"。20世纪70年代在美国各州实施的一项特殊教育计划。1971年7月1日,美国政府颁布了《初等和中等教育法》。其中规定,联邦政府根据残疾人教育法令,为所有残疾儿童单独提供保障计划。在残疾人教育法令的第7章中,专门明确了为特殊学习障碍儿童提供资金保障的计划。这一计划的目的,是协助各州鉴别、诊断有特殊学习障碍的儿童,并为他们提供教育服务。这个计划保证了对研究工作、师资培训及督导特殊学习障碍儿童教师的视导人员培训的支持，也保证了对典型的优秀教育服务中心的支持，以此鼓励各州改进对这部分人口的教育服务。1975年94-142公法修订了残疾儿童的定义，使之包括了特殊学习障碍这一类型。这就使残疾人教育法中其他的任何计划也能应用于特殊学习障碍儿童。1983年98-199公法取代了残疾人教育法第7章。该计划也随之停止。

儿童服务示范中心（child service demonstration centers） 美国学习障碍青少年的一种服务机构。由美国教育部缺陷儿童教育局于1975年拨款在各地兴建。各中心与当地大学的特殊教育中心、教育行政机构协同工作,设计学习障碍者协助方案,对学习障碍者实施特殊教育。其功能包括：学习障碍者教学示范；教师在职培训,训练教师采用诊疗教学模式对学习障碍青少年进行补救教学。部分中心设有顾问委员会,成员是学习障碍儿童协会该地区分会的主席、小儿科医师、心理学家、牙医师、验光师等。委员会的主要职责是按月召开会议以了解整个协助方案的进度,并筹备各种研讨会,使工作人员研究教学心得,改进中心业务,推广成功的教学模式。

学习障碍儿童协会（Association for Children with Learning Disabilities） 美国一个旨在提高学习障碍者教育水平和一般福利待遇的非官方组织。总部设在匹兹堡。最早由学习障碍儿童的家长于1964年组织。此后,根据塞缪尔·柯克（Samuel Kirk）的建议,将协会的名称改为"学习障碍儿童及成人联合会"（Association for Children and Adults with Learning Disabilities, ACLD）。在美国50个州、哥伦比亚特区以及德国都有自己的分会。成员包括60 000名家长、各个学科的专家、学习障碍成人和其他对此感兴趣的人士。协会及其分会可以与学校系统直接交涉,制订早期鉴定计划并修订、改进普通和特殊教育。每年召开国际会议和洲际会议,并出版5期简报。

全美学习障碍联合委员会（National Joint Committee on Learning Disabilities） 美国关心学习障碍者各组织的代表所组成的委员会。成员包括：美国言语语言—听力协会、学习障碍儿童及成人联合会、特殊儿童协会交往障碍儿童分会、国际阅读协会和奥顿（Orton）诵读困难联合会等。1975年召开了第一次正式会议。该组织不仅为全国性有关学习障碍问题的研究提供多学科研讨的论坛,而且在促进其成员组织的合作和交流,确定在学习障碍这一领域内的研究课题和服务项目等方面发挥作用。

学习障碍儿童基金会（Foundation for the Children with Learning Disabilities） 美国纽约州的一个慈善基金会。1977年由查理·罗塞尔（Carrie Rozelle）等人发起创建。主要致力于提高公众对学习障碍及学习障碍者的认识,并为有关人士提供全面的教育服务。设有年度会刊《他们的世界》（Their World）。

凯法特（Newell Carlyle Kephart,1911~1973） 美国学习障碍教育领域的奠基

人。20世纪60年代美国特殊教育领域知觉—动作协调训练活动的主要倡导人之一。曾先后获硕士和儿童福利专业的哲学博士学位。1946年在普尔都大学任心理学和教育学教授时开办了为残疾儿童服务的研究和治疗中心——儿童发展中心。认为儿童最早是通过动作活动同环境接触的,这种肌肉运动是以后学习活动的一种必要准备。因此,对脑损伤儿童应加强感知运动训练。提出了各种训练活动,例如:(1)使用移动木板、健身弹簧垫、堆雪人及各种游戏的感知运动训练。(2)发展运动替代及调配视知觉的活动。(3)眼球运动训练,帮助儿童把对运动的视觉控制同早先学得的动觉模式配合起来。(4)形状知觉训练,如运用有孔或木栓的木板、手杖图形及玩具进行练习。强调家长能促进子女身心发展。著有《课堂里的学习迟滞者》、《学习障碍问题:一种教育尝试》等书。

斯特劳斯(Alfred A. Strauss,1897~1957) 美国学习障碍教育领域奠基人之一。1922年在德国海德堡大学获医学博士学位。1937年到美国。1947年与人合作出版《脑伤儿童精神病学及其教育》一书,阐述了一个教育脑损伤儿童(被认为有行为不良、懒惰、漫不经心或迟钝等问题)的计划。该书成为20世纪50年代有关专家制订轻度脑损伤儿童教育计划的必读参考书。1949年在威斯康星州的瑞森(Racine)率先开办一所专为脑损伤儿童服务的寄宿制学校——科夫学校(Cove School)并任校长,受到国际瞩目。1955年和凯法特一起,对在教养院中的有学习问题的智力正常儿童进行内因和外因分组(外因组儿童的心理异常是由于家庭或环境因素,而非实质性损伤;内因组儿童中枢神经系统遭受全面的损伤),并对其在教养院期间的智商变化作了研究,发现内因组增加了4.0分而外因组却下降2.5分,由此建议对外因组儿童应减少环境中不必要的刺激。此外,还对外因组儿童的特殊行为,如冲动性、多动、缺乏注意、分心、知觉失调、情绪不稳定等进行研究(这些症状即斯特劳斯综合征)。主要观点是:有产前、产程及产后脑损伤的儿童,会存在知觉、思维和行为等方面的障碍,而这些障碍会影响儿童在阅读、写字、拼写或算术计算方面的学习能力。在诊断、教育脑损伤儿童方面的成就有:发展多种用于诊断儿童脑损伤的测验工具、阐述脑损伤造成的智力落后儿童与家族性智力落后儿童之间的差别。

塞缪尔·亚历山大·柯克(Samuel Alexander Kirk,1904~1996) 男,美国著名特殊教育专家,伊利诺依大学和亚利桑那大学终身教授。1904年9月1日生于美国北达科塔州。早年大学毕业后曾在智力落后学校工作,1935年在密执安大学获心理学博士后到多所大学任教,研究并编制依利诺心理语言能力测验(ITPA)。1951年任美国AAMD的副主席,1962年任美国肯尼迪总统研究智力落后的专门委员会委员。1963年首先提出学习障碍的名称和概念,1964年任美国学习障碍协会领导,1966~1969年任美国教育部特殊教育顾问。与加拉赫合著的《特殊儿童心理与教育》(Educating Exceptional Children)被中国大陆和台湾分别译为中文出版。20世纪80年代曾到中国访问和演讲。

《学业疗法》(Academic Therapy) 学术期刊名。美国第一份专门面向直接接触具有学习、语言和交往困难儿童的特教老师、教育诊断人员、心理学家、资源教室专家以及言语、语言、交往、视力和听力领域内的实习人员的杂志。自1965年以来，一直刊登通俗易懂的实践性文章，突出对特殊儿童临床、治疗和教学方面有效方法的介绍。文章短小，以是否有用和读者能否直接付诸应用为选登原则。每年的1、3、5、9、11月出版，共五期。

《学习障碍教育设备年度指南》(Annual Directory of Educational Facilities for the Learning Disabled) 列举全美各州专门用于学习障碍者教育计划的非公共教育设施的一份指南。由美国学业康复会出版，每年一期。依各州的字母顺序排列。每州目录下，列出机构名称、地址、主席和成员人数。然后记述以下信息：(1)设备的类型——教育方面由专家进行的服务(如诊断、视力检查等)、夏令营。(2)接受儿童的年龄范围。(3)儿童的性别类型。(4)全日制、半日制或是寄宿制。(5)所需费用。

情绪和行为障碍教育
Education for Emotional and Behavioral Disorders

精神残疾(psychiatric disability) 中国对残疾的一种分类。1987年第一次全国残疾人抽样调查时曾称为精神病残疾，2006年第二次全国残疾人抽样调查改称现名。指各类精神障碍持续一年以上未痊愈，由于病人的认知、情感和行为障碍，影响其日常和社会参与。

精神残疾分级(degree of mental disability) 第二次全国残疾人抽样调查制定的精神残疾标准对精神残疾程度的划分。18岁以下者依据下述的适应行为的表现，分为四级。一级：WHO-DAS值≥116分，适应行为严重障碍；生活完全不能自理，忽视自己的生理、心理的基本要求。不与人交往，无法从事工作，不能学习新事物。需要环境提供全面、广泛的支持，生活长期、全部需他人监护。二级：WHO-DAS值在106~115分之间，适应行为重度障碍；生活大部分不能自理，基本不与人交往，只与照顾者简单交往，能理解照顾者的简单指令，有一定学习能力。监护下能从事简单劳动。能表达自己的基本需求，偶尔被动参与社交活动；需要环境提供广泛的支持，大部分生活仍需要他人照料。三级：WHO-DAS值在96~105之间，适应行为中度障碍；生活上不能完全自理，可以与人进行简单交流，能表达自己的情感。能独立从事简单劳动，能学习新事物，但学习能力明显比一般人差。被动参与社交活动，偶尔能主动参与社交活动；需要环境提供部分的支持，即所需要的支持服务是经常性的、短时间的需求，部分生活需由他人照料。四级：WHO-DAS值在52~95分之间，适应行为轻度障碍；生活上基本自理，但自理能力比一般人差，有时忽略个人卫生。能与人交往，能表达自己的情感，体会他人情感的能力较差，能从事一般的工作，学习新事物的能力比一般人稍差；偶尔需要环境提供支持，一般情况下生活不需要由他人照料。18岁以上的精神障碍患者还要依据 WHO-DAS 的分数进行分级。

精神疾病（mental illness）　又称"精神障碍"。有两种含义：狭义指一种严重的精神障碍，感知、记忆、思维能力受损、情绪反应与行为不适当，常出现各种幻觉、妄想等精神病理症状。与此同时，现实检验能力和社会功能严重下降，自知力缺乏。广义除了包括狭义的精神病外，还包括神经症、人格障碍与精神发育迟滞（弱智）等。引起的原因很多，有器质性因素、素质和环境因素等，部分患者原因不明。各类精神疾病的病因、症状、病程、治疗、预后均不相同。常用于鉴别的心理测验工具有 MMPI、罗夏墨迹测验、精神状态检查等。分类详见"中国精神疾病分类"。

中国精神疾病分类（Chinese classification of mental disorders）　中华医学会制定的划分精神病类型的国家标准。在参考国外有关精神疾病分类，并结合中国实际，于 1978、1981、1984 和 1988 年数次修订。2001 年出版的《中国精神疾病分类与诊断标准》第三版分类如下：(1)器质性精神障碍。包括阿尔茨海默（Alzheimer）病、脑血管病所致精神障碍、其他脑部疾病所致精神障碍、躯体疾病所致精神障碍、其他或待分类器质性精神障碍。(2)精神活性物质或非成瘾物质所致精神障碍。包括精神活性物质所致精神障碍、非成瘾物质所致精神障碍。(3)精神分裂症和其他精神病性障碍。包括精神分裂症、偏执性精神障碍、急性短暂性精神病、感应性精神病、分裂情感性精神病、其他或待分类的精神病性障碍。(4)心境障碍（情感性精神障碍）。包括躁狂发作、双相障碍、抑郁发作、持续性心境障碍、其他或待分类的心境障碍。(5)癔症、应激相关障碍、神经症。包括癔症、应激相关障碍、神经症、与文化相关的精神障碍。(6)心理因素相关生理障碍。包括非器质性睡眠障碍、非器质性性功能障碍、进食障碍。(7)人格障碍、习惯与冲动控制障碍、性心理障碍。(8)精神发育迟滞与童年和少年期心理发育障碍。包括精神发育迟滞、言语和语言发育障碍、特定学校技能发育障碍、特定运动技能发育障碍、混合性特定发育障碍、广泛性发育障碍。(9)童年和少年期的多动障碍、品行障碍、情绪障碍、儿童社会功能障碍、抽动障碍、其他童年和少年期行为障碍、其他或待分类的童年和少年期精神障碍。(10)其他精神障碍和心理卫生情况。包括待分类的精神病性障碍、其他心理卫生情况、待分类的非精神病性精神障碍、待分类的其他精神障碍。

神经心理学（neuropsychology）　研究人的心理活动与大脑关系的心理学分支。着重于研究各种心理活动（如感觉、知觉、记忆、情绪、语言、思维等）的脑机制。习惯上把法国外科医生布罗卡（Broca）在 1861 年发现的左脑额下回病变引起的运动性失语症作为此学科创立的起点。此后，沿着实验神经心理学和临床神经心理学两个方向发展。前者以实验室工作为主，通过对动物脑损毁的实验研究和人类大脑两半球功能的生化、生理和实验心理学的研究来探讨心理与脑的关系。后者以临床观察实验为主，也积累了大量有关局部脑损伤的病例。其发展促进了医学、教育和心理学的联系,为提高儿童的认知能力,教育和治疗儿童的学习与行为问题提供依据和方法。

临床心理学(clinical psychology) 心理学分支之一,心理学的一个重要应用领域。主要探索并应用心理学原理与技术,理解患者或来访者,减少他们的苦恼,帮助他们更有效地适应社会。此术语由威特默(Whitmer)在1896年最早提出,并在宾夕法尼亚大学建立了第一个心理门诊,对身体残疾和智力落后儿童进行诊治和提供学业上的帮助。第二次世界大战后,逐渐应用到精神病院、智力残疾和肢体残疾儿童的特殊机构。现代临床心理学具有更广泛的应用范围,包括精神病院、诊所、综合医院、儿童指导诊所、社区精神卫生中心、各类学校、康复中心等。

心理学临床(psychological clinics) 美国大学给学生提供教育、咨询和心理学训练,指导学生治疗各类患者的课程。内容包括:儿童评估和干预、父母训练、教师咨询、家庭咨询、课程评估、管理评估等。同时训练学生灵活运用多种方法处理具体案例的能力和与团体协调工作的能力。

心理理论(theory of mind, TOM) 又译"心灵理论""心智解读"。对他人心理状态归因的一种能力。最早由 Premack 和 Woodruff(1978)在研究黑猩猩的认知能力时提出。研究普遍认为,普通儿童在3~5岁期间对他人的愿望、信念、动机等心理状态以及心理状态与行为之间的关系有一定的认识,并根据自己已有的知识系统解释、预测自己及他人的行为。孤独症儿童在此方面具有明显的发展异常,无法认知他人的心理状态,成为导致社会交往障碍的可能原因之一。

错误信念任务(false-belief task) 考察儿童心理理论发展的主要研究策略。心理理论研究中的一个重要内容,常用于发展心理学研究;主要是研究儿童能否把错误信念归因于他人和在何时出现此现象,如研究者让儿童观看录像,一个小男孩把一块巧克力放在桌上出去玩,妈妈随后进屋把那块巧克力转移位置,放到抽屉里,研究者问观看录像的小朋友:小男孩回来后到哪儿找巧克力?以上这个"被试是站在自己的角度还是站在小男孩的角度回答此问题的任务"被研究者称为错误信念任务。

心理防御机制(mental defense mechanism) 个体应对挫折的某些反应方式。目的是减轻心理矛盾、缓解和消除情绪上的不安和痛苦。由 S. 弗洛伊德最早提出。常见和重要的形式有:压抑作用、退化作用、投射作用、反向作用、否认作用、认同作用、升华作用、补偿作用和文饰作用等。

心身障碍(psychosomatic disorders) 又称"心理生理疾病"。指心理社会因素或情绪因素起重要作用并有明确而具体躯体变化的一组疾病。心身疾病范围很广,涉及自主神经系统、代谢过程和内分泌系统。美国心理生理疾患学会将其分为7个方面:(1)心血管系统方面,如偏头痛、冠心病、雷诺氏病、原发性高血压和心动过速等。(2)消化系统方面,如神经性厌食症、消化性溃疡和溃疡性结肠炎等。(3)泌尿生殖系统方面,如阴冷、阳痿、痛经和月经失调等。(4)内分泌系统方面,如肥胖症、糖尿病和甲状腺功能障碍等。(5)呼吸系统方面,如慢性呃逆、过度换气综合征和支气管哮喘等。(6)皮肤方面,如荨麻疹、斑秃和神经性皮炎等。(7)肌肉骨胳系统方面,如周身疼痛症、类风湿性关节炎等。儿童的心身疾病症状与成人不同。儿童期和青春期的心身症状出现频繁,不同年龄阶段的主要症状不同。常见的如:3个月,急腹痛;6个月,呕吐;8~12个月,湿疹;2岁,暂时性屏息发作;3岁,腹痛;5岁,哮喘;6岁,头痛;青春期,回肠炎。这些疾病的发生和发展与下列因素有关:(1)遗传的易感性躯体素质(反复感染)。(2)不恰当的早期亲子关系(过分保护、抛弃、攻击性、焦虑等)。(3)生理(过敏)或心理应激。(4)有心身障碍的家族史。治疗时应综合考虑儿童家庭、社会环境、心理因素、发病年龄、病因学等,以确定干预策略,通常兼用药物和心理治疗。特殊教育教师应注意观察儿童身心两方面的异常表现,为诊断和治疗提供帮助。

情绪障碍儿童(emotionally disturbed children) 一组在行为表现上与一般同龄儿童应有的行为有明显偏离的儿童。特殊教育文献中常称为情绪与行为障碍儿童,美国《所有残疾儿童教育法》中称为"严重情绪障碍"儿童。具体指有下述一种或多种影响教育的、明显而持续行为特点的儿童:(1)有学习障碍,但不能用智力、感觉和身体的原因加以解释。(2)不能与同龄人和教师建立或保持良好的关系。(3)对正常环境缺乏恰当的情绪和行为反应。(4)心境全面持续抑郁。(5)在学校和个人方面碰到困难时容易出现生理或恐惧反应。其中包括儿童精神医学中的孤独症、精神分裂症、抑郁症、物质依赖、少年违法、违反社会道德行为、人格障碍、社会适应障碍和不良行为习惯等。原因有社会环境(家庭教育不当、学习负担过重、不公正待遇、不良社会风气、不良书刊和影视等)的影响和个人生理与心理素质上的缺陷。家长、特殊教育教师和心理卫生专业人员应根据儿童的不同情况进行处理。心理动力学治疗,可以帮助消除心理上的原因。行为治疗主要针对外显的行为。小组心理治疗对有人际关系问题的儿童特别有帮助。另外可指导儿童的父母在家里配合行为矫正,对教养方法提出建议和帮助解释儿童的行为,对有些儿童需要配合药物治疗。

情绪障碍的生物学基础(biological basis of emotional disorders) 可用来解释情绪障碍的生物学因素,如遗传、器官病变、代谢异常等。研究表明,精神分裂症、躁狂—抑郁症、恐怖症等都有其生物发生学的基础。如抑郁可能有大脑神经系统突触传递的障碍。可通过药物治疗、改变睡眠、控制饮食、体育锻炼等来改善情绪障碍。

情感性障碍(affective disorders) (1)指各种精神症状或综合征异常表现。如:

①情感淡漠。对外界刺激缺乏情感反应,反应异常迟钝,漠不关心。②情感倒错。情感反应与外界刺激性质及内心体验不符。③矛盾情绪。客观事物可同时引起两种截然相反的情感反应。④易激惹。外界刺激引起的情感反应过分激烈,易激动,情感脆弱,不稳定。⑤情绪高涨或低落。患者长时间被某种特殊心境,如情绪高涨或抑郁所影响。情绪高涨时兴高采烈、多动多语、易激动、联想迅速,并有夸大色彩;抑郁时悲观失望、对人冷漠、自责自罪,并有饮食和睡眠障碍。⑥强迫性情绪。与某种特殊情境或事物相联系的不由自主的紧张恐怖情绪,如恐怖症。⑦情感爆发。由于某种精神刺激而出现的爆发性情感障碍。表现为哭笑无常,其发作较迅猛,很富有情感色彩,多见于癔病。⑧情感脆弱。患者易伤感,碰到细小的事情也容易伤心落泪。⑨强制性哭笑。在没有明显外界诱因的条件下突然出现,不能自控的哭或笑。患者缺乏相应的内心体验,也说不出哭笑的原因。⑩情感衰退。对各种刺激逐渐丧失相应的情感反应和内心体验,情感反应异常迟钝。上述情感障碍表现,有的是某种精神疾患的特征性症状,如情感冷漠多见于精神分裂症;有的症状可见于不同种类精神疾患,如易激惹可见于神经症、躁狂状态或器质性精神病。(2)指一组以心境障碍为主要症状的异常表现。如躁狂抑郁症、更年期抑郁症、反应性抑郁、抑郁性神经症等。

混合情感障碍 一种情感性精神障碍。抑郁和躁狂两种症状同时在一个病人身上存在。患者活动过多、讲话滔滔不绝而同时可具有严重消极抑郁的想法。有的在躁狂之后迅速转为抑郁,几小时后又再复躁狂。

情绪低落(depression) 一种情感障碍。患者自我感觉不良,心境抑郁悲观,对人和事物不感兴趣,不愿与人交往,寡言少欢,长吁短叹,表情沮丧。多见于抑郁症。

情绪不稳(emotional lability) 一种情感障碍。患者自发地发生情绪变动,喜怒无常,时而抑郁,时而悲愤,时而激怒,时而高兴,情绪的变化与外界环境无明显的关系。常见于精神分裂症,癫痫,颅内有病理性病变者。

情感淡漠(apathy) 一种情感障碍。患者对外界事物,甚至对与自己有切身利害关系的事件缺乏相应的情感反应。对日常生活漠不关心,对父母冷淡,逢喜事不欢,遇意外不惊,受人捉弄不怒,亲人死亡不悲伤。常见于精神分裂症和儿童自闭症。

情感不协调(incongruity of affect)一种情感障碍。患者的情感表现与其处境或内心的情感体验不相协调或相反。如讲述亲人死亡时,反而流露出兴高采烈的样子。常见于精神分裂症。

自卑感(inferiority feeling) 一种低估自己、不能自助和软弱的复杂情绪体验。有个体和年龄差异。奥地利心理学家阿德勒(Adler, A.)认为,儿童因自我的无力、无能、无知而产生"自卑情结"

(inferiority complex)，并通过追求优越目标而"补偿"(compensation)。可通过调整认识、增强信心和给予支持而消除。

恐怖症和害怕(phobias and fears) 害怕是对有外在或潜在危险的刺激的逃避反应。恐怖症是与年龄无关的无明显外在危险时，表现出与环境不相称的无理智的害怕。程度较重，常导致无法进行正常的生活、工作、学习，一般难以说服。包括黑暗恐怖、恐高、动物恐怖、分离恐怖、学校恐怖等。儿童中流行率较高。行为疗法效果较好，如系统脱敏法、满灌法、示范法、自我控制程序等。

儿童恐怖症(childhood phobia) 一种儿童情绪障碍。起病与精神因素有关，如家庭不和，争吵打架，亲人死亡等；与不恰当的教育方式有关，如故意恐吓，讲可怕的故事，阅读恐怖内容的书籍、电影，目击悲惨的情景，父母对某一事物的过度焦虑等；与遗传因素有关。主要表现为：患儿对某些并不可怕的物体和场合，如动物、昆虫、广场喧闹声产生异常强烈的恐怖情绪；初入学的儿童对上学产生强烈的害怕情绪，即学校恐怖症；青春期青少年对社交产生强烈的恐怖情绪，即社交恐怖症；常伴有心悸、出冷汗、面色苍白、腹痛、恶心、呕吐和大小便增加等自主神经功能紊乱症状。轻度的多随着年龄的增长不治而愈。较严重的患者，要有意识地引导其逐步升级接触所恐惧的事物（脱敏疗法），并同时给予鼓励。

学校恐怖症（school phobia） 儿童恐怖症的一种特殊类型。没有正当理由而害怕学校、拒绝上学。有的患儿可出现恶心、头疼、腹痛等症状，回家即消失。多见于低年级学生。多数患儿一般都有与父母分离的焦虑；对老师的权威恐惧；对提问的恐惧；怕其他儿童，怕打架。其原因与不良个性和不当的教养方式有关。治疗多采用系统脱敏法和满灌法。

焦虑（anxiety） 个体由于受到现实或想象的威胁而产生的一种紧张不安，并伴有机体组织激活的情绪状态。可分为两类：(1)状态性焦虑，当个体感觉到环境的威胁时产生的一种情绪反应，通常是暂时的，不同个体，不同环境，反应差异很大。(2)特质性焦虑，个体的一种人格特点，即使很小的刺激也会引起紧张不安的情绪状态。

儿童焦虑症(childhood anxiety disorder) 儿童神经症的一种。一般发生于学龄儿童。心理方面主要表现有恐惧、紧张不安、担忧、注意力不能集中、入睡困难、过分依赖别人、情绪抑郁等。躯体方面主要表现有心惊、呼吸急促、胸前部疼痛、喉部梗塞、头痛、多汗、面部潮红、口干、尿频等。根据症状表现和起病因素，可以分为3种类型：(1)分离性焦虑。主要表现为患儿与亲人分离时产生的焦虑反应。(2)过度焦虑反应。主要表现为对未来的情况产生过分的焦虑和不切实际的烦恼。如担心自己无能力完成作业，害怕考试和成绩不好，担心和同学相处不好。(3)回避性障碍。表现为持久而过分的回避与退缩。这类儿童，一般自幼年起对外界刺激反应较敏感，易紧张。环境因素和教育方法不当也是重要原因。治疗方法有药物治疗（如抗焦虑药物）和以疏导、保证、松弛为主的心理治疗。

分离性焦虑(separation anxiety) 儿童焦虑症的一种。儿童与其依恋对象（通常是母亲）分离时所表现的强烈不安和丧失感。患儿毫无根据地害怕亲人有发生意外的危险,担心灾难会让他们失散,怕被伤害或被拐走,怕一个人在家,不愿离开家人,甚至拒绝上学。严重的表现为分离时有头痛、恶心、呕吐等躯体症状和愤怒、哭闹不安等情绪反应。与环境因素和教养方式不当有关。

测验焦虑(anxiety of test) 个体面临考试时表现出来的一系列生理、心理、行为方面的异常。个体一方面非常害怕考试失败,另一方面则非常希望考试成功。一般地说,适度的焦虑有利于学习,可促进学习动机,但过度或长期的焦虑则容易使个体困倦,对学习感到厌恶与害怕。在儿童中常将考试成功归因于自己的运气。测验性质和测验情境也是影响焦虑程度的因素,口试较笔试引起的焦虑更严重,测验过程中监考员等也会引起个体焦虑。

隐匿性抑郁症(masked depression) 又称抑郁等位症。一种以躯体症状为主,抑郁情绪不明显的非典型性抑郁症。患者兴致缺失、精力减退、能力下降,抑郁情绪常被慢性疼痛、睡眠障碍、自主神经症状和不适感等躯体症状所掩盖。常有疑病观念,也可突然出现自杀行为。用抗抑郁药治疗,辅以精神支持治疗。

儿童躁郁症(childhood manicdepressive psychosis) 一种严重的儿童精神疾病。以情感障碍为主要临床表现。与遗传因素密切相关,精神因素是本病的诱因。多发于过度喜悦或过于忧伤、性格外向、多疑敏感的儿童。躁狂症的主要表现为:情感高涨,自我感觉良好,好表现自己,精力充沛;多动、冲动,惹是生非,好管闲事,终日忙碌,不知疲倦;言语增多,注意涣散,总被周围的环境事物所吸引;思维敏捷,领悟力强但表达浅薄,观察力敏锐但判断力很差;有的出现幻觉,有的出现妄想,有的出现越轨行为;可出现食欲下降或增多、体重减轻、睡眠减少等躯体症状。抑郁症的主要表现为:情绪低沉,对周围事物丧失兴趣,患者觉得自己没用,生活无意义而寻求自杀;安静少语,动作缓慢,活动明显减少,孤独、退缩;智能活动受到抑制,认识、记忆困难,学习成绩下降;多伴有失眠、食欲不振、无力、胸闷、全身不适等躯体症状。抗躁狂药常用氟哌啶醇、锂盐、可卡马西平等。抗抑郁药常用丙咪嗪、氯丙咪嗪等。对精力过剩的儿童,引导他们参加劳动、体育以及游戏等健康活动;对抑郁症儿童应解决其思想负担,增强自信心。

儿童强迫状态(childhood obsession) 一种儿童情绪障碍。发病年龄多见于10岁前,男性较女性多见,病前性格固执、多虑、刻板、怕羞、过于拘谨、忧郁等。主要表现为:强迫性动作和思维,如反复洗手,反复记数,反复触摸某些东西,反复检查自己做过的事,甚至要求其父母一起进行某些仪式性的动作或要求父母反复回答某些强迫性思维的问题。患者明知不合理，虽有批判力，但自己没有自我克制的要求。常伴有焦虑和不安。儿童正常发育时期，也可能出现一些强迫现象，如不可克制地去碰周围一些东西，但这些动作不会影响日常生活活动，不会因为不可克制而产生焦虑，而且过了一定的时间就自然消失。行为疗法对本病疗效显著。配合小量抗焦虑药可减轻焦虑症状。

精神创伤（psychic trauma） 普通人难以适应的痛苦体验。可由短暂强烈的刺激引起，也可由长期的环境因素造成。通常表现：(1)表情呆滞、麻木，情感淡漠，无助。(2)孤僻、离群，对日常生活缺乏兴趣。(3)创伤性体验，如噩梦。(4)心惊，易激惹，注意分散，情绪紧张。短暂刺激引起的创伤恢复较快，严重时可能导致精神性疾病。

精神外科（psychosurgery） 用切断或损毁某些脑组织的方法治疗精神疾病的医疗实践。包括手术切断前额叶、割断扣带回、割断横眶等。由葡萄牙医生蒙尼兹（E. Moniz, 1936）首创。曾用于精神分裂症、强迫症、情感障碍等。手术后患者表现出动机降低、自制力削弱、与人疏远等不良人格。若干年后有明显的智能减退，尤其是抽象思维能力明显受损。因20世纪后叶有了许多较好的精神药物，该方法已很少使用。

儿童精神病学（child psychiatry） 研究儿童期精神疾病的病因、发病机理、临床症状、病程转归和预防的一门临床科学。主要包括：儿童神经症、儿童精神病、精神发育迟滞、人格障碍、行为障碍（如多动症、退缩、过度焦虑、口吃、咬指甲、遗尿等）等。

儿童精神病（childhood psychosis） 一组发病于童年期（12岁以下）的精神病性障碍。包括儿童孤独症、儿童精神分裂症、儿童分裂样精神病（阿斯伯格综合征）、婴幼儿痴呆、儿童抑郁症等。

儿童期精神分裂症（childhood schizophrenia） 儿童期（12岁以下）发生的精神分裂症。临床症状与成人精神分裂症相似，但较为单一、简单。幼儿多为缓慢起病，早期症状表现为行为迟钝、胆小、孤僻、好哭闹、强迫行为等。年龄较大的儿童急性起病，倾向于发作性、波动性。主要表现为：(1)主动性渐弱，对周围事物无兴趣，有怪异或刻板动作，躁动不安。(2)思维和言语障碍，如缄默、言语不清或模仿语，思维内容简单，可伴有联想障碍和妄想。(3)情感淡漠，对亲人无感情，情感不协调或不稳定。(4)幻觉，如幻听、幻视和感知综合障碍。幻视多为形象、恐怖性内容。(5)智力正常，但幼年起患者适应力差，学习不良，不能自理生活。发病年龄越小，患者精神发育受影响越严重。对精神分裂症儿童的处理，除医学措施外，一般还包括父母支持，咨询和特殊的教育心理学方法帮助。

精神发泄（psychocatharsis） 被压抑情感、思想的自然释放。布洛尔与弗洛伊德（Bruer and S. Frued）提出的一种治疗神经症的心理疗法。"发泄"（catharsis）一词源于希腊文，意为"净化"。在心理治疗中即让患者充分讲述自己的病情,包括病因、发病过程、内心深处的观念、情感、欲望及与环境和周围人的关系,从中获得精神解脱,心灵净化。

错觉(illusion) 一种感知障碍。对客观事物不正确的感知,即一种被歪曲的知觉。可以是病理性的,如人在意识不清时可出现许多惊恐内容的感觉,像把布带当蛇、灯泡当眼睛、输液架当骷髅等。也可以是生理性的,如人在情绪紧张时产生的"风声鹤唳,草木皆兵"的感觉。二者的区别是,生理性错觉能够为理智所纠正,病理性错觉却不能。

幻觉(hallucinations)一种感知障碍。在缺乏客观刺激时凭空产生的一种感知印象。内容通常生动鲜明、丰富多彩。若儿童在意识清晰状态下反复出现往往见于精神疾病,如精神分裂症;细菌、病毒感染所致中枢神经系统的感染;药物和其他化学物质的中毒;高烧;癫痫等。常见的症状有:(1)听幻觉(幻听)。年龄小的儿童以非言语性听幻觉为多见,如听到各种动物的叫声或一些无意义的声音。年长儿童可发生批评、嘲笑、责骂、威胁、命令、讽刺、表扬等言语性幻觉。可影响到患者的思维和情感,或紧张恐惧,或气势汹汹,或双手捂耳,或自言自语,或面带微笑等。也可支配患者的行为,出现自伤或伤人等。(2)视幻觉(幻视)。常常与幻听同时存在。患者可能看到各种颜色、闪光、动物、奇形怪状的图像或生动活泼的场面。并常常伴有紧张、惊恐不安、凝视、逃避、自得其乐等行为。生动的视幻觉常见于精神分裂症;癫痫患者出现幻视常常是癫痫发作的先兆。(3)嗅幻觉与味幻觉(幻嗅与幻味)。这两种幻觉常同时存在。患者常常感觉被一些腐败、霉烂、血腥、药品或粪便等不愉快的气味所包绕,无法摆脱,因而不得不经常以手捂鼻,或用被子包着头睡觉。有的患者感到食物有特殊的味道,怀疑别人在食物中下毒而拒绝进食。(4)皮肤幻觉(幻触)。皮肤表面出现各种各样的异常感觉,如触摸、虫爬、针刺、电麻等。(5)内脏幻觉。患者有内脏器官异常的感觉,如心脏压缩感,肺扇动感,肠扭转感,脑晃动感等。(6)本体幻觉。患者身体未动,但感觉到有人推动或自己在动,因而感到自己身体倾斜而失去平衡。

形体感觉障碍(stereotropic disorder) 一种感知综合障碍。对自己的形体产生歪曲的知觉。如患者感到自己的头变大了,手变长了,人变矮了,或感到自己头上还有一个小头,或感到自己的身体是两个躯壳连在一起的。

时空感知障碍(space-time perception disorder) 一种感知综合障碍。对时间关系以及事物的距离、位置、运动等方面的体验产生歪曲的知觉。如遇到一个从未认识的人或在一个从未到过的地方,患者却感到非常熟悉,即似曾相识症;也有的以往经常接触的事物,患者却感到从未见过,即旧事如新症。

知觉失真(perceptual distortions) 一种或多种基本知觉(视觉、听觉、嗅觉、味觉、触觉)的异常,如知觉刺激信息的增减或强度的改变。常见于精神分裂症、抑郁症、癫痫和学习障碍等。也可由精神药物和感觉剥夺而诱发。

知觉—运动困难(perceptual motor difficulties) 又称"斯特劳斯综合征"(Strauss's syndrome)。一种知觉和运动的协调障碍。主要表现为知觉、思维和行为的失调,如空间定向、手眼协调、身体意象等出现困难,并难以准确地书面表达思想。常有一种或多种知觉(视觉、听觉、动觉、触觉)障碍,并伴有神经系统缺陷,是学习困难的重要原因之一,影响儿童的阅读、写作和数学能力。治疗时应训练儿童的知觉、手眼协调和时空关系等。

意识混浊(clouding of consciousness) 一种意识障碍。在意识清晰度降低的情况下,患者的感觉刺激阈普遍升高,对各种刺激的反应减弱。如果缺乏刺激,表现出一副昏昏欲睡的样子。只能对环境刺激做出一些简单的动作和反应。对于多次提问,虽能回答简单的问题,但还是错误百出。多见于癫痫、颅脑外伤或感染中毒性精神病等。

梦样状态(dream-like state) 一种意识障碍。患者沉溺于幻想性的体验之中,犹如梦境一般。此时,对外界的反应迟钝。有时喃喃自语,透露体验中的情况,有时伴有一些兴奋症状。多见于感染性精神病和癫痫。

记忆障碍(memory disorders) 由于大脑受伤、神经疾病或精神因素影响而不能正常再现过去经验中发生过的事物的异常心理现象。临床上可以分为遗忘和记忆错误两类:(1)遗忘,指病人部分或全部地失去再现以往经验的能力。包括:①心因性遗忘,指由强烈的情绪因素如焦虑、内心矛盾或一系列先占观念等引起的记忆障碍。同以往某一特殊时期有关的或与强烈的恐惧、愤怒、羞辱情境有关的记忆丧失,多见于分离性障碍,是心因性遗忘的典型表现。其遗忘内容有高度选择性,往往局限于某一阶段的经历,故为界限性遗忘。②器质性脑病引起的记忆缺乏,往往近事遗忘较远事遗忘早出现,称为Ribot记忆退行规律。脑损伤后患者不能回忆受伤前一段时间的经历,称为逆行性遗忘,如脑震荡。遗忘持续时间的长短与脑外伤程度直接相关。对病后或外伤后一段时间的记忆缺失,称为顺行性遗忘。常见于高热谵妄、癫痫性朦胧、醉酒、脑外伤、脑炎及蛛网膜下腔出血等。慢性弥漫性脑病变如老年性痴呆、麻痹性痴呆或某些亚急性病变累及海马等记忆回路结构时,可出现遗忘综合征,兼有定向障碍、注意减退和近事遗忘。(2)记忆错误,指由于再现歪曲而引起的记忆障碍。其中包括:①错构症,指对一个真实事件的追忆中添加了错误的情节。常见于酒精中毒精神病、智力落后、脑器质性精神疾病和外伤性痴呆等患者。②虚构症,指以想象的、没有真实根据的内容来填补记忆缺陷。患者谈这些"经历"时似乎确有其事。由于其虚构情境不能保存,所以重述时,内容常有改变。多见于酒精中毒精神病、外伤性和中毒性精神病以及麻痹性痴呆、精神分裂。虚构与病理性谎言不同,后者并无记忆缺陷,只因富于幻想,为博取别人的同情和注目,常信口编造虚假经历。③柯萨可夫综合征,又名"遗忘—虚构综合征"。其特点是近事遗忘、虚构和定向障碍。往往有欣快情绪而否认患病。常提示下丘脑,尤其是乳头体附近有病变存在。主要见于慢性酒精中毒、脑外伤、脑肿瘤等器质性病变。④似曾相识症,指病人接触完全陌生的事物时,有一种早先经历过的熟悉感。相反,在感受早已熟知的事物时,有一种初次见面的陌生感,称为旧事如新症。普通人亦可有这两种体验,但以神经症和癫痫更多见。⑤记忆增强,指记忆能力特别加强,甚至久远的事件,许多细节都能回忆出来。可见于某些记忆力强的普通人,常见于强迫症、躁狂症和偏执性精神病。

遗忘综合征(amnestic syndrome) 又称"柯萨可夫综合征"。患某些疾病时,在记忆方面表现出来的一组障碍。主要表现为:(1)近事记忆障碍,即对新近发生的事情容易遗忘。(2)定向障碍,即对时间、地点或人物的定向发生错误。(3)虚构症,即患者对刚发生过的事情不能回忆,以未发生过的事情来填补记忆空白。见于慢性酒精中毒性精神病、颅脑损伤伴发的精神障碍、传染病、脑动脉硬化、老年性精神病、脑肿瘤以及中毒性、内分泌性疾病。

顺行性遗忘(anterograde amnesia) 一种记忆障碍。患者回忆不起发病后一段时期内所经历的事情。遗忘的时间和疾病同时开始。通常由脑外伤或其他原因引起的急性意识障碍引起。如有的脑外伤患者不能回忆起如何受伤,如何住院,如何抢救等事情。

逆行性遗忘(retrograde amnesia) 一种记忆障碍。患者回忆不起发病前某一段时期内所经历的事情。如有的脑外伤患者不能回忆起受伤前他在什么地方,正在做什么事情。遗忘可以是部分的或完全的,但大多数只涉及较短的一段时间。

界限性遗忘(circumscribed amnesia) 一种记忆障碍。患者把生活中某一特定阶段的经历完全遗忘。通常这一阶段发生的事情对患者是特别不利的。常见于癔病患者,故又称癔症性遗忘。

错构(paramnesia) 一种记忆障碍。将过去经历过的事情在具体时间、具体任务或具体地点上混淆,张冠李戴,并且坚信是事实,予以相应的情感反应。可见于精神发育不全、脑器质性病变和外伤性痴呆等。

面容失认(prosopagnosia) 一种罕见的后天获得的病灶性脑损伤所致面容重认缺陷。患者视敏度正常,但不能再认熟悉的面庞,不知道所见的具体面孔是谁,但触摸物体或向患者描述物体功能时患者能正确辨认。常伴有其他视障碍,如单/双侧视野缺损、中央性全色盲、视觉性失认症等。它和语言或认知障碍无关。现代光放射学和尸体解剖检查研究表明,其原因和双侧低级视联络皮质损伤有关。

逻辑障碍综合征(dialogic syndrome) 言语表达思想的能力障碍。不能用特殊感官缺陷(如聋)或心智不健全来解释,而是由于中枢神经系统病变的结果。这类儿童无智力落后、聋或重听、自闭症。而有与言语信息加工密切相关的听知觉缺陷和顺序排列能力障碍。非文字智力测验正常。

思维障碍（thought disorders） 常见的精神病性症状。大多数见于精神分裂症，有些也可见于情感障碍、器质性障碍、智力落后等。主要包括：1. 思维内容障碍。妄想是最重要的思维内容障碍，为一种在病理基础上产生的与事实不符的信念、错误的判断和推理。包括：(1)关系妄想。患者将周围环境中根本与其无关的人、事、物都牵连到自己身上，认为别人别有用心。(2)被害妄想。患者坚信自己或亲人在遭受某些人的打击和迫害。通常表现出拒食、自杀、攻击、报复及四处告状等行为。(3)嫉妒妄想。患者认为自己的配偶与其他异性有某种不正常的关系，常有跟踪、监视配偶的行为。(4)夸大妄想。过分地夸大自己的才能，认为自己有绝顶的聪明才智或至上的权力等。(5)自责自罪妄想。患者坚信自己有不可饶恕的罪行，不仅毫无贡献，而且给他人造成巨大损失，可能会采取某种赎罪方式。(6)疑病妄想。认为自己身体某处得了某种疾病，即使证明身体健康，仍坚信不疑，可表现出焦急、忧愁或四处求医等。2. 思维形式障碍。包括：(1)抽象概括过程障碍。抽象概括水平下降，患者对现实事物和现象的判断只依据事物具体、局部和表面的特点。多见于大脑器质性损害和智力落后的患者。抽象概括过程歪曲。患者以夸张的形式脱离客观事实中的具体对象、具体情境及它们之间的联系，只按照某些偶然或次要的联系得出某种结论。多见于精神分裂症患者。(2)联想过程障碍。诸如：联想过程速度异常迅速，表现为思想奔逸(或称意念飘忽)，随境转移，甚至音联、意联等情况，为躁狂症病人的典型症状之一。联想过程速度异常迟缓，表现为思想贫乏，联想贫乏，思维内容十分单调，极少主动说话，为精神分裂症基本症状之一；思维迟缓，患者的联想常很难发动，为抑郁症的典型症状之一。联想错乱，轻者表现为思维松散，言语表达的思维内容之间缺乏逻辑联系；重者出现思维破裂，词与词之间也无任何联系，支离破碎，语不成句。(3)思维逻辑进程(或逻辑结构)障碍。诸如：逻辑倒错性思维，患者的推理缺乏逻辑依据，可在没有前提的条件下做出结论，在毫无根据的情况下设置前提，倒因为果，倒果为因。象征性思维，不按逻辑规律而将两类毫无逻辑关系的事物与概念联系起来。诡辩症，患者语言的语法、外表结构正常，但缺乏现实意义，给人牵强附会、强词夺理的感觉。语词新作，患者按自己的逻辑将不同的概念融合、浓缩和拼凑，生造一些只有本人才能理解的新词、新字或图形、符号。

妄想（delusion） 一种思维障碍。一种坚定不移的、不正确的病理性信念。患者对这种思想的荒谬性、不真实性，缺乏正确的认识和批判，不能为他人所说服，甚至不能为事实矫正。其产生可能受幻觉或错觉的影响，也可能是判断推理的错误或不正确的联想。种类与患者的年龄、生活经验、知识水平有关。儿童妄想的内容多不固定、不系统。

强迫思维（obsessions） 又称"强迫观念"。脑子里反复出现的某种不必要的想法和联想。患者脑子里反复出现某一件事、某一句话、某一组数字、某一句歌或想一些毫无意义的问题。虽然自己认为这些想法是不必要的，但是仍然不能克制，倍感苦恼。强迫观念的特点是：顽固出现、内容固定、自身困扰不安。常见于强迫性神经症，精神分裂症早期，抽动秽语综合征等。普通儿童也可出现强迫动作和强迫观念，但能自我控制而并不影响其日常生活与学习。

意志障碍（dysboulia） 意志活动异常。主要表现有：(1)没有一定的自理和自控能力，难以适应环境和角色的转换，不愿意去做自己力所不能及的事情，遇到困难不能够努力去克服，经不起批评，承受不住挫折和失败的打击。(2)意志减弱，动机不足，除了本能的需要外，对其他的事情缺乏主动性和进取心，表现为饱食终日无所用心。有的患者虽有正确的动机，但一遇到困难则放弃自己的打算；有的患者不能克制某些不正当的意向和本能的欲望而产生违法乱纪的行为。(3)意志缺乏，动机不足和本能的需要显著减退或消失。患者的一切活动都很被动，需要别人的照顾和督促。多伴有情感的淡漠。常见于精神分裂和痴呆病人。

缄默症（mutism） 一种无听觉器官和言语器官损伤，能讲但不愿讲话的沉默不语状态。可见于精神分裂症紧张型、严重的抑郁症和癔症等患者。主要有两种：(1)选择性缄默症。常见于胆小、怕羞、体弱或神经质儿童。详见"选择性缄默症"。(2)运动不能性缄默症。表现为自发性言语明显减少，再三询问才能回答，随意动作缓慢，情感淡漠等。

选择性缄默症（selective mutism） 由精神因素引起的言语交际退缩反应，选择性地保持沉默不语。言语器官无器质性病变，语言和智力发展正常。常见于胆小、体弱、怕羞或神经质的儿童。女多于男。其特点为：在社会情境中，如学校里，长期拒绝讲话；有选择地与某些人交谈，如家长或亲友。治疗时首先消除精神因素，不要过分注意患儿的表现，也不要强迫其说话。可采用心理动力疗法和行为疗法，必要时给以少量抗焦虑药。

孤独症（autism） 又称"自闭症"。一种发生于3岁前儿童的较严重的发育性障碍。首先由美国精神病学医生利奥·凯纳（Leo Kanner）于1943年提出。其发生与社会环境没有关系。主要临床表现有：(1)社交困难。患儿特别孤独，缺乏与他人的情感交流和对父母的依恋，对外界刺激无动于衷。(2)言语发育迟缓。社会交往中很少使用言语，即使使用也多为模仿言语、刻板言语，有的代词颠倒、言语奇特、言语的可懂性差。(3)刻板或仪式性行为。强迫坚持行为的同一格式，若改变则产生强烈的焦虑反应。病因尚无定论，可能与器质性因素及家庭环境、双亲人格有关。治疗有药物治疗、行为治疗、游戏治疗等。早期教育很重要。预后个别差异较大。

自闭症（autism） 见"孤独症"。

广泛性发育障碍（pervasive developmental disorder） 又称"全面发育障碍""弥漫性发育障碍"。社会交往、沟通模式及行为方面质的异常。个体在各种场合的多种功能活动，如社会技能、认知能力等都具有广泛性发育迟缓和扭曲的早发性心理发育障碍。包括五种类型：孤独症、阿斯伯格综合症、雷特综合症、儿童瓦解性精神障碍（又称衰退性精神障碍）、非特异性广泛性发育障碍。多数发生于婴幼儿期，少数例外。患儿在五岁以内就有明显异常，但程度上有所不同。

未分类广泛性发育障碍（Pervasive Developmental Disorder Not Otherwise Specified） 又译"非特异性广泛性发育障碍"。一种孤独症谱系障碍，具有某些但不是全部的孤独症诊断症状。

非典型性孤独症（atypical autism） 一种广泛性发育障碍的亚型。与孤独症儿童的区别在于起病的年龄，或不能满足孤独症的全部三条诊断标准。发育损害只在3岁以后才表现出来；和/或诊断孤独症所需要的三方面精神病理中有一项或两项（互惠性社会交往、沟通和局限、刻板与重复行为）没有明显的异常，但在其他方面有明显的异常。

Heller 综合征（Heller syndrome） 又称"婴儿痴呆""衰退性精神病"。一种广泛性发育障碍的亚型。患儿在出生后至2岁期间，发育正常，与 Retter 综合征非常相似。但在2岁～4岁出现退化或丧失技能的疾病，最初可能会有一段时期的焦虑和混乱，继而有智能及行为的衰退，生活自理能力也可能出现某种程度的受损。一旦发生可以使儿童言语受损甚至是丧失。

Retter 综合征（Retter syndrome） 一种广泛性发育障碍的亚型。特殊的神经疾患。患儿早期往往发育正常，但是在5个月～30个月时开始发病，具有与 Heller 综合征类似的核心特征，在身体发育及行为特征上的表现极其明显。具有性别上的差异，主要出现在女性之中。

高功能孤独症（high-function autism） 孤独症的一个分支。主要从智力水平角度命名。相对于低功能孤独症而言，通常智力发展水平正常，语言发展相对较好（比阿斯伯格综合征还好），但人际关系和交往障碍明显，中国有些学者认为与"阿斯伯格综合征"的名称可混用，但从现行诊断标准看，两者有区别。

三元损伤（triade of impairment） 孤独症患者在社会交往、人际沟通、想象三个方面同时受到损伤。1993年由英国的 Lorna Wing 首次提出。他认为这些损伤导致自闭症患者行为僵化、刻板动作和兴趣狭窄，其论点对美英等国制定自闭症儿童的诊断标准有较大影响。

刻板行为（stereotypic behaviors） 又称"自我刺激行为"（self-stimulatory behaviors）。不断无目的重复地做同一种动作或行为。如左右摇动、挥手、拍打胸脯或危险的自伤行为。可见于婴儿孤独症、智力落后儿童和精神分裂症紧张型患者。也可见于普通年幼儿童，持续时间较短,一般3岁后即消失。有人认为是患者为减轻感觉贫乏、恐惧、挫折、愤怒或身体不适等不愉快体验,而有意进行一种自我刺激的补偿性行为。

共同注意(joint attention)　通过与他人进行眼神接触、目光追随、手势和指向的方式,分享所看到的物体或事件的活动和能力。在孤独症儿童的社会交往能力中,需要重点发展的主要能力之一。

破镜假说(Broken Mirrors)　又称"碎镜理论"。分析孤独症的一种学说。认为大脑中的镜像神经元(mirror neuron)的功能与同理心及认知他人意图等有关,因此提出假设,镜像神经元的功能障碍可以导致出现孤独症的症状,如缺乏同理心、语言能力不足、欠缺模仿能力等。

同一性行为(act of identity)　又称"固定不变行为"。刻板行为的一种具体表现。主要特征是:儿童的行为不能随人物、时间、地点的变化而有所变化。表现形式多样,如对亲人和生人都说固定的话,回家走固定的路,睡觉用固定的东西和在固定的地点,东西的摆放方式不变等。

阿斯伯格综合征(Aspergers' syndrome)　一种人际关系和交往障碍。与自闭症相比,不惧怕交往,语言发展基本没有延迟,甚至喜欢与人说话。通常在6岁以后被诊断,即起病比孤独症的时间晚,同时伴有身体动作发育迟缓现象,语言、智力方面可能通过训练达到正常甚至超常,男孩明显多于女孩。

苯异丙胺精神病(amphetamine psychosis)　长时间大剂量服用苯异丙胺而引起的精神病。症状有幻觉、妄想、异常运动行为和言语错乱等。也可出现仪式性行为,如连续的摇摆和擦洗动作以及其他不正常行为。其生物化学变化有类似精神分裂症中看到的多巴胺活动增强。

药物依赖(drug dependence)　又称"药物滥用""药瘾"。长期或反复使用某种药物,从而产生个体的精神和躯体上对药物的依赖性。造成的主要原因有:能获得药物的机会;人格缺陷;社会压力。多数能产生药物依赖的药物都具有神经递质的阻断和兴奋作用;有的能产生情绪愉快、解除焦虑的作用;也有的能改变人的意识、感知和思维,产生飘飘欲仙的体验;有的药物虽不能产生直接的精神作用,但通过躯体症状的改善,继发性地影响精神活动。患者为了追求上述目的而经常用药。长期反复的用药,可产生化学性去神经或超敏感作用;或则产生耐药性,使原来的药物剂量不能产生相等的效应;或则产生戒断症状,阻断神经递质的兴奋或抑制作用。一旦断药,可出现脱瘾症状。主要药物有:催眠镇静药、麻醉药、精神兴奋药和致幻剂等。

物质滥用(substance abuse)　指长期服用药物或酗酒者对药、酒等产生生理和心理依赖。每次服用需加大剂量才能得到满足与快感。一旦断药或戒酒,会出现脱瘾症状。参见"脱瘾综合征"。

脱瘾综合征(withdrawal syndrome)　又称"戒瘾症状""脱瘾状态""戒断症候

群"。对突然停止使用某种已形成躯体或心理依赖的物质如药、酒后出现的一系列症状。不同物质引起的脱瘾症状表现不同,严重程度也不同。麻醉药与镇静催眠药脱瘾症状最严重,甚至可能危及生命。前者会出现全身乏力、嗜睡、恶心呕吐、怕冷等症状;后者则有虚弱、厌食、失眠等症状。

迟发性运动障碍(tardive dyskinesia) 大量服用抗精神病药引起的特殊而持久的病态反应。表现为不自主、有节律的刻板式运动。最常见的症状为:吸吮、舔舌、转舌、鼓腮、噘嘴、咀嚼、歪下巴等,称为口—舌—颊三联征。严重者构音不清,甚至影响进食。儿童青少年可表现不自主的肢体摇摆,舞蹈样指画动作。上述动作能受意志控制,情绪紧张或激动时加重,睡眠时消失。

人格障碍(personality disorder) 人格发展的显著偏离。表现为持久的、难以改变的、适应不良的行为模式,明显影响患者的社交和职业功能。一般智力良好,没有幻觉、妄想等精神病性症状。通常开始于童年、青少年或成年早期,并一直持续到成年或终生。根据障碍的不同表现可分为以下类型:偏执型、情感型、分裂样型、暴发型、强迫型、癔症型、无力型、反社会型或不合群型等。一般以预防为主,特别要注意家庭、学校和社会的科学教育和正确引导。

情感性人格障碍(affective personality disorder) 又称"环型情感人格障碍""环性人格障碍""躁郁人格障碍"。一种病态人格的类型。瑞士精神病学家布洛伊斯(E. Bleuler)首创的术语。不同的是,布洛伊斯强调情感性人格与躁狂抑郁性精神病的必然联系,认为前者是后者的素质性基础。特点是情绪状态自发地交替起伏于高涨与低落两极之间。情绪高扬阶段的表现是兴奋愉快,充满信心,精力充沛,活动增多,也容易受激惹。几天或几周后,又变得抑郁寡欢,无精打采,认为一切事情都困难重重,毫无希望。几周后再转入情绪高扬状态。如此循环交替,周而复始。中间可有或无正常心境阶段。这种情绪高涨和抑郁的变化是内源性的,与外界影响无关,外界因素只可能起诱发作用。

分裂性人格障碍(schizoid personality disorder) 一种病态人格的类型。最显著的表现是缺乏情感上的温暖和交流,孤僻,不爱交往,缺乏知心朋友,对人际关系采取不介入的态度;活动能力差,遇事退缩,缺乏主动性及进取心;患者好独自沉思,经常沉溺在幻想中,例如常有白日梦,但不会达到妄想的程度,未丧失认识现实的能力。

反社会性人格障碍(antisocial personality disorder) 又称"悖德性人格障碍"。一种病态人格的类型。特点是内心体验与外在行为都与社会常情及道德规范背道而驰。为人冷酷无情,自私自利;不关心家庭,不关心他人,更不关心集体;不诚实,不守信用,缺乏起码的责任感与基本的道义感。患者的认识完好,但行为未经深思熟虑,不考虑后果,做错了事不觉得惭愧,侵犯了他人或集体利益不觉得内疚,对本能欲望缺乏自制力,对失望或挫折缺乏忍耐能力。常因微小刺激便引起攻击、冲动和暴行。从少年期开始,就经常有品行不端行为,如顶撞尊长、说谎、逃学、打架、小偷小摸、离家漫游等。有的成年后违反社会公德或对社会危害更为严重。

偏执性人格障碍(paranoid personality disorder) 一种病态人格的类型。患者的一个重要表现为强烈意识到自己的重要性。自尊心过强,有野心,好嫉妒,心胸狭隘;固执死板,主观自负,缺乏幽默感,易触怒,爱打抱不平,易激怒,好争辩,因此其内心常有强力的信心,自认为有非凡能力,应该获得巨大成就。如果有一点普通的成就,便觉得非同小可。偏执地认为别人曾千方百计阻挠他的成功。听不得批评意见,惯于将挫折归咎于别人或推诿于客观。另一个重要表现是多疑敏感,对人好产生成见,浑身是刺,很难与人相处,甚至不可理喻。在自己与别人或环境发生冲突时,虽毫无根据,但常坚信自己是被害者,这种人情绪体验较常人持久,一些失败或挫折助长了这种持久的情绪体验,所以更加重了偏执意念。

暴发性人格障碍(explosive personality disorder) 又称"发作性控制不良综合征"。一种病态人格的类型。病人常因微小的精神刺激而突然爆发非常强烈的愤怒和冲动,自己完全无法克制,可出现暴烈的攻击行为,此种突然出现的情绪及行为变化和平时是不一样的。间歇期正常,对发作时的冲动行为感到懊悔,但遇事复发,不能自制。

自恋性人格障碍(narcissistic personality disorder) 一种病态人格的类型。患者的特点是夸大自我的重要性,头脑中充满了成功、权利与智慧的幻想。他们渴望被人们注意,但却不给他人温暖和热情。他们剥削他人时,常常找个理由说别人不会在意的。

逃避性人格障碍(avoidant personality disorder) 又称"回避性人格障碍"。一种病态人格的类型。这种人并非不想参加社交活动,并非不想得到人们的友谊,问题在于他们对可能受到的冷落过分敏感,除非能事先得到"无条件欢迎"的保证,否则总是回避社交活动。在现实生活中,这样的要求是很难如愿以偿的。所以,除生活与工作所必须的人际联系外,很少参加社交活动。这种人自我评价偏低,对自己的成就信心不足,而对自己的弱点过分沮丧,在人际交往中多疑敏感,将无关事件当成对自己的奚落。

边缘性人格障碍(marginal personality disorder) 又称"界限性人格障碍"。一种病态人格的类型。儿童和青少年时形成的固定人格结构,在紧急处境不良时发生的一种短暂的病态现象。根据DSM-Ⅲ-R,此类人格障碍至少需具备下述八项中的五项:(1)有冲动性或不可预测性地引起自我伤害的可能,如挥金如土、赌博等,或自己伤害身体的行为。(2)人际关系不稳定或过于紧张,贬低别人,为一己之私而经常利用别人等等。(3)不适当的暴怒或缺乏对愤怒的控制,经常发脾气。(4)身份识别障碍,表现为对性别身份识别、选择职业等方面变化无常。(5)情感不稳,如突然抑郁、焦虑、激惹数小时或几天,随之又转入正常。(6)不能忍受孤独,当独处时即感抑郁。(7)自伤身体行为,如自我毁形,屡次发生事故或斗殴。(8)长期感到空虚和厌倦。

界限性人格障碍(borderline personality disorder) 见"边缘性人格障碍"。

被动攻击性人格障碍(passive aggressive personality disorder) 一种病态人格的类型。患者的主要特征为:在工作与生活中被动拖延、闲荡、故意使工作效率降低,实际上有潜力,但习惯于反对提高工作效率,以致长期的社交和工作效能低下;在人际交往方面持消极不合作态度;依赖性强,常缺乏自信,对前途悲观。这些表现并不是出于任何明确的目的,而是消极成性。奖励或惩罚不能从根本上改变这种特性,一般认为其消极被动表现的根源,在于潜在的攻击倾向。儿童若有逆反心理者,容易发展为此型人格障碍。

癔病人格(hysterical personality) 又称"戏剧型人格"。人格障碍的一种类型。其特点是过分寻求他人的注意和赞赏,感情浮浅、不稳定,缺乏真诚,易感情用事;暗示性高,易受外界环境影响,也容易自我暗示;自我中心,好炫耀自己,喜欢引人注目;富于幻想,常把想象当作现实。

缺陷人格(personality disorder) 个体对社会的不正确的态度。生成犯罪意识和罪过心理的基础。因个体在社会化过程中没有将社会主流价值意识有效地内化为个体意识而导致。可激发个体对社会规范的蔑视,在满足自己需要的过程中,无视或忽视社会规范的要求。具体表现为:极度的敏感,思想和行为固执死板,毫无根据的怀疑,对别人嫉妒、羡慕、苛刻;内心自卑、行为退缩、严重的极端自私、没有稳定的理智,心理行为反复无常。

行为障碍(behavioral disorder) 主要发生于儿童及少年期的行为偏离。主要表现有:(1)不良习惯动作,如吮吸手指或衣物、咬指(趾)甲或其他物品、手淫、拔头发等。(2)退缩行为,表现胆小、害怕、孤独、退缩,不愿到陌生环境中去,也不愿与其他儿童交往,常一人独处,与玩具相伴,但没有精神异常。(3)心理生理性行为偏异,如遗尿症、遗粪症(4—5岁后不能控制大小便)、偏食、厌食、夜惊、恶梦、口吃等。(4)习惯性品行问题或违法行为,如经常性说谎、逃学、偷窃、打架、破坏财物等。其原因与个体先天素质、环境和社会影响,特别是家庭教养方式与方法有关。矫治宜早期发现,进行心理治疗和教育矫正,必要时辅以药物治疗。

协调性兴奋 一种动作行为障碍。指动作行为的增加与其思想感情是协调的,身体各部分的动作也是协调的。如情绪激动时的兴奋、轻度躁狂时的兴奋以及焦虑激动时的兴奋等,病人表现为极度坐立不安、搓手蹬足,做任何事情刚开始就坚持不下去。

不协调性兴奋 一种动作行为障碍。指动作行为的增加与其思想感情是不协调的。如青春型精神分裂症的愚蠢淘气的行为和装怪相、扮鬼脸等。

秽亵言语(coprolalia) 又称"秽语症"。不自主地说出猥亵或粗鄙的言语。表现为脏话胡乱地插入谈话中,扰乱正常的人际交流。见于某些精神分裂症,也是抽动秽语综合征(Tourette's syndrome)的症状。药物和行为治疗都有效果。后者有自我管理法和饱厌法(让患者反复说脏话至极度疲劳)。

抽动秽语综合征 一组以进行性发展的多部位肌肉抽动和声音抽动为主要特征,并伴有其他行为障碍的综合征。发病在2~15岁之间。男童多见。至少持续1年。病因不详,可能与遗传倾向,围产期、婴幼儿期发生感染、中毒、外伤造成中枢神经系统的损伤,神经递质的活性过高过低导致相应的神经、精神感觉异常以及精神刺激等因素有关。肌肉抽动主要表现为眨眼、挑眉、皱鼻、伸舌、舔唇、点头、摇头、耸肩、弹指、旋转、跳跃、挺身、弯腰或不自主地伸手打人、打自己身体,用手指戳自己的嘴巴、鼻孔、眼睛等。声音内抽动的表现不一,有的表现为不断的清嗓子、咳嗽,发出"啊、啊……""呀、呀……""吭、吭……"等快速的、毫无意义的音节重复;有的可出现一些有意义的句子;严重的发音性抽动出现秽语和一些攻击性语言;有的表现为模仿性语言或刻板性语言。轻度的声音抽动往往吭吭唧唧,不易为人们所发现。严重者大声尖叫,对周围产生干扰。患者可伴有注意缺陷、情绪不稳、攻击性行为、强迫行为和强迫观念。容易发生焦虑、恐惧、紧张不安、烦躁、激怒,逐渐出现离群、沉默寡言、郁郁寡欢等问题。过度兴奋、疲劳、紧张或患病时,抽动症状加重;精神松弛时减轻,睡眠时消失。

习得性失助(learned helplessness) 后天习得的无能为力、孤立无援及失望的情绪和行为。由马里亚和塞里格曼(Maier and Seligman)在1976年根据动物条件反射研究提出。患儿通常表现出无能、无助的样子,自尊心缺乏,无法处理生活中的重大事件,甚至出现抑郁症状,常有学业失败的经历,并将失败归因于自己能力缺乏。在教育他们时,教师说"你已经努力了"比"你还要努力"能更有效地增强儿童的自尊心和改变他的失助行为。

进食障碍(eating disorder) 无器质性病变的不正常进食。主要有:(1)神经性厌食,患者在很长时间内只吃很少东西或什么也不吃。易导致营养不良、浮肿、落发、多动、维生素缺乏、虚弱、疲劳,甚至死亡。(2)贪食症。患者不停地狂吃和排泄,并常有自己诱发呕吐和滥用轻泻剂现象,甚至在虚弱和疲劳时也进行过量的体育锻炼,可导致各种生理症状,如心律异常、肾功能失调、结肠神经伤害等。治疗时应区别上述两种不同情况,选用药物治疗、支持性心理治疗和行为治疗。

神经性厌食(anorexia nervosa) 一种有心理根源的进食障碍。由格尔(Willian Gull)1973年首先描述并命名。绝大多数患者为女性青少年,她们因希望身材苗条而依靠意志力节食,用增加身体活动来减轻体重,以致持久性拒食,体重明显下降,食欲严重缺乏,对体重增加强烈恐惧,情绪抑郁,并可伴有脉搏呼吸缓慢、体温下降、停经等生理变化。医疗措施和系统脱敏、阳性强化等心理治疗均有效果。

睡眠障碍(sleeping disorder) 睡眠—觉醒过程中的功能障碍或节律交替性障碍。主要表现有:(1)睡眠量不正常,如过多、不足、入睡困难、易醒、白天嗜睡等。(2)睡眠中出现异常行为,如梦游、梦呓、夜惊等。

发作性睡眠(gelineau's syndrome) 曾称"弗里德曼氏病"(Friedman's disease)"盖利略氏综合征"(Gelineau's syndrome)。一种睡眠障碍。睡眠中出现一些异常行为发作,如梦呓、梦游、夜惊、梦魇、磨牙、不自主笑、肌肉或肢体不自主跳等,醒后能回忆梦中的发作。上述异常多发生在一定的睡眠时期。例如,梦游和夜惊发生在正相睡眠后期;梦呓发生正相睡眠中期或前期;磨牙和不自主动作多见于正相睡眠前期;梦魇多出现在异相睡眠期。病因主要为焦虑和受惊。结合心理治疗和药物治疗可改善。常可自愈。

大便控制不能(encopresis) 儿童在4岁以后仍不能自行控制大便,又没有明显的器质性原因。患病率为 $1\% \sim 5\%$,男孩与女孩之比为 $3 \sim 4 : 1$。主要表现为大便不能自控,有意或无意地在当地风俗习惯、文化背景不允许的场合下大便。没有器质性原因,没有腹泻,大便质地正常。儿童出生后大便一直不能控制的,为原发性大便控制不能;4岁以前已能自己控制排便,以后又出现不能控制的,为继发性大便控制不能。智力正常,无其他精神病性症状。对原因有不同观点:(1)肠道控制能力发展不完善。(2)从小对排便习惯的训练不良或没有训练。(3)与心理因素有关,如母婴关系不好,受精神刺激或环境条件不好。治疗包括去除可能的诱因、行为疗法和药物治疗。

遗尿症(enuresis) 无神经系统或泌尿系统器质性病变,5岁后在白天或黑夜反复不自主地排尿。分为:(1)原发性遗尿。从未形成正常排尿习惯。(2)获得性遗尿。5岁前已形成正常排尿习惯,以后发生遗尿。治疗包括:(1)建立良好的生活作息制度和卫生习惯,训练排尿控制,定时唤醒患儿排尿。(2)调节饮食,睡前适当限制饮水。(3)药物治疗。如服用三环抗抑郁药、丙咪嗪、氯酯醒、麻黄素等。(4)行为疗法。如排尿警铃醒觉装置。方法是在床上垫纱布,内有两电极连警铃,小儿刚尿床,纱布润湿,电路接通,警铃长鸣,唤醒儿童起床排尿。多次训练形成条件反射。

永不满足儿童综合征(insatiable child syndrome) 儿童因固执的要求得不到满足,而将注意力集中于食物、特殊的活动或实物等。其特点为呜咽、易怒、不快乐;发脾气,烦躁;对自己反复要求而得到的玩具很快失去兴趣;过分寻求他人的注意;无法与人共享父母或老师的关怀,讨厌与同伴交往。原因可能有生物学因素如体质问题；也可能有获得性因素，如婴幼儿期缺乏安全感、情感剥夺和饥饿等。治疗时，特殊教育教师和心理学家根据不同原因采用不同的方法，如培养儿童延迟满足的能力，忍受无人注意的能力，鼓励儿童与人共享快乐或物品，鼓励儿童参加学校竞争性活动，增进自我满足和自尊等。

自动性（automaticity） 无意识的感觉、运动加工过程。在个体的信息加工过程中起重要作用。通常在刺激具有新异性或反应已成习惯时表现出来。可以通过练习达到。学习障碍和智力落后者常存在自动加工能力不足。

木僵（stupor） 一种动作行为障碍。患者动作减少。轻症者问之不答，唤之不动，表情呆滞，但姿势较自然，无人时能自动进食，能自动解大小便；严重者不言、不语、不食，常常长时间保持一种固定姿势，大小便潴留。

儿童退缩行为（childhood withdrawal behavior） 儿童期表现出来的一组非精神异常的轻度行为障碍。这类儿童适应能力较差，主要表现有：胆小、害怕、孤独、退缩、爱独处、不愿去陌生环境和集体场所、不愿与他人接触、不愿与同伴一起玩。原因与环境、社会心理因素及教育不当有关。通常采取教育和心理治疗加以防治。

适应不良行为（maladaptive behavior） 影响正常适应功能的消极行为。儿童的症状不同于成人。男孩的发生频率和严重程度均高于女孩。在儿童中有4种主要类型：(1)在人际交往中有言语和身体攻击行为的品行障碍。(2)伴随恐惧、害羞和孤僻的焦虑—退缩行为。(3)不成熟，表现出与年龄不符的行为。(4)典型的犯罪行为（如偷窃），外出晚归，逃学。一般评估方法有：儿童行为检查表；行为问题检查；与家长、教师或同伴交谈。干预技术以行为矫正法和创造良好环境为主。

交往障碍（communicative disabilities） 一种社会交往的严重障碍。特别是缺乏社会—情绪的应答，不能对别人的情绪做出反应或不能根据社交场合调整自己的行为，不能利用社会信号，对社会的、情绪的、语言交流的行为整合能力弱，语言表达的灵活性差。人际交往严重受损时，表现为极端孤独，不愿与他人接触，不能扮演社会角色和进行社会性模仿。行为、兴趣和活动方式具有局限性、重复性和刻板性等特点，倾向于使用固定刻板、墨守成规的方式应对广泛的日常生活活动，固执地要求保持恒定的环境和生活方式。常伴有不同程度的职能障碍。

神经学软体症（neurological soft signs） 从儿童中观察到的，但不是传统的神经学检查可以确定相应病灶关系的模糊不定的行为。20世纪60年代在描述轻微脑功能失调综合征（MBD）中提出。现已发现近百种。如：运动笨拙，言语和语言发展迟缓，左右混淆，感觉和感觉—运动缺陷，眼手协调缺陷等。常伴有动作增多和特殊的学习困难。其原因很复杂，可能与轻微脑损伤、遗传因素、年龄有关。

刻板印象（stereotypes） 依据个人经验对某类残疾人赋予以偏概全的固定

印象。在特殊儿童教育中,从医学治疗和教育康复角度考虑的残疾分类强调儿童的"无能(disability)",常导致一些误解和刻板印象。如"脑瘫者一定智力落后",其实有些脑瘫者智力接近或高于平均水平;"聋人一定哑",但聋人能学会说话等。这些给残疾人增加许多社会适应、应激等困难。体现回归主流的措施如随班就读、资源教室等有助于了解残疾学生,帮助培养其与人的亲密感和自我价值观,消除刻板印象。

行为缺陷(behavioral deficit) 泛指儿童的行为问题。美国智力落后协会1961年给智力落后下定义描述适应性行为时首先使用该术语。1974年格利森和哈林(Gleason and Hating)认为其与学习障碍有联系。学习障碍是与学业有关的行为缺陷,可以通过个别教育计划进行矫正。

毛发癖(trichotillomania) 主要表现为拔头发,甚至吃头发的自伤行为。常见于心理或精神不正常的患者,如精神分裂症、智力落后、自恋人格倾向,受父母溺爱的儿童也可见到。女性多于男性。病因不清。动物研究发现可能跟中枢神经损伤特别是灰质受损有关。

冲动行为(impulsive behavior) 一种动作行为障碍。通常引起不良后果的行为,如伤害自己或他人,损害物品。有时行为后能明白自己的失态或后悔。

自伤行为(self-injurious behavior) 由于某种原因伤害自己肢体的畸形行为。一般不导致死亡。据报告,精神疾患病人和普通幼儿(9个月～36个月)中分别有4%～5%和9%～17%的人有此类行为。表现形式有咬、撞、掐、打耳光等。产生的原因可能有:(1)精神病和机体因素,包括遗传性和生物性的。(2)寻求注意或逃避责任。(3)获得感官刺激。治疗方法有药物治疗、心理治疗和其他心理学方法。其中行为治疗效果最好。

破坏性行为(destructive behavior) 经常有目的地在不适当场合出现的破坏活动。如有意打破东西、咬指甲直至出血。治疗可用团体或个别方式进行。具体方法有:儿童不发生破坏行为时给予强化;对儿童的破坏行为不加理睬;采取适当惩罚与正确行为训练相结合的矫正方法等。不同的方法适宜于不同的对象,因此选择时要考虑儿童的具体情况。

无意识行为表现(acting-out) 个体的内心冲突、紧张的行为表现。以烦恼、反社会动作或幻想形式直接表现。这类儿童频繁而持续地表现为不易接受纪律约束,在课堂上难以管理,好打架、偷窃、多动、欺侮或威胁他人等。与品行障碍儿童有些类似。

自我刺激行为 刻板行为的一种具体表现。儿童因内在需要而寻找刺激的表现。通常表现为手部或身体的其他部分出现重复性动作,如晃手、玩手指,反复摩擦,敲打,重复某种声音、玩口水等,按不同感官得到刺激进行分类,可以分为视觉刺激行为、听觉刺激行为、味觉刺激为、触觉刺激行为等。

儿童不良习惯(childhood habits disorder) 儿童期发生的一组不良行为习惯。主要有:(1)吸吮手指及衣物:2～3岁儿童仍习惯性地吸吮手指与衣物。(2)咬指(趾)甲和其他物品:经常控制不住地用牙齿咬指甲或趾甲,将指甲咬得很短甚至脱落出血,有的儿童甚至咬指关节上的皮肤。(3)拔头发、眉毛、上肢前臂的汗毛、面颊部的汗毛及唇周的汗毛。(4)手淫:儿童反复用手或其他方式摩擦生殖器以获得快感。这些行为习惯不利于儿童身心发展,应及时预防和纠正,从小培养良好习惯。

吮指(suck-fingers) 见"儿童不良习惯"。

残疾儿童性障碍(sexual disturbances of the handicapped children) 残疾儿童表现出的不正常性观念和性行为。多见于生理残疾或智力残疾者。智力残疾人群性障碍的表现有:同性恋、兽恋、过度手淫、儿童性骚扰、性虐待等。治疗主要是认识和利用有关性和性行为的知识,充分考虑患者的认知水平,综合运用系统脱敏法、认知疗法、团体训练等手段。对生理残疾者的治疗主要是给予理解、支持。

儿童手淫(childhood masturbation) 儿童反复用手或其他形式触弄生殖器以获得快感的行为。如骑在长凳上反复摩擦、碰触突出的家具及夹腿等。手淫时儿童可表现出:面部充血、双眼圆睁、表情紧张而愉快,还可能伴有焦急、紧张不安和恐惧。其产生往往同父母教育不当有关系。防治应注意培养良好的生活卫生习惯,去除局部不良刺激和分散注意等。成人过于紧张、恐惧或强行禁止可能产生相反的效果。

性变态(sexual deviation) 又称"性欲变异"。性冲动的障碍和性对象的歪曲。主要包括:(1)不以成年异性作为性满足对象,如恋童癖、兽奸、恋物癖等。(2)不以正常方式获得性满足,如裸露癖、异装癖、窥阴癖、鸡奸等。(3)在性行为之前需要异常条件,如施虐狂、受虐狂、尸奸等。(4)性别认同障碍,如易性癖。其原因尚无公认的学说。心理治疗和行为矫正对部分患者有效。

同性恋(homosexuality) 对与自己同一性别的人产生性感和依恋行为。同性恋者之间除解剖生理所限不能通过生殖器性交外,其他形式的性接触均可发生,如抚摸性器官或鸡奸等引起性冲动来满足性欲。在不同的时代和不同社会,不同国家和地区同性恋行为不同程度地受到赞许、默认或禁止。同性恋者有的完全不能接受异性,有的可同时保持对同性和异性的性欲。

恋物癖(fetishism) 一种常见的性心理障碍。患者偏爱或只喜欢用非生物物件来引起性兴奋和获得性满足。恋物癖者几乎都是男性。恋物癖行为通常开始于青春期,所恋物品大都是女性的贴身用物,如内裤、胸罩、高跟鞋及装饰品之类。有的人只迷恋一种恋物,有的人可迷恋多种。就同一个患者来说,其恋物往往是固定不变的。突出异性身上的非性感部分作为性活动对象以引起性兴奋,而把正常性行为置于次要地位或不顾者也属于恋物癖,如有专对头发产生性兴奋的恋发癖,其他如恋足癖等。恋物癖者常费很大精力去收集所恋物品,每于偷盗晾晒衣物或剪抢妇女发辫时被人抓获。青少年时期的轻微恋物行为多在恋爱结婚以后消失或缓和。不结婚而恋物行为频度很高的常难以纠正。有少数恋物癖查明患颞叶癫痫;多数病因不明;几种有关心因的学说未得到公认。

异性装扮癖(transvestism) 一种常见的性心理障碍。患者表现为长期多次靠穿异性服装、打扮成异性模样来产生性兴奋和得到性满足。大多是男性。性别认同均无障碍,仍是异性恋者,不少人已结婚成家。他们穿着女服,目的在于从中获取性刺激,有的甚至非此不能引起性兴奋,他们的异性装扮行为通常只在家中私下进行,外出时仍着男装,从外表看不出反常之处。他们通常在卧室内穿上女装,对镜自赏,从而体验到性兴奋;或者在手淫前或和女性性交前才换上女装,以此来引起性兴奋,获得性高潮后旋即脱去女装。多数异性装扮癖者只需穿一件女服便行,有的则需从内到外穿上全副女装,甚至要头戴女式假发,佩戴首饰,再穿上高跟鞋。

露阴癖(exhibitionism) 又称"裸露癖"。一种常见的性心理障碍。常以显露自己的生殖器而求得性欲满足为特征。大多数为男性,通常在昏暗的街道角落、厕所附近、公园僻静处或田野小路上,每遇女性则迅速显示其生殖器,或进行手淫,从女性的惊叫、逃跑或厌恶反应中获得性满足,倘对方赶来追捕,则立即逃逸。通常并无进一步侵犯行为。但由于对社会风尚造成危害,常常受到严厉惩罚。

窥阴癖(voyeurism) 又称"窥淫癖"。一种常见的性心理障碍。以偷看别人的性活动或异性裸露的身体为唯一方式获得性兴奋或快感,男性为多。他们一般比较胆小,性生活能力不足,也不采用暴力来满足自己的性欲要求。除了偏爱有关性的电影镜头或裸体女性形象外,常冒被捕的危险,不择手段去偷看女性洗浴或排便,多伴有手淫。有的虽经严厉惩罚,但恶习难改。行为矫正技术与认识领悟疗法可能提供帮助。

易性别癖(transsexualism) 一种性别角色障碍。患者自信自己是外生殖器所表示的另一种相反的性别。多起始于儿童阶段。生物学上的男性在心理上把自己认为女人,言谈举止模仿女性,着女性服饰,强烈希望自己变成一个完全的女人,过女性生活。生物学上的女性却在心理上以男子自居,言谈举止模仿男性,穿男子服装,强烈希望自己变成一个完全的男人,过男性生活。患者通常伴有对自己解剖生理上性别的苦恼、不适应、不舒服,希望通过激素治疗和外科手术使自己身体尽可能地与所偏好的性别一致。上述情况须持续两年以上方能做此诊断。

性罪错 又称为两性罪错。青少年期的一种错误性行为方式。由于缺乏科学知识和正确的教育引导,再加上对性的好奇心和模仿性、尝试性,以及受外界的不良诱惑,一部分青少年性本能失控,常通过不正当的途径满足自己的性欲望和性冲动。

神经病(neuropathy) 由于感染、中毒、外伤、肿瘤、血管病变等原因引起神经系统损伤、病变,造成躯体某些部位甚至全身的麻木、疼痛、瘫痪、抽搐,甚至昏迷的一类疾病。常见的有,由中枢神经病变引起的如脑溢血、小儿麻痹症;周围神经病变引起的如面神经麻痹等。

神经官能症(neurosis) 又称"神经症""精神神经性障碍"(psychoneurotic disorders)。一组轻度精神障碍的总称。由社会心理因素引起神经活动过度紧张而产生的大脑功能暂时紊乱。主要表现为:(1)精神活动能力降低,如注意力不集中、记忆力差、思维与工作效率降低,但患者无精神病性症状,全部或部分地保持对社会生活的适应能力和劳动能力。(2)情绪、神经或躯体等方面的症状,如情绪波动与烦恼、神经衰弱、体感性不适增加,但检查不出相应的器质性损伤。(3)大部分患者自知力良好,要求治疗。病因常与工作学习负担过重或与精神应激因素有关。治疗目的是:去除病因;消除症状;解决内心冲突,改善人际关系。治疗的基本方法是心理治疗,可采用集体治疗与个别治疗相结合的方法,针对病情可选择:家庭小组治疗、学校咨询、行为疗法、催眠或生物反馈等。对症治疗时可配合药物,如镇静剂、催眠药、抗焦虑或抗抑郁药物等。

神经生理学的变态性(neuro physiological abnormalities) 神经系统功能障碍导致的能力缺损。表现为不能适应不断变化的环境。可在生命过程的各阶段由多种原因造成:产前原因有遗传、染色体畸变、胎盘病变、母体并发症、母亲怀孕的次数、父母年龄、子宫内部感染、有毒物质和放射性物质等;分娩时原因有缺氧、出血、损伤、早产和感染等;产后原因有神经系统损害、感染和退化性神经系统疾病等。个体发育的某些阶段具有更大的易罹患性,如脑的最大的易罹患性是妊娠期第15～25天。神经生理学的功能障碍包括运动技能、语言能力、空间能力、注意能力等方面,有的还伴有明显的躯体特征。

明尼苏达多相人格量表(Minnesota Multiphasic Personality Inventory) 采用经验法编制的一种自我报告形式的人格测验工具。由美国明尼苏达大学哈兹威和麦金利(Halthaway S. R. and Mickinley J. C.)于1943年编制。最初有504个项目。1946～1951年,编制者又将项目增至550个,加上16个重复条目共566个,成为MMPI最初分组式。1966年修订版(MMPI-R),把与临床量表有关的项目集中于前399项,使之便于计分,且不影响可靠性。1989年发表的第二版(MMPI-Ⅱ)包含567个项目。题目涉及到身体情况,精神状态及个人对政治、法律、宗教、家庭、婚姻和社会的态度等。包括10个临床量表(如疑病、抑郁、歇斯底里、妄想狂、轻躁狂、社会内向等)和4个效度量表(疑问、说谎、效度、校正)。测查的方式有卡片式和手册式两种,后者使用较多。要求被试根据自己的实际情况,对每一项目在答卷上做出"是"、"否"或"不肯定"的回答,再按被试的回答分别得出14个量表不同的分数,最后形成个人特有的剖面图。1979年我国心理学家和精神病医生进行了修订,已有中国常模。

心理状态检查(mental status examination) 又称"精神检查"。对患者的心理活动和行为表现做系统检查,以确定是否存在某种心理障碍。项目包括:一般表现、认识活动、情感活动、意志行动及自知力等。检查基本方法是谈话、观察和心理测验。借助谈话了解患者的内心体验和精神症状。通过仔细观察病人的表情、姿势、语调、态度、行为,可以估计情感反应的性质和强度,有助于判断患者的智能、意识状态及幻觉、妄想等症状。运用心理测量可对患者某些心理状态和特征作出数量化的解释。此外,患者的日记、笔记、作业、绘画等也值得重视。检查时应保持良好的医患关系,尤其对不合作患者的处理更应细致周到。儿童的心理状态检查有其特殊性,需要学会接触儿童的技巧。

韦尔希图形偏好测验(Welsh Figure Preference Test) 精神病理学的一种投射评估工具。由韦尔希(Welsh)在1949年制订,1980年修订。测题本上有400个黑白线条图,要求被试在答题纸上对每个图形回答"喜欢"或"不喜欢"。整个测试共需一小时左右。适用于6岁以上的被试。量表使用非言语材料,可用于语言障碍者。常用来鉴别艺术能力、创造能力。

罗夏墨迹测验(Rorschach Test) 瑞士精神病学医生罗夏(Hermann Rorschach)在1921年首创的用墨迹图进行的人格投射技术。主要用于精神病学的临床诊断和人格发展及跨文化研究。无文化限制。测验工具为10张墨迹图,包括5张黑白的,3张彩色的,2张黑白加红色的。采取个别测试。主试按既定顺序逐张呈现图片,要求被试描述"图片上可能是什么?"任其自由观看、联想,时间不限,具体内容也不限制。记录其观察时间,观察并记录叙述内容和有关行为举止。从定位、形状、色彩、内容、运动反应、有无独创性几方面评分解释,从中获得患者人格状态、性格特征、自我关注水平、自杀和精神分裂症的可能、抑郁水平等多重信息,尤其适用于潜意识分析。其有效性依赖于主试的良好素质和丰富的临床经验,带有较强的主观性。操作耗时较长,信度和效度不高。后来在此基础上,发展了其他一些墨迹测验。

行为问题类型学(typology of behavior problems) 一种评估特殊儿童的方法学。用一些根据个体行为表现特点编制的,信度和效度比较好的行为评定量表和观察细目单来正式诊断情绪障碍和社会适应不良儿童。如布里斯托尔行为适应指导(Stoff,1985)、儿童行为细目(Achembach and Edelbrock,1981)、康纳斯教师检查表(Trites, Blouim and Laprade,1982)等。有些特殊教育教师和心理学家认为这些工具比传统的方法更有特点。其优点:这类量表的各个项目都是儿童的具体行为表现,反映儿童当时的情感状态和神经加工过程;作为主试的老师和家长对儿童及其所处环境都很熟悉，比起单独由心理学家等其他人员进行的临床检查更有效。

沃克问题行为鉴定表(Walker Problem Behavior Identification Checklist, WBPIC) 一套教师用来鉴别学前儿童行为问题的检查表。由沃克(Walker)在1976年制订,1983年修订。共50个项目,分为6个量表:无意识行为表现、退缩、注意分散、紊乱的同伴关系、不成熟和总体。男女测查内容、对照标准都不同。测试者在测试前必须与被试儿童相处至少2个月。测试所得原始分数在计算时转化为标准分。6个分量表效度高低不同,从0.43变化到0.88。

行为问题表(Behavior Problem Checklist, Revised) 用来评估异常行为的评定量表。由奎伊和彼得森(Quay and Peterson)在1983年修订。共有4个分量表:品行障碍(22项)、社会性攻击(17项)、注意问题和不成熟(16项)、焦虑和退缩(11项)。另有两个附加量表:精神病性行为(6项)和运动过度紧张(5项)。主要由教师、父母评定。可用来鉴别普通和有行为问题的儿童。

生物发生模型(biogenic models) 用生物学观点来解释人类行为机制的理论模型。认为只有理解和控制神经系统及躯体器官的活动才能预测、解释和控制人类行为,如认知或社会关系的改变也是一种生理变化的现象。贡献是重视通过药物、手术等生物学干预方式来治疗疾病、改善行为。在特殊教育方面,制订教育和训练计划时应考虑儿童在生理方面的缺陷。

儿童显性焦虑量表(Children's Manifest Anxiety Scale) 一种评估异常行为的量表。由泰勒"成人显性焦虑量表"发展而来。用于研究焦虑对儿童的学习、教室中的行为、治疗效果以及研究焦虑与行为、性别、种族、年龄、社会经济地位等变量的关系。学校、儿童诊所、儿科心理学家用它筛查、诊断与焦虑有关的儿童情绪障碍。

心理与教育评定量表(The Psycho Educational Profile) 简称"PEP量表"。评定孤独症儿童接受教育的进步性的量表。美国北卡罗来纳大学TEACCH计划小组制订。分成发展测验和病理测验两部分,共139项。发展测验(共95项)适用对象为生理年龄1～12岁,心理年龄为学龄前的孤独症儿童,施测及评分时间为45～75分钟,评分分为通过、中间反应、不通过3个等级;病理测验(共44项)以病理表现的多寡来评分,测验结果用侧面图表示。已在世界范围较广泛使用,中国已修订。

孤独症行为检核表(Autism Behavior Checklist) 孤独症儿童诊断工具之一。由Krug于1978年编制。1989年由北京医科大学杨晓玲教授引进。由描述儿童的行为、语言、运动、感觉和交往五个因素共57项问题组成。每项按1、2、3、4四级评分,全量表总分为158分,筛查界限分为31分,诊断分为62分。要求评分者与被评儿童至少共同生活3～6周以上,填表者一般为孤独症儿童的父母或与儿童至少生活半年以上的教师。具有较好的信度与效度。

孤独症儿童评定量表（Child Autism Rating Scale） 孤独症儿童评估工具之一。由 Schoplen 等人于 1988 年编制,主要适用于 2 岁以上儿童。包含 15 个分量表,分别为人际关系、模仿、情感反应、身体使用、与物体的关系、对环境变化的适应性、视觉反应性、听觉反应性、近接受器的反应、焦虑反应、言语沟通、非言语沟通、活动水平、智力功能和总体印象。按"1、2、3、4"四级评分,每级评分意义依次为"与年龄相当的行为表现、轻度异常、中度异常、严重异常"。每一级评分具有具体的描述性说明。得分范围为 15～60 分。总分低于 30 分则评为非孤独症;总分在 30～36 之间,且低于 3 分的项目不到 5 项,评为轻—中度孤独症;总分高于 36 分,且至少 5 项的评分高于 3 分,评为重度孤独症。

克氏(孤独症)行为量表（Clancy Behavior Scale, Clancy Autism Behavior Scale） 孤独症儿童筛查工具之一。美国克兰西(Clancy)1969 年所编。共 14 项,适用年龄为 2～15 岁儿童,由家长填答,施测时间约 10 分钟。量表采用三分法,即"从不"、"偶尔"及"经常"三种反应强度,记分方式为"从不"得 0 分、"偶尔"得 1 分、"经常"得 2 分。目前在国内以总分 14 分以上,"从不"三项以下,"经常"六项以上合并作为诊断孤独症的依据。而智力正常者,总分 10 分以上即有可能为孤独症,必须再做进一步鉴别。

裂脑研究（split-brain research） 对单侧脑半球功能的研究。源于裂脑术后遗症的分析研究。裂脑术是一种切断大脑两半球之间的联合部(主要是胼胝体)以治疗复杂癫痫的医学疗法。由瓦格纳(Van Wagenen)在 1940 年首创,斯佩里(Sperry)等人获得成功。手术后患者在感觉、意识、运动等方面整合功能出现障碍,出现许多奇异的心理现象,如:几何学习困难,记忆缺失,无法将人的名字和具体的脸对上号,报告无梦但有快波 REM 睡眠。后发展为研究单侧脑半球的功能。研究发现人的知觉和言语中枢在左半球,初级的语言接受功能在右半球,名字重认中枢在右半球,动作重认中枢在左半球等许多有趣现象。但根据病理学样本得出的结论尚难推广到正常认知结构。对个别残疾儿童的裂脑研究结果为特殊教育教师提供了重要线索,帮助理解和教育有特殊需要的儿童。此外,大脑单侧化技术还可用来对儿童进行矫正治疗。

大脑切除术（hemispherectomy） 切除大脑一侧半球的外科手术。可用于防止扩散性病变影响对侧大脑半球,如大脑内肿瘤、顽固性癫痫发作、先天性偏瘫。术后,成人多有不可逆性缺陷,如偏瘫、认知障碍。儿童的感觉运动功能康复效果较成人好,也可能存在不同程度的智力等方面的障碍。

精神药物（psychotropic drugs） 主要作用于中枢神经系统,能影响心理活动和行为变化的一组药物。主要有:(1)抗精神病药,如氯丙嗪、奋乃静、氯氮平等。(2)抗焦虑药,如安定、利眠宁等。(3)抗忧郁药,如多虑平、左旋多巴等。(4)抗躁狂药,如锂盐等。(5)精神振奋药,如苯丙胺、哌醋甲酯(利太灵)等。(6)拟精神病药物,如麦角酸二乙胺(LSD)等。由于有一定的副作用,有的可产生药瘾。需要在医生指导下,根据病人的具体情况合理用药,正确处理其副作用。

内啡呔(endorphin) 具有阿片样活性的多肽类物质。主要分布于脑、垂体和胃肠道等处。除镇痛外还能调节血压、体温、呼吸、饮食、性活动和记忆等生理过程。注射内啡呔类物质会产生许多类似于吗啡的效果,如痛觉缺失、低体温、眩晕、呕吐、肌肉僵直及运动不能。

致幻剂(hallucinogens) 又称"拟精神病药物"(psychotomimetic)。一类作用于中枢神经系统,能产生幻觉或类似精神分裂样表现的药物。可引起错觉、幻觉等知觉变化,具体反应则与服用的药量、人格特点及以往经验等有关。主要药物有类肾上腺素,如安非他明;吲哚类化合物,如二乙麦角酰酸(LSD);抗胆碱药,如毒扁豆碱;哌啶基化合物,如镇痛舒。

多巴胺(dopamine) 一种儿茶酚胺类神经递质。存在于边缘系统、基底神经节和额叶区中,其功能与运动、情绪、摄食和饮水的调节有关。帕金森氏症的运动不能是黑质纹状体系缺乏多巴胺所致。有研究报告,精神分裂症病人所表现的症状与多巴胺过多有联系。

苯妥英纳(dilantin) 一种抗癫痫药。由德国化学家比尔兹(Biltz,1908)首先合成。具有抗惊厥而不引起镇静的作用。可用于治疗癫痫、心律失常、心血管功能紊乱和神经性行为障碍等。

苯巴比妥(pbenoharbital) 一种镇静催眠药。对缓解痉挛有显著疗效。可适用于兴奋性癫痫、新生儿痉挛;热病痉挛、儿童期癫痫,但有攻击行为的癫痫患者除外。主要的副作用是:欲睡,感知觉过度,易怒和攻击性;对记忆力、理解力、语言也有一定影响,如:记忆力减弱、发音失调、共济失调等。换其他药物或停药可得到改善。有些症状在服药几周后会自行消失。

抗惊厥剂(anticonvulsants) 用于控制抽搐发作的药物。常用的有苯妥英纳(dilantin)、乙琥胺(ethosuximide)、卡巴咪嗪(carbamazepine)等。虽可能有些副作用,如药疹、齿龈肥厚出血、共济失调等,但对癫痫症有良好的控制作用。

安定(valium) 又称"diazepam"。(1)药名。通过对边缘系统、丘脑、下丘脑而对中枢神经系统起抑制作用。可用于治疗焦虑症状、骨骼肌痉挛或运动神经元障碍引起的痉挛状态(如大脑麻痹)及癫痫发作。副作用有:疲乏、欲睡、抑郁、头痛、动作增多及言语含糊。超过剂量时甚至出现嗜睡,昏迷等症状。一旦停药,患者可能有抽搐、痉挛、震颤等戒断症状。(2)指焦虑症状减轻。

安定药(tranqulizer) 用来减轻焦虑、紧张和躁动的药物。包括两大类:抗精神病药物和抗焦虑药物。抗精神病药,旧称强效安定剂,如氯丙嗪、氯氮平、利血平等,具有明显的抗精神病作用,能有效地控制兴奋躁动,消除幻觉和妄想,改善淡漠、退缩或解除缄默木僵。多数能引起锥体外系副作用,产生程度不一的震颤麻痹、静坐不能或急性肌张力异常。抗焦虑药物,旧称弱效安定剂,如利眠宁、氨甲丙二酯等,主要用于治疗神经症。具有抗焦虑作用,能有效地解除焦虑紧张,起镇静催眠作用、抗痉挛和肌肉松弛作用。

氯丙嗪(chlorpromazine) 一种抗精神病药物。由夏庞蒂埃(Charpentier)在1950年合成。具有降低神经活动而不引起麻痹的作用。常为精神病治疗的首选药物,适用于除忧郁症以外的各类精神病,对运动性兴奋、急性幻觉妄想及思维障碍均有疗效。具有较强的镇静抑制作用,副作用有嗜睡、心动过速、震颤麻痹等。

乙酰胆碱(acetylcholine) 中枢神经及周围胆碱能神经元系统中广泛存在的神经递质。可从一个神经元释放到另一个神经元以传递信息。在调节摄食、饮水、促进学习和记忆等行为方面起着重要作用。

电抽搐治疗(electroconvulsive therapy) 用一定量的电流通过大脑,引起意识丧失和痉挛发作,以治疗精神疾病的一种方法。适用于:(1)对药物控制无效的急慢性病人的兴奋躁狂症状。(2)紧张型精神分裂症的木僵拒食症状群。(3)各类精神病中的忧郁、消极、自杀观念。治疗后有后遗症,如头痛、记忆障碍等,几周后可自行缓解。还可能出现并发症,如骨折或脱位、心血管并发症等。对患者的年龄、体格有很高要求。经过改良方法,先注射肌肉松弛剂(如琥珀酰胆碱),再进行电抽搐治疗,可以减轻后遗症。

园艺治疗(horticultural therapy) 利用园林环境中的言语、活动和各种仪式,由患者、治疗者及小组其他成员共同参与的一种心理疗法。目的是改善患者智力、社会适应、情感及身体健康等。可促进患者的运动发展,培养动机和责任感,或作为一种职业训练。适宜于在有保护的场所和职业学校中进行。

舞蹈疗法(dance therapy) 将舞蹈动作揉合进治疗或教育程序中的一种运动疗法。具有促进身体发展、放松肌肉、减轻焦虑等作用。适用于智力落后儿童、普通人、老年人和精神病患者。

音乐疗法(music therapy) 运用音乐矫正不和谐行为,并促进心理健康、社会适应以及动作协调的一种心理治疗方法。广泛应用于医院、学校、机关、私人诊所,可采取个别治疗和团体治疗两种形式。包括音乐欣赏、乐器演奏、参加音乐会、介绍音乐、舞蹈、音乐创作、唱歌等方式。与音乐教学不同,后者着重于音乐审美知识和技能的培养。在特殊教育中则是融学习于娱乐之中,有助于提高儿童对声音和音乐的注意力和反应能力,有助于矫正缺陷和心理发展。

安慰治疗(placebos) 由于接受者和治疗家的期待而产生作用的物质或治疗性干预措施。起初是在医疗中得到应用,尽管没有直接的生理作用,但能改善病人的状况。在教育中也普遍有作用。一方面特殊教育研究者希望设置安慰控制组,以帮助了解接受直接干预的实验组的效应;另一方面,课堂教师可以将其与直接干预相结合,用以增进教育成功的希望。

游戏疗法(play therapy) 一种心理治疗方法。治疗者观察游戏中儿童投射出的内心活动和间接表达的情感和思维,并进行分析治疗。游戏时,儿童处于放松状态,可以表露真情,发泄其不愉快的情绪。治疗人员可以以游戏为中介,让儿童自然显露问题,并参与游戏,采用儿童能理解的表达方式对问题进行分析和解释。角色扮演中,儿童能体会角色与自己的关系,改善人际关系。游戏本身可以提高儿童机体素质,增加交往机会。游戏作为患儿自我表达和治疗者施加影响的载体,其内容和形式多种多样。效果取决于治疗者是否善于组织游戏、能否在游戏中发现问题,并恰当地结合游戏进行分析治疗。在特殊教育中也是一种学生喜爱、适合其特点的教育教学方式。

假装游戏(pretend play) 又称"装扮游戏"。一种有意识的、但不含欺骗目的的游戏形式。游戏者在准确地感知到实际情况的条件下,有意设想出非真实的情境,并根据这种想法有意公开做出非真实的行为。需要儿童具备区分"真实"和"假装"的能力。为儿童心理理论发展中的一个重要方面。

艺术疗法(art therapy) 一种利用艺术活动治疗心理疾病的方法。由农伯格(Naumberg)在1917年首先提出。他认为每个人都有能力将其内部情感投射到视觉形式中,并且人们的大多数潜意识、思想和情感转化为意象比转化为语言更容易。具体分为两种:(1)心理分析法,由农伯格提出,运用艺术作品揭示潜意识以治疗行为问题。(2)表达法,由克雷默(Kramer)在1958年提出,利用艺术活动表达生活经验,解决问题。这种方法对制止自杀、诊断抑郁症和精神分裂症有一定作用,也可用于治疗和教育学习障碍和精神发育迟滞儿童。

多萨疗法(Dohsa therapy) 一种心理疗法。假设是:(1)患者的问题被认为是自我经验模式的问题,表现为行动笨拙,动力不足,主动性差等。(2)经验模式的改变主要体现在运动和行为活动上。(3)当经验模式(行为模式)转向于某些动作上有助于患者时,其自身总的经验模式就会自动发生变化,在日常生活中就会有愉快的体验。认为每个人都是自己躯体的主宰者,对自身活动可以有意把握和控制,通过自己的努力去实现企图达到身体运动的目的。身体运动模式与企图达到动作模式的共同结果,是意念—努力—身体运动的自我控制过程,即多萨过程。患者通过改变自己获得经验模式以满足自己的心理需求,从而达到治疗心理疾病的目的。1973年首次应用于帮助脑瘫儿童增加有意识的运动。1984年应用于孤独症儿童,可明显改善其目的性行为和与人沟通的行为。结合放松训练,应用于发音不清、言语障碍、焦虑症、多动症、行为问题等治疗,取得较好的效果。

精神统合治疗 对孤独症儿童的一种心理治疗方法。由日本名古屋大学教育学部开发。主要是借助于游戏和集体方式帮助这些儿童心理发展,其治疗过程就仿佛是治疗者与儿童共同编织一件艺术作品的过程,通过两者(2人到多人的互动)不断的接触、磨合、互动、沟通达到互相理解、助其发展的目的,理解和尊重自闭症儿童的内心世界和外显行为是该疗法实施的基础。

结构化教学法 又称"系统教学法"。针对孤独症与沟通障碍儿童提出的一种教学方法。由美国北卡罗来纳大学精神科学系一个专门研究、支援和推行孤独症儿童教育的部门在"孤独症与沟通障碍儿童教育与治疗模式"(Treatment and Education of Autistic & Communication Handicapped Children Model)中提出。根据儿童的学习特点,有组织、有系统地安排学习环境、学习材料及学习程序,让儿童按照设计好的结构从中学习。基本思想是把教学空间、教学设备、时间安排、交往方式、教学手段等方面作系统安排,形成一种模式,使教学的各种因素有机地形成一体,全方位地帮助自闭症和其他有沟通障碍的儿童进行学习。

人际关系发展干预(relationship development intervention) 一种教孤独症儿童如何发展人际关系的干预策略体系。首先是教他们发展与父母的关系,其次是教他们发展与同伴的关系。主要直接针对孤独症的核心问题——社会技能和友谊的发展进行干预。

地板时光(Floortime) 又称为"基于发展、个别差异和人际关系模式"(Developmental, Individual differences, Relationship-based model)。孤独症的一种干预方法。美国精神病学家斯坦利·格林斯潘(Stanley Greenspan)和塞蕾娜·维尔德(Serena Wieder)于20世纪80年代所创。主要用于发展孤独症儿童功能性社交能力。在自然情境下与孤独症儿童进行大量密集的游戏与互动,以建立恰当和谐的关系,从而促进语言、情感、逻辑思维的交流与发展。

图片交换系统(the picture exchange communication system) 一种帮助孤独症和交流障碍儿童与他人交流的方法。在与人沟通的美国德纳瓦州孤独症学习计划中首次提出。最初应用于孤独症和那些不能用口语进行社会沟通的学龄前儿童,通过图片的采编和应用帮助他们达到沟通目的。由可视性媒介(图片、文字、沟通板)、设置的情境、训练者和被训练者组成。在专门创设的情境中由训练者教儿童选取图卡来换取对应物、辨别图卡、完成句子排列、主动表达等活动。

听觉统合训练(auditory integration training) 一种听觉物理疗法。由法国医生古·贝拉多(G. Berard)于20世纪80年代发明。主要针对有听觉问题的儿童,其中包括孤独症儿童、听觉过敏或不灵(hyperacute or hypoacute hearing sensitivity)的儿童、学习困难儿童等采用的一种训练方法,方法是借助于听觉统合治疗仪进行脱敏训练,疗效因人而异。

箱庭疗法(sand play therapy)　又称"沙盘游戏""沙盘疗法"。一种心理疗法。主要材料包括箱子(或沙盘)、沙和玩具。沙具实际上是将普通的玩具收集起来,按类别放在沙具架上,包括各种人物形象、动物、树木、花草、车辆、船、飞机、建筑物、石头、桥、栏杆、动漫人物等。来访者在治疗师的陪伴下,从沙具架上自由挑选玩具,在盛有细沙的特制沙盘或箱子里进行自我表现。治疗理念为个体具有自我治愈创伤的力量,使用箱庭道具可以提供给来访者自由与受保护的空间,借助玩具的象征意义,将个体无意识的心象充分表现出来,在建立来访者与治疗者良好关系基础上达到自我治愈目的。由于具有非言语的特点,可用于各类障碍儿童的康复训练。

动物辅助治疗(animal-assisted therapy)　一种以目标为导向的干预方法。以动物为媒介,通过人与动物的接触,使病弱或残疾个体身体状况得到改善或维持,或者通过有动物参与的活动使个体的心理状况得到改善、增强与外界环境的互动,进而达到适应社会的目标。在孤独症儿童的干预治疗中已有采用。使用的动物有狗、兔、猫、马、海豚等。

社交故事(social story)　孤独症的一种干预方法。美国心理学家 Carol Gray 于 1991 年提出。由父母或老师针对孤独症儿童的学习需求撰写的简短故事,描述一个社会情境,在此情境中涉及相关社交线索及合适的反应。其本身并不直接教社交技能,而是通过向孤独症儿童解释环境中可能发生的事件教导孤独症儿童认识该情境的相关线索,并做出合适的应对技巧。表现方式有:文字故事、文字加插图故事、文字加图形符号故事、多媒体动画故事、歌唱故事等。

同伴干预(peer group media intervention)　孤独症的一种干预方法。强调将普通儿童作为社交的重要因素之一纳入干预训练中,以此来促进孤独症儿童沟通和社交能力的发展。具有许多重要的教学策略,主要包括布置恰当的社交情境、教给普通儿童与孤独症儿童进行社交的策略、教给孤独症儿童主动发起社会交往的策略。

关键反应训练(Pivotal Response Treatment)　又称"核心反应训练"。孤独症的一种干预方法。由美国加州大学心理学教授凯格尔教授等人发展而来。基于 ABA 的基本理念,提倡采用情景化的教育系统,通过提高孤独症儿童的学习动机和反应来对作为发展其他技能基础的关键性技能进行训练。强调对家长进行培训,让家长参与到关键技能的训练中。最初应用于孤独症儿童语言能力的提升,现使用领域已经拓展到沟通、社交和行为兴趣等领域。

拥抱机(hug machine)　一种帮助孤独症人士的工具。美国人天宝·格兰丁发明。两侧有两块填充板,靠近底部处用链条绑住形成一个"V"字形。使用者躺或蹲在 V 形中,通过操作一个杠杆使两边的侧板一起往里推,产生作用于身体侧面的很强的压力刺激,使用者就像在一个空气气缸中。有些孤独症者喜欢受到长时间的压挤,有些喜欢短时间的压挤,使其在整体平静性上产生较大影响。

现实疗法(reality therapy) 一种心理疗法。注重让患者学会以更有效的行为去应对现实环境。该疗法重视内部动机、行为的改变和成功的自我同一感的发展。治疗的中心任务是向患者阐明生命的"向上目标",分析现实中的挫折与矛盾所引起的问题,进行指导、安慰、情感疏泄、培植兴趣、调整环境,介绍有关病因、病症的知识,改善心理素质,发展对现实的理解,帮助学会更有意义更有效的行为方式,制定可行的未来行动计划。主要采用引导原则,不进行惩罚。对儿童精神病患者的治疗常同游戏、改变环境和态度等方法结合使用。常为咨询工作者用于犯罪审判和管教系统、学校教育和残疾儿童的康复工作。耗时少,效果明显。

虚拟现实技术(virtual reality) 干预治疗的一种方法。在计算机科学和工程学基础上发展起来的高新技术。利用计算机生成一种模拟环境(如学校、马路、社交场所等),通过多种传感设备使得用户置身于该环境中,实现用户和该环境直接进行虚拟的自然交互,核心是为用户同时提供视、听、触等各种感知交互手段,使得用户成为虚拟环境的一员,具有身临其境的感觉。1996年,Stickland首次提出可以将其作为孤独症儿童干预的一种途径。现已应用于孤独症儿童生活技能、认知、社会交往、情绪情感等领域的干预训练中。

发展疗法(development therapy) 训练严重情绪和行为障碍儿童的一种方法。由伍德(Wood)等在1979年提出,并在美国佐治亚州雅典城拉特兰心理教育中心、佐治亚大学和美国教育部等单位合作下首次示范应用于幼儿园、中小学和心理卫生系统。利用儿童行为、社会交往、社会化及认知发展的正常顺序的理论和研究,与课堂实践相结合,治疗2~16岁有严重情绪障碍和孤独症的儿童。根据学生社会—情绪发展水平分组,每组4~12人,配一名治疗教师和一名助手。首先用专门的发展治疗客观评定量表对每个学生的社会—情绪分别作出评估,然后确定目标和具体的治疗步骤,并根据其阶段水平确定各种活动、材料、日程安排和行为管理策略。

认知行为疗法(cognitive behavior therapy) 一组以帮助患者解除歪曲的认识并学会用更现实的方法进行思维的心理疗法。这类疗法根据:3个基本假设:(1)人的行为通过认知活动(如思维、期望和信念)发展起来。(2)认知活动的改变引起行为变化。(3)人是学习过程的积极参与者。认知行为治疗家努力改变患者的思维过程以引起其认知和行为的变化。具体方法有:塑造法、自我指导训练、问题解决训练、理性情绪疗法、认知疗法、自我控制训练和认知技能训练。

逐步松弛法(progressive relaxtion) 一组主要用于消除焦虑症状的治疗方法。由美国生理学家Jacobson创立。治疗者指导患者进行身体局部一组肌肉先紧张后松弛的练习,然后根据指导语逐步进行身体其他部位肌肉先紧张后松弛的练习,如从手开始,循上肢、肩、头部、颈、胸、腹、臀、下肢一直到脚的顺序,最后达到全身放松。放松疗法针对的是高血压、溃疡症、支气管哮喘等心身疾病和焦虑症、恐惧症等神经症。

应用行为分析(applied behavior analyses) 简称"ABA"。又称"行为训练法"。一种常用于对有发育障碍的儿童进行早期行为干预与训练的操作性方法体系。1962年由美国加州大学洛杉矶分校心理系伊瓦尔·洛瓦斯(Ivar Lovaas)教授及他的实验小组率先应用在孤独症儿童身上。该操作体系根据行为学派的理论提出,具有方法结构化、教学系统化、操作目标化、非专业人员经过多次实践就能操作等特点,特别是它的一个核心操作技术——回合教学法广为流传。系统地运用心理学理论的一系列原理改变个体行为的一种方法。可用于解决儿童的许多问题,包括学业问题,如阅读、书写和完成作业;社会和行为问题,如情绪低落、孤僻和逃学。所运用的心理学理论主要是条件反射理论、社会学习理论、操作条件理论。原理主要是积极强化原理、消极强化原理、成型原理、激励原理、惩罚原理、榜样原理;无歧视学习原理、任务分析原理、自我教学性交谈原理。

回合教学法(discrete trial teaching) 又称"DTT教学法""分解式教学法"。应用行为分析中的一个核心操作技术。包含5种操作(5个要素)的一个教学流程。5个要素依次是:指令(instruction)、辅助(promt)、反应(response)、结果与反馈(consequence & feedback)、停顿(pause)。一般情况下是"一对一"的教学,一个小目标一天要经过10个回合。

扩大和替代性沟通(augmentative and alternative communication,AAC) 一种非言语交流策略的方法的综合体。旨在帮助不能使用言语进行交流的个体,主要包括手语、标号体系、交流板以及综合性言语装置。

催眠(hypnosis) 用言语暗示或其他心理手段使人进入类似睡眠状态的一种心理疗法。催眠成功与否同被催眠者的受暗示性、期待心理、信任及合作态度有关。约10%～20%的人易被深度催眠,5%～10%不易被催眠,处于两端之间的人能在不同程度上被催眠。其本质迄今未明,生理及电生理变化都无特异性。

感觉消退技术(sensory extinction) 用来减少儿童发育障碍中病理性行为(如自伤、强迫行为等)的一种方法。由里可夫(Rincover)在1978年发明。他认为感觉的结果可以强化变态行为的形成和保持。故治疗时可以采用掩饰、改变或去除某些具体的感觉结果来消除变态行为,同时教会儿童代之以正常行为。例如,一个儿童有在桌子上摔盘子的习惯,可以通过在桌子上垫块桌布去除听觉反馈效果来改变其行为。

行为矫正(behavior modification) 依据条件反射说和社会学习理论的原理,对行为进行客观、系统的处理,从而减少和消除不良行为,增强和培养良好的行为,使个体的社会适应能力得到发展。处理行为的方法有:正强化、负强化、惩罚、消退、模仿、塑造和认知行为疗法等。基本的处理过程分成5个阶段:(1)找出问题行为,确立目标行为。(2)记录问题行为,确定其基线。(3)选择处理行为的方法。(4)对行为进行矫正,并记录处理结果。(5)对处理结果进行评估。已经见效的应用项目包括:(1)矫正精神病患者的变态行为,如恐怖症等。(2)训练智力落后儿童的生活技能(如穿衣、大小便等)、社会行为和言语能力的发展。(3)矫正情绪困扰儿童的不良行为,如攻击行为等;(4)激励学生的学习动机,维持班级的教学秩序等。此外,还被用于人事管理以提高工作效率和工作热情;被用于进行生理反馈训练,如心跳、肌肉活动等,去促进个体的健康。

行为改变技术(behavior modification techniques) 建立在心理学理论基础上,旨在减少、消除个体不良行为,塑造、增进个体良好行为的各种方法。应用于帮助个体解决学习、工作或生活中的各种问题,增进个体的社会适应,促进个体的身心发展。依据以下心理学理论:应答性条件反射理论、操作性条件反射理论、社会学习理论以及认知行为改变理论等。主要包括:塑造法、链锁法、榜样法、提示法、渐隐法、消退法、惩罚法、厌恶治疗法、隔离法、系统脱敏法、行为代价法、强化相反行为的方法、代币制、合同法、前提控制法、认知行为改变法以及自我管理法等。

良好行为(good behavior) 符合社会文化要求,被社会接受,并对儿童的身心发展产生积极作用的行为。如自理行为(刷牙、洗脸等),人际行为(有礼貌、语言文明等),亲社会行为(合作、分享、助人等),以及学业行为和道德行为等。

目标行为(target behavior) 教师或家长计划去改变的某项特定行为。既可以是教师或父母希望儿童减少、消除的行为,如减少和消除儿童的攻击性行为;也可以是教师或家长希望儿童培养的行为,如培养儿童学会洗脸、刷牙等。或者儿童虽然具有某个好行为,但是这个行为发生的次数太少,因此促进该良好行为的频繁发生就成为教师或家长教育的目标。

适当行为(appropriate behavior) 指在行为矫正过程中所要求的与个体发展目标和社会共有标准相一致的行为。

终点行为(terminal behavior) 行为矫正中的术语。行为改变计划实施前所拟定的目标行为将要达到的结果。通常教育者通过使用明确、清晰的用语,以及具体、确切、可测量的标准来制订。例如,经过实施行为矫正计划,使某儿童无理哭闹行为发生的频率由过去每天5次下降为每天1次。

基数(baseline data) 行为矫正中的术语,在行为改变计划未实施前目标行为的发生状况。如在未经矫正干预前,某儿童无理哭闹行为每天发生的次数、持续的时间等。

强化（reinforcement） 增强个体特定行为再次发生的外部力量。指个体行为发生之后，获得某个特定的结果（强化物），该结果有助于提高个体该行为再次表现的可能性。为行为主义理论的核心概念。行为主义认为行为的后果决定着该行为是否再次发生。一般可分为正强化和负强化。正强化（positive reinforcement）是指当个体表现某种行为后即可获得正强化物，个体再次表现该行为的可能性增大。而当个体表现某种行为后即可摆脱所遭受的负强化物（厌恶刺激），个体再次表现该行为的可能性也将提高，此为负强化（negative reinforcement）。

强化物（reinforcer） 紧随个体特定行为而出现、能影响个体该行为是否再次发生的任何事物或事件。依据类型特点，可分为3类：（1）物质性强化物，即强化物以实物的形式出现，如食品、饮料、水果、衣物、玩具等。（2）活动性强化物，即强化物表现为给予儿童以一定的时间去从事某一活动，如玩游戏、看动画片、去动物园等。（3）社会性强化物，即指强化物以一种抽象的、精神层面的形式出现，如表扬、微笑、拥抱、握手等赞许性形式。依据是否被个体喜欢，可分为两类：（1）正强化物（positive reinforcer），指个体儿童所喜欢的任何事物或事件，又称"奖赏物"（reward）。施予个体正强化物将激励个体再次表现特定行为。（2）负强化物（negative reinforcer），指个体不喜欢的事物或事件，又称"厌恶刺激"（aversive stimulus）。施予个体以负强化物，将促使个体表现特定行为的概率下降。

正面惩罚（positive punishment） 一种行为改变技术。指个体特定行为发生后，紧随而来的行为结果是个体不喜欢的事物或事件即厌恶刺激（负强化物），从而使个体表现该行为的可能性减少。如某学生说谎被妈妈发现，在以后的一个星期里，妈妈惩罚她每天不能乘坐电梯上楼，只能爬8层楼梯回家。为了避免这样单调、乏味的运动，该生学会了诚实说话。

负面惩罚（negative punishment） 一种行为改变技术。指个体特定行为发生后，紧随而来的行为结果是将个体喜欢的事物或事件即奖赏物（正强化物）撤除，使个体无法享用奖赏物，从而促使个体不再表现该行为。如某学生在游戏活动中故意将同学推倒，老师不让他继续参与他所喜欢的游戏活动，惩罚他只能站在旁边观看。该生为了能参加有趣的游戏活动，以后就不能再发生故意推打同学的行为。

差别强化法（intermittent reinforcement） 又称"间歇强化法"。一种综合的行为改变技术。通过对良好行为的正强化和对不良行为进行消退，从而提高良好行为的出现频率，降低不良行为的发生频率。表现为在实施行为改变计划的开始，良好行为每出现一次就会被正强化一次；当良好行为能持续出现时，对它的强化程序改为变化间隔或变化比率的强化；与此同时需持续消退不良行为。

行为强化程序（schedule of reinforcement） 为增强个体目标行为的发生，教育者特意制定出在何时以及在何种情况下给予强化物的程序安排。安排的程序不同会对个体的行为产生不同的效应。主要有4种:(1)固定比率强化程序,指被强化行为的表现次数是固定的:如儿童每次完成数学作业后就能自由玩10分钟。(2)变化比率强化程序,指被强化行为的表现次数不固定,在一定范围内变动:如儿童作业完成好(正确率在90%左右)就得到一张漫画粘贴纸。(3)固定间隔强化程序,指儿童表现出某种特定的行为持续的时间是固定的:如儿童安静坐在位子上10分钟,可被老师表扬一次。(4)变化间隔强化程序,指儿童表现出某种特定的行为持续的时间是可变的:如儿童能持续大约20分钟左右(平均时间)认真听讲,老师就会给他一次发言的机会。在培养目标行为的早期阶段,主要采用固定比率强化程序和固定间隔强化程序,以激励个体更多地表现目标行为;当目标行为能持续、稳定地发生时,主要采用变化比率强化程序和变化间隔强化程序,以维持目标行为的发生。

榜样法(modeling) 一种增进和培养良好行为的方法。以某个个体或某个团体的行为为榜样,让儿童通过观察、收听、阅读或操弄等途径而改变自己的行为,从而使儿童形成与榜样相同的动作、思想、态度或是语言表达等特性。通过模仿榜样的良好行为,儿童能学会以前不具备的良好行为;榜样的良好行为还能激发儿童表现已获得的良好行为,增加儿童已学会行为的表现频率,也能抑制儿童表现不良行为。

模仿(imitation) 通过观察他人的言行举止而引发与之相似的行为活动。儿童的一种学习方式。自婴儿起,儿童的这种学习就开始发生了,儿童由此学习社会环境中其他个体的外显行为以及态度、习惯、价值观、道德品质等内在的东西。

模拟法(modeling) 又称"示范法"。一种行为治疗方法。其基本原理与模仿和强化一样,是人类行为的社会性学习的一种基本形式。常用于儿童恐怖症、自闭症、口吃及其他行为障碍的治疗。可采用集体的方式进行。

自控法(self control) 一类促使患者学会控制自己行为和情感的行为治疗方法。治疗者的责任是帮助和指导患者学会自我控制的技术。被治疗者把自己训练成治疗者,自己对自己的治疗负责。通过确定目标、自我监察、自我强化等手段达到消除不良习惯行为的目的。主要适用于戒烟、戒酒、戒毒瘾及贪食症等。

链锁法(chaining) 帮助儿童学会一种新的良好行为的行为改变技术。系统地通过对刺激进行控制从而帮助儿童形成刺激—反应链。生活中复杂的行为是由刺激—反应链所构成的,刺激—反应链是由两个以上的刺激—反应步骤组成的,如 S1 - R1、S2 - R2、S3 - R3、S4 - R4 等,刺激—反应链又叫行为链。儿童学会一个复杂的行为就是学会完成行为链的过程。行为链可分为:(1)正向链锁,由起点行为向终点行为所构成,如 S1 - R1→S4 - R4;(2)反向链锁,由终点行为向起点行为所构成,如 S4 - R4→S1 - R1。依据复杂行为的特点,儿童可按正向链锁或反向链锁的方向来学习一个复杂的行为。例如,儿童采用反向链锁的方式学习穿裤子,成人先帮助他穿裤子,将裤子提到他的胯部,训练他学会从胯部往上提裤子;然后再训练他从大腿部位往上提裤子;再训练他从小腿部位往上提裤子,之后再训练他自己将脚伸进裤子,自己往上提裤子;最后再教他学会辨认裤子的正反面,自己穿裤子。主要应用于指导儿童学会复杂的系列性行为,如穿衣、刷牙、清洁房屋以及其他复杂认知行为、社交行为等。

提示法(prompting) 帮助儿童学会新的良好行为的一种行为改变技术。在行为培养的过程中,教育者通过提供给儿童各种特殊帮助以促进儿童形成良好行为的方法。其作用是增加儿童完成任务的可能性,促进行为的形成。包括语言提示、身体提示和示范提示等。

渐隐法(fading) 一种培养儿童良好行为的方法。在行为培养的过程中,教育者逐渐改变所控制的某一反应刺激,促使儿童对部分变化了的或完全新的刺激仍能产生相同的反应,即刺激发生变化,而儿童所获得的行为不变。表现为在行为培养的开始,儿童因得到教育者的帮助而学会作出某种行为反应(良好行为),之后,教育者所给予儿童的各种特殊帮助在数量和质量上逐渐减少,而儿童仍继续作出相同的行为反应,真正形成良好行为。如老师开始时手把手地教儿童学习画圆;而后老师逐渐降低帮助的程度,直至不需要老师的帮助,儿童能独自画圆。

厌恶治疗法(aversive conditioning or aversive therapy) 一种减少或消除不良行为的行为改变技术。当个体表现出不良行为时,即对个体施加特殊类型的厌恶刺激如电击、异味等,或束缚其身体、剥夺其自由,从而使个体为逃避惩罚而不再表现出该不良行为。一般在临床或实验室的条件下,由专业治疗师实施或操作;或家长、教师在有经验行为改变专业人员的指导下实施或操作。实施的对象为某些行为问题比较严重的儿童和某些行为变态的成年人。如某儿童的父母在专家的指点下,以极苦的黄连素作为厌恶刺激,以消除此儿童咬指甲的不良行为。

行为代价法(response cost) 又称"反应代价法"。一种减少或消除不良行为的行为改变技术。当儿童表现出某种不良行为后,教师或家长将儿童本该享受的某种奖赏或权利收走一段时间,以此达到减少不良行为发生的目的。以操作性条件反射理论为基础,个体表现某个行为,导致被剥夺奖赏,那么该行为不再发生。应用范围广,不仅适用于改变幼儿的不良行为,也适用于消除青少年的不良行为。

代币制(token) 一种综合的行为改变技术。通过建立系统的代币制度,同时增进儿童的多种良好行为,并减少不良行为的发生。当儿童表现出良好行为时,即可获得相应的代币;反之,即被扣除相应的代币;儿童用手中的代币可换取自己所希望的奖赏。有 5 个组成要素:(1)目标行为:家长或教师希望培养的良好行为以及希望减少的不良行为。(2)代币:在每一次目标行为表现后,儿童将得到或被扣除的物品;代币类似于游乐场里的筹码,被用去交换儿童希望得到的奖赏。(3)奖赏:由各种物质性强化物、活动性强化物以及社会性强化物组成。(4)比值关系:在每一次目标行为表现后,儿童将得到或被扣除多少代币,这个目标行为与代币的比值关系要确定;另一个需要确定的比值关系是代币与奖赏之间的关系,即几个代币可以换取什么样的奖赏。(5)代币兑换奖励的时间和地点:当儿童攒有一定数额的代币后,即可在规定的时间和地点兑换自己想要的奖赏。

合同法(contracting) 一种综合的行为改变技术。教师或家长组织和安排一种情境,让儿童按照成人的要求完成任务;之后,儿童可以从事自己喜欢且被成人认可的事情。即"如果你做甲事,那么你就可以做乙事或得到乙"。有口头合同和书面合同之分,还有短期合同和长期合同之分。短期合同比较适合智力残疾儿童,对高年级的特殊学生鼓励使用书面合同。

生物反馈(biofeedback) 一种行为疗法。根据操作条件反射原理训练患者学习自我调节、控制内脏的生理功能来改善或治疗心身疾病。这种方法利用现代电子仪器将患者的生理状况信息,如体温、血压、呼吸等以视觉或听觉形式记录并显示给患者,同时训练他们感受自己生理状况及其变化,并加以调节。对偏头痛、高血压、心律失常、失眠等有一定疗效。

系统脱敏法(desensitization) 一种减少或消除恐惧行为的行为改变技术。指在舒适的环境中,让患者充分地放松自己,然后系统地让患者逐渐接近其所恐惧的事物;或是逐渐提高患者所恐惧的刺激物的强度,从而让患者对于恐惧事物的敏感性逐渐减轻,直至完全消失。由 J. 沃尔佩(Wolpe)在 1956 年首创。具体步骤是:(1)确定患者的焦虑等级,将其各种焦虑反应按由弱到强的顺序排列起来。(2)患者接受肌肉松弛训练。(3)从最低等级开始,要求患者在面临引起焦虑反应的刺激时放松肌肉,以对抗焦虑。成功后进入下一个等级,直至通过最高等级。对儿童焦虑和学校恐怖症有疗效。

刺激辨别(stimulus discrimination) 一种学习的结果。指通过学习训练,个体能识别不同的刺激或情景,并且学会只对某种特定的刺激或情景进行特定的反应。如刚上学的学生学会听到上课铃声赶紧回到教室。

刺激泛化(stimulus generalization) 一种学习的结果。指个体学会对具有某些相同特征的不同刺激或情景进行相同的特定反应。如儿童学会在不同的时间、不同的场合,见到自己熟悉的阿姨能主动说:"阿姨好!"

刺激控制(stimulus control) 一种行为改变策略。教育者利用特定刺激或情景来帮助个体发展某种良好行为。主要通过刺激辨别训练而达到。包括以下内容:帮助个体识别特定刺激或情景的显著特征;当个体对该刺激或情景进行特定反应时即可受到正强化;若个体对其他刺激或情景也发生特定反应则得不到正强化,甚至受到惩罚;以及反复练习等。例如新驾驶员学习如何通过有红绿灯的十字路口,他需要学会看见红灯立即停车,看见绿灯则通行;如果看见绿灯停车,则会影响别人甚至可能造成交通事故。

前提控制法(antecedent control techniques) 一种综合的行为改变技术。通过改变前提刺激的某一特性以激发个体良好行为的发生,减少或消除不良行为。前提(antecedent)是指刺激事件,它发生在个体的行为之前,影响着个体行为的再次发生。它既可以引发良好行为,又可以导致不良行为的发生。应用于增进良好行为的方式:(1)安排引发良好行为的刺激,即通过改变某一刺激的某个特性的变化,来引起儿童良好行为的发生;(2)降低良好行为发生的难度,如为让儿童多看书,家里少开电视、图书随手可得等;(3)为建立良好行为的效果创设条件,如为让孩子多喝水,先让孩子运动、出汗,孩子口渴后自然愿意喝水。应用于减少和消除不良行为的方式:(1)排除引发不良行为的刺激,如座位相邻的学生经常在课堂上吵架,通过调开两人座位的方式来消除他们的争吵;(2)增加引发不良行为的难度,如儿童总喜欢跑到厨房去,可以为厨房加上锁,使其无法打开而无法进入厨房;(3)消除不良行为的效果建立,如儿童一进食品店就嚷嚷饿,要求妈妈买那些快餐食品;以后妈妈先让其在家里吃饱,再带他去食品店,以此来减少其摄取快餐食品的行为。

惩罚法(punishment) 一种减少或消除不良行为的行为改变技术。指当个体表现出某些行为时,立即对个体施以厌恶刺激以减少或消除不良行为。依据施加厌恶刺激类型的不同,可以分为:(1)体罚法,即当儿童表现出不良行为时,立即对儿童的身体施加厌恶刺激如打手心、打屁股等,以此达到矫正儿童不良行为的目的。尽管在多数情况下能收到立竿见影的效果,且能在短时间内抑制不良行为的再次表现,但也存在明显的问题,如实施不当,会对儿童身心造成伤害,应慎用。《中华人民共和国未成年人保护法》第十五条明确规定:在学校禁止使用体罚对待学生。(2)言语惩罚法,即通过警告、批评、责备等言语方式对儿童施加惩罚,以此达到矫正儿童不良行为的目的,但是批评、责骂的尺度要把握好,否则就会变成人身攻击,产生极其严重的负面影响。(3)任务惩罚法,即惩罚儿童完成某项任务如站、跑、仰卧起坐等,以此令儿童不悦、难受,从而使儿童不再表现该不良行为以达到矫正儿童不良行为的目的。

隔离法(time-out) 又称"暂停法"。一种减少或消除不良行为的行为改变技术。当儿童表现某种不良行为时,暂停儿童正在进行的活动,如游戏活动;将儿童从受到正强化的环境中带到一个不受正强化的环境,如枯燥、乏味的环境,并让该儿童在那里待上特定的时间,由此来消除儿童的不良行为。根据隔离程度的不同,可以分成3类：(1)观望式隔离法(observational time-out)，即当儿童表现出不良行为时，让儿童离开正在进行的活动情景，站在活动范围之外观看其他小朋友或同学的正确行为。(2)排除式隔离法(exclusion time-out)，即当儿童表现出不良行为时，将儿童带离正在进行的活动情景，并隔断儿童与活动之间的视线接触或听觉接触，让儿童静坐在隔离区里。(3)绝缘式隔离法(seclusion time-out)，即当儿童表现出不良行为时，将儿童带离正在进行的活动情景，隔断儿童与当前活动在视觉和听觉上的所有接触，让儿童独自在隔离室里待上一段时间。

消退法(extinction) 一种减少或消除不良行为的行为改变技术。当儿童表现出某种不良行为时，不对其进行正强化或处罚，即不予理睬、不予关注，从而导致该行为的出现频率下降，直至这种不良行为消失。应用于消除因受错误的正强化而形成的不良行为，如某学生在课堂上做小动作只是为引起教师和其他学生的关注，过去教师会将教学活动停下来，专门对其进行批评、教育，而现在教师则不再理睬他，继续专注于教学，该学生由于不再得到关注便减少了课堂上的小动作。还可用于消除儿童通过模仿新近出现的不良行为，如儿童刚学会做"怪脸"，家长或教师对其"怪脸"不予关注，使其无法从"怪脸"中得到乐趣，从而减少该行为的发生。

塑造法(shaping) 学会一种新的良好行为的行为改变技术。指系统地、即时地对儿童所表现出的那些接近目标行为的一系列相似行为进行强化，从而使儿童最终建立起目标行为。主要应用指导儿童学会爬行、走路、写字等。

积极行为支持(positive behavior supports, PBS) 又译"正向行为支持"。一种对个体行为实施干预的系统化方法。通过教育的手段发展个体的积极行为，用系统改变的方法调整环境，达到预防和减少个体问题行为、改变个体生活方式的目的，最终实现提高其生活质量的目标。

功能性行为评估(functional behavioral assessment) 一种在实施行为改变计划前对儿童的目标行为所进行的评定。评估主要收集与不良行为的发生有关的前提和后果。评估的结构有助于推断不良行为发生的原因。评估会提供以下的详细信息：(1)不良行为。对造成不良行为的客观描述。(2)前提。行为之前环境事件的客观描述。包括物理环境和其他人的行为等方面。(3)后果。行为之后环境事件的客观描述。包括物理环境和其他人的行为等方面。(4)替代行为。关于在治疗中准备强化以取代不良行为的适宜行为的信息。(5)动机变量。影响不良行为和替代行为的强化物和惩罚物的有效性，建立起操作作用的环境事件的信息。(6)潜在强化物。具有强化物的功能并将在治疗计划中使用的环境事件(包括物理刺激和其他人的行为)的信息。(7)以前的干预。过去使用的干预措施和它们对问题行为的效果。用来进行功能性评估的方法有三类：间接评估法，即通过面谈和问卷搜集信息；直接评估法，即观察者即时记录前提、行为和后果；实验法，即在控制条件下观察前提和后果的影响及作用。

时间取样法(time sampling recording) 用来测量目标行为的一种记录方法。即把一个观察时段划分为一些时间间隔，在每一个时间间隔中的一部分时间里对目标行为的出现或不出现情况进行记录。例如一节课45分钟，可以每隔5分钟对目标行为的发生情况观察一次，这样一节课下来，共观察9次。这种记录方法的优点是节省时间，操作方便。观察者不必在特定的时间段里从头到尾地对行为进行观察记录，而只在某一个时间段或时间点才对行为进行记录。适合于教师使用，教师可以一边教学，一边记录学生的目标行为。

连续记录法(continuous recording) 用来测量目标行为的一种记录方法。即在一个观察阶段里记录每一次目标行为的出现，主要记录目标行为的频率、持续时间、强度或潜伏期。在应用这种记录法时，观察者需要在整个观察阶段对被观察者进行连续的记录，并记录下目标行为的每一次出现。要做到这一点，观察者必须能够辨认每次行为的发生和消失(或开始和结束)。这种记录方法的优点是全面记录目标行为，信息不会遗漏。缺点是需要观察者随时跟着目标行为的发出者，增加了观察的难度。例如，收集基数的时间一般是1个星期。这就要求观察者在这一周的5天里要随时跟着被观察者，而现实状况很难满足这样的要求。

心理治疗(psychotherapy) 采用心理学的理论和方法使患者的情绪、人格或行为发生改变。根据理论基础的不同，治疗种类主要有：(1)精神分析心理治疗，即根据奥地利医生兼心理学家弗洛依德(Sigmund Freud, 1856～1939年)的理论，采用精神分析技术如自由联想、释梦、移情等，使患者被压抑的心理元素重新回到意识中，心理紊乱得到调整，从而达到治疗的目的。(2)人本主义心理治疗，根据美国心理学家马斯洛(Abraham H. Maslow, 1908～1970年)的理论发展而来，即强调患者的自主能力，实现个体的价值；帮助患者开始各自不同的生活，获得完整的自我承认，培养真诚和开放的态度等。(3)行为治疗，采用实验心理学和社会心理学的原则，通过改变患者的行为，达到解除患者的痛苦和增强患者适应能力的目的，主要使用的方法有系统脱敏、自信训练和自我调节等。(4)认知治疗，认为认知因素渗透在一切情绪和行为中，人的行为和情绪由认知发动和维持，认知上的歪曲则导致情绪的紊乱和行为的适应不良。治疗者注重找到患者认知过程中的错误以及在此基础上形成的不合理观念，加以指导和纠正，从而使患者克服情绪和行为上的障碍。治疗方式有：个别治疗，即一个治疗者对一个患者；集体治疗，即同时有两个或两个以上的患者参与治疗。很多因素会影响治疗的效果，如患者的积极参与程度、患者与治疗者的默契程度等。

行为治疗(behavior therapy) 见"心理治疗"。

团体心理治疗(group psychotherapy) 又译"小组心理治疗""集体心理治疗""团体治疗"。一种通过群体成员间的相互影响进行心理治疗的方法。大多数人在行为失常时,情绪上有很大困扰,表现为不能与人和谐相处和愉快交往。他们往往感到与人格格不入、寂寞、孤独、焦虑,严重的甚至产生仇恨、敌对和攻击行为。因此,帮助他们建立和谐与友爱的人际关系,习惯参与群体生活,有助于心理治疗。将患者组织在一起,以团体的形式进行心理治疗,以美国心理学家莫雷诺于20世纪初首创的心理剧疗法为最早。早期的群体疗法采用上课和群体讨论相结合的方式。由普拉特(J. H. Pratt)于1905年首先使用,目的是帮助结核病人控制自己的疾病。后来拉查尔等人亦以类似的方法治疗精神病患者。20世纪20年代,精神分析学家伯罗(T. Burrow)认为,弗洛伊德的精神分析不太重视个人与社会的关系,便开始注意把重点放在群体的相互作用上,并首创小组分析疗法。二战后,该疗法迅速发展,出现一些较有影响的具体方法,如美国心理学者 E. 伯恩的"交互分析疗法"、罗杰斯的"交朋友小组疗法"等。该疗法的理论基础是:许多心理问题的产生和发展与社会环境和人际交往有关。其特点是为患者提供一个现实社会的缩影。治疗方式一般为由1~2名治疗者主持一个小组(一般由6~10名有相同或不同问题的成员组成),每周治疗一次或数次,每次约1.5~2小时,治疗次数视治疗对象的问题而定,最少10次,最多持续一年之上。治疗期间,小组成员在无拘无束的情境中坦率交流感受和想法,通过相互影响,改善自己不良的人际关系和行为。具体治疗技术主要有精神分析疗法、行为疗法、认知—行为疗法、存在—人本主义疗法。该疗法节省治疗者的时间和精力,相对较经济,广泛运用于教育、咨询、职业指导等领域。但亦有局限,例如,团体虽向成员提供安全感和支持,但同时也给成员带来某种压力和约束;无法顾及个别成员的特殊需要等。

动力—相互关系法(dynamic interactional method) 一种集体心理治疗方法。该学派认为不良的人际关系的主要原因是病人错误地、不切实际地想象他人对自己的看法。治疗的重要目标之一是通过集体的心理动力作用消除这类错误的假设。其基本理论和技术是借鉴心理动力学说和心理分析技术,但做了许多适合集体环境应用的修正。

相互关系集体治疗(transactional group therapy) 一种集体心理治疗方法。旨在促进患者对自己和他人交往方式的了解。治疗分4个阶段:(1)结构分析。引导患者自我分析与人交往的层次。(2)交往关系分析。引导患者分析当前集体中各人的交往方式,哪些属于成熟的交往方式,哪些属于亲子交往方式等。(3)游戏分析,设计和安排各种游戏,部分参与,部分旁观,活动后讨论游戏中的交往方式。(4)"原型"分析,原型为童年期建立持续至今的一些非适应现象,通过分析,自我认识病态及不良行为的根源和性质,以利自我矫正。

短程心理治疗(brief psychotherapy) 一种个别心理治疗方法。指通过有计划、有步骤的会谈方式达到治疗的目标。一般疗程为 10～20 次,每周 1～2 次,每次半至 1 小时。对治疗者和被治疗者都有一定的要求,治疗者要具备专业的心理理论知识和技巧,被治疗者要具备一定的文化教育水平,才能充分深入地表达造成心理困扰的前因后果和内心感受。同时,要求被治疗者有积极求治的心理动机,才能毫不隐瞒地剖析自己,在治疗者的帮助下,找到解决困难的方法。主要适用于症状不太严重的神经症和人格障碍的患者。

长程心理治疗(long-term psychotherapy) 一种个别心理治疗方法。用心理学分析的方法达到情绪、人格或行为发生改变的治疗目的。疗程一般在 1 年或 1 年以上,每周数次,每次 1 小时。强调社会文化因素,特别是家庭因素在个体人格发展及神经症病因中的作用,重视人与人之间的关系。治疗方法中重点放在患者的现实和社会关系的矛盾上。治疗目的不只是着眼于患者当前的心理问题,而且还希望改变患者的人格发展和人格结构,使患者正视现实,放弃幻想,回归到现实社会中来。

存在主义心理治疗(existential psychotherapy) 一种个别心理治疗方法。指以存在主义哲学思想为指导的心理疗法。存在主义哲学观点认为心理问题和心理症状的发生,主要源自对人生的目的和意义了解不够或不正确。在治疗技巧上,主要引导患者认识自我,做命运的主人,正确对待自己的经历和经验,也借鉴心理分析的有关技巧。

就诊者中心疗法(client-centered therapy) 又称"非指导性的心理治疗"。一种个别心理治疗方法。基于人本主义理论,该疗法的要点为:治疗者应以同情的态度接近就诊者,与之产生"共鸣",便于深入其内心,正确领会他的诉述,复述要点,澄清思想,使就诊者增强自我了解和适应能力。

完形治疗(gestalt therapy) 一种个别心理治疗方法。完形心理学派认为:个体是一个整体而非各组成部分的机械总和。治疗时,着重分析整体经验。治疗目的在于把分离出整体的部分重新整合起来,使患者重建完形。例如,让患者自己将本身的人格分裂为两方,然后双方进行讨论,使之趋于一致。

危机干预(crisis intervention) 一种个别心理治疗方法。指对处于心理危机下的个人及其家庭采取的明确有效的措施。主要是针对:(1)带有损失性质的负性生活事件。如亲人亡故,撤职,失恋,婚姻失败,事业受挫,重大疾病。(2)家庭内部暴力等问题。如虐待妇女、儿童;少年在青春期因适应障碍与父母发生暴力冲突;夫妇失和与离婚等。(3)人们对于境遇中发生紧急事故的应变问题。例如,火灾、地震、车祸等。治疗开始时,治疗者应采取安慰、保证或者是为患者提供情绪释放或表达的机会,使患者的情绪反应水平恢复正常。必要时,可以短期使用抗焦虑药。治疗中,治疗者要仔细评价患者面临的问题及患者本身的应对能力,启发、引导、鼓励患者提出新的解决问题方案,并且从中选择最合适的方案。治疗的主要目标之一是让患者学到对付困难和挫折的一般性方法,不仅有助于渡过当前的危机,而且有利于以后适应社会环境生活。

动力性家庭治疗(dynamic family therapy) 一种家庭心理治疗方法。基于心理分析理论认为家庭当前的问题起源于各成员(尤其是父母)早年的体验。治疗者的任务是发掘治疗对象的无意识的观念和情感,与当前家庭中行为问题的联系,通过深层心理及动机的分析了解,使他们恢复"自知力",改善情感表达,促进家人的交流。

交流性和系统性家庭治疗(communicative and systemic family therapy) 一种家庭心理治疗方法。该学派认为,家庭问题的发生与对"家规"的意见分歧以及家庭中的人际关系不良有关,包括成员间的沟通方式、权威的分配与执行、情感上的亲近与否、家庭角色的界限是否分明。治疗的任务是找出上述结构中的偏差,改善和促进家庭成员之间的交往和交流。

行为性家庭治疗(behavior family therapy) 一种家庭心理治疗方法。该学派认为,家庭问题的发生,或者是由于那些令人不愉快的问题行为,因其他家庭成员持续的、不合适的、不明智的强化而形成、巩固和加重;或者是由于那些良好的适应性行为没有得到家庭的"嘉奖"而不能建立。治疗者的任务是通过观察到的家庭成员间的行为表现,建立具体行为改善目标和进度,充分运用学习的原则,给予适当奖赏或惩罚,促进家庭行为的改善。

情绪和行为障碍儿童教育(education of children with emotional and behavioral disorders) 特殊教育的一种类型。情绪障碍儿童的教育发展较晚,主要原因是分类、诊断和分班存在较大困难。直至19世纪晚期,美国开始为这类儿童提供正式教育。1871年,康涅狄格州的一所公立学校首先设立行为障碍儿童教育班。1874年,在纽约的公立学校开设情绪障碍儿童教育班。随着精神病学和心理学个别差别研究的发展,心理测验作为诊断工具的广泛使用,家长和政府的积极参与,情绪和行为障碍儿童的诊断、治疗和教育日益得到发展。

住院治疗儿童的特殊教育(hospitalization and special education) 对正在医院里接受治疗的特殊儿童实施的特殊教育。由于长期住院治疗条件的限制,所以美国《所有残疾儿童教育法》中规定各地学校的课程要适应住院或在家治疗的生理或情绪障碍儿童的特殊需要。巡回教师或全日制学校教师可通过个别教育计划(IEP)来实现教学目标。教学目标应根据儿童的年龄和发展水平,如幼儿主要是日常活动和游戏,低年级主要为阅读和数学。特殊教育教师应注意了解住院儿童的个性特点,为父母提供咨询,与医护人员配合,做好儿童的治疗和教育工作。我国有些医院、康复中心和儿童心理卫生中心开展了这项工作。

青春期教育（adolescence education） 根据进入青春期的青少年生理和心理特点进行的教育。内容包括多方面，其中重要内容之一是进行性知识、性道德以及预防性疾病的教育，使青少年比较清楚地了解青春期发育和卫生保健的知识，消除好奇、不安和恐惧心理，引导其正常交往，在自尊、自爱的基础上培养健康、自然的与异性交往的心理和能力，加强自我保护的意识和能力。我国《预防未成年人犯罪法》第5条专门规定："预防未成年人犯罪应当结合未成年人不同年龄的生理和心理特点，加强青春期教育、心理矫治和预防犯罪对策的研究。"1963年周恩来总理专门指示医务工作者一定要把青春期的性卫生知识教给男女青少年，让他们能用科学的知识来保护自己的健康，促进正常的发育。

儿童指导诊所（child guidance clinic） 美国对心理或教育上有问题的儿童提供诊断、指导、治疗或训练服务的机构。20世纪初先在有些精神病院、学校和大学附设。1922年以全国心理卫生委员会和联邦基金会的名义建立了许多家。强调专家小组成员分工合作，心理学家做心理测量，社会工作者负责父母工作，精神病学家负责儿童的治疗工作。

社会沟通、情感协调和动态支持模式（SCERTS Model） 美国学者巴瑞·普林赞特和艾米丽·罗宾针对自闭症谱系障碍学生和具有相关障碍的个体的需要，以家庭生活中的人际交流、儿童情绪的自我调节、交往支持作为三个主要的干预维度，注重适用象征手段实现功能性的社会交往。为解决自闭症儿童的主要问题提供了一种信念性和心理—教育干预的框架，反映了新的研究动向和实践策略。

心理卫生（mental hygiene） 包括一切旨在促进心理健康的措施。如心理疾病的康复、精神疾病的预防、减轻各种心理压力，以及使人在本身所处环境条件许可范围内能达到最佳功能状态。有广义和狭义之分，前者指维持和提高个体对周围环境的适应能力，发挥更大的精神效能；后者的目的在于预防精神疾病的发生。工作内容涉及社会各个方面和各个社会成员。其主要内容有：人格健全问题、个体发展过程中各年龄阶段的心理卫生，不同群体的心理卫生。参见"心理卫生运动"。

心理卫生运动（mental hygiene movement） 20世纪初开始的旨在改善精神病人的悲惨遭遇和不公正对待的群众性运动。其主要工作内容是对精神疾病开展三级预防。一级预防指防止心理障碍的发生；二级预防指轻度的心理异常不至于变成急性发作或转化成慢性疾病；三级预防指减少功能障碍和后遗症。起源于1792年法国皮内尔（P. Pinel）解放精神病人枷锁运动。近代则开始于美国，事情起因是比尔斯（C. W. Beers）因精神失常住进精神病院3年。病愈后，他以生动的文笔于1908年发表名著《一颗失而复得的心》(《A Mind That Found Itself》)，叙述了他的住院经历,揭露精神病人所遭受的粗暴而残酷的痛苦折磨和非人生活。精神病学家迈耶(A. Meyer)赞扬此书为"心理卫生"的杰作。同年成立的康涅狄格州心理卫生协会是世界上第一个心理卫生组织。全美心理卫生委员会(AOA)于1909年成立,继而各州纷纷成立心理卫生协会。此运动大大改变了社会人士对精神病的看法,很快发展到世界各国,许多国家相继建立此类组织。国际心理卫生委员会成立于1930年。中国于1936年成立了中国心理卫生协会,翌年因抗战停顿,直至1979年恢复。

儿科心理学家(pediatric psychologist) 在非精神病学的医疗环境中处理或治疗儿童问题的心理学家。工作对象是有各种健康和发展问题的儿童和青少年。参与处理儿科医师常遇到的问题,如饮食和睡眠、卫生训练、尿床、学习和发展问题等,也对儿科工作人员提供咨询。为减轻许多与身体有关的症状行为,通常采用行为技术,如生物反馈、放松训练、操作条件反射等。

中国精神残疾人及亲友协会 中国残疾人联合会的专门协会之一。前身是1989年成立的中国智残人精神病残疾人亲友会。1993年改组后,称中国精神残疾人亲友会。2003年改现名。任务是:(1)团结、教育精神残疾人及亲友遵守国家法律,履行应尽义务,沟通精神残疾人及亲友与社会之间的联系,自尊、自信、自强、自立,为构建和谐社会、全面建设小康社会贡献力量。(2)促进精神残疾人的康复、教育、扶贫、劳动就业、维权、社会保障及残疾预防工作,参与、举办有关精神残疾人及亲友的各类培训,倡导和开展科学知识的宣传及其他有益于精神残疾人身心健康的群众性文化体育活动。(3)加强与精神卫生及托养服务等机构的沟通,做好孤独症儿童的早期疗育;开展调查研究,对精神残疾人工作的发展提供咨询、建议、服务和监督。(4)在精神残疾康复者及亲友中培养、推荐残疾人工作者。(5)承办中国残疾人联合会委托的工作。(6)代表中国精神残疾人及亲友参加国际活动,促进国际交流与合作。

北京市孤独症儿童康复协会(Beijing Association for Rehabilitation of Autistic Children) 中国第一个致力于为自闭症服务的民间群众性组织。1993年12月27日经北京市民政局注册后正式成立。宗旨是促使医疗和康复的实施,联合各学科科研力量共同推进孤独症的康复研究,推动社会教育,使社会人士接纳孤独症患者。工作地点在北京大学精神卫生研究所院内。

北京星星雨教育研究所(Beijing Stars and Rain Education Institute for Autism) 中国最早的民办孤独症儿童早期训练服务机构。由田惠平女士于1993年3月15日创立。长期致力于孤独症儿童的家庭服务。服务对象包括:被诊断为患有"儿童孤独症""孤独症倾向""全面发育障碍""阿斯伯格综合征"的儿童,并为他们的家长(包括其他家庭成员)提供有关咨询、家庭训练指导服务,为孤独症儿童的养护与教育人员(包括家长)提供行为训练技巧培训。服务宗旨:帮助孤独症儿童,使他们得到早期个别化教育;帮助孤独症儿童的家长和养护、教育者认识孤独症,并掌握在生活中促进孩子良性发展的知识和技巧;促进社会认识、理解和接纳孤独症儿童,尊重他们的生存和发展权利。

美国儿科心理学会 美国儿科心理学会隶属于美国心理学会临床心理学分会的一个学术组织。成立于 1968 年。1976 年创办《儿科心理学杂志》。

美国孤独症研究学会(Autism Research Institute in America) 美国从事孤独症和相关障碍研究的非营利组织。1967 年由伯纳德·瑞慕兰博士创办,位于美国圣地亚哥。已有来自世界 60 个国家、超过 37 000 个案例的记录,曾策划"现在战胜孤独症计划"(简称"DAN"),训练医师和其他健康保健专业人员,着力于找到诊断和成功治疗孤独症的方法。

世界孤独症日(World Autism Awareness Day) 全称"世界提高孤独症意识日"。联合国发起的一项全球性活动日。2007 年 12 月联合国大会决议通过。每年 4 月 2 日,自 2008 年开始。通过举办活动,提高人们对孤独症相关研究与诊断和对孤独症患者的关注。

不良行为(problem behavior) 又称"问题行为""行为问题"。无效的或影响自己与他人正常学习和生活的行为。可阻碍儿童的社会适应以及身心的充分发展。美国心理学家马丁(G. Martin)和皮尔(J. Pear)将其分为 3 类:(1)行为不足(behavioral deficits),指与多数儿童相比,儿童的某种行为表现得太少,例如不与其他儿童交往、不能自理生活等。(2)行为过度(behavioral excesses),指与多数儿童相比,儿童的某种行为表现得太多,例如经常打架、满口秽言、爱发脾气等。(3)行为不当(behavioral inappropriateness),指儿童表现了不符合自己身份或不适合当时场景的行为,例如在公众场合脱裤子、在别人悲伤时却讲笑话等。在儿童及青少年期间,具体表现为:攻击性行为、反社会性行为、对抗性行为、多动、不诚信的行为、社会性退缩、情绪不稳定、自伤行为、不良的习惯动作以及古怪的行为等。

行为问题(behavior problem) 见"不良行为"。

问题行为(problem behavior) 见"不良行为"。

问题儿童(children with problems) 持续具有情绪或行为障碍的儿童。不能自觉遵守儿童行为规范和公共道德,经常扰乱他人,或不能正常地与人交往、参加学习和活动,心理发展不健康。主要行为表现分为两类:(1)攻击型。如行为粗暴、不守纪律、活动过度、有欺骗或偷窃行为。(2)退缩型。如神经过敏、过度焦虑、自卑、待人冷漠。需给予行为矫正。

辍学(drop out of school) 未修满学业年限而中途停学。发生原因各异,如学生因患病、家境困难、家庭发生变故、受经济利益影响而弃学打工、经商,或者厌学等。在《中华人民共和国未成年人保护法》第 9 条中明确规定:"父母及其他监护人应当尊重未成年人受教育的权利,必须使适龄未成年人按照规定接受义务教育,不得使在校接受义务教育的未成年人辍学。"可见,父母让孩子辍学是违反法律的行为,应当承担相应的法律责任。如发生辍学,不仅使孩子贻误了受教育的时机,还有可能成为诱发青少年违法犯罪的原因之一。需根据每个学生的具体情况,采取不同的措施予以解决。对于由于家境困难不得不辍学谋生的,应当由全社会共同想办法使其重返课堂。因支持系统不力常造成随班就读的残疾学生辍学,需完善支持保障措施。

厌学 厌烦上学的情绪和行为表现。产生原因复杂。轻者表现为对上学缺乏兴趣和主动性,但迫于家庭和学校的压力,还得到校上课。重者表现为对上学非常厌恶和抵触,或想办法逃学,或到校后任意违反校规校纪。为学生从学校流失的原因之一和青少年轻微违法犯罪的原因之一。

网瘾 过度迷恋网络游戏和网络聊天的心理和行为。是导致未成年人情绪和行为问题的原因之一。未成年人处于想象力丰富、爱玩游戏的年龄阶段,游戏的新奇和刺激对他们有很强的吸引力,再加上学业的压力和乏味很容易使其迷恋于网络。其危害为:使学生常常旷课,荒废学业;生活失去规律,不按时就餐、睡眠,影响身体健康;诱发违法犯罪行为,如为了花钱上网而偷盗抢劫,受网络游戏中的色情和暴力内容诱发各种犯罪。我国预防纠正措施包括:法律禁止营业性网吧接纳未成年人,违反规定的,要受不同程度的法律制裁;为青少年创设丰富多彩、健康活泼的课余生活。对上网给予正确的指导,开发有益青少年成长的游戏软件和控制不健康的内容。

攻击性行为(aggressive behavior) 一种有意伤害他人,给他人带来不愉快和痛苦,且不被社会规范所接受和许可的行为。可造成被攻击方生理上和心理上的伤害。攻击者的意向和动机是判定和分类的最关键因素。按行为方式,分为直接攻击行为和间接攻击行为;按攻击者的行为意图,分为敌意性攻击行为和非敌意性攻击行为;按攻击性行为发生的过程,分为主动性攻击行为和反应性攻击行为。在儿童、青少年中比较常见。攻击性行为的状况既影响他们人格和品德的发展,也是个体社会化成败的一个重要的指标。任何一个社会,从维护社会秩序和保护其社会成员身心健康的目的出发,都会对其成员之间的攻击性行为采取一定的控制措施。对产生原因的解释有生态学、生物学、心理动力学、内驱力理论、社会学习理论和社会认知等不同观点。

直接攻击行为 一种明显的直接对准攻击对象的攻击行为。如打、踢、推、搡、抓、咬等直接的身体攻击,及勒索、抢夺物品、破坏物品等行为;还包括辱骂、起外号、奚落、嘲弄、戏弄、威胁等直接的言语攻击行为。

间接攻击行为 攻击者借助于第三方或中介手段实施的攻击行为。如背后说人坏话、散布谣言、号召群体排斥孤立他人等。相比而言,间接攻击不像直接攻击,通常没有很明显的外显行为,加上攻击者通常又会隐藏自己的身份,不易引起人们的重视,但事实上同样会给对方造成严重的伤害,尤其是持久的心理伤害。

敌意性攻击行为(hostile aggressive behavior) 以伤害他人、给他人带来痛苦和不愉快为主要目标的攻击行为。如某人对给自己造成某种伤害的人进行打击报复,最终目的是给其造成同样的伤害后果。

工具性攻击行为(instrumental aggressive behavior) 又称"非敌意性攻击行为"。本质上没有伤害对方的目的,只是把攻击行为作为一种手段以达到其他目的的攻击行为。如父母打骂从事危险活动的孩子,其最终目标不是想给孩子造成皮肉之苦,而是让孩子在皮肉之苦的体验中,达到今后不要再从事类似活动之效果。

主动性攻击行为(nonangry-proactive aggressive behavior) 攻击行为的起端和主动发起者实施的行为。美国心理学家道奇(K. A Dodge)和考依(J. D. Coie)对攻击性行为所做的划分。有助于了解攻击行为发生的过程和对攻击者和受害者双方作出一定的评判,这种分类得到了较广泛的赞同和采纳。

反社会行为(antisocial behavior) 品行障碍中的一类。人们对一定社会的道德、法律、社会习俗和共同生活准则等社会规范的抵触或反抗性行为。形成原因有:(1)家庭教育问题,放任自流、过分溺爱或专制粗暴等教育方式都可导致这类行为。(2)学校教育问题,学校老师对有性格缺陷或行为问题的儿童教育方式简单粗暴;缺乏耐心,致使儿童行为恶化。(3)文化环境影响,由于青少年思想单纯,模仿性强,辨别力差,易受社会文化中不良行为的影响。主要行为特点和表现有:自我中心观念强烈,不受社会规范的约束;人格不能适应社会生活;不良道德情感,如残忍、冷酷、自私、专横、嫉妒、不负责任等,缺乏同情心和人道主义;不能和伙伴、老师建立和保持满意的人际关系;缺乏自我控制力等。

不良社会交往 对未成年人的身心和行为发展产生不良影响的交往。由于未成年人好奇心和模仿能力强,但辨别是非、控制自己行为和分析解决问题的能力不强,对社会交往难以把握,一旦陷入不良的社会交往中往往缺乏自救能力。可分为两类:(1)未成年人与成年犯罪分子的交往,具有明显的控制与被控制的关系。未成年人被引诱、控制,继而共同进行违法犯罪活动。(2)未成年人与其他具有某种不良习气的未成年人结成从事不良行为的小团伙,不存在控制与被控制的关系,但聚集在一起交叉感染,可由一般的不良行为发展到违法犯罪。预防和纠正的措施包括:家长和学校平时要密切关注未成年人的社交圈和一些日常表现,注意教给一些判断是非的常识,使其对不良交往的引诱有一定的鉴别能力,防患于未然。如果发现发生了不良交往,要及时讲道理予以制止。如果发现不良交往行为已达到严重的程度,应当尽早向公安机关报案。

逆反心理 心理上对环境、事物的刺激产生与人对立的或与常态对立的逆向反应。在青少年时期表现比较突出和常见。

家庭暴力(domestic violence) 家庭成员之间的暴力行为。导致未成年人情绪和行为问题的原因之一。对儿童多指家长对自己的子女经常责骂、体罚的现象。在中国,导致原因既有传统观念的问题,又有家长个人因素以及教养方式的问题。许多家长认为,孩子是自己的,将打骂孩子的暴力行为与教育管教混为一谈。父母的暴力倾向对孩子容易造成许多不良的影响,在心灵上产生伤害和扭曲,如也使用暴力欺负比自己小的孩子,有的甚至走上轻生的道路。

教师暴力(teacher's violence) 教师对学生进行体罚、侮辱和言语等伤害的行为。导致未成年人情绪和行为问题的原因之一。引起原因复杂,如受"打骂也是一种教育方式"的传统观念影响,教师心态失衡等。会给学生的身心造成严重伤害,如产生恐惧、自卑、厌学、逆反的心理,引起学生、家长与教师关系的恶化,学校教育和家庭教育形不成合力等问题。在中国为法律法规所禁止,情节严重者由有关部门给予行政处分和处罚,构成犯罪的依法追究刑事责任。

问题家庭(problem family) 易造成后进生的家庭。通常包括:(1)单亲家庭,父母离异或因一方出国,父母对子女的教育不健全。(2)父母不投入时间管教孩子的家庭。(3)父母无力管教和无法管教孩子的家庭,大多父母文化程度不高,教育方法不当。(4)有特殊困难,无力教育在校学生的家庭。

儿童虐待(child abuse) 儿童的父母或其他抚养人以暴力或其他方式对待儿童,造成儿童身心伤害的行为。通常在经济地位较低、问题复杂的家庭中较普遍。这类父母通常有虐待人格倾向,也曾有过受虐待、剥夺或拒绝及童年亲子关系不良等经历。预防和治疗的有效方法是给儿童提供一个安全的环境,特别是改善父母对待儿童的方式和态度。

后进生 思想品德发展或学习能力、成绩明显落后于教育目标要求和一般水平的学生。后进是一种有鼓励性质的称呼。由于道德行为方面存在较多的问题,可严重影响学习态度和学习成绩,普遍表现为思想品德和学习成绩都不良。教育不力,易出现违法犯罪行为。形成原因是多方面的。既有受到家庭、学校、社会环境不良影响的客观因素,又有存在情绪或行为障碍的主观因素。需在确定原因后,采取适当的教育形式和方法予以帮助。在随班就读的有特殊教育需要的学生中,应区别有无因残疾造成的后进。

双差生 思想品德和学习成绩都差的学生。现一般不用此词。参见"后进生"。

流失生 未修满学业年限,并未履行正常审批手续而不到学校上学的学生。产生原因各异。有的受物质利益吸引,被个别工商企业违法招收为童工;有的因家庭生活困难所迫而辍学;有的因与学校或同学存在较大矛盾,关系长期紧张而厌学;有的因学习困难,成绩不良,逐渐失去学习兴趣而逃学。由于闲散在社会上,容易受到不良影响而出现违法犯罪行为。

失足青少年 中国对违法犯罪青少年的一种称谓。具有感化、挽救的情感色彩。

未成年人(minors) 中国法律规定未满18周岁的公民。以人的生理、心理的生长发育规律作为确定的基本依据。从生理学的角度和社会阅历的情况来看,人发育成熟,基本具备独立生活能力,一般需要18年左右的时间。此前为无完全责任能力和不完全责任能力,因此在权利与义务方面需要法律作出专门的规定。

违法行为 违反法律、法规规定,并被法律、法规所禁止的行为。按性质分为3种:触犯刑事法规的行为、触犯民事法规的行为和触犯行政法规的行为。除触犯刑事法规,并依照刑法要被处罚的行为属犯罪行为外,其他行为虽然违法,但不属于犯罪。

未成年人违法 未成年人从事被法律、法规所禁止的危害社会的活动。按性质分为3种:触犯刑事法规的行为、触犯民事法规的行为和触犯行政法规的行为。在中国,主要指《中华人民共和国预防未成年人犯罪法》中规定的严重危害社会,但尚不够刑事处罚的严重不良行为。包括:纠集他人结伙滋事,扰乱治安;携带管制刀具,屡教不改;多次拦截殴打他人或者强行索要他人财物;传播淫秽的读物或音像制品,进行淫乱或者色情卖淫活动;多次偷窃;参与赌博,屡教不改;吸食注射毒品;其他危害社会的行为。对于具有上述违法行为的未成年人,其父母或者其他监护人和学校应当相互配合,采取措施严加管教,也可以送工读学校进行矫治和接受教育。违法行为严重者,由公安机关依法予以治安处罚。因不满14周岁,或者情节特别轻微免于处罚的,可以予以训诫。

犯罪(crime) 统治阶级以法律规定的危害其阶级利益和统治秩序并应受到刑法处罚的行为。按照中国《刑法》规定,包括:一切危害国家主权和领土完整,危害无产阶级专政制度,破坏社会主义革命和社会主义建设,破坏社会秩序,侵犯全民所有的财产或者劳动群众集体所有的财产,侵犯公民私有的合法财产,侵犯公民的人身权利、民主权利和其他权利,以及其他危害社会的依照法律应当受刑法处罚的行为。被认定,必须同时具备以下3种特征:社会的危害性、刑事上的违法性和应受刑法的惩罚性。缺少其中任何一个特征的行为均不属于犯罪。

未成年人犯罪 未成年人对社会具有危害性,依照国家刑事法律的规定应受刑法处罚的行为。中国《刑法》第17条对于未成年人犯罪作了年龄及犯罪行为种类上的限制:"已满16周岁的人犯罪,应负刑事责任。""已满14周岁,不满16周岁的人故意杀人、故意伤害致人重伤或者死亡、强奸、抢劫、贩卖毒品、放火、爆炸、投毒的,应当负刑事责任。""已满14周岁,不满18周岁的人犯罪,应当从轻或减轻处罚。""因不满16周岁,不予以刑事处罚的,责令他的家长或者监护人加以管教,必要的时候,也可以由政府收容教养。"第49条规定,犯罪时不满18周岁的人,不适用死刑。这是根据未成年人辨别是非能力较弱,易受外界感染,并且主观恶习不深,易于接受教育改造的特点而规定的,旨在教育、挽救和改造未成年人。

青少年犯罪年龄 青少年因犯罪需负刑事责任的法定年龄。按中国刑法,不满14周岁的少年儿童,不管发生何种危害社会的行为,都不负刑事责任。已满14周岁不满16周岁的少年,犯杀人、重伤、抢劫、放火、惯窃罪或其他严重破坏社会秩序罪,应负刑事责任。已满16周岁的青少年犯罪,应负刑事责任。已满14周岁不满18周岁的青少年犯罪,应从轻或减轻处罚。因不满16周岁不受处罚者,责令其家长或监护人加以管教,或由政府收容教养。

变态心理犯罪 因精神状态异常而导致的犯罪行为。精神病学研究认为,人的大脑功能紊乱或发生改变,将导致认知、情绪、意志等心理活动异常,并伴随辨认力、自制力、自知力的减弱或丧失,从而出现伤害他人和社会安全的违法或犯罪行为。

感知障碍犯罪 因感知能力紊乱而引起的犯罪。精神病人犯罪的常见原因。主要表现有:(1)错觉犯罪,患者在意识异常情况下,对客观事物产生不切实际的病理性错觉,并且比较顽固,由此激起焦虑、恐惧等情绪反应,导致自杀、放火、破坏、伤人的冲动或犯罪行为。患者一般不能自控和认识自己行为的不良后果。(2)幻觉犯罪,患者主观上对本不存在的客观刺激产生虚假的知觉现象。如幻听、幻视、幻嗅等,导致或伴随怀疑、被害妄想,从而对所怀疑加害自己的人或物产生攻击伤害行为。

学习障碍与青少年犯罪(learning disability and juvenile delinquency) 解释学习障碍与青少年犯罪之间的关系。主要理论有:(1)学校失败理论,认为青少年犯罪行为是对学业失败而引起的消极自我概念和挫折的反应。(2)易感性理论,认为学习障碍儿童的认知和行为特点(如缺乏控制冲动的能力和预料行为后果的能力)导致犯罪行为的发生和发展。(3)区别对待理论,认为学习障碍儿童和非学习障碍儿童同样参加犯罪活动,但是前者因缺乏躲避技能较容易被捕,并且因平常在校的不良表现而被判有罪。(4)反应偏向理论,认为学习障碍儿童和非学习障碍儿童同样具有反社会行为,但障碍儿童不善于隐藏自己的问题,而非障碍者给调查人员留下比较好的印象。

残疾人犯罪处置 法律关于审理、处罚残疾人犯罪的特殊规定。中国刑法规定:精神病人在不能辨认或者不能控制自己行为的时候造成危害结果的,不负刑事责任;但是应当责令其家属或监护人严加看管和医疗。间歇性的精神病人在精神正常的时候犯罪,应当负刑事责任。又聋又哑的人或者盲人犯罪,可以从轻、减轻或者免予处罚。中国刑事诉讼法规定:被告人是聋、哑或者未成年人而没有委托辩护人的,人民法院应当为他指定辩护人。生理上、精神上有缺陷或者年幼,不能辨别是非、不能正确表达的人,不能作证人。讯问聋、哑的被告人,应当有通晓聋哑手势的人参加,并且将这种情况记明笔录。

犯罪心理(criminal mentality) 犯罪行为生成的前提。广义概念指与犯罪行为的发生、发展和完成有关的所有心理活动和相关心理因素的总和。狭义概念指支配行为人实施犯罪行为时的心理状态(如认识状态、意志状态、情绪情感状态、注意状态等)和有关心理因素(如人格、性格、能力、气质、自我意识等)。犯罪作为人类社会的一种特殊行为,其发生、发展乃至实施的过程受实施人相应的心理支配和决定。

犯罪心理恶性转化 因各种主客观因素变化和相互作用的消极影响,使犯罪心理的反社会性增强以致发生更严重的犯罪行为,或者再次实施犯罪行为的过程(如重犯、屡犯等)。其形成取决于两方面条件:一是主观上满足意欲的需要比较强烈,并不断被唤起,促使行为人实施一定的行为来满足需要,以消除心理紧张、恢复心理平衡。二是客观上不良诱因的持续刺激,使不良欲求恶性膨胀,导致行为人以原有的人格缺陷进一步恶变,自我意识水平降低,产生心理紧张和焦虑,降低良心的自我约束力。为了满足欲求、消除紧张,行为人在合法手段不能满足需要时,就可能选择不良行为方式。

不良行为心理良性转化 在各种主客观积极因素的作用下,逐渐减弱或消除、中止或被迫放弃不良行为。须具备两个基本前提:一是行为人的人格结构中仍存有积极的因素,道德和法制观念还未完全丧失,甚至比不良行为意识更占优势。行为人害怕道义上的谴责,或者行为人对个人的名誉和前途非常关注,害怕法律制裁;二是行为人所处的宏观和微观环境良好,如社会对正气行为的充分肯定,对不良行为的威慑和惩罚,亲朋好友的帮助、师长的教诲等,都会对行为人的人格的重新塑造发挥重要的作用。

青少年违法犯罪预测 对青少年犯罪这一复杂社会现象的预见、估计。根据对犯罪现状及历史情况的分析研究,估计和判断未来一定时期、一定范围、一定人群犯罪可能性的大小、犯罪状况、类型的变化及发展趋势,以为预防和控制犯罪服务。分为个体早期违法犯罪行为预测和重新犯罪预测。前者是对尚未发生违法犯罪行为的青少年学生,预测他们未来发生犯罪的可能性;后者是对那些已发生违法犯罪行为的青少年个体,在给以某种处分(送工读学校、教养、判刑等)之后,预测他们重新发生犯罪行为的可能性。

犯罪行为控制 通过塑造良好的人格,用社会责任感和良心来控制和约束自己的犯罪冲动。包括行为人内在的自我控制和外在的社会控制。通过改善社会生活条件和制定良好的社会政策,尽量减少或消除引起人们心理失去平衡的犯罪诱惑源。

收容教养 对已满14周岁,未满18

周岁有违法和轻微犯罪行为,而免予刑事处罚的未成年人实行的一种教育改造方式。具有强制性质,但非刑事处罚和行政处罚。属于一种特殊的独立的处罚和矫治措施。在中国始于20世纪60年代,适用对象有严格限制,必须符合5个条件:(1)已满14周岁不满18周岁。(2)实施了严重危害社会的违法行为,只是由于年龄的原因免予刑事处罚的未成年人。(3)该未成年人情节恶劣,后果严重,屡教不改,但无家可归,或者其家庭确实无法管教。(4)对该未成年人能进行有效教育。对患有严重疾病、精神病、盲、聋、弱智,以及丧失劳动能力者,一般不予接纳。(5)履行严格的审批执行程序。按规定由地区以上的公安机关劳动教养委员会审批,少年管教所具体执行。期限一般为1~3年。其间进行思想、法制教育,并传授文化技术知识,从事习艺性劳动。有严格的纪律,要集中住宿,统一学习和劳动。

劳动教养 中国对违法犯罪的人实行强制性教育改造的行政措施。1982年颁布的《劳动教养试行办法的通知》中施行对象有以下6种人:(1)罪行轻微,不够刑事处分的反党、反社会主义分子。(2)结伙杀人、抢劫、强奸、放火等犯罪团伙中不够刑事处分的。(3)有流氓、卖淫、盗窃、诈骗等违法犯罪行为,屡教不改,不够刑事处分的。(4)聚众斗殴、寻衅滋事、煽动闹事等扰乱社会治安,不够刑事处分的。(5)由工作岗位,长期拒绝劳动,破坏劳动纪律,而又不断无理取闹,扰乱生产秩序、教育科研秩序、生活秩序,妨碍公务,不听劝告和制止的。(6)教唆他人违法犯罪,不够刑事处分的。期限为1~3年,必要时可延长1年。本着实行教育、挽救、改造的方针,对被劳动教养者进行思想政治教育、法纪教育、劳动教育,并组织进行生产劳动。由于其性质上不同于刑事处罚,因而其对象不是犯人,在政治上仍有公民权,享有法定的民主权利,但其行动自由要受到一定的限制。经济上可根据劳动成果,获得适当的工资。表现良好并有就业条件的,经批准可另行就业。解除教养后,就业、上学不受歧视。由省、自治区、直辖市和大中城市人民政府成立管理委员会,负责领导和管理工作。人民检察院对劳动教养机关的活动实行监督。2003年颁布的《劳动教养戒毒工作规定》规定,对吸食、注射毒品的人员由劳动教养部门进行集中收容治疗。

少年法庭(juvenile court) 法院针对未成年人的生理和心理特征设立的审理未成年人犯罪案件的专门机构。中国《预防未成年人犯罪法》第45条规定:"人民法院审理未成年人犯罪的刑事案件,应当由熟悉未成年人身心特点的审判员或者审判员和人民陪审员依法组成少年法庭进行。"《未成年人保护法》第40条规定:"公安机关、人民检察院、人民法院办理未成年人犯罪的案件,应该照顾未成年人的身心特点,并可以根据需要设立专门机构或者指定专人办理。"法官采用与被告近距离谈心式的特殊审判方式,审判气氛和缓,未成年人的人格尊严和应有的权利受到充分的尊重。易于消除被告抵触和畏惧的情绪,还有利于审判人员总结和积累办理未成年犯罪案件的经验,发现犯罪的规律,并联系被告人的家庭和学校共同对其进行教育和挽救。

不公开审理 法院对法律规定的特别案件的一种审理方式。我国《预防未成年人犯罪法》第45条第2款规定:"对已满14周岁,不满16周岁未成年人犯罪的案件,一律不公开审理;已满16周岁,未满18周岁未成年人犯罪案件,一般也不公开审理。只有在严格的条件下,例如,未成年人年龄已满16岁,犯罪案件社会影响极为恶劣,民愤极大,又富有教育意义的,在经过严格的审批,对旁听人数、地域范围进行严格限制的情况下,才允许公开审理。"由于对未成年人刑事案件进行公开审理容易对其造成伤害,导致自暴自弃等不良后果。因而,对未成年人刑事案件实行不公开审理成为世界上大多数国家的原则。

分管分押 将未成年的犯人与成年的、犯有重大罪行的犯人分开关押和管理。基于未成年人的特殊性而采取的特殊监管和保护措施。我国《未成年人保护法》第41条规定:"公安机关、人民检察院、人民法院对审前羁押的未成年人,应当与羁押的成年人分别看管。对经人民法院判决服刑的未成年人,应当与服刑的成年人分别关押、管理。"

高尔基工学团 前苏联教育家马卡连柯创办的教育改造流浪儿和违法儿童少年的机构。1920年9月开始在波尔塔瓦市组建,2个月后成立,名为"少年违法者工学团"。1922年改以高尔基的名字命名。从成立到1928年9月,一直由马卡连柯担任主任。初建时只有6名学员,后增加到几十名。通过组织教学活动和参加农业、手工业劳动,使这些儿童少年形成一个守纪律、有理想的集体。至1926年达到120人,并迁到库良日,与当地一所儿童教养机构合并。合并后,依靠原已得到改造的工学团员的集体力量,使儿童教养机构中280名流浪儿童受到教育,同样转变为守纪律、有组织和爱劳动的学生,形成有理想的集体。实行集体教育、劳动教育、纪律教育,遵循尊重与要求相结合的教育原则。

少年违法者工学团 见"高尔基工学团"。

捷尔任斯基儿童劳动公社 前苏联教育家马卡连柯创建的第二个教育违法儿童少年的机构。1927年6月在乌克兰哈尔科夫郊区建立,并以捷尔任斯基的名字命名。同年10月,马卡连柯应聘为主任,12月开始招生。将学员10~15人编为一队,由队长会议和社员全体大会决定公社事宜。实行半工半读,教学与生产劳动相结合。先后建立了5家工厂,并设立1所10年制普通中等教育的工农速成中学。学员每天在学校学习4小时,在工厂参加4小时劳动,还从事各种服务性劳动和参加各种形式的科技及文体活动。通过教育和训练,把违法儿童少年再教育成社会主义新人。学员毕业时,一般均具有高中教育水平和相当于6级工的技术,可直接就业或报考高等学校。

工读学校 中国对有违法和轻微犯罪行为青少年进行特殊教育的半工半读学校。实施义务教育的形式之一。始于1955年。招生对象是：(1)进行偷窃、扒窃、销赃、抢夺、诈骗、赌博等违法犯罪活动并经教育不改的。(2)多次传播、制作、贩卖淫秽书刊或淫秽录像的。(3)持戒斗殴、行凶或寻衅滋事，并造成一定后果的。(4)严重扰乱学校正常的教育秩序，致使教师无法在教室和办公室等教育场所进行教育、备课，又屡教不改的。(5)多次侮辱、猥亵女性或乱搞两性关系的。(6)被学校开除或经常旷课而逃夜在外，并扰乱社会治安，经教育处罚不改的。(7)凡受到公安机关拘留以上处罚或有其他违法犯罪行为，公安机关和教育部门认为必须送工读学校的。(8)凡基本符合上述条件，但属偶犯或初犯，情节较轻者，经教育局批准，可做工读预备生处理。工读生入学一般需由原校和学生居住地公安派出所同意，填写申报表，经工读学校初审批准后，再上报区县教育局、公安局审批。学制2～3年。工读学生在校学习期间的生活、学习费用由其家长负担，确有困难的可以申请助学金(具体办法由工读学校所在区县教育、财政主管部门制定)。工读学校招收有违法和轻微犯罪行为的孤儿，原由民政部门供养和发给社会救济金的，仍由民政部门发给。任务是全面贯彻执行教育方针，把有违法和轻微犯罪行为的学生教育、挽救成为有理想、有道德、有文化、有纪律并掌握一定生产劳动技术和职业技能的社会主义公民。办学指导思想是"挽救孩子，造就人才，立足教育，科学育人"。由当地教育部门领导管理，公安部门和共青团协助。规模一般不少于100人，最多不超过400人。每班以25名为宜。教师编制高于普通中学，每班不少于4人，并配置1～2名得力的班主任。实行男女分班或分校，女生班由女教师任班主任。有严格的管理制度，学生集中食宿、集中管理，组织学生过有纪律的生活，使他们在集体生活中受到教育，转变思想，养成良好的行为习惯，减少犯错误的外界诱因。除开设义务教育所规定的课程外，还组织学生定时参加生产劳动。凡在校坚持学习，能接受教育，改正错误，遵纪守法，文化、技术课考核合格者，准予毕业，发给毕业或结业证书。年龄在16岁以下，入学后进步显著，学习情况良好，经教育部门批准，可回普通中学继续学习。学生毕业后，同普通中学毕业生一样，在升学、参军、就业等方面不受歧视。至2004年，全国有82所工读学校，在校学生7 452人。

工读学校思想品德教育 工读学校担负的教育任务之一。内容包括：紧密结合学生的思想实际，进行四项基本原则的教育，共产主义道德教育、法制教育、社会主义理想前途和革命人生观教育及集体主义思想教育，以帮助学生认识并改正错误，割断与社会上坏人的联系，抵制资产阶级思想腐蚀，克服封建主义思想的影响，养成良好的思想和行为习惯，成为对社会有用之人。要求坚持正面教育为主的原则，深入了解学生违法犯罪的原因，掌握其思想动态和心理特点，做艰苦、细致的思想转化工作。做到热情关心、严格要求、启发诱导、耐心教育。注意调动学生的积极因素，表扬和鼓励先进，防止简单粗暴，严禁体罚和变相体罚。强调寓教育于各项集体活动之中，建立有正确舆论、良好作风和共同奋斗目标的班集体，并充分发挥共青团、少先队、学生会和班委会的作用。

工读学校文化科学知识教学 工读学校担负的教育任务之一。作为义务教育的一个部分，工读学校面临着与普通中学基本一致的文化课教学任务。开设思想政治、语文、数学、英语、物理、化学、历史、地理、体育、音乐、职业技术教育等课程，以及生理、心理卫生常识等讲座。文化课按学生的实际程度安排教学计划和进度，选用普通中学教材或自编补充教材。语文、数学等主要课程要求达到初中（含初等职业技术学校）毕业水平。对少数文化程度较高的学生，可以根据其文化水平编班上课。职业技术课教学，一般结合学校开设的生产劳动项目进行。但由于学生入学时间不一，程度参差不齐，缺乏良好的学习习惯，有违法和轻微犯罪行为，情绪不稳定等各种原因，教学管理和安排难度非常大。

工读学校劳动教育 工读学校担负的教育任务之一。既是德育的一种方法，又是管理教育的一种手段。按国家规定，工读学校要将生产劳动纳入教学计划，并且要举办校办工厂、农场，为学生提供必要的劳动场所，组织学生定期参加生产劳动。通过劳动转化学生不劳而获的错误思想，矫治好逸恶劳的不良习惯，中止损人利己的行为。培养热爱劳动和尊重劳动人民的好品质。内容主要有3种：一是工农业劳动，主要在校办工厂和农场进行。劳动收入除扩大再生产外，主要用于改善办学条件和师生参加劳动期间的补助。国家对工读学校校办产业予以扶植，其经济收益不上交利润，不缴纳所得税。二是社会公益劳动，如绿化种树，为敬老院、幼儿园、残疾人献爱心等。三是校园内的建校劳动和自我服务劳动。20世纪80年代初，劳动时间较长，一般每天有半天左右。80年代中后期，劳动时间逐渐减少，并逐渐向专门技术训练和职业教育方向转变。

工读学校职业教育 工读学校担负的教育任务之一。20世纪80年代后，在我国工读教育改革中开始出现。形式大致有以下3种：一是在学校内举办职业技术教育班；二是一个学校两块牌子，开展两个层次的办学。这种形式需要有校办产业做依托。三是易址举办职业技术教育分校，两所学校，一套班子。从形式上看是一所独立的职业技术学校，对学生的精神压力较轻。工读教育与职业教育结合，既可改善工读教育的办学条件，而且为学生就业提供了条件。在教育矫治的同时，给予学生谋生的一技之长，也有助于改变家长对子女进工读学校的疑虑。

工读学校教师 在工读学校工作的特殊教育教师。要求具备的条件是：能贯彻执行党的路线、方针、政策，热爱工读教育，品德优良，作风正派，具有一定的业务水平和较强的组织能力,身体健康,能胜任特殊教育工作。享受国家专门颁发的岗位津贴。担任班主任者,还享受班主任津贴。其他待遇与普通中学教师一样。

工读学校预备生 被工读学校备案,但留在原中学观察和学习的学生。主要为经常严重扰乱学校教学秩序或社会秩序,有违法或轻微犯罪行为,基本已够接受工读教育条件,但家长或学生本人不同意入工读学校,或尚有可能留在原校转化的中学生。由所在学校提名,经上级教育行政部门和公安部门同意,工读学校予以备案,并以适当的方式宣布和通知家长。在预备期内,留在原校教育,工读学校定期派人考察,如切实接受教育,改正错误,则取消预备生资格。如仍坚持错误,屡教不改,则被送进工读学校进行管教。

家教托管生 工读学校受普通学校和家庭委托管理的一类学生。20世纪末占工读学校学生的大多数。其入学完全不同于强制招收的办法,由普通学校推荐和家长申请,学生自愿,来去自由。一般来自"问题家庭"(父母离异、父母没有时间管教、家长无力无法管教),心理行为偏常,但尚未达到违法与轻微犯罪程度。为了确保托管秩序的稳定性,有些学校与家长签订"委托管理协议"。根据家长和学生本人的意愿,学籍管理一般采取两可的办法,既可保留在原校,也可以转入工读学校。

三层一体型工读教育体制 北京市朝阳区工读学校创造的一种教育模式。产生于20世纪80年代后期。由校外工读预备生教育、校内工读学生教育、职业高中教育三个层次构成一体化的教育体制。其中职业高中教育是向已毕业,并通过国家中等专业技术学校入学考试的原工读学生提供中专程度的职业技术教育。设置文化教育和职业技术教育双轨制,使工读教育不仅让学生转变思想,还要让他们学会一门技术,将来能自食其力,立足社会。

一校五部制办学形式 上海卢湾区工读学校的一种办学形式。产生于20世纪90年代初。学校在保留传统的工读教育部的同时,设立委托管理、职业教育、校外教育、心理咨询等其他业务部门。

工读称谓负效应 现实生活中歧视工读学生的一种社会现象。指一些公众在了解熟悉工读教育和工读学生的同时对工读学生产生了偏见和歧视,使其在升学、就业等方面受到一些单位的歧视和排斥,给他们及家长带来精神压力,也阻碍了工读学校教育、挽救工作成效的发挥,不利于学员的成长。虽然法律规定任何单位和个人都不得在复学、升学、就业等方面歧视工读学生,但无法防止人们心理上的"隐性歧视"。因此,促使失足未成年人向好的方面转化,既取决于他们的主观努力,创造良好的客观条件也很重要。良好的社会氛围有助于巩固教育挽救的成果,防止其因灰心、绝望而走回头路,重新违法乱纪,给个人、家庭和社会造成新的危害。

北京市海淀区工读学校 中国第一所工读学校,1955年7月1日,遵照北京市委在普通中小学和少管、劳教之间创建一种新的形式来教育处于"犯罪边缘"的青少年，保证中小学校的正常秩序与质量，又使差生得到相应的教育，不致流落到社会上去的指示，参照马卡连柯的教育理论和实践经验，在位于北京市海淀区温泉村创建。其名称是将马卡连柯的"工学团"演绎为"工读学校"。办学实行半工半读形式，用劳动改变恶习。学生除上文化课外，每周要参加 2 天劳动。课程设置、教材与普通中学大致相同。还有铁、木工厂和农田、饲养场。多数学生毕业时具有 2 级工的技术水平。从创办至 1966 年的 11 年间，共招收学生 1 028 名。经教育，绝大多数学生改正了错误，成为社会的有用之才。"文化大革命"期间被停办。1978 年恢复，并改称现名。

《联合国少年司法最低限度标准规则》 又称"北京规则"。国际上第一个有关青少年犯罪问题的法律文件。由联合国预防和控制犯罪委员会起草，经联合国有关犯罪研究机构讨论和 1984 年 5 月联合国在北京召开的"青少年犯罪与司法"专题专家会修订，于 1985 年 8～9 月召开的第七届预防犯罪和罪犯待遇大会通过，定名为"北京规则"。同年 12 月，联合国第 40 届大会以第 40/33 号决议核准。全文有总则、调查和检控、审判和处理、非监禁待遇、监禁待遇、研究、规则、政策制定和评价 6 个部分。提出会员国应尽力创造条件确保少年能在社会上过有意义的生活，并在其一生中最易沾染不良行为的时期使其成长和受教育的过程尽可能不受犯罪和不法行为的影响。少年司法应视为是在对所有少年实行社会正义的全面范围内的各国发展进程的一个组成部分，同时还应视为有助于保护青少年和维护社会的安宁秩序。要求将司法最低限度标准公平、不加任何区别地运用于有违法行为的少年犯、可能因犯有对成年人不予惩处的任何具体行为而被起诉的少年、所有受到保护福利和教管程序对待的少年、年纪轻的成年罪犯。

《联合国预防少年犯罪准则》 又称"利雅得准则"。联合国的一个文件。1990 年 9 月 7 日由第八届联合国预防犯罪和罪犯待遇大会通过。有 7 章 66 条。参照"联合国少年司法最低限度标准规则"的指导思想和措施，强调对所有年轻人采取早期预防和保护性干预办法，特别要注意被遗弃、忽视、虐待和处于边缘状态的及容易受到社会危害的少年。提出预防少年犯罪是社会预防犯罪的一个关键的部分，需要全社会进行努力。从政府制订全面预防计划，家庭、教育、社区、大众传播媒介的社会化预防过程，社会政策、立法和少年司法管理，建立各机构之间的协调配合机制和开展科学研究等方面提出保护青少年权益、促进其身心健康发展、预防犯罪行为出现的具体目标、要求和措施。其中规定：政府有责任使所有青少年都能享受公共教育。应让青少年及其家庭懂得法律，知道他们的法定权利与责任，以及普遍的价值体系。应通过各种教育方案，使老师和其他成年人以及学生团体能及时发现年轻人碰到的问题、需要和见解,尤其是下层社会的、处境困难的、少数民族和低收入阶层中的青少年。对不遵守上学规则的儿童和青少年以及中途退学者,应给予特别帮助。

《联合国保护被剥夺自由少年规则》
联合国关于少年司法的一个法律文件。1990年9月7日联合国第八届预防犯罪和罪犯待遇大会通过,并经第45届联合国大会核准。全文有5个部分87条。制定目的是定出符合人权和基本自由的,为联合国所接受保护的,以各种形式被剥夺自由少年的最低限度标准,避免一切拘留形式的有害影响,促进社会融合。要求各国只应根据本规则和北京规则所规定的原则和程序剥夺违法犯罪少年的自由。剥夺少年的自由应作为最后一种处置手段,时间尽可能短,并只限于特殊情况。制裁期限应由司法部门确定,同时不排除早日释放的可能性。文件从适用范围、被逮捕或待审讯的少年、少年设施的管理、管理人员几方面明确了一系列保护因违法犯罪被剥夺自由少年的原则和措施。其中规定,应保证拘留在各种设施内的少年能得益于有意义的活动和课程。这些活动和课程将有助于增进他们的健康,增强他们的自尊心,培养他们的责任感,鼓励他们培养有助于他们发挥社会一员的潜力的态度和技能。达到义务教育年龄的所有少年均有权获得与其需要和能力相应并以帮助其重返社会为宗旨的教育。这种教育应尽可能在拘留所外的社区学校里进行,并无论如何应有合格的教师,其课程应与本国的教育制度一致,以便少年获释后能继续学业而不感到困难。……文盲或有认知或学习困难的少年,应有权接受特殊教育。应允许和鼓励超过义务教育年龄但仍想继续学习的少年继续学习,应尽力为他们提供学习适当教育课程的机会。

《中华人民共和国未成年人保护法》(Law of the People's Republic of China on the Protection of Minors) 中国保护未满18周岁公民的专门法律。1991年9月4日第七届全国人民代表大会常务委员会第21次会议通过,1992年1月1日起施行。有7章56条。宗旨是:保护未成年人的身心健康,保障未成年人的合法权益,促进未成年人在品德、智力、体质等方面全面发展,把他们培养成为有理想、有道德、有文化、有纪律的社会主义事业接班人。宣布国家保护未成年人的人身、财产和其他合法利益不受侵犯。从家庭保护、学校保护、社会保护、司法保护、法律责任几方面,明确未成年人父母或其他监护人、学校及其他教育机构、各级人民政府、社会团体、企业事业组织和其他组织及公民、公安、检察、审判、劳改机关教育培养和保护未成年人的职责;侵害未成年人合法利益要承担的法律责任。其中规定:送工读学校接受义务教育的未成年人,工读学校应当对其进行思想教育、文化教育、劳动技术教育和职业教育。工读学校的教职员应当关心、爱护、尊重学生,不得歧视、厌弃。对违法犯罪的未成年人,实行教育、感化、挽救的方针,坚持教育为主、惩罚为辅的原则。

《中华人民共和国预防未成年人犯罪法》 中国以未成年人为保护对象,预防未成年人犯罪的法律。1999年6月28日第九届全国人民代表大会常务委员会第十次会议通过并颁布,同年11月1日起开始施行。共有8章57条。立法指导思想是:立足于教育和保护,从小抓起,对未成年人的不良行为及时进行预防和矫治,从而预防未成年人犯罪。主要内容有:预防未成年人犯罪的教育;对未成年人不良行为的预防;有关部门对未成年人健康成长的社会生活环境的管理责任;对未成年人严重不良行为的矫治;未成年人对犯罪的自我防范;对未成年人重新犯罪的预防,以及违反该法应负的法律责任。

《关于进一步加强青少年教育,预防青少年违法犯罪的通知》 中共中央的一份文件。1985年10月4日发出。指出青少年违法犯罪仍然是一个不容忽视的问题。青少年犯罪出现罪犯低龄化、犯罪手段成人化、犯罪性质严重化的趋势。对此有必要提醒全党充分重视这个问题,进一步加强对青少年的思想教育工作。要求:(1)进行爱国主义、国际主义和革命传统教育,激发青少年的爱国热情和民族自尊心、民族自豪感,鼓励他们立志为振兴中华、实现"四化"而刻苦学习、勤奋劳动。(2)进行形势政策教育,使青少年正确认识新时期的形势和任务,模范执行党的政策。(3)进行系统的思想理论教育,使青少年逐步树立马克思主义的科学信念。(4)大力普及法律常识,使青少年养成遵纪守法的良好习惯。(5)进行共产主义人生观、婚姻观和职业道德教育,使青少年正确对待学习、劳动和生活,正确处理各种社会关系。对有轻微违法犯罪行为的青少年,要热情耐心地帮助他们进步,把他们教育挽救过来,而不能歧视和嫌弃他们。学校、工矿企业、街道、乡村和公安部门密切配合,建立和健全帮教小组,制订帮教计划,落实帮教措施,认真做好思想转化工作。在城市继续办好工读学校,并逐步创造条件办成具有中专水平的职业学校,对有轻微违法犯罪行为的青少年进行职业训练,使他们掌握就业本领。教育部门要加强对工读学校的领导,选派优秀教师、干部担负学校的领导和班主任工作。切实做好刑满释放和解除劳教的青少年的安置工作,帮助他们升学或就业,鼓励他们弃旧图新。社会科学研究和政法工作部门加强对青少年违法犯罪问题的研究,探求青少年违法犯罪的规律,更好地指导预防违法犯罪的工作。

《关于办好工读学校的试行方案》 教育部、公安部、共青团中央联合制定的一份文件。1981年4月21日国务院予以批准。文件对工读学校的性质、任务和办学思想,思想政治教育工作,教学工作,生产劳动,招生,学生的出路,教师队伍,领导管理,机构设置和人员编制,经费,教育科学研究,社会各方面的参与等12个方面的问题作出具体规定。文件提出:工读学校是对有违法和轻微犯罪行为的中学生进行特殊教育的半工半读学校。有条件的,尽可能办成职业技术性质的学校。任务是全面贯彻执行党的教育方针,把有违法和轻微犯罪行为的学生，教育改造成为有社会主义觉悟、有一定科学文化知识和生产技能、遵纪守法、身体健康的劳动者。

《关于办好工读学校的几点意见》 原国家教委、公安部、共青团中央联合制定的一份文件。1987年6月17日由国务院办公厅转发执行，三部门在1981年4月颁发的《关于办好工读学校的试行方案》即行废止。文件对工读学校的性质、任务和办学思想，思想政治教育和学生管理，教学工作与科学研究，职业技术教育和生产劳动，招生和学生出路，机构设置，人员编制与教师队伍，领导管理与经费来源7方面的问题作出具体规定。其中指出：工读学校的性质是对有违法和轻微犯罪行为的中学生进行特殊教育的半工半读学校，是特殊形式的普通教育，是实施义务教育的一种教育形式。任务是全面贯彻教育方针，把有违法和轻微犯罪行为的学生教育挽救成为有理想、有道德、有文化、有纪律并掌握一定生产劳动技术和职业技能的社会主义公民。

《上海市青少年保护条例》 中国第一个保护未成年人合法权利的地方性法规。1987年6月20日由上海市第八届人民代表大会常务委员会第29次会议通过，同年10月1日起施行。全文有10章58条。其中第七章"对几种青少年的特殊保护"中规定："各级人民政府和有关单位应重视盲、聋、哑、弱智及其他特殊教育的师资培养，为盲、聋、哑、残、弱智青少年举办特殊教育学校和辅读班；建立康复治疗机构，提供康复医疗的服务。任何组织和个人不得歧视、戏弄生理上有缺陷的青少年。禁止侮辱、虐待生理上有缺陷的青少年；禁止诱骗、胁迫、教唆他们进行违法犯罪活动。""不服父母或其他监护人管，并经常旷课、逃学、逃夜、结交不良的青少年，经父母或其他监护人申请，教育部门批准，可送工读学校设立的短训班，进行预防性的教育保护。"在第八章"违法犯罪青少年的教育、矫治与安置"中规定："年满15周岁，有违法和轻微犯罪行为的青少年学生，经学校和有关部门教育不改的，报教育、公安机关批准后，送工读学校。年满13周岁，有危害社会的行为，经学校和有关部门教育不改，家庭确无管教条件的学生，报教育、公安机关批准后，送工读学校低龄班。年满14周岁，有严重违法和犯罪行为的青少年，经市劳动教养管理审查批准劳动教养或经人民法院判处有期徒刑以上刑罚的，送少年管教所。工读学校实行强制性措施，学生必须住宿，根据学校规定放假。此外，对教育、矫正机构，讯问，审查和审理，教育、矫治与安置分别作了规定。

《关于办理少年刑事案件的若干规定（试行）》 中国最高人民法院制定的少年司法的法规性文件。1991年1月26日颁布。全文分总则、开庭前准备工作、开庭审判、执行、附则五章，共50条。制定目的是维护少年被告人的合法权益，依法惩罚和教育少年罪犯，保障无罪的少年不受刑事追究，逐步建立和完善具有中国特色的少年刑事审判制度。要求审判少年刑事案件必须以事实为依据、法律为准绳，坚持惩罚与教育相结合的政策，执行教育、感化、挽救的方针，落实社会综合治理的措施。规定：在刑事审判庭设立少年法庭，受理被告人犯罪时不满18周岁的；共同犯罪案件中，犯罪集团首要分子或主犯犯罪时不满18周岁的；共同犯罪案件中，二分之一以上的被告人犯罪时不满18周岁的三类案件。对14周岁以上不满16周岁的少年被告人一律不公开审理。对16周岁以上不满18周岁的少年被告人一般也不公开审理。根据少年被告人的生理和心理特点，在审判方式、方法上，注意疏导，寓教于审，惩教结合；准确、及时、合法地查明被指控的犯罪事实，并且帮助其认识犯罪原因和犯罪行为的社会危害性。并对少年法庭的审判长的条件，少年被告人的辩护，量刑等问题作了规定。同时强调综合治理的原则，在办理少年刑事案件时，邀请共青团、妇联、工会、学校教师、干部或离退休人员担任人民陪审员，发挥和调动家庭、亲属的作用，共同做少年被告人的教育、感化和挽救工作。

《关于审理未成年人刑事案件具体应用法律若干问题的解释》 中国最高人民法院制定的少年司法的法规性文件。2006年1月23日起施行。全文共20条。规定：未成年人刑事案件，是指被告人实施被指控的犯罪时已满14周岁不满18周岁的案件。提出：正确审理未成年人刑事案件，贯彻"教育为主，惩罚为辅"的原则。对未成年罪犯适用刑罚，应当充分考虑是否有利于未成年罪犯的教育和矫正。其中，对未成年人若干行为作了不认为是犯罪的规定。如第六条规定："已满14周岁不满18周岁的人偶尔与幼女发生性行为，情节轻微，未造成严重后果的，不认为是犯罪。"第七条规定："已满14周岁不满18周岁的人使用轻微暴力或者威胁，强行索要其他未成年人随身携带的生活、学习用品或者钱财数量不大，且未造成被害人轻微伤以上或者不敢正常到校学习、生活等危害后果的，不认为是犯罪。已满16周岁不满18周岁的人具有前款规定情形的，一般也不认为是犯罪。"第九条规定："已满16周岁不满18周岁的人实施盗窃行为未超过3次，盗窃数额虽已达到'数额较大'标准，但案发后能如实供述全部盗窃事实并积极退赃，且具有下列情形之一的，可以定为'情节显著轻微危害不大'，不认为是犯罪：（一）系又聋又哑的人或者盲人；（二）在共同盗窃中起次要或者辅助作用，或者被胁迫；（三）具有其他轻微情节的。已满16周岁不满18周岁的人盗窃未遂或者中止的，可不认为是犯罪。已满16周岁不满18周岁的人盗窃自己家庭或者近亲属财物，或者盗窃其他亲属财物但其他亲属要求不予追究的，可不按犯罪处理。"第十六条规定："未成年罪犯根据其所犯罪行，可能被判处拘役、3年以下有期徒刑，如果悔罪表现好，并具有下列情形之一的应当按照三十七条的规定免于刑事处罚：（一）系又聋又哑的人或者盲人；（二）防卫过当或者避险过当；（三）犯罪预备、中止或者未遂；（四）共同犯罪中从犯、胁从犯；（五）犯罪后自首或者有立功表现;(六)其他犯罪情节轻微不需要判处刑罚的。"同时,在适用刑罚,剥夺政治权利,没收财产判处罚金,宣告缓刑、减刑、假释等方面均作出适度放宽的规定。

香港处理青少年犯罪机构 香港特区审理和管教犯罪青少年的单位。主要有:(1)儿童法庭。负责审理16周岁以下少年的违法犯罪案件。(2)少年犯监管机构。分别由社会福利署、惩教署和一些志愿机构负责监护。不同的院舍,代表对少年犯不同程度的约束及惩戒。社会福利署下设7个院所,分儿童院和感化院两类。儿童院居留期不超过1年,设教育、职业训练课程。感化院居留期在1年以上,最长为5年或到18周岁,视少年犯表现而定。惩教署下设教导所、劳役中心和青少年惩教所。收留14周岁以上的少年犯。教导所期限为半年至3年,进行教育和职业训练,纪律较严。劳役中心管教更为严格,连吃饭也有坐姿规定。(3)青少年犯罪评估小组。主要由社会福利署和惩教署官员组成,两署副署长轮流担任主席,半年为一期。此小组负责协调两署的意见,对少年犯的判罚向法庭提出建议。

少年管教所 又称"少年犯管教所"。专门教育、改造和挽救有严重不良行为和犯罪行为的未成年人强制教育改造的场所。收容对象是:已被法院判刑的年满14周岁不满18周岁的少年犯,触犯刑律但因不满16周岁不予处罚,被政府收容教养的有犯罪行为的少年。对少年犯和少年教养人员分别编队,男女分开。实行"以教育改造为主,轻微劳动为辅"的方针和半天劳动、半天学习的制度。管教期限一般为半年至3年。管教期间人身权利和自由受到一定的限制。对年满18周岁,而刑期未满的少年犯,分别情况,或移送劳改场所,或留所继续改造。由当地劳改局领导,法制教育、义务教育、职业技术教育受当地教育和劳动部门的业务指导。设置目的是为了把少年犯的改造和矫治工作与成年犯分开,防止成年犯向未成年人传授犯罪的方法和不良的思想。从而更好地对失足未成年人进行专门的教育。

轻微犯罪青少年学生教育国际研讨会 有关教育轻微犯罪青少年的国际学术性会议。由原国家教委和中国教育国际交流协会主办。1988年10月10日~14日在上海召开。目的是对外宣传我国工读教育的成就,扩大我国教育成果的国际影响,了解和吸收国外的有益经验。会议收到国内外论文近60篇,其中国内论文40多篇。与会代表就青少年学生违法犯罪的现状、特点、不良心理结构及其原因分析、青少年学生犯罪的预测、早期防治和教育对策,对中学生的法制教育和青春期教育,学校与家庭、社会对犯罪青少年学生的教育等专题进行了交流和研讨。

全国第一次工读学校座谈会 教育部召开的工读教育专门会议。1980年10月24日~31日在北京举行。到会的有全国27个省、市、自治区的教育行政部门主管工读教育的同志,北京、上海、天津等12个城市工读学校的校长,中央有关部门的负责人。教育部部长蒋南翔谈了6

个方面的问题,包括对工读学校重要性的认识,工读学校的经费,办好校办工厂、建设劳动基地,搞好管理体制,为学生寻求出路,以及调动教师积极性等。他认为工读学校是一种特殊的、不可缺少的教育形式。工读学校要当重点学校来办。提出工读学校将来可以办成职业技术学校。副部长董纯才强调要重视教育科学研究,在教育实践中研究青少年犯罪的原因和转变规律。

工读学校办学方式改革研讨会 工读学校自我组织的工作研讨会。1987年10月在西安市工读学校召开,全国72个工读学校校长参加。针对工读学校出现的"招生难"问题,上海市教育局代表发言提出,工读学校必须拓宽教育功能,将学校办成"不良心理和行为的矫治中心、预测与预防违法和犯罪中心"两个中心和"教育转化基地、文化达标及职业技术教育的基地、转化教育的研究与试验基地"三个基地,引起了与会代表的广泛共鸣。与会代表从理论上探讨了办学方式的改革。会议起到了推动工读学校办学的积极作用,使一些工读学校的领导在困境中看到了改革的方向。

中国青少年犯罪研究会 中国研究青少年犯罪问题的群众性专业学术团体。1982年6月成立,挂靠在中国社会科学院。宗旨和任务是:团结、联络、组织、协调从事青少年犯罪研究的专家、学者、公安政法干警及其他方面的研究力量,在马列主义、毛泽东思想指导下,综合运用哲学、经济学、政治学、法学、社会学、伦理学、教育学、生理学、心理学等多种学科知识,对我国青少年犯罪规律进行深入探讨,逐步形成具有中国特色的关于青少年犯罪问题的理论体系,为党和国家治理青少年犯罪的决策提供科学的参考性依据,并有计划地组织国内外的学术交流,推动我国社会科学研究事业的发展。

工读教育研究会 研究工读教育的群众性组织。1986年1月,上海市工读教育研究会在卢湾区工读学校成立,为全国第一个地方性研究组织。1988年8月全国工读教育研究会在内蒙古呼和浩特市成立,全国74所工读学校校长参加了成立会议。全国性研究会成立之后开展了各类活动,如1990年7月在哈尔滨召开以"工读教育校外教育"为主题的学术研讨会。

S. 弗洛伊德(S. Freud, 1856～1939) 男,奥地利心理学家。精神分析学派创始人。创立潜意识理论,发展自由联想和释梦技术,论证心理冲突在人类发展中的作用,区分出性行为和攻击行为的原动力,证明幼儿期性行为的重要性及其对发展的影响。主要著作有:《释梦》(1900)、《日常生活的心理病理学》(1901)、《精神分析引论》(1917)。上述著作在中国均有译本。1938年纳粹德国占领奥地利,携妻儿移居伦敦,次年去世。

安娜·弗洛伊德(Anna Freud, 1895～1982) S. 弗洛伊德的女儿。1922年成为维也纳精神分析学会会员,经典精神分析学说的忠实捍卫者。主要贡献是儿童患者的精神分析治疗和自我防御机制理论。

共发表一百多篇论文和著作。

利奥·凯纳（Leo Kanner, 1894～1981）男，美国儿童精神病科医生。在世界上首次提出"婴儿孤独症"的临床特征和名称概念。1943年发表《情感交流的孤独性障碍》的论文，详细叙述了11名儿童(8男3女)的临床特征。这些儿童未满2岁即发病,并表现出5项行为特征：一是极端的孤独,缺乏和别人的情感接触。二是对环境事物有要求同一性的强烈愿望。三是对某些物品有特殊的偏好,且以极好的精细动作摆弄这些物品。四是没有语言,或者虽有语言但其语言似乎不是用来与人交际的。五是保留智能,呈沉思外貌,并具有良好的认知潜能,有语言者常表现出极佳的背诵记忆力,而无语言者则在操作性测验中表现出潜能。1944年,他将这一症群称为"早发儿童孤独症",简称"幼儿孤独症"。认为这些儿童生来缺少与他人建立情感接触的能力,因而用"孤独"一词来描述他们与人接触的情感淡漠现象。

马卡连柯（А. С. Макаренко, 1888～1939）男,苏联著名教育家。生于乌克兰一个铁路工人家庭。初等师范学校毕业后曾担任铁路职工子弟学校的教师和校长。十月革命胜利后,主要从事教育改造流浪儿和违法少年的工作。1920年受波尔塔瓦省教育厅委托创办了"少年违法者工学团"(后改称"高尔基工学团")。1927年又创办同样性质的"捷尔任斯基儿童劳动公社"。先后将3000多名走入歧途的青少年教育改造成为具有共产主义觉悟和一定知识技能的社会主义建设者和先进人物。创造了在集体中把教学与现代工业生产相结合的教育形式,组织学生半工半读。在实践中形成以集体教育、劳动教育、纪律教育为基本内容的教育理论体系。指出,要实现社会主义的教育目的,必须通过集体教育、劳动教育和自觉纪律教育等基本教育过程。坚信共产主义教育在教育、改造违法少年中的威力,并以辩证唯物主义为理论指导,汲取高尔基作品中对"人"的高度信任的思想,确定"尊重与要求相结合"的总的教育原则。著有《教育诗》、《塔上旗》、《父母必读》等书。其中《教育诗》和《塔上旗》是以文学的形式分别总结了高尔基工学团和捷尔任斯基儿童劳动公社的教育经验。

《教育诗》 苏联著名教育家马卡连柯的教育文学作品。共三部。作者根据创办高尔基工学团,并将其建设成模范的教育集体的过程,用文学形式总结了把流浪儿和违法儿童少年教育改造成苏维埃公民的经验。第一部写于1925～1928年。描写高尔基工学团的建立和儿童教育集体的形成。第二部于1933年完稿。描写工学团教育集体的特征,及其在教育中发挥的巨大作用。第三部于1935年完稿。描写工学团员迁到新址库良后,如何帮助教育新收容的流浪儿童。

《塔上旗》 苏联著名教育家马卡连柯的一部教育小说。1938年写成并发表。全书共三部有28章。作者以在捷尔任斯基儿童劳动公社的亲身经历为原型,通过描写该公社的教育活动,全面总结了教育改造违法少年的经验,并以工学团房屋正面的塔上插有的红旗作为书名,象征工学团这一苏维埃教育集体追求新的生活和新的成就的志向。书中的"五一工学团"即"捷尔任斯基儿童劳动公社",工学团主任"查哈洛夫"即作者本人。

《青少年犯罪研究》 中国唯一研究青少年犯罪问题的专业期刊。1982年由中国社会科学院批准创刊。1986年12月国家新闻出版署予以特批,内部发行。中国青少年犯罪研究学会主办。办刊宗旨和任务是:在马克思列宁主义、毛泽东思想指导下,坚持四项基本原则和"双百"方针,为犯罪学基础理论建设服务,为治理青少年犯罪的实际服务。主要栏目有:犯罪动向与趋势、典型案例剖析、犯罪原因和类型研究、犯罪心理学研究、犯罪预防研究、综合治理研究、工读教育研究等。读者对象为党政领导干部、公检司法人员、工青妇干部、思想政治工作者、教育工作者、安全保卫干部、政法院校师生、社会科学研究人员。

《寻找回来的世界》 一部反映工读学生生活的电视连续剧。根据作家柯岩1984年创作的同名长篇小说改编,共20集。一经播出在社会上引起很大反响。被称为中国的《教育诗》。并获得飞天奖、金鹰奖。作品以我国第一所工读学校为原型,反映在"文化大革命"十年浩劫中一些青少年的思想、道德沦丧,青少年犯罪率急剧上升。揭示工读学校师生之间的矛盾、斗争和心灵世界,描写教师如何对待这些失足青年和通过艰苦工作使他们冲出邪恶和疯狂,重获新生,回到了正常的世界。剧中有一段广为流传的经典对白,一位特别爱笑的小姑娘问他的爸爸:"爸爸,我为什么爱笑呢?"父亲回答:"孩子啊,因为你拥有一个美丽的世界。"小姑娘又问:"那为什么有的孩子不笑哪?"父亲沉吟了一会儿说:"因为他们暂时失去了一个美丽的世界。"以此说明工读教育为生活在社会角落失去笑声的工读学生寻回美丽的世界。

《雨人》(Rain Man) 一部以孤独症患者为题材的电影。1988年美国著名导演巴里·莱文森执导,著名演员达斯汀·霍夫曼和汤姆·克鲁斯主演。影片讲述了查理父亲辞世,遗产留给了未曾谋面的患孤独症的哥哥雷曼,于是查理不怀好意带走哥哥,企图骗取遗产,在这个过程中与哥哥度过了一段相处的时光,最后认识到世界上还有比金钱更珍贵的手足之情。片中达斯汀·霍夫曼以精湛演技塑造了一位孤独症患者的形象:沟通障碍、社交障碍、刻板的行为和独特的兴趣、记忆力惊人。1989年获得第61届奥斯卡4项大奖以及众多国际奖项,成为反映孤独症患者的经典电影,也使"雨人"成为孤独症的代名词。

《精神疾病统计与诊断手册》(Diagnostic and Statistical Manual of Mental Disorders) 美国精神病学会制订的精神疾病分类方案。1952年制订第1版,称之为DSM-Ⅰ;1968年制订了第2版,即DSM-Ⅱ;1974年着手制订,1980年出版第3版,即DSM-Ⅲ;1987年又修订出版第3版修订版，即 DSM-Ⅲ-R；1987年起开始制订第4版 DSM-Ⅳ，并于1994年正式发行。成为美国精神卫生临床医生和研究人员广泛接受的专业工具书。第4版中，婴儿、儿童或少年期首次诊断的障碍包括：精神发育迟滞、婴幼儿孤独症、注意缺陷/多动障碍、品行障碍、Tourett 障碍等。第5版 DSM-Ⅴ于2013年颁布。

肢体残疾和病弱教育
Education for Physical Disabilites and other Health Impairments

运动系统 人体系统之一。由骨、骨连接和骨骼肌三部分组成。骨和骨连接联结在一起构成人体的支架,称为骨骼(skeleton),形成人体体形的基础,同时为骨骼肌提供附着点。骨骼肌是运动的动力装置。运动系统功能有3个:(1)运动。人的运动是很复杂的,包括简单的移位和高级活动如语言、书写等,都是在神经系统支配下,通过肌肉收缩而实现的。即使一个简单的运动往往也有许多肌肉的参与,一些肌肉收缩,承担完成运动预期目的的角色,而另一些肌肉则予以协同配合,还有一些处于对抗地位的肌肉则适度放松并保持一定的紧张度,以使动作平滑、准确,起着相反相成的作用。(2)支持。人体姿势的维持除了骨和骨连接的支架作用外,主要靠肌肉的紧张度来维持。通过神经系统反射性地维持一定的紧张度,在静止姿态,需要互相对抗的肌群各自保持一定的紧张度以取得动态平衡。(3)保护。骨和骨连接以及肌肉构成人体的几个体腔的壁,容纳着内脏器官,如颅腔容纳着脑组织和感觉器官;胸腔容纳着心、大血管、肺等重要脏器;腹腔和盆腔容纳着消化、泌尿、生殖系统等众多脏器。当受外力冲击时,肌肉反射性地收缩,起着缓冲打击和震荡的重要作用。

肢体残疾(physical disability) 一种残疾类型。1987年4月全国第一次残疾人抽样调查定义为:因四肢残缺或四肢、躯干麻痹、畸形等,导致人体运动系统不同程度的功能丧失或功能障碍。包括:(1)上肢或下肢因外伤、病变而截除或先天性残缺。(2)上肢或下肢因外伤、病变或发育异常所致的畸形或功能障碍。(3)脊椎因外伤、病变或发育异常所致的畸形或功能障碍。(4)中枢神经、周围神经因外伤、病变或发育异常造成躯干或四肢的功能障碍。2006年第二次全国残疾人抽样调查定义为:人体运动系统的结构、功能损伤造成四肢残缺或四肢、躯干麻痹(瘫痪)、畸形等而致人体运动功能不同程度的丧失以及活动受限或参与的局限。包括:(1)上肢或下肢因伤、病或发育异常所致的缺失、畸形或功能障碍。(2)脊柱因伤、病或发育异常所致的畸形或功能障碍。(3)中枢、周围神经因伤、病或发育异常造成躯干或四肢的功能障碍。

肢体障碍(physical impairment) 因肢体器官损伤或功能缺陷而导致的肢体活动困难。如下肢截肢者行走能力降低,使个人日常生活和参加社会活动等方面受到限制。通过配戴支具、安装假肢和进行功能训练,在一定程度上可以克服或消除。与"肢体残疾"、"肢体缺陷"等词在意义上有所差别,但在实际运用时常通用。

肢体残疾分级标准(scale of physical disability) 评定人体运动系统残疾数量、部位高低和功能障碍程度的准则。1987年4月全国第一次残疾人抽样调查时规定为四级。一级肢体残疾:(1)四肢瘫,下肢截瘫,双髋关节无自主活动能力;偏瘫,单侧肢体功能全部丧失。(2)四肢在不同部位截肢或先天性缺肢;单全臂(或全腿)和双小腿(或前臂)截肢或缺肢;双上臂和单大腿(或小腿)截肢或缺肢;双全臂(或双全腿)截肢或缺肢。(3)双上肢功能极重度障碍;三肢功能重度障碍。二级肢体残疾:(1)偏瘫或双下肢截瘫,残肢仅保留少许功能。(2)双上肢(上臂或前臂)或双大腿截肢或缺肢;单全腿(或全臂)和单上臂(或大腿)截肢或缺肢;三肢在不同部位截肢或缺肢。(3)两肢功能重度障碍;三肢功能中度障碍。三级肢体残疾:(1)双小腿截肢或缺肢;单肢在前臂、大腿及其上部截肢或缺肢。(2)一肢功能重度障碍。(3)双拇指伴有示指(或中指)缺损。四级肢体残疾:(1)单小腿截肢或缺损。(2)一肢功能中度障碍;两肢功能轻度障碍。(3)脊椎(包括颈椎)强直;驼背畸形大于70度;脊椎侧凸大于45度。(4)双下肢不等长,差距大于5厘米。(5)单侧拇指伴有示指或中指缺损;单侧保留拇指,其余四指截除或缺损。2006年第二次全国残疾人抽样调查时也规定为四级,但内容有所变化。肢体残疾一级:不能独立实现日常生活活动。(1)四肢瘫,四肢运动功能重度丧失。(2)截瘫,双下肢运动功能完全丧失。(3)偏瘫,一侧肢体运动功能完全丧失。(4)单全上肢和双小腿缺失。(5)单全下肢和双前臂缺失。(6)双上臂和单大腿(或单小腿)缺失。(7)双全上肢或双全下肢缺失。(8)四肢在不同部位缺失。(9)双上肢功能极重度障碍或三肢功能重度障碍。肢体残疾二级:基本上不能独立日常生活活动。(1)偏瘫或截瘫,残肢保留少许功能(不能独立行走)。(2)双上臂或双前臂缺失。(3)双大腿缺失。(4)单全上肢和单大腿缺失。(5)单下肢和单上臂缺失。(6)三肢在不同部位缺失(除外一级中的情况)。(7)二肢功能重度障碍或三肢功能中度障碍。肢体残疾三级:能部分独立实现日常生活活动。(1)双小腿缺失。(2)单前臂及其以上缺失。(3)单大腿及其以上缺失。(4)双手指或双手拇指以外其他手指全缺失。(5)二肢在不同部位缺失(除外二级中的情况)。(6)一肢功能重度障碍或二肢功能中度障碍。肢体残疾四级:基本上能独立实现日常生活活动。(1)单小腿缺失。(2)双下肢不等长,差距在5厘米以上(含5厘米)。(3)脊柱强(僵)直。(4)脊柱畸形,驼背畸形大于70度或侧凸大于45度。(5)单手拇指以外其他四指全缺失。(6)单侧拇指全缺失。(7)单足跗跖关节以上缺失。(8)双足趾完全缺失或失去功能。(9)侏儒症(身高不超过130厘米的成年人)。(10)一肢体功能中度障碍,两肢体功能轻度障碍。(11)类似上述的其他肢体功能障碍。

肢体残疾儿童(children with physical disabilities) 四肢残缺或四肢、躯干麻痹,畸形,导致运动系统不同程度的功能丧失或功能障碍的儿童。参见"肢体残疾"。

病弱儿童(children with health impairments) 又称"身体孱弱儿童""虚弱儿童"。特殊教育的对象之一。患有疾病或体质差的儿童,包括患各种慢性病、急性病初愈、严重贫血、营养不良、发育落后、癫痫等儿童。轻者可在普通学校学习,重者需在专门的学校,通过其他形式接受教育。需要特别的医疗保护、治疗和卫生环境,由医生指导和监督其营养、康复训练和劳动。需限制学习的负荷量,可免修一些课程,避免不良的精神刺激和过度兴奋。

儿童慢性病(chronic illness of children) 儿童期可能罹患的一组慢性疾病。主要有:气喘、多尿症、癫痫、白血病、肌营养不良、贫血、脊柱裂、损伤等。美国《所有残疾儿童教育法》中把这些儿童列入"其他健康障碍"类,规定当儿童的健康不允许其在学校接受教育帮助时,可在家中接受特殊教育服务。

婴儿脑损伤(brain trauma of babyhood) 婴儿时期由于多种原因造成脑组织的损伤。多为出生前后缺氧,先天性感染,婴儿高胆红素血症或其他危重疾病所致。广义脑损伤亦包括先天性脑发育不全。脑损伤可表现为神经发育落后,中枢性运动障碍,智力低下,癫痫,视听障碍等。脑瘫是其类型之一。早期干预可以阻抑脑瘫患儿继续增加的趋势,脑损伤遗留的其他残疾亦会大大减少。早期干预方法:通过视、听及皮肤感觉这3个主要输入途径进行适当的信息刺激,对大运动、精细运动、语言3个主要输出表现进行比正常运动发育规律稍早一些的功能训练。

烧伤(burn) 因火焰、热水、热蒸汽、热油等液体及电流、闪光、放射能或化学物质(强酸、强碱)等作用于人体的皮肤、粘膜、肌肉骨骼等所造成的损伤。

褥疮(pressure sore) 又称"压疮"。局部因过度受压,引起血液循环障碍,造成皮肤及皮下组织坏死、溃破。

脑性瘫痪(cerebral palsy) 简称"脑瘫"。一种因上运动神经元受损伤或发育不全而导致的疾病。因高级中枢系统失去或缺乏控制部分或全部脊髓神经的能力,从而对肌肉的抑制作用减弱或消失所致。造成婴儿和儿童肢体障碍的疾病之一。1967年国际障碍者协会常设脑瘫委员会定义为:脑在生长发育完成以前受到损伤,产生永久性的、但是可以变化的姿势和运动异常,同时可伴有很多合并症。国际脑瘫康复界 2006 年定义为:一组持续存在的导致活动受限的运动和姿势发育障碍症候群,这种症候群是由发育中的胎儿或婴儿脑部受到非进行性损伤而引起的。脑性瘫痪的运动障碍常伴随感觉、认知、交流、感知、和/或行为障碍,和/或癫痫,和/或继发性肌肉骨骼障碍。

脑瘫分类(classification of cerebral palsy) 依据不同标准对脑瘫的分类。美国脑性瘫痪协会(AACP)对脑性瘫痪所作的分类,以运动症状为主体,还包括原因、复合障碍、重症程度、治疗必要性等项目。中国 1988 年在佳木斯市召开的首届全国小儿脑性瘫痪座谈会制定了两种标准。第一种按瘫痪部位分为 7 类:(1)四肢瘫,两上肢、下肢和躯干的瘫痪。痉挛型中两下肢重,加上躯干、上肢的障碍,多为重症型。(2)双瘫,两下肢重,躯干和上肢比较轻者,几乎都见于痉挛型,为脑性瘫痪的典型类型。(3)截瘫,两下肢局限性瘫。有代表性的为脊髓损伤时的脑性瘫痪,障碍局限于下肢。总的看来,躯干、上肢总不像完全正常。(4)偏瘫,一侧的上肢、下肢瘫痪,尤其是上肢障碍较重。(5)重复偏瘫和双瘫,与两下肢障碍相比,两上肢障碍重,或者一侧上、下肢障碍重于另一侧上、下肢。(6)三肢瘫,三个肢体有障碍,或者四肢瘫的不完全型。(7)单瘫,只一侧肢体瘫痪。第二种按肌紧张、姿势、运动模式分为 8 类:(1)痉挛型,特征是伸张反射亢进。(2)强直型,痉挛型中四肢呈僵硬状态者。(3)手足徐动型,以不随意运动为主要特征,又称为不随意运动型。(4)失调型,小脑、脑干损伤,以平衡功能障碍为主。(5)震颤型,身体的某一个部分在一个平面内呈不随意的、节律性的摇动。(6)肌张力低下型(无紧张型),随意运动、不随意运动都缺乏,无反应。(7)混合型,各型的典型症状都存在。(8)无法分类者,不能明确区分属于哪种类型。

瘫痪(paralysis) 自主运动的肌力减退或丧失。肌力减退称"不完全瘫痪";肌力消失称"完全性瘫痪"。从定位的角度,常分为单瘫、偏瘫、截瘫和四肢瘫。当大脑皮质运动区仅损害其一部分时,可引起对侧中枢性单瘫。病变在运动区的上部引起对侧下肢瘫痪。病变在下部则引起对侧上肢瘫痪。皮质脊髓束的全部受损可致对侧偏瘫。脊髓胸段以下的病变可导致截瘫。脊髓上颈段的病变可引起四肢瘫痪。

偏瘫(hemiplegia) 一侧肢体的随意运动丧失,并伴同侧中枢性面瘫和舌瘫。为一种中枢性瘫。主要病因有脑梗塞、脑出血、脑外伤等。特点为:(1)肌张力增强,常表现为折刀状肌张力增强。(2)腱反射增强或亢进。极度亢进时,可有踝阵挛或髌阵挛。(3)病理反射的出现,如上肢有霍夫曼(Hoffman)氏征,下肢有巴彬斯基(Babinski)氏征等。(4)瘫痪的肢体的肌肉仅有轻度废用性萎缩或无肌萎缩。由于肌张力增高,患者常患足下垂、内翻,下肢外旋或内旋,膝不能放松屈曲。为了避免足部拖地,行走时常使患肢沿弧线经外侧回旋向前,被称为偏瘫步态或回旋步。上臂常呈屈曲内收,摆动停止。临床上所见的偏瘫步态可有较多的变异。运动疗法及中西医结合的方法可使其改善。

软瘫(flaccidity) 脑瘫的一种类型。患儿缺乏抵抗重力和产生自主运动的能力,在仰卧位呼吸运动时,可以发现胸腹部侧壁的舒缩运动多于腹壁的上下升降运动。患儿对各种刺激的反应微弱,姿势原始,仰卧位时四肢均呈外展、外旋并屈曲状,外观犹如一个翻身仰天的青蛙,缺乏主动运动。在俯卧位时,由于缺乏保护性头部侧旋转,因此有窒息的危险。由于肌张力低下,呼吸运动浅而无力,咳嗽乏力,因此呼吸系统的疾患发生率较高。由于缺乏有效的吮吸和吞咽运动,常出现喂食困难。软瘫通常只是一个暂时阶段,大部分最终将发展为手足徐动型,小部分发展为痉挛型,个别的发展为共济失调型。

痉挛型(spasticity) 临床中最常见的一种脑瘫类型。起因于锥体束损伤。表现为肌张力高,随着成长而发生关节挛缩变形。最常见的是痉挛型双瘫,多见于未成熟儿。典型症状表现为两下肢腱反射亢进、踝阵挛阳性,上肢也多呈反射亢进痉挛性的症状。足呈尖足,一般有内翻倾向,在抗重力肌力(如大腿股四头肌等)弱时,立位则可形成外翻、扁平足。膝一般为屈曲,当抗重力肌力强时,立位可出现过伸展状态(反张膝)。髋关节内收、内旋且有屈曲倾向,在立位时胸椎多有代偿性前弯,腰椎呈后弯倾向,而颈椎下部前屈。上肢内收,肘屈曲,手腕屈曲向尺侧偏位,手握拳,拇指有内收倾向。左右侧病变程度常有不同。

中枢性瘫痪(spastic paralysis) 又称"上运动神经元瘫痪"。大脑皮质运动区或锥体束受损害所引起的对侧肢体单瘫或偏瘫。表现为痉挛性瘫痪,其主要特点为瘫痪肌肉张力增高、腱反射亢进、浅反射消失,出现病理反射,瘫痪肌肉不萎缩,电测验无变性反应。

周围性瘫痪(flaccid paralysis) 又称"下运动神经元瘫痪"。下运动神经元经路的损害所引起的肌肉瘫痪。其特点为瘫痪肌肉肌张力降低,肌肉有萎缩,腱反射减弱或消失,电测验有变性反应。

小儿急性偏瘫(acute hemiplegia in infancy and childhood) 一种获得性神经系统综合征。特点是常在比较健康的情况下忽然出现程度不同的一侧肢体瘫痪。引起原因包括:因细菌、病毒、霉菌等感染而并发颈、脑动脉堵塞形成脑栓塞,惊厥后脑损伤,先天性心脏病患儿出生后因血液粘稠度增加形成脑血栓或其他引起脑血栓的疾病等。主要临床表现:(1)突然发病,出现偏瘫及失语;同时出现惊厥、发热、昏迷和偏瘫。(2)急性起病而无惊厥。(3)起病时比较轻,仅有暂时性一侧肢体软弱无力,于数小时内恢复正常。如顶叶受累,可出现感觉障碍;眼功能异常表现为双侧同向偏盲,同时可出现中枢性面瘫及言语困难等。病程延长可发生性格及行为异常,注意力不集中,学习困难甚至严重的智力低下。

脑瘫病因(causes of cerebral palsy) 引起脑性瘫痪的一切因素。原因十分复杂,根据引起脑瘫形成的时期分为:(1)出生前,父母吸烟、酗酒、先兆流产、妊娠用药、接触毒物、外伤、妊娠中毒症、风湿病、梅毒、糖尿病、弓形体病、胎盘功能不良等。(2)围产期,产钳分娩、臀位分娩、产程过长或急产、生后窒息、早产儿、未成熟儿或过成熟儿、双胎或多胎、核黄疸等。(3)出生后,头部外伤、颅内出血、抽搐、感染、中毒、营养障碍等。在三个时期引起脑瘫的因素中,围产期的因素最多。最常见的三大因素是:窒息、早产、核黄疸。

脊髓损伤(spinal cord injury) 造成不同程度的四肢瘫或截瘫的一种严重性损伤。指脊髓、马尾神经或脊髓马尾神经综合损伤的临床表现。其病理主要有下列几种类型:(1)脊髓震荡。(2)脊髓受压。(3)脊髓内血肿。(4)脊髓挫伤和裂伤。(5)开放性脊髓损伤。根据损伤部位、程度和时间,临床表现不同,主要为损伤平面以下的运动、感觉、排便、排尿功能和自主神经系统功能的障碍。早期治疗主要是解除压迫,稳定脊柱,预防和治疗并发症。患者的康复是现代医学康复中的重要内容之一。康复的主要目的,是充分发挥残存的功能,代偿已丧失的部分功能,使之最大限度地自主完成日常生活活动,回归家庭和社会。

脑血栓(cerebral thrombosis) 一种常见的脑血管疾病。在脑动脉管壁病变,尤其是动脉粥样硬化的基础上,发生血液的有形成分凝聚,致使动脉管腔明显狭窄或闭塞,引起相应部位脑梗塞的症状。患者常常会偏瘫,部分患者会失语。

脑瘫评价(assessment of cerebral palsy) 对患脑瘫儿童身体情况、运动功能以及异常的运动障碍的全面了解和评估。为脑瘫的早期诊断、早期治疗及早期康复提供依据。评价方法有:(1)身体状态的评价,包括患儿的一般状态、发育、营养、神志、面部表情、反应能力、皮肤色泽、身长、体重、头围、语言、哭声、听力、心、肺功能等全身检查。(2)心理与精神状态的评价,包括精神状态、反应能力、情绪、行为、性格特点与心理变化等检查。(3)智力评价,进行智力性质的测定和诊断性质试验。(4)运动功能评价,包括肌力测定、肌张力检查及关节可动范围检查。(5)发育神经学评价,包括小儿反射发育评价、vojta 姿势反射评价、小儿姿势发育评价、异常姿势发育评价、原始运动与异常运动评价、日常生活活动能力的评价、语言障碍评价、听力障碍评价及视觉障碍评价。

椎间盘脱出(protrusion of intervertebral disc) 由于反复轻微外伤和随年龄增长纤维环的蜕变及破裂,致使髓核向椎管内脱出,压迫脊髓或神经根而引起一些症状。根据脱出部位的不同,病理改变的不同,产生的症状也不同。颈椎以五六椎间,腰椎以腰四五椎间及腰 5 骶 1 椎间多见,胸椎间盘脱出较少见。

脊柱裂(spinal bifida) 一种常见的先天性椎板愈合不全畸形。可见于脊柱的任何部位,但以腰骶椎为多见。按程度轻重而分为隐性脊柱裂和显性脊柱裂。最常见的是隐性脊柱裂,平时无神经系统症状，X线平片才能确诊。显性脊柱裂又分为脊膜膨出和脊髓脊膜膨出，脊膜膨出占显性脊柱裂的3%～4%。脊髓发育大多正常。如在膨出的脊膜囊中含有少量神经根，则患者会有轻度至中度的肢体瘫痪和括约肌功能障碍。一部分患者由于脊髓下端被粘连固定，在身体生长时，脊柱长度增加，脊髓不能相对上移则会使原有症状逐渐加重。脊髓脊膜膨出约占显性脊柱裂的96%，由于病变节段的脊髓发育不全，发生相应部位脊髓功能的严重障碍，包括损害水平以下的肢体瘫痪、感觉缺失及大小便失禁。60%以上病人伴有脑积水。

脊柱侧弯（scoliosis） 一种常见的脊柱侧向弯曲畸形。伴有脊椎的旋转，在主要侧弯曲线的上下，有反方向的代偿曲线，使躯干发生"S"畸形。有非结构性和结构性两种。在非结构性侧弯中以姿势性、神经根刺激性、下肢不等长、髋关节挛缩等多见，脊柱无骨骼改变。一般需功能锻炼，去除病因可获得矫正。结构性侧弯多有骨骼改变，可分为特发性、先天性和麻痹性等，以特发性较多见。

麻风病（leprosy） 又称"韩森氏病"。由麻风杆菌引起的一种慢性接触性传染病。麻风杆菌由挪威学者韩森于1874年首先发现。主要侵犯人体皮肤和神经，如果不治疗可引起皮肤、神经、四肢和眼的进行性和永久性损害。未经治疗的麻风病人是惟一的已知传染源。麻风杆菌潜伏期一般3至5年，有的甚至更长。此病在全世界均有分布。我国累计发现的麻风病患者约有50万人，目前仅有5 000多现症病人，但治愈留有残疾的病人有12万之多，主要分布在云、贵、川、粤等省少数民族地区和边远山区。

麻风残疾（disability in leprosy） 麻风病的后遗症。主要为眼、手、足的残疾，如视力减退甚至失明、爪形手、猿手、关节强直、垂足、爪形趾、足底溃疡和足缩短等。

神经传导功能障碍（neurapraxia） 神经因损伤而失去传导功能。组织结构无明显改变，亦不发生神经变性。临床上，表现为运动障碍明显而无肌肉萎缩。痛觉迟钝而不消失，电反应仍存在。

神经断裂（neurotmesis） 由多种原因导致的神经完全断裂。断裂神经远端神经出现变性。临床上运动和感觉功能完全丧失，肌肉出现萎缩，电反应消失。

神经轴突断裂（axonotmesis） 由于神经受钝性损伤而造成的神经轴突断裂。损伤后神经内膜管保持完整，神经远端的轴突和髓鞘发生变性，多能自行恢复。临床上受其支配的运动和感觉功能完全丧失，肌肉出现萎缩。

神经性进行性肌萎缩 一种神经科疾病。多发生在年轻人。从两下肢背屈、足外翻肌开始，发生对称性萎缩，萎缩进展至大腿下部为止。以后也可侵及上肢。下肢表现为尖足、内翻足、弓形足，两小腿细如鹤足。晚期可侵及手和前臂。

肌营养不良症（Charcot Marie-Tooth） 一种原发性的横纹肌变性疾病。大多数有家族性与遗传性。多发生于青少年。

常见受累部位有肩胛带、骨盆带或面肌萎缩,亦有四肢肌萎缩,有的伴假性肥大。由于骨盆带肌无力,走路呈"鸭步态"。感觉正常,智能正常。

急性脊髓炎(acutemyelitis) 一种神经科疾病。一般所指为非特异性急性横贯性脊髓炎症。可能是由于病毒感染或其他急性感染以及疫苗接种后机体自身免疫反应等所引起。临床表现为病变脊髓节段平面以下的肢体瘫痪、感觉缺失和自主神经功能障碍。

化脓性骨髓炎(suppurative myelitis) 化脓性细菌感染骨髓、骨皮质和骨膜而引起的炎症。包括急性血源性骨髓炎、慢性骨髓炎、创伤后骨髓炎和硬化性骨髓炎等。常反复发作,多年不愈,严重影响身体健康和劳动能力。

脊髓进行性肌萎缩症(progressive spinal muscular atrophy) 常染色体隐性遗传病。男女均可发病,男多于女。病变限于脊髓前角α运动神经元。临床特点:进行性肌无力和肌萎缩。对称性无力以近端肌肉受累最重,肌肉松弛,张力低,腱反射减弱或消失,肌肉萎缩累及四肢、躯干、颈。智力不受影响,感觉正常。本病无特效治疗。发病年龄越小,预后越差。

肌肉萎缩(muscular dystrophy) 横纹肌营养障碍的表现。肌肉体积较正常缩小,肌纤维变细或消失。身体局部或全身均能发生,妨得人的正常活动。临床分为4类:(1)神经源性肌萎缩,由支配肌肉组织的运动神经元病变造成。(2)肌源性肌萎缩,由肌肉本身的病变引起。(3)废用性肌萎缩,由运动神经元病变、肢体外伤后肌肉活动减少所致。(4)营养不良性肌萎缩,由慢性消化系统疾病,以及肿瘤等全身消耗性疾病使肌肉严重营养不良等多种原因造成。

重症肌无力(myasthenia gravis) 一种神经肌肉连结点传递障碍的自身免疫性疾病。主要特征是肌肉极易疲劳,多次动作后即出现暂时的软弱甚至瘫痪。初期经休息可见好转,故早晨较轻,劳动或入夜后加重;晚期则虽经休息也不能完全复原。可涉及全身各部位,造成眼睑下垂、眼睛斜视和复视、面部肌肉瘫痪、不能表情、咀嚼无力、言语和呼吸困难、肢体运动障碍、心力衰竭等。

Prader-Willi 综合征(Prader-Willi synthesis sign) 基因组印记病。由于染色体长臂物质的缺失导致。此染色体来自父源,具有肌张力低下、智力障碍、性腺发育不全及肥胖四大症候。可伴有睡眠障碍,体温调节异常,骨质疏松,痛阈增高,呕吐阈增高,色素沉着不足,行为异常等。

Angelman 综合征(Angelman synthesis sign) 又称"快乐木偶综合征"。基因组印记病。由15号染色体长臂物质缺失导致。该染色体来自母源,临床表现为躯干肌张力减低,四肢肌张力增高。行走时常伴有特征性僵硬腿、阔基步和双臂屈曲,平衡不佳,共济失调,快乐情感,语言障碍。

侏儒症(dwarfishness) 儿童期下丘脑—垂体前叶功能减退和甲状腺功能减退等原因引起的疾病。主要表现为全身体格发育障碍。一般说,患者的身高较同年龄、同性别、同种族的儿童约矮 30% 或更多,成年患者身高不超过 130 厘米。肌肉不发达,皮肤细腻而干燥,毛发柔细,保持童音。牙齿发育延迟,换牙更晚。特征为身材矮小而不伴有智力障碍。区别于甲状腺功能减退所引起的呆小病。呆小病除身材矮小,智力常迟钝低下。

佝偻病(rachitic) 因缺乏维生素 D 和光照不足,使得人体对钙、磷的吸收和利用减少,导致新骨钙化迟缓。主要症状有:患儿好哭、多汗、情绪烦躁;头颅枕骨软化,逐渐出现方头,囟门闭合延迟;肋骨凹凸不齐;出牙晚;四肢和脊柱弯曲异常,体态短小;机体抵抗力下降、易感染疾病。严重者可有骨骼畸形。通过多晒太阳、食用富含维生素 D 和钙的食物可预防。

肥胖症(obesity) 体内脂肪积聚过多,一般指超过标准体重的 20% 以上者。其病因与遗传、饮食习惯、心理障碍、运动不足等有关。防治时应考虑到心理、行为和环境等因素,需采用多种方法结合,包括行为矫正、改变生活方式以增加活动水平,调整饮食结构等。

脊髓灰质炎(poliomyelitis) 又称"小儿麻痹症"。一种由脊髓灰质炎病毒引起的急性传染病。主要损害脊髓前角的运动神经细胞。从脊髓横断面看,前角细胞呈灰色;故本病称"脊髓灰质炎"。损害节段以腰段脊髓最多见,故 90% 以上的后遗症发生于下肢。发病年龄多见于小儿,出生后 6 个月至 3 岁以内的婴幼儿占 85% 左右。致病体是一种嗜神经病毒,在电子显微镜下观察,呈圆形,直径 26~31 毫米大小。传染源主要来自本病患者和带病毒者。病毒从鼻咽分泌物及粪便中排出,通过消化道或呼吸道传染。病毒进入人体后,其病理变化可分为早期、中期和晚期。早期主要是消化道粘膜及其淋巴结的炎症肿胀,出现咽喉部和肠道功能紊乱症状,愈后不留后遗症。当病毒进入血液后,中枢与脊髓神经系统均可被其侵犯,而无感觉神经损害。临床上最多见的是脊髓型。脊髓中的前角运动神经细胞损害最为严重。初期因神经细胞失去功能,肢体(多为一侧下肢)仅有不同程度的瘫痪而无明显畸形。晚期的病理变化是长期而复杂的。畸形的发生与发展是逐渐实现的,甚至在数年以后日益明显加重并受多种因素的影响。由于肌肉瘫痪、肢体废用,肌肉继续萎缩、肌腱变细、筋膜挛缩,骨组织同样因废用而出现脱钙、长骨变细、皮质萎缩、骨小梁稀疏以及软骨变薄。发病年龄愈小,肢体瘫痪愈广泛严重,患肢的短缩程度愈大。肌力不平衡的瘫痪,导致生物力学上的紊乱,造成肢体畸形。这些变化给患儿的日常生活及行走带来巨大的困难。口服减毒脊髓灰质炎活疫苗糖丸可预防。至 1995 年此病在中国被消灭,但每年仍对新生儿进行此病的预防。

脊髓灰质炎后遗症(sequelae of poliomyelitis) 脊髓灰质炎发病两年以后仍不能恢复的瘫痪、畸形、骨关节变形等表现。进入此期后,处理的方法是继续功能锻炼,穿戴轻便支架保护和适当的手术

小儿麻痹症 又称"脊髓灰质炎"。见"脊髓灰质炎"。

小儿麻痹后遗症矫治手术 对小儿麻痹后遗症的畸形进行的治疗手术。20世纪80年代起中国大陆开展的"三项康复"工作之一。手术可重新分配有用的肌力和稳定瘫痪的关节从而预防和矫正畸形。一般分为4类：(1)畸形矫正术。(2)肌腱移位术。(3)关节稳定术。(4)下肢等长术。各种手术的方法和时间的选择，应根据具体情况而定，尤其要考虑整个肢体的功能来决定手术计划和具体方案。实施后治愈了大批残疾儿童。

风湿病（rheumatism） 一种常见的反复发作的全身性结缔组织炎症。症状为：多在发病前先有急性扁桃体炎或上呼吸道感染，继而发热、全身无力，并在一个或两个大关节发生剧痛。关节痛呈游走性特征，由一个关节转移到另一个关节，局部有红、肿、痛、热等炎症反应，造成肢体运动障碍。亦能广泛损害心脏、血管、皮下结缔组织等，导致慢性风湿性心脏病。慢性患者可有持续性关节痛、低热和体重减轻。年幼患者多数发病不急，有时仅有全身乏力、易疲劳、食欲减退和一时性关节及肢体痛；有的只有轻度发热、体重不增长，而无关节痛。

类风湿性关节炎（rheumatoid arthritis） 一种病因未明的慢性全身性炎症性疾病。最突出的临床表现为对称的多发性关节炎，以手、腕、足等关节最常受累；早期呈红、肿、热、痛和运动障碍，至晚期关节变成强(僵)硬和畸形。患者可有全身症状，如发热、疲乏无力、体重减轻和关节外的各种表现，如皮下结节、心包炎、胸膜炎、周围神经病变等。病程以年计，可有多次缓解及多次加重。发病年龄多在20～45岁，女性发病率约3倍于男性。

锥体外系统障碍（disorders of extra pyramidal system） 锥体外系疾病所致的障碍。锥体束以外的所有运动纤维通路称为锥体外系统。此系统是多神经元结构，纹状体(尾核和壳核)、苍白球系统是其主要组成部分。其主要功能为控制肌张力与运动，以保证运动装置的"调理"和"准备动作状态"，以及实现运动时所必需的肌张力。障碍的主要表现为震颤、强直、运动减少、不规则的非自主运动及徐动性运动等。

脊柱弯曲异常（defects of vertebral column） 一种常见的脊柱发育畸形。根据病因可分为先天性、病理性、特发性和姿势性四种。在儿童、少年中多见姿势性脊柱弯曲异常，由从事学习和活动时身体姿势经常不端正造成。临床症状类型有：(1)脊柱侧弯，脊柱向一侧弯曲成弧形或"S"形。(2)脊柱后凸，即驼背。(3)脊柱前凸。(4)平背，即直背，脊柱缺少正常的生理性弯曲。严重者无法从事某些专业的学习和工作。

抽搐（convulsion） 又称"惊厥"。指某些疾病引起的躯干肌肉强烈、不自主的收缩。典型发作时，患者意识丧失、跌倒、肢体剧烈抽动、大小便失禁。根据其收缩性质可分为强直性抽搐和阵挛性抽搐。

前者肌肉收缩呈持续性；后者则为间歇性，每次收缩有短暂松弛。可因脑缺氧、癫痫、中毒、高热、神经系统畸变（如脑瘫、中风）、心理因素（癔症）引起。

痉挛（spasm） 肌肉或肌群突然出现不自主收缩的状态。分为不连续的阵挛性痉挛和持续不断的强直性痉挛两类。可由病毒感染、药物中毒、神经系统疾病等多种因素引起。可因肢体运动异常、肌肉剧烈疼痛等症状影响人的正常活动，严重者可危及生命。

阵挛（clones） 肌肉的节律性收缩状态。在机体深反射亢进时，用一持续力量使被检查肌肉处于紧张状态时该深反射涉及的肌肉可发生节律性收缩。常见的有踝阵挛、髌阵挛。

关节挛缩（contracture of joint） 外伤、病变、先天或发育异常致使四肢关节囊及其周围的韧带、肌腱、肌肉等挛缩所造成的关节畸形。关节活动范围可发生程度不等的障碍，骨与关节、神经、血管等全部软组织，包括皮肤也可继发改变。

先天性肌性斜颈（torticollis） 一侧胸锁乳突肌发生纤维性挛缩后形成的畸形。头颅偏向患侧下颏指向健侧。颈部活动受限制。面部两侧不对称，与健侧相比，患侧的面部小而平，严重者可致患侧肩部升高，脊柱侧凸。病因不明。推测因素有：(1)可能为孕妇分娩时难产，致使婴儿胸锁乳突肌损伤、出血，形成血肿所致；(2)可能是妊娠期间胎位不正，导致胎儿胸锁乳突肌痉挛性贫血、静脉栓塞等的缘故；(3)可能与先天性发育异常有关。

震颤（tremor） 一种不自主的有节律的快速肌肉运动。多由锥体外系损伤及小脑损伤引起。可发生在身体的某部分或全身，影响人的正常活动。临床上有两种类型：(1)静止性震颤，多为粗大的节律性震颤，3～5次/秒，随意运动时可以被控制而停止震颤，多见于上肢与手部，出现交替屈曲与伸展动作，也有拇指的外展与内收动作。(2)动作性震颤，多由小脑损伤所致，随意动作时出现震颤，随意动作停止，震颤随之消失，手指越接近目标，震颤越严重、显著，有些可伴有眼球震颤及平衡功能障碍。

偏身颤搐症（hemiballism） 又称"半侧舞蹈症"。局限于身体一侧上下肢的不自主挥舞、抛掷运动的一种疾病。上肢动作较下肢明显，睡眠时消失。少数患者发病后4～6周，可能死于疲劳、肺炎、充血性心脏衰减。严重的动作异常可持续几个月或几年而没有明显减轻。多发于中、老年人。其病因可能与丘脑下部的脑血管中风、脑组织多发性硬化有关。服氯丙嗪和氟哌啶醇有疗效。

手足搐搦（tetany） 由于血钙过低，神经、肌肉兴奋性亢进，手足屈肌群兴奋亢进而痉挛抽搐。发作时，上肢表现为腕部屈曲、手指伸展、掌指关节屈曲、拇指内收状；下肢表现为拇趾呈屈曲状态。

骨与关节结核（bone and joint tuberculosis） 一种慢性结核病。由肺和其他器官的结核杆菌感染播散而致。多发生在脊柱、髋关节、膝关节等处，使骨组织坏死，关节肿胀，活动受限，脊柱和关节畸形。若病变影响到脊髓和神经根,还会引起相应部位的运动、感觉、反射和大小便功能的紊乱。常见于儿童、青少年。

关节强硬(alkalosis) 关节不能朝任何方向活动的异常状态。可在关节炎发作或关节损伤愈合之后发生。影响人的正常学习和生活。

骨关节损伤(osteoarticular injury) 骨折和组成关节的结构损伤。如关节内骨折,关节软骨损伤,半月板损伤,韧带损伤,关节囊损伤等。常合并有其他软组织的损伤,如肌肉、肌腱、神经、血管和皮肤损伤等。

肩关节功能障碍(shoulder function impairment) 肩关节运动及感觉功能的缺陷。原因有肩关节损伤、疾病、先天缺陷、发育异常等。对日常生活活动能力有不同程度的影响和困难。功能障碍经训练可得到不同程度的康复。

肩手综合征(shoulder-hand syndrome) 脑外伤或脑血管疾病后发生的原因不明,以肩关节疼痛、活动受限和手部肿痛为特征的综合征。临床一般将其分为3期。各期特征如下:Ⅰ期:肩痛、活动受限;手肿胀、疼痛;皮肤温度上升,发红;手指呈伸展位,活动受限,被动屈曲时引起激烈疼痛。此期持续3~6个月。治愈或发展到第Ⅱ期。Ⅱ期:肩、手自发痛消失。肿胀消退,皮肤及肌肉萎缩,手指活动受限。此期持续3~6个月。Ⅲ期:皮肤、肌肉出现明显萎缩,手指关节挛缩,X光片显示广泛的骨质疏松。

成骨不全(osteogenesis imperfect) 又称"脆骨病""特发性骨脆症""骨膜发育不良""骨形成不全症"。一种由于胶原形成障碍而发生的先天性遗传性疾病。一般认为是常染色体显性遗传。有阳性家族史者占15%。因先天性骨膜化骨障碍,成骨组织细胞的活性受损,不能从多效能细胞分化为成骨细胞,或不能提供形成骨样组织的正常成分,骨长径发育正常而周径发育受阻,因而骨干细长,骨皮质菲薄,骨质松脆。其特征为骨质脆弱,蓝巩膜、耳聋、关节松弛。患者智力正常。临床上分为先天型及迟发型两种。先天型是指在子宫内已经起病,病情严重,大多因颅内出血而死产,或产后短期内死亡。迟发型者分为儿童型及成人型。大多数患者可以长期存活。目前国内外对脆骨病尚无根治之法。平时要预防骨折,避免中强度的体育运动和外伤,注意饮食营养,多食富含钙、磷和维生素的食物,保持充足的日光照射。

脆骨病 见"成骨不全"。

骨形成不全症 见"成骨不全"。

先天性软骨发育异常(congenital dyschondroplasia) 又称"内生软骨瘤病""Ollier病"。先天性发育畸形之一。表现为在某些长骨的骨骺端内有圆形或柱状的软骨性肿块,伴骨干缩短及畸形。无遗传性和家族史。病变常多发,且常限于一侧肢体,以膝关节附近和腕部为软骨块好发部位,其次为肱骨上端、股骨上端和胫腓骨下端。软骨增生类似外生软骨瘤,逐渐增大,但一般到成熟年龄即停止生长。部分病例合并软组织血管瘤,被称之为 Maffucci 氏征。X 线表现:干骺端透明阴影增宽,骨端肥大变形,软组织内有透明阴影,偶有钙化影,关节面本身保持正常关系。

假性肥大(pseudohypertrophy) 神经病学中的一种临床症状。假性肥大肌肉外观发达,触摸较正常肌肉坚实,但肌力下降。见于进行性肌营养不良症。

脱臼(dislocation) 组成关节各骨的关节面正常对合关系的丧失。按发生的原因,可分为外伤性脱臼、先天性脱臼、病理性脱臼、习惯性脱臼。按脱臼程度,可分为关节全脱臼和关节半脱臼。按脱臼后的时间,可分为新鲜性脱臼和陈旧性脱臼。

骨折(fracture) 骨或软骨的完整性或连续性的中断。外伤引起的骨折称外伤性骨折,骨骼本身有病变因轻微损伤引起的骨折称病理性骨折。按骨折与外界是否相通可分:(1)开放性骨折,骨折端与外界相通。(2)闭合性骨折,骨折端不与外界相通。按骨折形态与稳定性可分:(1)稳定性骨折,如青枝骨折、压缩性骨折及嵌插型骨折等。(2)不稳定性骨折,如粉碎性骨折、斜形骨折及螺旋形骨折等。

先天性髋关节脱臼(congenital dislocation of the hip) 较常见的一种畸形。股骨头在关节囊内丧失与髋臼的正常关系,以致在出生前或出生后不能正常发育。根据国内不同地区的调查,发病率大约为 2%—3%,女与男的比例为 6∶1。可有 3 种类型:(1)先天性发育不良。(2)先天性半脱位。(3)先天性完全脱位。其典型的病理改变是:(1)关节囊伸长,呈哑铃形。(2)髋臼盂唇增厚,内翻。(3)圆韧带增长,变粗,但也有消失者。(4)髋臼变浅,发育不良。(5)股骨头骨骺发育延迟,头软骨变性,不规则,甚至有缺血性坏死。(6)股骨颈前倾角及颈干角增大。(7)髂骨翼发育不良,且有假臼形成。治疗的关键是早期诊断,早期治疗。婴儿期的治疗效果最好,年龄越大效果越差。

猿手(ape hand) 手畸形的一种。常为正中神经在上臂受损。表现为:前臂不能旋前,屈腕困难;握拳时,拇指、食指不能屈曲,中指呈半屈状态;握力下降;拇指不能对掌运动。因大鱼际肌萎缩而出现典型的平掌畸形,伸手时,手掌平坦,形如猿手。同时伴有桡侧三个半指感觉障碍。

膝内翻(genu varum) 又称"'O'形腿"。双腿发育畸形的一种。为维生素 D 缺乏性佝偻病的临床表现之一。表现为双下肢伸直,双踝关节靠拢,双膝之间有间隙。常以双膝之间的距离作为判断膝内翻严重程度的依据:3 厘米以下者为轻度;3—6 厘米为中度;6 厘米以上为重度。患者行动困难。早期发现可进行矫治。

膝外翻(genu valgum) 又称"'X'形腿"。一种双腿发育畸形。为维生素 D 缺乏性佝偻病的临床表现之一。表现为双下肢伸直,两膝关节靠拢,两踝关节不能并拢,双下肢类似英文字母"X"。常以双踝之间的距离作为判断严重程度的依据:3 厘米以下者为轻度;3—6 厘米为中度;6厘米以上为重度。患者行动困难。早期发现可进行矫治。人类皮肤中的7-脱氢胆固醇经日光中的紫外线照射变为胆骨化醇,即内源性维生素D_3,是人类维生素D的主要来源。由于日光照射不足或含维生素D食物摄入不足等原因可造成体内维生素D的不足。除腿部畸形外,还可发生一系列的骨骼异常表现。如方颅、前囟闭合延迟、肋骨串珠、鸡胸或漏斗胸等。

"O"形腿(the legs of O shape) 又称"膝内翻"。见"膝内翻"。

"X"形腿(the legs of X shape) 又称"膝外翻"。见"膝外翻"。

外翻足(talipes valgus) 足畸形的一种。这种畸形与内翻足相反,是胫骨前肌、胫骨后肌瘫痪,腓骨长肌、腓骨短肌太强引起。虽然如此,腓骨长肌、腓骨短肌总肌力约为胫骨前、胫骨后肌的2/3,加上跟腱本身亦有内翻作用,畸形的进展很慢。

内翻足(talipes varus) 足畸形的一种。常与马蹄足同时存在,发生的主要原因是由于腓骨长肌、腓骨短肌瘫痪,而使胫骨前肌、胫骨后肌的内向牵拉失去对抗力量。畸形发展很快,在5岁以下可用外侧鞋跟加高矫形鞋等方法控制畸形;5岁以上应及早手术。

先天性马蹄内翻足(tallpes equinovarus) 一种常见的足畸形。婴儿出生后两足都有内翻、内收。可以单独存在或伴有其他畸形,如并指、多指、髋脱位、膝脱位等,其中以并指、多指最多见。还可以是多关节挛缩、脊柱裂、大脑性瘫痪的一部分。可见于双侧或单侧。

高弓足(talipes excavatus) 足畸形的一种。多为足内在肌瘫痪,足伸肌与屈肌过度收缩所引起的足弓增高或跖筋膜挛缩。年龄越大,畸形越严重并伴骨骼变化者,矫治越困难。

扁平足(flat foot) 静止性足畸形的一种。足呈船状、两端翘起、足弓消失的畸形。通常可分为3类:松弛性、痉挛性及先天性扁平足。

跟行足畸形(calcaneocavus) 足畸形的一种。脊髓灰质炎后遗症或痉挛性麻痹等病损时,由于小腿及足部的肌肉力量失去均衡而逐渐导致的前足背伸、足跟下垂的畸形,走路时仅足跟着地。

肌力(muscular energy) 肌肉收缩的力量,即肌肉主动运动时力量的大小。肌力低下见于神经系统和肌肉疾患以及继发于各种病、伤所致的制动和废用,如烧伤、截肢、关节炎、骨折等。

肌力检查(muscle test) 测试肌肉主动收缩对抗地心引力和不同阻力的能力。一般将肌力分为6度:0度,肌肉不收缩、关节无运动,为完全瘫痪;1度,可见到或扪到微弱的肌肉收缩或肌腱活动,但不能带动关节运动,为严重瘫痪;2度,肌肉收缩能带动关节顺着地心引力活动,但不能做抗地心引力运动,为重度瘫痪;3度,肌肉能带动关节做抗地心引力运动,但不能对抗外加的阻力,为轻度瘫痪;4

度,肌肉能带动关节做部分抗阻力运动,但不稳定,为接近正常;5度,肌肉运动正常,关节稳定,为正常。

肌张力(muscular tension) 安静状态下肌肉的紧张度。实质是一种牵张反射。维持肌张力的初级反射中枢主要在脊髓,但这些初级中枢又受脊髓以上的中枢调节。脊髓以上中枢对牵张反射有易化作用与抑制作用。易化及抑制作用分别通过脑干网状结构的易化区及抑制区对脊髓中枢起着调节作用。因此,凡损害牵张反射的任何结构和脊髓以上的神经中枢及其下行纤维,都可引起肌张力的改变。增高时肌肉较硬,被动运动阻力增高。临床上常见的类型有痉挛性肌张力增高,强直性肌张力增高和去脑强直。减低时,肌肉松弛,被动运动时阻力减低或消失。肌张力检查为临床上常用的检查,对神经损伤的性质和部位常具有鉴别意义。

肌张力检查(check muscular tension) 通过观察检查各种状态下肌肉的紧张度。检查包括3个部分:(1)静止性肌张力检查,检查肌肉处于安静状态时的肌张力。检查时要保持安静状态,不要活动,精神不能紧张,多取卧位姿势检查。检查内容有肌肉形态、软硬度、肢体运动幅度的改变及关节伸展度。(2)姿势性肌张力检查,检查在主动或被动运动时姿势变化产生的肌张力。检查内容有四肢、躯干的姿势肌张力及体位变化时肌张力变化。检查四肢肌张力时,利用四肢的各种姿势变化,观察肌张力高低。检查躯干肌张力时,利用躯干与四肢各肌群的协调关系,利用各种平衡反射进行观察。(3)运动性肌张力检查,在身体运动时,观察主动肌与拮抗肌之间的肌张力变化,利用主动或被动屈曲伸展检查肌张力的改变。

跟耳试验(heel-ear trial) 又称"碰耳试验"。检查小儿静止性肌张力的方法之一。检查要点是,小儿取仰卧位,检查者一手固定其骨盆,一手抓其一侧足跟向上碰其对侧耳郭,正常儿此实验为阴性。未成熟儿及肌张力低下儿此试验呈阳性,肌张力增高时,此试验为阴性,足与耳距离加大。

反射(reflex) 机体对外界环境刺激所发生的规律性反应。反射活动的基础结构为反射弧。一个反射弧包括:感受器、传入神经、神经中枢、传出神经和效应器。根据反射弧所涉及到的神经组织范围不同,反射可以是简单的或复杂的。临床上常规检查的,主要是一些最简单的节段性反射,如深反射、浅反射、病理反射等。异常症状可因反射弧本身或中枢性神经病变引起,有量的(如反射减弱、消失和增张)和质的(如出现病理反射)改变。对称性深、浅反射减弱或增强,不一定都是神经系统损害的表现,而反射不对称(一侧增强、减退或消失)则常为神经系统损害的重要体征。

原始反射(primitive reflex) 婴儿在发育的一定期限内所出现的反射。常见的有紧张性迷路反射、拥抱反射、握持反射和觅食反射等。随着婴儿的继续发育,多于6个月内消失。如超出了此期限而仍然存在,则属病理性反射,并将阻碍正常姿势反射和正常运动的发育。

病理反射(pathologic reflex) 神经系统病变时出现的一些不正常的反射。其病因为锥体束损害后失去了对脊髓的抑制。最常用的诊断检查是巴彬斯基反射,刺激足底外侧缘时出现拇趾背屈,其他各趾扇形分开为巴彬斯基反射阳性。正常人巴彬斯基反射为阴性。

巴彬斯基征(Babinski's sign) 一种病理反射。患者仰卧位,检查者用一钝尖刺激物刺划病人的足外侧缘,由足跟向前至小趾根部再转向内侧,引起拇趾背屈,其余四趾呈扇形展开,称"开扇征",是典型的阳性表现,在绝大多数情况下表示锥体束有器质性病变。然而个别情况下,如低血糖昏迷或全身麻醉时,可有一过性病理反射阳性,不能表明锥体束已发生组织损伤。2岁以内健康婴儿神经系统发育未完善时也可呈阳性,作为对有害刺激的逃避反应。

浅反射(superficial reflex) 刺激皮肤和粘膜引起的反射。当锥体束或反射弧受损害时,浅反射减退或消失。在临床上常用的检查方法有角膜反射、腹壁反射和提睾反射等。脊髓半侧病变,出现同侧受损平面以下浅反射减弱或消失。脑干以上半侧受损时,则发生病灶对侧浅反射减弱或消失。腹壁松弛的经产妇、肥胖者、老年人等,腹壁反射往往不易引出,为正常现象。

深反射(deep reflex) 刺激骨膜、肌腱等深部感受器而引起相应肌肉收缩的反射。包括肱二头肌反射、肱三头肌反射、膝腱反射、跟腱反射等。

腱反射(tendon reflex) 深反射检查的一种。临床上常用的检查包括膝腱反射和跟腱反射。其减弱、消失与亢进对神经损伤的部位和性质具有鉴别意义。减弱或消失多见于周围神经病,如末梢神经炎和神经根炎等。当脑或脊髓有急性病变时,可出现脑或脊髓的休克,腱反射表现为减弱或消失;休克期过后,则其出现亢进以及其他中枢性瘫痪的体征。

紧张性颈反射(tonic neck reflex) 原始反射中的一种。当颈部扭曲时,颈椎关节韧带或肌肉受刺激后而发生的四肢肌肉紧张性的调节反射。有两种形式:(1)非对称性紧张性颈反射。检查时置小儿仰卧位,头居中,上下肢拉直,然后将小儿头转向一侧。阳性反射表现为小儿面朝向侧的上、下肢伸展,对侧上、下肢屈曲。正常婴儿3~4个月时消失。(2)对称性紧张性颈反射。检查时,将小儿从俯卧位抱起,将其头颈尽量前屈和背伸。阳性反射表现为:当将小儿头屈曲时,其上肢屈曲,下肢伸展;当将小儿头伸展时,其上肢伸展,下肢屈曲。正常婴儿5个月左右转为阴性。

交叉伸展反应(crossed extension response) 原始反射中的一种。检查方法:置婴儿于仰卧位,测试者抓住婴儿一条腿,使其保持伸展,接着用手指稍用力从婴儿脚跟向脚趾方向,沿脚掌外侧划线。婴儿的反应是:对侧腿先屈曲并外展,然后内收并伸展,企图蹬掉另一条腿的脚底刺激。正常婴儿2个月内呈阳性反射。

姿势反射(posture reflex) 抗重力维持姿势平衡和修正姿势的反射。大多是无意识的反射活动。主要包括：紧张性颈反射,紧张性迷路反射,翻正反应,抬躯反应,平衡反应,保护伸展反应,背屈反应。是反映神经系统的成熟度和诊断运动发育的良好指标。异常者可作为脑损伤所致运动障碍的根据,和脑性瘫痪关系极大。

Vojta 姿势反射(Vojta posture reflex) 一组早期诊断姿势反射异常的检查方法。由德国学者 Vojta 博士经过多年实践及反复研究后创立,用于早期诊断脑瘫等脑损伤性疾病的7种姿势反射：拉起反射,立位悬垂反射,俯卧位悬垂反射,Collis 水平反射,Collis 垂直反射,倒位悬垂反射,斜位悬垂反射。统称 Vojta 姿势反射。小儿在不同的空间位置中表现出不同姿势反应性的特点,随着月龄的增长又表现出一定的规律和特点。在各种姿势下观察小儿姿势反应的状态,早期发现异常,早期诊断脑瘫等脑损伤性疾病。

踝阵挛(ankle clonus) 一种病理反射。跟腱拉长后,足发生的有节律的伸屈运动。腱反射极度亢进的表现。检查时患者仰卧位,髋关节稍屈曲,检查者一手握住患者的小腿,另一手握住患者的脚趾,并用力推足使踝关节背屈。如踝关节出现节律性伸屈运动,即为踝阵挛。多见于肌张力高的脑瘫患儿。踝阵挛经由跖屈可加强脚的伸直痉挛形态。治疗时避免让伸张刺激施加于小儿脚趾上。小儿坐在轮椅上时,脚踝呈90°,脚要牢牢踏在脚踏板上,对突然引起的踝阵挛可用手深压脚后跟来抑制。

随意运动(voluntary movement) 又称"自主运动"。根据本人的意愿而进行的自主运动或肌肉收缩。常把站立、行走等称为大肌肉运动或粗运动,把手指捏物等称为小肌肉运动或精细运动。儿童的随意运动发展一般是由大肌肉群到小肌肉群,由粗运动到精细运动。智力残疾等儿童的随意运动发展对其学习、生活和劳动十分重要。

不随意运动(involuntary movement) 又称"不自主运动"。由于中枢神经系统的损伤而出现的一些不能随意控制、无目的的异常运动。这些异常运动影响肢体正常姿势的维持,妨碍正常运动的完成。常见表现有：(1)痉挛。不自主的肌肉收缩。全身痉挛伴有意识障碍者,称为惊厥或抽风,常见于中枢神经系统病变。(2)震颤。肌肉不自主的节律性收缩,是对抗肌群规律性交换收缩的结果。按震颤的幅度分为细震颤和粗震颤两种。前者常见于甲亢或慢性酒精中毒患者,后者见于基底神经节、小脑等病变。(3)舞蹈样运动。在颜面、躯干、四肢出现不规则而粗大的不随意运动,通常上肢比下肢重;远端比近端重;情绪激动时加重,睡眠时消失。常见于基底神经节病变。(4)手足徐动症。四肢动作不能受意志控制,并因此产生动作过多。如双手无目的的、不规则的乱动,在受到外界刺激或情绪亢奋时,随意肌的协调动作更差。(5)抽搐。一定肌群反复出现的急促抽动,面部以眼睑、口角等处的抽搐为多见。

手足徐动症(athetosis) 一种以肢体症状为主的不随意运动。尤以上肢为重。亦可见颜面(如皱眉、眨眼)、颈部、头部。如肢体部位的屈曲、伸展和内旋、外旋的交替运动以及表面肌肉的蠕动,呈幼虫或蛇爬行状态。躯干的坐位稳定性出现较晚,上肢的摇动可使躯干和下肢失去平衡,常摔倒。起因于大脑基底神经节的功能障碍。多发生于新生儿窒息、核黄疸病。可伴有吸吮、进食、咀嚼、吞咽等困难,构音障碍,行为古怪,听力障碍,癫痫,智力障碍等。性格外向,情绪多变。高智商者较多。但由于上肢障碍和语言障碍,故独立生活最困难。治疗方法依临床表现、性质及伴随障碍而不同。早期干预、康复训练和特殊教育有一定效果。

失用症(apraxia) 指挥运动行为的高级神经部位损害造成的有目的的运动和行为障碍。无智力和理解障碍,无感觉丧失和运动瘫痪。

共济失调(ataxia) 又称"运动失调"。一种不能协调随意运动和保持身体平衡的障碍。可由大脑皮质、小脑、前庭迷路系统病变和深层感觉障碍引起。主要症状有:不能正确辨别距离、方向,动作幅度过大、过小,动作不连贯;身体各部位姿势在活动中不能保持稳定和协调配合,步态异常。由小脑病变所致的患者,还有吐字不清、音量强弱不一致、声音时断时续、突然爆出个别音节;书写字体过大、笔画不匀、间距不等等症状。

弗里德赖希共济失调(Friedreich ataxia) 一种家族遗传性疾病。多属常染色体隐性遗传,偶有显性遗传。常发病于5～15岁,偶有30岁以后发病。病变主要影响脊髓,脊髓胸段受累最重。小脑也可有变性改变。主要症状是共济失调及皮质脊髓束受累征,深感觉障碍、腱反射减低,弓状足,脊柱侧弯及肌肉萎缩等。最初出现下肢共济失调,主要为感觉性共济失调,行走时步态摇摆,步幅增宽,晚间加重,闭目难立。后期上肢也出现共济失调,同时有小脑性语言障碍,大部分病例呈缓慢进展,不少病例死于心力衰竭。

毛细血管扩张共济失调(ataxia-telangiectasia) 一种联合免疫缺陷病。属常染色体隐性遗传病。男女均可发病。以小脑性共济失调、毛细血管扩张和反感染三大症状为特征。可累及血管、内分泌—神经系统。表现为进行性恶化和全身多个系统症状。可能是胚胎发育期的中胚层发育障碍所致。婴儿期(9个月～12个月)即出现舞蹈—手足徐动症,缓慢加剧,可伴眼肌运动失调。毛细血管扩张首先见于眼球结膜,后见于皮肤、颜面、耳郭、手、足、背部、肘、膝等部位。皮肤多汗,呼吸道反复感染。患儿的胸腺发育不全,常合并恶性肿瘤、自身免疫病及生殖功能障碍,如青春期不出现第二性征,女性月经不正常,男性睾丸萎缩等。可有不同程度的智力发育落后。患者到20岁后死亡率增高,少数病情缓慢加重者可活到50多岁。

测距不准(dysmetria) 估计自身身体运动距离的困难。一种传出性共济失调。如要求双手前平举与肩齐平,患者出现伸展过高或过低。

步行失用(walking apraxia) 失用症的一种。表现为不能发动迈步步行动作,但能越过障碍和上楼梯,如在患者脚的前方放一个障碍物,他可以顺利地迈出第一步且继续行走,但拐弯困难。病灶常在由大脑前动脉供血的运动区、中央前回的下肢区。

舞蹈症(chorea) 由锥体外系统病变引起的无目的、无规律、不协调、大幅度且快速的不自主动作。可由多种原因引起。医学上分为:(1)小舞蹈病。风湿病的一种临床表现,以不自主舞蹈样动作为特点,以两上肢更为明显;面肌的不自主动作表现为皱眉、弄舌、作怪脸,口齿不清,说话口吃,情绪激动时加剧,但智能正常。(2)先天性舞蹈病。脑性瘫痪的一种表现,常与手足徐动症同时存在,伴智力落后。(3)杭廷顿舞蹈病。为常染色体显性遗传性疾病,伴有进行性智力落后、抽搐。

异常步态(abnormal gait) 偏离正常模式的步态。起因于肌肉骨骼和周围神经系统疾患,或中枢神经系统疾患。在步行周期中,两上肢、下肢各关节,骨盆不能按一定的定型进行连续协调的运动。常见的异常步态有:(1)短腿步态。(2)关节挛缩或强直步态。(3)蹒跚步态或关节不稳步态。(4)疼痛步态。(5)偏瘫步态,包括足下垂、内翻步态、膝反张步态、划圈步态、剪刀步态。(6)肌无力步态。(7)共济失调步态。(8)前冲步态或慌张步态。(9)截瘫步态,有摆至步、摆过步或四点步。

步态矫正(gait corrective) 对各种步态异常进行的康复工作。包括:(1)步态异常病因的矫治。如短腿步态者需用矫形手术或矫形鞋来平衡两下肢的长度;关节挛缩畸形者需通过关节活动度锻炼或矫形手术来改善;因疼痛引起步态异常者需治疗消除疼痛;肌肉无力者需通过锻炼增强肌力,或做肌肉重建手术,或利用支具进行功能替代。(2)步态训练。在治疗师的指导下,矫正异常步态,经反复练习达到矫正的目的。

步态分析(gait analysis) 利用力学的概念和已经掌握的人体解剖、生理学知识对人体的行走功能状态进行对比分析的一种生物力学研究方法。利用装备有电子计算机和其他电子、光学仪器的步态分析仪对正常和病理步态进行分析研究。

步态检查(gait examination) 对人体步行状态进行全面综合检查分析的方法。进行步态检查时,应嘱患者以其习惯的姿态及速度来回步行数次,观察其步行时全身姿势是否协调,下肢各关节的姿位及动幅是否正常,速度及步幅是否匀称,上肢摆动是否自然等。必要时在步行中做肌电图、电子量角器、多维摄像等检查,以便进行更细致的分析。

正常运动模式(normal movement model) 人们在进行各种不同日常活动时表现出的一种相似的模式运动。从儿童时期开始发展,到成年时达到自动化的程度。运动的模式化,使得人们在进行日常活动的同时可进行其他的活动。尽管人的活动范围很大,活动项目丰富,并因个人的身材、性格差异而有所不同,但是人的基本运动模式是相似的。平稳而协调的正常运动模式依赖于正常的肌张力,抑制过度活动是高位中枢神经的最重要功能之一,一旦受到损害,将不能够很好地控制和协调全身的肌肉,使身体难以随意地、独立地、精确协调地完成运动,因而形成异常运动模式。

运动障碍(dyskinesia) 肌肉随意运动能力丧失。主要类型有以下几种:(1)痛性运动障碍。见于癔症。(2)间歇性运动障碍。一般见于血管性病变,肢体血液循环障碍。运动中肌肉不能得到相应的血液供应,因而发生运动障碍,休息或暂停运动后又可改善,运动障碍呈间歇性。(3)职业性运动障碍。属于职业性神经官能症。由于心理因素,患者一从事其职业所要求的运动时,就会出现肌肉痉挛或无力,以致不能运动或运动障碍,停止该种运动或做其他动作时则无运动障碍。(4)面—口运动障碍。这是一种专门累及面部及口部肌肉的迟发性运动障碍,多由药物引起。(5)迟发性运动障碍。面颊、口及颈部肌肉不自主的、典型的重复运动,主要因长期服用神经松弛剂、抗精神病药物所致,常见于老年人,停药后可能长时间仍不缓解。(6)运动传导通路病变引起的运动障碍。包括上运动神经元病变引起的运动障碍(如脑瘫)和下运动神经元病变引起的运动障碍(如脊髓灰质炎)。(7)锥体外系统病变引起的运动障碍。患者肌张力增高,全身肌肉僵硬,故运动笨拙,精细运动困难,行走缓慢,步态慌张,表情呆板。常见于帕金森氏病或帕金森综合征、肝豆状核变性等。(8)肌肉病变引起的运动障碍,如重症肌无力,进行性肌萎缩等。(9)骨骼病变引起的运动障碍。(10)与情绪紧张有关的运动障碍。通常在睡眠时消失。

运动功能检查(moving ability test) 对运动系统的形态、功能状况的观察和测定。神经系统诊查的一个方面。内容包括:(1)肌体积检查。观察躯干和四肢有无肌萎缩或肥大,并进行两侧对比。(2)肌张力检查。在患者放松肢体的情况下,检查者伸屈患者的肘、膝等关节测试其肌肉阻力大小和触摸肌肉的松紧度。正常时肌肉有轻微阻力。瘫痪者的肌肉或松软无阻,肌张力低,或阻力明显增大,肌张力高。(3)共济运动和平衡检查。包括:①观察患者穿衣、写字等动作是否协调、准确。②指鼻和对指试验。共济失调者手臂摇摆,手指不能指准鼻子或相互对准。③跟膝试验。身体仰卧,一腿抬高后把足跟放在另一腿膝上,再沿小腿胫骨下滑,举足过高和下滑时摇晃不稳为共济失调。④直立试验。两臂平伸,双足靠拢站立,若身体站立不稳或向一侧倾斜则为平衡障碍。⑤步态检查。分别在睁眼和闭眼时向前步行,观察躯干和四肢有无摇晃、歪斜和病理步态。(4)不自主运动检查。观察有无手足徐动、痉挛、舞蹈动作等。(5)肌力检查。参见"肌力检查"。

运动功能发育检查(motor age test) 按正常的运动发育程序，以实际生理年龄作为标准，系统地测定儿童的运动功能发育水平。一般先用中国儿童运动能力发育年龄标准进行筛查，对异常或可疑异常者再进行上肢和下肢运动年龄检查。运动年龄检查是以正常儿童从出生到72个月动作能力为标准，与运动功能障碍儿童的动作能力进行比较的评价方法。它可以用运动指数的方式来表示。运动指数(MQ)：运动年龄(MA)，实际年龄(CA)，$MQ=MA/CA$。通过此项评价可以了解患儿运动年龄的客观阶段，运动功能欠佳的状态和运动能力达到的比率。对患儿进行此项检查，不仅可以了解其发育状况，而且对其将来发育前景的预测和制订康复计划都非常重要。

粗大运动功能评定(gross motor function measure) 对粗大运动功能进行评定的一种量表。适用于0～14岁的脑瘫和其它疾病引起的运动功能障碍儿童，主要测定其粗大运动功能随时间的推移而发生变化的情况。Russrll于1989年研制出初版。包括5个能区88个项目，每个能区的项目按照从易到难的顺序排列。其中，A区为卧位与翻身能区，总分为51分；B区为坐位能区，总分为60分；C区为爬与跪能区，总分为42分；D区为站立位能区，总分为39分；E区为行走与跑跳能区，总分为72分。1993年进行了修订，2000年Russrll使用Rasch分析法再次重新修订，删除了22项，并进行了信度和效度的分析，确立了66项新版本。

功能独立性评定(functional independence measure) 评定残疾者日常生活活动能力的一种量表。1984年由美国康复医学11个部门联合制定，成为美国医学康复统一数据库(uniform data system for medical rehabilitation, UDSMR)的重要组成部分。内容包括18个评定项目，可归纳为运动(13项)和认知(5项)两大部分，涵盖自理活动、括约肌、转移、行动、交流和社会认知等六个方面内容。每个项目均为七级评分，从1分的完全依赖到7分的完全独立。使用指南已被译为日、法、德、意、波兰、西班牙和瑞典等多国文字。

日常生活活动能力分级(activities of daily livings grading) 对患者独立生活能力设定的定性及定量的标准。为评价康复治疗效果提供客观的依据。各国根据本国国情设计了不同的分级标准。我国常用的有五级分法，Barthed指数分法和五级20项分级法。五级分法为：一级：不能独立活动，完全依靠别人帮助；二级：自己可以完成一部分活动，需要别人帮助；三级：在别人指导下可以完成活动；四级：能独立完成活动，但速度较慢或需要配戴支具和自助具；五级：正常。

日常生活活动能力检查(daily living ability test) 对病残者完成衣食住行活动的能力测定。评价肢体残疾等级的方法之一，需在未采取康复措施的条件下进行。检查内容有：端坐、站立、行走、穿衣、洗漱、进餐、大小便、写字共8项。根据完成情况计分，完成1项为1分，完成有困难的为0.5分，不能完成的为0分。依得分多少划分为 4 个等级：一级肢体残疾，完全不能完成日常生活活动，0～2 分；二级肢体残疾，基本上不能完成日常生活活动，3～4 分；三级肢体残疾，能够部分完成日常生活活动，5～6 分；四级肢体残疾，基本上能完成日常生活活动，7～8 分。测试由治疗师、护士等专业人员在现场进行。评价中要注意以下几点：(1)要向患者说明评价的目的和意义，以得到患者的合作，消除心理障碍和紧张情绪，测试出实际的能力水平。(2)测试的环境和用具要尽量接近生活实际以确定适当的难度。(3)环境要安静，避免干扰。(4)一次评价时间不宜过长，如患者感到疲劳应中止评价，改日继续进行。(5)测试者必须业务熟练，准确地判断动作完成的级别。(6)除填写评价表中各项内容外，要对能否完成、所需时间、使用自助具情况、帮助的程度、动作完成的姿势、质量、安全性、意欲、耐久性和存在的问题等准确无误地记录。(7)评价结束时要在备注中记录评价的环境和使用的工具以便与下次评价进行比较。

神经肌肉功能检查 康复评估的内容之一。包括以下几个方面：(1)坐位平衡检查。病人坐直，双足接触地面，腰背部无支撑，双手轻放在两膝上，然后检查者向各个方向轻轻推动病人，观察病人返回原位的情况以判断病人能否坐稳。(2)移动检查。病人卧位。嘱病人先由仰卧位依次转为俯卧位、坐位、立位、下床或由检查床移到椅子上。(3)站立平衡检查。若病人能独立站立，可轻轻推一下病人，根据病人复位的能力来评估其站立的平衡能力。(4)吃饭技巧检查。用餐时，检查者亲自观察病人怎样将饭送入口中，观察病人握匙或拿筷动作及吸、啃、喝、嚼动作和嘴唇动作的情况。(5)穿衣技巧检查。检查者亲自观察病人独立脱或穿衣的动作，如解衣带、扣纽扣等。(6)步行检查。如病人能独立站稳，让病人穿一短裤行走，检查者站在病人的前面或背后或旁边，观察病人行走的步态，如有异常应详细记录。不能走路的病人，要观察其使用轮椅直线行走和拐转的情况。

关节活动度(range of motion) 关节向各个方向所能活动的范围。正常的关节活动范围是正常运动必不可少的前提条件之一。关节活动范围一般用量角器测定。一般情况下，主动活动范围小于被动活动范围。关节的被动活动正常而主动活动障碍，常为神经损伤、肌肉、肌腱断裂所致。关节主动运动、被动运动均为障碍，常为关节僵硬、关节粘连、关节周围软组织疼痛、肌肉痉挛或皮肤组织瘢痕挛缩等。关节活动超过正常范围，见于周围神经病变所致的肌肉弛缓性瘫痪、关节支持韧带破坏以及关节骨质破坏等。

关节活动度检查(range of motion test) 测量关节活动范围的检查。评价运动功能和制订康复治疗方案的基本内容之一。临床中常采用量角器的测量方法。为了保证检查的准确，检查者应掌握以下基本知识和测量技术：(1)基本的检查体位。(2)患者完成某种体位有困难时代用的体位。(3)肢体的正确固定方法。(4)关节的解剖结构及功能。(5)肢体的运动方式。(6)判断关节活动到达最大范围的标准。(7)准确地寻找骨性标志及确定轴心位置。(8)熟记固定臂和移动臂的摆放方法。(9)准确地读出关节活动角度,正确填写评价表格。

Berg 平衡量表(Berg balance scale, BBS) 评定平衡功能的一种量表。由 Katherine 于 1989 年首先报道。在国外被广泛用于评定患者的平衡功能。应用时只需一块秒表、一根皮尺、一个台阶和两把椅子。内容包括 14 个项目:由坐到站;独立站立;独立坐;由站到坐;床—椅转移;闭眼站立;双足并拢站立;站立位上肢前伸;站立位从地上拾物;转身向后看;转身一周;双足交替踏台阶;双足前后站立;单腿站立。评分方法:每个项目最低得分为 0 分,最高得分为 4 分,总分 56 分,测试一般可在 20 分钟内完成,按得分分为 0~20、21~40、41~56 三组,其代表的平衡能力则分别相应于坐轮椅、辅助步行和独立行走三种活动状态。如果总分少于 40 分,预示独立行走有跌倒的危险性。

Carr-Shepherd 平衡评定(Carr-Shepherd balance assessment) 平衡功能的一种评定方法。由澳大利亚物理治疗师 Carr 和 Shepherd 等人在 20 世纪 80 年代中期设计出来,常与其他运动功能在一起评定,评分等级比较细,每项分为 7 个等级(0~6 分)。评定方法:(1)坐位平衡。0 分,完全不能完成。1 分,在支持下保持坐位平衡(治疗者给予病人帮助)。2 分,无支撑下保持坐位平衡 10 秒钟(病人不抓握任何物体,膝足并拢,双足平放在地上)。3 分,无支撑下保持坐位平衡,身体前倾,体重均匀分布(头部直立、挺胸、重心在髋关节前,体重分布在双侧下肢)。4 分,无支撑下保持坐位平衡,并能向后转动头部及躯干(双足并拢平放在地上,手放在膝上,不接触身体)。5 分,无支撑下保持坐位平衡,并能身体向前,手摸地面,然后回到坐位平衡(双足平放在地上,手不抓握任何物体,保持下肢不动,必要时可支撑患侧上肢,手接触至少足前 10 厘米的地面)。6 分,无支撑坐在椅上,向侧方弯腰,手摸地面,然后回到坐位平衡(双足平放在地上,不抓握任何物体,保持下肢不动,必要时可支撑患侧上肢)。(2)坐位→站立位。0 分,完全不能完成。1 分,在治疗者帮助下站起来。2 分,借助辅助具站起来,但体重分布不匀,需要用手来支撑。3 分,自己站起来,体重分布均匀,不需要用手支撑。4 分,自己站起来,体重分布均匀,并能保持髋、膝伸直 5 秒钟。5 分,自己站起来,体重分布均匀,髋、膝完全伸直,然后再坐下。6 分,10 秒钟内,不需任何帮助,自己站起来、坐下 3 次(体重分布均匀)。

残疾儿童综合功能评定法 残疾儿童各项功能的一种综合评定的方法。反映了残疾儿童障碍的标准。由北京博爱医院医师设计。量表内容有:(1)认知功能:通过图片、实物、语言来进行认知功能评定。(2)言语功能:主要通过言语理解与表达来评定。(3)运动能力:对粗大运动和精细动作进行评定。(4)自理动作:在清洁、进食、穿脱衣服、如厕等基本自理动作方面进行评定。(5)社会适应能力:主要通过表达与言语来了解适应家庭及环境的情况。采用百分制评分标准:每项完成,2分;每项大部分完成,1.5分;每项完成一半,1分;每项小部分完成,0.5分;不能完成,0分。满分为100分。残疾程度评定标准:(1)轻度:总分>75分。(2)中度:总分25～75分。(3)重度:总分<25分。疗效评定标准:(1)显效:总分提高20%或以上。(2)有效:总分提高1%～19%。(3)无效:总分未提高,甚至减少。训练效果=

$$\frac{(末期评定分数-初次评定分数)}{量表总分} \times 100\%.$$

握力计(squeeze dynamometer) 测量前臂及手部肌肉力量大小的仪器。有电子握力计或弹簧式握力计两种。测试方法:将指针调至0位。受试者手持握力计,转动握距调节钮,使食指第二关节屈成近90度的距离,手心要向内,握力计指针朝外。测试时两脚自然分开(约一脚距离),身体直立,两臂自然下垂,用有力手(利手)以最大力量紧握上下两个把柄。用力时禁止摆臂或接触身体。测试两次,取最大值,记录以牛顿为单位,不记小数。如果受试者分不出有力手(利手),可两手各测两次,取最大值。使用电子握力计测试时严格按照使用说明书操作。测试方法同上。用握力计测量出的握力大小一般用握力指数来表示:握力指数=$\frac{握力}{体重} \times 100$,握力指数高于50者为正常。

捏力计(pinchgrip dynamometer) 测量手指捏力大小的仪器。测试时用拇指分别与其他手指的指腹捏压捏力计,其值约为握力的30%。

拉力计(dynamometer) 测量背部肌力大小的仪器。背肌力的大小用拉力指数表示:拉力指数=$\frac{拉力}{体重} \times 100$,正常值:男150～200,女100～150。对于腰部疾患者不宜使用拉力计,以免加重腰部的损伤。

等速测力器 测量肌肉力学以及功能的仪器。可以提供肌肉爆发力、功率、耐力、最大肌力力矩等数据,比较全面反映肌肉的特征。但仪器昂贵和需要专业人员操作。

整形术(plastic operation) 改善或恢复生理功能和外貌的手术。外科手术中的一个分支。治疗范围主要是皮肤的软组织、肌肉及骨骼等创伤、疾病、先天性或后天性组织或器官的缺损与畸形。多以手术方法进行自体的各种组织移植为主要手段,也可采用异体、异种组织代用品来修复各种原因所造成的组织缺损或畸形。

矫形外科学(orthopedics) 又称"骨科学"。内科学和外科学共有的一个分支,维持或恢复脊柱、四肢和有关的神经、血管、肌肉等系统功能的一个学科。其范畴是运动系统的疾病与损伤,以及因此而发生的全身性病理改变或全身性疾病在该系统中所发生的局部改变。

手指重建术 再造手指的手术。当手指缺损造成明显功能障碍时就需要再造手指,重建功能。拇指对手的功能非常重要,故拇指缺损的重建较多。其手术方法很多,手术适应症也较强。但一定要根据缺损的长度、局部条件、其他手指有无损伤、病人年龄、职业和主观愿望等情况,加以综合分析选择。

臼盖成形术(shelf plastic operation) 治疗先天性髋关节脱位手术的一种方法。在髋臼外后上缘处凿一骨槽,将从髂骨翼取的骨片插入骨槽内,以加深髋臼,覆盖股骨头,增加髋关节的稳定性。臼盖的种类有:(1)游离骨块。(2)带有阔筋膜张肌肌肉蒂的骨块。(3)金属或其他代用品。

关节制动术(arthforisis) 对关节活动起到限制作用的手术。常通过关节周围的软组织实施,如关节囊的紧缩、肌腱悬吊、肌腱移位,或骨性阻挡等。

关节固定术(arthrodesis) 在构成关节的骨端间造成骨性连接,消除该关节的异常活动,以矫正畸形,改善功能的手术。凡切除关节软骨及软骨下皮质骨,使粗糙骨面接触而愈合者称关节内固定术。若在骨面间使用持续压缩力以促进愈合,即为加压固定术。手术不进关节腔,在关节外植骨架桥,同样使关节丧失活动,称关节外固定术。有时关节内外固定术可以结合采用。

截肢(amputation) 将已失去生存能力和生理功能、危害健康的肢体截除。目的是挽救患者的生命或减少负担。手术后可以通过体疗训练和安装假肢,使残肢发挥应有的作用。

外器官假体 外部器官的人工代用品。如乳房假体、膝关节假体、假眼、假耳等。安装后可起到整容作用,同时使患者在心理上有一种自我完善感。例如,人工假眼还是一种预防眼眶感染的措施;假耳也有助于听力康复。

人造器官(artifical organ) 用人工方法制造的天然器官代用品。人造器官的材料通常为金属、高分子材料、陶瓷等的混合物。除大脑外,人身上其他器官几乎都有相应的人造器官,如人造心脏、人造肾、人造肺、人造肝、人造骨、人造关节、人造皮肤、人造瓣膜、人造血液、人造胰腺、人造肌肉、人造神经等。随着生物医学工程技术的发展,已由临时性、大体积、部分功能向长久性、小型化、全功能方向发展。

假肢(prosthesis) 用于截肢者为弥补其肢体缺损而制造装配的人工肢体。可以代偿已失肢体的部分功能,使截肢者恢复一定的生活自理和工作能力。分为上肢假肢与下肢假肢两大类。但就其代偿功能而言,两者有很大差异,下肢假肢可以代偿站立、行走等人体下肢的主要功能,而上肢假肢只能代偿人手的两三种基本动作。

假肢工厂 专为肢体残疾人生产、装配、修理、销售康复器具的工厂。在我国归民政部门管理,属于社会福利事业单位,实行企业管理。产品有:假肢、矫形器、矫形鞋、专用三轮车、轮椅、内脏托带、整形器官、拐杖、助行器、集尿器等。设有生产、装配车间和康复门诊部,并直接对残疾者进行康复治疗和康复训练。

康复护理(rehabilitation nursing) 在康复过程中，根据总的康复医疗计划，围绕全面康复的目标，紧密配合康复医师和其他康复专业人员的工作而由护士及有关人员对患者进行的护理。其内容包括改善功能障碍时期的护理、功能训练的护理、心理护理。

功能训练(functional training) 通过主动或被动的运动，改善身体功能的训练。一般是指运动疗法对有障碍机体运动功能的训练，如上肢或下肢的运动功能训练。

职能训练(vocational training) 又称"职业训练"。根据残疾人就业的需要，通过完成作业活动的方式对其身体潜在能力、作业能力、工作兴趣、欲望、社会一般能力和日常生活动作能力进行的训练。通常先对患者的职业能力进行评价，再根据其可能性安排计划，进行个别或小组的训练。多在康复中心的单独部门或者独立的职业训练中心进行。

床边训练(bedside training) 对因疾病治疗的需要或病情暂不能离床的患者，治疗师到病房床边进行的训练。目的是为了预防并发症和早期训练。其内容包括关节活动度的训练，床上基本动作训练和日常生活动作训练（洗脸、刷牙、刮胡子、脱穿衣服、喝水、进食等）。

床上指导(bed instruction) 对运动障碍者在床上活动的训练指导。为了使患者早日康复，必须尽量做到早期康复训练，其中床上动作如卧床期的体位、体位变换、翻身、床上的移动、起坐、坐位平衡、膝手卧位、床上支撑等均需由治疗师、护士进行训练指导。

徒手抵抗运动(manual resistive exercise) 增强肌力的训练方法之一。通过治疗师的手对被治疗者施加阻力，被治疗者抵抗这种阻力而完成徒手抵抗运动，以达到治疗目的。由于可以根据患者的具体情况随意调整抵抗量，简便易行，不需特殊设备而被广泛应用。

徒手矫治(manual correction therapy) 利用非器械性的手法、体操等手段矫正身体缺陷的治疗方法。

运动强度(intensity of exercise) 指以耗氧量计算的运动的生理强度。在康复治疗中分较大强度（相当于75%~80%最大耗氧量）、中等强度（相当于50%~60%最大耗氧量）和较小强度（相当于40%最大耗氧量）。患者康复一般适宜用中等强度的运动治疗。

医疗体育(medico-athletics) 又称"运动疗法""体育疗法"。简称"体疗"。康复医疗的手段之一。根据个体的特点，利用身体的各种功能活动和体育锻炼，以预防和治疗疾病、促进身心功能的恢复和发展。与一般体育虽有许多共同的地方，但也有不少的不同之处。首先是对象不同。医疗体育的对象是病人，不论是伤、病患者还是残疾人，他们在躯体和心理上都存在不同程度的功能障碍，必须根据他们的特点，有针对性地个别安排体育活动；体育运动的对象是健康人，按一般的规律安排体育活动即可。其次是活动方法不同。医疗体育必须按医嘱行事,不论运动方式、运动量或效果的观察都应置于医生的监督下,以患者的主动的自我治疗为主;健康人的体育运动则以个人爱好和兴趣为主,一般无需医生的监督。第三是目的不同。医疗体育以治疗疾病、防止并发症、促进人体代偿功能为目的。一般体育活动主要是以强身、健身、娱乐为目的。

牵伸体操(stretch execise) 运动疗法中的一种。通过特定的练习方法,用以牵伸紧缩的软组织包括肌群,从而便于进行肌肉收缩或其他治疗。既可作为某类活动的准备活动,又可作为专门的体操。牵伸练习可用于牵伸身体的任一部位,但多用于牵伸脊柱和下肢。

医疗体操(therapeutic exercise) 用于防治疾病的体操运动。其目的在于提高肌肉的力量和耐力,增大关节活动范围,发展肌肉的协调和速度,促进代偿功能。体操的内容应依据病情对患者残存功能作出评价、明确治疗目的而安排,应遵循循序渐进、全身和局部训练相结合的原则。医疗体操有徒手操和器械操两种基本形式。有被动运动、助力运动、主动运动、抗阻力运动和放松运动等五种基本运动性质。

呼吸体操(pneumatic gymnastics) 一种提高呼吸功能的医疗体操。常用的呼吸体操有:发展胸式或腹式(横膈)呼吸道呼吸体操;延长吸气或呼气时间的呼吸体操;作用于一侧或某部分肺叶的局部呼吸体操;强化呼吸肌和增加呼吸道内压的抗阻呼吸体操;发音呼吸体操等。可根据病情的需要选用,切忌盲目应用。呼吸体操既可作为某些疾病(如肺叶切除术后等)的特殊训练法;也可适应于早期康复的病人,因体力过弱尚不适于做其他治疗之时;还可与其他体疗方法同时或交叉进行,一方面加强体疗的效果,同时对过强的运动强度起着调整或降低的作用。训练耳聋儿童说话常用的基础训练内容之一。

矫正体操(corrective gymnastics) 一种矫正异常姿势的医疗体操。通过有选择的加强软弱肌群的练习,调整肌力平衡,牵伸挛缩组织,以矫正体位异常或对线不良。常应用于儿童脊柱畸形、下肢畸形,如"O"形腿、"X"形腿及平底足等。

关节体操 一种改善关节活动度的医疗体操。利用各种方法,恢复因组织粘连或肌肉挛缩而引起的各种关节功能障碍。常用的方法有:(1)被动运动。对有轻度关节粘连或肌肉挛缩的患者,按关节运动范围进行被动运动是极为有利的;对肌肉瘫痪的病人,在神经功能未恢复前及早进行被动活动是维护正常关节形态和功能不可缺少的方法之一。(2)放松练习。对因肌紧张高而限制关节活动范围者来说,放松练习能较好地增大关节运动范围。(3)主动运动。徒手体操是增进关节活动范围最常用的方法。但有时候利用主动的肌肉收缩难以达到牵开粘连的目的,需要借助一些简单的设备进行活动以增进关节活动范围。(4)其他。如水中运动、悬挂和牵引等。

矫正运动（corrective exercise） 一种医疗体操。常用以矫正某部的体位（姿势）异常或对线不良（malalign ment）。多用于治疗脊柱侧弯，"O"形或"X"形腿，平底足等。其基本方法是先利用悬挂或牵引以减轻畸形部位的负重，或同时进行牵伸练习，使紧缩肌群得到牵伸，为其后续的治疗做准备；其次使拟矫正部位处于最佳作用位或活动最便利位，以便拟矫正部位得到最大的锻炼；然后进行针对性的运动，继续和进一步牵伸紧缩肌群，加强减弱肌群的肌力。

有氧训练法（aerobic training） 又称"耐力训练法"。采取中等度活动量的活动以增强呼吸、心血管功能和改善新陈代谢的锻炼方法。这种方法可取得较好的发展体力的效果。常用的方式有：散步、医疗步行、慢跑等。

医疗步行 一种有氧训练方法。根据病情和体力，要求康复对象在规定的时间内完成一定距离的步行（不包括休息时间）。开始训练时时间及距离不宜太长，一般为 2 000 米/30 分钟。适应一段时间后，缩短时间而保持距离不变，或保持时间不变而增加距离，也可以增加步行的难度，如上坡等。医疗步行时，心率一般不超过静止状态的 20%～30%，若达到此水平即可过渡到慢跑。

步行训练（gait training） 对步行障碍者施行的实用性步行能力的训练。包括平行杠内步行、平地拄拐步行、独立步行、走坡路越障碍物、上下阶梯等。不仅对肢残者需要，而且对智残者、视残者等也同样需要。

放松练习（relaxing exercise） 调解中枢神经系统活动以及放松紧张痉挛肌群的一种方法。肌张力常受意识的影响。因此，进行放松练习时除要求一定的技巧外，更主要的是使患者明确放松的含义和作用，加强合作，以提高放松的效果。放松练习可以减轻痉挛、增进关节活动度，也常用于增强肌力练习或其他运动疗法之后，以消除肌肉疲劳。常用的方法有：(1)对比法。其生理依据是肌肉强力收缩后可以在同一肌肉产生相同强度的松弛。(2)交替法。其生理依据是拮抗肌可因主缩肌的紧张用力收缩而产生抑制性松弛。(3)暗示法。用平静、催眠式的语调，要求病人的思想集中于身体的某一部位。(4)下垂摆动。上肢或下肢做前后放松摆动，直至肢端有麻木感为止。这种摆动特别适用于减轻强直性震颤。

平衡练习（balance exercise） 通过刺激本体感受器、刺激姿势反射，以治疗因神经系统或前庭器官病变而引起平衡障碍的一种训练方法。一旦平衡功能遭受破坏或丧失时，只有通过训练，才可能重新获得。一定要在严密的保护下进行。进行的程序是：身体支持面由大到小；身体的重心由低到高；从自我保持平衡过渡到破坏平衡后重新维持平衡；从提示注意保持平衡过渡到在不提示注意的情况下保持平衡；在视觉监视下保持平衡过渡到闭眼时保持平衡；当平衡能力恢复到相应程度时，可训练在转动身体后继续保持平衡,以进一步提高平衡能力。

抗阻练习(resistive exercise) 肢体在主动运动中克服外力给予的阻力而完成的动作。对肌力在3级以上者,进行抗阻练习,对恢复和增进肌力极为有利。基本练习方法有3种:(1)等张抗阻练习。在运动训练过程中,由于外加阻力的大小保持恒定,肌肉收缩所产生的张力大致稳定不变,肌肉克服阻力做大幅度的关节运动,如通过滑轮举起重物,举沙袋,举哑铃,拉弹簧、橡皮条等。(2)等长抗阻练习。在运动训练过程中,肌肉收缩的长度不变,不产生明显的关节运动,如进行屈臂悬垂训练上肢肌力,腿绑沙袋训练下肢肌力。(3)等速抗阻练习。在运动训练过程中,当肢体的运动达到设定的速度后,运动速度不会再提高,肌力的训练将在这个速度下进行。等速抗阻练习需要在专门的仪器上进行。

协调性练习(coordinate exercise) 改善运动协调功能的训练方法。包括上下肢的运动协调、两侧肢体对称或不对称协调、四肢和躯干的协调、眼和手的协调等。其基本原则是:由简单到复杂;由单个肢体到多个肢体的联合协调练习;先从对称性协调练习开始,逐步进入不对称协调练习;由缓慢协调练习过渡到快速协调练习;逐步增加动作的复杂性和准确性,加强动作的节奏性,从而改善动作的协调性。上肢和手的协调练习应从训练动作的精确性、反应速度以及动作的节奏性等方面去锻炼。下肢主要练习正确的步态。一组运动完成,休息的时间应不短于完成运动所用的时间。在单调乏味的协调练习中渗入趣味性、竞赛性等内容,以提高患者训练的积极性。

功能位(functional position) 完成日常生活所需的各种活动的最佳体位。此体位时,各肌群肌力相对平衡。无论使用何种康复方法治疗,首先必须注意维持功能位。当肢体功能无法恢复或恢复不良时,至少应使肢体保持在功能位,以利于完成日常生活活动。上肢的功能位便于抓握;下肢的功能位便于站立和行走。

牵引疗法(traction therapy) 一种康复方法。应用力学中作用力与反作用力的原理,通过手法、器械及电动装置,使关节和软组织得到持续或间歇的牵伸,从而达到治疗疾病的一种方法。牵引在骨科中的应用非常广泛,对四肢骨折与脱位、关节强硬、颈肩腰腿痛等症具有良好的治疗效果。其主要的作用机制是放松肌肉,解除肌肉痉挛,改善局部的血液循环,解除疼痛;松解粘连组织,牵伸挛缩的关节囊与韧带,矫治关节强硬畸形,帮助恢复关节的活动范围;增宽椎间隙,扩大椎间孔,改变椎间压力,促使突出物回纳或改变受挤压位置,从而减轻神经、血管受到挤压引起的疼痛。

助力运动(assistive exercise) 一种医疗体育。进行时凭借他人或患者的健肢及器械的帮助,使患肢活动并完成一定的动作。要求患肢也要主动用力,外力帮助主要加在患肢活动的起始和结束部分。随患肢肌肉力量的恢复和增强,逐渐减少外力辅助。适用于创伤后无力肌肉或不完全麻痹肌肉的功能锻炼,可增强肌力,使动作协调。

主动运动(active movement) 在无帮助的情况下主动完成规定的训练内容。当肌力在2～3级以上时,应鼓励患者独立完成要求的动作。可以徒手,也可以利用器械进行。常用的有:发展呼吸功能的呼吸体操;增进关节活动度的关节体操;改善平衡、协调功能的平衡练习和协调练习;牵伸挛缩肌群的牵伸练习和放松练习;发展肌力的各种抗阻练习;增强心肺功能的耐力训练等,应用很广泛。

被动运动(passive movement) 全靠外力的帮助来完成规定的训练内容。适用于肌力在3级以下、患肢已适宜进行活动但尚不能随意进行活动者。外力可以是机械力,也可以是他人或本人健康之体的协助。最普通的是由康复人员帮助进行的运动。适用于各种原因引起的肢体关节功能障碍,能起到放松痉挛肌肉、牵伸痉挛肌腱和韧带、恢复和维持关节活动度的作用。对脑瘫、智力落后等残疾儿童的运动障碍一般也从被动运动训练起。

疗养学(therapeutic nutrition) 研究利用自然界具有医疗作用的物理、化学因子,即自然疗养因子,进行防治疾病的一门学科。自然疗养因子包括各种具有医疗作用的矿泉水、海水、阳光、气候、风景区和治疗用泥等。治疗对象为慢性病患者、老年病患者、病后或手术后恢复期的患者以及健康疗养者。

物理疗法(physical therapy) 应用自然界和人工物理能量因素治疗疾病的方法。其内容包括应用天然和人工的物理因子,如电、光、声、磁、冷、热、按摩、针灸和机械等治疗疾病的方法。主要作用为:(1)促进病变部位的血液循环,改善肌肉营养,减少肌肉中的蛋白质消耗,提高细胞组织的活力,加快病理和代谢产物的吸收和排除,促使伤口愈合,消除炎症。(2)对神经系统可起抑制和兴奋作用,前者能镇痛、缓解痉挛,抑制大脑皮质中的病灶;后者有助于治疗神经麻痹、知觉障碍、肌无力、肌肉萎缩等疾病。(3)提高体温和心血管系统的调节能力,增强抵御疾病和适应环境变化的能力。

水疗(hydrotherapy) 一种康复方法。利用不同的温度、压力和化学成分的水,并以不同的形式作用于人体以达到治疗疾病的目的。其作用机制为:(1)温度作用。冷水具有镇痛、消肿的作用;热水具有缓解疼痛、松弛肌肉、促进血液循环、加强新陈代谢的作用。(2)力学作用。关节强直、肌肉无力等患者可以借助于浮力的作用进行功能训练;水流的冲击作用可以压迫体表的血管和淋巴管,引起体液的重新分布,有利于减轻下肢肿胀;压迫胸廓和腹部,使呼吸受到一定的限制,患者必须用力呼吸从而加强呼吸功能。(3)化学作用。根据治疗的需要,在水中加入各种矿物质或药物,通过皮肤吸收而达到治疗的目的。分为局部水疗和全身水疗两大类。严重动脉硬化、心肾功能不全、出血倾向、活动性肺结核、恶病质、肿瘤、身体极度虚弱者禁用。

水中运动(underwater exercise) 一种增加关节活动范围的练习方法。常用于肢体活动障碍的患者。其运动形式有3种：(1)辅助运动。当肢体或躯干沿着浮力方向进行运动时，利用水的浮力对运动起辅助作用，使得平时在地面上抬不起来或不易抬起来的肢体在水中可以活动，这一方面给患者良好的心理影响，另一方面使患者得到锻炼的机会。(2)支托运动。利用水向上的浮力抵消肢体下垂的重力，使肢体浮在水面上容易做水平方向的活动，这不仅有助于肢体活动，而且能观察到在重力作用消失或减小的情况下肢体可能达到的活动范围。(3)抗阻运动。当肢体运动方向与浮力方向相反时，浮力成为肢体活动的阻力。通过增加运动的速率或在肢体上附加一些添加物增大肢体的面积可增加阻力。根据病情的需要选择不同的阻力，可达到不同的抗阻运动的目的。这是一种较好的发展肌力的练习方法。

泥疗(pelotherapy) 一种康复方法。利用各种泥类物质加温后作为介质，涂敷于病变部位，起到温热作用，达到治疗疾病的目的。主要作用机制是将泥能传导到人体发挥温热作用，并通过涂敷于体表的泥分子运动和皮肤间产生一定的摩擦和压力而发挥机械作用。此外，泥中的盐类、有机物质、胶体物质、挥发物质以及一些类激素样物质可起到化学作用。由于泥疗的温热、机械、化学作用，可降低交感神经的兴奋性，使血管扩张、皮肤充血、增加血液和淋巴液循环、改善组织供血。还可以促进代谢与氧化过程，增强体内废物排泄，加速病理产物的消散和吸收，促进病变组织迅速修复和再生，帮助康复。

温热疗法(transpupillary thermotherapy, TTT) 物理疗法中一种具体的康复方法。利用热水袋或用热布热敷，或用药渣蒸后用布包上热熨患部，因热或药物的作用促进血液循环或淋巴循环，达到改善肌肉功能的目的。实施方法有：(1)热敷，热水袋与皮肤接触部分用毛巾隔开，热敷水温在45℃～55℃为宜，一般每次10～20分钟，每日2～3次。(2)热浴，又可分为微温浴(30℃～35℃)，温浴(35℃～40℃)，高温浴(40℃～45℃)。(3)药浴，以活血通痹汤较好，用中药煎水外洗、外敷或热浴。每日2次，每次15～20分钟，当药渣积累较多后，可用纱布袋装起来，蒸热后交替在患肢处热敷。

石蜡疗法(kerotherapy) 一种康复方法。利用加热熔化的石蜡作为温热介质接触体表，将热能传给机体达到治疗疾病的目的。由于其温热的作用强而持久，具有扩张血管、促进局部血液循环和改善营养的作用，有利于炎症吸收和消散，并具有止痛和加强再生的作用。当加热熔化的石蜡释放热能冷却变硬时，体积可缩小10%～20%，因而可对皮肤和皮下组织产生柔和的机械压迫作用，对早期炎症、急性扭伤、挫伤等，能够防止组织内的血液和淋巴液渗出，减轻组织的水肿并促进渗出液的吸收。此外，石蜡含油质，对皮肤有润泽作用，能使皮肤柔软而具有弹性，对疤痕组织和肌腱挛缩等具有软化和松解的作用。石蜡有较强的吸附性，如果在加温熔蜡时加入化学物质,可发挥相应的化学作用。

空气负离子疗法 一种康复方法。利用天然存在的空气负离子或应用空气负离子发生器所产生的空气负离子,达到治疗疾病与预防疾病的目的。治疗作用为:促进氧的吸收和二氧化碳的排出,促进气管粘膜上皮的纤毛运动,提高平滑肌的张力;改善心肌的营养和心脏的功能;改善大脑皮质的功能状态,改善自主神经系统的功能;改善胃粘膜的功能,使胃液分泌增多,促进消化;促进造血功能,缩短凝血时间;刺激内分泌系统或本身具有类激素物质的作用;提高基础代谢率,对生长发育有一定的促进作用;激活网状内皮系统,增强巨噬细胞的功能,提高机体对疾病的抵抗力。另外,空气中的负离子还具有净化空气的作用。

气候疗法(climatotherapy) 一种康复方法。通过各种气象因素,如气温、气压、气湿以及大气中的化学物质、阳光辐射等综合作用于机体的感受器官,引起一系列有益于康复的适应性变化,从而达到预防和治疗疾病的目的。由于海拔高度、地表状况等不同,形成了具有不同气候特征的区域,如山地气候、海滨气候、平原气候、森林气候、草原气候、沙漠气候等。不同的气候特征对人体产生了不同的影响,分别有利于不同病症的机体康复。

冷疗法(frigotherapy) 一种康复方法。利用低于人体温度而高于0℃的低温刺激皮肤粘膜达到治疗疾病的目的。所使用的寒冷程度只是使局部组织温度下降而不引起损伤,因此不同于破坏局部组织的冷冻疗法,也不同于降低全身体温的低温疗法。常用的方法有:冷敷法、冷水浴、冰块按摩、冷喷射法、冷灌注法、循环冷却法等。具有消炎消肿、解痉、镇痛、抗高热等作用。

磁场疗法(magnetic field therapy) 一种康复方法。应用磁疗器械产生的磁场作用于机体、经络穴位以达到预防或治疗疾病的目的。一切磁现象都是由于运动电荷(电流)而发生的,即磁现象的本质就是电荷运动。生命活动产生生物电流,生物电流便产生磁场。生物电流(如心电、脑电、肌电及神经动作电位)在受到磁场力的作用时,引起有关组织器官的功能发生相应变化。神经和体液系统对磁场的作用最为敏感。神经系统以丘脑下部和大脑皮质最为敏感,主要是对神经系统的抑制作用。另外磁场还对生物体内氧化与还原过程中电子传递过程产生作用而影响生化过程。具有镇静、镇痛、消炎、消肿、止痒、止泻、降压、降脂及软化疤痕等作用。常用的疗法有:恒定磁场法、交变磁场法、脉冲磁场法、磁处理水疗法等。目前尚无绝对禁忌证,但下列情况一般不用:白细胞总数在4 000个/立方毫米以下者、出血或有出血倾向者、高热者、孕妇、体质衰弱或过敏体质者。

电疗法(electropathy) 一种康复方法。应用各种电流或电磁场通过人体的一定部位以达到预防和治疗疾病的目的。治疗作用机制是:调节神经和肌肉的兴奋性;改善血液循环和物质代谢,调节呼吸、消化、内分泌、免疫等系统的功能。在此基础上加强机体的防卫功能、适应功能、代偿功能,并加强损伤组织的修复。因而具有镇静、消肿、消炎、脱敏、缓解肌肉痉挛、促进恢复正常的神经传导功能等作用。

日光疗法(heliotherapy) 利用太阳光照射人体以治疗疾病,促进身心康复的方法。太阳光中有可见光(红、橙、黄、绿、蓝、青、紫七色光组成的白光)、红外线(红光以外的光)以及紫外线(紫光以外的光)组成。后二者属于不可见光。当阳光经过大气层时被吸收一部分,地面上得到的光线中紫外线占1%,红外线占59%,可见光占40%。所以日光疗法等于同时进行紫外线、红外线以及可见光照射治疗。日光照晒可在阳台、庭院、游泳池、海滨及野外进行,除头部及眼睛可戴帽子及太阳镜外,全身皮肤都要通过体位改变接受日晒。日晒要适可而止,日晒的时间要随季节而设定。一般不超过1小时。特别注意不要长时间强烈日晒。吃饭前后1小时内不宜进行。发热、日光性皮炎、过度疲劳、失眠以及严重贫血、有出血倾向的患者等也不宜实施。

红外线疗法(infrared therapy) 一种康复方法。应用红外线(波长760~400nm)照射人体达到治疗疾病的目的。红外线是一种不可见光线,因位于可见光谱红色光线之外而得名。治疗的作用机制是:改善局部血液循环,促进炎症消散与吸收;降低神经兴奋性、镇痛、解痉;减少渗出,促进肉芽生长,加速伤口愈合;软化疤痕,减轻疤痕挛缩和术后粘连等。凡有出血倾向、高热、活动性肺结核、闭塞性脉管炎、重度动脉硬化均不宜实施。

紫外线疗法(ultraviolet ray treatment) 应用波长180~400nm紫外线防治疾病的方法。紫外线不可见光,因位于可见光谱紫色光线的外侧而得名。紫外线光谱分3个波段:长波紫外线,波长范围400~320nm;中波紫外线,波长范围320~280nm;短波紫外线,波长范围280~180nm。紫外线具有杀菌、改善病灶的血循环和刺激并增强机体防御免疫的功能,尤其对皮肤浅层组织的急性感染性炎症效果显著;小剂量紫外线加速核酸合成和细胞分裂,具有促进组织再生的作用;紫外线能促进维生素D的生成,调节钙磷代谢,有助于骨的生长发育;另外,紫外线照射无论对感染性炎症、非感染性炎症、风湿性疼痛及神经痛均有较好的镇痛效果。活动性肺结核、肿瘤、甲状腺功能亢进、肾功能不全、有出血倾向者禁用。

激光疗法(laser therapy) 利用激光器发出的光治疗疾病的一种方法。小功率氦氖激光局部照射,具有消炎,镇痛,脱敏,止痒,收敛,消肿,促进肉芽生长,加速伤口、溃疡、烧伤的愈合作用,并在局部症状改善的同时可出现全身症状的改善,如精神好转、全身乏力减轻、血沉恢复正常等,因此在康复医学领域广为应用。利用激光高能、高温、高压的电磁场作用和烧灼作用,对病变组织进行切割、粘合、气化,即为激光手术。

超声波疗法 利用超声波作用于人体以达到治疗目的的方法。超声波是指频率在20 000Hz以上,不能引起正常人听觉反应的机械振动波。目前常用的频率一般为800~1 000千赫。小剂量超声波能使神经兴奋性降低,传导速度减慢,因而对周围神经疾病,如神经炎、神经痛,具有明显镇痛作用。对有组织损伤的伤口,超声波有刺激结缔组织增长的作用;当结缔组织过度增长时,超声波又有软化消散作用。临床常用于治疗运动器官创伤性疾病,如腰痛、肌痛、挫伤、肩周炎、颞颌关节功能紊乱、腱鞘炎等。活动性肺结核、严重心脏病、急性化脓性炎症、恶性肿瘤、出血倾向,以及孕妇下腹部、小儿骨骺部位等不宜采用。

力学疗法(mechanotherapy) 一种康复方法。日本柔道整复医师义谷首创,故又称"义谷疗法"。义谷认为:疾病的发生是人体力学均衡遭到破坏后所显示出来的征兆,特别是由于脊柱异常所致,而脊柱异常又归因于髋关节异常。因此,力学疗法是根据人体需要随时取得与地心引力作用相平衡的原理而治疗疾病,其核心是矫正异常髋关节来达到治病的目的。日常生活中注意运用力学疗法原理作为指导,既能防病治病,又能健美健身。

手法治疗(maneuver therapy) 一种康复方法。针对病变的具体情况采取相应的手法技术,对骨关节进行推动、牵拉、旋转等被动活动,以改善骨关节的功能、缓解疼痛、纠正一系列不适的治疗方法。这是一种西医治疗方法,不同于中医的推拿按摩。操作者必须熟悉骨关节的解剖和活动的生物力学原则。

针刺疗法(acupuncture and moxibustion therapy) 中国传统医学的一种疗法,有调节阴阳和扶正祛邪的作用,可以疏通经络、调理气血。常用于治疗脑瘫患儿。根据施术部位、针刺工具和操作方法的不同,分为头针、体针、耳针3种针刺方法:(1)头针法。刺激头皮相应区域,可反射性地增加大脑皮质相应部位的血流量,利用侧支循环,改善皮质缺血缺氧状态,以减轻组织损伤,使肢体、肌力和关节功能得以改善或恢复。(2)耳针法。用毫针刺激或皮内针埋于相应的耳穴,调整经络和脏腑的功能。因耳针刺激较强,小儿不易接受,故临床上常用药物种子或小磁珠代替耳针贴压在耳郭的穴位表面,以持续的刺激作用达到治疗疾病的目的。(3)体针法。用毫针刺激躯体及四肢的穴位,通过针感的传导以达到疏通经络、调整肢体功能的目的。

按摩疗法(massage therapy) 中国传统医学的一种疗法。根据中医的经络学说、按摩理论,现代神经生理学、运动学的有关知识来进行按摩治疗。中医认为,按摩具有调节阴阳、疏通经络、活血化瘀、通利关节等作用。现代医学认为,按摩具有调节机体功能、增强抗病能力、促进血液循环、缓解痉挛、加速组织修复等作用。具体操作方法包括:弹拨法、一指点穴法、诊锤叩击法、节段性按摩法、异常姿势矫正法等。

乘马疗法(ride-horse therapy) 运动疗法中的一种类型。用于辅助治疗患儿的脑性运动障碍。实施时患儿随着马体的上起下落获得平衡感觉,消除紧张,并能体验积极的前进运动。以马和人的关系、乘马时人与人的关系为基础,诱发和完成运动、娱乐的遐想。通过乘马运动可以看到患儿平衡性和体形的改善,动作协调性好转,而且有了主动性和活泼性,过高的肌张力得到放松,对人增加了信赖和谅解,增强自信心和自立性,并能将学得的技术应用到日常生活动作上,乘马后体验到疲劳感。实施需一定条件,同时必须注意安全。

作业疗法(occupational therapy) 应用作业活动进行治疗和康复的一种方法。应用有目的的、经过选择的作业活动,对于身体上、精神上、发育上有功能障碍或残疾,以致不同程度地丧失生活自理和职业劳动能力的患者进行治疗和训练,使其恢复、改善和增强生活、学习和劳动能力,作为家庭和社会的一员过上有意义的生活。作业活动基本上分为:(1)日常生活所必需的个人活动,如穿衣、进食、行走、个人清洁卫生等。这些日常生活作业活动是生活自理和保持健康所必需的。(2)生产和职业性的活动。通过从事这种作业活动,患者可以取得报酬,在经济上自给和扶养家庭;作业的成果又能为社会提供服务或增加精神财富和物质财富。(3)认知和教育性的活动。通过这种活动可促使人的记忆力、理解力、判断力、组织能力等方面的智能得到提高。(4)表现性和创造性的工作活动。可促进人的心理方面的素质的提高。(5)消遣性作业活动。主要用于满足个人的兴趣,消遣时间,并保持平衡的、劳逸结合的生活方式,如集邮、欣赏音乐、看电视、下棋等。

神经发育法(nerve developmental treatment) 又称"感觉运动法"(sensorimotor approach)。认知功能训练中的一种方法。在功能活动和认知技能方面都可应用。利用前庭感觉和触觉的综合输入,训练患儿控制姿势和平衡,鼓励他们应用两侧的身体,来提高感知技能和控制自己身体的能力。训练方法:先从低水平的有目标的活动开始,如在双肘支撑俯卧姿势下用双手玩扑克牌,在坐位下用病侧上肢负重,用健侧手做作业等,随着基本能力的综合改善,逐步加入需要较高水平的行为,如视、听等认知功能的作业。此法不适用于成年人。

Bobath 法(Bobath therapy) 又称"Bobath 神经发育治疗法"。脑瘫及一切肢体障碍者康复治疗的主要方法之一。由英国学者 Karel Bobath 和 Berta Bobath 夫妇于 20 世纪 50 年代共同创造。主要有:(1)控制异常的姿势反射(反应),特别注意控制或减弱高紧张型的异常姿势反射。(2)促进正常姿势反射、正常的运动形式,尤其是完成高精确度的翻正和平衡反应。在功能训练主体方向上,导入发育训练,以充分发挥儿童的潜在能力,力求达到以下目的:(1)提高抗重力、保持正常姿势与控制运动姿势紧张的能力。(2)控制异常姿势反应和异常姿势紧张的增长。(3)通过游戏和训练的方式,发展儿童的能力,使儿童在进食、更衣、排便等日常生活中能够自己完成动作。(4)预防关节挛缩和

转移训练法(transfer of training approach) 认知功能训练中的方法之一。前提是假定重复练习一种训练认知的作业,会影响患儿将来类似的行为。例如在桌面上进行的或利用计算机进行的形状匹配练习,将来会转变为将衣服形状和身体部分匹配等需要认知技能的行为等。

行为或社会法(behavioural or social approach) 认知训练法的一个组成部分。对于中风或颅脑损伤的患者,忧郁、疲劳、不易耐受挫折环境、认识过程有缺陷、记忆力不佳和缺乏洞察力等均可引起一些行为困难。因此,可将中性刺激和引起所需反应的刺激匹配起来对患者进行训练。例如当要患者起床和到治疗场所治疗时,患者拒绝起床而且变得极为焦急不安,解决的办法是只在治疗场所才给病人提供饮食,经过5日左右,病人就会适应,并且要通过一定的方式给予强化。

功能治疗法(functional remedial approach) 一种认知功能训练的方法。利用反复练习与日常功能活动有密切联系的活动,来训练患者认知功能的方法。让患者了解自己的残疾,通过改变环境或改变方法以提升认知水平。改变环境,如对有图像背景辨认障碍的病人,设法选用易于看得见和辨认的物体,并放在病人易于看得见的地方。改变方法,如进食时教会病人转动碟子,将食物转到他看得见的一侧,或将颜色鲜艳的标签放在袖口,以便他穿衣时易于找到等。

Peto 疗法(conductive education system) 又称"集团指导疗法""引导式教育法"。一种应用教育的方式使功能障碍者的异常功能得以改善或恢复正常的方法。由匈牙利学者 Peto Andras 教授于20世纪30年代提出。应用于功能障碍者的康复与疗育。实施时主要通过一定的手段诱导出预设的目标,引导出功能障碍者学习各种功能动作的一种局面。这种功能动作的学习并不是单纯通过外力的协助使功能障碍者完成某种功能动作,而是要通过功能障碍者本身的内在因素与外界环境的相互作用,使其主动、相对独立地完成功能动作,达到学习、掌握功能动作、主动完成的目的。引导的方式有:以适当的目的为媒介,通过引导者与功能障碍者复杂的整体活动,诱发功能障碍者本身的神经系统形成组织化和协调性。不仅要促进功能障碍者的功能障碍本身发生变化,还要使人格、个性发生变化,即智能、认知能力、人际交往等能力得以提高,进而促进功能障碍的改善。

肌腱延长术(tendon lengthening) 一种外科手术方法。切开部分肌腱或肌肉,利用肌肉自身产生的收缩张力将切口拉开,使肌肉延长。肌肉延长的程度与切口的长度和数目有关。主要应用于整形修复手术和重建手术中。

经络导平治疗 一种替代针灸的穴位治疗方法。采用低频率、高刺激电压的治疗仪进行。通过对病理经络进行强制性疏导平衡,达到治愈疾病的目的。可用于辅助治疗脑瘫、小儿麻痹后遗症、周围神经损伤、脑发育不良、精神运动发育迟缓、语言发育迟缓、多动症、失眠等神经系统疾病，以及一些运动系统疾病与消化系统疾病。

高压氧治疗（hyperbaric oxygenation therapy） 治疗脑瘫的一种方法。实施时将患者置于特制的高压氧舱内吸氧。高压氧舱可分单人舱和多人舱。前者是全舱给氧；后者是空气加压，面罩吸氧或气囊式面罩吸氧。

生物反馈疗法（biofeedback therapy） 又称"生物回授疗法""植物神经学习法"。在行为疗法的基础上发展起来的一种新的心理治疗技术和意识自我调节方法。通过生物反馈仪把人体的某些生理信号如脑电、肌电等，以视觉或听觉信号的形式反馈给人体，人体再通过训练来主动控制这些生理信号的变化，从而消除病理过程、恢复身心健康。

肢体残疾儿童教育（education for children with physical disabilities） 简称"肢残教育"。对四肢残缺或四肢、躯干麻痹及畸形，导致运动系统不同程度的功能丧失或功能障碍的儿童的教育。特殊教育的一种类型。在教育安置上根据儿童的具体情况确定。国外常见的安置方式主要有6种：(1)特殊学校。整个学校专门为某一类肢体残疾儿童而设计，在硬件教学设施、师资条件和课程安排等方面都要有周详和完整的规划。安置在此种学校的多为重度的肢体残疾儿童。第一所肢残学校创设时间，一说是1832年成立于德国慕尼黑，一说是1899年成立于英国伦敦。(2)特殊班。即将肢体残疾儿童安置于一般学校的隔离班或自足式班级中。学生大部分的课程教学在此特殊班中进行，但有些活动则与普通班学生混合进行，同时，这些混合学习活动的实施，也有赖于学校在学习环境、教材与教法方面做适当的设计与配合。(3)资源班或巡回辅导制。儿童平时在普通班上课，但由资源教室或巡回辅导人员提供他们所需的特殊教学或其他的相关服务，如康复训练等。(4)医院附设的特殊班。有些医院在为肢体残疾儿童进行诊断与治疗期间，为免其中断或荒废学业，附设特殊班级以提供必要的教育机会。需采用此种安置方式的多为重度肢残儿童。(5)家中教学。重度或极重度肢体残疾儿童，因为行动不便或学校中无法提供相关设施，而无法到校上课，所以申请在家教育，由学校派老师到其家中施教；或采用函授、广播电视教学的方式，为其提供学习的机会。(6)普通班，或称混合教育。即轻度肢体残疾儿童与健全的儿童一起上课，学校依据无障碍环境的理念，提供各种设备。中国目前对肢体残疾儿童的安置方式主要有3种：(1)普通学校。凡是能坚持正常学习的肢残儿童、少年都在普通学校的普通班学习，教师根据各个肢体残疾儿童的具体情况，采取适当的教学方法，以满足他们的特殊需要。(2)特殊学校。中国部分培智学校开始招收由脑性瘫痪造成的肢体运动障碍的儿童，他们中大多数伴有智力障碍；肢体残疾且伴有视力障碍的儿童可以进入盲人学校学习；肢体残疾且伴有听力障碍的儿童可进入聋人学校学习；另外，还有少数学校和机构专门招收脑瘫儿童进行教育训练。(3)在家自学。尚无条件进入学校学习的肢体残疾儿童,则由家长、所在学区的学校或康复、福利机构的教师进行自学辅导,他们主要为重度或极重度的肢体残疾儿童。课程设置主要包括下列内容:(1)普通课程,与一般儿童所学课程内容相同。(2)特殊教育课程,包括功能训练、学业辅导、生活辅导、职业教育四个领域。功能训练,主要进行物理治疗、作业治疗和语言治疗等。学业辅导,肢残儿童可能因自身的障碍而影响学习,因此,应尽可能加以辅导,使其学业不至于落后。生活辅导,主要进行安全教育、保健教育、心理辅导和休闲辅导等。职业辅导,在学龄阶段进行职业介绍,以产生职业认知。

病弱儿童教育(education for children with health impairments) 对长期患病和体质差的儿童的教育。特殊教育的一种类型。创始于1904年德国柏林开设的露天学校。主要特点是教学场所和教学活动的安排必须以不妨碍病弱儿童的治疗、休养和有益于康复为前提。根据学生身体条件,一般采取4种形式:(1)专门的特殊学校,多设在景色宜人之处,常依所处环境的特点取名,如露天学校、森林疗养学校(林间学校)、海边学校、湖畔学校、日光学校等。主要招收需疗养半年以上的儿童。课堂教学活动与露天自然环境的教学活动结合进行。除文化课外,每天安排一定时间进行保健治疗、日光浴、观察自然景色、医疗监护下的体能训练、各种课外文娱活动。(2)附设在医院或普通学校中的特殊班,主要招收还在治疗或尚不能坚持正常学习的儿童。教学内容和授课时间根据学生身体条件安排。(3)能坚持正常学习的病弱儿童在普通班级中学习,可酌情减轻课业负担,并由专门的巡回教师进行有计划的特殊辅导。需对教室环境、学生日常活动、营养摄取等实行医学监督,定期对学生进行身体检查。(4)床边教学。各种教育形式均把心理卫生指导作为教育任务之一。

肢残学校(school for the children with physical disabilities) 一种特殊学校。主要招收肢体残疾程度严重,不能在普通学校学习的学生。除一般教室外,还配备医疗室、功能训练室、理疗室、语言训练室、职业训练室等。有专家认为,第一所1832年成立于德国慕尼黑;但也有专家提出是1899年成立于英国伦敦。在台湾称为养护学校。在日本为养护学校的一种。1993年,由江苏省邳州市红十字会、中国爱德基金会和挪威基督教协会共同创办的小儿麻痹后遗症康复中心,是我国第一所为小儿麻痹后遗症患者提供强化康复服务和九年义务教育寄宿的肢残学校。

露天学校(open-air school) 又称"户外学校""开放式学校"。专门为健康状况差,不能坚持正常学习的学生设立的学校。除文化课以外,还为学生提供保护性的开阔空间,以使他们能获得充分的游戏和休息,并为学生提供午餐和多种有益于健康的活动,协助他们早日康复。

森林疗养学校 俄罗斯为患有慢性疾病需要长期治疗的少年儿童开设的特

殊学校。多建在有利于身体健康的森林地带,以使他们边接受森林气候治疗边进行学习。

床边教学(bedside teaching program)
为肢体障碍和病弱儿童安排的一种特殊教学形式。对象包括:(1)卧床治病3～6个月的儿童。(2)病情复杂、严重,不能坚持上学的儿童。(3)在医院或疗养院久卧病床的儿童。教育目的是帮助患儿克服因疾病造成的学业落后和由此而产生的心理障碍,巩固医疗效果,促进身体康复。由专任教师、义务工作者或家长实施,并配合视听或函授教学。授课时间和课业负担按照医嘱和学生身体、情绪等状况安排。

康复器械(rehabilitation instrument)
肢体残疾患者在康复训练中所运用的器械。可对患者的各种功能进行训练,尽可能地、最大限度地改善、提高或恢复他们的各种障碍功能。主要包括:(1)爬行器,用于脑性瘫痪患儿在训练过程中诱发俯爬运动、四肢爬移动的训练器具。(2)斜板车,轮椅的前面安装一块倾斜的板而改造成的一种移动用辅助用具。用于上肢功能较好,但难以应用拐与步行器的患者。(3)步行器,主要适用于幼儿与低龄儿,以达到抑制异常姿势与运动的目的,促进移动运动的发育。(4)拐,有各种各样的拐适用于脑瘫患儿及所有下肢运动功能有障碍的患者,如用腋窝支撑的拐、手拐等。(5)楔形垫,用于脑瘫儿童的康复训练。其长度取决于患儿的身长,高度取决于患儿所要开展的训练项目。训练项目有头部控制训练,上肢负重训练,翻身训练,坐起训练等。(6)滚筒。(7)训练球。(8)坐姿矫正椅,用于全身异常姿势比较严重、非对称性姿势比较明显的患儿,以及躯干抗重力能力较差的患儿。患儿连续坐位一般不应超过2小时。(9)平衡板,根据患儿的运动能力,让患儿俯卧、仰卧、坐、跪立或站立在平衡板上,训练师慢慢摇动平衡板,使患儿向前、后、左、右不同方向倾斜,诱发患儿的平衡反应。(10)爬行架,让患儿俯卧于爬行架的吊带上,鼓励患儿做向前/向后的爬行移动。(11)站立架,用于不能独自站立的患儿进行被动站立训练。(12)平行杠。(13)步行器,患儿学习行走的重要工具。患儿可双手握住步行器把手,向前推着行走,步行姿势要尽量正确。(14)斜板,主要用于纠正患儿踝关节的异常姿势。如纠正尖足、足内翻、足外翻等。(15)沙袋,用于提高患儿坐位稳定性,训练增强肌力,或在手足徐动的脑瘫患儿腕部或踝部绑上沙袋,抑制其不自主运动。(16)套圈,包括数个不同大小、不同颜色的圆圈。患儿通过套圈训练,可促进上肢的伸展,对大小、颜色的认识,以及手眼协调能力的提高。(17)木钉板,不同型号的木钉板有不同的训练效果。大号木钉板主要用于粗大的抓握动作训练,小号木钉板主要用于精细的捏取动作训练。(18)手指分离板,有些患儿上肢易处于屈曲范型,肘关节、腕关节屈曲,拇指内收,握拳,可应用手指分离板进行纠正训练,促进肘关节、腕关节伸展。(19)手指阶梯,用于促进手指分离动作的产生。让患儿用食指按住第一级阶梯,中指伸出按住第二级阶梯,交替上升,到达最高一级后再交替下降。(20)侧躺椅,用于阻止患儿异常的原始反射,使患儿全身姿势对称,促使手放到胸前中线位及体位引流。(21)角椅,用于控制患儿头部的正确姿势,限制肩带收缩,保持躯干正直及髋、膝部姿势正确。(22)裹臂(腿)夹板,用于矫正肘(膝)关节的屈曲痉挛,辅助练站和活动上肢。(23)拉力器,用于增加上肢的肌力,训练上肢屈伸协调动作。(24)轮椅。

自助具(self-help devices) 提高患者的自身能力,使其能较省力省时地完成一些原来无法完成的日常生活活动,从而增加生活独立性的辅助装置。品种繁多,从简单的日用器皿到复杂的电动装置,以及计算机化的环境控制遥控系统等。根据其用途,又可分为进食、书写、阅读、穿衣、个人卫生、移位活动、交往活动、体育、娱乐以及职业活动等类别。

磁性腕关节控制托(magnetic wrist hold-down) 适用于关节活动者的一种书写自助器。使用时,将一磁铁片固定在腕部及前臂,以保证手的稳定活动,同时在桌面增加金属板,有助于减少书写时的不自主的运动。

自动翻页器(automatic page turner) 一种可供手指功能障碍,无法翻书的患者阅读书刊时使用的简单器械。将一根末端为橡胶的金属小棍环绕手掌或插入多用生活袖套。如果上肢功能完全丧失则可以以电池为动力,利用头操纵杆、口操纵杆或脚、残肢触压开关进行控制,从而实现前后翻动纸页的功能。

漩涡浴(whirl pool bath) 一种水疗方法。漩涡浴槽多用不锈钢或全塑料制成,水的温度、涡流刺激的强度和治疗时间均可自动调节。有上肢浴、下肢浴和全身浴用3种装置。槽底是防滑的。槽内的喷水嘴都可以根据治疗的部位多方位转动,以利于发挥水流的机械刺激作用。主要作用为改善血液循环、镇痛,由于综合了温度和机械刺激,对创伤后手足的肿痛特别有用。此外可用于治疗骨关节、肌肉风湿疾患、关节扭挫伤、神经麻痹、骨折后遗症等。

平行杠(parallel bars) 一种训练站立和行走能力的器械。由两根长度一致、相互平行、容易抓握,半径为3~5厘米的横杠,以及可调节高度为40~120厘米,可调节幅度为40~80厘米的立柱构成。有移动式和固定式两种类型。主要作用:(1)保持上肢正确的站立姿势,躯干的平衡训练。(2)为使用拐杖和助行器进行行走前的准备训练。(3)各个阶段的各种行走姿势的学习。(4)增强上肢和躯干的肌力,改善关节活动度。(5)站立,蹲下的训练。

固定自行车(stationary bicycle) 训练关节和肌肉功能的器械。只有一个车轮,并有架子托起被固定的训练用自行车,车轮部有显示旋转数的可调节的抵抗装置,附有行走距离(米数)和速度的附属装置。可帮助下肢障碍者改善髋关节和膝关节的活动性,以及下肢的交替运动的协调性,增强下肢的抗重力肌群和行走的耐久性。

支具（stretcher） 又称"矫形器"。暂时或长期用于人体四肢、躯干等部位，通过力的作用以预防、矫正畸形、治疗骨关节及神经肌肉疾患并补偿其功能的器械。包括拐杖、支架、夹板、矫形鞋、支持躯干的背支架等。适用的疾患包括：(1)先天性或出生时所致，如大脑瘫痪、脊椎裂、先天性畸形足等。(2)因疾病所致，如脑卒中、关节炎、脊髓灰质炎、脊柱侧弯、股骨头骨骺骨软骨炎等。(3)因创伤所致，如骨折、脊髓损伤以及某些手术之后等。性能要求首先是符合生物力学原理和具有较好的疗效，并尽可能做到结构简单、穿脱方便、轻便、耐用、安全可靠、无不良副作用、透气性好、易保持清洁、穿戴时不引人注目以及价格低廉。基本功能为：(1)稳定与支持。通过限制异常运动来保持关节的稳定性，以恢复肢体的承重能力。(2)助动功能。通过某种装置（橡皮筋、弹簧或其他外源力）来代偿失去的肌肉功能，使麻痹的肢体产生运动。(3)矫正功能。通过力的作用（如常用的三点力原理）来矫正肢体的畸形或防止畸形加重。(4)保护功能。通过对病变的肢体的保护作用来保持肢体的正常对线关系，以促使病变愈合。按照使用部位可分为：上肢支具、下肢支具、脊柱支具、矫形鞋、内脏托带。

矫形器（orthosis） 见"支具"。

转移辅助器 用于自行移动困难的残疾病人的辅助器具。基本包括两大类：(1)升降装置。(2)专用交通工具。如手摇轮椅车、电动轮椅车、机动轮椅车、手摇自行车等。

轮椅（wheel chair） 供行走不便者使用的代步器械。促使其提高日常生活自理能力和工作能力，有助于心理方面的平衡。由大轮、小轮、轮环、扶手、靠背、座位、脚踏板、刹车装置等部件构成。有手动和电动两种驱动方式，手动的基本类型有后轮驱动式、前轮驱动式和单手驱动式三种。还有竞技用轮椅、站立用轮椅、洗浴用轮椅以及休息用轮椅等特殊类型的轮椅。尺寸及式样可根据婴儿、少年和成人的不同需要设计和选择。

功能训练器械（functional training equipment） 功能锻炼的辅助设置总称。种类很多，既有简单的单功能训练器，也有复杂的用微电脑控制的综合训练器械。按作用原理不同，可分为主动训练器械（动力源来自训练部位本身）和被动训练器械（利用训练部位以外的动力实现训练动作，包括体外动力和患者健康部位的动力）。按用途不同又可分为：上肢训练器械、下肢训练器械、综合训练器械、起立、行走训练器械等。

滚筒（roller） 训练病残儿童感觉、平衡、运动功能和诱发姿势反射的一种康复器械。有不同的型号，在训练中可选择使用。训练方法主要有：(1)使患儿俯卧于滚筒上，上肢置于滚筒外并呈外展位，用玩具吸引患儿，诱导其抬头，进行头颈控制训练。(2)滚筒的高度应低于患儿上肢的长度，使患儿俯卧于滚筒上，屈曲髋关节、膝关节，用四肢支撑身体，进行手膝位支撑负重训练。(3)使患儿俯卧于滚筒上,训练师握住患儿大腿向前滚动,使患儿用双上肢支撑身体,诱导患儿的向前保护性伸展反应。(4)滚筒的长度应大于患儿身体的长度,使患儿横卧于滚筒上,训练师用手固定患儿的髋部或躯干下部,慢慢转动滚筒使患儿分别向两侧倾斜,让患儿用一侧上肢支撑,诱导患儿的两侧保护性伸展反应。(5)滚筒的高度要适中(患儿的脚应能平放在地面上),让患儿骑坐在滚筒上,训练师慢慢转动滚筒,使患儿分别向两侧倾斜,诱发左右平衡反应。(6)让患儿横坐在滚筒上,训练师慢慢转动滚筒,使患儿分别向前后倾斜,诱发前后平衡反应。

助行器(walker) 辅助人体站立及行走的工具和设备。大致可分为3类:(1)无动力式助行器。(2)功能性电刺激助行器。(3)动力式助行器。康复训练和日常生活中最常用的是无动力式助行器,如各种拐、手杖和步行器。

训练球(training ball) 训练病残儿童感觉、平衡、运动功能和诱发姿势反射的一种康复器械。利用训练球的弹性,可以使肌张力高的患儿肌肉松弛,降低痉挛程度,也可以刺激肌张力低的患儿提高抗重力能力,提高肌力。因训练球能四处滚动,又可利用它做平衡训练。常用的训练方式有:(1)使躯干痉挛的患儿俯卧或侧卧在训练球上,利用训练球的弹性使患儿肌肉松弛,降低肌张力。还可使躯干肌张力低的患儿俯卧在训练球上,训练师在患儿臀部加压,刺激颈肌和背肌收缩,促进躯干伸展。(2)让患儿俯卧、仰卧或坐在训练球上,训练师扶持患儿臀部,慢慢滚动训练球,使患儿向前后左右不同方向移动,诱发平衡反应。(3)让患儿俯卧在训练球上,双手向前,训练师扶持患儿臀部,将训练球突然向前推,诱发患儿双上肢的保护性伸展反应。(4)让患儿仰卧在训练球上,双下肢屈曲,训练师握住患儿小腿,前后滚动训练球,鼓励患儿抬头,提高其头颈控制能力。(5)让患儿坐在训练球上向后推球,这样可诱发患儿的躯干前屈与足的主动背屈。

减重步态训练器(Partial Weight Bearing Gait Therapy,PWB-GT) 步行训练的一种康复器械。用减重吊带将患者身体部分悬吊,使患者步行时下肢的负重减少,保证步行安全,提高步行功能。用于骨关节、神经系统疾患引起下肢无力、疼痛、痉挛的患者,帮助他们及早进行步态功能训练。悬吊带的着力点一般在腰部和会阴部,非腋下或大腿。使用时可以根据患者的需要,采用地面行走或活动平板行走。

行走训练器 一种训练行走功能的康复器械。由车体和与车体配合使用的防护带裤两部分组成。可供幼儿、下肢无力、瘫痪和伤残人员使用,以达到抑制异常姿势与运动,提高行走功能的目的。

肋木(climbing shelf) 一种康复训练的辅助器材。构造是在两根立柱之间装置若干平行的圆形横木。可进行上下肢关节活动范围和肌力训练、蹲起和站立训练、平衡及身体的牵伸展训练,以提高身体的肌力、协调性、平衡性、柔韧性和灵敏度。

物理治疗凳(physical therapy stool) 简称"PT凳"。物理治疗师对患者进行训练时坐用的小凳子。高度与训练台相适应,凳下有轮,可以向各个方向灵活移动,以适应训练的需要。

关节训练器(joint training device) 改善身体关节活动范围的康复训练器材。包括:肩关节训练器、肘关节训练器、腕关节训练器、髋关节训练器、膝关节训练器以及踝关节训练器等。适用于关节活动范围异常的患者。

空心球浴池(bubble ball bath) 训练病残儿童感觉、平衡、运动功能的一组器具。在地上铺一块毯子,在毯子上用可折叠的、相互连接的若干块泡沫塑料板围成浴池状,内放一定数量颜色各异,直径5厘米的塑料空心球。训练时患儿进入池内,通过肢体与空心球的摩擦接触,可激发其做各种有兴趣的游戏活动,并获得视觉、触觉、平衡觉、运动觉等多种感觉的反馈。

可调式头部指棍(adjustable head pointer) 一种帮助上肢截肢或瘫痪患者书写或绘图的器具。由头箍、一根装在头箍上的钝角形金属棍及其一端的笔套构成。头箍尺寸和棍子的长度、角度均可调节。使用时将头箍戴在头上,并把铅笔套入笔套中,用头部的运动来进行书写。

阶梯升降机(ladder elevator) 供行动不便者上下楼层的专用机械。类型有3种。坐式:装在楼梯扶手上带有动力装置的平台,可坐1人,能沿楼梯逐级升降。垂直车式:式样为半封闭网厢,可供轮椅出入,在各楼层间垂直升降。车式:类似普通电梯,但可供轮椅上下。

无障碍五项最低标准(the lowest five scale of barrier-free) 可供轮椅通过的建筑设施的最基本要求。由国际康复会制定。内容是:(1)入口:为残疾人设置取代台阶的坡道,坡度在1/12以下。(2)门:净宽在80厘米以上,采用旋转门的场所需另设残疾人入口。(3)走廊:净宽在130厘米以上。(4)洗手间:为残疾人设置有扶手的坐便器,洗手间的隔断门做成外开式或侧向推拉门,以保证内部空间利于轮椅出入。(5)电梯:入口净宽在80厘米以上。

无障碍标志(barrier-free symbol) 表示轮椅使用者或其他行动不便者完全可以通行的国际统一标记。由一名丹麦学生设计,1969年在爱尔兰首都柏林召开的世界康复大会上由65个国家的代表表决通过。形状常为正方形,一般以天蓝色为底色,用白色线条勾画出一个人坐在轮椅上的轮廓。要求展示在无通行障碍的公共建筑、旅馆、剧院、餐馆、商店、道路交通运输设施的显著位置。

《城市道路和建筑物无障碍设计规范》 中国第一个正式施行的无障碍建筑设计行政规章。2001年8月1日由建设部、民政部、中国残疾人联合会联合发布实施。制定的基础是1986年7月由建设部、民政部、中国残疾人福利基金会共同编制,1989年4月1日颁布实施的《方便残疾人使用的城市道路和建筑物设计规范(试行)》;建设部《关于做好城市无障碍设施建设的通知》、《关于贯彻实施"方便残疾人使用的城市道路和建筑物设计规范"若干补充规定的通知》、《关于印发建筑工程项目施工图设计文件审查试行办法的通知》等规定。涉及主要方面包括：(1)城市道路。实施无障碍的范围是：人行道、过街天桥与过街地道、桥梁、隧道、立体交叉的人行道、人行道口等。无障碍内容是：设有路缘石(马路牙子)的人行道在各种路口应设缘石坡道；城市中心区、政府机关地段、商业街及交通建筑等重点地段，桥梁、隧道的人行道、立体交叉的人行道应设盲道；城市中心区、商业区、居住区及主要公共建筑设置的人行天桥和人行地道应设符合轮椅通行的轮椅坡道或电梯，坡道和台阶的两侧应设扶手，上口和下口及桥下防护区、公交候车站地段应设提示盲道。(2)居住区。实施无障碍的范围主要是道路、绿地等。无障碍要求是：设有路缘石的人行道在各路口应设缘石坡道；主要公共服务设施地段的人行道应设盲道，公交候车站应设提示盲道；公园、小游园及儿童活动场的通路应符合轮椅通行要求，公园、小游园及儿童活动场通路的入口应设提示盲道。(3)房屋建筑。实施无障碍的范围是：办公、科研、商业、服务、文化、纪念、观演、体育、交通、医疗、学校、园林、居住建筑等。无障碍要求是：建筑入口、走道、平台、门、门厅、楼梯、电梯、公共厕所、浴室、电话、客房、住房、标志、盲道、轮椅席等应依据建筑性能配有相关无障碍设施。

中国肢残人协会 中国残疾人联合会的专门协会之一。1988年根据中国残疾人联合会章程成立。任务是：(1)团结、教育肢残人遵守国家法律，履行应尽义务，沟通肢残人与社会之间的联系，自尊、自信、自强、自立，为构建和谐社会、全面建设小康社会贡献力量。(2)促进肢残人的康复、教育、扶贫、劳动就业、维权、社会保障及残疾预防工作，参与、举办有关肢残人的各类培训，开展有益于肢残人身心健康的群众性文化体育活动。(3)推进无障碍环境的建设，推动肢残人辅助器具的开发与应用。对肢残人驾车、残疾人机动车运营等具有肢残人特色的工作提供咨询、建议、服务和监督。(4)在肢残人中培养、推荐残疾人工作者。(5)承办中国残疾人联合会委托的工作。(6)代表中国肢残人参加国际活动，促进国际交流与合作。

残疾人无障碍示范小区 具备完善的无障碍设施，方便残疾人生活的规范社区。应联合国亚太地区经济和社会发展理事会要求，在中国北京、泰国曼谷、印度新德里三个城市分别进行建设试点。北京定址于方庄地区。从1996年1月～1997年4月，在方庄1.46平方公里地域内实施23个改建项目，工程规模浩大，包括在7500米长的人行便道上铺设盲道，商店、中小学校、医院、写字楼及部分住宅进行无障碍改造等。

世界骨质疏松日 世界卫生组织1997年发起的一个全球性活动日。每年的10月20日。活动目的是提高人们对这种疾病的认识。全世界约有2亿人患骨质疏松症，其发病率随年龄的增长而增加,已跃居常见病、多发病的第 7 位,我国老年人中患病比例占一半以上。骨质疏松的最大危害是容易骨折,严重影响中老年人的生命质量。2000 年,我国卫生部正式加入世界骨骼与关节健康十年行动(2002~2011 年)。这项行动的目标是:增进世界范围内患有肌肉与骨骼疾病患者的健康,进一步改善人们的生活质量。

世界骨关节日 世界卫生组织 1999 年发起的一个全球性活动日。活动目的是提示人们重视和防治关节炎。并将 2000~2010 年定为"骨关节十年"。

9 多重残疾教育
Education for Multiple Disabilites

综合残疾(multiple disability) 1987年中国残疾人抽样调查使用的名称。人的生理与心理发生两种或两种以上失调的状况,给人的器官功能和个人活动造成严重的影响。如盲聋者失去或大部分失去视觉和听觉,产生严重的感知障碍;肢体损伤兼眼的损伤则降低了行动上的能力并产生感知上的困难。所以,患者需依赖长期的多种服务设施,包括医学、教育、心理、社会等多方面的服务,才能满足身心发展的需要。有多种类型的组合。较常出现的组合有智能不足兼脑性瘫痪;智力落后兼听觉障碍;智力落后伴随行为问题;聋兼盲等。我国1987年进行的残疾人抽样调查按照视力残疾、听力语言残疾、智力残疾、肢体残疾、精神病残疾的不同组合把综合残疾分为二重、三重、四重和五重,其中二重残疾占综合残疾人总数的88.13%,三重残疾占10.57%,四重残疾占1.19%,五重残疾占0.11%。在综合残疾儿童中95%兼有智力残疾,三种以上的残疾基本上都兼有智力残疾。与"多重障碍"、"多重缺陷"等词在意义上有所差别,但在实际运用时常通用。

多重残疾(multiple disability) 曾称"综合残疾"。在1990年全国人大常委会通过的《残疾人保障法》中改称现名。2006年第二次全国残疾人抽样调查中定义为:存在两种或两种以上残疾。多重残疾应指出其残疾的类别,按所属残疾中最重类别残疾分级标准进行分级。

多重障碍(multiple impairment) 生理、心理或感官上两种或两种以上障碍合并出现的状况(如聋盲、智力落后兼肢体障碍等)。障碍状况的合并出现造成患者更加特殊的教育需求,往往使得专为某一类障碍设计的特殊教育方案不能奏效。导致因素较多,如受孕期的遗传缺陷、疾病感染、药物影响,以及围产期缺氧、外伤,出生后的重度伤害与疾病等。患者多具有共同的病理特征,即脑伤或中枢神经系统损伤,由此导致多重病理现象,如感觉接收、动作反应、神经功能等障碍。研究者多以常见的障碍组合为分类基础。如柯克与加拉赫(Kirk and Gallagher)将其分为以下几种:(1)以智能障碍为主的多种障碍。如智力障碍兼脑性瘫痪,智力障碍兼听觉障碍,智力障碍兼严重行为问题。(2)以情绪障碍为主的多重障碍。如情绪障碍兼听觉障碍。(3)视听感官的双重障碍等。

多重畸形(multiple malformations) 机体器官或组织的体积、形态、部位、结构发育出现两种或两种以上的异常或缺陷。如脊髓膨出、结节性脑硬化症、纤维神经瘤等。按发生时间可分为:(1)先天性多重畸形。机体在出生前器官与组织的发育已不正常,可由遗传、母亲孕期发生病毒性感染、父母近亲结婚、产伤等造成。(2)获得性多重畸形。机体出生后由于疾病、外伤等原因造成。

二重残疾 个体的身体或心理上同时出现两种失常或缺陷的状况。有不同的组合类型。我国 1987 年残疾人抽样调查的类型有:视力残疾兼听力语言残疾,视力残疾兼智力残疾,视力残疾兼肢体残疾,视力残疾兼精神病残疾,听力语言残疾兼智力残疾,听力语言残疾兼肢体残疾,听力语言残疾兼精神病残疾,智力残疾兼肢体残疾,智力残疾兼精神病残疾,肢体残疾兼精神病残疾。患者人数占我国综合残疾总数的 88.13%。在 0～14 岁综合残疾儿童中占 81.21%,其中 94.18% 兼有智力残疾。

三重残疾 个体的身体、心理上同时出现三种失常或缺陷的状况。有多种不同类型的组合。我国 1987 年残疾人抽样调查的类型有:(1)视力、听力语言、智力残疾。(2)视力、听力语言、肢体残疾。(3)视力、听力语言、精神病残疾。(4)听力语言、智力、肢体残疾。(5)智力、肢体、视力残疾。(6)听力语言、肢体、精神病残疾。(7)肢体、精神病、视力残疾。(8)视力、智力、精神病残疾。(9)智力、肢体、精神病残疾。(10)智力、听力、精神病残疾。患者人数占我国综合残疾总数的 10.57%。患儿占 0～14 岁综合残疾儿童总数的 16.8%,其中 99% 兼有智力残疾。

四重残疾 个体的身体、心理上同时出现四种失常或缺陷的状况。有多种组合类型。我国 1987 年残疾人抽样调查的类型有:(1)视力、听力语言、智力、肢体残疾。(2)视力、听力语言、肢体、精神病残疾。(3)视力、智力、肢体、精神病残疾。(4)视力、听力语言、智力、精神病残疾。(5)听力语言、智力、肢体、精神病残疾。患者人数约占我国综合残疾总数的 1.19%。患儿占 0～14 岁综合残疾儿童总数的 1.74%,全部都兼有智力残疾。

五重残疾 个体身体、心理上同时出现五种失常或缺陷的状况。这种情况极其少见。我国 1987 年残疾人口抽样调查中指同时具有视力残疾、听力残疾、精神病残疾、肢体残疾、智力残疾的人。约占我国综合残疾总数的 0.11%。

重度障碍(severe impairment) 又译"重度损伤"。个体的身心发展出现比较严重的问题,以至于需要长期的多方面的特殊服务的缺陷状况。按残疾的轻、中、重度划分的障碍种类之一。主要包括重度、极重度情绪障碍(精神分裂症、自闭症),重度、极重度智力落后,以及同时具有两种或两种以上的严重障碍的状况。这类儿童往往表现出严重的语言及认知方面的缺陷,并显现出许多异常行为,如动作发展的严重滞后、对基本的外界刺激缺乏反应、自伤、自我刺激,生理基础极其脆弱等。对他们进行教育和训练的重点在于感觉动作发展、身体发展、自我服务、语言和社会适应等几个领域。经过一定的教育训练,某些类型的儿童可以掌握一些简单的自我照顾技能,自我保护技能,可在保护性工作环境中从事一些简单的工作。某些类型的儿童则可能终生需要监护。患者除某一障碍外,常伴随其他障碍。在许多文献中常成为"多重障碍"的同义词。

重度情绪困扰(seriously emotional disturbed) 又称"重度情绪紊乱"。指个性发展长期明显地偏离常态,对个体生理功能、语言发展、智能发展、学业和职业发展都产生严重不利影响的一种状况。可由神经系统的病理过程引起。表现为严重的心理冲突,焦虑或恐惧、压迫、退缩,并常伴有身心疾病、自伤行为及言语障碍(如不能言语、理解语言困难,说话怪异等),难以正常学习和适应生活。矫正措施包括:消除造成的原因;进行治疗、教育;建立合适的环境,改变其过度活动或害怕退缩的状态。以上需由医生和特殊教育、心理工作者协同进行工作。

两种以上严重障碍(more than two severe impairments) 个体在生理、心理、感官上出现两种以上较严重的障碍。如重度智力落后、聋又合并严重肢残、脑性瘫痪兼聋、盲。严重障碍的合并出现,导致个体的适应更加困难,增加教育训练的难度。教育的重点放在自我服务、自我管理、交往、社会适应等基本技能的培养上。

盲聋障碍(deaf-blind impairment) 指同时具有视觉和听觉障碍的状况。由于两个主要感官的障碍,使得盲聋障碍者存在严重的交流、发展和教育问题,而无法适应专为聋童或盲童设置的教育计划。可利用尚存的感官对患者进行教育训练。美国著名的海伦·凯勒、前苏联斯科罗霍多娃就是受教育后成为学者的成功范例。导致原因主要为母亲怀孕期间患风疹。通常发生率并不太高。参见"二重感觉障碍"。

二重感觉障碍(double sensory impairments) 个体两个感觉系统受到损害,严重影响其与环境和他人关系的障碍状况。对个体可造成严重的交往及其他发育上的问题,使得患者不能适应仅为一种感觉障碍设置的教育计划。需要有不同的教育体系。在美国对残疾的分类中把此类单分出来,以区别于盲聋障碍。

多重障碍儿童早期评价(early assessment for multi-impaired children) 发现导致多重障碍原因、对多重障碍儿童身心发展水平进行评价、预测的方法。第一部分工作主要是对障碍的性质进行鉴定,对多重障碍发现得越早,教育与康复的效果越显著。对多重障碍儿童的辨认,由于其特殊的表现及与生理缺陷或身体病弱有密切关系,比较容易做到早发现。医学诊断是鉴定工作的一个重要环节,最早从胎儿期开始。"羊膜穿刺术"、"艾普格检查"是早期发现可能伤残状况的方法。各种专科医生,包括儿科、神经科、精神科、耳鼻喉科、眼科也参与鉴定。鉴定结果要表明:(1)障碍状况的医学名称并做出简短解释。(2)指出障碍状况是否为进行性。儿童的生长发育史、病史、家族史也要详细询问。从心理、教育、社会等观点,用测验、观察、访谈的方式了解儿童的心智功能、人格、交往能力。需要医生、心理学家、教育人员、社会工作者、语言病理学家、物理治疗人员及家长的合作完成对多重障碍儿童的鉴定。第二部分鉴定工作主要是对儿童的能力水平进行评价以便确立教学目标、实施有针对性的教育与训练。评价范围包括大动作、精细动作、语言、自理及社会性能力。对生理上有困难儿童尤要注意发现他们的特殊需要并给予适当的生理上的帮助。

多重障碍儿童早期教育计划(early education program for multi-impaired children) 1968 年美国国会通过的一个教育方案。方案的重点是 7 个月到 5 岁多重、重度障碍儿童及其家庭问题,再由州和地方机构加以补充、推广。工作人员由多学科人员组成:主要有教师、理疗师、语言病理学家、辅助人员等。在实施家庭及学校计划前,要对所有儿童进行概念学习、社会行为、语言、运动发育、自我服务及学校技能评价。初评后,为每个儿童制订个别指导计划。个别计划在教室和家庭环境中实施。在教室中障碍儿童与普通同伴共同工作或游戏。评价儿童的进步要用 3 类工具:(1)标准化的方法,如贝利婴儿发育量表,可在学年开始及结束时测查。(2)学生进步记录,全州通用的评价方法,监测儿童自学年开始到结束时的进步。(3)结合课程评价,与确定的训练目标及达到目标的进程进行比较。家庭指导方法有:家长定期与工作人员接触,讨论儿童进步的情况。让家长观察、参与课堂教学、学习《父母训练手册》及参加讨论会,然后回家训练孩子。工作人员水平的提高,采用每周召开工作人员会议、讨论课堂上发现的问题、请顾问定期参加讨论、了解外界的评价、增加工作人员的新知识及新的干预方法等方式。设置下列几种机构:(1)示范中心,为多重、重度障碍儿童及其家属服务,示范当时最好的矫治方法。(2)延伸中心,培训工作人员并提供信息。(3)州设置奖励基金,帮助州制订计划和扩充对这类儿童的服务设置。(4)幼儿研究所,主要研究训练方法的有效性、亲子关系及其他课题。(5)技术资助,由示范中心及州教育部提供连续训练及特殊资助的专门机构承担。

多重残疾听力损伤者(multiple disabled and hearing impaired) 听力损失 90 分贝以上的听力残疾者存在其他缺陷的情况。这种其他缺陷情况可以是身体、智力、情绪或行为方面的。最常见的是情绪困扰、学习障碍或智力障碍。一般以听力残疾为主要缺陷者进入聋校学习,并进行较多的个别教育,中国大陆聋校已开始对兼有智力残疾、肢残等听力障碍者进行教育。

粘多糖病(mucopoly saccharidosis) 一种遗传性代谢紊乱疾病。主要症状:患者全身各组织的细胞内及尿内有过多的粘多糖酸,并具有特殊的丑陋面容。骨骼异常、侏儒、运动及智力障碍和角膜混浊等特征。一般分为6型或8型,主要有:(1)粘多糖病Ⅰ(H)型:又称 Hurler 综合征,为最多见的型别。本型患儿出生几个月内,外貌尚正常,多在1岁以后症状逐渐明显。面形奇特:头大,有脑积水、前额低;眼距大;马鞍鼻、鼻孔大、鼻尖宽;嘴唇外翻、张口;舌肥厚;牙小而分散;耳低下;另外角膜云翳,视网膜退化,渐致视力减退;听觉常有障碍,有神经性耳聋;智力迟钝发生较早,语言发育落后;腰背部有后突畸形。(2)粘多糖病Ⅱ型:又称 Hunter 综合征,与Ⅰ型不同处是无角膜混浊和腰椎后突。智力低下发生较晚,程度轻,进展缓慢,常伴有耳聋。(3)粘多糖病Ⅲ型:又称"菲利普综合征"(Sanfilippo syndrome),主要是严重脑发育不全,没有角膜混浊,骨骼畸形较轻。(4)粘多糖病Ⅳ型:又称"摩固欧综合征"(Morquio syndrome),本型少见。生后正常,第12~18个月会走时始发现异常。4岁左右体征明显:胸腰段后突、膝外翻、足外翻、躯干矮小、眼距宽、马鞍鼻,但智力正常。

蜡样脂质褐质病(ceroid lipofuscinosis) 一种脂肪代谢异常的常染色体隐性遗传病。临床可分为以下几型:(1)急性神经元型(晚期婴儿型):发病于1~4岁之间,突然出现严重惊厥,常伴肌肉阵发性痉挛,继而出现进行性智力障碍、共济失调、视网膜萎缩、黄斑部分色素变性、视神经萎缩,最后导致严重运动、精神、视觉功能障碍。(2)慢性神经元型(幼年型):5~8岁间发病,进展缓慢。开始有视觉减退,继而精神、行为、智力障碍在数年内逐渐加重,学习成绩下降,语言障碍明显。晚期可出现痴呆及持续性肌阵挛。(3)非典型神经元型:兼有急性和慢性两型的特点。(4)成人型:在16岁以后得病,主要为进行性小脑共济失调及肌阵挛性癫痫和多动,无视网膜病变,痴呆的程度较低。

CM1 神经节苷脂贮积症(CM1, gangliosidosis) 一种神经系统常染色体隐性遗传病。分Ⅰ型(婴儿型)和Ⅱ型(幼儿型)。Ⅰ型为全身性神经节苷脂病,脑和内脏都有沉积物,在出生时即有异常,病情发展迅速。患儿呈特殊外貌:前额突出、鼻梁凹陷、耳位低、舌大、人中延长、面部多毛等。新生儿期肌张力低下、无力、发育迟缓、反应迟钝;6~7个月仍不能注视,有眼颤。早期即出现严重惊厥。约1/2患儿眼底有黄斑部樱桃红点,出生后数月肝脾开始肿大,脊柱后弯,关节挛缩,呈爪状手,最终出现去大脑状态。对周围环境的反应消失。Ⅱ型出生时正常,于婴幼儿期出现症状,只限于神经系统。主要表现为发育落后,走路不稳,语言不清,随病情进展渐出现痴呆、惊厥、四肢瘫痪。

尼曼—皮克氏病(Niemann-Pick disease) 一种常染色体隐性遗传疾病。病因是由于先天性鞘磷脂酶缺乏，鞘磷脂不能得到正常分解，而蓄积于肝、脾、骨髓、肺、淋巴结等组织内，形成尼曼—皮克细胞而累积于内脏及神经系统。临床上分3种类型：A型：最常见的一种。内脏和神经系统都受累，有明显的肝脾肿大和进行性智力、运动发育减退。随病情进展可出现失明、耳聋等症。B型：表现为肝肿大或肝脾肿大，没有神经系统症状。C型：常在1岁后发病，兼有内脏和神经系统症状，可有进行性痴呆、耳聋、共济失调、痉挛性瘫痪等。

家族性基底节钙化症(familial calcification of basal ganglia) 又称"Fahr氏病"。一种遗传性疾病。其特征是在脑血管壁内，尤其是在豆状核和齿状核的血管壁内有大量钙沉着。各年龄均有发病，婴儿型是缓慢进行性病程。主要表现为精神发育迟缓、抽搐、运动障碍、肢体瘫痪；部分病儿可有偏盲、颅神经及小脑损害症状、皮肤感觉障碍、痴呆等。

结节性硬化症(tuberous sclerosis) 一种以大脑组织发育异常为主的疾病。主要特点是惊厥、智力低下及皮脂腺瘤，发病率为1/10万，多在2岁以内发病。以婴儿痉挛症发作及皮脂腺瘤为突出症状之一。多数患儿在2～6岁出现，青春期最明显。皮脂腺瘤在鼻唇沟附近最多，渐向颊、前额、下颌等部位扩展，呈红褐色或与皮肤色泽一致。大小从针头到豌豆不一，无疼痛感。由过度增生的结缔组织所形成。在大脑各部位有多发性黄白色或白色结节，触之硬如软骨。在脑室可见小结节隆起，呈灰白色。脑室内结节长大，可阻塞室间孔造成梗阻性脑积水。约60%患儿智力低于普通儿童，智力低下程度可轻可重，随年龄增长而表现逐渐明显。患儿还可有精神改变，如可出现无理由的行为表现及违拗等。预后不良。

颅脑损伤(craniocerebral injury) 一种由外力引起的脑组织病变，小儿较多见。闭合性损伤时，病情轻重不等；开放性损伤较少见，病情较重。损伤可分原发和继发两类：原发性损伤包括脑震荡及不同程度的脑挫裂伤和脑干损伤；继发性损伤主要是各种类型的颅内血肿和脑水肿。两类损伤在治疗上处理原则完全不同，前者主要是进行非手术治疗，后者则需要及早手术治疗。新生儿时期的颅脑损伤主要由产伤所致，其他小儿则常常由于堕落、撞伤所引起。轻度和中度病症，开始可有数分钟意识丧失，然后出现面色苍白、发抖或尖叫，2～4小时后出现嗜睡或呕吐，颅底骨折可出现耳鼻流出脑脊液或血液，及出现周围面瘫。多数患儿不留后遗症。重症病例，少数在短期内死亡，大多数经抢救后恢复正常，一部分患儿当时可留有后遗症，其中不少在一年内后遗症可消失，少数一年后仍遗有偏瘫、癫痫和智力障碍等。

脑脓肿(brain abscess) 因细菌感染在脑组织发生的化脓性炎症病变。一般为继发性脑内的化脓性病变。因心、肺、皮肤感染通过血循环波及脑部(血源性)，以额叶较多见；中耳炎或乳突炎可发展成小脑或颞叶脓肿(耳源性);头颅外伤可使异物或碎骨片直接进入脑内而引起化脓感染(外伤性)等。颞叶脓肿可出现偏盲,额叶脓肿可引起性格改变与表情淡漠,额顶叶脓肿可发生病变对侧的轻度偏瘫和感觉减退,小脑脓肿可形成共济失调、眼球震颤及肌张力低下。

胆红素脑病(bilirubin encephalopathy) 又称"核黄疸"(Kernicterus)。因中枢神经元受未结合胆红素毒害引起的一种中毒性脑病。于急性期死亡病例中枢神经系统各部位均可见胆色素沉着,尤其是基底神经节,下视丘神经核、海马、齿状核等部位最为明显。新生儿的胆红素结合、排泄功能较差,最易发生此病,因此为新生儿的一个特有疾病。发病多在出生后3~10天,少数发病可在生后2~5周。初期表现为精神萎靡、嗜睡、烦躁、拒奶、呕吐、肌张力低下、拥抱反射减弱或消失,继而表现为四肢强直、尖声哭叫、两眼凝视下垂(落日征),严重者发生角弓反张、惊厥、高热,大多数迅速死亡。存活者90%出现手足徐动等锥体外系统受损的症状,并有不同程度的智力障碍;有的可出现动眼神经瘫痪、眼球向上转动困难。

巨细胞病毒(cytomegalovirus, CMV) 疱疹病毒属的一组病毒。细胞受感染后先是收缩,继而变圆,逐渐增大,直径可达40微米,故以此命名。孕妇感染可分为原发性感染、潜伏或慢性感染及复发(或再感染)3种情况。不论孕妇由哪一种形式感染均可使胎儿及新生儿受累。婴儿的先天感染可表现为新生儿巨细胞包涵体病。其主要表现为:黄疸、紫癜、溶血性贫血、肝脾肿大、血小板减少等,常于出生后数周死亡。幸存的儿童常出现永久性智力障碍、小头畸形、癫痫、痉挛性截瘫及失明等。

新生儿单纯疱疹病毒感染(neonatal herpes simplex virus infection) 单纯疱疹病毒(HSV)感染引起的脑炎或严重的播散性全身性疾病。新生儿感染大多数是由Ⅱ型病毒引起,在分娩过程中胎儿通过产道感染。新生儿被感染后,除很少一部分病例(10%)单纯表现为粘膜损害,绝大部分(90%)不仅有皮疹,临床上还主要表现为中枢神经系统症状(脑炎型)或全身性感染症状(播散型)。播散型的患儿中85%最后因呼吸衰竭而死亡。脑炎型患儿中约半数死亡,存活的患儿大多有智力低下、运动障碍及小头畸形等后遗症。

麻疹病毒(measles virus) 引起麻疹的病原体。属于副粘液病毒,含核糖核酸。侵入呼吸道上皮细胞后,约于第二天进入附近淋巴结,并通过第一次病毒血症散布到肝、脾及其他网状内皮系统的细胞中。然后病毒在被侵细胞中大量繁殖,再进入血循环,称为第二次病毒血症。这种感染影响遍及全身,严重者引起婴幼儿高级神经活动的紊乱。如出现麻疹脑炎合并症,约有30%患者可发生轻度痉挛性瘫痪及智力落后等后遗症。另外,极个别患儿可出现一种罕见的神经系统并发症——亚急性硬化性全脑炎(SSPE)。发病率约为1/10万,主要见于年长儿童,2岁前有麻疹患病史,到2~21岁(主要为

8~14岁)时才出现症状。先是智力和情绪出现异常,学习成绩忽然下降,不久发生阵挛性肌抽搐,遍及全身,常隔数秒钟一次,并日渐严重,终至卧床不起,全身显示强直,也可出现癫痫。表现为动作发展迟滞,先天性白内障、聋,有时有自闭行为。如果致聋,说话能力较差,出现中度至重度听力语言障碍。

高热惊厥(febrile convulsions) 一种小儿常见疾病。指初次发作在1个月至5~6岁之间,上呼吸道感染或其他传染病初期,体温在38℃以上时突然出现的惊厥。排除颅内感染和其他导致惊厥的器质性或代谢性异常。多数病儿预后较好,没有后遗症,不影响生长发育。但其中一部分患儿因发病年龄、惊厥持续时间、惊厥发作类型不同而引起脑组织不同程度的损害而留下后遗症。主要表现是智力低下、精神运动发育落后、语言发育迟缓、对周围环境适应能力差、学习困难等。同时常伴有行为异常,如过度兴奋不安,注意力不集中,破坏性大,自制力差。或者相反,表现为孤独症。还可导致其他神经系统异常,如偏瘫、共济失调、斜视、耳聋等。

弓形体病(toxoplasmosis) 由弓形体原虫引起的一种人畜共患的寄生虫病,广泛分布于世界各地。与妊娠关系密切,能经母子垂直感染,对小儿健康的影响很大。先天性感染只在孕妇初次感染时发生。其临床表现的严重程度,主要取决于虫株的毒力和胎儿受感染的时间,如感染发生在妊娠早期,可导致流产或严重畸形。先天弓形体感染主要表现为:(1)眼病变:经常局限于眼后房并侵犯脉络膜与视网膜,形成脉络膜视网膜炎。偶可感染全眼球而引起全眼球炎,并可伴有无功能小眼球的后遗症,多发生于生后不久。(2)脑内钙化灶:呈点状、斑状或带状,大多为双侧,整个大脑皮质均可发生。(3)脑积水:常伴有大头畸形及颅缝裂开;有时脑组织丢失很多,成为非阻塞性的脑积水,伴小头畸形。(4)智力发育障碍(多为重度)、精神运动障碍、脑膜炎等。

神经纤维瘤病(neurofibromatosis) 神经系统的一种慢性进行性疾病。发病率约占新生儿的1/2 000~1/3 000。特征为神经系统多发性肿瘤,皮肤有咖啡牛奶斑及其他器官肿瘤。随年龄增长症状逐渐增多。出生时皮肤即可见到咖啡牛奶斑,不突出于皮肤,浅棕色,界线清楚,大小不一,多见于躯干、四肢,面部少见。随年龄增长数目逐渐增多。皮肤可以出现神经纤维瘤,从针头大小到葡萄大小不等,常见于躯干、四肢及头皮。约1/2患者有神经方面的症状。由于神经纤维瘤生长的部位不同,症状也多种多样。最常见的肿瘤为听神经瘤、视神经胶质肿瘤及基底节和丘脑部位的胶质瘤。可引起视觉、听觉障碍等。部分患儿表现为惊厥、智力低下、语言和运动发育迟缓。

三叉神经血管瘤病(sturge weber syndrome) 以面部血管痣,双侧局限性抽搐、偏瘫,智力低下为特征的一种神经系统疾病。患儿出生后即可发现一侧面部血管痣,不隆起于皮肤,呈红葡萄酒色,由淡红到紫红色,压之褪色,常与三叉神经的分布一致,有时也可为双侧。其他部位也可见到血管瘤。80%～90%的患儿有惊厥,有时与高热同时发生,最常见局限性运动性发作,表现为血管痣对侧肢体抽搐,而全身大发作则少见,血管痣对侧常伴有偏瘫,多为轻度瘫痪,瘫痪的肢体较对侧发育要慢。智力发育低下可轻可重。不少患儿伴有偏盲。

神经皮肤综合征(neurocutaneous syndromes) 一些起源于外胚层的组织和器官发育异常的疾病。特别是神经、皮肤和眼睛的异常。到1995年,已包括的病有40余种,但常见的只有少数几种,如神经纤维瘤病、结节性硬化症、脑三叉神经血管瘤病、共济失调毛细血管扩张、色素失调症等。这些疾病多为常染色体显性遗传疾病。造成的后果多为几种残疾。参见"神经纤维瘤病""色素失调症"。

色素失调症(incontinentia pigmenti) 一种皮肤色素异常的疾病。多见于女孩。15%～40%患儿有阳性家族史。主要症状是皮肤的异常改变,生后即可出现。皮肤变化分4个阶段。第一阶段:约25%的病人在四肢或躯干可见到大小不等的囊泡,破溃后可再出现,反复持续数周到数月,常误诊为肌疱病。此阶段无色素沉着。第二阶段:原来囊泡部位的皮肤变成硬的、肥厚的疣状或苔藓状病变,此阶段也无明显色素沉着。第三阶段:本病特征出现,皮肤有黄褐色或灰黑色色素沉着,图形奇特,可呈螺旋状、线条状、网状或片状,有的像大理石花纹,主要分布于躯干与四肢。有些患儿不经过前两个阶段,出生后即可见此阶段症状。第四阶段:数年后,有的患者的色素可完全消退或变浅,皮肤可遗有少数痕迹或色素脱失区域,并有轻微的萎缩,约有30%的患者有神经系统症状,可出现小头畸形、智力低下及婴儿痉挛症,偶有偏瘫或双侧瘫,有的还可出现白内障、视神经萎缩等。

功能性评价(functional assessment) 对多重及重度障碍儿童身心各方面发展水平的评价。在障碍性质鉴定的基础上进行。目的在于确立适当的教学目标,选择适当的教学方法以达到预定的教学目标。主要包括:大动作能力、精细动作能力、语言能力、自理能力、社会性技能5个基本领域。对于生理上有困难的儿童,同时要考虑儿童治疗上的特殊需要,儿童生理上影响其学习活动的特殊困难;对于障碍程度严重的儿童,要给予生理上的帮助。要贯彻的原则有:(1)多学科人员合作。(2)家长的积极参与。(3)要有明确的目标。(4)多途径评价。(5)评价中引发儿童最佳反应。(6)儿童在评价中的反应应能真正代表其现有的能力水平。(7)不同场合、不同时间重复评价。(8)评价时给予儿童适当帮助。

生态评估(ecological assessment) 应用于障碍儿童(包括多重及重度障碍儿童)的评价系统。并不着眼于儿童的障碍,而是从与儿童问题相关的生理、环境、营养、社会的方面进行评价。内容包括母亲的知觉、母子相互关系、环境因素、父母态度、营养、社会支持度等。目的在于了解这些生态因素对儿童及儿童支持系统的作用,使教师可以根据各个儿童的独特发展特征,制订出个别化教育计划,划定课程范围,配合环境需求,使每个儿童都得到最大限度的发展。

发展性结构(developmental frame) 多重与重度障碍儿童教育辅导的理论框架之一和教育教学必须遵循的原则。包括以下3点:(1)行为是遵循发展性顺序和阶段而发展或改变的。如儿童一般先会出声,才会说话;先会爬,然后才会走。(2)行为学习从简单到复杂。例如儿童先学会注视,然后才能学会阅读。(3)复杂行为是简单的多个反应协调配合的结果。例如手眼协调是由追视及抓握这两个反应协调配合的结果。可作为设计多重及重度障碍儿童课程、辅助服务,规划其他有关教育与辅导系统的基础,以及检查和评价这些儿童的发展水平和教育结果的基础。

社会技能训练(social skill training) 增进多重及重度障碍儿童适应社会能力的训练。由于多重障碍儿童不仅存在严重的语言及认知方面的障碍,还存在许多异常行为及明显的社会适应问题。因此训练重点在于:(1)增进他们与同伴及成人交往所必需的社会技能,遵守游戏规则及社会规则,表现适当的社交礼节。(2)交往能力,即自我表达能力,如实物命名,讲述内心体验,表达需要或要求等;了解他人的能力,即能领会他人的指示、要求和解释。(3)自理能力,即日常个人生活自理能力,如饮食、穿戴、大小便的自理能力等。(4)职业,指具有各种运动技巧以及站立和行走时的平衡。

信息交往增强系统(strengthening information communication system) 针对多重及重度障碍儿童交往困难而设计的一种交往方法体系。分为3种独立的方法:(1)提供给儿童一张有图或字的板,儿童可以指点出能表示他意思或需要的图或字。(2)对安排的一系列需求信息,用预先商定好的信号作答。儿童可用点头、摇头或动腕部表示同意或不同意。(3)如用事先决定好的信号进行交往,如聋人用手语或手势等,只要对话者也懂得这种编码,就可以进行交流。多重障碍及重度障碍儿童使用其中的一种或多种方法,可以增加及补充他们的语言,使他们得以将他们的基本需要,甚至思想传达给别人,与人们进行最基本的交往。

多重残疾儿童教育原则(educational principle for multi-disabled children) 多重残疾儿童教育教学活动必须遵循的基本要求。根据多重残疾教育的目的、任务、教学过程、规律和学生认识活动特点而确定,为多重残疾儿童教育实践经验的总结,贯穿于多重残疾儿童教育教学工作的始终。主要有:医教结合的原则;个别教育的原则;循序渐进的原则;提供早期与继续辅导的原则;团体合作提供辅助服务的原则等。

发展领域课程取向(developmental domains curriculum approach) 一种多重障碍儿童教育课程。根据发展性模式来设立,即根据儿童行为发展有一定顺序、先简单后复杂、复杂行为由数个简单反应协调配合这几个特点进行安排。在选择教学目标时,以评价儿童发展水平的测验结果为依据。为儿童安排的教学内容是儿童能力许可范围内但还不会的项目,这些项目按照儿童能力出现的先后顺序安排。优点是较容易为多重障碍儿童设立课程目标;缺点是所选择的教学目标并非是实用的,即较少考虑到儿童的个别需要,因此课程的安排缺少个别化的特点。

功能性课程取向(functional curriculum approach) 一种多重障碍儿童教育课程。这种课程根据每个儿童本身及在适应环境时的需要设立教学目标,因此课程内容是个别化的。强调培养儿童独立生活的能力并照顾到每个儿童的需要。在教学中需要教师具有极高的能力、创造力。另外,许多教育活动的安排必须在校外实施,如学校不加以配合,在实施中会碰到许多困难。

多重残疾儿童诊疗教学(prescriptive teaching for multidisabled children) 教育诊断工作与教学相配合,适用于多重障碍儿童教育的一种具体教学方法。由皮特(Peter)在1965年提出。在教育诊断方面要考虑到问题与情境两个变量。问题变量指障碍、缺陷与损伤。损伤指生理上的伤害,缺陷指无法发挥功能,障碍指对身心活动的限制。情境变量包括病理性质、治疗方法、时间因素及社会状况。儿童问题性质是问题变量与情境变量相互作用的结果,通过教育诊断而了解到。诊断之后开出处方,即对教学方法、教学目标、辅助服务、教育安置、教材、教学媒体、教学设备、学校建筑规划及辅助单位的需要等学校教育措施提出建议。

系统化教学方法(systematic instruction procedures) 多重及重度障碍儿童教育方法之一。在教学中根据多重及重度障碍儿童的障碍程度及障碍类型将学习活动及教材内容作系统的分析。学习活动可分成:学到、强化、保持、迁移、应用等几个层次或阶段。使学生最终达到运用所学技能的目的。对学习的行为或技能,利用工作分析的方法,将其分成若干细小的步骤。然后考察儿童该项学习技能的水平,以此决定教学的起点。儿童的障碍程度越严重,对技能或行为划分的步骤越要详细而精确。在教师运用时要与儿童学习活动的层次相互配合。采用的教学方法包括:(1)奖励逐渐接近学习目标的行为,使学生的行为得到塑造。(2)提供范例让学生模仿。(3)身体上帮助或引导学生表现某项行为或技能。(4)提供暗示让学生表现某种行为或技能。在强化阶段采用连续性奖励方式,在保留阶段采用间断性奖励方式。奖励可由物质奖励向社会性奖励(如表扬)直至不需外在奖励,而由内在动机支配其行为过渡。技能保留后,通过练习进行技能迁移,即在相同或相似的情境中表现其具备的技能。最后达到学习的最高境界——技能的应用,即在面对新问题与新情境时,能修正已有的技能,做有效的反应。

功能性学业技能(functional academic skill) 多重及重度障碍者中学及中学后课程的重点之一。可通过课程习得,并可在生活中发挥作用、有实际用处的能力。

例如,学生在学校中学习阅读,目的不应仅是使他们能够读出课堂上学习的内容,而重点在于使他们掌握的这种能力能够真正解决生活中的问题。例如,可以读简单的工作申请表(名字、地址、电话、年龄、经历等),读电话号码簿上的名称与数字,读简单易懂的书籍,读报纸上的文章、广告,从广告中获取找工作的信息等。从而解决环境中一系列的问题,增进生活上的方便。为使他们所学的学业技能在生活中发挥最大作用,教师选择教材需讲求实际,教学方式方法也应灵活多变。例如,培养学生的阅读能力,选择报纸为教材就比选择名家散文实际得多;又如在课堂上教学生计算车费问题,远不如带他们去坐车来计算车费为佳。

多重障碍儿童休闲活动技能(recreation and leisure skills for multi-disabled child) 多重障碍儿童妥善安排休闲时间,从事有意义的正当的休闲活动的能力。多重及重度障碍儿童课程的重点之一。如栽花、手工、烹调、看电影、参加体育活动等,使他们生活充实,减少问题行为。

多重障碍儿童动作技能(motor skill for multi-disabled child) 通过练习多重障碍儿童获得的能够完成一定任务的动作系统。主要借助于骨骼肌肉和相应的神经系统实现,为多重及重度障碍儿童学习其他技能,如生活自理技能、社会职业技能的基础。可分为大动作技能与精细动作技能两类。大动作发展主要着眼于身体移动与控制能力,如颈部动作、爬、滚、站、跑、跳等及维持身体平衡方面的能力;精细动作技能则指由小肌肉发展的动作技能,往往对精确性和稳定性提出要求,如抓物、堆积木、插木栓、穿珠子、拼图形、剪贴等。动作技能的训练要与矫正其他缺陷相结合,如视觉、听觉、言语等方面的训练。

多重障碍儿童自我照顾技能(self-care skill for multidisabled child) 残疾儿童在家庭或集体住宿环境中生活自理和生存的能力。为社会适应能力的一个重要方面,与智力、感知、功能活动有密切关系。可分为饮食、穿着及个人卫生等几个方面。对于多重及重度障碍儿童,此项技能的培养是教育和训练的重点。在训练中,要把训练的行为通过任务分析分成一个个的小步子,然后采用正向或逆向逐步强化的方法逐步进行。

多重障碍者的职前技能(prevocational skill for multi-disabled) 多重及重度障碍者进行职业训练之前必须掌握的能力的总和。为职业训练的基础。包括大动作与精细动作技能、工作耐力、自我照顾技能、交往技能、基本学习技能等。需要经过特殊的医学、教育、康复服务方能使多重及重度障碍者掌握,然后进行特定的职业技能的训练。

多重障碍者生活安置(life placement for multi-disabled) 根据多重及重度障碍者自身、所在社区和家庭情况,为他们提供的适合其需要的生活安排。实施时要注意贯彻"最少受限制环境"的原则。主要形式有:(1)家庭。(2)寄养家庭。(3)公寓制家庭,即几个残疾成人合住一套公寓,由专人负责照顾。(4)社区住宿机构等。多由社会福利和民政部门与家长共同负责,也有由特殊学校派出教师进行辅导的情况。

辅助性服务(auxiliary service) 以父母和教师为主,联合多方面专业人员,通过团体合作的形式向多重及重度障碍儿童提供医疗、教育、康复、休闲活动等方面服务的总称。医生、护士等了解和提供学生生理方面情况,进行医学上的康复治疗;身体治疗师负责训练大动作,精细动作治疗师负责训练发展各种小肌肉运动,手眼协调及日常生活技能;语言治疗学家负责训练儿童的语言;营养学家负责提供最合理的饮食;听力学家负责听力训练;心理学家负责心理测量评价咨询;社会工作者负责与家长、社会有关机构进行联系等。整个专业团体的协调合作是达到最佳辅助服务的关键。由于与多重及重度障碍儿童接触时间最多的是父母及教师,所以,由有关的专业人士对儿童父母及教师实施专业服务技巧的训练,再由父母及教师对儿童提供此项服务。专业人员仅承担咨询的角色。

早期与连续干预(early and continuous intervention) 多重及重度障碍儿童教育原则之一。多重与重度障碍儿童比一般残疾儿童更需要早期教育和需要更长时间,且不能间断。其依据是:(1)根据发展理论的观点,简单行为是复杂行为建立的基础。要培养儿童的认知与语言能力,必须学习一些有关的最基本的能力,早期教育可帮助儿童学习这些基本技能。(2)早期教育可减少多重障碍儿童的不良行为。(3)早期教育可给父母必要的帮助,从而减轻家庭的压力及不良的相互关系。多重障碍儿童由于患病程度较重,要取得好的早期教育效果,关键是训练不能停顿;否则,停止训练后,能力提高的幅度会慢慢消失。在他们进入小学或特殊教育班后也不能停止训练。

多重及重度障碍儿童教育安置(education placement of multiple and profound impaired children) 根据多重及重度障碍儿童障碍性质的鉴定及功能性评量的结果,将其安排在适宜的教育机构中接受教育的一种工作。实施中要注意贯彻"最小受限制环境"的原则,发达国家对多重及重度障碍儿童的教育安置模式可分为:(1)寄宿制特殊学校。(2)全日制特殊学校。(3)全日制特殊班。(4)部分时间特殊班和部分时间正常班。(5)有巡回服务和其他服务的正常班级。(6)有辅导教室的正常班级。(7)正常班级。不论是哪种安置形式,都有较多的适合其特点的个别辅导工作。

盲聋教育(deaf-blind education) 又称"聋盲教育""盲聋哑教育"。指对听觉、视觉都存在严重障碍的人所进行的教育。从盲人、聋人特殊教育中分化出来的一种类型。盲聋者首先通过触觉、嗅觉、味觉、动觉认识世界,学习生活自理技能,然后学习盲文、手指语,并用盲文学习科学文化知识,用摸对方口部动作,打手指语或在手上写字母等方式与人交谈,用触摸口型、声带振动的方法学习发声,并学习用口语说话。在教育中,也要充分利用学生的残余视力和听力。经过长期实验取得很大成功,如19世纪末20世纪初,美国安妮·沙莉文对海伦·凯勒的教育,前苏联索科良斯基对斯科罗霍多娃的教育。20世纪初我国烟台聋校也曾进行过盲聋儿童教育的尝试。

寄宿制教养院(residential institute) 一种集训练、医疗、养护及教育为一体的残疾人安置形式。在社区中建立住宿制机构,收容障碍性质程度严重,不能从普通学校和特殊学校受益的儿童。其隔离性大于小组家庭、公寓、寄养家庭。主要特点是福利性、医护性高于教育性。如保护重度及中度智力落后儿童的机构,收养严重伤残或多重障碍儿童的教养院等。中国类似的机构为儿童福利院。

群集家庭(flats-house) 一些发达国家对多重及重度障碍成人的一种生活安置形式。允许6~12个障碍者在宿舍管理员的监督下生活在一起。在社区辅助人员帮助下,他们在家庭外从事各自的交往、休闲和职业活动。在家庭中他们也继续接受自理技能、个人适应及社会生活技能的训练。条件好的地区设在一幢公寓中,按单元房间安置重度残疾人。每个重度残疾人除有集体生活外,还可有自己的房间和个人生活。在美国、挪威等国可见到这种安置形式。

寄养家庭(residential family) 许多国家为多重及重度障碍者提供的一种家庭式的生活安置形式。由政府机构或社区安排多重及重度障碍者到条件适当的家庭中生活,接受寄养父母的照顾,费用由政府付给。一定期限后由政府再提供一个家庭。寄养成败的关键在于寄养父母对残疾人福利事业的兴趣和理解程度。寄养父母需长期与社区服务机构合作,为儿童及成人提供家庭干预。使他们掌握生活自理技能、交往技能和职业技能等。

社区本位方案(community based program) 一个为障碍婴幼儿设计的早期教育方案,适用于从出生到5岁的高危儿童(包括多重及重度障碍儿童)及其家庭。始于美国乔治亚州的弗尔顿郡,其实施由非营利性社区机构负责。儿童在进入社区机构前,需要经过多学科人员的会诊,经过语言发展、动作发展和认知发展的评价后,有关人员和家长商讨干预计划,制订儿童的个别化干预方案。内容包括物理治疗、语言、认知发展等几个领域。然后分两种方式实施:5天的教室方案,从上午9点到下午3点,儿童在教室中直接接受专家的教育;推广方案是,家长利用每周的一个早上将儿童带到该社区机构与专业人员一同工作,专业人员指导家长如何实施对其子女的教育干预,以在家庭中教育为主。

亚利桑那基本评量与课程利用系统(The Arizona Basic Assessment and Curriculum Utilization System) 一种为多重及重度障碍儿童设计的早期教育方案。适用于2~5.5岁的重度及多重障碍儿童。包括筛选、诊断、设计教育方案及评价教育效果几个部分。涉及5个基本发展领域:(1)身体动作。(2)生活自理。

(3)交往。(4)学习基本技能。(5)社会化。共有209个项目。从筛选到评价儿童进步全过程与5个发展领域都有密切关系(如下图)。该系统通过10本书体现出来:(1)《系统指南》,对整个系统的介绍。(2)《教学前评价》,筛选和评价方法。(3)《儿童进步情况评价》。(4)《身体动作》。(5)《生活自理》。(6)《交往》。(7)《学习基本技能》。(8)《社会化》。第4到第8册是关于教育及训练知识和技能的教学方案。(9)《家长参与及家庭指导》。(10)《教学行为量表》。评价教师教学效果的方法。

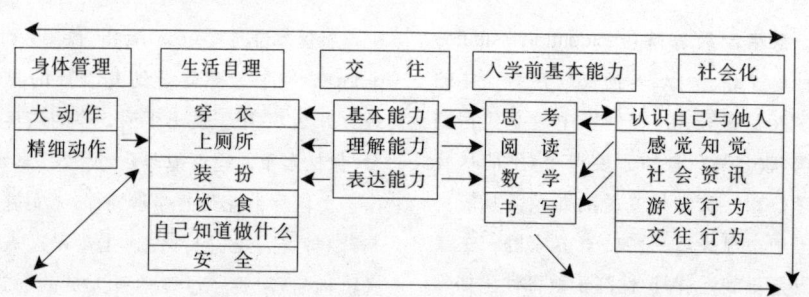

塞缪尔·格雷德利·豪(Semuel Gridley Howe,1801～1876) 男,美国盲和智力落后教育的先驱者。马塞诸萨州第一所盲人学校的主管。1832年在自己家中开始招生,后发展成为柏金斯盲人学校。1837年接触到7岁的盲聋儿童劳拉·布利智曼,遂开始通过触觉方式训练劳拉摸读点字盲文,然后将点字盲文与表达的事物联系起来,使之理解点字符号的意义,形成概念。这种教学方法获得成功,开创了盲聋多重残疾者教育的先河。此后,这所学校又成功地培养出海伦·凯勒。他呼吁美国国会支持建立美国盲文印刷所。1839年接收一名又盲又智力落后的学生,以此表明这个儿童能够接受教育。1848年为又盲又智力落后的学生设置经验型课程计划。

海伦·凯勒(Helen Keller,1880～1968) 女,美国盲聋作家、教育家、社会活动家。1岁半时因患猩红热失去视力与听力。早年由家庭教师安妮·沙莉文进行启蒙教育,8岁进入柏金斯盲校,10岁开始学习发音说话。经过教师的帮助与自己的刻苦努力,克服了盲聋障碍,学会读书说话,24岁以优异成绩毕业于哈佛大学拉德克利夫女子学院。掌握了英、法、德等5国文字。写过14本书,如:《我生活的故事》《我的天地》《冲出黑暗》等。将全部精力投入到盲聋教育及其他社会福利事业中。1959年联合国发起以其名字命名的资助各国各地区盲聋儿童的世界性运动。她在"七七事变"前夕时曾到过中国东北。

斯科罗霍多娃(Скороходова,1914～1982) 女,苏联盲聋学者。出生于乌克兰的一个农民家庭中。5岁时因脑膜炎双目失明,继而双耳失聪。8岁时进入盲童学校学习,后转入哈尔科夫为盲聋儿童设立的机构中,受到索科良斯基教授的指导。既掌握了盲文、手语,又恢复和发展了口语,并学完了中学课程。在此基础上开始写文章和诗歌,受到高尔基的鼓励。1945年后在莫斯科缺陷教育研究所工作,1962年获教育科学(心理学)副博士学位。著有《我怎样理解和想象周围世界》一书。

海伦·凯勒国际(Helen Keller International) 与盲和营养不良作斗争的一个非营利性国际组织。1915年由海伦·凯勒等人创建。总部设在纽约。旨在协助政府开展防盲工作。着重于融入社会主流的盲童教育以及使成年盲人得以独立生活的康复等工作。工作内容包括:研究和防治因营养不良、维生素A缺乏引起的干眼、沙眼以及其他传染性眼病,为白内障致盲者复明提供手术服务,为盲人及其他视力残疾人,与盲人工作有关的政府部门和志愿者提供服务。同时帮助发展中国家制订上述工作的各项规划。已有26个国家参与。

美国援助重度和极重度残疾人教育协会(American Association for the Education of the Severely/Profoundly Handicapped) 美国由专业教育人员、家长及热心人士组成的民间志愿组织。成立于1974年。宗旨是:(1)宣传在公立学校中为重度和极重度残疾人提供从出生到成年的综合的、高质量服务活动。(2)提倡制定有关的职前和在职师资培训计划及制定高度专业化的博士级师资、科研及教育设计人员训练计划。(3)提出优化和推广训练资料及教学纲要。(4)促进家长参与各种为重度及极重度残疾人服务的活动。

《我生活的故事》(The Story of My Life) 美国盲聋女作家、教育家海伦·凯勒的自传体文学著作。1902年出版。记述作者童年和青年时代在丧失视觉、听觉两个主要感官的艰难条件下的生活和学习,及其酷爱生活、不畏困难、孜孜以求的精神面貌,并忆及老师沙莉文引导、帮助和教育她的过程及其对她的重要影响。被译成多种文字出版,并改编成电影。被称作1902年文学上重要的杰作之一。20世纪30年代曾有两种中译本。1981年北京盲文出版社出版新译本,1998年又再版此书。2005年北京出版社出版集团北京十月文艺出版社又以《我的人生故事》书名出版。

《我怎样理解和想象周围世界》(Как я воспринимаю и представляю окружающий мир) 苏联盲聋学者斯科罗霍多娃的著作。由《我怎样感受周围世界》(1947)和《我怎样想象周围世界》(1954)合并而成。1956年前苏联教育科学院出版社出版。作者在书中列举凭借触觉、嗅觉、振动觉及其他正常感官感知、理解和想象世界的大量具体事实,为研究盲聋人心理和教育提供了材料。1962年作者以此为论文通过答辩获得教育学副博士学位。已被译成法、德、意等十多种文字出版。中国于1956年由人民教育出版社出版中译本。

10 超常教育
Education for Gifted and Talented

天才(the gifted) 又称"超常"。智力超常的人。智慧和能力高度发展的完备结合。心理学家认为,从事和完成任何活动,要达到成效卓著,就必须有多种能力超凡的结合,其中包括:明察秋毫的观察力、优良的记忆力、敏捷的思维能力、丰富的想象力、独到的创造力、坚强的意志力、机敏的语言能力、卓越的空间知觉等等。美国心理学家(L. M. Terman)推孟等人,用智力测验的手段,将智商达到或超过140分的人称为天才。需在先天遗传的基础上,经过后天的培养教育和环境影响及个人勤奋努力而形成,绝无单纯的天生之才。

超常(the gifed) 见"天才"。

天赋(gift) 先天赋予的智力和能力。持这种观点的学者,如英国的 F. 高尔顿认为,人的智慧和能力来自遗传,而不是后天培养教育的结果,其代表性著作《遗传的天才》,对此有系统和详尽的研究。但社会实践证明,高才能在受遗传因素影响的同时,也在很大程度上与后天的环境教育因素相关。

早熟(precocity) 生理上和心理上的某些方面比同龄儿童提前成熟。"少年老成"包含这个意思。在心理学上与"早慧"同义,指儿童较早显露才能。生理上在身高、体重、功能等方面的早熟现象,往往是内分泌失调或某种疾病所引起的,其后慢慢消失,与常态儿童无多差别。参见"早慧儿童"。

神童(child prodigy) 中国古代对天才儿童的称谓。现在通称为超常儿童,用以区别于常态儿童。参见"超常儿童"。

"三环"天才概念说 一种关于天才的定义。由美国心理学家任朱利(J. S. Renzulli)提出。他认为天才是由相互作用的"三环"(three-ring)因素组成:中等以上的能力(智力),完成任务的专注性和创造力。拥有或将发展起这三方面能力的儿童,即为天才儿童。任朱利还认为,要促使这些能力表现出来,需要提供不同的教育机会和适当的服务,普通的教学方法无法实现这一点,因而需要实施特别设计的课程。

智力三重说理论(triarchic thoery of intellegence) 智力理论的一种。由斯腾伯格(R. J. Sternberg)于1980年提出。这一理论认为,智力包括3种成分:(1)元成分(metacomponents),即计划的制订、任务执行情况的监控及结果的评价等。(2)操作成分(performance components),即任务的实际完成过程。(3)知识获得成分(knowledge acquisition components),即获得新知识的过程。其中元认知是较高级的智力成分,起着中心的作用。超常儿童的这三种智力成分高度发展,特别是元认知能力尤为突出,体现了天才的本质。参见"元认知"。

多元智能理论(Theory of Multiple Intelligence) 智力理论的一种。1983年美国哈佛大学教授霍华德·加德纳在《心智的结构》一书中提出人有七种智能,后分别于1995年、1999年补充了第八种和第九种智能。这九种智能分别是:语言智能、逻辑数学智能、视觉空间智能、肢体运动智能、音乐智能、人际智能、内省智能、自然智能和存在智能。他认为每个人都同时具有这九种智能,但每个人在各个智能方面的潜力各不相同,每种智能也都有独特的发展顺序;每个人智能组合形式不同,构成了每个人不同的智能结构,也就决定了每个人都有相对的优势智能和弱势智能。

天才儿童(gifted child) 又称"超常儿童""英才儿童""高天资儿童""资优儿童""神童"。泛指有突出的聪明智慧和智能高度发展的儿童。名称虽不同,含义基本相同。在定义上,学术界尚未取得共识。关于天才儿童的成因,一派学者主张取决于遗传天赋,另一派认为是环境使然;其后,多数赞同是遗传与环境结合而成。一般认为,这类儿童约占儿童人口总数的2‰~4‰。英国人类学家高尔顿(F. Galton)最先对其进行系统研究,并于1869年出版了《遗传的天才》一书。该书对天才儿童的心理特征及其形成因素作了详细的分析。他还肯定了天才来自遗传。美国联邦教育部于1972年规定,天才儿童应是以下一个方面或几个方面的佼佼者:(1)一般智力。(2)特殊学习能力倾向。(3)创造性思维。(4)领导能力。(5)视觉与表演艺术能力。(6)心理动作能力(后被删去)。20世纪70年代以来,世界各国加强了天才儿童的教育和研究工作。

超常儿童(talented child) 智慧和能力超过同龄儿童发展水平的儿童。中国学术界对"天才儿童""高天资儿童"的称谓。与普通儿童相对而言,但两者在一定条件下可以转化,并无不可逾越的鸿沟。可分为多种类型,如文学型、数学型、舞蹈型、绘画型、音乐型、领导型、综合型等等。其主要心理特征是:注意力集中,有坚持性;有自信心,积极进取;兴趣广泛,好学强记;有洞察力,善于想象;思维敏捷,有独创性。中国学者对其进行了大量的研究工作。资料显示,他们一般都有较好的遗传因素,但主要还是环境的影响,尤其是良好的早期教育具有关键作用。参见"天才儿童"。

英才儿童(gifted child) 日本对天才儿童的称谓。详见"天才儿童"。

高天资儿童(talented child) 又称"有突出天资儿童""资优儿童"。前苏联学者认为,儿童的独立性、创造力、成就的差异是相对的,显示出天资有高低之别。因此,称高天资儿童,不称天才儿童,更符合实际。参见"天才儿童"。

资优儿童(gifted child) 资赋优异儿童的简称。中国台湾的儿童心理学者鉴于近代学者对天才一词有弃置的倾向,因而将天才儿童改称为资赋优异儿童。参见"天才儿童"。

早慧儿童(precocious child) 在幼年时代表现出超凡智力或某种特殊才能的儿童。特点是:求知欲特别强烈,好奇好问,思维敏捷,兴趣广泛,记忆力好,注意集中,特别自信,坚持性强。但要真正成才,还必须加强后天的培养和教育。

高创造力儿童(child with high creativity) 表现出较高创造能力的儿童。在日常生活、学习和游戏中,时常提出新奇独特的问题和想法,发现和尝试新的方法,他们通常会在创造性测验中得高分,但在一般智商测验中的得分却不一定很高。有人将其视为超常儿童的一种类型,也有人因其智商分数一般而不视之为超常儿童。参见"创造性天才"。

学龄前超常儿童(gifted child of preschool ages) 尚未达到入学年龄的天才儿童。学龄前期通常指3～6岁。也有学者把学龄前从出生时算起,直到入学之前的年龄阶段,包括"前幼儿期"和"幼儿期"。与普通儿童相比,其主要的心理特点表现在,智力发展水平超过普通儿童两个年龄段,即比普通儿童早2岁以上,通常表现出求知欲特别旺盛,兴趣广泛等。

学业性超常儿童(academic gifted child) 在阅读、写作、数学及科学等学校基础课业中成绩优异,并表现出超常儿童基本特征的儿童。各方面发展比较均衡,学习成绩尤其突出。

超常女童(gifted girl) 智力超常或能力卓越的女童。在为超常儿童提供教育服务的机构或计划中,通常只包括较少的女生,成功的成年人中,女性的比例也低于男性。一般认为,造成这种现象的原因在于传统社会性别角色定向对于女性潜能发展的阻碍。高成就的女性一般都具有一些传统意义上的"男性"性格特点。参见"超常儿童性别特点"。

创造性天才(creative genius) 具有新思想、独创新事物而智力超常的人。与普通人的能力不同,其新颖性与独创性特别明显,善于进行发散性思维,思想新异独特,富有创造性,在发明、发现、革新方面成绩卓著。

缺陷天才(handicapped gifted) 智力或能力超过普通人但同时伴有身心缺

陷的人。如听觉失聪,视觉障碍,肢体残缺,语言不畅,情感异常等,这些障碍没有妨害其具有和表现出超凡的智慧和能力,并可能在事业上或某方面取得卓越成就者。

动觉天才(kinesthetic gifted child) 运动感觉能力高度发达的人。他们容易在各种运动及舞蹈等表演艺术领域内取得突出成绩。也包括那些能设计制作各种精巧器具的人。

低成就天才(underachieved gifted) 智能水平很高,却没有在学业上或工作上取得相应的优异成绩者。儿童时期的低成就,主要是指学习成绩欠佳。这种现象可能是暂时的,也可能延续到成年以后,而无法改善。造成的因素主要有:(1)儿童自身的因素,如消极的人格特点,不成熟的自我意识,长期情绪压抑等。(2)家庭因素,如家庭环境不良,家庭成员关系不好等。(3)学校因素,没有提供适合其特点的教育服务。(4)社会因素,战争、灾害和社会冲突等有可能使一些天才儿童失去最佳发展时机而无法成功。社会观念的偏见也会使一部分女性天才和残疾天才失去机会而成为低成就者。成就与智能水平的偏差在儿童早期较不显著,但随年龄的增长而增大,因此应尽可能在低年龄及早予以干预。

特殊领导才能(special talent for leadership) 擅长从事领导工作的能力。具备者善于处理和协调人际关系,组织和引导人们从事政治、经济、科研、教学等活动,完成既定的任务,达到预期的目标。

特殊科学才能(special talent for science) 擅长从事科学活动的能力。具备者善于以自己的智力和能力,对自然、社会、技术、思维等客观规律的分科体系,进行实验、研究和分析,并取得突出成果。

特殊文学才能(special talent for literature) 擅长从事文学活动的能力。具备者善于以语言文字为工具,通过散文、诗歌、戏曲、小说等形式,形象地反映人类社会生活的千姿百态,予人以审美和情感的享受。

特殊音乐才能(special talent for music) 擅长从事音乐活动的能力。具备者对音高、音强、音长、曲调、节奏、音色、音调、和声的音乐感知力强;音乐想象力和记忆力好,音乐情感感受和表现能力和音乐动作能力超常。

特殊绘画才能(special talent for painting) 擅长从事绘画工作的能力。具备者善于运用线条和色彩构成形象,以显示本人所想象的山、水、花、鸟,各种动物、人物、树木、建筑等景物,使人们得到美的享受。

超常显露年龄(appearance age of giftedness) 在一个方面或几个方面的超常发展明显出现的年龄。亦即智能、创造力和某种特殊才能等心理特征,在某年龄阶段表现得特别优异。但是,每个超常儿童其显露年龄有早有晚。大多数人出现于儿童期,而有些人则出现于成年以后。究其原因,这种差异是由于受到社会环境和自身发展等诸多因素的影响所致。

超常儿童出现率（prevalence of the gifted child） 超常儿童在儿童总人口中所占的比例。根据调查材料,在儿童总人数中,约有 2‰～4‰ 的超常儿童。

超常儿童筛选（screening of gifted child） 对超常儿童的水平和类型的初步判断。目的在于根据他们不同的心理特征及其需要进行更有效的培养教育。筛选的方法,常用标准化或非标准化智力量表、能力测验、创造力测验、问卷调查等手段。参见"天才儿童鉴别"。

超常儿童鉴别（identification for gifted child） 用科学的测量手段区分超常儿童与普通儿童的方法。鉴别方法有一个发展和完善的过程。1921～1922 年,美国心理学家推孟（L. M. Terman）用智力测验筛选出 1 500 名超常儿童,他们的平均智商（IQ）超过 140,其后即将 IQ 大于 130～140 者定为超常儿童。此法被广泛采用。20 世纪 50 年代后,吉尔福特（J. P. Guilford）等学者认为,智力测验还不能测出创造力,因而增加了测验创造力的指标。从 20 世纪 70 年代开始,许多心理学工作者倾向于采用综合测验方法,除智力和创造力测验指标之外,又增加了学习成绩评定或成就测验、人格测验、行为核对、临床谈话、问卷调查等内容。这样便于从各个方面对超常儿童作出更可靠的鉴别。

超常儿童多指标鉴别（synthetic index of identification for gifted child） 依据多方面的资料和指标对超常儿童进行鉴别的过程。一般包括标准化智力测验、创造力和学习能力测验、学习成绩评定、行为及人格测验、作品分析、谈话分析等方面。使用多指标进行鉴别,可以掌握多方面的材料,避免单一指标的片面性,从而提高鉴别结果的准确性。

童子科 中国历史上为儿童特设的科举考试科目。始于唐代,沿至宋、明。通过统一的考试,选拔"神童",予以任用或培养。考试的主要内容为背诵经典著作、诗文写作及题对等。其设置反映了当时社会对发现和培养超常儿童的重视。

超常儿童智商测试（test of intelligence quotient for gifted child） 对超常儿童智力商数的测验。通常采用美国心理学家推孟（L. M. Terman）首创的智力量表的方法进行测试。被测儿童智商达到 130～140 可被认定为超常儿童。这是鉴别超常儿童的主要指标之一,但目前一般与其他指标结合使用,其具体的临界值也不统一。

特殊才能鉴定（identification of special talent） 对儿童个体从事特殊活动的能力进行鉴别和评定。通常根据要求考核的特殊能力结构,设计测试指标和方法。要求不同,指标和方法也各异。例如测试音乐才能,其结构应含音高、音强、时间、和谐、记忆、节律等 6 项。对前 4 项,要求被试儿童分辨 100 对乐音,而后 2 项则要求被试分辨 60 对乐音。对有作品者,则采用作品评定法,即将其有代表性作品提请专家评定。

超常儿童人格测验（personality test of gifted child） 评价和描述超常儿童人格特征的心理测量方法。超常儿童作为一个群体,有明显的人格方面的特殊性。人格测验可以为超常儿童的鉴别和教育方案的制订提供参考依据。常用的方法有个性量表、投射法测验、情境测验、自我观念测定等。常用工具有"卡特尔(Cattel) 16 项人格因素测验"及"中国少年非智力个性心理特征问卷"等。

创造力测验(creativity test) 对创造力水平进行度量的活动和过程。1896年,法国学者比内(A. Binet)设计出无固定答案和多种解决法的开放性测验题,对被试进行创造力测验。其后,这项测验有了发展,例如吉尔福德(J. P. Guilford)等人为研究智力结构理论的需要,主要用于发散性思维的测量所进行的创造力测验;托兰斯(E. P. Torrance)的创造思维测验;盖泽尔斯(J. W. Getzels)和杰克逊(P. Jackson)合作编制的创造力测验等。

托伦斯创造性思维测验(Torrance Tests of Creative Thinking) 测试创造性思维能力的一种工具。由托伦斯(E. P. Torrace)编制,1974 年发表。内容包括语言和图形两部分,对被试的回答或图画进行流畅性、变通性、独特性和精致性四方面的评价,以确定其反映出的被试思维的创造性程度。适用于幼儿园到中学的儿童。

鉴别超常儿童认知能力测验 我国用于鉴别超常儿童的工具之一。中国科学院心理研究所查子秀等人编制。测验内容包括认知的 4 个方面:(1)类比推理测验。(2)创造性思维测验。(3)感知观察力测验。(4)记忆测验。在评定测验成绩时,既按答案的对错计分,也按回答问题过程中的反应水平评定等级。适用于学龄前和小学年龄的儿童。

中国少年非智力个性特征问卷(Chinese Adolescence Nonintellectual Personality Inventory) 国内常用于超常儿童研究的一项个性测验工具。由中国超常儿童研究协作组编制。属自陈式量表,包括 120 个问题,分别对 6 方面的个性特征加以描述和评估:(1)抱负。(2)独立性。(3)好胜心。(4)坚持性。(5)求知欲。(6)自我意识。该问卷适用于 12~15 岁的中国少年。

超常儿童早期发展(early development of gifted child) 超常儿童早期身心成长和智能发展。早期主要是指学前期,即 0~6 岁。超常儿童与普通儿童相比,早期发展已显示出鲜明的特点,比如,爬、坐、立、走和手的精细动作、语言能力和认知能力发展提前等等。这些特点的出现,与其家庭背景各种因素有关。

超常儿童家庭背景(family background of gifted child) 超常儿童的家庭经济、家庭结构及家庭的社会地位等状况。如家长收入、文化水平、职业地位、家庭成员组成和家庭生活方式等因素。这些因素会对超常儿童的成长和发展产生影响。在一般的观察中,超常儿童的家庭背景优于普通儿童。但是,也有一些超常儿童的家庭背景比较一般,甚至低于一般水平,处于不利的处境中。

超常儿童心理特征(psychological characteristics of gifted child) 超常儿童区别

于普通儿童的心理素质特点。主要表现为：(1)认知能力特别优异。(2)有卓绝的创造力。(3)具有某种特殊才能，如文学、数学、艺术等。参见"超常儿童"。

超常儿童个别差异（individual difference of gifted children） 每个超常儿童在心理特征和发展水平方面所表现的区别。由于社会环境、家庭背景及个体素质的影响不同，超常儿童在认知能力、创造力、特殊才能以及气质、性格、兴趣等各个方面，都会表现出个别差异。

超常儿童记忆力（memory of gifted child） 超常儿童认知能力的一种。超常儿童获得、保存和回忆知识经验的能力。突出表现为识记快捷，保存长久，而且在需要这种知识经验的时刻，又能及时回忆起来。超常儿童记忆力的成就，比普通儿童平均提前3~4岁。

超常儿童观察力（observation skill of gifted child） 超常儿童认知能力的一种。超常儿童的观察力显著地优于同龄的普通儿童，他们对事物观察细致、准确、敏捷，目的性和条理性强，善于抓住事物的主要特点，能选择可供比较的参照点和观察顺序，进行卓有成效的观察。

超常儿童自我意识（self-consciousness of gifted child） 超常儿童主体对其自身的意识。含对自身机体及其状态，自身肢体活动状态，自己的思维、情感、意志等的意识。表现为自我观念、自我知觉、自我评价、自我体验、自我监督、自我调节、自我控制、自信心、自尊心、自豪感等等。

超常儿童性别特点（gender characteristics of gifted children） 男女两性超常儿童表现出来的传统的性别角色特征。超常女童常常具备传统意义上的男性个性特点，如独立、自信等，而超常男童则往往表现出一些传统意义上女性个性特点，如敏感、细心等。与普通儿童相比，超常儿童更倾向于表现出一种"中性"的人格特征。

超常儿童成就动机（achievement motivation of gifted child） 超常儿童为获得优异成绩和成功表现出来的欲望。表现为力图取胜，敢于挑战，坚韧不拔，不达目的决不罢休等品质。成就动机在超常儿童中也存在个体差异，适合儿童个人特点的教育和环境有助于成就动机水平的提高。

超常儿童情绪（emotion of gifted child） 超常儿童对客体的态度体验。可以表露出愉快、悲痛、愤恨、惧怕、忧虑、赞赏等多种形式。有研究认为，超常儿童与普通儿童相比，情绪的稳定程度、自我调节的能力及水平比较高；但另一些资料则显示，从整体上说，超常儿童的情绪发展与普通儿童一致，并存在明显的个体差异。

超常儿童兴趣（interests of gifted child） 超常儿童由于认识需要而产生的情绪表现。超常儿童积极探索某种事物的认识倾向明显超过同龄的普通儿童，他们的兴趣广泛，探究程度更深更高，喜欢学习更多、更深、更复杂的知识，这种兴趣倾向，往往与其日后取得事业成就直接相关。

超常儿童社会适应性(social adaptability of gifted child) 超常儿童对社会环境中的多种因素做出相应反应的能力。为其多种心理因素在行为上的表现。其发展过程符合普通儿童社会适应性发展的规律,同时也有一些独有的特点。超常儿童常受到与普通儿童不同的环境因素的影响,如周围人对他们的特殊看法和特殊要求等,使他们必须作出某些特别的努力,才能达到较好的适应水平。每个超常儿童的社会适应性水平不同,适当的教育可以提高和改善社会适应性水平。

超常儿童心理障碍(mental block of gifted child) 超常儿童心理活动中出现的创伤。这种创伤是由于不良刺激引发的心理异常现象。在临场挫折中所造成的某些暂时性过敏反应,具有情景特点,当偶然发生的情景改变后,这种过敏反应也就消失,并非一种经常现象。过敏反应往往表现为情绪紧张、情绪淡漠、感觉迟钝、健忘现象以及发生尿频、虚汗、低热等临场心理生理失常等。

超常儿童孤独(loneliness of the gifted) 超常儿童中普遍存在的一种矛盾心理状态。他们与其他儿童一样喜欢有同伴在一起,但也喜欢独处,并知道如何独处。有研究者认为孤独使得超常儿童有足够的时间专注于才能的发展。通过对照研究,奇克森特米哈伊发现在数学、自然科学、音乐、美术和体育方面有天赋的学生比无天赋的学生独处的时间更多。也有人认为,超常儿童的孤独是由于他们与同龄人之间的差异过大,难以找到与自身相类似的朋友。

超常儿童"平庸相"(the image mediocrity of the gifted) 某些学业天赋高的儿童表现出的一种社会适应策略。即有意或无意地表现出与周围同伴没有什么差别,并不去努力争取凭自己的能力完全可以达到的出色成绩,从而避免由于成绩过于出众而带来的压力或孤立。女生更倾向于使用这种策略。学业天赋高的儿童长期处于这种状态之中,可能使其失去进一步发展的动机与机会。

超常儿童职业指导(career guidance for the gifted) 为了使超常儿童更好地适应社会、施展自己的才华,而提供的职业技能方面的教育指导。关注的问题主要包括:以较小的年龄毕业时如何进入某一工作岗位、拥有多种才能与兴趣时如何选择职业、如何处理个人兴趣或志向与职业的关系、对于工作与休闲的理解和处理、超常女生的职业发展等。

超常儿童成年后生活(adult life of gifted child) 超常儿童成年以后的就业状况、工作成就、家庭生活、社会活动等方面的情况。根据美国心理学家推孟(L. M. Terman)对1500名超常儿童30年追踪调查研究的结果证明,这些人在完成高等教育学习,获得良好的就业机遇,建立美好家庭生活等方面的比例明显地高于普通人的水平,而且多数人成就突出。

脑速(speed of brain function) 大脑神经元运作的速度。脑功能研究的一个方面。一些心理学家认为,神经元突触的速度和效率是智力的生理基础,是与生俱来的,环境无法改变。高智商者大脑的神经元比普通人大脑的神经元运作快且效率高。而另一些心理学家则认为,大脑的反应时间也受知识、经验、注意和动机等因素的影响,而这些因素并不与神经元的反应速度直接相关。

脑效(efficiency of brain function) 大脑工作时葡萄糖的代谢情况。脑功能研究的一个方面。通过对不同任务条件下大脑工作情况的研究发现,高能力者的大脑在完成任务时消耗葡萄糖较少,因而效率高。

元认知(metacogniton) 人对自己的认知状态及活动情况的内部监视与调控,以提供有关的认知方式与认知战略的信息。人在解决问题的过程中,需要将元认知的知识与实际认知活动过程结合起来,从而达到解决问题的目的。天才儿童的元认知能力发展超过普通儿童的水平。参见"智力三重说理论"。

优势病症(high-functioning syndrome) 天赋与缺陷的异常集中现象。由神经学家格施温德提出。他认为大脑某区域受到抑制,另一半球的相应部位可能会增强发育,起补偿作用。另外,同一半大脑中发育受限部位的相邻区域也将得到补偿性发育。所以,左后脑(与语言相关)发育受限会引发周边区域(与计算能力有关)及右脑相应区域(与空间和音乐能力有关)的补偿性发育。这样就形成了包括美术、音乐、数学以及计算机等与右脑技能相关的天赋,同时也产生了诵读困难、说话晚和口吃等语言方面的病症。此种人可能在某方面表现为天才,但同时还可能出现诵读困难等与语言相关的学习困难。

冒险(risk-taking) 不怕失败去争取成功的心理过程。当一个人的行为可能产生好坏两种不同后果时,能克服对不良后果的恐惧,大胆采取行动,以求取得良好的结果。一般认为,适度的冒险是一种创造性人格特征。

创造力(creative ability) 一个人产生新思想、新发明、新发现的能力。创造性活动取得成功必须具有的心理品质。具备者的思维方式往往是发散思维,无定向、无范围地由已知去探求未知事物。发散思维的外部表现行为就是创造能力,它的特征是具有鲜明的变通性和独特性。其主要人格(个性)特征是:兴趣广泛、好学好问、反应快速、自信自强、特立独行、不易从众等。

创造性人格(creative personality) 人在创造性活动中心理特征的总称。包括能力、气质、性格和动机、兴趣、理想、信念等所构成的整体,调节和控制着人的行为。并非先天得来,而是在一定的社会条件下,经过培养教育形成的。一经形成,就具有稳定性的特征。当然,也会随着社会现实的多变和多样,发生或多或少的变化。个人生活、年龄、健康等因素,同样也会影响某些特点。

创造性游戏(creative play) 儿童按照自己的一定目的和任务所独创的游戏形式。具有鲜明的主题思想。角色的安排,情节的变化,游戏的规则,相互的关系,都被融入游戏的内容之中。体现出儿童的实际生活、愿望、情感和知识经验水平,对促进儿童发展富有意义。

创造性学习(creative learning) 人类专有的一种心理活动。不墨守成规,不人云亦云,敢于打破旧框框,敢于大胆创新,去获取经验、知识和技能的心理过程。区别于重复性的学习,但重复性学习与创造性学习往往同时并存,前者反映较低的智力水平,而后者反映较高的智力水平,为创造性思维的具体表现形式和过程。

创造技法(technics of creativity) 用于引发创造性思维,从而产生新思想、新观点和新事物的方法。通常包括脑力激荡法、强行联系法、情境假设法、改进法等等。

创造性解决问题(creative problem-solving) (1)用新的、不同于一般人的方法去解决问题。(2)培养这种能力的一种教学方法。由美国帕恩斯(S. J. Parnes)提出,他强调让学生在选择和使用解决问题的方法之前,尽可能地设想出多种可能的变通方法,最后才得出结论。这个过程包括5个步骤:①发现已知事实。②发现问题并找出主要问题。③设想尽可能多的解决方法。④寻求最可行的解决方法。⑤寻求别人的接受。这种教学方法可以与其他方法相配合,用于天才儿童的教育训练之中。

直觉(intuition) 对客观事物未经逻辑推理而直接产生的认知。来自于实践,没有知识和经验的积累就不会产生。属于直接观察,而非间接认识。

独立判断(independent judgement) 儿童进行判断时,不依赖别人,不受别人影响,而由自己独立思考作出判断。天才儿童往往有较强的独立判断能力。

立体思维(three-dimensional thinking) 又称"三向思维""三度空间思维"。思维方式的一种。物体的长度、宽度、高度所占有的空间,叫三度空间。立体即为具有三度空间的物体。立体思维表现于形象思维之中,艺术创作,尤其是造型艺术的创作,必须运用立体思维,文学创作也如此。绘画、雕塑、电视、电影等艺术产品,就是立体思维的杰作,使观众获得立体感。立体思维能力强的人常常擅长于造型等艺术领域。

发散思维(divergent thinking) 又称"求异思维""辐散思维"。思维方式的一种。不按常规的思维方式,而是从已知信息出发,寻找多种答案,以解决同一个问题。相对应的叫聚合思维。在儿童的创造性活动中,必有其在发挥作用。

创造性想象(creative imagination) 创造性活动中利用已积累的表象进行独创新形象的心理过程。与创造性思维一样,在创造性活动中占据非常重要的地位。若没有,就不会产生创造性活动。画家作画,音乐家作曲,文学家写小说,发明家设计新产品,建筑家修造新房等等,都必须对自己完成的目标和任务进行创造性想象。单纯再现记忆表象不是创造性想象。

创造性思维(creative thinking) 创造性活动中独特的思维过程。离开创造性活动,就没有创造性思维。在文学、艺术、科学、技术等的活动中,表现出突发性、新颖性、连续性的特点。为分析思维和直觉思维的统一,也是多种思维的综合表现。

批判思维(critical thinking) 对已有的事物或别人提出的观点进行思考和判断,从而发现其合理或正确与否的思维过程。与之相对的非批判思维(uncritical thinking),即对已有事物或观点不加思考地全盘接受。超常儿童表现出较强的批判思维能力。批判思维能力可通过适当的教育训练得到提高。

脑力激荡(brain storming) 又称"脑力风暴"。一种激发创造性思维的技法。由个人或小组对某一特定的问题,在一个相对集中的时间内,进行连续的思考,提出尽可能多的各种解决问题的方案,并记录下来。如果采用小组讨论的形式,应注意气氛轻松而有序,每个人都能听清发言者的讲话,每个人都有发言机会,决不对任何提出来的方案加以批评,如实记录,时间长短适中。

超常儿童特殊需要(special needs of gifted child) 超常儿童由于自身的发展特点而产生的不同于普通儿童的某些心理追求和倾向。如要求学习更多、更专深的知识,要求有更多的独立性等。为实施超常儿童教育的一个重要依据。

超常教育(education for gifted) 适应超常儿童潜力和特点,满足超常儿童特殊需要的教育。港台地区一般称作"资优教育",国外亦称为"天才教育""英才教育",属于广义的特殊教育的范畴。基本任务是培养各类高层次的、杰出的创新人才。

超常儿童早期教育 针对学龄前超常儿童身心发展特征进行的教育。最初主要指根据儿童的兴趣和优势,依靠父母在家对孩子进行早识字、早读、早算为主的教育,后幼儿园等早教机构的加入,使形式、内容有了更大范围的发展。具体来说,超常儿童幼儿园进行的集体教育实验有两种基本形式:一种是按年龄分班教学,一种是不按年龄分班,但定期将他们组织在一起,开展充实教育活动。

超常儿童教育机构(educational settings for gifted child) 专门为超常儿童提供适合其特点与水平的教育服务的组织。主要形式有:少年大学生班、超常儿童学校(班)、超常儿童幼儿园、超常儿童活动站等。一般由教育行政部门管理,专业教育教学人员主持工作。

超常儿童幼儿园(kindergarten for gifted children) 专门招收学龄前超常儿童的幼儿园机构。通常招收高智商或有特殊才能的幼儿,为他们提供既适合其年龄特点,又适合其特别需要的教育服务,以期促进这些幼儿的发展,为入学后的进一步学习作好准备。

小学超常儿童实验班 一种为超常儿童设立的特殊班。招收5~6岁的超常儿童。最早于1984年在天津开设。其基本目标是:用4年时间完成小学教育与教学任务。培养德、智、体、美、劳全面和谐发展、有良好思想道德素质和正确的自我意识,基础扎实、知识面宽,能力较强,在智力、创造力、个人才能、爱好方面得到充分发展,身体素质和发育达到同龄儿童平均值以上的小学毕业生。

中学超常教育实验班　招收小学高年级中的超常儿童入中学,期望用4年的时间完成全部中学教育教学任务的实验班。较早开设这种实验班的有北京第八中学等。教学方法以高速度、高难度为基本特点,注重知识结构,注重思维能力和自我能力的培养。绝大部分学生能在预期的时间内完成中学学习任务,升入大学的比例很高;也有个别学生因某种原因而中止又转入普通班学习。

大学少年班　简称"少年班"。我国超常少年教育的一种办学形式。招收中学年龄的超常少年,为他们提供大学教育课程。1978年首先在中国科技大学开办。通常先为这些学生提供集中的共同课程,为照顾其年龄特点,教学的组织和方法与普通大学生有所不同。然后逐渐过渡到不同的专业系科中,参加一般大学专业课的学习。一般还为少年班学生配备专门的生活指导老师,帮助他们逐渐提高生活自理能力。

超常儿童特殊学校（special school for gifted child）　专门为超常儿童开办的义务教育阶段的学校。招收高智商、高创造力或有特殊才能的儿童,为他们提供一定模式的教育教学服务,以期促进其才能的进一步发展。国外的此类学校多为私立。

超常儿童特殊学习中心（special learning center for gifted child）　非正规超常儿童教育的形式之一。通过提供各种充实活动和多种资料,帮助他们开发学习潜能,满足他们的求知欲和特殊需要。符合一定标准的学生,可在规定的时间参加中心的活动,形式有上课、讲座、小组讨论、个人研究等。有些中心还为学生提供外出旅行、参观的活动。活动可以在平时定期举行,如每周一次;也可以在假期集中举行。

超常儿童资源教室（resource classroom for gifted child）　为超常儿童的学习设置的专门教室。在普通班级的学习活动以外,超常儿童可以按一定的计划,在专门的时间里,在资源教室中进行适合其个别特点的学习活动。这种教室中通常备有参考书、活动所需的材料、器具等。

超常儿童教育模式（teaching model for gifted child）　针对超常儿童的发展特点和学习特点所设计的教育教学体系。良好的模式应具备以下特点:(1)有明确的目的和中心领域。(2)针对超常儿童的特性和学习过程提出基本假设。(3)可以为日常教学活动提供指导。(4)对学生的学习活动提出明确的要求。(5)有研究资料支持其有效性。比较常见的有三合充实模式、道德两难模式、创造性解决问题模式、多元才能发展模式及自我指导模式等。一般而言,不同的教育模式各有不同的侧重和优势,但也存在相对的局限之处。一个完整、有效的天才儿童教育方案,往往是几种教育模式的有机结合。

超常儿童回归主流（mainstreaming of gifted child）　超常儿童教育的一种指导思想。使对超常儿童的教育既满足其特殊需要,又不脱离社会环境和正常的生活。可以采用的方法有:保持与同龄儿童(包括同龄普通儿童)的共同活动、培养实际生活能力、培养与他人相处及沟通交流的能力等。有利于超常儿童成年后的生活和工作,减少社会适应问题。

超常儿童个别化教育计划（individualized educational plan for gifted child） 为每个超常儿童制订的教育计划。基本内容与一般个别化教育计划相同,只是以超常儿童的发展特点和学习特点为其基础。参见"个别化教育计划"。

三合充实教育模式（the enrichment triad model） 一种专门的超常儿童教育模式。由美国心理学家任朱利(J. S. Renzulli)于1977年提出。包括3个方面的充实活动:(1)一般探索性活动。即通过阅读、听讲座、参观等活动,对某个问题的基本知识和一般资料进行了解掌握。(2)分组训练活动。即在了解掌握基本知识和基本资料的基础上,以小组讨论、小组作业等方式进一步澄清问题,并尝试实际应用所学知识技能。(3)个人或以小组的形式研究真正的问题。即选定一个有关的专题进行深入的研究探讨,形成独立的研究成果,如论文、报告等。任朱利认为,这三种不同类型但彼此相关的学习活动,可以为超常儿童提供不同质量水平的学习经验。前两类活动是第三类活动的基础,也是适用于所有学习者的活动。超常儿童应有足够的第一、二类活动经验,以培养从事第三类独立研究所必备的能力和技术。第三类活动是三合充实模式的重心,占学生各种活动的50%。模式强调学习过程是一种手段,而不是目的。学生除事实内容的学习,更重要的是方法的掌握,因此要为学生提供:(1)选择的自由。(2)开放式的学习活动。(3)以发现法为主的学习策略。(4)多变化的充实活动。模式的效果被长期研究结果所支持,但在实际运用中应慎重考虑其思想基础和特殊方法,在具体情况下加以适当的调整。

全校范围丰富教育模式（the schoolwide enrichment model） 一种面向全体学生发展特殊本能的教育模式。20世纪80年代中期由美国教育心理学家任朱利(J. S. Renzuli)在丰富教育三类模式和旋转的识别模式的基础上建立。以"三环"天才概念为其理论基础。包括:一般操作性活动、集体培训、个体和小组研究实验问题三类丰富教育活动。特点是将鉴别与教育相结合,通过教室—活动室—研究室三种水平的教育,使各类儿童的超常潜力和才能优势得以充分展示,促进和培养。已在美国等一些国家以不同形式推广。

提早入学（early school entrance） 超常儿童教育中一种加速的方法。让尚未达到法定入学年龄的儿童,在证明其已具备相应的入学能力时,不受年龄限制而入学学习。这种方法可以使超常儿童接受到与其智能水平相适应的教育,使他们获得更具挑战性的学习经验。教育上的支出也可相应减少,比较经济。

速进班级（rapid advanced class） 专为超常儿童所设的特殊教育班级。采用不同于普通班级的学习内容和进度,在较短的时间内修完特定的全部课程。如在4年之内修完全部小学课程，提前升入中学；或在4年之内，修完全部中学课程，提前毕业等。采用这种教学形式，常常使学生在一年内修习两个年级的课程，所以也称作联合班级（combination grades）。需有特殊教师负责指导。

能力分组（ability grouping） 超常儿童教育中的一种组织形式。根据学生的能力和学科成就或倾向进行分组编班，使教育内容和方法更接近儿童的实际情况。多以智力测验、成就测验或学业成绩为分组依据。可分为同类组和特别组两种形式。同类组是将一般能力（或智商）相同的学生分在一起，特别组则是将在某一科目上有相似的兴趣和才能的儿童组合在一起，有针对性地就其所专长的科目进行特别教育。能力分组的形式，能够在一定程度上照顾到儿童的个别差异，但在实施中要求有相应的人力和学校设施支持，才能取得好效果。

跳级（grade-skipping） 超常儿童教育中一种加速的方法。在普通班中成绩优异并显示出较大学习潜力的学生，可在新学年开始时越过一个年级，连升两年级。如一年级以后直接升入三年级就读。这种方式的优点是简便易行，学校无需为天才儿童作更多特殊的安排，且可缩短其在学年限。缺点在于学生会因跳级而缺少一些必要的学习经验，新的学习内容与其已有的知识之间可能脱节。

不分年级制（non-graded program） 一种用于超常儿童教育的方法。打破传统的年级限制，根据学生的实际能力制订学习的科目和不同科目的进度计划，按学科单元进行教学。同一个学生在不同的科目中学习程度可有所不同，如一个学生学习相当于二年级水平的数学课程，同时学习相当于四年级水平的语文课程。

荣誉课程（honor course） 用于超常儿童教育中的一种方法。通常适用于中学以上的学生，向他们提供诸如数学、科学、文学、社会等科目的比常规课程更精深的教学计划，而可免除或部分免除其常规课程的学习。主要采用自我指导和教师个别辅导相结合的教学方式，强调独立工作，自我负责，重视概念、关系的学习，而非只是事实的记忆。

自我指导学习模式（self-directed learning model） 由崔分格（D. J. Treffinger）提出的一种可用于超常儿童教育的模式。主要目的是发展天才儿童对学习过程进行自我控制的能力。崔分格认为，超常儿童有可能也有必要参与到教学的各个阶段，即确定学习目标、评估起点行为、从事学习活动和评估学习结果，最终达到对自己学习过程的自我控制。根据学生在各教学阶段参与程度的不同，可将自我指导分为由低到高的三个层次，学生可在教师的帮助下渐次发展到最终的自我指导，即自己决定学习目标、自己评估起点行为、自己决定如何学习以及自我评估学习的结果。

教学策略模式（teaching strategies program） 用于超常儿童教育中的一种教学模式。由塔巴（Hilda Taba）提出。主要目的是促进儿童的抽象推理能力的发展。由教师向学生提出4个方面开放而集中的问题,引导学生完成一系列连续性的思维活动。其4个方面的连续发问技术,即构成4种教学策略:(1)概念的发展。(2)资料的解释。(3)通则的应用。(4)冲突的解决(或称为情感态度和价值的分析)。这4种策略中,前一个为后一个的基础,可连续性循序使用。每一种策略中,都有提问的顺序和问题的类型,教师可按一定的步骤加以应用。实施此模式中的各种策略时应制订详细的计划,包括内容、讨论前的工作、每一步骤的行为目标、每一步骤的重点问题、支持程序、每一步骤中学生可能的反应等。这些策略中的提问技术颇为复杂,不易很快熟练掌握,但只要使用妥当便有功效。

多元才能发展方法(multiple talents approach) 用于超常儿童教育中的一种教学模式。由泰勒(Calvin W. Taylor)提出。他认为所有的儿童在潜能上都是超常儿童,只是大部分人的潜能没有机会表现出来;如果在学校的学业才能之外,多发掘其他的能力领域,多数儿童将会至少在某一领域中表现出特殊才能。泰勒提出了以多种途径发展多种能力的多元才能发展模式。主要包括以下几种能力的发展和培养:(1)创造的能力。(2)作决定的能力。(3)计划的能力。(4)预测的能力。(5)沟通交流的能力。(6)思考的能力。在课程实施之初,应让每一儿童参加各种活动,训练每一方面的能力。逐渐地根据每人的特长,可以分组活动,侧重训练儿童专长的能力领域。应避免过早地分组。这一模式强调了多种能力的意义,特别是学业能力之外,日常生活中常需运用的能力的重要性,有利于提高教育的相关价值和实际价值。

思考与情感教学模式(teaching strategies for thinking and feeling) 超常儿童教育中的一种教学模式。由威廉斯(F. E. Wiliams)提出。主要目的是发展儿童流畅、变通、独特和精致的思维能力,以及好奇、冒险、挑战和想象等情感。这种模式借助传统教材内容,以一系列的教学策略来加强认识和情感的发展,培养儿童的创造力和表现力。配有专门的教材和教具,提供18种教学方法供教师使用。

独立研究(independent study) 培养超常儿童的一种方法。经有关部门认可,儿童接受教师的指导和监督,参与或独立选择学习内容,研究课题,确定方法,从事资料搜集整理,做出成果的活动。开展这种活动,旨在培养儿童的独立性和创造能力。

超常儿童导师制(mentorship of the gifted) 超常儿童教育方式的一种。为有需要的儿童安排一位(或多位)与其才能领域或兴趣相匹配的成年专业人士做导师,这位导师在自己的工作领域中已经取得了突出的成就。儿童观察和参与导师的实际工作,导师则充当教师、榜样、伙伴等多种角色。导师制可以为超常儿童提供较早参与高水平实际工作的机会,使其智能得到充分挑战,同时为其提供了个别化的专业及专业外的有关知识、技能的指导。

超常儿童咨询服务(consulting services on gifted child) 为超常儿童及其家长、教师提供有关其发展特点、教育需要、法律权利等方面问题的服务。可由专门的咨询中心提供,也可由学校或学区内的专职咨询教师提供。通过这类咨询服务,可以解除或缓解超常儿童的一些心理问题,帮助他们克服一些困难,同时也可对家长或教师进行必要的指导帮助。

超常儿童校外辅导(out-school tutoring for gifted child) 超常儿童教育的一种特殊方式。正规教育的一种充实形式,用以发挥其学习潜在能力,可以涉及各种学科。

超常儿童课外辅导(out-class tutoring for gifted child) 教师对超常儿童进行的一种非正规补充教育方式。超常儿童的一个重要特点,是求知欲和学习潜力超过常规学生。为满足其需要,一般由其自订计划,自学为主,自评成绩,教师从旁给予集体的或个别的辅导,以扩大或加深其知识和能力,内容可以涉及各种学科。

超常儿童指导教师(teacher for gifted child) 既受过普通教育专业训练,又受过超常儿童特殊教育训练的教师。负责超常儿童教育计划的制订、实施或指导,为超常儿童提供特别的教学服务。

天才发生研究(Genetic Studies of Genius) 美国心理学家推孟于 1925 年领导的一项研究工作。他在 16 万儿童中,使用比奈—西蒙智力量表(修订)选出智商在 135 以上的儿童 1528 名,运用追踪方法,历经 30 年研究,取得了许多有关天才的研究成果。并于 1959 年发表了研究报告《天才发生研究》,共 5 辑,分别为:(1)"一千名天才儿童心理与生理的特征"。(2)"三百名天才儿童早期心理特征"。(3)"青年的前途:一千名天才儿童的追踪研究"。(4)"成年后的天才儿童"。(5)"中年期的天才人物"。这项研究是该领域中规模最大、时间最长的一项,揭示了许多当时不为人所重视和了解的天才儿童的特点,纠正了一些有关天才儿童的传统偏见,对于后人理解和继续研究天才儿童有较大的影响。推孟去世后,这项研究仍然持续进行,侧重在对天才人物老年时期生活的研究。1976 年,此项研究获美国心理学会授予的卓越科学贡献奖。

家谱研究法 又称"历史分析法"。用于天才人物研究的一种方法。对已成功的天才人物,如知名的科学家、文学家、艺术家、政治家等,进行家谱调查,分析他们的血缘关系及家族中其他知名人物的出现情况,从而试图论证遗传在形成天才人物中的作用。这种方法最早由英国的高尔顿在 19 世纪后半期使用,直至 20 世纪早期仍为常用的研究天才的方法。使用这种方法通常会得出天才是遗传的结论。

个案追踪研究法(case study follow-up) 用于超常儿童研究的方法之一。对研究对象的某一方面或综合情况进行较长时期的追踪研究。研究中结合使用测验、实验、观察、谈话、作品分析等方法,多方面收集有关资料,较系统深入地分析研究的问题,期望能从个别案例的研究中,为发现一些普遍规律奠定基础。

动态比较研究法(dynamic comparative study) 用于超常儿童的研究方法之一。即在儿童发展过程中,通过教育干预的进行过程,对两组具有某方面不同特点而在其他方面条件相近的儿童进行比较研究,以期确定某方面的差异对儿童的影响。用于对超常儿童研究时,主要采取与普通儿童进行对比的方式进行。

资优儿童夏令营(summer camp for gifted child) 一种自然研究形态。研究者根据一定的实验目的,组织超常儿童参加夏令营活动,观察和记录实验组儿童的表现,与控制组儿童作比较,以确定特定的因素对超常儿童的影响。见于台湾学者的研究中。

数学早慧少年研究(Study of Mathematically Precocious Youth) 对具有突出数学才能的儿童进行鉴别、选拔和教育的一项研究。由美国的斯坦莱(J. C. Stanley)于1971年开始主持进行。对12～13岁的学生进行数学能力测试,将成绩达到700分以上者选拔出来,作为数学早慧儿童,参加专门针对他们开设的数学快速班的学习。数学快速班每周只上2小时课,其余时间仍在原班学习。这项研究已进行了十几期的实验,效果良好,已在美国部分地区推广。

语言天才少年研究(Study of Verbally Gifted Youth) 对具有突出语言才能的儿童进行鉴别、选拔和教育的一项研究。是继"数学早慧少年研究"之后,美国约翰·霍普金斯大学的又一项研究项目。由霍根(R. T. Hogan)等人主持。使用美国SAT测验中的语言分测验对12～13岁的学生进行测试,得分在570以上者被视为语言天才儿童,可参加专门的大学水平的暑期充实课程。

超常儿童研究协作组(network of supernormal child study) 中国大陆研究超常儿童的学术组织。成立于1978年。由中国科学院心理研究所查子秀任组长。研究涉及超常儿童的特征、鉴别、教育等各方面内容,填补了我国当代超常儿童研究的许多空白。主要成果有《智蕾初绽》(1983)、《怎样培养超常儿童》(1987)、《超常儿童研究十年成果论文集》(1993)及《超常儿童心理学》(查子秀主编,1993)等。还编制了《鉴别超常儿童认知能力测验》、《中国少年非智力个性特征问卷》等测验工具。

超常研究中心 全称"中国科学院心理研究所超常儿童研究中心"。中国科学院心理研究所内设的一个机构。1994年成立。前身为中国科学院心理研究所超常儿童研究协作组。查子秀任主任。成员除了心理所的科研人员以外,还聘请著名的心理学家和教育学家担任顾问,全国各地的超常儿童研究专家和教育工作者任学术委员。宗旨是:进一步开展对超常儿童的心理发展和教育的研究,兼顾研究成果推广和超常教育师资培训为主要目的,为祖国建设培养更多更好的优秀人才,为提高中华民族的人口素质作贡献。

《美国天才儿童法案》（U. S. Act for Gifted and Talented Children） 美国国会 1970 年通过的教育法修正案中加入的有关天才儿童的法令条款。主要内容包括：(1)教育专员应该进行以下工作：确定适合于天才儿童需要的特殊教育服务的范围。指出现有特殊教育项目中哪些适用于天才儿童。评价现有的教育项目如何能更有效地满足天才儿童的需要。推荐必要的适合于天才儿童需要的新项目。(2)教育专员应在该条款颁布一年之内进行上述工作，并将有关材料写成报告。为美国官方第一次对天才儿童的明确认可，推动了美国各地天才儿童教育的发展。

世界天才儿童研究协会（World Council for Gifted and Talented Children） 一个国际性的超常儿童研究组织。由英国超常教育专家亨利·科利斯（Henry Collis）倡议成立。1975 年 9 月，在英国伦敦召开了首届世界天才与特殊才能儿童会议。此后每两年召开一次国际学术会议。1977 年，在旧金山召开的第二届会议上被正式确定为全球性的超常儿童研究协会。第 11 届大会在中国香港和北京举行。

世界天才儿童会议（World Conference on Gifted and Talented Children） 天才儿童研究和教育的国际性学术会议。1975 年在英国伦敦首次举行，其后每两年召开一次。宗旨是促进人们对天才儿童需要的理解、支持和帮助，使他们的潜能充分发展，以造福人类。由会员国代表选举产生执委会和组委会，负责组织会议期间及休会期间的有关学术活动以及刊物出版的工作。

高尔顿（Francis Galton，1822～1911） 男，英国的心理学家、遗传学家、探险家。学术涉猎面广，遍及人类学、地理学、数学、力学、气象学、心理学和统计学等学科。为研究天才人物家谱的开创者。所著甚丰，如《遗传的天才》、《英国的科学家们：他们的禀赋和教养》、《自然的遗传》等书享誉世界。率先采用统计方法对 977 名政治家、诗人、法学家、军事家、科学家、文学家、画家、音乐家、神学家进行了系统研究，并于 1870 年发表了著名的《遗传的天才》，成为遗传决定论的代表之作。

《天才儿童季刊》（Gifted Children Quarterly） 美国天才儿童国家协会主办的刊物。每年 1 月、4 月、7 月和 10 月各出版一期。内容主要包括天才儿童研究领域的新理论、新成果、教育项目、课程及评价等，也介绍教师、家长和社区教育的经验等。

音序索引

A

阿曼 ………………………………… 249
阿佩尔氏综合征 …………………… 305
阿斯伯格综合征 …………………… 367
阿羽伊 ……………………………… 198
爱耳日 ……………………………… 248
安定 ………………………………… 381
安定药 ……………………………… 381
安娜·弗洛伊德 …………………… 419
安妮塔·米尔斯 …………………… 251
安慰治疗 …………………………… 382
按摩疗法 …………………………… 456
暗示法 ……………………………… 239
澳门特殊教育 ……………………… 125
《澳门特殊教育法令》 ……………… 127

B

巴彬斯基征 ………………………… 438
白痴儿童 …………………………… 288
白痴学者 …………………………… 290
白喉 ………………………………… 14
白化病 ……………………………… 164
白内障 ……………………………… 163
白内障术后视力矫正 ……………… 172
白瞳症 ……………………………… 163
白血病 ……………………………… 26
百日咳 ……………………………… 14
拜瑞—布坦尼卡视觉—动作统整发展
 测验 ……………………………… 340
板书训练 …………………………… 346
《办好盲童学校、聋哑学校的几点指示》
 …………………………………… 99
半乳糖血症 ………………………… 304
伴性遗传病 ………………………… 22
榜样法 ……………………………… 390
保护性抑制 ………………………… 40
暴发性人格障碍 …………………… 369
爆震性耳聋 ………………………… 209
北京国际特殊教育会议 …………… 147
北京联合大学特殊教育学院 ……… 79
北京师范大学特殊教育研究所（系）
 …………………………………… 77
北京师范大学特殊教育研究中心 … 87
北京市孤独症儿童康复协会 ……… 400
北京市海淀区工读学校 …………… 412
北京市盲人学校 …………………… 193
北京星星雨教育研究所 …………… 400
被动攻击性人格障碍 ……………… 370
被动运动 …………………………… 452
苯巴比妥 …………………………… 381
苯丙酮尿症 ………………………… 303

苯妥英纳 …… 381
苯异丙胺精神病 …… 367
鼻咽腔闭锁不全 …… 264
鼻音 …… 258
鼻音化构音 …… 263
鼻音缺失 …… 266
比率智商 …… 294
比内—西蒙智力量表 …… 298
闭路电视助视器 …… 173
庇护工场 …… 65
边音化构音 …… 263
边缘性人格障碍 …… 369
扁平足 …… 436
变态心理犯罪 …… 406
变性 …… 12
辨音训练 …… 264
标准化测验 …… 293
表层阅读障碍 …… 333
滨州医学院特殊教育学院 …… 78
《病残儿医学鉴定管理办法》 …… 5
病毒性结膜炎 …… 159
病理反射 …… 438
病弱儿童 …… 425
病弱儿童教育 …… 460
病因 …… 10
波动 …… 275
波内特 …… 249
波特奇计划 …… 51
补救教学 …… 61
不分年级制 …… 497
不公开审理 …… 409
不良社会交往 …… 403
不良行为 …… 401
不良行为心理良性转化 …… 407

《不让一个儿童落后法案》 …… 131
不送气化构音 …… 263
不随意运动 …… 439
不协调性兴奋 …… 370
不知手指缺陷 …… 331
布雷泽尔顿新生儿行为评价量表 …… 42
布洛卡失语症 …… 269
步态分析 …… 441
步态检查 …… 441
步态矫正 …… 441
步行失用 …… 441
步行训练 …… 450

C

猜字游戏 …… 349
踩边行走法 …… 191
参与限制 …… 8
残废 …… 8
残疾 …… 7
残疾成人教育 …… 54
残疾儿童 …… 1
残疾儿童康复中心 …… 64
残疾儿童性障碍 …… 375
残疾儿童综合功能评定法 …… 445
残疾人按比例就业 …… 116
残疾人奥林匹克运动会 …… 136
残疾人残疾分类和分级 …… 4
残疾人犯罪处置 …… 406
残疾人共济会 …… 134
残疾人国际 …… 133
《残疾人机会均等标准规则》 …… 141
《残疾人教育法修正案》 …… 130

《残疾人教育工作"十二五"实施方案》 …… 107	超常儿童"平庸相" ……	491
《残疾人教育条例》 ……	95	超常儿童成就动机 ……	490
残疾人就业保障金 ……	117	超常儿童成年后生活 ……	491
《残疾人就业条例》 ……	95	超常儿童出现率 ……	488
《残疾人权利公约》 ……	140	超常儿童导师制 ……	498
残疾人无障碍示范小区	466	超常儿童多指标鉴别 ……	488
残疾人信息无障碍 ……	117	超常儿童个别差异 ……	490
《残疾人研究》 ……	148	超常儿童个别化教育计划 ……	496
残疾人用品用具国家标准 ……	89	超常儿童孤独 ……	491
《残疾人职业康复和就业公约》 ……	139	超常儿童观察力 ……	490
《残疾人中等职业学校设置标准（试行)》 ……	116	超常儿童回归主流 ……	495
		超常儿童记忆力 ……	490
残疾人自学成才奖金 ……	122	超常儿童家庭背景 ……	489
《残疾者权利宣言》 ……	137	超常儿童鉴别 ……	488
《残障福利法》 ……	125	超常儿童教育机构 ……	494
操作测验 ……	297	超常儿童教育模式 ……	495
测距不准 ……	440	超常儿童课外辅导 ……	499
测验调整 ……	63	超常儿童情绪 ……	490
测验焦虑 ……	359	超常儿童人格测验 ……	488
测验偏向 ……	295	超常儿童筛选 ……	488
蹭地行走法 ……	191	超常儿童社会适应性 ……	491
差别强化法 ……	389	超常儿童特殊需要 ……	494
产前诊断 ……	19	超常儿童特殊学习中心 ……	495
长程心理治疗 ……	398	超常儿童特殊学校 ……	495
长春大学特殊教育学院 ……	78	超常儿童校外辅导 ……	499
"长江新里程"计划(2000—2005年) ……	122	超常儿童心理特征 ……	489
		超常儿童心理障碍 ……	491
常模 ……	296	超常儿童兴趣 ……	490
常染色体病 ……	19	超常儿童性别特点 ……	490
常染色体显性遗传病 ……	21	超常儿童研究协作组 ……	500
常染色体隐性遗传病 ……	22	超常儿童幼儿园 ……	494
超常 ……	484	超常儿童早期发展 ……	489
超常儿童 ……	485	超常儿童早期教育 ……	494
		超常儿童职业指导 ……	491

超常儿童指导教师	499	传导性耳聋	208
超常儿童智商测试	488	传导性失语症	268
超常儿童咨询服务	499	传染病	12
超常儿童资源教室	495	传染病分类	13
超常儿童自我意识	490	传染病特点	12
超常教育	494	传染病疫情报告	17
超常女童	486	传入性运动失语症	270
超常显露年龄	487	喘息服务	52
超常研究中心	500	床边教学	461
超声波疗法	455	床边训练	448
成骨不全	434	床上指导	448
《城市道路和建筑物无障碍设计规范》	465	创造技法	493
乘马疗法	456	创造力	492
惩罚法	393	创造力测验	489
痴愚儿童	288	创造性解决问题	493
迟发性运动障碍	368	创造性人格	492
迟语症	274	创造性思维	493
持续言语	272	创造性天才	486
冲动行为	374	创造性想象	493
重复性书写	273	创造性学习	493
重复言语	272	创造性游戏	492
重言症	272	春蕾计划	121
抽搐	432	纯音测听法	215
抽动秽语综合征	371	唇齿音	258
处方教学法	61	唇读	227
触感屏	187	唇读认知机制	227
触觉地图	189	唇裂与腭裂	278
触觉辅助	227	辍学	401
触觉教具选择原则	183	词聋	277
触觉训练	346	词盲	277
触觉阅读器	187	词语拼凑	277
川本宇之介	251	磁场疗法	454
传出性运动失语症	270	磁性腕关节控制托	462
		刺激—反应训练	283

刺激辨别	392
刺激泛化	392
刺激控制	392
粗大运动功能评定	443
催眠	387
脆(性)X综合征	304
脆骨病	434
存在主义心理治疗	397
挫折和失败心理	310
错读症	272
错构	363
错觉	361
错误信念任务	355
错语	271

D

大便控制不能	372
大肌肉群运动	71
大脑皮质神经过程的基本特征	41
大脑皮质性聋	209
大脑皮质语言区	259
大脑切除术	380
大头畸形	306
大学少年班	495
大字课本	186
大字课文	240
代币制	391
代偿	8
代谢性白内障	164
丹佛发展筛选测验	301
单侧失写与失用症	276
单基因遗传病	21
胆红素脑病	474
蛋白质缺少	304
导盲机器人	190
导盲犬	190
导盲手电	192
道德缺陷论	309
德兰吉氏综合征	305
德鲁尔阅读困难分析	341
灯塔远视力表	170
等速测力器	446
低常儿童	288
低成就天才	487
低成就者	329
低视力	156
低视力儿童学校	193
狄德罗	197
敌意性攻击行为	403
地板时光	384
第二次全国残疾人抽样调查	6
第三次全国特殊教育工作会议	90
第四次全国特殊教育工作会议	90
第一次全国残疾人抽样调查	6
第一性缺陷和第二性缺陷	309
癫痫	303
点字	174
点字数理化符号	176
点字图书馆	178
点字音乐符号	176
"电报式"言语	271
电抽搐治疗	382
电反应测听	218
电疗法	454
电视监视器检查法	168
耵聍	211
定向行走	189

定向行走课	184	多感官教学	349
动觉方法	347	多基因遗传病	24
动觉天才	487	多萨疗法	383
动力—相互关系法	396	多学科诊断小组	60
动力性家庭治疗	398	多语症	277
动力性失语症	270	多元才能发展方法	498
动态比较研究法	500	多元智能理论	485
动物辅助治疗	385	多种感觉学习	319
动作表达能力测验	339		
独立判断	493		

E

俄罗斯矫正教育学研究所	134
《俄罗斯特殊教育法》	129
俄罗斯特殊学校	57
额叶综合征	11
儿科心理学家	400
儿童保健	33
儿童不良习惯	374
儿童服务示范中心	350
儿童福利院	64
儿童健康检查	37
儿童焦虑症	358
儿童精神病	360
儿童精神病学	360
儿童恐怖症	358
儿童颅内肿瘤	26
儿童慢性病	425
儿童虐待	404
儿童期精神分裂症	360
儿童强迫状态	359
《儿童权利公约》	139
《儿童生存、保护和发展世界宣言》	141
儿童失语症	271

(独立研究 498; 独行自我保护法 191; 读话 227; 读屏软件 187; 短程心理治疗 397; 对比敏感度 166; 对儿童的综合研究法 311; 对数视力表 171; 对照视野检查法 169; 多巴胺 381; 多重残疾 468; 多重残疾儿童教育原则 477; 多重残疾儿童诊疗教学 478; 多重残疾听力损伤者 471; 多重畸形 469; 多重及重度障碍儿童教育安置 480; 多重障碍 468; 多重障碍儿童动作技能 479; 多重障碍儿童休闲活动技能 479; 多重障碍儿童早期教育计划 471; 多重障碍儿童早期评价 470; 多重障碍儿童自我照顾技能 479; 多重障碍者的职前技能 479; 多重障碍者生活安置 479)

儿童手淫	375	发育性口吃	275
儿童退缩行为	373	发育性障碍	9
儿童显性焦虑量表	379	发展测试图	295
儿童学	309	发展常模	296
儿童语言发展迟缓	261	发展到顶论	309
儿童躁郁症	359	发展疗法	386
儿童指导诊所	399	发展领域课程取向	477
儿童总需热能	32	发展性结构	477
耳背式助听器	220	发展性学习障碍	329
耳毒性药物	212	发展性阅读障碍	333
耳鸣	210	《发展障碍》	151
耳模	221	发作性睡眠	372
耳内式助听器	220	法定盲	155
耳声发射	214	《反对教育歧视公约》	137
耳语测听	216	反社会行为	403
二重残疾	469	反社会性人格障碍	368
二重感觉障碍	470	反射	437
		反响语	271

F

		犯罪	405
		犯罪心理	407
发病阈值	21	犯罪心理恶性转化	407
发散思维	493	犯罪行为控制	407
发声障碍	265	方	174
发音含糊	263	方格视野表	170
发音教学	229	放松练习	450
发音镜	226	非保护性劳动环境	65
发音困难	265	非典型性孤独症	366
发音器官	257	非条件反射	39
发音诱导	266	非文字测验	297
发音障碍	267	非言语交流	222
发育迟缓	290	非言语学习障碍	330
发育等级评价法	37	肥胖症	431
发育离差评价法	37	废用性萎缩	11
发育曲线图评价法	37	费力音	264

分贝	203	感觉统合	41
分词连写	177	感觉统合训练法	348
分管分押	409	感觉消退	335
分类教学	62	感觉消退技术	387
分离性焦虑	359	感觉训练	312
分裂性人格障碍	368	感觉异常	41
分析器	38	感染性耳聋	212
分组教学	62	感音性耳聋	208
风湿病	432	感知障碍犯罪	406
弗里德赖希共济失调	440	高创造力儿童	486
扶残助学项目	119	《高等教育自学考试残疾人应考者奖励暂行办法》	113
氟中毒	25	《高等教育自学考试特殊教育专业（专科）》	82
符号系统	223	《高等师范院校特殊教育专业教学计划（草案）》	81
符号语言	223		
福州盲字	175		
辅导教室	63		
辅导教学服务	62	高等特殊教育	54
辅读学校	313	高尔顿	501
辅音	258	高尔基工学团	409
辅助性服务	480	高弓足	436
辅助学校	313	高功能孤独症	366
负面惩罚	389	高热惊厥	475
复聪	218	高天资儿童	486
复发风险	21	高危	42
		高危登记	42

G

		高危险人群	42
盖特曼视动模型	346	高压氧治疗	459
干预反应	341	格雷口语阅读测验	231
肝豆状核变性	22	格塞尔发展测验	301
感觉辨别能力障碍	330	葛斯曼症状	331
感觉剥夺	307	隔离法	393
感觉颠倒	331	隔离式教育	50
感觉间障碍	336	个案追踪研究法	499
		个别化家庭服务计划	61

个别化教育计划	61	共济失调	440
个别矫正作业	185	共鸣训练	264
个人因素	38	共同注意	367
个体生活质量	52	佝偻病	431
跟耳试验	437	构音不能	263
跟行足畸形	436	构音点	259
工读称谓负效应	412	构音检查	264
工读教育研究会	419	构音训练	264
工读学校	410	构音障碍	262
工读学校办学方式改革研讨会	419	构字障碍	273
工读学校教师	411	孤独症	365
工读学校劳动教育	411	孤独症儿童评定量表	380
工读学校思想品德教育	410	孤独症行为检核表	379
工读学校文化科学知识教学	411	骨导	201
工读学校预备生	412	骨骼年龄	34
工读学校职业教育	411	骨关节损伤	434
工具性攻击行为	403	骨形成不全症	434
工作分析	67	骨与关节结核	433
弓形体病	475	骨折	435
弓状束	260	鼓膜外伤性穿孔	211
功能独立性评定	443	瞽手通文	175
功能视力评估	168	固定自行车	462
功能位	451	关键反应训练	385
功能性耳聋	208	关键期	29
功能性构音障碍	263	关节固定术	447
功能性课程取向	478	关节活动度	444
功能性评价	476	关节活动度检查	444
功能性行为评估	394	关节挛缩	433
功能性学业技能	478	关节强硬	434
功能训练	448	关节体操	449
功能训练器械	463	关节训练器	465
功能治疗法	458	关节制动术	447
攻击性行为	402	《关于"盲人读物"邮件实行免费寄递的通知》	116
汞中毒	25		

《关于"十五"期间进一步推进特殊教育改革和发展的意见》…… 108
《关于办好工读学校的几点意见》… 416
《关于办好工读学校的试行方案》… 415
《关于办理少年刑事案件的若干规定(试行)》…… 416
《关于残疾人的世界行动纲领》…… 138
《关于当前发展学前教育的若干意见》…… 99
《关于发展特殊教育的若干意见》… 100
《关于改革学制的决定》…… 96
《关于基础教育改革与发展的决定》…… 99
《关于加快推进残疾人社会保障体系和服务体系建设的指导意见》…… 107
《关于加强特殊教育教师队伍建设的意见》…… 110
《关于教育体制改革的决定》…… 96
《关于进一步加快特殊教育事业发展的意见》…… 110
《关于进一步加强青少年教育,预防青少年违法犯罪的通知》…… 415
《关于进一步做好高等学校残疾人毕业生就业工作的通知》…… 112
《关于开展残疾儿童、少年随班就读工作的试行办法》…… 114
《关于盲童学校、聋哑学校经费问题的通知》…… 111
《关于审理未成年人刑事案件具体应用法律若干问题的解释》…… 417
《关于亚太地区残疾人全面参与和平等的宣言》…… 141
《关于在少年儿童中进行社会主义人道主义教育,培养理解、尊重、关心、帮助残疾人良好道德风尚的意见》…… 100
《关于中等专业学校、盲聋哑学校班主任津贴试行办法》…… 111
《关于做好高等学校招收残疾青年和分配工作的通知》…… 112
《关于做好普通中等专业学校招收残疾青年考生工作的通知》…… 112
管状视力 …… 156
光感 …… 156
光声反应仪 …… 187
广泛性发育障碍 …… 366
滚筒 …… 463
国际标准视力表 …… 171
国际残疾工作委员会 …… 132
国际残疾人奥林匹克委员会 …… 135
国际残疾人年 …… 142
国际残疾人日 …… 145
国际功能、残疾和健康分类 …… 4
国际疾病分类 …… 4
国际康复会 …… 133
国际口吃联合会 …… 283
国际口吃日 …… 283
国际聋教育会议 …… 242
国际聋人高等教育网络组织 …… 247
国际聋人节 …… 248
国际聋人体育联合会 …… 246
国际轮椅联合会 …… 136
国际盲人节 …… 195
国际盲人体育协会 …… 196
国际脑瘫人体育协会 …… 136
国际狮子会 …… 133
国际视力损伤者教育学会 …… 196
国际特殊奥运会理事会 …… 324

《国际特殊教育》……………… 151
国际智残人工作者协会联盟 …… 323
《国家级福利院评定标准》 …… 117
国家康复器械质量监督检验中心 … 89
国家手语和盲文研究中心 ……… 88
《国家中长期教育改革和发展规划纲要
　（2010—2020年）》…………… 97
《国家中长期语言文字事业改革和发展
　规划纲要（2012—2020年）》…… 111
国务院残疾人工作委员会 ……… 84
国务院关于加强教师队伍建设的意见
　…………………………………… 99
国语注音符号发音指式 ………… 225
过敏障碍 ………………………… 15
过期产儿 ………………………… 28
过写症 …………………………… 273

H

《哈尔滨宣言》 ………………… 141
海德里盲人学校中国福州分校 … 194
海伦·凯勒 ……………………… 482
海伦·凯勒国际 ………………… 483
海尼克 …………………………… 250
《韩国教育法》 ………………… 131
罕见病 …………………………… 27
汉语手指音节 …………………… 225
汉语手指字母方案 ……………… 225
汉语双拼盲文 …………………… 175
合同法 …………………………… 392
合作计划 ………………………… 60
合作教学 ………………………… 62
核黄疸 …………………………… 305
盒式助听器 ……………………… 220

黑龙江肇东师范学校特殊教育系 … 77
横向研究 ………………………… 72
红领巾助残 ……………………… 122
红外线疗法 ……………………… 455
洪雪立 …………………………… 252
后进生 …………………………… 404
后天获得性耳聋 ………………… 210
后天性残疾 ……………………… 9
后语言区 ………………………… 260
呼吸练习 ………………………… 229
呼吸体操 ………………………… 449
华东师范大学学前教育与特殊教育
　学院 …………………………… 78
华夏出版社 ……………………… 147
《华夏时报》 …………………… 148
化脓性骨髓炎 …………………… 430
化脓性中耳炎 …………………… 211
踝阵挛 …………………………… 439
坏死 ……………………………… 12
还原主义学习模式 ……………… 345
环境剥夺 ………………………… 307
环境声感应器 …………………… 219
环境因素 ………………………… 38
幻觉 ……………………………… 361
唤醒理论 ………………………… 349
患进行性大脑疾病的智力落后儿童 … 289
黄乃 ……………………………… 197
回归主流 ………………………… 49
回合教学法 ……………………… 387
绘人测验 ………………………… 299
秽亵言语 ………………………… 371
混合教育 ………………………… 49
混合情感障碍 …………………… 357
混合性经皮质失语 ……………… 268

混杂手势英语	226	集体助听器	220
活动受限	8	脊髓灰质炎	431
活动中心	318	脊髓灰质炎后遗症	431
获得性阅读障碍	333	脊髓进行性肌萎缩症	430
霍—里成人神经心理成套测验中国修订本	300	脊髓损伤	428
		脊柱侧弯	429
霍—里神经心理成套测验	300	脊柱裂	428
霍—里幼儿神经心理成套测验中国修订本	300	脊柱弯曲异常	432
		计划免疫	16
		《计算机专业手语》	255
		记忆障碍	362

J

击掌测听	218	《技工学校招生体检标准及执行细则的补充规定》	112
肌腱延长术	458		
肌力	436	继发性青光眼	160
肌力检查	436	寄宿制教养院	481
肌肉萎缩	430	寄养家庭	481
肌营养不良症	429	加劳德特大学	245
肌张力	437	加强免疫	16
肌张力检查	437	家教托管生	412
积极行为支持	394	家谱研究法	499
基本情感需要	310	家庭暴力	404
基础免疫	16	《家庭寄养管理暂行办法》	118
基玛斯诊断算术测验	341	家庭生活质量	52
基数	388	家庭支持	52
基因	18	家族黑蒙性白痴	303
基因治疗	27	家族性基底节钙化症	473
激光疗法	455	甲状腺功能减退	303
激光手杖	191	假声	266
急性脊髓炎	430	假性肥大	435
急性细菌性结膜炎	159	假性智力落后	289
急语症	274	假肢	447
疾病	10	假肢工厂	447
疾病感缺失	24	假装游戏	383
		间接攻击行为	402

词条	页码
肩关节功能障碍	434
肩手综合征	434
缄默症	365
减重步态训练器	464
睑内翻	158
睑外翻	158
睑腺炎	158
简易声音测听	214
健康	68
健忘症	335
渐隐法	391
腱反射	438
鉴别超常儿童认知能力测验	489
交叉伸展反应	438
交叉性失语	272
交叉遗传	23
交流板	282
交流教育	57
交流性和系统性家庭治疗	398
交通银行特教园丁奖	121
交往障碍	373
焦虑	358
角膜病	160
角膜接触镜	165
角膜软化症	160
角膜炎	160
角膜移植术	161
矫形器	463
矫形外科学	446
矫正教育学	45
《矫正教育学和特殊心理学辞典》	151
矫正体操	449
矫正运动	450
教师暴力	404
教学策略模式	497
教育部特殊教育处	85
《教育大辞典》(第2卷)	149
教育辅助人员	62
教育康复	69
教育疗法	72
教育盲	155
教育年龄	336
教育商	336
《教育诗》	420
教育听力学	204
阶梯升降机	465
结构化教学法	384
结节性硬化症	473
结膜炎	159
捷尔任斯基儿童劳动公社	409
截肢	447
解除反应	276
解码障碍	334
介助呼吸训练	264
界限性人格障碍	370
界限性遗忘	363
金钥匙盲童教育计划	198
金钥匙视障教育研究中心	193
紧张性颈反射	438
进食障碍	371
近视力检查	166
近用(或中距)望远镜	173
近用助视器训练	173
《经济、社会、文化权利国际公约》	138
经络导平治疗	458
经皮质感觉性失语症	268
经皮质运动性失语症	268
晶体后纤维增生症	164

精神残疾	353	康复医学	69
精神残疾分级	353	康复预防	71
精神创伤	360	康复诊断	70
精神发泄	360	康复中心	63
精神发育迟滞	290	康熙盲字	175
精神发育迟滞儿童类型	291	抗惊厥剂	381
精神疾病	354	抗阻练习	451
《精神疾病统计与诊断手册》	421	考夫曼儿童成套测验	300
精神统合治疗	384	考夫曼婴儿和学前量表	300
精神外科	360	可调式头部指棍	465
精神性智力落后	289	可见言语	226
精神药物	380	可见言语装置	226
痉挛	433	可教育的智力落后者	288
痉挛型	427	可训练的智力落后者	288
镜像书写	273	克拉克聋人学校	245
臼盖成形术	447	克氏(孤独症)行为量表	380
就诊者中心疗法	397	克汀病	303
巨细胞病毒	474	刻板行为	366
句法构造缺陷	332	刻板印象	373
句子构成障碍	271	刻板语言	271
觉醒反射	215	客观测听法	214
		课程本位测量	63
		课内操	317
		空方	174

K

卡尔丹诺	248	空气负离子疗法	454
卡瑞恩	248	空心球浴池	465
凯法特	350	恐怖症和害怕	358
看话教学	237	口部操	229
康复	68	口吃	274
康复程度	70	口吃伴随症状	275
康复对象	70	口吃阶段发展论	274
康复护理	448	口腔内压	259
康复器械	461	口失用	277
康复医疗机构	64	口语表达能力测验	339

口语法	238	《理科专业手语》	255
口语教学	236	力学疗法	456
口语教学班	235	立式放大镜	172
口语教学实验工作汇报会	242	立体视觉	154
夸美纽斯	325	立体思维	493
夸希奥科	306	利奥·凯纳	420
跨年龄辅导	317	《利兹堡宣言》	139
跨文化研究	73	连续记录法	395
窥阴癖	376	《联合国保护被剥夺自由少年规则》 414	
困境儿童	1	联合国残疾人十年	143
扩大和替代性沟通	387	联合国儿童基金会	132
		联合国教科文组织亚太地区特殊教育研讨会	147

L

		《联合国少年司法最低限度标准规则》 413	
拉力计	446	《联合国预防少年犯罪准则》	413
拉乌	251	恋物癖	375
蜡样脂质褐质病	472	链锁法	390
莱佩	249	良好行为	388
赖恩氏手切	225	良性口吃	275
赖恩手势	224	两种以上严重障碍	470
朗读机	187	疗养学	452
劳—穆—比三氏综合征	305	裂脑研究	380
劳动教养	408	临床教学	318
劳动疗法	72	临床心理学	355
劳动治疗车间	65	临界智力落后	289
老年性聋	209	零拒绝	48
肋木	464	零容忍	48
泪囊炎	158	流畅性障碍	274
类风湿性关节炎	432	流失生	404
累赘语	277	流行性脑脊膜炎	14
冷疗法	454	流行性腮腺炎	15
离差智商	294	流行性乙型脑炎	15
李昂哈特症状	331		
李石涵	253		

六小时落后儿童	290
聋	207
聋儿听力语言康复中心	242
《聋教育常识》	253
聋教育学	231
聋人电话机	241
聋人读物	240
聋人个性	231
聋人教师	240
聋人口语	230
聋人起床闹钟	222
聋人社会和聋人文化	236
聋童思维	230
聋校	231
聋校的双语环境	236
聋校教科书	234
聋校教学原则	233
聋校教学组织形式	235
聋校课桌	240
《聋校义务教育课程设置方案》	233
聋心理学	230
聋哑	210
《聋哑教育通讯》	253
《聋哑人通用手语草图》	253
《聋哑人通用手语图》	254
颅脑损伤	473
鲁利亚	327
路标	190
路易·布莱尔	198
滤光纸	187
露天学校	460
露阴癖	376
律动课	235
氯丙嗪	382
孪生学校	57
轮椅	463
罗彻斯特法	239
罗彻斯特聋人技术学院	246
罗盘温度计	188
罗夏墨迹测验	378
逻辑障碍综合征	363
裸眼视力	154

M

麻风病	429
麻风残疾	429
麻疹病毒	474
马凡氏综合征	22
马卡连柯	420
慢性口吃	275
盲	155
盲笔	177
盲道	190
盲教育学	180
盲聋教育	480
盲聋障碍	470
盲人触觉特点	179
盲人电子计算机	186
盲人定向线索	189
盲人感觉补偿	178
盲人计算器	188
盲人交通信号	190
盲人空间知觉	180
盲人门球	188
盲人乒乓球	188
盲人时间知觉	180
盲人手表	188

盲人手机 ……	187
盲人听觉特点 ……	178
盲人听觉训练 ……	186
盲人图画板 ……	188
盲人学校 ……	192
《盲人月刊》 ……	199
盲人障碍感觉 ……	179
盲童触—动觉训练 ……	185
盲童记忆特点 ……	179
《盲童教育概论》 ……	199
盲童人格倾向 ……	180
盲童生活技能训练 ……	185
盲童思维特点 ……	178
盲童嗅觉及味觉训练 ……	185
盲童语言特点 ……	178
盲童运动技能训练 ……	185
盲童智能发展特征 ……	179
盲文 ……	174
盲文打字机 ……	189
盲文复印机 ……	189
盲文活字插算算盘 ……	188
盲文记录器 ……	187
盲文教材 ……	182
盲文刻印机 ……	189
盲文书写 ……	176
盲文邮票 ……	188
盲相 ……	180
盲校教学方法 ……	183
盲校教学计划 ……	181
盲校教学原则 ……	182
盲校美工课 ……	184
盲校社会适应课程 ……	184
盲校特殊课程 ……	184
盲校信息技术课程 ……	184
《盲校义务教育课程设置方案》 ……	181
盲校直观教具 ……	183
盲校制图教学 ……	186
盲校综合康复课程 ……	184
盲心理学 ……	178
盲哑学校 ……	192
盲幼儿教育 ……	181
盲杖 ……	191
猫叫综合征 ……	305
毛发癣 ……	374
毛细血管扩张共济失调 ……	440
冒险 ……	492
梅毒 ……	305
《每一位特殊教育工作者必须知道什么：道德、标准和指导方针》 ……	152
《每一位特殊教育工作者必须知道什么：有关特殊教育教师的准备和资格的国际标准》 ……	152
《美国残疾人法》 ……	129
美国儿科心理学会 ……	401
美国孤独症研究学会 ……	401
美国盲人出版社 ……	196
美国盲人基金会 ……	196
美国手势语 ……	226
美国特殊儿童委员会 ……	134
《美国天才儿童法案》 ……	501
美国援助重度和极重度残疾人教育协会 ……	483
美国智力与发展障碍协会 ……	324
《美术专业手语》 ……	255
蒙台梭利 ……	326
蒙台梭利教具 ……	321
蒙台梭利教学法 ……	320
蒙台梭利学校 ……	320

蒙台梭利自动教育法	321	脑脓肿	473
蒙特瑞方法	347	脑速	491
蒙眼教学法	347	脑瘫病因	427
梦样状态	362	脑瘫分类	426
米兰会议	242	脑瘫评价	428
免疫	15	脑效	492
面容失认	363	脑性瘫痪	425
《面向21世纪教育振兴行动计划》	101	脑血栓	428
民办特殊教育机构	58	脑炎	14
明尼苏达多相人格量表	377	脑语言功能一侧化	259
命名速度缺陷	334	内部致病因素	10
命名性失语症	269	内地留学制	82
摸读	177	内耳	201
模仿	390	内翻足	436
模仿言语	271	内啡呔	381
模拟法	390	内抑制	39
莫尔反射	214	内源性智力落后	289
母语	237	能力—工作分析法	346
木僵	373	能力测验	297
目标行为	388	能力差异	329
		能力分组	497
		尼曼—皮克氏病	473
		泥疗	453

N

南京市立盲哑学校	244	逆反心理	404
南京市聋哑学校	244	逆行性遗忘	363
南京特殊教育职业技术学院	79	粘多糖病	472
南通市聋哑学校	244	捏力计	446
脑白质营养不良	305	努力性发声	265
脑电地形图	42	努南综合征	22
脑电图	41		
脑干胶质瘤	27		
脑积水	303	## P	
脑力激荡	494	帕金斯盲校	194
脑膜刺激征	15	庞塞	248

胚胎医学 …… 67	意见 …… 113
培智教育社区化 …… 321	瀑布式特殊教育服务体系 …… 50
培智学校 …… 313	
培智学校家长工作 …… 317	**Q**
培智学校教学原则 …… 316	
培智学校卫生保健 …… 316	脐静脉穿刺 …… 20
《培智学校义务教育课程设置方案》 …… 315	气导 …… 201
	气候疗法 …… 454
培智学校招生 …… 314	气息声 …… 259
配景测听法 …… 217	气息音 …… 264
批判思维 …… 494	启聪学校 …… 232
皮博迪个人成绩测验 …… 338	启明学校 …… 193
皮博迪图片词汇测验 …… 338	启哑初阶 …… 234
皮肤纹理分析 …… 20	启喑学馆 …… 243
皮脂腺腺瘤 …… 305	起音困难 …… 275
皮质下失语 …… 268	器质性耳聋 …… 208
《琵琶湖千年行动纲要》 …… 142	器质性构音障碍 …… 263
偏常儿童 …… 1	迁移 …… 41
偏身颤搐症 …… 433	牵伸体操 …… 449
偏瘫 …… 426	牵引疗法 …… 451
偏执性人格障碍 …… 369	铅中毒 …… 25
胼胝体分离综合征 …… 278	前提控制法 …… 393
拼写障碍 …… 334	前语言区 …… 259
频宽 …… 221	浅反射 …… 438
频率 …… 203	强化 …… 389
频率响应 …… 221	强化物 …… 389
乒乓球测试 …… 167	强迫思维 …… 365
平衡练习 …… 450	青春期教育 …… 399
平行杠 …… 462	青光眼 …… 160
破坏性行为 …… 374	青少年犯罪年龄 …… 406
破镜假说 …… 367	《青少年犯罪研究》 …… 421
破伤风 …… 14	青少年违法犯罪预测 …… 407
葡萄糖-6-磷酸脱氢酶缺乏症 …… 24	轻微犯罪青少年学生教育国际
普通高等学校招生体检工作指导	研讨会 …… 418

轻微脑功能失调	331
情感不协调	357
情感淡漠	357
情感性人格障碍	368
情感性障碍	356
情绪不稳	357
情绪低落	357
情绪和行为障碍儿童教育	398
情绪性反应	275
情绪障碍的生物学基础	356
情绪障碍儿童	356
区别对待	313
屈光参差	157
去机构化	48
全国爱牙日	147
全国爱眼日	195
全国残疾人运动会	136
全国第一次工读学校座谈会	418
全国碘缺乏病宣传日	322
全国儿童预防接种宣传日	146
全国高师院校特殊教育专业课程方案研讨会	80
全国弱智教育经验交流会	322
全国随班就读工作经验交流会议	91
全国特殊教育工作会议	89
全国特殊教育先进县(市、区)	83
全国特殊教育学校信息技术教育工作经验交流会	91
全国助残日	146
全国助残先进集体、个人	83
全聋	207
全美帮助学习障碍者计划	349
全美学习障碍联合委员会	350
全纳教育	50
全纳学校	57
《全日制聋校课程计划(试行)》	233
《全日制聋哑学校教学计划》	233
全日制培智学校(班)教科书	316
《全日制弱智学校(班)教学大纲(征求意见稿)》	315
全日制弱智学校(班)教学计划(征求意见稿)	314
全校范围丰富教育模式	496
缺陷	8
缺陷补偿	9
缺陷儿童	1
《缺陷教育学辞典》	150
缺陷人格	370
缺陷天才	486
缺陷心理学	43
群集家庭	481
群体普查法	20

R

染色体	18
染色体畸变	21
人导法	190
《人道主义的呼唤》	150
人格价值危机感	311
人格障碍	368
人工耳郭	219
人工耳蜗	219
人工喉	277
人工假眼	172
人工晶体	165
人工视觉	171
人工中耳	219

人际关系发展干预	384	三叉神经血管瘤病	475
人造器官	447	三合充实教育模式	496
认识初步与生活指导	184	"三环"天才概念说	484
认知策略学习模式	345	三元损伤	366
认知行为疗法	386	《三月风》	148
认知障碍	290	三早	43
任内试验	215	三重残疾	469
任务分析法	319	散光	156
日本国立特殊教育综合研究所	135	嗓音练习	229
日常生活活动能力分级	443	塞擦音	258
日常生活活动能力检查	443	色觉检查法	169
日常生活交流能力测验	280	色盲	165
日光疗法	455	色素膜炎	161
日间托护中心	65	色素失调症	476
荣誉课程	497	色素性视网膜炎	161
绒毛取样法	19	塞音	258
融合	50	森林疗养学校	460
融合国际	324	沙眼	159
融合教育:未来之路	142	筛选测验	297
褥疮	425	伤残儿童寄托所	65
软腭麻痹	278	上海市聋哑青年技术学校	244
软起声	276	上海市盲童学校	194
软瘫	427	《上海市青少年保护条例》	416
瑞文推理测验	299	上海市特殊教育资格证书	82
弱视	162	上眼睑下垂	158
弱智	286	烧伤	425
		少年法庭	408
S		少年管教所	418
		少年违法者工学团	409
《萨拉曼卡宣言》	141	哨声测听	217
塞甘	326	舌根化构音	263
塞缪尔·格雷德利·豪	482	舌尖穿针法	185
塞缪尔·亚历山大·柯克	351	舌尖化构音	263
三层一体型工读教育体制	412	社会成熟量表	295

社会福利机构	119	神经性萎缩	11
社会工作者	52	神经性厌食	371
社会沟通、情感协调和动态支持模式	399	神经学软体症	373
		神经轴突断裂	429
社会孤立和拒绝	311	神童	484
社会技能训练	477	渗出性中耳炎	211
社会康复	69	升级与降级	282
社会模式	48	生长发育	29
社会排斥	50	生长发育形态指标	33
社会融合	50	生长发育一般规律	32
社会商数	295	生活经验单元	60
社会生活能力	66	生理年龄	294
社会适应	66	生理学方法	319
社会心理适应	68	生态评估	476
社会医学	67	生物发生模型	379
社交故事	385	生物反馈	392
社区本位方案	481	生物反馈疗法	459
社区康复	70	声场听力测验	218
社区生存技能	318	声导抗测听	218
社区言语和听力中心	243	声点	175
深层阅读障碍	333	声纳眼镜	192
深反射	438	声音的频率与音调	204
神经病	377	声音的强度与响度	204
神经传导功能障碍	429	省略音	262
神经断裂	429	剩余视力	156
神经发育法	457	剩余听力	207
神经官能症	377	失读症	272
神经肌肉功能检查	444	失歌症	276
神经皮肤综合征	476	失认症	278
神经生理学的变态性	377	失算症	335
神经纤维瘤病	475	失听症	269
神经心理学	354	失写症	273
神经型	40	失音症	266
神经性进行性肌萎缩	429	失用症	440

失语症	267	世界预防自杀日	144
失语症检查	266	试读	58
失足青少年	405	视—动联合能力测验	339
十聋九哑	210	视触转换仪	186
石蜡疗法	453	视觉第一中国行动	195
时间取样法	395	视觉电生理检查法	170
时空感知障碍	361	视觉动作技能	154
食管言语	277	视觉辅助	227
始所未料危机感	311	视觉功能	154
世界艾滋病日	145	视觉构成能力测验	338
世界残疾人研究所	134	视觉技能	173
世界防治结核病日	143	视觉接收能力测验	338
世界孤独症日	401	视觉敏锐度	154
世界骨关节日	467	视觉倾听	227
世界骨质疏松日	466	视觉缺陷	155
世界罕见病日	145	视觉系统	153
世界精神卫生日	144	视觉效力表	170
世界聋人联合会	246	视觉序列记忆能力测验	340
世界慢性阻塞性肺疾病日	144	视觉训练	173
世界盲人联盟	195	视觉压力	333
世界帕金森病日	143	视觉语言学	222
世界强化免疫日	145	视觉障碍	155
《世界全民教育宣言:满足基本学习需要》	139	视觉障碍出现率	155
《世界人权宣言》	137	视觉障碍儿童	178
世界扫盲日	144	视力	153
世界糖尿病日	144	视力表	170
世界特殊奥林匹克运动会	324	视力残疾	155
世界天才儿童会议	501	视力残疾分级	157
世界天才儿童研究协会	501	视力残疾教育	181
世界卫生组织	132	视力检查	166
世界无烟日	144	视疲劳	157
世界哮喘日	145	视神经萎缩	161
世界心脏日	144	视听法	240
		视网膜母细胞瘤	164

视网膜脱离 …… 162	手足搐搦 …… 433
视物变形 …… 156	手足口综合征 …… 13
视野 …… 153	手足徐动症 …… 440
视野增宽和扩大法 …… 174	首届全国部分省市盲校、聋校学生
视知觉发展测验第二版 …… 342	艺术调演 …… 84
视知觉再生作用缺陷 …… 332	首届全国特殊教育学校(院)学生
适当行为 …… 388	美术大赛 …… 84
适应不良行为 …… 373	书面拼写测验 …… 341
适应性体育 …… 321	书面言语损害 …… 272
适应性效果 …… 275	书面语言测验 …… 340
适应性行为 …… 284	书写错乱 …… 273
适应性行为评定 …… 301	书写倒错 …… 334
收容教养 …… 407	书写能力障碍 …… 334
手持放大镜 …… 172	书写障碍 …… 334
手法治疗 …… 456	数学早慧少年研究 …… 500
"手口"之争 …… 237	数学障碍 …… 335
手势代码系统 …… 225	数学障碍筛选工具 …… 342
手势汉语 …… 225	数字盲字符号 …… 175
手势交谈 …… 224	数字式助听器 …… 220
手势文字 …… 223	双差生 …… 404
手势英语 …… 226	双生法 …… 20
手势语 …… 223	双眼视觉 …… 154
手语 …… 223	双语双文化 …… 236
手语法 …… 238	水疗 …… 452
手语翻译 …… 241	水中运动 …… 453
《手语翻译员国家职业标准(试行)》 …… 241	睡眠障碍 …… 372
	吮指 …… 375
手语歌 …… 241	顺行性遗忘 …… 363
手语教学 …… 236	说话训练 …… 228
手语教学班 …… 235	思考与情感教学模式 …… 498
手指书写法 …… 239	思维障碍 …… 364
手指语 …… 224	斯科罗霍多娃 …… 482
手指重建术 …… 446	斯坦福—比内量表 …… 298
手指字母 …… 224	斯坦福诊断阅读测验 …… 337

斯特劳斯	351	瘫痪	426
嘶哑声	259	逃避性人格障碍	369
四免两补	119	特定学校技能发育障碍	328
四要点模式	344	特殊班	57
四重残疾	469	特殊才能鉴定	488
送教上门	61	特殊儿童	1
送气化构音	263	特殊儿童超龄班	58
诵读困难	273	特殊儿童出现率	2
速进班级	496	特殊儿童发生率	2
塑造法	394	特殊儿童分类	2
随班就读	58	特殊儿童辅导中心	59
随班就读工作支持保障体系实验工作		特殊儿童鉴定	3
	91	特殊儿童教育	151
随意运动	439	特殊儿童就学指导	60
髓母细胞瘤	26	特殊儿童课堂管理	63
损伤	7	特殊儿童筛查	3
《所有残疾儿童教育法》	129	特殊儿童校外教育	56
		特殊儿童学前班	56
		特殊儿童义务教育	53
		特殊儿童早期教育	53

T

		特殊儿童诊断	4
《塔上旗》	420	特殊儿童综合征	11
胎儿镜检查	19	特殊绘画才能	487
胎儿酒精中毒综合征	305	特殊教学法	47
胎儿期	30	特殊教学论	45
胎盘屏障	12	特殊教学设备	75
台南训盲院	195	特殊教学原则	47
台湾特殊教育	123	特殊教育	43
《台湾特殊教育法》	125	《特殊教育百科全书》	151
《台湾特殊教育法施行细则》	126	特殊教育办公室	85
《台湾特殊教育教师登记及专业人员选用办法》		特殊教育补助费	119
	126	特殊教育督导检查	85
《台湾特殊教育设施设置标准》	127	特殊教育发展方针	48
台湾听觉障碍分类	206	特殊教育发展格局	47
泰—萨氏病	303		

特殊教育辅导教师	76	《特殊心理学》	150
《特殊教育概论》	150	特殊需要儿童	2
特殊教育工作者道德准则	82	特殊学校	56
特殊教育管理	75	特殊学校编制	75
特殊教育津贴	123	《特殊学校规范章程》	128
《特殊教育经验、文件选编》	149	特殊学校教材	74
《特殊教育名词汇编》	150	特殊学校教学大纲	74
特殊教育目标	46	特殊学校教学计划	73
特殊教育目的	46	《特殊学校教学仪器配备目录》	113
特殊教育群英模范	83	特殊学校劳动技能教育	56
特殊教育任务	46	特殊学校社会工作者	76
特殊教育师范学校(师资培训中心、部)		特殊学校义务工作者	76
	77	《特殊学校义务教育课程设置方案》	
特殊教育师资培养	77		73
特殊教育双语教学	76	特殊学校职业教育	55
《特殊教育提升计划(2014—2016年)》		特殊学校助学金	119
	102	特殊艺术教育	55
特殊教育相关服务	52	《特殊音乐才能》	487
特殊教育需要儿童	2	特殊幼儿教育	53
特殊教育需要协调员	77	特殊职业培训双元制	66
特殊教育选修课	80	踢边行走法	191
特殊教育学	44	提示	319
《特殊教育学名词辞典》	150	提示法	391
《特殊教育学校建设标准》	114	提早入学	496
特殊教育学校建设二期专项建设		体态语言	222
规划	115	《体育专业手语》	255
《特殊教育学校暂行规程》	114	天才	484
特殊教育巡回教师	76	天才儿童	485
特殊教育专业	81	《天才儿童季刊》	501
特殊教育专业免费师范生	81	天才发生研究	499
特殊教育咨询教师	76	天赋	484
特殊科学才能	487	天津理工大学聋人工学院	79
特殊领导才能	487	条件反射	38
特殊文学才能	487	跳方	174

跳级	497	听力损失	205
听—说联合能力测验	339	听力损失平均值	205
听骨链损伤	211	听力图	213
听觉	202	听力学	204
听觉辨别	213	听力学家	204
听觉的差别感受性	202	听力语言康复	227
听觉的绝对阈限	202	听视触并用法	240
听觉反馈	203	听阈测量	216
听觉辅助	227	听知觉	202
听觉构成	203	通向明天——交通银行残疾青少年助学计划	121
听觉构成能力测验	339	同伴干预	385
听觉接收能力测验	339	同时交谈法	239
听觉敏度	203	同性恋	375
听觉疲劳	203	同一性行为	367
听觉区域	202	同质编班	59
听觉统合训练	384	童子科	488
听觉痛阈	202	痛觉过敏	335
听觉系统	201	头部损伤	24
听觉性认知缺陷症	332	头狭小	306
听觉序列记忆能力测验	339	图片故事语言测验	341
听觉训练	228	图片交换系统	384
听觉语言训练原则	228	图形—背景混乱	335
听觉语音学	204	图形视力表	170
听觉阈限	202	徒手抵抗运动	448
听觉障碍	204	徒手矫治	448
听力	202	团体心理治疗	396
听力残疾	204	推撑疗法	264
听力残疾儿童的出现率	205	托伦斯创造性思维测验	489
听力残疾儿童随班就读	232	托马斯·布雷沃	250
听力残疾者体育竞赛分级	247	托马斯·加劳德特	250
听力残疾者体育竞赛项目	247	脱臼	435
听力级	213	脱瘾综合征	367
听力计	212		
听力年龄	213		

W

瓦列特基本学习能力发展调查 …… 340
歪曲 …………………………………… 263
外部致病因素 ………………………… 10
外耳 …………………………………… 201
外耳道闭锁 …………………………… 211
外翻足 ………………………………… 436
外器官假体 …………………………… 447
外伤性白内障 ………………………… 163
外抑制 ………………………………… 39
外源性智力落后 ……………………… 289
完全性失语症 ………………………… 268
完全性书写障碍 ……………………… 273
完形治疗 ……………………………… 397
腕骨年龄 ……………………………… 34
网瘾 …………………………………… 402
妄想 …………………………………… 364
危机干预 ……………………………… 397
威廉·C. 斯多基 ……………………… 252
威廉·穆恩 …………………………… 198
韦伯试验 ……………………………… 215
韦尔尼克失语症 ……………………… 268
韦尔希图形偏好测验 ………………… 378
韦氏成人智力量表 …………………… 299
韦氏儿童智力量表 …………………… 298
韦氏幼儿智力量表 …………………… 298
韦氏智力量表 ………………………… 298
违法行为 ……………………………… 405
围产期 ………………………………… 30
维果茨基 ……………………………… 326
未成年人 ……………………………… 405
未成年人犯罪 ………………………… 405
未成年人违法 ………………………… 405
未分类广泛性发育障碍 ……………… 366
伪聋 …………………………………… 207
味觉训练 ……………………………… 346
味觉异常 ……………………………… 335
萎缩 …………………………………… 11
温度觉训练 …………………………… 346
温热疗法 ……………………………… 453
文法构成能力测验 …………………… 338
文法手语 ……………………………… 223
文化公平测验 ………………………… 297
文化家族性智力落后 ………………… 289
文兰社会成熟量表 …………………… 301
问题儿童 ……………………………… 401
问题家庭 ……………………………… 404
问题行为 ……………………………… 401
《我生活的故事》 …………………… 483
《我怎样理解和想象周围世界》 …… 483
沃克问题行为鉴定表 ………………… 379
《沃诺克报告》 ……………………… 128
握力计 ………………………………… 446
无脑儿 ………………………………… 24
无视觉的 AKT 法 …………………… 349
无线调频式助听器 …………………… 221
无意识行为表现 ……………………… 374
无障碍标志 …………………………… 465
《无障碍环境建设条例》 …………… 96
无障碍五项最低标准 ………………… 465
吴燕生 ………………………………… 252
五等级评价标准表 …………………… 37
五方元音 ……………………………… 175
五重残疾 ……………………………… 470
伍德库克阅读掌握测验 ……………… 337
伍德库克—约翰逊第三版成就测验
　　　　　　　　　　　　　　　　342

伍德库克—约翰逊第三版认知能力测验	342	先天性小眼球	163
舞蹈疗法	382	先天性新陈代谢失调	305
舞蹈症	441	先天愚型	289
物理疗法	452	先行教育计划	51
物理治疗凳	465	先学前期	31
物质滥用	367	显性口吃	275
		《现代特殊教育》	148
		现实疗法	386
		现实危机感	311
		相互关系集体治疗	396

X

西卡尔	250	香港处理青少年犯罪机构	418
希—内学习能力倾向测验	231	香港复康联会	135
希望工程	120	香港嘉诺撒盲女院	195
膝内翻	435	《香港康复白皮书》	127
膝外翻	435	香港特殊教育	124
习得性失助	371	香港特殊教育资源中心	124
习得性无助感	336	香港特殊学校议会	125
习惯性流产	23	箱庭疗法	385
系谱	20	象形写字	273
系谱分析	20	《消除一切形式种族歧视国际公约》	138
系统化教学方法	478		
系统脱敏法	392	消退法	394
先天获得性耳聋	209	小床-O-图试验	215
先天盲	155	小儿急性偏瘫	427
先天性白内障	163	小儿麻痹后遗症矫治手术	432
先天性残疾	9	小儿麻痹症	432
先天性耳郭畸形	211	小儿视力测试	167
先天性风疹综合征	15	小耳症	211
先天性肌性斜颈	433	小肌肉群运动	71
先天性髋关节脱臼	435	小脑星形细胞瘤	26
先天性马蹄内翻足	436	小头畸形	306
先天性青光眼	160	小学超常儿童实验班	494
先天性软骨发育异常	434	《小学生日常行为规范(修订)》	116
先天性水俣病	24	小组家庭	318

小组治疗 …… 282	新盲字 …… 175
效度 …… 296	新生儿单纯疱疹病毒感染 …… 474
歇斯底里性聋 …… 209	新生儿低血糖症 …… 28
协调性练习 …… 451	新生儿黄疸 …… 28
协调性兴奋 …… 370	新生儿期 …… 30
斜面桌 …… 187	新生儿溶血症 …… 306
斜视 …… 162	新生儿筛查 …… 3
携带者 …… 21	新生儿体格发育评价 …… 34
携带者筛查 …… 21	新生儿行为神经测定 …… 34
写字板 …… 177	新造语 …… 271
写作障碍 …… 334	信度 …… 296
心理 …… 43	信号系统 …… 40
心理—教育和医疗—社会帮助中心 … 59	信息交往增强系统 …… 477
心理—医学—教育咨询站 …… 59	兴奋和抑制 …… 39
心理测量学 …… 293	行为不稳定性 …… 336
心理测验 …… 293	行为代价法 …… 391
心理地图 …… 189	行为反应测听 …… 217
心理发展迟缓儿童 …… 329	行为改变技术 …… 388
心理防御机制 …… 355	行为或社会法 …… 458
心理过程模式 …… 336	行为矫正 …… 387
心理理论 …… 355	行为强化程序 …… 389
心理年龄 …… 294	行为缺陷 …… 374
心理神经性学习障碍 …… 331	行为问题 …… 401
心理卫生 …… 399	行为问题表 …… 379
心理卫生运动 …… 399	行为问题类型学 …… 378
心理学临床 …… 355	行为性家庭治疗 …… 398
心理与教育评定量表 …… 379	行为医学 …… 67
心理治疗 …… 395	行为障碍 …… 370
心理状态检查 …… 378	行为治疗 …… 396
心理咨询 …… 72	行为主义学习模式 …… 344
心目克明 …… 175	行走训练器 …… 464
心身障碍 …… 355	形体感觉障碍 …… 361
心因性聋 …… 209	性变态 …… 375
心因性视力残疾 …… 157	性染色体病 …… 19

性向测验	297
性罪错	376
休养护理	318
修复	8
嗅觉缺失	24
嗅觉训练	346
需监护的智力落后者	288
虚拟现实技术	386
漩涡浴	462
选择观看检查法	168
选择性缄默症	365
学龄前超常儿童	486
学龄前儿童口吃评定	276
学龄前聋童班	232
学前期	31
学生期的口吃评定	276
《学说话》	256
学习迟缓者	290
学习障碍	328
学习障碍大学生	344
学习障碍儿童	328
学习障碍儿童基金会	350
学习障碍儿童教育干预	343
学习障碍儿童协会	350
《学习障碍法案》	349
学习障碍矫正策略	346
《学习障碍教育设备年度指南》	352
学习障碍研究	342
学习障碍与青少年犯罪	406
学习障碍诊断问卷	342
学习障碍咨询教师	344
学校处境不利儿童	2
《学校教育法》	131
学校恐怖症	358
学校压力	336
学业成绩测验	295
《学业疗法》	352
学业性超常儿童	486
学业性学习障碍	329
学业与潜能差异	335
血胆红素过多	306
血脑屏障	12
血友病	23
《寻找回来的世界》	421
训练球	464

Y

压迫性萎缩	11
哑剧	241
哑音定字法	177
亚历山大·格雷厄姆·贝尔	251
亚历山大·格雷厄姆·贝尔聋和重听者协会	247
亚利桑那基本评量与课程利用系统	481
亚太地区残疾人十年(1993—2002年)	143
《亚洲及南太平洋地区听力障碍通讯》	256
烟台市聋哑中心学校	244
烟中毒	25
言语/语言交流障碍	262
言语	257
言语补充现象	271
言语残疾	260
言语动觉	230
言语感受阈	202
言语环境	260

词条	页码	词条	页码
言语急迫	277	药物性耳聋	212
言语康复	227	药物依赖	367
言语失用	277	野孩维克多	325
言语失用症	276	《野孩子》	327
言语损害	261	夜光表检查法	168
言语听力计	213	夜盲	165
言语听力损伤	205	一般认知能力	336
言语训练器	226	一贯性效果	275
言语障碍	261	一体化	49
言语障碍儿童教育	280	一校五部制办学形式	412
言语障碍检查	279	伊利诺心理语言能力测验	337
言语障碍评定标准	279	伊塔尔	325
言语治疗	281	医教结合	69
言语治疗师	281	医疗步行	450
言语治疗室	281	医疗体操	449
言语治疗学	279	医疗体育	448
言语治疗作业	282	医学康复	68
沿物行走	191	医学声与文化声	236
颜色覆盖技术	347	医学模式	48
眼	153	移板	177
眼底检查法	169	遗传	18
眼睑反射	214	遗传度	21
眼镜式助听器	220	遗传性耳聋	209
眼镜助视器	172	遗传咨询	19
眼库	165	遗尿症	372
眼球震颤	164	遗忘综合征	363
眼压	167	乙酰胆碱	382
厌恶治疗法	391	《义务教育阶段聋校教学与医疗康复仪器设备配备标准》	233
厌学	402	《义务教育阶段盲校教学与医疗康复仪器设备配备标准》	182
羊膜穿刺术	19		
阳光软件	187		
养护·训练	67	《义务教育阶段培智学校教学与医疗康复仪器设备配备标准》	315
养护学校	57		
药物疗法	72	艺术疗法	383

异常步态	441	硬币试验	167
异常儿童	1	拥抱机	385
异常构音	263	永不满足儿童综合征	372
异性装扮癖	376	优生学	27
异质编班	59	优势病症	492
易患性	21	优秀特殊教育工作者奖励基金	123
易性别癖	376	游戏疗法	383
疫苗	16	游戏听力检查法	217
意识混浊	362	有声图书	177
意志缺陷说	308	有氧训练法	450
意志障碍	365	幼儿健康标志	34
癔病人格	370	幼儿期	31
癔病性口吃	275	娱乐疗法	71
音叉	215	愚鲁儿童	288
音叉试验	215	《雨人》	421
音高障碍	265	语迟分类	262
音乐疗法	382	语词错乱	277
音强障碍	265	语调听觉法	239
音色障碍	266	语法缺失	277
音位	257	语文初步	235
隐匿性抑郁症	359	语言	257
隐性口吃	275	语言病理学	278
应用行为分析	387	语言残疾	260
英才儿童	486	语言测听法	216
英语二级点字	176	语言辅助具	282
英语一级点字	176	语言环境调整	281
婴儿—初中生社会生活能力量表	295	语言矫正点	282
婴儿脑损伤	425	语言频率	203
婴儿期	31	语言缺损	261
婴儿死亡率	28	语言天才少年研究	500
营养不良	29	语言心理学	278
营养不良性萎缩	11	语言形成后聋	208
营养素供给量	33	语言形成前聋	208
影像不等	156	语言障碍	261

词条	页码
语义性失语症	269
语意不合	179
语音—书写—发音方法	347
语音记忆性失语症	269
语音认识性失语症	269
语音意识	333
语音阅读障碍	333
《预防残疾及使残疾人康复及融入社会之制度纲要法》	128
预防接种	16
元认知	492
元音	258
园艺治疗	382
原始反射	437
猿手	435
远东及南太平洋地区伤残人运动会	136
远东及南太平洋地区伤残人运动会联合会	136
远视力检查	166
远用助视器训练	174
约翰·傅兰雅	198
约翰·瓦利斯	249
阅读障碍	333
阅读障碍成分模型	334
阅读障碍筛选工具	342
阅读中枢	333
运动功能发育检查	443
运动功能检查	442
运动强度	448
运动系统	423
运动性构音障碍	263
运动性言语障碍	262
运动医学	67
运动障碍	442
运算能力障碍	335
韵律缺失	273
韵律训练	264

Z

词条	页码
杂乱语	277
再生	8
《在认识与劳动过程中盲缺陷的补偿途径》	199
早产儿	27
早慧儿童	486
早期干预	51
早期与连续干预	480
早熟	484
噪声比	222
噪声性耳聋	208
噪声掩蔽	216
增音	262
张謇	252
障碍	7
障碍儿童	1
找词困难	277
照明	173
阵挛	432
针刺疗法	456
针灸治疗聋哑	210
真铎学校	245
振动感觉	230
震颤	433
整词法	240
整体主义学习模式	345
整形术	446
正常化	49

正常运动模式	441	智力落后儿童	287
正面惩罚	389	智力落后儿童测验	293
正态分布	296	智力落后儿童高级神经活动特点	307
支具	463	智力落后儿童核心特征	310
知觉—运动困难	362	智力落后儿童鉴定	292
知觉过敏	335	智力落后儿童教育评定	293
知觉失真	361	智力落后儿童情绪	310
知觉运动训练	348	智力落后儿童筛选	293
肢残学校	460	智力落后儿童随班就读	313
肢体残疾	423	智力落后儿童特殊班	314
肢体残疾儿童	425	智力落后儿童心理学	307
肢体残疾儿童教育	459	智力落后儿童行为评定	292
肢体残疾分级标准	424	智力落后儿童言语矫正	316
肢体障碍	424	智力落后儿童早期教育	320
直观课	317	智力落后发病率	291
直接攻击行为	402	智力落后分类	287
直觉	493	智力落后教育学	312
职能训练	448	智力落后预防	292
职业康复	69	智力落后原因	302
职业盲	156	智力落后者聚居点	318
指测	167	《智力落后者权利宣言》	323
指语术	224	智力缺陷	285
治疗教育学	45	智力三重说理论	485
致幻剂	381	智商	294
致畸敏感期	32	《中等特殊教育师范学校教学大纲	
智力	284	（试行）》	80
智力残疾	285	《中等特殊教育师范学校教学计划	
智力残疾分级	286	（试行）》	80
智力测验	294	《中度智力残疾学生教育训练纲要》	
智力工程——迎接 2000 年行动	322		315
智力矫正术	319	中耳	201
智力落后	285	《中共中央国务院关于促进残疾人	
智力落后操作条件反射说	309	事业发展的意见》	97
智力落后出现率	292	《中共中央国务院关于深化教育改革	

全面推进素质教育的决定》……… 97
中国残疾儿童康复培训中心………… 88
《中国残疾人》……………………… 147
中国残疾人奥林匹克运动管理中心 … 88
中国残疾人福利基金会……………… 86
中国残疾人康复协会………………… 86
中国残疾人联合会…………………… 85
《中国残疾人事业"八五"计划纲要
　(1991—1995年)》………………… 103
《中国残疾人事业"九五"计划纲要
　(1996—2000年)》………………… 103
《中国残疾人事业"十二五"发展纲要》
　…………………………………… 106
《中国残疾人事业"十五"计划纲要
　(2001—2005年)》………………… 104
《中国残疾人事业"十一五"发展纲要
　(2006—2010年)》………………… 105
中国残疾人事业发展研究会………… 88
《中国残疾人事业年鉴(1949—
　1993年)》………………………… 149
《中国残疾人事业年鉴(1994—
　2000年)》………………………… 149
《中国残疾人事业五年工作纲要
　(1988—1992年)》………………… 102
《中国残疾人手册》………………… 149
中国残疾人体育协会………………… 86
中国残疾人艺术团…………………… 89
中国残疾人用品开发供应总站……… 89
中国残联专项彩票公益金助学项目
　…………………………………… 120
《中国触觉地图集》………………… 199
中国大陆听力残疾分级标准………… 206
《中国儿童发展纲要(2001—2010年)》
　……………………………………… 98
中国福利彩票………………………… 118
中国高等教育学会特殊教育研究
　分会………………………………… 87
《中国教育改革和发展纲要》………… 96
中国教育科学研究院心理与特殊
　教育研究中心……………………… 87
中国教育学会特殊教育分会………… 87
中国精神残疾人及亲友协会……… 400
中国精神疾病分类………………… 354
中国康复研究中心…………………… 87
中国困境儿童关注日……………… 146
中国聋儿康复研究中心…………… 243
《中国聋人》………………………… 256
中国聋人体育协会………………… 247
中国聋人协会……………………… 246
中国盲人按摩中心………………… 196
中国盲人协会……………………… 196
《中国盲童文学》…………………… 200
中国盲文出版社…………………… 197
中国盲文图书馆…………………… 197
中国青少年犯罪研究会…………… 419
中国弱智人体育协会……………… 325
中国少年非智力个性特征问卷…… 489
中国社会福利有奖募捐…………… 120
中国狮子联会……………………… 135
《中国手语》(修订版)……………… 254
《中国手语》(续集)………………… 254
《中国手语》………………………… 254
《中国手语教学辅导》……………… 255
中国特殊奥林匹克运动会………… 325
《中国特殊教育》…………………… 148
《中国听力语言康复科学》………… 253
中国学生营养日…………………… 146
中国预防出生缺陷日……………… 146

中国肢残人协会 ……………………	466
中国智力残疾人及亲友协会 ………	323
《中华人民共和国残疾人保障法》……	92
中华人民共和国残疾人证……………	84
《中华人民共和国高等教育法》………	94
《中华人民共和国教育法》……………	93
《中华人民共和国母婴保健法》………	95
《中华人民共和国未成年人保护法》 ………………………………………	414
《中华人民共和国宪法》………………	92
《中华人民共和国义务教育法》………	94
《中华人民共和国义务教育法实施细则》 ………………………………………	101
《中华人民共和国预防未成年人犯罪法》 ………………………………………	415
《中华人民共和国职业教育法》………	94
中美特殊教育师资培训合作项目 （1988—1992年）…………………	83
中枢性聋 ……………………………	209
中枢性瘫痪 …………………………	427
《中西部地区特殊教育学校建设 规划（2008—2010年）》…………	115
《中小学生守则》……………………	116
中学超常教育实验班 ………………	495
中州大学特殊教育学院……………	80
终点行为 ……………………………	388
重度情绪困扰 ………………………	470
重度障碍 ……………………………	469
重听 …………………………………	207
重听儿童学校（班） …………………	232
重症肌无力 …………………………	430
周围性瘫痪 …………………………	427
侏儒症 ………………………………	430
逐步松弛法 …………………………	386
主动性攻击行为 ……………………	403
主动运动 ……………………………	452
主观测听法 …………………………	214
助力运动 ……………………………	451
助聋犬 ………………………………	222
助视器 ………………………………	172
助听器 ………………………………	219
助行器 ………………………………	464
住院治疗儿童的特殊教育 …………	398
注意力缺陷多动障碍 ………………	330
注意缺陷 ……………………………	330
注意缺陷说 …………………………	308
注意障碍 ……………………………	330
转衔 …………………………………	52
转移辅助器 …………………………	463
转移训练法 …………………………	458
装纸 …………………………………	176
椎间盘脱出 …………………………	428
锥体外系统障碍 ……………………	432
姿势 …………………………………	222
姿势反射 ……………………………	439
姿势交流 ……………………………	222
资优儿童 ……………………………	486
资优儿童夏令营 ……………………	500
资源教室 ……………………………	63
《资政新篇》…………………………	92
紫外线疗法 …………………………	455
自卑感 ………………………………	357
自闭症 ………………………………	366
自动翻页器 …………………………	462
自动听性脑干反应 …………………	218
自动性 ………………………………	373
自动增益控制 ………………………	222
自控法 ………………………………	390

自恋性人格障碍 …………… 369	综合残疾 ………………… 468
自强模范 …………………… 83	综合干预 …………………… 60
自然手语 …………………… 223	综合计划 …………………… 60
自伤行为 …………………… 374	综合交际法 ……………… 238
自我报告学习障碍 ………… 330	综合学习时间 ……………… 74
自我刺激行为 ……………… 374	综合语言教学模式 ………… 239
自我拥护 …………………… 349	综合征 ……………………… 10
自我照料技能 ……………… 66	组氨酸尿 …………………… 302
自我指导学习模式 ………… 497	组句不能 …………………… 277
自我作用不完全说 ………… 308	组句困难 …………………… 277
自助具 ……………………… 462	最大声输出 ………………… 221
字盲 ………………………… 332	最大声增益 ………………… 221
字幕电影 …………………… 241	最佳矫正视力 ……………… 154
字音构成能力测验 ………… 339	最少受限制环境 …………… 50
纵向研究 …………………… 72	作业疗法 …………………… 457

英文索引

A

AAMD Adaptive Behavioral Scales ··· 301
Abbé Charles Michel de L'Epée ··· 249
Abbe Roche Ambroise Cucurron Sicard
　·· 250
ability test ································· 297
ability grouping ··························· 497
ability-task analysis ····················· 345
abmodality ·································· 41
abnormal children ·························· 1
abnormal gait ······························ 441
absolute threshold of hearing ········ 202
academic achievement test ············ 295
academic gifted child ···················· 486
academic learning disabilities ········ 329
Academic Therapy ························ 351
acetylcholine ······························ 382
achievement motivation of gifted
　child ······································ 490
acoustic immittance audiometry ······ 218
acquired deafness ························ 210
acquired disability ·························· 9
acquired dyslexia ························· 333
act of identity ····························· 367
acting-out ·································· 374

Action Plan for Educational Vitalization
　Facing the 21st Century ············ 101
active movement ·························· 452
activities of daily livings grading ··· 443
activity centers ··························· 318
acuity of vision ··························· 153
acupuncture and moxibustion
　therapy ································· 456
acute catarrhal conjunctivitis ········· 159
acute hemiplegia in infancy and
　childhood ······························· 427
acutemyelitis ······························ 430
adaptive behavior assessment ········ 301
adaptive behavior ························ 284
adaptive physical education ·········· 321
addition ····································· 262
adenoma sebaceum ······················ 305
adjustable head pointer ················ 465
adolescence education ·················· 399
adult life of gifted child ················ 491
aerobic training ··························· 450
affective disorders ······················· 356
affective personality disorder ········ 368
affricate ···································· 258
age of hearing ···························· 213
aggressive behavior ····················· 402
agnosia ····································· 278

agnosia	330
agrammatism	277
agraphia	273
air conduction	201
AKT method	346
alalia	263
alarm for the deaf	222
albinism	164
Alexander Graham Bell	251
Alexander Graham Bell Association for the Deaf and Hard of Hearing	247
alexia	272
Alfred A. Strauss	351
alkalosis	434
allergic disorders	15
allotriogeusia	335
allotriogeustia	335
allowances for special education	123
amblyopic	162
American Association for the Education of the Severely/Profoundly Handicapped	483
American Association on Intellectual and Developmental Disabilities	324
American Foundation for the Blind	196
American Printing House for the Blind	196
American sign language	226
Ameslan	226
amnesia	335
amnestic syndrome	363
amniocentesis	19
amphetamine psychosis	367
amputation	447
amusia	276
analyzer	38
anencephalia	23
Angelman synthesis sign	430
animal-assisted therapy	385
aniseikonia	156
anisometropia	157
ankle clonus	439
Anna Freud	419
Annetta Thompson Mills	251
Annual Directory of Educational Facilities for the Learning Disabled	352
anomic aphasia	269
anorexia nervosa	371
anosmia	24
anosognosia	24
antecedent control techniques	393
anterograde amnesia	363
anticonvulsants	381
antisocial behavior	403
antisocial personality disorder	368
anxiety of test	359
anxiety	358
apathy	357
ape hand	435
Apert's syndrome	305
aphasia	267
aphasia	277
aphonic	266
appearance age of giftedness	487
applied behavior analyses	387
appropriate behavior	388
apraxia	440
aprosody	273

aptitude test	297
arcuate fasciculus	260
arousal reflex	215
arousal theory	349
art and craft curriculum in the school for the blind	184
art therapy	383
arthforisis	447
arthrodesis	447
articulation disorders	262
articulation training	264
articulatory organ	257
artifical organ	447
artificial auricle	219
artificial cochlea	219
artificial eye	172
artificial larynx	277
artificial vision	171
Asian and South Pacific Newsletter on the Hearing Impairment	256
Aspergers' syndrome	367
aspirate dysarthria	263
assessment accommodation	63
assessment of cerebral palsy	428
assessment of special children	3
assistive exercise	451
associated behaviors in stuttering	275
Association for Children with Learning Disabilities	350
asthenopia	157
astigmatism	156
ataxia	440
ataxia-telangiectasia	440
athetosis	440
atresia of auditory meatus	211
atrophy	11
attention-deficit disorder	330
attention-deficit-hyperactivity disorder	330
atypical autism	366
audible area	202
audio characteristics of the blind	178
audiogram	213
audiologist	204
audiology	204
audiometer	212
audiometry with scenery	217
audio-visual method	240
audition	202
audition	202
auditory acuity	203
auditory agnosis	332
auditory closure test	339
auditory closure	203
auditory discrimination	213
auditory fatigue	203
auditory feedback	203
auditory integration training	384
auditory perception	202
auditory phonetics	204
auditory reception test	339
auditory sequential memory test	339
auditory system	201
auditory threshold	202
auditory training	228
auditory-vocal association test	339
augmentative and alternative communication	387

Autism Behavior Checklist 379
Autism Research Institute in
  America 401
autism 365
autism 366
automatic auditory brainstem response
  218
automatic gain control 222
automatic page turner 462
automaticity 372
auxiliary service 480
aversive conditioning or aversive
  therapy 391
AVK method 240
avoidant personality disorder 369
axonotmesis 429

B

Babinski's sign 438
balance exercise 450
barrier-free symbol 465
baseline data 388
basic emotional needs 310
bed instruction 448
bedside teaching program 460
bedside training 448
behavior family therapy 398
behavior medicine 67
behavior modification techniques ... 388
behavior modification 387
Behavior Problem Checklist,
  Revised 379
behavior problem 401

behavior therapy 396
behavioral assessment of children with in-
  tellectual disability 292
behavioral deficit 374
behavioral disorder 370
behavioral response audiometry 217
behaviorism learning model 344
behavioural or social approach 458
behind-the-ear hearing aids 220
Beijing Association for Rehabilitation of
  Autistic Children 400
Beijing School for the Blind 193
Beijing Stars and Rain Education Institute
  for Autism 400
benign stuttering 275
Berg balance scale 445
bilingual and two-cultures 236
bilingual environment in school for the
  deaf 236
bilirubin encephalopathy 474
Binet-Simon Scale of Intelligence 298
biofeedback therapy 459
biofeedback 392
biogenic models 379
biological basis of emotional
  disorders 356
Biwako Millenium Framework 142
blind child's personality terms 180
blind 155
blindisms 180
blood-brain barrier 12
board writing training 346
Bobath therapy 457
body language 222
bone age 34

bone and joint tuberculosis	433	career guidance for the gifted	491
bone conduction	201	carpale age	34
borderline mental retardation	289	carrier	21
borderline personality disorder	370	carrier screening	21
border-treading-track mobility	191	Carr-Shepherd balance assessment	445
bradylalia	274	cascade of special education services	50
bradyphasia	274	case study follow-up	499
Braille embosser	189	cassette hearing aids	220
Braille library	178	cataract	163
Braille output board	187	categorization of hearing disabilities of Taiwan	206
Braille printers	189	causes of cerebral palsy	427
Braille recorder	187	causes of intellectual disability	302
Braille	174	central deafness	209
Braille	174	cerebellar astrocytoma	26
brain abscess	473	cerebral palsy	425
brain electrical activity mapping	42	Cerebral Palsy International Sport and Recreation Association	135
brain storming	494	cerebral thrombosis	428
brain trauma of babyhood	425	ceroid lipofuscinosis	472
Brazelton Behavioral Assessment Scale for Neonate	42	Certificate of Special Education of Shanghai	82
breathy voice	259	cerumen	211
brief psychotherapy	397	chaining	390
Broca's aphasia	269	characteristic of infectious disease	12
Broken Mirrors	367	charade	349
bubble ball bath	464	Charcot Marie-Tooth	429
burn	425	Chart of Sign Language for the Deaf	253

C

		check muscular tension	437
calcaneocavus	436	child abuse	404
calculator for the blind	188	Child Autism Rating Scale	380
cane	191	child guidance clinic	399
caption of film for the deaf	241	child prodigy	484
Cardano Cirolamo	248		

child psychiatry ……………… 360
child service demonstration centers … 350
child welfare institution ………… 64
child with high creativity ………… 486
child with visual impairment ……… 178
childhood anxiety disorder ………… 358
childhood aphasia ………………… 271
childhood habits disorder ………… 374
childhood manicdepressive
  psychosis ……………………… 359
childhood masturbation …………… 375
childhood obsession ……………… 359
childhood phobia ………………… 358
childhood psychosis ……………… 360
childhood schizophrenia …………… 360
childhood withdrawal behavior …… 373
children health care ……………… 33
children health check …………… 37
children with disabilities …………… 1
children with health impairments …… 425
children with hearing impairment learning
  in regular class ……………… 232
children with learning disabilities …… 328
children with physical disabilities …… 425
children with problems …………… 401
children with special educational
  needs ………………………… 2
Children with Special Learning Disabilities Act ………………… 349
children with special needs ………… 2
Children's Manifest Anxiety Scale … 379
China Association for Persons with Mental
  Disabilities and Relatives ………… 323
China Association of Rehabilitation of
  Disabled Persons ……………… 86
China Association of the Deaf and Hard
  of Hearing …………………… 246
China Braille Library ……………… 197
China Braille Press ……………… 197
China Council of Lions Clubs ……… 135
China Disability Research Society … 88
China Disabled People's Arts
  Troupe ……………………… 89
China Disabled Persons Federation …… 85
China Rehabilitation Research Center for
  Deaf Children ………………… 243
China Rehabilitation Research
  Center ……………………… 87
China Social Welfare Lottery Raising
  Fund ………………………… 120
China Sports Association for Mentally
  Retarded Citizens ……………… 325
China Sports Association for the
  Deaf ………………………… 247
China Times …………………… 148
China Welfare Foundation for the Handicapped ……………………… 86
Chinese Adolescence Nonintellectual Personality Inventory ……………… 489
Chinese classification of mental disorders ………………………… 354
Chinese Journal of Special Education ………………………… 148
Chinese Literature for the Blind Children ………………………… 200
Chinese Sign Language …………… 254
Chinese Sign Language-Revised Edition ………………………… 254

chlorpromazine	382
chorea	441
chorionic villi sampling	19
chromometry test	169
chromosomal aberration	21
chromosome	18
chronic illness of children	425
chronic stuttering	275
chronological age	294
Chun Tok School	245
circumlocution	277
circumscribed amnesia	363
Clancy Autism Behavior Scale	380
Clancy Behavior Scale	380
clap audiometry	218
Clarke School for the Deaf	245
class for preschool deaf children	232
classification criteria of hearing disability of China	206
classification criteria of intellectual disability	286
classification of cerebral palsy	426
classification of exceptional children	2
classification of infectious disease	13
classification of intellectual disability	287
classification of visual impairment	157
classroom management of exceptional children	63
cleft lip and cleft palate	278
client-centered therapy	397
climatotherapy	454
climbing shelf	464
clinical psychology	355
clinical teaching	318
clones	433
closed circuit television aids	173
clouding of consciousness	362
clue	189
Code of Ethics for Educators for Persons with Exceptionalities	82
cognitive behavior therapy	386
cognitive disorders	290
cognitive learning strategy model	344
College of Special Education, Zhongzhou University	80
college student with learning disabilities	344
colony for children with intellectual disability	318
color blindness	165
colored transparent	187
colossal disconnection syndrome	278
coloured overlays	347
communication board	282
communicative disabilities	373
community based program	481
community based rehabilitation	70
Community Speech and Hearing Centers	243
community survival skills	318
communicative and systemic family therapy	398
compensation	8
comprehensive intervention	60
comprehensive program	60
compulsory education for special children	53

computer for the blind 186
concept development and life skills direction 184
conditioned reflex 38
conduction aphasia 268
conductive deafness 208
conductive education system 458
congenital dislocation of the hip 435
congenital blind 155
congenital cataract 163
congenital deafness 209
congenital deformity of auricle 211
congenital disability 9
congenital dyschondroplasia 434
congenital glaucoma 160
congenital metabolic disorders 305
congenital microphthalmus 163
congenital rubella syndrome, CRS 15
conjunctivitis 159
consonant 258
Constitution of the People's Republic of China 91
consultant teacher on learning disabilities 344
consulting services on gifted child 499
consulting teacher of special education 76
contact lenses 165
contamination 277
continuous recording 395
contracting 392
contracture of joint 433
contrast sensitive degree 166

Convention against Discrimination in Education 137
Convention of the Rights of Persons with Disabilities 140
Convention on the Elimination of All Forms of Racial Discrimination 138
convulsion 432
cooperative program 60
cooperative teaching 62
coordinate exercise 451
coprolalia 371
cornea disease 160
corrective exercise 450
corrective gymnastics 449
cortical deafness 209
Council for Exceptional Children 134
craniocerebral injury 473
craniostenosis 306
creaky voice 259
creative problem-solving 493
creative ability 492
creative genius 486
creative imagination 493
creative learning 493
creative personality 492
creative play 492
creative thinking 493
creativity test 489
cretinism 303
crime 405
criminal mentality 407
crisis intervention 397
crisscross inheritance 22
critical period 29

critical thinking	494	deafness	207
cri-du-chat syndrome	305	debate over manualism and oralism	237
crossed aphasia	272	decibel	203
crossed extension response	438	Declaration of Rights of Mentally Retarded Persons	323
cross-age tutoring	317		
cross-cultural study	73	Declaration on the Rights of Disabled Persons	137
cross-sectional study	72		
cued speech	239	decoding disabilities	334
cultural-familial mental retardation	289	deep dyslexia	333
culture-fair test	297	deep reflex	438
cure deaf-mute by acupuncture treatment	210	defect children	1
		defect of vision	155
curriculum plan of school for the deaf	233	defective ego functioning	308
		defects of vertebral column	432
curriculum-based measurement	63	deficiency	8
cytomegalovirus	474	deficiency compensation	9
		deficiency in formulation and syntax	332

D

		deficits in revisualization	332
dacrycystitis	158	deformity dysarthria	263
dactylology	224	degree of mental disability	353
daily life skills training for the blind children	185	deinstitutionalization	48
		delusion	364
daily living ability test	443	Denis Diderot	197
dance therapy	382	Denver Developmental Screening Test	301
day-care center	65		
de Lange's syndrome	305	dependent mentally retarded person	288
deaf community and deaf culture	236		
Deaf in China	255	depression	357
deaf persons' personality	231	desensitization	392
deaf teacher	240	desk for deaf students	240
deaf-blind education	480	desk with inclined surface	187
deaf-blind impairment	470	destructive behavior	374
deaf-mute	210	development therapy	386

developmental delay 290
developmental disability 9
developmental domains curriculum approach 477
developmental dyslexia 333
developmental learning disabilities 329
developmental frame 477
developmental norm 296
developmental profile 295
developmental stuttering 275
developmental test of visual perception: second edition 342
deviant articulation 263
deviation IQ 294
diagnosis of special children 4
Diagnostic and Statistical Manual of Mental Disorders 421
dial thermometer 188
dialogic syndrome 363
digital programmable hearing aids 220
dilantin 381
diphtheria 14
Disabilities in China 147
disability in leprosy 429
Disability Research 148
disability 7
disability 8
Disabled Peoples' International 133
disadvantaged children in school 2
discrepancy between potential ability and academic achievement 335
discrepancy 329
discrete trial teaching 387
discriminative sensitivity of hearing 202
disease 10
dislocation 435
disorder of written expression 334
disorders of extra pyramidal system 432
distance visual test 166
distortion 263
disturbance of attention 330
disuse atrophy 11
divergent thinking 493
Dohsa therapy 383
domestic violence 404
dopamine 381
double eyes vision 154
double sensory impairments 470
Down's syndrome 289
Down's syndrome 304
Draft of Sign Language for the Deaf 253
drawing teaching in the school for the blind 186
draw-a-person test 299
dream-like state 362
drop out of school 401
drug dependence 367
drug therapy 72
duplicator for the Braille 189
Durrell analysis of reading difficulty 341
dwarfishness 430
dynamic comparative study 500
dynamic family therapy 398
dynamic interactional method 396
dynamometer 446

dysarthria of radix linguae 263
dysarthric examination 264
dysarthric point 259
dysboulia 365
dyscalculia screener 342
dyscalculia 335
dyskinesia 442
dyslexia screener 342
dyslexia 273
dyslexia 333
dysmetria 440
dysphasia 277
dysphonia 265

E

Ear Care Day 248
ear membrane 221
early and continuous intervention 480
early assessment for multi-impaired children 470
early childhood education for special children 53
early childhood education of mentally retarded child 320
early childhood 31
early development of gifted child ... 489
early education for special infant 53
early education program for multi-impaired children 471
early intervention 51
early preschool period 31
early school entrance 496
eating disorder 371

echolalia 271
ecological assessment 476
ectropion 158
educable mentally retarded person ... 288
Educating Exceptional Children 151
education for children with health impairments 460
education for adults with disabilities 54
education for children with physical disabilities 459
education for gifted 494
Education for the Handicapped Act Amendments of 1986 130
education for visual Impairment ... 181
Education Law of the People's Republic of China 93
education of blind infants 181
education of children with emotional and behavioral disorders 398
education of labor and technique in special school 55
education of speech disabled children 280
education of the blind 180
education placement of multiple and profound impaired children 480
education plan of school for the blind 181
Education Quotient 336
Educational Age 336
educational assessment of children with intellectual disability 293
Educational Audiology 204

educational blindness 155
educational intervention for children with learning disabilities 343
educational principle for multi-disabled children 477
educational rehabilitation 69
educational settings for gifted child ... 494
educational therapy 72
Eduoard Seguin 326
EEE 43
efficiency of brain function 492
electrical response audiometry 218
electroconvulsive therapy 382
electroencephalogram 41
electropathy 454
electrophysiological examination of the visual function 170
eliciting pronunciation 266
embryonate medicine 67
emotion of gifted child 490
emotional lability 357
emotionally disturbed children 356
encephalitis 14
encopresis 372
Encyclopedia of Special Education ... 151
endogenous mental retardation 289
endorphin 381
entropion 158
enuresis 372
environmental deprivation 307
environmental sound sensor 219
epidemic cerebrospinal meningitis ... 14
epidemic encephalitis B 15
epilepsy 303

esophageal speech 277
etiopathogenesis 10
eugenics 27
exceptional children 1
excitation and inhibition 39
exhibitionism 376
existential psychotherapy 397
exogenous mental retardation 289
explosive deafness 209
explosive personality disorder 369
exteriorized stuttering 275
external ear 201
external inhibition 39
extinction 394
extra-school education for special children 56
exudative otitis media 211
eye bank 165
eye 153

F

fading 391
false-belief task 355
familial calcification of basal ganglia 473
familial amaurotic idiocy 303
family background of gifted child 489
family quality of life 52
family supports 52
febrile convulsions 475
fetal alcoholism syndrome 305
fetishism 375
fetoscope 19

figure-background confusion ········ 335
fine muscle activity ···················· 71
finger agnosia ·························· 331
finger counting ························ 167
finger spelling of Chinese-syllable ······ 225
finger spelling ·························· 224
First-step Text for Deafness ········ 234
flaccid paralysis ······················ 427
flaccidity ······························ 427
flat foot ······························ 436
flats-house ···························· 481
Floortime ······························ 384
fluency disorder ························ 274
fluorosis ································ 25
Foundation for the Children with Learning Disabilities ················ 350
four-point program ···················· 344
fracture ································ 435
fragile X syndrome ···················· 304
Francis Galton ························ 501
frequency and pitch ···················· 204
frequency bandwidth ················ 221
frequency response ···················· 221
frequency ······························ 203
Friedreich ataxia ···················· 440
frigotherapy ·························· 454
frontal lobe syndrome ················ 11
frustration and failure ················ 310
functional academic skill ············ 478
functional curriculum approach ······ 478
functional assessment ················ 476
functional behavioral assessment ··· 394
functional dysathria ················ 263
functional hearing loss ·············· 208
functional independence measure ··· 443
functional position ···················· 451
functional remedial approach ········ 458
functional training equipment ········ 463
functional training ···················· 448
functional vision assessment ········ 168
fundamental immunity ················ 16
fundus examination ···················· 169

G

gait analysis ·························· 441
gait corrective ························ 441
gait examination ······················ 441
gait training ·························· 450
galactosemia ·························· 304
Gallaudet University ················ 245
game audiometry ······················ 217
gangliosidosis ························ 472
gelineau's syndrome ················ 372
gender characteris-tics of gifted children ······························ 490
gene therapy ·························· 27
gene ·································· 18
genealogy ······························ 20
general chromosome disease ········ 19
General Cognitive Abilities ············ 336
General Knowledge of Education for the Deaf ······························ 253
general oral inaccuracy ·············· 263
general rules of growth ·············· 32
genetic counseling ···················· 19
Genetic Studies of Genius ············ 499
genu valgum ·························· 435

genu varum 435
Gerstmann's syndrome 331
Gesell Developmental Test 301
gestalt therapy 397
gestural communication 222
gesture 222
gesture language 223
Getman visual-kinesthetic model 346
gift 484
gifted child of preschool ages 486
gifted child 485
gifted child 486
gifted child 486
Gifted Children Quarterly 501
gifted girl 486
glasses visual aids 172
glaucoma 160
global aphasia 268
glow-watch examination 168
glucose-6-phosphatase dehydrogenase deficiency 24
Golden Key Educational Plan for the Children with Visual Impairments 198
Golden Key Educational Research Centre for the Visually Impaired 193
good behavior 388
Grade I Braille 176
Grade II Braille 176
grade skipping 497
grammar sign language 223
grammatic closure test 338
grapho-vocal method 347
Gray Oral Reading Tests 231

gross motor function measure 443
gross muscle activity 71
ground-rubbing-track mobility 191
group hearing aids 220
group home 318
group psychotherapy 396
group teaching 62
group therapy 282
growth curve assessment 37
growth rating methods 37
growth variation assessment 37
growth 29
guide center for special children 59
guide dog for the deaf 222
guide dog 190
guiding principles for developing special education 48

H

habitual abortion 23
hallucinations 361
hallucinogens 381
Halstead-Reitain Battery 300
Halstead-Reitain Neuropsychological Battery for Adults Revised in China 300
Halstead-Reitain Neuropsychological Battery for Younger Children Revised in China 300
hand magnifiers 172
handicap 7
handicapped children 1
handicapped gifted 486

hand-foot-mouth syndrome	13
Harbin Declaration	141
hard of hearing	207
head injury	24
Head Start Project	51
health	68
healthy sign of young children	34
hearing	202
hearing	202
hearing aid	219
hearing aids	227
hearing disability	204
hearing impairment	204
hearing levels	213
hearing loss	205
hearing rehabilitation	218
hearing threshold measurement	216
hearing training for the blind	186
hearing-speech rehabilitation center for deaf children	242
heel-ear trial	437
Helen Keller International	483
Helen Keller	482
heliotherapy	455
Heller syndrome	366
hemiballism	433
hemiplegia	426
hemispherectomy	380
hemolytic disease of newborns	306
hemophilia	23
hepatolenticular degeneration	21
hereditary deafness	209
heredity	18
heterogeneous grouping	59
high risk group	42
high risk	42
Higher Education Law of the People's Republic of China	94
higher special education	54
high-function autism	366
high-functioning syndrome	492
high-risk registry	42
Hiskey-Nebraska Test of Learning Aptitude	231
histidinuria	302
holism learning model	345
homogeneous grouping	59
homosexuality	375
Hong Kong Canossa Asylum and School for Blind Girls	195
Hong Xueli	252
honor course	497
hordeolum	158
horticultural therapy	382
hospitalization and special education	398
hostile aggressive behavior	403
Huaxia Publishing House	147
hug machine	385
hydrargyrism	24
hydrocephalus	303
hydrotherapy	452
hyperalgesia	335
hyperbaric oxygenation therapy	459
hyperbilirubinemia	306
hypnosis	387
hypoesthesia	335
hypothyroidism	303

...al deafness ... 209
...rical personality ... 370
...sterical stuttering ... 275

I

identification for gifted child ... 488
identification of children with intellectual disability ... 292
identification of special talent ... 488
idiot savant ... 290
idiot ... 288
Illinois Test of Psycholinguistic Abilities ... 337
illuminate ... 173
illusion ... 361
imbecile ... 288
imitation ... 390
immunization ... 15
impairment of hearing for speech ... 205
impairment ... 7
impulsive behavior ... 374
incidence of mental retardation ... 291
incidence of special children ... 2
Inclusion International ... 324
inclusive education ... 50
Inclusive Education: The Way of the Future ... 142
inclusive school ... 57
incongruity of affect ... 357
incontinentia pigmenti ... 476
independent judgement ... 493
independent study ... 498
individual adjustment task ... 185

individual difference of gifted children ... 490
individual quality of life ... 52
individualized educational plan for gifted child ... 496
individualized educational plan ... 61
individualized family service plan ... 61
Individuals with Disabilities Education Act Amendents ... 130
Individuals with Disabilities Education Act of 1997 ... 130
Individuals with Disabilities Education Improvement Act of 2004 ... 130
infancy ... 31
infant death rate ... 28
Infants-Junior Middle School Students' Social-Life Abilities Scale ... 295
infectious disease ... 12
infective deafness ... 212
inferiority feeling ... 357
Information Accessibility for People with Disabilities ... 117
infrared therapy ... 455
inherited disease of autosomal dominant ... 21
inherited disease of autosomal recessive ... 22
inner ear ... 201
insatiable child syndrome ... 372
Institute Department of Special Education, Beijing Normal University ... 77
institution for children with disabilities ... 65

Instructional Guidance on China Sign Language …… 255
instrumental aggressive behavior …… 403
integration …… 49
integration …… 49
intellectual disability …… 285
intellectual disability …… 285
intellectually disabled children learning in regular class …… 313
intelligence developmental characteristics of the blind children …… 179
intelligence quotient …… 294
intelligence test …… 294
intelligence …… 284
intensity and loudness …… 204
intensity of exercise …… 448
interests of gifted child …… 490
interiorized stuttering …… 275
intermittent reinforcement …… 389
internal inhibition …… 39
International Classification of Function, Disability and Health, ICF …… 4
International Classification of Diseases, ICD …… 4
International Committee of Sport for the Deaf …… 246
International Conference on Special Education in Beijing …… 147
International Congress on Education for the Deaf …… 242
International Council for Education of People with Visual Impairment …… 196
International Council on Disability …… 132
International Covenant on Economic, Social and Cultural Rights …… 138
International Day for the Blind …… 195
International Day for the Deaf …… 248
International Day of the Disabled …… 145
International Journal of Special Education …… 151
International Paralympic Committee …… 135
International Sports Association for the Blind …… 196
International Stoke Mandeville Wheelchair Sports Federation …… 136
International Year of Disabled Persons …… 142
International League of Societies for Persons with Mental Handicap …… 323
interpreter for the deaf …… 241
intersensory disorders …… 335
intraocular lens implantation …… 165
intuition …… 493
involuntary movement …… 439
in-the-ear hearing aids …… 220
isolated speech-area syndrome …… 268
itinerant program teacher of special education …… 76

J

jargon …… 277
Jean Marc Itard …… 325
job analysis …… 67
Johann Amos Comenius …… 325
Johann Konrad Amman …… 249
John Fryer …… 198

...tis	249
...tention	367
...Council for the Physically and Mentally Disabled Hong Kong	135
joint training device	463
Journal of the Blind	199
Juan Pablo Bonet	249
juvenile court	408

K

Kauffman Assessment Battery for Children	300
Kauffman Infant and Preschool Scale	300
keratitis	160
keratomalacia	160
keratoplasty	161
kerb-kicking-track mobility	191
kernicterus	305
kerotherapy	453
KeyMath Diagnostic Arithmetic Test	341
kindergarten for gifted children	494
kinesthetic gifted child	487
kinesthetic method	347
kwashiorkor	306

L

labia-dental	258
labor therapy	72
ladder elevator	465
land mark	190

language characteristics of the blind children	178
language disability	260
language disorders	261
language frequency	203
language impairment	261
language subassembly	282
language	257
large-print book	186
large-type text	240
laser cane	191
laser therapy	455
Laurence-Moon-Biedl syndrome	305
Law of the People's Republic of China on Compulsory Education	93
Law of the People's Republic of China on the Protection of Disabled Persons	91
Law of the People's Republic of China on the Protection of Minors	414
lead poisoning	24
learn Chinese ABC	235
Learn to Speak	256
learned helpless	336
learned helplessness	371
learning disability and juvenile delinquency	406
Learning disabilities diagnostic inventory	341
learning disabilities	328
learning guide for special children	60
learning in regular class	58
least restrictive environment	50
Leeds Castle Declaration	139

legal blind	155
Leo Kanner	420
Leonhard's Syndrome	331
leprosy	429
leukemia	25
leukocoria	163
leukodystrophy	305
Li Shihan	253
life placement for multi-disabled	479
light perception	156
lighthouse distance acuity chart	170
Lions Clubs International	133
lip-reading	227
logarithmic visual acuity chart	171
logorrhea	277
loneliness of the gifted	491
longitudinal study	72
long-term psycho-therapy	397
Louis Braille	198
low vision	156
Lyon's sign	224

M

macrocephaly	306
magnetic wrist hold-down	462
magnetic field therapy	454
mainstreaming of gifted child	495
mainstreaming	49
maladaptive behavior	373
malnutrition atrophy	11
malnutrition	29
management of special education	75
mandarin phonetic symbol to pronounce means	225
maneuver therapy	456
manual alphabet	224
manual communication	224
manual correction therapy	448
manual expression test	339
manual method	238
manual resistive exercise	448
manual speech	223
manualism	238
Manuel Ramirez de Carrion	248
Marfan syndrome	22
marginal personality disorder	369
Maria Montessori	326
masked depression	359
massage therapy	456
mathematical disabilities	334
maximum acoustic gain	221
maximum acoustic output	221
mean value of hearing loss	205
measles virus	474
mechanotherapy	456
medical model of deafness and cultural deafness	236
medical model	48
medical rehabilitation	68
medico-athletics	448
medulloblastoma	26
meeting on experiment of speech program	242
memory characteristics of blind children	179
memory disorders	362
memory of gifted child	490

...rritation syndrome 15
...ge 294
... block of gifted child 491
m...tal defense mechanism 355
mental deficiency 285
mental hygiene movement 399
mental hygiene 399
mental illness 354
mental orthopedics 319
mental status examination 378
mentally retarded children 287
mentorship of the gifted 498
Mentory method 347
metacogniton 492
metamorphopsia 156
microcephaly 306
microtia 211
middle ear implants 219
middle ear 201
Milan Congress 242
mind 43
minimal brain dysfunction 331
Minnesota Multiphasic Personality Inventory 377
minors 405
mirror writing 273
mobile phone for the blind 187
modeling 390
modeling 390
Modern Special Education 148
monogenic genetic disease 21
Montessori instructional aids 321
Montessori school 320
Montessori teaching method 320

Montessori's autoeducational method 321
more than two severe impairments ... 470
moron 288
Moro's reflex 214
mother language 237
mother tongue 237
motor age test 443
motor dysarthria 263
motor skill for multi-disabled child ... 479
motor skills training for the blind children 185
motor speech disorders 262
movable Braille type abacus 188
moving ability test 442
Mowat sensor 192
mucopoly saccharidosis 472
multidisciplinary diagnosis team 59
multiple disability 468
multiple disability 468
multiple disabled and hearing impaired 471
multiple impairment 468
multiple malformations 469
multiple talents approach 498
multisensory learning 319
multi-sensory teaching 348
mumps 15
muscle test 436
muscular dystrophy 430
muscular energy 436
muscular tension 437
music therapy 382
mutism 365

myasthenia gravis 430

N

naked visual acuity 154
naming speed deficit 334
Nanjing Public School for the Blind and the Deaf 244
Nanjing School for the Deaf 244
Nanjing Technical College of Special Education 79
Nantong School for the Deaf 244
narcissistic personality disorder 369
nasal 258
nasality dysarthtia 263
National Center for Sign Language and Braille 88
National Day Assisting Disabled Persons 146
National Joint Committee on Learning Disabilities 350
National Learning Disabilities Assistance Program 349
National Paralympics Committee of China 86
National Technical Institute for the Deaf, Rochester Institute of Technology 246
National Training Center for the Rehabilitation of Disabled Children 88
natural sign language 223
near sighted test 166
negative punishment 389
neologism 271

neonatal behavioral neurological assessment 34
neonatal herpes simplex virus infection 474
neonatal hypoglycemia 28
neonatal jaundice 28
neonatal period 30
nerve developmental treatment 457
nervous process characteristics of cerebral cortex 41
network of supernormal child study ... 500
neuralgic atrophy 11
neurapraxia 429
neuro physiological abnormalities 377
neurocutaneous syndromes 476
neurofibromatosis 475
neurological soft signs 373
neuropathy 377
neuropsychology 354
neurosis 377
neurotmesis 429
newborn screening 3
Newell Carlyle Kephart 350
Newsletter of Education for the Deaf-mute 253
Niemann-Pick disease 473
night blindness 165
nine mutes out of ten deafs 210
No Child Left Behind Act of 2001 ... 131
noise masking 216
noise-induced deafness 208
nonangry-proactive aggressive behavior 403
nonaspirate dysarthria 263

nongraded program ... 497
nonsheltered work environment ... 65
nonverbal communication ... 222
nonverbal learning disabilities ... 330
nonverbal test ... 297
nonvisual AKT method ... 348
Noonan syndrome ... 22
norm of body's growth and form ... 33
norm ... 296
normal distribution ... 296
normal movement model ... 441
normalization ... 49
nutrient supply ... 33
nystagmus ... 164

O

obesity ... 431
objective audiometry ... 214
objective of special education ... 46
observation skill of gifted child ... 490
obsessions ... 365
obstacle sensibility of the blind ... 179
occupational therapy ... 457
ocular tension ... 167
olfactory and taste training for the blind children ... 185
oligophrenia ... 290
omission ... 262
open-air school ... 460
operant conditioning definition of intellectual disability ... 309
optacon ... 186
optic atrophy ... 161
optimum correction vision ... 154
oral drill ... 229
oral method ... 238
oralism ... 238
organic hearing loss ... 208
organizational form of teaching of school for the deaf ... 235
orientation and mobility curriculum ... 184
orientation and mobility ... 189
orthopedics ... 446
orthorhombic exercises ... 282
orthorhombic room ... 281
orthosis ... 463
ossicular chain injuries ... 211
osteoarticular injury ... 434
osteogenesis imperfect ... 434
otoacoustic emission ... 214
ototoxic medicine ... 212
Outline on Education of the Blind ... 199
out-class tutoring for gifted child ... 499
out-school tutoring for gifted child ... 499
overage class for exceptional children ... 58

P

pain threshold of hearing ... 202
palilalia ... 272
palpebra reflex ... 214
pantomime ... 241
paralexia ... 272
parallel bars ... 462
Paralympic Games ... 136

paralysis	426
paramnesia	363
paranoid personality disorder	369
paraprofessionals in education	62
pararthria	267
parental work of school for children with intellectual disability	317
Partial Weight Bearing Gait Therapy	464
passive aggressive personality disorder	370
passive movement	452
pathologic reflex	438
pbenoharbital	381
Peabody Individual Achievement Test	338
Peabody Picture Vocabulary Test	338
pedagogy on deafness	231
pediatric psychologist	400
pedigree analysis	20
pedology	309
Pedro Ponce de Leon	248
peer group media intervention	385
pelotherapy	453
PEN-international	247
People to People Committee for the Handicapped	134
perceptual distortions	361
perceptual motor difficulties	362
perceptual sensitization	335
perceptual-motor training	348
performance instability	336
performance test	297
perinatal	30
Perkins School for the Blind	194
perseveration	272
personality disorder	368
personality disorder	370
personality test of gifted child	488
Pervasive Developmental Disorder Not Otherwise Specified	366
pervasive developmental disorder	366
phenylketonuria	303
phobias and fears	358
phoneme	257
phonological awareness	333
phonological dyslexia	333
photo-electric signaling device	187
physical disability	423
physical impairment	424
physical therapy stool	465
physical therapy	452
physiological method	319
picture story language test	341
pidgin signed English	226
pinchgrip dynamometer	446
Pivotal Response Treatment	385
placebos	382
placental barrier	12
plan of Chinese finger spelling	225
planned immunization	16
plastic operation	446
play therapy	383
plosive	258
pneumatic gymnastics	449
poliomyelitis	431
polygenic inheritable disease	23
Portage Project	51

positive behavior supports	394
positive punishment	389
postlinguistic deafness	208
postmature infant	28
posture reflex	439
Prader-Willi synthesis sign	430
precocious child	486
precocity	484
prelinguistic deafness	208
premature infant	27
prenatal diagnosis	19
prenatal period	30
presbycusis	209
Preschool and Special Education School, East China Normal University	78
preschool class for special children	56
preschool period	31
prescriptive teaching for multidisabled children	478
prescriptive teaching	61
press for speech	277
pressure atrophy	11
pressure sore	425
pretend play	383
prevalence of hearing impairment in children	205
prevalence of intellectual disability	292
prevalence of special children	2
prevalence of the gifted child	488
prevalence of visual impairment	155
prevention of intellectual disability	292
preventive inoculation	16
prevocational skill for multidisabled	479
primitive reflex	437
principle of selecting tactile teaching-aids	183
principles of hearing and speech training	228
problem behavior	401
problem behavior	401
problem family	404
progolssis dysarthria	263
progressive relaxtion	386
progressive spinal muscular atrophy	430
Project Hope	120
prompting	319
prompting	391
pronunciation teaching	229
prosopagnosia	363
prosthesis	447
protective inhibition	40
protein deficiency	304
protrusion of intervertebral disc	428
pseudo mental retardation	289
pseudohypertrophy	435
pseudo-deafness	207
psychiatric disability	353
psychic trauma	360
psychocatharsis	360
psychogenic deafness	209
psychogenic mental retardation	289
psychological characteristics of gifted child	489
psychological clinics	355
psychological counseling	72
psychological map	189

psychological processing model ······ 336
psychological test ······ 293
psychological visual impairment ··· 157
psychology of deficiency ······ 43
psychology of language ······ 278
psychology of the blind ······ 178
psychology on deafness ······ 230
psychometrics ······ 293
psychoneurological learning disabilities ······ 330
psychosocial adjustment ······ 68
psychosomatic disorders ······ 355
psychosurgery ······ 360
psychotherapy ······ 395
psychotropic drugs ······ 380
ptosis of upper eyelid ······ 158
punishment ······ 393
pure-toneaudiometry ······ 215
purulent otitis media ······ 211
putrescence ······ 12

Q

Qiyin School ······ 243

R

rachitic ······ 431
Rain Man ······ 421
range of motion test ······ 444
range of motion ······ 444
rapid advanced class ······ 496
Rare Disease Day ······ 145
rare disease ······ 27
ratio IQ ······ 294
Raven's Progressive Matrices ······ 299
reading machine ······ 187
reading materials for the deaf ······ 240
reality therapy ······ 386
recreation and leisure skills for multi-disabled child ······ 479
recreation therapy ······ 71
recurrent risk ······ 21
reductionism learning model ······ 345
reflex ······ 437
regeneration ······ 8
rehabilitation center for children with disabilities ······ 64
rehabilitation center ······ 63
rehabilitation degree ······ 70
rehabilitation diagnosis ······ 70
rehabilitation instrument ······ 461
Rehabilitation International ······ 133
rehabilitation medicine ······ 69
rehabilitation nursing ······ 447
rehabilitation object ······ 70
rehabilitation of hearing and language ······ 227
rehabilitation prevention ······ 71
rehabilitation ······ 68
reinforcement ······ 389
reinforcer ······ 389
related services with special education ······ 52
relationship development intervention ······ 384
relaxing exercise ······ 450
reliability ······ 296

remedial instruction 61
remedial strategies for learning disabled children 346
repair 8
report for infection diseases 17
Research Center for Psychology and Special Education of National Institute of Education Sciences 87
Research Center for Special Education of Beijing Normal University 87
research on learning disabilities 342
residential family 481
residential institute 481
residual hearing 207
residual vision 156
resistive exercise 451
resource classroom for gifted child 495
resource room services 62
resource room 63
resource room 63
resource teacher of special education ... 76
respiratory practice 229
respite care 318
respite care 52
response cost 391
Response to Intervention 341
retinal detachment 162
retinitis pimentos 161
retinoblastoma 164
retrograde amnesia 363
retrolental fibroplasias 164
Retter syndrome 366
reward fund for model workers of special education 123
reward fund for the disabled of self education 122
Rh incompatibility 302
rheumatism 432
rheumatoid arthritis 432
rhythmic course 234
ride-horse therapy 456
Rinne test 215
risk-taking 492
robot for guide 190
Rochester method 239
roller 463
Rorschach Test 378

S

S. Freud 419
Samuel Alexander Kirk 351
Samuel Heinicke 250
sand play therapy 385
scale of physical disability 424
SCERTS Model 399
schedule of reinforcement 389
schizoid personality disorder 368
school for hearing rehabilitation ... 232
school for intellectual disability 313
school for the blind and the deaf ... 192
school for the blind 192
school for the children with physical disabilities 460
school for the deaf 231
school for the low vision 193
school or class for hard of hearing 232
school phobia 358

school stress	336	sex chromosome disease	19
scoliosis	429	sex-linked inheritable disease	22
screen reading software	187	sexual deviation	375
screening for children with intellectual disability	293	sexual disturbances of the handicapped children	375
screening of gifted child	488	Shanghai School for the Blind	194
screening on special children	3	Shanghai Youth Technical School for Deaf-Mutes	244
screening test	297	shaping	394
secondary glaucoma	160	shelf plastic operation	447
segregated education	50	sheltered workshop	65
selective mutism	365	shoulder function impairment	434
self advocacy	349	shoulder-hand syndrome	434
self control	390	sighted guide	190
self-care skill for multidisabled child	479	sign language	223
self-consciousness of gifted child	490	sign language	223
self-directed learn-ing model	497	sign language	223
self-help devices	462	Sign Language on Art	255
self-injurious behavior	374	Sign Language on Computer	255
self-protection method of unguided travel	191	Sign Language on Physical Education	255
self-reported learning disabilities	330	Sign Language on Science	255
Semuel Gridley Howe	482	sign system	223
sensitive period of teratogenic agent	32	sign writing	223
sensorineural deafness	208	signal noise ratio	221
sensory compensation of the blind	178	signal system	40
sensory deprivation	307	signed Chinese	225
sensory extinction	387	signed English	226
sensory integration therapy	348	signed exact English	226
sensory integration	41	sign-significate relations	280
sensory training	312	simple voice test	214
separation anxiety	359	simultaneous method	239
sequelae of poliomyelitis	431	six-hour retarded children	290
seriously emotional disturbed	470	slate	177
severe impairment	469	sleeping disorder	372

slow learner 290
smelling training 346
social adaptability of gifted child ... 491
social adaption 66
social exclusion 50
social inclusion 50
social isolation and rejection 311
social life abilities 66
Social Maturity Scale 295
social medicine 67
social model 48
social quotient 295
social rehabilitation 69
social skill training 477
social story 385
social worker in special school 76
social worker 52
song of performance with sign language 240
sonic glasses 192
SOS children's village 64
sound blending test 339
sound-field test 218
space perception of the blind 180
space-time perception disorder 361
spasm 433
spastic paralysis 427
spasticity 427
special arts education 55
special class for deaf children with oral language 235
special class for deaf children with sign language 235
special class for mentally retarded children 314

special class 57
special curriculums in school for the blind 184
special didactics 45
Special Education College of Changchun University 78
Special Education College, Beijing Union University 79
special education major 81
special education structure and form 47
special education 43
special education 44
Special Educational Needs Coordinator 77
special learning center for gifted child 495
special needs of gifted child 494
Special Olympics International 324
Special Olympics of China 325
Special Olympics 324
Special Pedagogy 44
special school for gifted child 495
special school for intellectual disability 313
special school 56
special talent for leadership 487
special talent for literature 485
special talent for music 487
special talent for painting 487
special talent for science 487
special teaching methods 47
special teaching principle 47
spectacle hearing aids 220
speech and/or language communicative

disorders	262	squeeze dynamometer	446
speech audiometer	213	squint	162
speech corrections	281	stamp for the blind	188
speech disability	260	stand magnifiers	172
speech disorders	261	standard visual acuity chart	171
speech environment	260	standardized test	293
speech impairment assessment criterion	279	Stanford Diagnostic Reading Test	336
		Stanford-Binet Intelligence Scale	298
speech impairment test	279	stationary bicycle	462
speech impairment	261	stereoscopic vision	154
speech kinaesthesis	230	stereotropic disorder	361
speech modification of mentally retarded child	316	stereotype speech	271
		stereotypes	373
speech pathology	278	stereotypic behaviors	366
speech program	236	stimulus control	392
speech reading	227	stimulus discrimination	392
speech reception threshold	202	stimulus generalization	392
speech rehabilitation	227	strengthening information communication system	477
speech therapist	281		
speech therapy	279	strepho symbolia	331
speech therapy	281	stretch execise	449
speech training aids	226	stretcher	462
speech training	228	Study of Mathematically Precocious Youth	500
speech	257		
speech-reading teaching	237	Study of Verbally Gifted Youth	500
speech-teaching mirror	226	stupor	373
speed of brain function	491	sturge weber syndrome	475
spelling difficulty	334	stuttering assessment of preschool children	276
spinal bifida	428		
spinal cord injury	428	stuttering assessment of school children	276
split-brain research	380		
spoken language of deafness	230	stuttering	274
spoken voice test	216	stylus	177
sports medicine	67	subcortical aphasia	268
Spring Breezes	148	subjective audiometry	214

subnormal children 288
subsidization of special education 119
substance abuse 367
suck-fingers 375
summer camp for gifted child 500
sunshine software for the blind 187
superficial reflex 438
suppurative myelitis 430
surface dyslexia 333
syllabus of special school 74
symbol chart for visual test 170
syndrome 10
synthetic index of identification for gifted child 488
syphilis 305
system of mathematical, physical and chemical symbols for the blind ... 176
system of music symbols for the blind 176
system of signed code 225
systematic instruction procedures 478

T

table tennis for the blind 188
tachylalia 274
tactile aids 227
Tactile Map of China 199
tactile map 189
tactile reader 187
tactility characteristics of the blind ... 179
tactual-kinetic ness training for the blind children 185
talented child 485
talented child 485

talipes excavatus 436
talipes valgus 435
talipes varus 436
talking book 177
tallpes equinovarus 436
tardive dyskinesia 368
target behavior 388
task analysis 319
task of special education 46
tasting training 346
Tay-Sach's disease 303
teacher education of special education 77
teacher for gifted child 499
teacher's violence 404
teaching by manualism 236
teaching equipments for special education 75
teaching materials in school for the blind 183
teaching materials of special school ... 74
teaching methods in school for the blind 183
teaching model for gifted child 495
teaching plan of school for the deaf ... 233
teaching plan of special school 73
teaching principles of school for the blind 182
teaching principles of school for the deaf 233
teaching strategies program 497
teaching strategies for thinking and feeling 498
Technical College for the Deaf at Tianjin University of Technology 79

technics of creativity 493
telecommunication device for the deaf 241
telegraphic speech 271
telescope for short range 173
tendon lengthening 458
tendon reflex 438
terminal behavior 388
test bias 295
test of children with intellectual disability 293
test of intellig-ence quotient for gifted child 488
test of written language 340
test of written spelling-2 341
tetanus 14
tetany 433
textbook for deaf students 234
textbook in Braille 182
The Psycho Educational Profile 379
The Americans with Disabilities Act 129
The Arizona Basic Assessment and Curriculum Utilization System 481
The Berry-Buktenica Developmental Test of Visual-Motor Integration 340
the component model of reading disability 334
The Convention on the Rights of the Child 139
the crisis in personal values 311
The Education for All Handicapped Children Act of 1975 129
the enrichment triad model 496
the establishment of special school 75

The Far East and South Pacific Games Federation for the Disabled 136
The Far East and South Pacific Games for the Disabled 136
The First China National Sample Survey on Disability 6
the gifed 484
the gifted 484
the grant of special school 119
The Hadley School for the Blind in Fuzhou, China 194
the image mediocrity of the gifted ... 491
the legs of O shape 436
the legs of X shape 436
the lowest five scale of barrierfree ... 465
the novelty crisis 311
the picture exchange communication system 384
the reality crisis 311
The Salamanca Statement 141
The Sampling Survey on Disability in 0～6 Year-Old Children in China in 2001 6
the schoolwide enrichment model 496
The Second China National Sample Survey on Disability 6
The Story of My Life 483
the whole word method 240
The Wild Child 327
the workshop for labour therapy 65
The World Blind Union 195
The World Federation of the Deaf ... 246
theory of mind 355
Theory of Multiple Intelligence 485
therapeutic exercise 449

therapeutic nutrition ... 452
therapeutic pedagogy ... 45
thermesthesia training ... 346
thinking characteristics of the blind children ... 178
thinking of deaf children ... 230
Thomas Braidwood ... 250
Thomas Hopkins Gallaudet ... 250
thought disorders ... 364
three-dimensional thinking ... 493
time perception of the blind ... 180
time sampling recording ... 395
time-out ... 393
tinnitus ... 210
token ... 391
tonic neck reflex ... 438
Torrance Tests of Creative Thinking ... 489
torticollis ... 433
total communication ... 238
total deaf ... 207
total quantity of heat needed by children ... 32
touching training ... 346
toxoplasmosis ... 475
trachoma ... 159
traction therapy ... 451
traffic signal for the blind ... 190
trainable mentally retarded person ... 288
training ball ... 464
tranqulizer ... 381
transactional group therapy ... 396
transcortical motor aphasia ... 268
transcortical sensory aphasia ... 268
transfer of training approach ... 458

transfer ... 41
transition ... 52
transpupillary thermotherapy ... 453
transsexualism ... 376
transvestism ... 376
traumatic cataract ... 163
traumatic perforation of tympanic membrane ... 211
tremor ... 433
triade of impairment ... 366
trial ... 191
triarchic thoery of intellegence ... 485
trichotillomania ... 374
tuberous sclerosis ... 473
tuning fork test ... 215
tuning fork ... 215
tunnel vision ... 156
twin school ... 57
types of nervous systems ... 40
typology of behavior problems ... 378

U

U. S. Act for Gifted and Talented Children ... 501
ultraviolet ray treatment ... 455
unconditioned reflex ... 39
underachieved gifted ... 487
underachiever ... 329
underwater exercise ... 453
unilateral agraphia and apraxia ... 276
United Nations Children's Fund ... 132
United Nations Decade of Disabled Persons ... 143
Universal Declaration of Human

Rights ……… 137
upside-down writing ……… 334
uranoplegia ……… 278
uveitis ……… 161

V

vaccine ……… 16
Valentin Haüy ……… 198
Valett Psycho-educational Inventory of Basic Learning Abilities ……… 340
validity ……… 296
valium ……… 381
verbal apraxia ……… 276
verbal expression test ……… 339
verbalism ……… 179
verbal-tonal method ……… 239
vibration sense ……… 230
Vineland Social Maturity Scales ……… 301
virtual reality ……… 386
visible speech equipment ……… 226
visible speech ……… 226
vision training ……… 173
visual acuity ……… 154
visual aids ……… 172
visual aids ……… 227
visual chart ……… 170
visual closure test ……… 338
visual efficiency chart ……… 170
visual field ……… 153
visual function ……… 154
visual handicapped ……… 155
visual hearing ……… 227
visual impairments ……… 155
visual linguistics ……… 222
visual reception test ……… 338
visual sequential memory test ……… 340
visual skill ……… 173
visual stress ……… 333
visual system ……… 153
visual test ……… 166
visual-motor association test ……… 338
visual-motor skill ……… 154
vocal training ……… 229
vocational blind ……… 156
Vocational Education Law of the People's Republic of China ……… 94
vocational education of special school ……… 55
vocational rehabilitation ……… 69
vocational training ……… 448
voice disorders ……… 265
Vojta posture reflex ……… 439
voluntary movement ……… 439
volunteer for special school ……… 76
vowel ……… 258
voyeurism ……… 376

W

Walker Problem Behavior Identification Checklist ……… 379
walker ……… 464
walking apraxia ……… 441
Warnock Report ……… 128
watch for the blind ……… 188
Weber test ……… 215
Wechsler Adult Intelligence Scale ……… 299
Wechsler Intelligence Scale for Children ……… 298

Wechsler Intelligence Test 298
Wechsler Preschool and Primary Scale of Intelligence 298
Welsh Figure Preference Test 378
Wernicke's aphasia 268
What Every Special Educator Must Know: Ethics, Standards, and Guidelines 152
What Every Special Educator Must Know: The International Standards for the Preparation and Certification of Special Education Teachers 152
wheel chair 463
whirl pool bath 462
whisper test 216
whistle audiometry 217
whooping-cough 14
wild boy Victor 325
William C. Stokoe 252
William Hill Murray 198
wireless FM hearing aids 221
withdrawal syndrome 367
Woodcock Reading Mastery Tests ... 337
Woodcock—Johnson Ⅲ: Test of achievement 342
Woodcock-Johnson Ⅲ: Tests of Cognitive Abilities 341
word blindness 277
word blindness 332
word deafness 277
word-finding difficulty 277
World Autism Awareness Day 401
World Conference on Gifted and Talented Children 501
World Council for Gifted and Talented Children 501
World Declaration on Education for All: Meeting Basic Learning Needs ... 139
World Health Organization 132
World Heart Day 144
World Institute on Disability 134
World No-Tobacco Day 144
World Parkinson's Disease Day 143
World Programme of Action Concerning Disabled Persons 138
write by fingering 239
writing difficulty 334
writing of Braille 176
Wu Yansheng 252

X

XYY syndrome 23
X-linked dominant inheritance 23
X-linked recessive inheritance 23

Y

Yantai Central School for the Deaf ... 244

Z

zero reject 48
zero tolerance 48
Zhang Jian 252

其 他 索 引

《1986年残疾人教育法修正案》······ 130
《1997年残疾人教育法》············· 130
《2003—2007年教育振兴行动计划》
　·· 102
《2004年残疾人教育促进法》······· 130
1990年全国特殊教育工作会议······ 90
2001年中国0～6岁残疾儿童抽样
　调查······································ 6
21-三体综合征························· 304
AAMD适应行为量表·················· 301
Angelman综合征······················ 430
Berg平衡量表·························· 445
Bobath法································ 457
Carr-Shepherd平衡评定············· 445
CM1神经节苷脂贮积症··············· 472
DNA探针································· 20

Heller综合征··························· 366
"O"形腿·································· 436
PACE技术······························· 283
Peto疗法································ 458
Prader-Willi综合征··················· 430
Retter综合征··························· 366
Rh因子不一致·························· 302
S.弗洛伊德······························ 419
SCHUELL刺激疗法···················· 283
SOS儿童村······························· 64
S-S语言发育迟缓检查法············· 280
Vojta姿势反射························· 439
X连锁显性遗传病······················· 23
X连锁隐性遗传病······················· 23
"X"形腿·································· 436
XYY综合征······························· 23

附录

国内组织和高校

中央人民政府	www.gov.cn
中国教育部	www.moe.edu.cn
中国民政部	www.mca.gov.cn
中国卫生部	www.nhfpc.gov.cn
中国残疾人联合会	www.cdpf.org.cn
中国残疾人福利基金会	www.cfdp.org.cn
中国教育学会特殊教育分会	www.cse.edu.cn
中国高等教育学会特殊教育分会	www.hie.edu.cn
全国教师教育网络联盟	www.jswl.cn
北京师范大学教育学部特殊教育系	www.bnu.edu.cn
华东师范大学学前与特殊教育学院	www.ecnu.edu.cn
华中师范大学教育学院	www.ccnu.edu.cn
西南大学教育学部特殊教育系	www.swu.edu.cn
陕西师范大学教育学院	www.snnu.edu.cn
华南师范大学教育科学学部	www.scnu.edu.cn
辽宁师范大学教育学院	www.lnnu.edu.cn
重庆师范大学教育科学学院	www.cqnu.edu.cn
新疆师范大学初等教育学院	www.xjnu.edu.cn
邯郸学院教育学院	www.hdc.edu.cn
安顺学院特殊教育系	www.asu.edu.cn
成都大学学前教育学院	xqjy.cdu.edu.cn
郑州师范学院特殊教育学院	tsjy.zznu.edu.cn
绥化学院教育学院	jyx.shxy.net
天津体育学院健康与运动科学系	www.tjipe.edu.cn
西安体育学院体育教育系	www.xaipe.edu.cn
山东体育学院体育社会科学系	www.sdpei.edu.cn
北京联合大学特殊教育学院	www.ltyc.com.cn
南京特殊教育职业技术学院	www.njty.edu.cn

长春大学特殊教育学院	cdtjxy.ccu.edu.cn
中州大学特殊教育学院	www.zhzhu.edu.cn
滨州医学院特殊教育专业	www.bzmc.edu.cn
中国教育科学研究院心理与特殊教育研究中心	www.nies.net.cn
中科院心理研究所超常儿童研究中心	cngifted.psych.ac.cn
北京市盲人学校	mrxx.bjedu.gov.cn
北京市启喑实验学校	www.bjqysy.org
北京市东城区特殊教育学校	www.dctj.com.net
天津市聋人学校	www.tj-lx.cn
哈尔滨市盲聋哑学校	www.hrbmly.com
烟台市聋哑中心学校	www.yantaiqy.com
青岛市盲人学校	www.qdmx.qdedu.net
南京市聋人学校	www.njlrxx.com
南京市盲人学校	www.njmx.cn
南通特殊教育中心	www.ntlyxx.cn
上海市盲童学校	www.cshsb.com
上海市第四聋校	www.sl.lwedu.sh.cn
杭州市聋人学校	www.hz-lx.net
武汉市盲人学校	www.whmx.net.cn
武汉市第二聋校	www.wh2deaf.com
武汉市第一聋校	www.whdylx.com
南昌市启音学校	www.ncqyxx.com.cn
长沙市特殊教育学校	www.cstsjy.cn
福州市盲人学校	www.fzlgxx.com
广州市聋人学校	www.gzlx.org
成都市特殊教育学校	www.cdtx.net.cn
中国康复研究中心	www.crrc.com.cn
中国残疾人辅助器具中心	www.cjfj.org
华夏出版社	www.hxph.com.cn
中国盲文出版社	www.cbph.org.cn
中国盲人数字图书馆	www.cdlvi.cn
中国听力语言康复科学	www.chsr.cn
中国特殊教育	tejiaotougao@yahoo.com.cn
现代特殊教育	xdtsjy@sina.com
中国残疾人网站	www.chinadp.net.cn
中国特殊教育资源网	www.tjzy.net.cn
中国特殊教育信息资源网	tjzy.zje.net.cn

中国特殊教育网	www.spe-edu.net
中国特殊教育信息网	www.tejiao.net
中国北方特殊教育网	www.cnnse.net
沈阳特殊教育网	www.syse.syn.cn
河北特殊教育网	www.hebeitj.net
上海特教在线	www.spe.edu.sh.cn
河南特殊教育网	www.hnspe.com
湖北特殊教育网	hbtsjy.e21.cn
广州市特殊教育网	spedu.guangztr.edu.cn
特教学校库	school.tejiaowang.com
中国听力语言康复网	www.chinadeaf.org
中国言语与沟通障碍康复网	www.chinaslp.org
中国视障教育网	www.vi-edu.cn
中国金钥匙视障教育研究中心	www.goldenkey.org.cn
北京星星雨教育研究所	www.guduzh.org.cn
聋人在线	www.cndeaf.com
香港教育局特殊教育资源中心	www.edb.gov.hk
香港教育学院特殊学习需要与融合教育中心	www.ied.edu.hk/csenie
香港中文大学手语及聋人研究中心	www.cslds.org
香港明爱	www.caritas.org.hk
真铎学校	www.cts.edu.hk
澳门教育及青年局	www.dsej.gov.mo
澳门弱智人士服务协会	www.amha.org.mo
澳门明爱	www.caritas.org.mo/web
台湾特殊教育通报网	www.set.edu.tw
台湾师范大学特殊教育学系	www.ntnu.edu.tw/spe
彰化师范大学特教系	www.ncue.edu.tw
国立屏东教育大学特殊教育中心	spec.npue.edu.tw
台湾新北市特殊教育资讯网	www.sec.ntpc.edu.tw
台湾高雄特殊教育	www.spec.kh.edu.tw
有爱无碍	www.dale.nhcue.edu.tw
台湾特殊教育学会	searoc.aide.gov.tw
台北市立启聪学校	www.tmd.tp.edu.tw/tmd
国立台中特殊教育学校	www.tcspe.tc.edu.tw
国立台南大学附属启聪学校	www.tndsh.tnc.edu.tw
国立台南启智学校	www.tnmr.tn.edu.tw

国际组织和高校

United Nations International Children's Emergency Fund 联合国儿童基金会	www.unicef.cn
World Health Organization 世界卫生组织	www.who.int
International Paralympic Committee 国际残奥委会	www.paralympic.org
European Agency for Development in Special Needs Education 欧洲特殊需要教育发展局	www.european-agency.org
The Council for Exceptional Children 美国特殊儿童委员会	www.cec.sped.org
National Center for Learning Disabilities 美国学习障碍国家中心	www.ncld.org
American Association on Intellectual and Developmental Disabilities 美国智力和发展性障碍联合会	www.aaidd.org
Gallaudet University 加劳德特大学	www.gallaudet.edu
National Technical Institute for the Deaf (NTID) 罗切斯特国家聋人技术学院	www.ntid.rit.edu
National Association of the Deaf 美国聋人协会	www.nad.org
American School for the Deaf 美国聋人学校	www.asd-1817.org
Clarke Schools for Hearing and Speech 克拉克听觉语言学校	www.clarkeschools.org
Perkins School for the Blind 美国帕金斯盲人学校	www.perkins.org
ГБОУ ВПО МГПУ 莫斯科市师范大学	www.mgpu.ru
Московский педагогический государственный университет 国立莫斯科师范大学	www.mpgu.ru

学术期刊

American Journal on Intellectual and Developmental Disabilities 美国智力和发展性障碍杂志	aaiddjournals.org